쉽게 배우는 K-IFRS

중급회계

제3판

김진선 · 박재완 · 박청규 공저

도서출판 시대가치

머리말

회계는 경영의 언어로서 회계에 대한 이해 없이는 기업의 합리적인 경영의사결정은 연목구어에 지나지 않는다는 데 대해 이제는 많은 이들이 절감하고 동의하리라 본다. 저자들은 동국대학교 회계학과에서 회계라는 공통 주제에 대해 20년 이상 함께 연구하고 강의하는 동료로서, 많은 학생들이 회계를 어려운 학문으로 여기는 안타까운 현상이 계속되는 것을 목도하면서 어떻게 하면 이를 타개하여 회계를 좀 더 학생 친화적인 방법으로 강의할 수 있을까 하는 고민을 공유하며 평상시 많은 논의를 하게 되었다.

대부분의 국내 대학에서 회계원리를 공부하고 회계학을 좀 더 심도 있게 학습하고자 하는 학생들이 그 다음 단계의 교과에서 중급회계 교재를 접하게 되는데, 중급회계 교과서의 두께에 일단 놀라고 강의가 진행되면서 논의되는 주제의 범위와 난이도에 다시 놀라게 된다. 결국 많은 학생들이 중도에 좌절감을 느끼고 포기하거나 회계학을 기피과목으로 치부하는 풍조가 사라지지 않고 있다.

특히 우리나라가 2011년부터 국제회계기준(IFRS : International Financial Reporting Standards)을 전면 채택함에 따라 회계학을 공부하는 학생이나 회계학을 가르치시는 교강사님들에게 공히 피해갈 수 없는 도전과제를 제기하고 있다. IFRS의 중요한 특징 중의 하나는, 미국의 규칙중심(rule-based)의 회계기준과는 달리 원칙중심(principles-based)의 회계기준으로서 큰 틀의 원칙만을 규정하고 실제 실무에 적용하는 구체적인 회계처리 방법은 규정하지 않고 있다는 점이 흔히 지적되어 왔다. 그러나 기준서 자체가 영문원본을 국문으로 번역한 것이고 난이도와 관계없이 기준서 나름대로의 전개 순서에 따라 딱딱한 조문식의 문장으로 서술되어 있어 초심자가 그 내용을 이해하고 해석하기에는 많은 어려움이 따른다. 게다가 IFRS의 제정이 완료된 것이 아니고, 향후 기준서의 제 · 개정이 연이어 예정되어 있다. 따라서 회계학을 심도 있게 학습하려는 학생들에게 IFRS의 핵심주제를 선별하여 그 내용을 쉽게 이해할 수 있도록 설명하는 학습자 친화적인(student-friendly) 교재의 필요성이 그 어느 때보다 절실하다 하겠다.

한편 저자들이 몸담고 있는 동국대학교 경영대학의 2016학년도 학제개편에 따라 회계학과가 다시 독립되어 회계학 전공 학생들은 중급회계1을 필수과목으로 수강하도록 교과과정이 개편되었으므로, 이를 계기로 회계원리 과정에서 기본적인 이해를 습득한 학생이라면 중급회계의 기본주제를 쉽게 접하고 섭렵하여 다양한 특수회계 주제에 응용하는 데 기초를 제공하는 교재 개발의 필요성에 부응하기 위해 본서가 집필되었다. 지금까지 설명한 집필취지에 충실하기 위해 본서는 다음과 같은 구체적인 특징을 갖는다.

첫째, 회계원리를 공부한 학생들이 중급회계 수준의 교재를 공부하는 데 도움이 되도록 중급회계를 이해하는 데 기본이 되는 주제, 즉 자산, 부채와 자본회계 및 현금흐름표를 포함한 재무제표의 주요 내용을 배우기 쉽게 설명하려고 노력하였으며, 되도록 한 학기의 수강을 통해 본 교재를 끝마칠 수 있도록 논의되는 내용의 범위와 난이도를 조정하였다.

둘째, 한국채택국제회계기준에 사용되는 새로운 회계용어와 회계개념을 중점적으로 설명하는 데 초점을 맞추었다. 이 책의 집필취지 중 하나는 본서를 공부한 학생이 스스로 다양한 주제의 한국채택국제회계기준서와 해석서를 읽고 이를 이해할 수 있는 기초적인 능력을 배양할 수 있도록 하는 것이다.

셋째, 각 장의 설명내용을 학습하고 그 이해 정도를 점검할 수 있도록, 그리고 더 나아가 회계 관련 각종 자격시험에 대비할 수 있도록 다양한 유형의 문제를 수록하려고 노력하였다. 기본적인 원리를 이해하고 설명하는 서술형 문제와 이를 실무에 구체적으로 적용하고 응용할 수 있는 능력을 점검하기 위한 연습문제를 다양하게 수록하였다.

금번 간행되는 제3판에서는 2019년 중 재무보고를 위한 개념체계가 전면 개정되어 공포됨에 따라 이를 반영하여 제2장을 대폭 개정하였다. 아울러 제2판을 재검토하는 과정에서 발견된 부적절한 용어 및 오류들을 바로잡아 본서의 완성도를 높이기 위하여 노력하였으며, 일부 장들에는 최근의 공인회계사 시험에서 출제된 문제를 수정하여 보충함으로써 독자들이 각종 자격시험을 준비하는 데 좀 더 도움이 되도록 하였다. 저자들 나름대로 최선의 노력을 기울였으나 미진한 부분이나 혹시 있을 오류에 대한 책임은 전적으로 저자들의 몫이며 향후에도 독자들의 고견과 충고를 반영하여 보다 나은 교재가 될 수 있도록 계속 정진해 나갈 것을 약속드린다.

본서가 회계학을 공부하고 있는 학생들과 각종 회계학 관련 자격시험을 목표로 공부하고 있는 수험생들, 그리고 회계실무자들로부터 사랑받는 교재가 되기를 희망하면서, 마지막으로 본서를 출판하기까지 애써주신 도서출판 시대가치의 김광범 대표님과 편집·교정에 애써주신 편집부 직원 분들께 진심으로 감사드린다. 또한 연습문제의 해답 초안을 작성하면서 그 적정성을 검토하는 데 조력을 아끼지 않은 본교 회계학과 출신의 네 명의 공인회계사(고병찬, 김진희, 이종희, 박건화)들의 노고에 지면을 빌어 고마움을 전하고자 한다. 또한 2015년 3월 초판 간행 이후 본서를 세심히 읽고 여러 오류들을 지적해준 많은 학생들의 관심과 노고에 감사드린다.

2021년 8월
제3판 발간에 즈음하여 목멱산 기슭에서
저자 일동

차 례

제1장 재무회계의 기본개념

제2장 재무보고를 위한 개념체계

제3장 재무제표의 구조에 대한 이해

제4장 회계정보의 처리와 회계순환과정

제5장 자산평가와 이익측정

제6장 재고자산

제7장 유형자산 1

제8장 유형자산 2

제9장 무형자산

제10장 금융자산 1

제11장 금융자산 2

제12장 금융부채 및 충당부채

제13장 자본회계

제14장 현금흐름표

재무회계의 기본개념

01

제 1 절 경제활동과 회계

1. 회계의 의의

회계입문과목을 공부한 학생들은 회계의 기본원리에 대해 학습하였을 것이다. 경영학전공자가 아닌 친구가 회계의 정의에 대해 질문을 한다면, 여러분은 회계학이 무엇을 연구하는 학문인지 간결하게 설명할 수 있을까? 재무상태나 경영성과, 정보, 차변과 대변 등 다양한 용어가 등장하겠지만 체계적으로 회계의 정의가 무엇인지 설명하기는 쉽지 않을 것이다. 본 절에서는 회계학이 무엇인지 그리고 회계학의 역할은 무엇인지 등에 대해 체계적으로 살펴보고자 한다.

회계는 보는 관점에 따라 다양하게 정의될 수 있지만 일반적으로 다음과 같이 정의할 수 있다.

★

회계(accounting)란 특정 실체가 수행하는 경제적 활동을 측정하고 이를 체계적으로 조직화함으로써 유용한 정보를 생산하여 이용자에게 보고하는 활동이다.

위의 정의에서 보듯이 회계의 첫 번째 기능은 측정이다. 측정(measurement)이란 신장을 측정하는 것과 같이 실제로 존재하는 것을 개략적으로 수치화하는 것이다. 즉, 측정의 본질은 계량화하는 작업이다. 회계는 기업이 수행하는 다양한 경제적 활동들을 측정함으로써 실제 일어나고 있는 활동들을 숫자로 나타낸다. 그런데 측정은 개수, 무게, 부피, 길이 등 다양하게 숫자화할 수 있지만 회계는 주로 화폐단위로 기업의 경제적 활동을 측정한다. 이렇게 화폐단위로 측정하는 이유는 이후에 설명하겠지만 다양한 활동을 공통의 분모인 화폐단위로 측정함으로써 속성이 다른 활동들의 결과를 더하고 차감하더라도 그 결과를 왜곡하지 않기 때문이다. 예를 들어, 책상 한 개와 의자 두 개를 구입하는 기업의 활동을 단지 개수로 측정한다면 책상과 의자의 개수를 더했을 때 그 의미가 상실될 수 있지만 화폐단위로 측정하는 경우 책상과 의자의 가치를 서로 가산하더라도 그 의미를 상실하지 않을 것이다. 이에 회계의 결과로 제공되는 정보는 대부분 화폐가치로 측정된 정보이며 이와 같이 화폐가치와 관련된 정보를 재무정보

(financial information)라 한다.

이처럼 회계의 첫 번째 기능은 재무적 정보를 산출하기 위해 먼저 기업의 경제적 활동을 측정, 즉 화폐가치로 계량화하는 작업이다. 이러한 측정을 위해서는 먼저 어떤 경제적 활동을 측정대상으로 할 것인가를 식별해야 하는데 회계에서 이러한 과정을 인식(recognition)이라 한다. 회계에서 측정의 대상은 기업이 수행하는 경제적 활동이지만 측정을 통해 모든 기업의 경제적 활동을 계량화할 수는 없기 때문에 회계의 대상은 측정가능한 경제적 활동에 국한될 것이다. 재무회계의 경우 측정대상의 인식요건을 명확하게 구체적으로 규정하고 있다. 예를 들어, 자산으로 인식되기 위해서는 먼저 자산의 정의에 부합해야 하고 신뢰성 있게 측정가능한 자원이어야 한다.

회계의 두 번째 중요한 기능은 측정의 결과물을 일정한 규칙에 따라 정리하여 재무정보를 생산하는 것이다. 기업활동을 측정하면 단지 다양한 재무적 수치가 결과할 것이다. 이러한 측정결과는 아직 의미 있는 방식으로 정리되지 않았기 때문에 데이터에 불과하다. 정보(information)란 기업활동을 측정한 데이터를 의미 있는 방식으로 조직화한 자료를 말한다. 정보는 경제적 의사결정에 도움이 되어야 하므로 특정 의사결정을 전제로 하여 생산되어야 할 것이다. 예를 들어, 경영자가 제품의 가격을 올릴 것인가 여부를 결정해야 하는 의사결정에 직면한 경우 회계정보는 이러한 경영자의 의사결정에 유용한 정보를 확보하여야 한다. 만일 기업의 제품을 생산하는 활동을 측정하여 이를 조직화하여 하나의 제품을 생산하는 데 드는 원가에 대한 정보를 생산한다면 이는 경영자의 가격결정에 도움이 되는 유용한 정보가 될 것이다. 한편 해당 기업의 주식을 취득하려고 하는 투자자의 경우 해당 주식을 지금 구입할 것인가 아니면 나중에 구입할 것인가의 의사결정에 직면하게 될 것이다. 이러한 투자자에게 필요한 정보는 이 회사가 미래에 이익을 창출할 능력이 있는지 혹은 파산하지 않고 계속해서 영업능력을 유지할 수 있는지 등에 대한 정보가 필요할 것이다. 회계는 이러한 이용자의 의사결정에 유용한 정보를 파악하고 이러한 정보를 생산하여 이용자에게 전달하는 것이며 이것이 바로 회계의 주요 목적이다.

따라서 어떤 정보를 생산할 것인가는 이용자의 정보수요에 따라 달라질 것이므로 회계학의 영역도 이용자의 정보수요에 따라 달라질 것이다. 이에 오늘날의 현대 회계는 이용자중심회계(user-oriented accounting)라고 한다. 전통적인 회계에서는 주요 이용자가 회사의 소유주이고 소유주들은 주로 자신들이 회사에 제공한 자금이 어떻게 사용되었으며 이익은 얼마나 창출되었는지에 대해 관심을 가질 것이다. 따라서 전통적인 회계에서 회계의 주요 목적은 경영자가 수탁책임(stewardship)의 결과를 보고하는 것이었다. 즉, 소유주가 회사에 제공한 자금을 효율적으로 사용하여 창출한 소유주의 이익을 정확하게 보고하는 것이 회계의 주요 목적이었다. 그러나 오늘날 자본시장의 발달과 함께 기존 주주뿐만 아니라 자본시장에 참여하는 잠재적 투자자나 채권자들을 위한 정보의 생산이 현대 회계의 주요 목적이 되었다. 따라서 오늘날 회계의 주요 목적은 수탁책임에 대한 보고보다는 자본시장 참여자들이 회사의 주식가치를 예측하거나 자금을 상환할 수 있는 능력을 예측하는 데 도움이 되는 정보를 생산하는 회계로 발전하여 왔다. 뿐만 아니라 현대기업들은 투자자나 채권자 외의 다양한 이해관계자들이 회계정보를 수요하게 되어 이들 정보수요를 충족시키기 위해 다양한 회계영역이 개발되고 있다. 회계정보의 이용자와 이들의 정보수요에 대해서는 이후에 다시 살펴볼 것이다.

2. 회계대상–경제활동

회계는 경제주체의 다양한 활동을 재무적으로 측정한다는 사실을 이미 살펴보았다. 이에 경제주체 특히 기업이 수행하는 다양한 활동에 대해 자세히 살펴보고자 한다.

기업은 원재료를 구입하여 제품을 생산하고 이들을 판매하는 기본적인 활동 외에도 수없이 많은 다양한 활동을 수행한다. 이러한 다양한 기업의 활동은 크게 세 가지, 즉 재무활동, 투자활동, 영업활동으로 구분된다.

2.1 재무활동

사업을 시작하기 위해서는 우선 자금이 필요하다. 사업을 혼자 창업하기에 충분한 자금이 있다면 자금을 차입하는 것이 중요하지 않을 수 있다. 그러나 소규모 사업이라 할지라도 필요한 자금의 규모가 커서 개인의 재산으로 충당하기에는 불충분한 경우가 많다. 이러한 경우에 동업자를 구하거나 은행에서 차입을 해야 할 것이다. 기업의 형태가 주식회사인 경우에는 주식을 발행해서 일반대중으로부터 자금을 조달할 수도 있는 장점이 있다.

재무활동(financing activities)이란, 기업이 필요한 자금을 조달하고 이를 상환하는 것과 관련된 기업활동을 말한다. 주식회사의 자금조달방법은 크게 주식을 발행하여 조달하는 방법(이를 equity financing이라 한다)과 사채를 발행하거나 금융기관으로부터 차입하는 방법(이를 debt financing이라 한다)으로 구분된다.

1) 주식의 발행을 통한 자금조달

증권시장을 통하여 주식을 일반 투자자들에게 매각해서 자금을 확보하는 것은 기업의 동업자들을 구하는 것과 동일하며, 원금을 상환할 필요가 없이 자금을 계속 이용할 수가 있다. 주식을 구입한 사람은 주주(회사의 소유주)가 되고 소유주 역할을 포기하거나 다른 목적에 자금이 필요하면 주식을 매각하면 된다. 주식회사의 주주는 회사의 소유주로서 회사의 경영권을 소유하지만 쉽게 바뀔 뿐만 아니라 복잡한 회사경영을 담당하기에는 전문적 지식과 경험이 없는 주주가 대부분이기 때문에 회사의 경영은 전문경영자가 담당하는 것이 일반적이며, 주주는 투자의 대가로서 배당금을 받는다. 주주는 회사의 주인이기 때문에 배당금을 받는 것과 상관없이 회사의 이익은 모두 주주의 몫임은 물론이다.

2) 차입을 통한 자금조달

기업이 자금을 조달하는 두 번째 방법은 자금을 빌리는 것이다. 자금을 빌리는 방법은 은행에 담보를 제공하고 빌리는 방법, 개인한테 어음을 주고 빌리는 방법, 주식회사의 경우 사채를 발행하여 일반대중으로부터 빌리는 방법 등 다양하다. 이러한 차입활동은 주식의 매각을 통한 자금의 조달과 여러 면에서 성격이 다르다. 차입의 경우 회사는 주기적으로 사전에 약정한 이자를 채권자에게 지급해야 할 뿐만 아니라 만기일에 원금을 상환해야 한다. 한편 자금을 빌려준 채권자들은 회사의 주인이 아니기 때문에 회사의 경영권이 없는 것은 물론이다.

2.2 투자활동

일단 자금이 확보되면 기업들은 그 자금을 이용해서 여러 가지 자산들을 구입한다. K-IFRS에서 투자활동(investing activities)이라 함은 일상적으로 사용되는 투자 개념보다 더 포괄적이다. 일상생활에서 투자라 함은 시세차익을 얻기 위해 다른 회사의 주식이나 채권을 구입하거나 시가의 상승을 기대하여 부동산을 구입하는 것을 말한다. 그러나 K-IFRS에서 말하는 투자활동이란, 이러한 일상적인 투자활동뿐만 아니라 장기적으로 사용할 자산(영업자산)을 구입하는 활동을 포함한다. 예를 들어, 공장부지를 구입하거나 새로운 기계를 구입하는 것이 투자활동에 포함된다.

2.3 영업활동

기업이 재무활동을 통해 자금을 확보하고 그 자금을 적절히 투자하여 설비나 기계 등이 확보되면 기업의 기본적인 목적인 이익의 창출을 위해 다양한 활동을 수행한다. 영업활동(operating activities)이란, 기업의 이익을 창출하기 위하여 재화나 서비스의 생산과 판매 및 이들과 관련된 일상적인 기업활동을 말한다. 이에는 재료 및 상품 등의 구입활동, 제품 또는 서비스의 생산활동, 완성된 제품, 상품 또는 서비스의 판매활동 및 위의 활동들을 효율적으로 행하기 위한 관리활동 등으로 구분할 수 있다. 일반적인 관리활동이란 종업원의 채용 및 승진과 관련된 활동 및 영업을 보조하기 위한 전기료나 수도요금의 지급 등 다양한 일상적인 활동을 말한다.

3. 회계정보의 이용자

회계의 정의에서 살펴보았듯이 회계는 정보를 생산하는 시스템이므로 이러한 정보를 원하는 정보이용자가 전제되어야 한다. 즉, 회계가 어떤 정보를 생산할 것인가 하는 것은 이용자가 어떤 정보를 필요로 하는지가 전제되어야 한다. 기업은 주주 또는 채권자들로부터 필요한 자본을 조달하고, 다양한 거래처로부터 필요한 재화나 서비스를 조달할 뿐만 아니라 고객이 필요로 하는 재화나 서비스를 생산 공급한다. 이를 위하여 종업원을 고용하고 그들에게 보수를 지급한다. 또한 기업은 세법이 정하는 바에 따라 여러 가지 세금을 납부해야 하고, 정부기관의 규제도 지켜야 하며, 기업의 성과는 국가경제와 사회에 중대한 영향을 미친다. 이와 같이 오늘날의 기업은 직접 또는 간접으로 기업과 이해관계를 가진 다양한 이해관계자(interested parties)를 가지게 되며, 이들 이해관계자들은 기업의 경영과 관련된 여러 가지 정보를 필요로 하고 이를 요구하기 때문에 이들을 정보이용자(users of information)라고도 한다. 기업의 규모가 커지고, 기업의 소유가 공개되며, 기업환경이 복잡해질수록 정보이용자의 정보요구도 더욱 증대하고 다양해지는 것은 당연하다.

여기서 다양한 이해관계자가 기업과 관련하여 어떤 의사결정을 하는지 그리고 그러한 의사결정을 위해 어떤 정보를 필요로 하는지를 살펴보기로 하자.

첫째, 경영자들은 기업을 관리하기 위해 다양한 의사결정을 해야 한다. 예를 들어, 새로운 신제품을 생산할 것인가, 신제품의 가격은 얼마로 정해야 할 것인가, 제품의 수익성을 개선하기 위해 원가를 어느 정도까지 절약해야 할 것인가 등 다양한 의사결정

그림 1-1 회계와 회계정보이용자

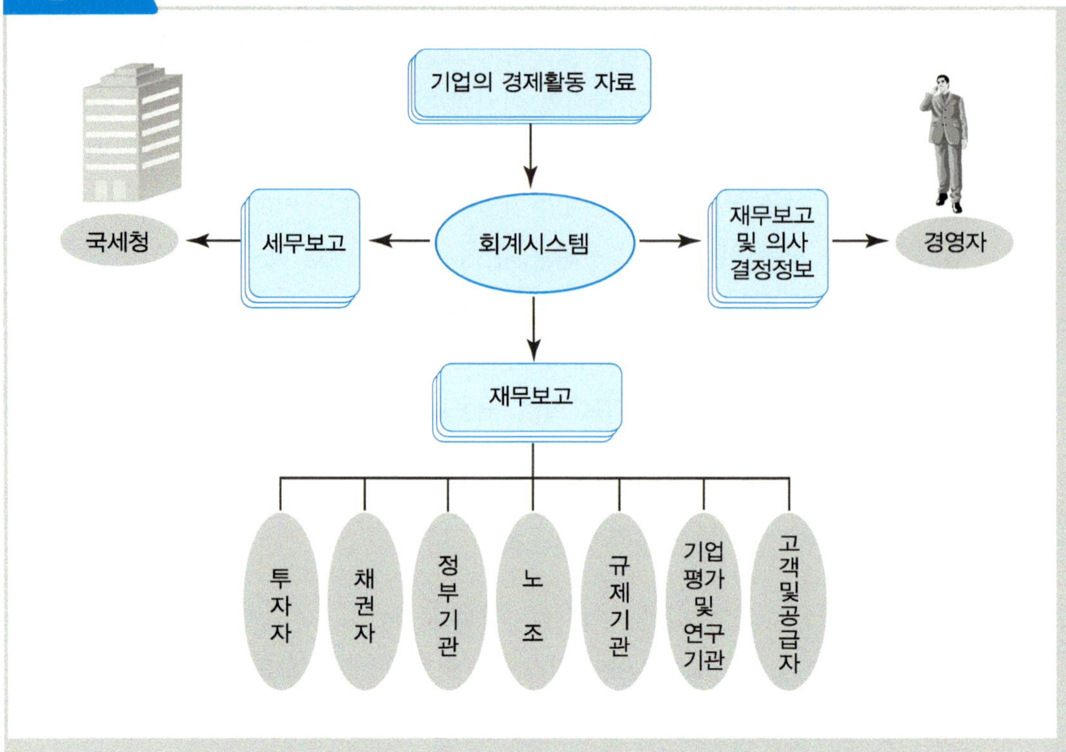

을 해야 하므로 기업에 관한 다양한 정보를 필요로 한다.

둘째, 기업의 주인인 소유주 혹은 주식회사의 경우 주주(stockholders)가 주요 이해관계자이다. 여기서 주주나 소유주는 현재 기업의 소유주나 주주만을 지칭하는 것이 아니고 이들 이외에도 잠재적인 주주나 소유주를 포함한다는 것을 기억하자. 잠재적인 소유주나 주주는 미래에 이 회사의 주인이 될 가능성이 있는 이들을 지칭하는 것으로 일반적인 투자자 모두를 포함한다. 이러한 소유주나 주주는 다양한 의사결정을 수행해야 한다. 예를 들어, 현재 주주의 경우 회사의 주식을 계속 보유할 것인가 아니면 처분할 것인가 하는 의사결정을 해야 하고, 잠재적인 주주들은 이 회사의 주식을 지금 구입할 것인가 여부에 대해 의사결정을 해야 한다. 이러한 의사결정을 하기 위해서는 현재 주식의 가치가 해당 기업의 가치를 제대로 반영하고 있는지 혹은 이 회사의 위험이 어느 정도인지 혹은 이 회사가 이익을 창출할 수 있는 능력이 충분한지 등에 관한 정보를 필요로 할 것이다.

셋째, 주주와 함께 중요한 또 하나의 이해관계자는 현행 및 잠재적인 채권자(creditors)이다. 채권자는 기업에 자금을 직접적으로 대여해주거나 회사가 발행하는 채권을 구입함으로써 회사에 자금을 공급하는 이해관계자이다. 잠재적인 채권자들의 주요 의사결정은 기업에 자금을 제공할 것인지 여부에 대한 의사결정을 해야 하고 기존의 채권자는 회사에 대여한 자금을 지금 회수할 것인가 여부를 결정해야 한다. 이러한 의사결정을 하기 위해서는 회사가 차입한 자금을 지급할 능력을 평가하기 위한 정보를 필요로 한다.

마지막으로 공급업자, 고객, 노조 및 정부기관 등도 이해관계자이다. 공급업자는 이 회사에 원재료를 계속 공급할 것인가 혹은 원재료의 공급가격을 얼마로 할 것인가 등의 의사결정에 필요한 정보를 원하고, 고객은 이 회사가 계속기업으로 존속할 것인가 여부 등에 대한 정보를 원할 것이다. 노동조합의 경우 임금협상을 위해 회사에 대한 정보를 필요로 하고 국세청과 같은 정부기관은 조세의 적정성 여부를 판단하기 위해 기업에 관한 정보를 원할 것이다.

지금까지 회계와 경제활동 및 회계정보이용자에 대하여 설명하였는데, 이를 도표로 표시하면 앞의 <그림 1-1>과 같다.

제 2 절 재무회계와 재무제표

1. 재무회계의 의의

앞에서 살펴보았듯이 회계란 기업의 경제적 활동을 측정하여 이용자의 의사결정에 유용한 정보를 제공하는 일련의 시스템을 말한다. 이에 어떤 정보를 생산할 것인가 하는 문제는 이용자가 어떤 정보를 원하는가에 따라 달라질 것이다. 앞에서 살펴본 이용자 그룹은 크게 내부이용자와 외부이용자로 구분될 수 있다. 내부이용자인 경영자에게 유용한 정보를 제공하기 위해 기업활동을 측정해서 정보를 산출하는 과정이 관리회계이고, 외부이용자에게 유용한 정보를 전달하기 위해 기업활동을 측정해서 정보를 제공하는 과정이 재무회계이다. 즉, 재무회계(financial accounting)란 현행 혹은 잠재적 주주나 채권자 등 외부이해관계자들에게 기업활동에 대한 유용한 정보를 제공하는 것을 목적으로 하는 회계를 말한다. 주로 외부이해관계자가 필요로 하는 회계정보의 생성과 전

그림 1-2 회계학의 영역

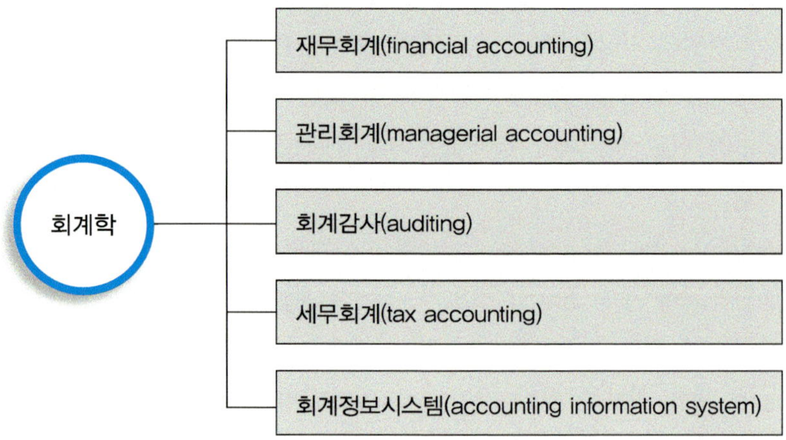

달을 기본적 기능으로 하는 회계라는 점에서 외부보고(external reporting)라고도 한다.

오늘날 자본시장의 발달과 함께 기업의 경영성과와 재무상태를 나타내는 회계정보를 생성하여 이를 필요로 하는 외부이용자에게 전달하는 것은 회계의 가장 기본적인 기능 중 하나라고 할 수 있다. 그러므로 재무회계는 회계에서 가장 중요하고 골격이 되는 회계영역이라고 할 수 있다. 회계학을 이해하기 위해서는 먼저 재무회계를 확실히 이해하여야 한다. 재무회계를 숙지하지 못하고 다른 회계영역을 이해하는 것은 매우 어려운 문제이다.

한편 관리회계(managerial accounting)는 내부이용자인 경영자의 의사결정에 유용한 정보를 제공하는 회계영역이다. 경영자가 기업의 내부이용자라는 점에서 내부보고(internal reporting)라고 할 수 있다.

기업의 경영자는 극심한 경쟁과 불확실성 속에서 제품가격의 결정, 자본의 조달방법, 임금인상, 광고비의 책정, 원료의 조달, 생산공장의 확장과 신규투자의 결정, 새로운 제품의 개발과 시장의 개척 등에 관하여 항상 합리적인 의사결정을 해야 한다. 합리적인 경영의사결정을 하기 위해서는 경영자의 직관이나 지식만으로 가능한 것이 아니며, 의사결정에 적합한 정보를 필요로 한다. 관리회계는 경영의사결정에 유용한 회계정보를 제공하는 것을 목적으로 하는 회계영역이다. 그러므로 유능한 관리회계 담당자가 되기 위해서는 재무회계에 대한 이론과 실무에 대한 지식뿐만 아니라 경영학, 경제학, 수학, 통계학과 계량경제학, 의사결정이론 등 인접 학문에 대한 전문적 지식과 조직적이고 분석적 사고능력을 갖추는 것이 필요하다. 유능한 회계전문가는 재무회계뿐만 아니라 관리회계에 대한 전문적인 능력을 가져야 함은 물론이다.

재무회계와 관리회계 이외의 회계영역으로는 세무보고를 위한 세무회계와 재무회계정보의 신뢰성을 제고하기 위한 회계감사 및 회계정보의 효율적이고 효과적인 생산을 위한 정보시스템에 대해 연구하는 회계정보시스템 영역이 존재한다. 다음에서는 재무회계와 회계학의 다른 영역과의 차이점을 간단하게 살펴보고자 한다.

1.1 재무회계와 관리회계

앞에서 살펴보았듯이 재무회계는 외부이용자를 위한 회계영역이고 관리회계는 내부이용자인 경영자에게 유용한 정보를 제공하는 영역이다. 보고대상인 이용자가 내부인가 아니면 외부인가 하는 문제는 회계방법에서 중요한 차이를 초래한다. 재무회계의 경우 기업활동을 측정해서 정보를 생산하는 사람은 기업 내부 사람인 반면 정보를 이용하는 사람은 기업 외부에 존재한다. 일반적으로 내부의 정보생산자가 외부이용자보다 기업에 대한 정보를 더 많이 보유하고 있으므로 정보생산자와 이용자 간에 정보불균형(information asymmetry)이 존재한다. 따라서 내부 정보생산자와 외부이용자 간에 이해관계의 상충이 필연적으로 존재할 수밖에 없다. 기업 내부의 정보생산자는 기업활동에 대한 보다 많은 지식을 이용하여 가능한 한 기업에 유리한 방향으로 재무회계정보를 생산하려고 하고 외부이용자인 주주나 채권자는 기업에 대한 투명한 정보를 원할 것이다. 이에 따라 재무회계정보의 투명성에 대해 기업 내부생산자와 외부이용자 간에 분쟁이 발생할 가능성이 항상 존재할 수밖에 없다. 이러한 정보불균형에 따른 문제를 해결하기 위해서는 재무회계정보를 생산하는 데 일정한 규칙(rule)이 필요할 수밖에 없는데 이러한 재무회계의 규칙을 일반적으로 인정된 회계원칙(GAAP : Generally Accepted Accounting Principle)이라 한다. 일반적으로 인정된 회계원칙(GAAP)은 재무회계정보를 생산하는 회계방법에 대한 일련의 규칙인데 여기에 대해서는 다음 절에서 상세하게 살펴볼 것이다.

뿐만 아니라 재무회계의 경우 정보생산자와 정보이용자 간에 존재하는 이해관계의 상충으로 인해 보다 객관적인 정보의 생산이 중요하게 되었다. 본질적으로 의사결정은 미래에 관한 것이므로 외부이용자는 기업의 미래에 관한 정보를 원할 것이지만 미래에 관한 재무회계정보가 보고되는 경우 주관이 개입될 가능성이 증대되어 분쟁 가능성이

표 1-1 재무회계와 관리회계

구 분	재무회계	관리회계
주요 이용자	외부이용자	내부이용자인 경영자
보고서 유형	일반목적 보고	특수목적 보고
정보내용	과거 중심	미래 예측
규칙 및 양식	규칙 및 양식 존재	규칙 및 양식 제한 없음
보고주기	분기별 혹은 연차별	수시보고

확대될 여지가 있다. 이에 재무회계는 보다 정보의 객관성을 강조하기 위해 이미 발생한 과거의 사건을 이용하여 정보를 생산하게 되었다.

한편 내부이용자인 경영자를 위한 관리회계에서는 정보의 생산자와 이용자가 모두 기업 내부에 존재하므로 정보불균형이 존재하지 않고 이해관계가 동일하므로 정보의 투명성 여부에 대한 분쟁이 발생하지 않을 것이다. 따라서 재무회계와 달리, 관리회계에서는 정보를 생산하는 방식과 내용에 대해 일정한 규칙을 필요로 하지 않는다. 뿐만 아니라, 관리회계의 경우 정보의 생산자와 이용자 간에 정보불균형이 심각하지 않으므로 정보의 객관성을 강조할 필요가 없게 되므로 경영자의 의사결정에 보다 목적적합한 미래에 대한 예측정보가 더 강조된다.

외부이용자를 위한 회계인 재무회계의 또 다른 특성은 이용자 그룹이 다양한 이해관계자를 포함한다. 현대 자본시장에서 재무회계의 주요 이용자는 현행 및 잠재적 주주나 채권자를 포함하여 공급업자, 소비자(고객) 및 노동조합 등 다양하다. 각 이용자 그룹이 필요로 하는 정보도 다양할 것이다. 예를 들어, 주주나 채권자와 같은 투자자의 경우 투자에 따른 수익률과 투자위험에 관한 정보를 원할 것이고 공급업자나 소비자의 경우 기업의 존속 가능성 등에 관한 정보를 원할 것이다. 주주나 채권자와 같은 투자자의 경우에도 기관투자자와 개인투자자 간에 필요로 하는 정보에 차이가 존재할 수 있다. 이에 재무회계의 경우 외부이용자의 필요에 따라 수시로 목적적합한 정보를 모두 제공하는 것은 현실적으로 어렵기 때문에 외부이용자들이 공통적으로 필요로 하는 주요한 정보(일반목적 재무정보)만을 제공할 수밖에 없고 분기별 혹은 반기별과 같이 주기적으로 정보를 제공할 수밖에 없다. 한편 관리회계에서는 이용자가 경영자 개인이기 때문에 일반목적의 재무정보를 제공할 필요가 없고 경영자의 필요에 따라 목적적합한 정보를 전달하면 되고 보고방법도 수시로 이루어질 수 있다. 재무회계와 관리회계의 특성을 요약하면 <표 1-1>과 같다.

1.2 재무회계와 회계감사

앞에서 살펴보았듯이 재무회계의 주요 특성은 정보이용자와 정보생산자 간에 이해관계가 상충하며 정보불균형이 존재한다는 것이다. 이러한 정보이용자와 정보생산자 간에 이해관계의 상충(conflict of interests)이 존재함에 따라 정보생산자와 정보이용자 간에 분쟁이 발생할 소지가 필연적으로 발생한다. 이러한 분쟁을 해결하기 위해 재무회계에서는 일정한 규칙이 필요하다는 것을 살펴보았다. 그러나 규칙이 존재한다고 해서 모든 분쟁의 여지가 없어지는 것은 아니다. 예를 들어, 권투경기에서 규칙이 있다고 해서 선수 간에 공정한 게임이 보장되는 것은 아니다. 즉, 규칙을 어기면서 반칙을 하는 사람이 나타날 수밖에 없다. 이러한 문제를 해결하기 위해서는 제3자의 입장에서 누가 반칙을 하는지 판정해 줄 심판이 필요하다. 재무회계에서도 정보우위를 점하고 있는 내부생산자가 일정한 규칙에 따라 재무회계를 수행하는지 판정해 줄 심판이 필요한데, 이러한 역할을 수행하는 사람이 회계감사인이며 이들이 수행하는 업무를 회계감사라 한다. 즉, 회계감사(audit of financial statements)란 재무회계정보의 생산자가 일정한 규칙(GAAP)에 따라 재무정보를 생산하여 제공하는지에 대해 충분하고 적합한 증거를 수집하여 독립적인 제3자의 관점에서 감사의견을 표명하는 것을 말한다. 이처럼 재무회계와 회계감사는 서로 밀접한 관련을 갖는 영역이다.

독립적인 감사인이 표명하는 의견은 크게 네 가지로 구분되는데 적정의견, 한정의견, 부적정의견 및 의견거절이 있다. 적정의견(unqualified opinion)이란 경영자가 작성하여 이용자에게 제공하는 재무회계정보(즉, 재무제표)가 GAAP에 따라 중요성의 관점에서 공정하게 작성·표시되었다는 의견이다. 한정의견(qualified opinion)은 재무제표 항목 중 일부 항목을 제외하고는 GAAP에 따라 공정하게 작성·표시되었다는 의견이고 부적정의견(adverse opinion)은 재무제표가 GAAP에 따라 공정하게 작성·표시되지 않았다는 의견이다. 마지막으로 의견거절(disclaimer)은 감사인이 감사를 제대로 수행할 수 없어 의견을 표명할 수 없는 경우에 제시하는 의견이다. 독립적인 감사인이 이러한 재무정보에 대한 감사의견을 제공함으로써 외부이용자에게 전달되는 재무정보의 신뢰성을 제고할 수 있다.

1.3 세무회계 및 회계정보시스템

세무회계(tax accounting)는 개인 또는 법인이 납부해야 할 납세액의 결정과 관련된 회계 및 세법에 대한 이론과 실무를 연구하는 회계영역이다. 모든 경제주체는 세법의 정하는 바에 따라 반드시 세금을 내야 한다. 모든 개인은 물론 법인이 출생(설립)함으로부터 시작하여 무덤에 이를 때(해산)까지 세금은 항상 따라 다닌다고 할 수 있으며, 세금을 과세하는 과세관청과 세금을 내는 납세자 간에는 항상 갈등과 긴장관계가 있기 마련이다. 그러므로 공정한 납세는 민주주의 국가에서 가장 중요한 문제이며 동시에 합리적 조세정책은 자본주의 경제체제에서 매우 중요한 정책수단의 하나라고 할 수 있다.

세금은 납세자의 소득에 과세되는 소득세, 재화나 서비스의 거래단계에서 과세되는 특별소비세 또는 부가가치세 외에도 많은 종류의 세금들이 있는데, 특히 법인의 과세소득에 대해 과세되는 법인세는 기본적으로 재무회계 기록을 근거로 하여 산출되기 때문에 재무회계와 세법과는 깊은 관계를 가지고 있다. 그러므로 회계전문가는 합리적인 조세부담을 위해서 재무회계와 세법의 내용 그리고 재무회계와 납세액의 계산과의 관계를 잘 이해하고 있어야 한다. 또한 세법상에는 재정경제 정책적 목적으로 규정된 여러 가지 조항들이 있기 때문에 회계전문가는 이에 대한 내용을 잘 이해하고 이에 따른 합리적 조세부담정책(tax planning)도 수립할 수 있어야 한다. 이런 문제들을 연구하는 것이 세무회계 영역이다.

재무회계와 세무회계의 주요 차이는 정보를 산출하는 목적의 차이에 기인한다. 재무회계는 외부이용자들을 위한 회계이므로 외부이용자의 투자의사결정에 유용한 정보를 제공하는 회계방식에 초점을 맞추는 반면, 세무회계는 법인이 부담할 수 있는 과세지급능력에 대한 고려가 필요하다. 이에 재무회계는 주로 발생주의에 입각하여 재무보고를 하고 세무회계는 발생주의뿐만 아니라 법인이 세금을 납부할 수 있는 능력인 현금의 보유 여부를 고려한다. 특히 세무회계는 재정정책의 일환으로 사용되기 때문에 다양한 정책적 요소가 개입될 가능성이 그만큼 커진다.

회계정보시스템(accounting information system)은 정보이용자들에게 그들이 필요로 하는 정보를 효과적으로 전달하기 위한 기술과 시스템을 연구하는 회계영역이다. 정보의 효율적 생성과 전달을 위한 시스템의 분석과 평가, 시스템의 설계(system design) 및 시스템의 관리 등이 주요 연구대상이다. 최근에 정보기술의 급속한 발전으로 인하여 이 분야에 대한 연구과제가 더욱 커지고 있다고 할 수 있으며, 이 분야에 대한 연구를 위해서는 기본적으로 회계에 대한 지식 위에 정보기술과 정보시스템에 대한 전문적 지식이 요구된다. 이러한 회계정보시스템은 재무회계를 포함하여 모든 회계 영역과 관련되는 시스템을 설계하고 관리하는 영역이다.

2. 재무회계와 재무제표

재무회계는 외부이용자에게 유용한 정보를 전달하는 것을 목적으로 하는 회계영역으로 이때 외부이용자에게 재무정보를 전달하는 주요 수단이 바로 재무제표이다. 앞에서도 살펴보았듯이 외부이용자 그룹은 매우 다양하며 필요로 하는 정보도 다양하다. 예를 들어, 잠재적 투자자나 기존의 주주들은 주식가격을 예측하는 데 필요한 정보인 회사의 재무상태나 재무성과에 대한 정보를 수요할 것이고, 채권자그룹은 제공한 자금과 이자를 갚을 능력을 평가하는 데 필요한 정보를 수요할 것이며, 소비자들은 자기가 구입한 제품에 대한 하자보상 문제나 기업의 사회적 책임 등에 대한 정보에 대해서 관심을 가질 것이다. 재무회계에서 이러한 다양한 정보수요를 모두 충족시키는 것은 현실적으로 불가능할 것이다. 이처럼 재무회계의 경우 다양한 이용자의 다양한 정보수요를 모두 충족시킬 수 없으므로 외부이용자들의 공통적인 정보수요를 충족시킬 수밖에 없다. 이와 같이 다양한 외부이용자의 공통적인 정보수요를 충족시키기 위한 재무회계를 일반목적재무보고라 한다. 이러한 일반목적재무보고의 주요 수단이 바로 재무제표이다.

재무제표(financial statements)란 기업에 관한 재무정보를 외부이용자에게 전달하는 핵심적인 일반목적의 재무보고수단으로 재무상태표, 포괄손익계산서, 현금흐름표, 자본변동표 및 관련 주석(footnotes)을 말한다. 이 네 개의 재무제표를 기본재무제표(primary financial statements)라 한다.

재무상태표(statement of financial position 혹은 balance sheet)는 기업의 재무상태, 즉 화폐금액으로 표현된 기업의 건강상태에 관한 정보를 전달하는 재무제표이다. 여기에는 자산, 부채 및 자본이 포함된다. 포괄손익계산서(comprehensive income statement)는 기업의 경영성과에 대한 정보를 전달하기 위한 보고서로서 기업이 벌어들인 수익과 비용을 대조하여 당기순이익과 총포괄손익에 관한 정보를 전달한다. 현금흐름표(statement of cash flows)는 기업의 현금이 어떻게 유입되고 어떻게 사용되었는지를 기업활동별(영업활동, 투자활동, 재무활동)로 보고하는 보고서이다. 자본변동표(statement of shareholders' equity)는 주주의 지분인 회사의 자본이 어떤 요인으로 인해 변동했는지를 보여주는 보고서이다. 마지막으로 주석(footnotes)은 지금까지 설명한 보고서를 이해하는 데 필요한 정보를 서술 형식이나 표를 이용하여 추가적으로 전달하는 각주를 말한다.

제 3 절 재무회계와 일반적으로 인정된 회계원칙

1. 일반적으로 인정된 회계원칙

앞에서 살펴보았듯이 재무회계의 경우 재무회계정보를 생산하는 주체는 경영자로서 기업 내부인이고 재무회계정보를 이용할 사람은 투자자나 채권자를 포함한 외부이용자이므로 정보생산자와 정보이용자 간에는 정보의 불균형이 존재한다. 즉, 정보생산자는 기업 내부에 대해서 잘 알고 있지만 외부이용자는 기업이 제공하는 재무회계정보에 의존할 수밖에 없다. 따라서 재무회계에서는 정보의 생산자와 이용자 간에 이해관계의 상충이 필연적으로 존재할 수밖에 없는 것이다. 정보의 생산자는 우월한 정보를 이용하여 재무상태나 경영성과를 좋게 보이려고 할 것이고 정보이용자는 회사의 실제 상황에 대한 정보를 원할 것이다. 따라서 재무회계에서는 정보의 생산자와 이용자 간의 이해상충 문제를 해결하기 위해서 재무정보를 생산하는 방식에 대한 일련의 규칙에 대한 수요가 자연적으로 발생하게 된다. 이러한 규칙을 일반적으로 인정된 회계원칙이라 한다. 재무회계를 학습하고자 하는 독자들은 이러한 회계기준인 일반적으로 인정된 회계원칙을 학습하여야 하는데 본서의 주요 목적도 이러한 일반적으로 인정된 회계원칙을 쉽게 설명하여 소개하는 것이다.

"일반적으로 인정된 회계원칙(GAAP, generally accepted accounting principles)"이란, 일반적으로 타당하다고 공식적으로 인정된 회계실무상의 규범이라고 정의할 수 있다. "일반적으로 타당하다고 인정된"이라는 것은 "**권위 있는 기관에 의하여 실질적으로 인정**(substantial authoritative support)"된 것임을 의미하는데, 이것은 회계전문가집단과 이해관계자집단의 합의에 따라 설립된 회계기준설정기관에 의하여 공식적으로 발표된 회계기준을 말한다. 미국에서는 현재 순수한 민간기구인 「재무회계기준심의회」(FASB, Financial Accounting Standards Board)가 회계기준의 설정권한을 가지고 있다. 국제회계기준위원회의 경우는 「국제회계기준심의회」(IASB, International Accounting Standards Board)가 국제회계기준의 설정권한을 가지고 있다.

모든 회계주체들이 준수해야 할 이러한 회계기준을 누가 결정할 것인가 하는 것은 매우 중요한 문제이다. 우리나라의 회계기준은 그동안 정부기관의 하나인 「증권감독원」 또는 「금융감독원」 등 공적기관이 그 설정권한을 가지고 있었으나 1999년에 민간기구의 하나로 설립된 「한국회계기준원」(KAI, Korea Accounting Institute) 산하의 「한국회계기준위원회」(KASB, Korea Accounting Standards Board)로 이관됨으로써 오랫동안 정부 주도하에 설정되어 오던 회계기준이 미국 등 선진국가에서와 마찬가지로 민간부문(private sector)인 전문가단체에 의하여 설정되게 된 것은 커다란 변화라고 할 수 있다.

일반적으로 인정된 회계원칙의 의미와 특징을 요약하면 다음과 같다.

★
① 회계실무에서 모든 회계주체들이 준수해야 하는 규범이다.
② 회계전문가집단과 이해관계자집단에 의하여 공식적으로 인정된 기준이다.
③ 기업환경의 변화에 따라 계속적으로 변화 적응되어야 한다. 이 점에서 도덕규범 또는 법규범과 차이가 있다.

회계의 대상이 되는 기업의 경영활동이나 경제현상은 항상 끊임없이 변화하는 것이므로 일반적으로 인정된 회계원칙은 불변의 법칙이나 원리, 또는 도덕적 규범이나 법률과 같은 것이 될 수 없으며, 항상 회계의 대상과 환경의 변화에 따라 계속하여 변화하는 속성을 가진다. 재무회계정보가 회계기준을 준수하지 않고 작성되는 경우에 이는 신뢰할 수 없는 정보로 판정되며, 이렇게 되면 결국 정보이용자에게 중대한 영향을 미치게 되므로 회계정보를 생산하는 회계담당자(accountants)는 물론이고, 회계정보를 이용하는 이해관계자 및 회계와 관련된 사람들은 「GAAP」의 내용을 잘 숙지하는 것이 매우 중요하다.

2. GAAP과 회계투명성

독자 여러분은 여러 매체를 통해 분식회계 혹은 회계투명성이라는 용어를 많이 들었을 것이다. 분식이란 분으로 장식한다는 뜻으로, 분식회계란 회계 숫자에 분칠을 해서 예쁘게 꾸민다는 뜻이다. 그러나 이러한 분식회계는 회계학에서 공식적으로 사용하는 용어는 아니다. 회계학에서는 이를 부정한 재무보고(fraudulent financial reporting)라 한다. 즉, 회계를 부정한 방법으로 수행해서 이용자를 오도하려는 행위를 부정한 재무보고라 한다. 이러한 부정한 재무보고가 없는 경우가 회계투명성에 해당할 것이다. 여기에서 투명성(transparency)이란 "속까지 비치어 환하다"는 뜻이며, 속까지 비치어 환하게 될 수 있는 투명한 회계보고란, 사실을 거짓으로 꾸미지 아니하고 사실대로 진실하게 작성된 회계보고를 의미한다. 그렇다면 어떻게 기업의 재무상태와 경영성과를 사실대로 진실하게 보고할 수 있는가? 항상 변화무쌍한 기업의 경제현상을 "진실"하게 측정하고 보고한다는 것은 매우 어려운 문제이며, 때에 따라서는 거의 불가능한 경우도 있는 것이다. 예컨대, 기업의 "진실한 순이익"은 무엇이며 어떻게 측정할 수 있는가? 일반적으로 사회과학에서는 사회현상 또는 경제현상을 진실하게 측정한다는 것은 매우 어려운 것이다.

이런 점에서 회계에서의 투명한 회계보고란 "진실한 회계보고"를 의미하기보다는 "신뢰할 수 있는 회계보고"를 의미한다. 여기에서 신뢰할 수 있는(reliable) 회계보고란 "「GAAP」에 따라 작성된 회계보고"를 의미하는 것이다. 그러므로 회계담당자들은 모든 회계보고를 「GAAP」에 따라 작성하여야 하며, 기업에서 보고하는 회계보고가 「GAAP」에 따라 작성된 것이면 신뢰할 수 있는 회계보고로 인정되는 것이고, 신뢰할 수 있는 회계보고가 곧 투명한 회계보고가 되는 것이다. 결국 투명한 회계보고의 기준은 회계보고가 「GAAP」에 따라 작성되었는가 여부에 달려 있는 것이며, 공인회계사의 기본적인 기능은 기업의 회계보고가 「GAAP」에 따라 작성되었는가 여부를 독립적이고 객관적인 입장에서 확인해 주는 일이다.

3. 우리나라의 일반적으로 인정된 회계원칙

우리나라에서 최초의 일반적으로 인정된 회계기준은 1958년에 재무부 고시로 공표된 「기업회계원칙」이다. 이 「기업회계원칙」은 1960~1970년대에 수차례의 개정을 하다가 1981년에 기존의 「기업회계원칙」, 「재무제표규칙」, 「상장법인 등의 회계처리에 관한 규정」 및 「상장법인 등의 재무제표에 관한 규칙」 등을 「기업회계기준」으로 통합하였다. 그 후에 「기업회계기준」은 기업환경의 변화와 회계의 국제화 정책에 따라 여러 차례 개정을 거쳐 오늘에 이르고 있다. 그러나 1999년에 「회계연구원(회계기준원으로 명칭이 변경됨)」이 설립된 이후에는 기존의 「기업회계기준」 본문의 개정은 더 이상하지 않고 「기업회계기준」의 개정과 새로운 기준의 설정 등 모든 회계기준은 「기업회계기준서」라는 형태로 발표되게 되었다. 그러나 최근에 국제회계기준을 전면적으로 도입하기로 하고 국제회계기준을 번역한 "한국채택국제회계기준(K-IFRS)"을 발행하기 시작하였다. 즉, 현재 우리나라의 경우 「기업회계기준」, 「기업회계기준서」 및 「한국채택국제회계기준」이 혼재하는 형태이다. 2011년부터 상장기업은 한국채택국제회계기준에 입각하여 재무제표를 작성해야 하지만 비상장 중소기업의 경우 기존의 기업회계기준(이하에서는 일반기업회계기준이라 함)을 계속 적용할 수 있으므로 당분간 우리나라에서 일반적으로 인정된 회계원칙의 다중성이 지속될 것으로 보인다. 지금까지 발표된 기업회계기준서나 기업회계기준 및 각종 해석서, 한국채택국제회계기준은 한국회계기준원 홈페이지(http://kasb.or.kr)에 접속하면 그 내용을 상세하게 알 수 있다. 본서는 특별한 언급이 없으면 한국채택국제회계기준에 입각하여 회계방법을 설명할 것이다.

요약하면 한국채택국제회계기준을 채택한 이후 우리나라의 일반적으로 인정된 회계원칙은 크게 ① 한국채택국제회계기준, ② 일반기업회계기준 및 ③ 특수분야회계기준으로 대별된다. 한국채택국제회계기준(K-IFRS)은 상장기업이 2011년부터 의무적으로 채택해야 하는 회계원칙을 말한다. 이에 비해 일반기업회계기준은 외부감사를 받아야 하는 법인 중에서 상장되지 않은 기업에 적용되는 회계원칙이다. 마지막으로 특수분야회계기준은 관계법령 등의 요구사항이나 우리나라에 고유한 거래나 기업환경 등의 차이를 반영하기 위하여 회계기준위원회가 제정하는 회계기준으로 '기업구조조정투자회사', '집합투자기구', '신탁업자의 신탁계정' 등이 여기에 포함된다. 다음에서는 한국채택국제회계기준에 대해 좀 더 상세하게 살펴보기로 한다.

1) 한국채택국제회계기준의 구성

한국채택국제회계기준은 기업회계기준서와 기업회계기준해석서를 포함한다. 한국채택국제회계기준에 포함되는 기업회계기준서는 국제회계기준을 번역하여 제정된 회계원칙인데 그 근간이 되는 국제회계기준은 크게 IAS(International Accounting Standards)와 IFRS(International Financial Reporting Standards)로 구분된다. IAS는 국제회계기준위원회(International Accounting Standards Committee: IASC)라는 초창기의 국제회계기준 제정단체에서 발표한 국제회계기준이고 IFRS는 최근에 IASC 조직이 IASB(International Accounting Standards Board)로 조직을 개편한 이후에 발행된 국제회계기준을 말한다. 한국채택국제회계기준을 구성하는 기업회계기준서의 일련번호는

표 1-2 우리나라 GAAP의 구조

		한국채택국제회계기준	일반기업회계기준	특수분야회계기준
기준서	IAS	1001호 - 1099호	3001호 - 3999호	5001호 - 5999호
	IFRS	1101호 - 1999호		
해석서	SIC	2001호 - 2099호	4001호 - 4999호	6001호 - 6999호
	IFRIC	2101호 - 2999호		

IAS를 번역한 경우 1001호부터 1099호까지 번호가 부여되고 IFRS를 번역한 경우 기업회계기준서는 1101호부터 1999호까지 번호가 부여된다.

한국채택국제회계기준을 구성하는 또 하나의 구성요소는 '기업회계기준해석서'이다. '기업회계기준해석서'는 기업회계기준서에서 명시적으로 언급되지 않은 새로운 재무보고 문제에 대한 지침을 제공한다. 이러한 '기업회계기준해석서'의 근간이 되는 국제회계기준해석서도 SIC와 IFRIC 두 가지를 포함한다. SIC는 Standing Interpretations Committee가 발표한 해석서이고, IFRIC는 International Financial Reporting Interpretations Committee가 발표한 해석서이다. SIC에 대응하는 기업회계기준해석서의 일련번호는 2001호부터 2099호까지를 사용하고, IFRIC에 대응하는 기업회계기준서는 2101호부터 2999호까지 사용한다.

일반기업회계기준의 경우에도 기준서와 해석서에 일련번호를 사용할 수 있도록 기준서에 3001호부터 3999호까지, 해석서에 4001호부터 4999호까지 일련번호가 배당되어 있으나 아직은 일련번호가 부여되지 않았다. 특수분야회계기준에도 5001호부터 6999호까지 일련번호가 배정되어 있으나 아직은 시행하지 않고 있다. 지금까지 살펴본 우리나라의 일반적으로 인정된 회계원칙의 구조는 <표 1-2>와 같다.

2) 한국채택국제회계기준의 특징

여기서는 새롭게 도입된 한국채택국제회계기준의 주요 특징을 기존의 일반기업회계기준과의 차이점을 통해 살펴보고자 한다.

먼저 한국채택국제회계기준을 도입하기 전 우리나라의 일반기업회계기준은 특정 거래나 사건에 대하여 구체적인 회계처리방법과 절차를 구체적으로 규정하는 규칙중심(rule-based)의 회계원칙이다. 그러나 한국채택국제회계기준의 중요한 특징 중 하나는 상세하고 구체적인 회계방법을 규정하기보다는 회계처리의 기본원칙을 강조하는 원칙중심(principle-based)의 회계원칙이다. 예를 들어, 포괄손익계산서의 보고양식의 경우 구체적으로 어떤 양식으로 보고하여야 한다는 구체적인 규정 없이 기본적으로 포함되어야 할 항목만을 규정할 뿐이다. 일반기업회계기준의 경우 손익계산서상의 매출원가의 계산방법, 매출총이익의 계산, 영업이익의 구분계산 등 특정 항목이 손익계산서에 어떻게 보고되어야 하는지에 대해 구체적으로 정하고 있으나, 한국채택국제회계기준은 포괄손익계산서에 포함되어야 할 항목을 포괄적으로 명시할 뿐 어떤 양식으로 손익계산서가 작성되어야 하는지에 대한 구체적인 규정이 없다. 이처럼 원칙중심의 회계원칙이 갖는 특징은 회계담당자의 주관이 개입될 여지가 증가하여 회계담당자의 전문성이 중요하게 된다.

한국채택국제회계기준의 두 번째 특징은 경제적 실질(economic substance)을 강조한다. 경제적 사건의 실질은 법적 형식이나 외관상의 형식과 항상 일치하는 것은 아니다. 예를 들어, 주식 중에서 상환우선주를 살펴보자. 상환우선주는 법적 형식상 주식에 해당하며 일반기업회계기준의 경우 이러한 상환우선주를 발행한 기업의 경우 이를 자본으로 분류한다. 그러나 상환우선주는 만기가 있고 상환이 가능하므로 경제적 실질을 고려하면 부채에 가깝다. 한국채택국제회계기준에 따르면 이와 같이 특정 사건의 법적인 형식보다는 그 사건이 갖는 경제적 실질을 반영하여 회계처리 하는 방법을 강조한다.

세 번째 한국채택국제회계기준은 자산과 부채에 대해 공정가치(fair value)에 따른 평가를 상대적으로 강조한다. 일반기업회계기준의 경우 재무정보의 신뢰성을 확보하기 위해 자산과 부채를 취득원가에 입각하여 일반적으로 회계처리 한다. 그러나 한국채택국제회계기준은 회계정보이용자에게 유용한 정보를 제공한다는 측면에서 자산과 부채를 공정가치로 평가하는 방법을 권장한다. 예를 들어, 한국채택국제회계기준에 따르면 유형자산과 무형자산의 경우에도 공정가치에 따른 평가방법이 허용된다.

마지막으로 한국채택국제회계기준은 연결재무제표를 주요 재무제표로 한다. 일반기업회계기준에서는 각 기업의 개별재무제표를 중심으로 재무보고를 하고 연결재무제표는 부수적으로 공시하였으나 한국채택국제회계기준은 연결재무제표를 주요 재무제표로 공시하도록 하고 있다. 즉, 실질적으로 지배하는 자회사가 있는 경우 이러한 자회사의 재무제표를 모회사의 재무제표에 연결하여 연결재무제표를 주요 재무제표로 공시한다. 지금까지 살펴본 한국채택국제회계기준과 일반기업회계기준과의 주요 차이점을 요약하면 <표 1-3>과 같다.

표 1-3 한국채택국제회계기준과 일반기업회계기준의 주요 차이

구 분	한국채택국제회계기준	일반기업회계기준
회계원칙	원칙중심: 포괄적인 회계원칙	규칙중심: 구체적인 회계원칙
형식과 실질	경제적 실질을 보다 강조: 상환우선주의 경우 부채로 처리	상환우선주를 자본으로 처리
평가	공정가치 평가 강조	취득원가 중심 (예외적으로 공정가치 평가 허용)
공시체계	연결재무제표 중심으로 공시	개별재무제표를 중심으로 공시

4. 미국의 회계기준

미국에서는 일반적으로 인정된 회계기준의 설정을 1973년에 창설된「재무회계기준심의회」(FASB, Financial Accounting Standards Board)에서 담당하고 있다. 이 기관은 회계와 관련된 이해관계집단의 출연에 의하여 설립된 순수한 민간전문가기관이라 할 수 있다. 이 기관에서 발표하는「재무회계기준서」(SFAS, Statements of Financial Accounting Standards)가 곧 미국에서 기업들이 준수해야 하는 회계기준인 것이다.「FASB」는 지금까지 방대한 분량의「재무회계기준서」를 발표하였으며 이 기준서들은 세계 각국의 회계기준의 모델이 되고 있다고 볼 수 있다. 우리나라에서 2000년에 신설된「회계기준위원회」는 기본적으로 미국의「FASB」를 모델로 하여 설립된 것이라 할 수 있다.

「FASB」 이전의 미국의 회계기준으로는 1959년부터 1972년까지 미국공인회계사회(AICPA, American Institute of Certified Public Accountants) 산하의「회계원칙심의회」(APB, Accounting Principles Board)에서 발표한 31개의「회계원칙심의회 의견서」(APB Opinions)와 1939년부터 1958년까지「회계절차위원회」(CAP, Committee on Accounting Procedure)에서 발표한 53개의「회계연구공보」(Accounting Research Bulletins) 등이 있다.

연습문제

EXERCISES

서술형

1. 회계의 기본적 기능은 무엇인지 설명하시오.
2. 전통적인 회계와 비교하여 현대회계는 어떤 특징이 있는지 설명하시오.
3. 회계의 영역에 대해 설명하시오.
4. 재무회계의 특징은 무엇인지 설명하시오.
5. 관리회계의 특징은 무엇인지 설명하시오.
6. 회계정보이용자에 대해 설명하시오.
7. 재무회계에서 「GAAP」이 무엇인지 설명하고 왜 필요한지를 설명하시오.
8. 기업의 활동을 재무활동, 투자활동, 영업활동으로 분류하는데 각 활동에 대해 설명하고 그 예를 제시하시오.
9. 우리나라의 「GAAP」에 대하여 설명하시오.
10. 재무제표가 무엇인지 설명하시오.
11. 「FASB」에 대하여 설명하시오.
12. 「국제회계기준위원회」에 대하여 설명하시오.
13. 회계의 투명성이란 무엇인지 설명하시오.
14. 자본주의 사회에 있어서 공인회계사의 역할은 무엇인지 설명하시오.
15. 감사의견의 4가지 유형을 설명하시오.
16. 「SFAS」에 대하여 설명하시오.
17. 「IAS 혹은 IFRS」란 무엇인지 설명하시오.
18. 한국회계기준원의 목적과 기능에 대하여 조사하시오.
19. 현재까지 발표된 「한국채택국제회계기준서」는 어떤 것들이 있는지 조사하시오.
20. 일반기업회계기준과 한국채택국제회계기준의 주요 차이점을 설명하시오.
21. 우리나라의 경우 상장된 회사들의 재무제표는 전자공시시스템(DART)에 공시되고 있다. 금융감독원 홈페이지에서 삼성전자의 재무제표를 찾아 다음 물음에 답하시오.
    1) 주요 재무제표의 명칭
    2) 외부감사인의 명칭과 감사의견
    3) 자산금액, 부채금액 및 자본금액

4) 당기순이익 금액과 주당순이익(EPS)
5) 현금흐름표상 영업활동으로부터 현금
6) 당기순이익과 영업활동으로부터의 현금 금액이 서로 다른 이유
7) 자본변동표상 배당금액

재무보고를 위한 개념체계

02

제 1 절 재무보고를 위한 개념체계의 개요

1. 재무보고를 위한 개념체계의 의의와 필요성

재무회계에서 '개념체계(conceptual framework)'란 외부이용자를 위한 재무보고의 기초가 되는 개념을 체계적으로 정리한 것이다. 즉, 재무회계는 외부이용자를 위한 회계이므로 개념체계는 재무보고의 목적이 무엇이고 이러한 목적을 달성하기 위해서 재무정보가 어떤 특성을 갖추어야 하며 재무보고서에 포함될 기본적인 구성요소와 이들에 대한 측정과 인식 문제 등 재무회계의 개념적 기초를 제공한다. 그러나 개념체계 자체가 일반적으로 인정된 회계원칙에 속하는 것은 아니다. 일반적으로 인정된 회계원칙(GAAP)은 회계실무의 지침으로서 회계실무에 있어 반드시 준수해야 하는 구체적인 규범인데 비해, 개념체계는 회계실무상의 문제 해결 또는 회계기준 제정에 있어 준거가 되는 개념적 · 이론적 기초를 제공할 뿐이며 **어떠한 경우에도 특정 한국채택국제회계기준에 우선하지 않는다.**

미국에서 1960년대 이후에 기업환경의 급격한 변화에 따라 재무회계의 기초가 될 수 있는 개념체계의 필요성이 제기되어 1973년에 「재무회계기준심의회」(Financial Accounting Standards Board, FASB)를 창설하면서 재무회계개념체계의 정립이 가장 중요한 사업의 하나로 채택되었다. 1978년에 「재무회계개념보고서 제1호」(Statements of Financial Accounting Concept, No.1)의 발표를 시작으로 하여 이후 수년에 걸쳐 「재무회계개념보고서 제6호」까지 계속 발표되었고, 최근에는 「재무회계개념보고서 제7호」가 발표된 바 있다.

우리나라에서도 미국에서와 같은 재무회계개념체계의 정립이 필요하다는 주장에 따라 「회계기준위원회」에서 「재무회계개념체계」를 완성하여 2003년 12월 4일에 발표하였다. 그러나 이것은 우리나라 고유의 것이라고 할 수는 없고, 기본적으로 미국의 재무회계개념체계와 「국제회계기준위원회(IASB)」의 개념체계를 근간으로 하여 작성된 것이다.

한국회계기준원 「회계기준위원회」는 2011년 7월 「재무보고를 위한 개념체계」를 제정하여 발표하였는데, 이는 국제회계기준위원회가 2010년에 발표한 「재무보고를 위한 개념체계(The Conceptual Framework for Financial Reporting 2010)」에 대응되는 한국어본이다. 이후 2018년 12월 21일의 전면개정을 통하여 현재의 개념체계를 완성하고 2019년 공포하였다.

현재의 「재무보고를 위한 개념체계」(이하 간략하게 「개념체계」로 칭한다)에 따르면 개념체계의 위상과 목적은 다음과 같다.

(1) 회계기준위원회가 일관된 개념에 기반하여 한국채택국제회계기준을 제·개정하는 데 도움을 준다.
(2) 특정 거래나 사건에 적용할 회계기준의 부재시 재무제표 작성자가 일관된 회계정책을 개발하는 데 도움을 준다.
(3) 모든 이해관계자가 회계기준을 이해하고 해석하는 데 도움을 준다.
(4) 재무보고를 위한 개념체계는 회계기준이 아니다. 따라서 이 개념체계의 어떠한 내용도 회계기준이나 회계기준의 요구사항에 우선하지 아니한다. 따라서, 일반목적재무보고의 목적을 달성하기 위해 회계기준위원회는 개념체계의 관점에서 벗어난 요구사항을 정할 수 있으며 해당 기준서는 그 결론도출근거에 대해 설명할 것이다.
(5) 개념체계는 회계기준위원회가 관련 업무를 통해 축적한 경험을 토대로 수시로 개정될 수 있다. 다만, 개념체계의 개정으로 회계기준이 개정되는 것은 아니며 회계기준의 개정은 회계기준위원회의 정규절차에 의해 이루어진다.
(6) 개념체계는 회계기준위원회의 공식 임무인 회계기준의 개발에 기여한다. 이는 자본시장의 투명성, 책임성, 효율성을 향상시켜 공공이익에 기여한다.

2. 재무보고를 위한 개념체계의 범위

재무회계의 이론적 기초를 구성하는 재무보고를 위한 개념체계는 총 8개의 장으로 구성되어 있다. 각 장은 다음의 내용을 포함하고 있다.

(1) 일반목적재무보고의 목적
(2) 유용한 재무정보의 질적특성
(3) 재무제표와 보고기업
(4) 재무제표의 요소
(5) 인식과 제거

그림 2-1 재무보고를 위한 개념체계의 범위

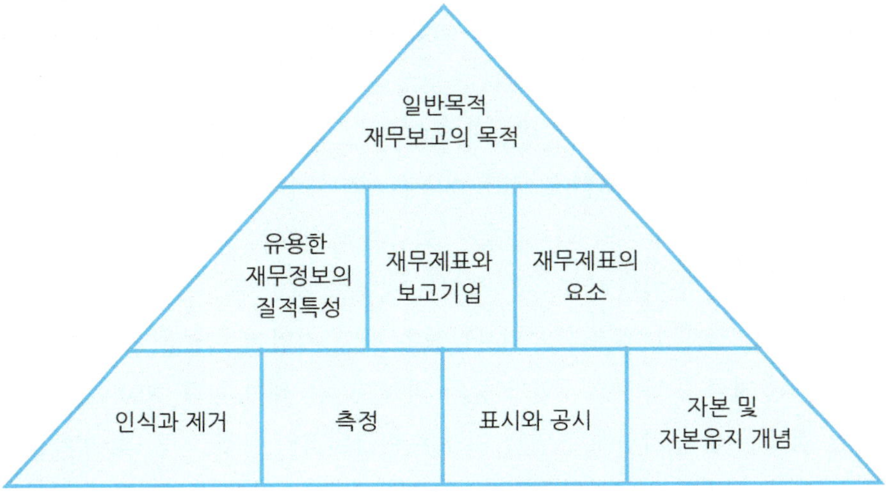

(6) 측정

(7) 표시와 공시

(8) 자본 및 자본유지 개념

이러한 개념체계의 범위를 요약하면 <그림 2-1>과 같다.

다음에서는 개념체계를 구성하는 각 측면들의 내용을 차례로 살펴보기로 한다.

제 2 절 재무보고의 목적

1. 일반목적재무보고의 목적

재무회계는 주주나 채권자를 포함한 다양한 외부이용자에게 보고기업에 관한 재무정보를 전달하는 정보시스템이다. 외부이용자의 범위는 주주나 채권자를 포함하여 매우 다양하므로 모든 외부이용자의 구체적인 정보 요구를 충족시키기는 어려우므로 다양한 외부이용자 중에서 어떤 이용자 그룹을 주요 고객으로 할 것인가를 정해야 하며 이들이 원하는 공통적인 정보수요를 파악해야 한다. 현재의 「개념체계」에 따르면 다양한 외부이용자 중에서 현재 및 잠재적 투자자 및 채권자를 주요 이용자로 포함하고 있으며 이들의 다양한 정보수요 중에서 공통적으로 수요되는 정보를 전달하는 수단이 일반목적재무보고서이다. 따라서 일반목적재무보고의 목적은 현재 및 잠재적 투자자나 채권자의 의사결정에 유용한(useful) 재무정보를 제공하는 것이다.

현재 및 잠재적 주주의 의사결정은 회사가 발행하는 주식을 구입할 것인가 혹은 계속 보유할 것인가 아니면 보유한 주식을 처분할 것인가 등에 관한 의사결정을 해야 하고, 현재 및 잠재적 채권자의 의사결정은 해당 기업에 자금을 제공할 것인가 혹은 이미 제공된 자금을 회수할 것인가 등의 의사결정을 해야 한다. 이러한 의사결정에 핵심적인 정보는 해당 기업에 유입될 미래 순현금유입의 금액, 시기 및 불확실성 정도에 관한 것이다. 따라서 재무보고의 주요 목적은 현재 및 잠재적 투자자나 채권자가 기업에 유입될 순현금유입의 금액, 시기 및 불확실성에 대한 전망을 평가하는 데 도움을 주는 정보를 제공하는 것이다. 「개념체계」에 따르면, 현재 및 잠재적 투자자나 채권자가 미래 순현금유입에 대한 전망을 평가하기 위하여 기업의 자원, 기업에 대한 청구권, 그리고 기업의 경영진이 기업의 자원을 사용하는 그들의 책임을 얼마나 효율적이고 효과적으로 이행해 왔는지에 대한 정보를 필요로 한다.

현재의 많은 투자자와 채권자는 그들에게 직접 정보를 제공하도록 기업에 요구할 수도 없으므로 그들이 필요로 하는 재무정보의 많은 부분을 일반목적재무보고서에 의존해야 한다. 그러나 일반목적재무보고는 투자자와 채권자가 필요로 하는 모든 정보를 제공하지 않으며, 보고기업의 가치를 보여주기 위해 고안된 것도 아니다. 단지 일반목적재무보고는 투자자와 채권자가 보고기업의 가치를 추정하는 데 도움이 되는 정보를 제공한다. 정보이용자에게 전달되는 재무보고서는 정확한 서술보다는 상당 부분 추정, 판단 및 모형에 근거하는데, 「개념체계」는 그 추정, 판단 및 모형의 기초가 되는 개념을 정한다.

2. 일반목적재무보고서

「개념체계」에 따르면 일반목적재무보고서는 현재 및 잠재적 투자자나 채권자가 미래 현금순유입의 금액, 시기 및 불확실성에 대한 전망을 평가하는 데 유용하도록 두 가지 유형의 정보를 전달한다. 첫 번째 유형은 재무상태에 관한 정보, 즉 기업의 경제적 자원과 청구권에 대한 정보이다. 두 번째 유형은 기업의 경제적 자원과 청구권을 변동시키는 거래와 그 밖의 사건의 영향에 대한 정보이다. 다음에서는 이러한 두 유형의 정보가 투자자나 채권자가 미래 현금순유입액에 대한 전망을 평가하는 데 어떻게 유용한지를 살펴본다.

2.1 경제적 자원과 청구권

보고기업의 경제적 자원(자산)과 청구권(부채 및 자본)의 성격 및 금액에 대한 정보는 정보이용자가 보고기업의 재무적 강점과 약점을 식별하는 데 도움을 준다. 이러한 정보는 정보이용자가 보고기업의 유동성과 지급능력, 추가적인 자금 조달의 필요성 및 그 자금 조달이 얼마나 성공적일지를 평가하는 데 도움을 줄 수 있다. 또한 현재 청구권의 우선순위와 지급 요구사항에 대한 정보는 정보이용자가 보고기업에 청구권이 있는 주체들 간에 미래 현금흐름이 어떻게 분배될 것인지를 예상하는 데 도움을 준다.

2.2 경제적 자원과 청구권의 변동

보고기업의 경제적 자원과 청구권의 변동은 그 기업의 재무성과, 그리고 주식이나 채권의 발행과 같은 그 밖의 사건이나 거래에서 발생한다.

특정 기간의 재무성과에 대한 정보는 기업의 과거 및 미래 순현금유입 창출 능력을 평가하는 데 유용하다. 이러한 정보는 보고기업이 이용가능한 경제적 자원을 증가시킨 정도, 그리고 그 결과로 투자자와 채권자로부터 직접 추가적인 자원을 획득(자금조달)하지 않고 영업을 통하여 순현금유입을 창출할 수 있는 능력을 증가시킨 정도를 보여준다. 이와 같이 기업의 재무성과에 대한 정보는 그 기업의 경제적 자원에서 해당 기업이 창출한 수익을 정보이용자가 이해하는 데 도움을 준다. 기업이 창출한 수익에 대한 정보는 경영진이 보고기업의 자원을 효율적이고 효과적으로 사용해야 하는 책임을 얼마나 잘 이행하였는지를 보여준다. 보고기업의 과거 재무성과와 그 경영진이 책임을 어떻게 이행했는지에 대한 정보는 기업의 경제적 자원에서 발생하는 미래 수익을 예측하는 데 일반적으로 도움이 된다. 특히 미래 현금흐름의 불확실성을 평가하는 데 있어서는 그 수익의 변동성 및 구성요소에 대한 정보도 역시 중요하다.

한편 기업의 경제적 자원과 청구권은 추가적인 주식 발행과 같이 재무성과와 무관한 사유로도 변동될 수도 있는데, 이러한 유형의 변동에 관한 정보는 기업의 경제적 자원과 청구권이 변동된 이유와 그 변동이 미래 재무성과에 주는 의미를 정보이용자가 이해하는 데 도움이 된다.

2.3 기업의 경제적 자원 사용에 관한 정보

보고기업의 경영진이 기업의 경제적 자원을 얼마나 효율적이고 효과적으로 사용하는 책임을 이행하고 있는지에 대한 정보는 이용자들이 해당 자원에 대한 경영자의 수탁책임을 평가할 수 있도록 도움을 준다(개념체계 1.22). 이러한 정보를 바탕으로 정보이용자들은 경영자들이 기업의 경제적 자원을 사용하는 데 있어서 얼마나 효율적이고 효과적인지를 판단할 수 있다. 이는 궁극적으로 기업의 미래 순현금유입에 대한 예측을 가능하게 하는 정보이다.

기업의 경제적 자원 사용에 대한 경영진의 책임의 예로는 가격과 기술 변화와 같은 경제적 요인들의 불리한 영향으로부터 해당 자원을 보호하고, 기업이 적용해야 하는 법률, 규제, 계약조항을 준수하도록 보장하는 것을 들 수 있다(개념체계 1.23).

제 3 절 유용한 재무정보의 질적특성

앞서 언급한 바와 같이 재무보고의 목적은 현재 및 잠재적 투자자나 채권자의 의사결정에 유용한 재무정보를 전달하는 것이다. 그렇다면 이러한 목적을 달성하기 위해서는 어떤 특성을 가진 정보가 외부이용자의 의사결정에 유용한 정보일 것인지가 결정되어야 한다. 유용한 재무정보의 질적특성(qualitative characteristics for useful financial information)이란, 정보이용자의 의사결정에 유용한 재무정보의 제공이라는 재무보고의 목적을 달성하기 위해 재무정보가 어떤 속성을 갖추어야 하는지를 식별하는 기준을 말한다. 유용한 재무정보의 질적특성은 재무제표에 제공되는 재무정보뿐만 아니라 그 밖의 방법(수단)으로 제공되는 재무정보에도 적용된다.

회계정보가 의사결정에 유용하기 위하여 갖추어야 할 가장 기본적이고 일차적인 속성을 '근본적 질적특성'이라고 하는데, 이에는 목적적합성과 충실한 표현이란 두 가지 속성이 포함된다. 목적적합성을 달성하기 위한 세부적인(요소적인) 질적특성으로는 예측가치와 확인가치가 있고, 충실한 표현을 달성하기 위한 세부적인 질적특성으로는 완전성, 중립성 및 무오류성의 세 가지 하부 특성이 있어서 근본적 질적특성은 일종의 중층구조를 띠고 있다고 할 수 있다. 또한 근본적 질적특성을 보강하기 위한 '보강적 질적특성'이 별도로 언급되어 있다.

1. 근본적 질적특성

재무정보가 유용하기 위해서는 목적적합하고 충실하게 표현되어야 한다. 두 가지 질적특성 중 하나가 결여된 재무정보는 정보이용자가 올바른 의사결정을 내리는 데 도움이 되지 않는다.

1.1 목적적합성

목적적합성(relevance)이란 재무정보가 정보이용자의 의사결정에 있어서 '차이를 가져올 수 있는 능력(the capacity to make a difference)'이다. 의사결정은 여러 대안 간에 선택하는 것이므로 이용가능한 대안 간에 차이를 가져오는 정보가 목적적합하다. 예를 들어, 위험이 동일한 두 투자안 중에서 수익률이 높은 투자안을 선택하는 의사결정에서 위험에 관한 정보는 목적적합한 정보가 아니고, 각 투자안으로부터 미래 얻을 수 있는 이익에 관한 정보는 목적적합한 정보일 것이다. 또한 의사결정은 미래에 관한 것이므로 각 대안에 대한 미래 현금흐름의 금액, 시기 및 불확실성을 예측할 수 있게 하거나 과거의 기대치를 확인해주거나 변경할 수 있게 하는 정보가 목적적합한 정보일 것이다. 투자자나 채권자는 미래 순현금유입액의 금액, 시기 및 불확실성에 대한 정보를 원하므로 회사가 창출할 미래 현금흐름에 관한 정보는 목적적합한 정보일 것이다. 한국채택국제회계기준에서 자산의 평가에 있어 취득원가 대신에 공정가치 평가의 범위를 확대한 것은 보다 투자자의 투자의사결정에 목적적합한 정보를 제공하려는 취지이다. 예를 들어, 10년 전에 구입한 자산을 보유하고 있는 기업을 상정해 보자. 최근에 이 자산의 가치가 구입당시보다 10배 이상 높은 경우 이 자산을 취득당시의 원가로

표시하면 이러한 원가 정보는 기업의 현재 자원의 가치를 평가하는 데 목적적합하지 않을 것이다

「개념체계」에 따르면 목적적합성이 있는 재무정보는 정보이용자가 기업실체의 과거, 현재 또는 미래 사건의 결과에 대한 예측을 하는 데 도움이 되거나(예측가치) 또는 그 사건의 결과에 대한 정보이용자의 당초 기대치를 확인, 수정할 수 있게 함으로써(확인가치) 의사결정에 차이를 가져올 수 있는 정보를 말한다. 이와 같이 예측가치와 확인가치는 재무정보의 목적적합성을 구성하는 세부적(요소적) 특성이다.

그런데 재무정보가 예측가치를 갖기 위해서 그 자체가 예측치 또는 예상치일 필요는 없고, 정보이용자들이 미래 결과를 예측하기 위해 사용하는 절차의 투입요소로 재무정보가 사용될 수 있다면 그 재무정보는 예측가치를 갖는다. 재무정보가 과거 평가에 대해 피드백(feedback)을 제공한다면(과거 평가를 확인하거나 변경시킨다면) 확인가치를 갖는다. 재무정보의 예측가치와 확인가치는 상호 연관되어 있으며 예측가치를 갖는 정보는 동시에 확인가치도 갖는 경우가 많다.

「개념체계」는 목적접합성과 관련된 한 측면으로서 중요성을 언급하고 있는데, 중요성(materiality)이란 정보가 누락되거나 잘못 기재된 경우 특정 보고기업의 재무정보에 근거한 정보이용자의 의사결정에 영향을 미치는가 여부를 의미한다. 특정 재무정보의 누락 또는 오류가 정보이용자의 의사결정에 영향을 미치는 것이면 중요하다(material)고 할 수 있고, 경제적 의사결정에 영향을 미치지 않는 것이면 중요하지 않은 것이라고 할 수 있다.

「개념체계」에 따르면 이러한 중요성은 개별 기업 재무보고서 관점에서 해당 정보와 관련된 항목의 성격이나 규모 또는 이 둘 모두에 근거하여 판단되므로 개별 기업 차원에서 목적적합성의 한 측면에 해당한다. 예를 들어, 자산규모가 10조원인 기업의 경우 1억원의 지출은 중요하지 않을 수 있으나 자산규모가 10억원인 기업의 경우 1억원의 지출이 잘못 회계처리되면 중요할 것이다. 따라서 모든 기업의 재무보고에 적용될 중요성을 판단하기 위한 획일적인 계량 임계치를 정하거나 특정한 상황에서 무엇이 중요한지를 미리 결정할 수 없다.

1.2 충실한 표현

재무정보가 유용하기 위해서는 목적적합한 현상을 표현하는 것뿐만 아니라 나타내고자 하는 현상을 충실하게 표현해야 한다. 여기서 충실한 표현(faithful representation)

이란 해당 정보가 나타내고자 하는 현상을 왜곡표시 없이 완전하게 표현하는 것을 말한다. 즉, 표현의 충실성이란 경제적 실질(economic substance)을 반영하는 방식으로 회계정보가 생산되어야 함을 의미한다. 특정 사건의 경제적 실질은 반영하지 않고 단지 법적 형식이나 외부적 형태에 따라 재무정보를 생산한다면 이는 유용한 정보가 될 수 없다. 예를 들어, 할부구입방식으로 자산을 구입하는 계약과 금융리스를 통해 동일한 자산을 사용하는 경우를 비교해 보자. 두 계약하에서 동일한 자산을 동일한 기간 동안 아무런 제약 없이 사용가능하다면 두 계약의 경제적 실질은 동일할 것이므로 동일한 방식으로 표현이 되어야 이용자들이 이러한 정보를 이용하는 데 도움이 될 것이다.

「개념체계」에 따르면 충실한 표현을 하기 위해서는 세 가지 특성(완전성, 중립성, 무오류성)을 가져야 한다.

- 완전성 : 완전성이란 필요한 설명을 포함하여 정보이용자가 나타내고자 하는 현상을 이해하는 데 필요한 모든 정보를 포함하는 것을 말한다. 예를 들어, 기말재고자산의 원가를 결정할 때 아직 도착하지 않은 상품의 일부가 누락되거나 기말단가를 어떻게 결정했는지(예 : 선입선출법 혹은 평균법)를 설명하지 않는다면 이는 완전성이 결여된 정보이다.
- 중립성 : 중립적 서술은 재무정보의 선택이나 표시에 편의(bias)가 없는 것이다. 중립적 서술은 정보이용자가 재무정보를 유리하게 또는 불리하게 받아들일 가능성을 높이기 위해 편파적이 되거나, 편중되거나, 강조되거나, 경시되거나 그 밖의 방식으로 조작되지 않는 것을 말한다. 그렇다고 해도 중립적 정보는 목적이 없거나 행동에 대한 영향력이 없는 정보를 의미하지는 않는다.
- 무오류성 : 오류가 없다는 것은 현상의 기술에 오류나 누락이 없고, 정보를 생산하는 데 사용되는 절차의 선택과 적용시 절차상 오류가 없음을 의미하는 것이다. 이러한 맥락에서 오류가 없다는 것은 모든 면에서 완벽하게 정확하다는 것을 의미하지는 않는다. 예를 들어, 관측가능하지 않은 가격이나 가치의 추정치는 정확한지의 여부를 결정할 수 없다. 그러나 추정치로서 금액을 명확하고 정확하게 기술하고, 추정 절차의 성격과 한계를 설명하며, 그 추정치를 도출하기 위한 적절한 절차를 선택하고 적용하는 데 오류가 없다면 그 추정치의 표현은 충실하다고 할 수 있다.

2. 보강적 질적특성

근본적 질적특성을 충족하여 목적적합하고 충실하게 표현된 정보의 유용성을 보강하는 질적특성으로서 「개념체계」는 ① 비교가능성, ② 검증가능성, ③ 적시성 및 ④ 이해가능성의 네 가지를 제시하고 있다. 이 보강적 질적특성들은 만일 어떤 두 가지 방법이 현상을 동일하게 목적적합하고 충실하게 표현하는 것이라면 이 두 가지 방법 가운데 어느 방법을 현상의 서술에 사용해야 할지를 결정하는 데 도움이 될 수 있다.

2.1 비교가능성

재무정보의 비교가능성(comparability)이란, 재무정보가 기업 간의 비교분석 및 동일기업의 기간 간 비교분석이 가능해야 한다는 것을 의미하며, 이는 기업 간 또는 기간 간의 유사성과 차이를 발견하고 이해할 수 있게 하는 질적특성이다. 재무정보의 비교가능성을 제고하기 위해서는 기업이 일반적으로 인정된 회계원칙(GAAP)을 준수함으로써 적용하는 회계방법에서 근본적인 차이가 없어야 하며, 동시에 다음에 설명하는 일관성이 준수되어야 한다.

일관성(consistency)이란 한 보고기업 내에서 기간 간 또는 같은 기간 동안에 기업 간 동일한 항목에 대해 동일한 방법을 적용하는 것을 말한다. 일관성은 비교가능성이란 목표를 달성하는 데 도움을 준다.

2.2 검증가능성

검증가능성(verifiability)은 합리적인 판단력이 있고 독립적인 복수의 관찰자가 어떤 서술이 충실한 표현이라는 데, 비록 완전히 일치하지는 못하더라도 의견이 일치할 수 있다는 것을 의미한다. 즉, 검증가능성이란 어떤 동일한 경제적 사건이나 거래에 대하여 독립된 다수의 사람들이 동일한 측정방법을 적용할 경우에 동일(또는 유사)한 결론에 도달할 수 있는 것을 의미한다.

이와 같이 검증가능성은 기본적으로 측정(measurement)의 문제이며 측정자의 편견(bias)을 제거함으로써 동일한 회계대상을 측정함에 있어 독립된 측정자들의 측정결과가 서로 일치(측정방법이 동일하다면)해야 하는 정보특성과 관련된다. 측정자들의 측정결과의 분산이 작을수록 검증가능성이 높다고 할 수 있고, 측정결과의 분산이 클수록 검증가능성이 낮다고 할 수 있다. 예컨대, 자산의 측정에 있어 취득원가를 기준으로 하는 것은 시가를 기준으로 하는 것보다 검증가능성이 높으며, 회계처리에 있어 영수증, 세금계산서, 송장 등의 자료를 근거로 하는 것은 견적서나 예산서 등을 기초로 하는 것보다 회계정보의 검증가능성을 높인다.

검증가능성은 정보가 나타내고자 하는 경제적 현상을 충실히 표현하는지를 정보이용자가 확인하는 데 도움을 준다. 계량화된 정보가 검증가능하기 위해서 단일 점추정치(point estimate)이어야 할 필요가 없으며 가능한 금액의 범위 및 관련된 확률로도 기술될 수 있다.

2.3 적시성

적시성(timeliness)은 의사결정에 영향을 미칠 수 있도록 의사결정자로 하여금 정보를 제때에(적시에) 이용가능하게 하는 것을 의미한다. 일반적으로 정보는 오래될수록 유용성이 낮아지지만, 일부 정보는 보고기간 말 후에도 오랫동안 적시성이 있을 수 있다. 예를 들어, 일부 정보이용자는 일부 재무정보를 토대로 추세를 식별하고 평가할 필요가 있을 수 있기 때문이다.

2.4 이해가능성

정보를 명확하고 간결하게 분류하여, 특징짓고, 명확하게 표시하면 이해가능성(understandability)을 확보하게 된다. 재무보고서는 사업활동과 경제활동에 대해 합리적인 지식이 있고 부지런히 정보를 검토하고 분석하는 정보이용자를 위해 작성된다. 그러나 때로는 박식하고 부지런한 정보이용자도 복잡한 경제적 현상에 대한 정보를 이해하기 위해 자문가의 도움을 받는 것이 필요할 수 있다. 복잡하여 이해하기 힘든 정보를 재무보고서에서 제외하면 그 재무보고서의 정보를 더 이해하기 쉽게 할 수는 있지만 그 보고서는 불완전하며 잠재적으로 정보이용자를 오도할 수 있다.

3. 유용한 재무보고에 대한 원가제약요인

재무정보의 생산원가는 재무보고로 제공될 수 있는 정보에 대한 포괄적 제약요인이다. 재무정보의 생산에는 원가가 소요되고, 해당 정보의 생산에 따른 효익이 그 원가를 정당화(초과)시킬 수 있어야 한다. 즉, 재무정보의 제공자의 입장에서 정보를 생산하고 전달하기 위하여 비용이 발생하며 재무정보이용자의 입장에서도 제공된 정보를 분석하고 해석하는 데 원가가 발생하고, 이 비용(원가)은 정보를 이용함으로써 기대되는 효익보다 크지 않아야 한다. '비용 · 효익의 원칙(cost/benefit principle)'은 경영학의 모든 분야에서 공통적으로 적용되는 일반적인 원칙이라 할 수 있지만 재무정보의 효익과 비용을 계량적으로 평가하는 것이 용이한 일은 아니다. 그러나 재무회계는 항상 재무정보의 효익과 비용 간의 균형을 고려해야 한다는 것이다.

4. 질적특성 간의 상충관계

지금까지 우리는 재무보고 정보가 유용하기 위해서는 어떠한 질적특성을 갖추어야 하는지에 대해 살펴보았다. 즉, 재무보고 정보가 유용하기 위해서는 의사결정에 목적적합해야 하고 표현의 충실성이 충족되어야 한다. 목적적합성과 표현의 충실성을 보강하는 질적특성으로는 비교가능성, 검증가능성, 적시성 및 이해가능성이 있었다. 이러한 모든 특성을 갖춘 정보를 생산할 수 있다면 이들 특성을 모두 충족시키는 재무보고 정보가 가장 유용할 것이다. 그러나 실무상으로 이러한 질적특성 간의 상충관계가 존재할 수 있다. 예를 들어, 회사를 상대로 손해배상소송이 진행되고 있는 경우 이러한 소송에 대한 결과를 예측할 수 있는 정보를 이용자에게 전달하면 목적적합성은 향상될 수 있지만 판결이 확정되지 않은 상황에서 미래에 대한 불확실한 정보를 포함하다 보면 표현의 충실성이 손상될 수 있다. 또한 보강적 특성 간에도 상충이 존재할 수 있다. 예를 들어, 위의 소송사건을 적시에 정보를 제공하는 것은 적시성을 향상시킬 수 있으나 확정되지 않은 불확실한 정보는 검증가능성이 저해될 수 있다.

보강적 특성 간에 상충이 존재하는 경우에는 근본적 특성을 보다 잘 충족시키는 방식으로 문제가 해결되어야 할 것이고, 근본적 특성과 보강적 특성 간에 상충이 존재할 경우에는 근본적 특성을 우선하는 방식으로 정보가 생산되어야 할 것이다. 만일 목적적합성과 표현의 충실성이 서로 상충하는 경우에는 재무보고의 목적을 고려하여 상충관계를 해결하여야 할 것이다. 즉, 재무보고의 목적을 보다 충실히 달성할 수 있는 방법으로 재무정보가 생산되어야 할 것이다.

그림 2-2 유용한 재무보고의 질적특성

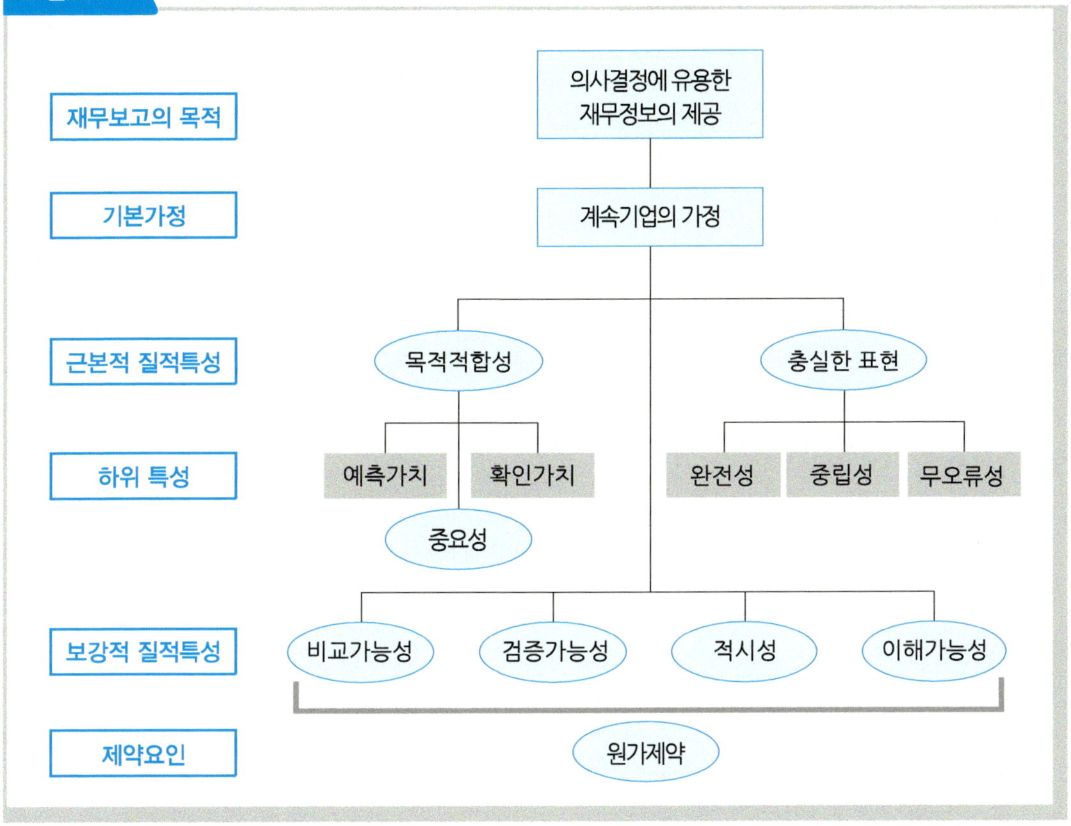

제 4 절 재무제표와 보고기업

재무제표의 목적은 보고기업에 유입될 미래순현금흐름에 대한 전망과 보고기업의 경제적 자원에 대한 경영진의 수탁책임을 평가하는 데 유용한 보고기업의 자산, 부채, 자본, 수익 및 비용에 대한 재무정보를 재무제표이용자들에게 제공하는 것이다(개념체계 3.2).

4.1 보고기간

재무제표는 특정 기간(보고기간)에 대하여 작성되며 보고기간 말 현재 또는 보고기간 중 존재하였던 자산, 부채 및 자본, 그리고 보고기간의 수익과 비용에 관한 정보를 제공한다. 재무제표의 목적을 달성하기 위해서는 재무제표는 최소한 직전연도에 대한 비교정보를 제공한다. 이는 재무제표이용자들이 변화와 추세를 이해하고 평가하는 것을 돕기 위함이다. 또한 보고기간 후 발생한 거래 및 그 밖의 사건에 대한 정보를 제공할 필요가 있다면 재무제표에 그러한 정보를 포함할 수 있다(개념체계 3.7).

4.2 계속기업 가정

계속기업(going concern)의 가정이란 일반적으로 기업실체는 예상가능한 기간 동안 영업을 계속할 것이라는 가정을 말한다. 즉, 기업실체는 예상가능한 기간 내에 그 경영활동을 청산하거나 중요하게 축소할 의도나 필요성을 갖고 있지 않다는 가정을 전제로 한다는 것이다. 일반적으로 재무제표는 이러한 계속기업의 가정하에 작성된다. 만약 계속기업의 가정이 성립하지 않는다면 재무제표는 계속기업을 가정한 기준과는 다른 기준을 적용하여 작성하는 것이 타당할 수 있으며, 이때 적용한 기준은 별도로 공시해야 한다.

4.3 보고기업

보고기업은 재무제표를 작성해야 하거나 작성하기로 선택한 독립적으로 존재하는 회계단위이다. 보고기업은 단일의 실체이거나 어떤 실체의 일부일 수 있으며 둘 이상의 실체로 구성될 수도 있다(개념체계 3.10). 그러나 보고기업이 반드시 법적인 실체일 필요는 없다. 보고기업의 개념에서 최근에 강조가 되는 부분은 기업의 지배와 종속관계에 있다. 한국채택국제회계기준은 기본적으로 연결재무제표를 그 기본으로 하고 있다. 한 기업(지배기업)이 다른 기업(종속기업)을 지배하는 경우라면 그 보고기업은 지배기업과 종속기업의 합으로 구성된다. 그 보고기업의 재무제표를 연결재무제표라고 부른다. 반면, 보고기업이 지배기업 단독인 경우에는 종속기업을 제외한 지배기업만의 재무제표를 보고하며 이를 비연결재무제표라고 부른다. 약간의 차이는 있지만, 과거 실무에서는 비연결재무제표를 개별 또는 별도재무제표라고 부르기도 한다.

4.4 연결재무제표

개념체계 문단 3.15에 따르면 연결재무제표는 단일의 보고기업으로서의 지배기업과 종속기업의 자산, 부채, 자본, 수익 및 비용에 대한 정보를 제공한다. 이 정보는 지배기업의 현재 및 잠재적 투자자, 대여자와 그 밖의 채권자가 지배기업에 유입될 미래 현금흐름에 대한 전망을 평가하는 데 유용하다. 그 이유는 지배기업에 유입되는 순현금흐름에 지배기업이 종속기업으로부터 받는 분배가 포함되고, 그러한 분배는 종속기업에 유입되는 순현금흐름에 달려 있기 때문이다.

연결재무제표는 특정 종속기업에 대한 별도의 정보를 제공하도록 만들어지지 않았으며, 종속기업 자체의 재무제표가 그러한 정보를 제공하도록 만들어졌다. 비연결재무제표는 지배기업의 자산, 부채, 자본, 수익 및 비용에 대한 정보를 제공하도록 만들어졌다(개념체계 3.17). 연결재무제표를 기본적으로 요구하는 한국채택국제회계기준에서는 비연결재무제표에서 제공되는 정보는 정보이용자의 수요를 충족하기에는 충분하지 않을 수 있다. 그럼에도 불구하고, 연결재무제표를 작성하는 지배기업은 추가적으로 비연결재무제표를 작성해야 하거나 선택적으로 작성할 수 있다. 국내의 상장기업은 연결재무제표와 비연결재무제표를 함께 작성하는 경우가 많으며, 지배기업의 독립적인 재무비율 등을 평가할 때 유용하게 이용되기도 한다.

제 5 절 재무제표의 요소, 인식 및 측정

1. 재무제표의 요소

재무제표는 기업 안팎에서 발생하는 거래나 그 밖의 사건의 재무적 영향을 경제적 특성에 따라 대분류하여 나타내는데, 이러한 대분류를 재무제표의 요소(elements of financial statements)로 정의한다. 재무제표는 크게 세 가지 재무보고서로 대별되는바, 일정 시점의 기업의 재무상태를 표시하는 재무상태표, 일정 기간 동안 기업의 성과(경제적 성과)를 표시하는 포괄손익계산서, 그리고 일정 기간 동안 기업의 재무상태의 변동을 표시하는 재무상태변동표(자본변동표 및 현금흐름표)가 그것이다.

재무상태의 측정에 직접 관련된 요소는 자산, 부채, 그리고 자본이다. 여기서 주의해야 할 점은 재무제표 요소의 정의와 후술하는 재무제표 요소의 인식기준은 동일하지 않다는 것이다. 예를 들어, 일부 항목이 자산의 정의를 충족하더라도 인식기준을 충족하지 못하면 재무상태표에 인식되지 않을 수 있다. 또 하나 중요한 사항은 특정 항목이 자산, 부채 및 자본의 정의를 충족하는지를 판단할 때에 단순한 법률적 형식이 아닌 거래의 실질과 경제적 현실을 고려하여야 한다는 점이다.

기업의 성과를 대표하는 가장 흔한 측정치는 이익(=수익-비용)이다. 이와 병행하여 투자수익률이나 주당이익 등이 기업성과를 측정하는 지표로 사용되기도 하는데, 이들은 모두 이익을 기초로 계산된다. 기업의 대표적인 성과치인 이익의 측정과 직접 관련된 요소는 수익과 비용이다. 이러한 이익은 다음 절에서 살펴볼 재무제표 작성에 적용된 자본 및 자본유지 개념에 의존한다.

재무상태변동표는 일반적으로 재무상태표 요소의 변동과 포괄손익계산서의 요소를 반영하므로 「개념체계」에서는 재무상태변동표(자본변동표 및 현금흐름표)의 고유한 요소에 대해서는 별도로 논의하지 않고 있다.

「개념체계」에 따르면 또 하나의 재무제표 요소는 자본유지조정이다. 기업이 자산과 부채에 대해 재평가를 하거나 재작성하는 경우 자본의 증가나 감소를 초래할 수 있다. 이러한 자본의 증가 또는 감소는 수익과 비용의 정의에 포함되지만, 이 항목들은 다음 절에서 살펴볼 자본유지 개념에 따라 포괄손익계산서에는 포함되지 않는다. 그 대신 자본유지조정(또는 재평가적립금)으로 자본에 포함된다.

위에서 언급한 재무제표의 요소와 그 정의를 요약하면 <표 2-1>과 같다. 이들에 대한 구체적인 정의는 다음 장에서 상세하게 살펴볼 것이다.

표 2-1 재무제표의 요소와 정의

개념적 정의	요소	정의 또는 설명
경제적 자원	자산	과거사건의 결과로 기업이 통제하는 현재의 경제적 자원. 경제적 자원은 경제적 효익을 창출할 잠재력을 지닌 권리이다.
청구권	부채	과거사건의 결과로 기업의 경제적 자원을 이전해야 하는 현재의무
	자본	기업의 자산에서 모든 부채를 차감한 후의 잔여지분
재무성과를 반영하는 경제적 자원 및 청구권의 변동	수익	자본의 증가를 가져오는 자산의 증가나 부채의 감소로서, 자본청구권 보유자의 출자와 관련된 것은 제외
	비용	자본의 감소를 가져오는 자산의 감소나 부채의 증가로서, 자본청구권 보유자에 대한 분배와 관련된 것은 제외
그 밖의 경제적 자원 및 청구권의 변동	-	자본청구권 보유자에 의한 출자와 그들에 대한 분배
	-	자본의 증가나 감소를 초래하지 않는 자산이나 부채의 교환

자료 : K-IFRS 재무보고를 위한 개념체계, <표 4.1>.

2. 재무제표 요소의 인식

회계학에서 인식(recognition)이란 재무제표 요소의 정의에 부합하고 일정한 인식 기준을 충족하는 항목을 재무상태표나 포괄손익계산서에 반영하는 과정을 말한다. 즉, 재무제표의 요소의 정의에 부합하는 항목이 다음의 기준을 모두 충족한다면 재무제표에 인식되어야 한다. 인식의 과정에는 해당 항목을 서술하는 계정명칭과 화폐금액으로 기술하고 그 금액을 재무상태표나 포괄손익계산서 총계에 산입하는 것이 포함된다.

★

(1) 그 항목과 관련된 미래 경제적 효익이 기업에 유입되거나 유출될 가능성이 높다.
(2) 그 항목의 원가 또는 가치를 신뢰성 있게 측정할 수 있다.

2.1 미래 경제적 효익의 발생가능성

발생가능성이란 특정 항목과 관련된 미래 경제적 효익이 기업에 유입되거나 유출될 불확실성의 정도를 의미하는 개념이며, 이 개념에는 영업활동이 수행되는 기업환경의 특성이 반영된다. 미래 경제적 효익이 기업에 유입되거나 유출될 불확실성 정도의 평가는 재무제표를 작성할 때 이용가능한 증거를 기초로 수행된다. 따라서 재무제표에 자산으로 인식되기 위해서는 적어도 미래 경제적 효익의 유입가능성이 높아야 하고, 부채의 경우에는 현재의 의무의 이행에 따른 미래 경제적 효익의 유출가능성이 높아야 한다.

2.2 측정의 신뢰성

특정 항목의 원가 또는 가치를 신뢰성 있게 측정할 수 있다면 측정의 신뢰성이 존재한다고 간주된다. 많은 경우에 원가 또는 가치가 추정되어야 하는데, 이 경우 재무제표를 작성할 때 합리적인 추정을 사용해야 하며 합리적 추정이 신뢰성을 훼손하지는 않는다. 그러나 합리적인 추정을 할 수 없는 경우 해당 항목은 재무상태표나 포괄손익계산서에 인식될 수 없다. 예를 들어, 소송으로부터 예상되는 손해배상액이 부채와 비용의 정의에 부합하고 인식을 위한 발생가능성 기준을 충족한다 하더라도 그 금액을 신뢰성 있게 측정할 수 없는 경우에는 이를 부채나 비용으로 인식할 수 없다. 그러나 이와 같은 손해배상액의 존재는 주석, 설명 자료 또는 부속명세서에 공시될 수 있다.[1)]

3. 재무제표 요소의 제거

2019년에 개정된 개념체계에서 새로이 정립된 부분이 재무제표 요소의 제거이다. 과거에는 재무제표 요소의 인식에만 초점을 맞추어 제거의 정의를 다소 간과하여 인식의 개념에 포함하여 정의하였다. 제거는 기업의 재무상태표에서 인식된 재무상태표 요소의 전부 또는 일부를 삭제하는 것이다. 이는 재무상태표 요소에 해당하는 항목이 더 이상 그 요소의 정의를 충족하지 못할 때 발생한다. 제거의 목적은 회계정보를 충실히 표현하는 것을 목표로 한다. 자산과 부채에 대한 요구사항으로는 다음의 두 가지가 대표적이다. 첫째, 제거를 초래하는 거래나 그 밖의 사건 후의 잔여 자산과 부채(그 거래나 그 밖의 사건의 일부로 취득, 발생 또는 창출한 자산이나 부채 포함). 둘째, 그 거래나 그 밖의 사건으로 인한 기업의 자산과 부채의 변동(개념체계 5.27).

4. 재무제표 요소의 측정

회계학에서 측정(measurement)이란 재무상태표와 포괄손익계산서에 인식되고 평가되어야 할 재무제표 요소의 화폐금액을 결정하는 과정이다. 재무제표를 작성할 때 가장 보편적으로 채택되는 측정기준은 역사적원가이며, 역사적원가는 일반적으로 다음에 기술되는 다른 측정기준과 함께 사용된다. 예를 들어, 재고자산은 역사적원가와 순실현가능가치를 비교하여 낮은 수치(저가)로 평가되고, 특정 금융자산은 시가(공정가치)로 평가되기도 한다.

(1) **역사적원가** : 자산의 역사적원가(historical cost)는 취득의 대가로 취득 당시에 지급한 현금 또는 현금성자산이나 그 밖의 대가의 공정가치를 말한다. 부채는 부담하는 의무의 대가로 수취한 금액으로 기록한다.[2] 미지급법인세와 같은 부채의 경우에는 정상적인 영업과정에서 그 부채를 이행하기 위해 지급할 것으로 기대되는 현금이나 현금성자산의 금액으로 기록할 수도 있다.

(2) **현행원가** : 자산의 현행원가(current cost)는 동일하거나 또는 동등한 자산을 현재시

---

1) 특정 시점에서는 인식기준을 충족하지 못하는 항목이더라도 그 후에 발생하는 상황이나 사건의 결과에 따라 인식기준을 충족할 수도 있다. 이 경우에는 당연히 애초에 미인식된 항목을 인식하여야 한다.

2) 미국의 재무회계개념체계에서는 부채에 대하여 역사적원가 대신 '역사적 현금수취액(historical proceeds)'이라는 표현을 사용하고 있다.

점에서 취득할 경우에 그 대가로 지불하여야 할 현금이나 현금성자산의 금액을 말한다. 이 기준을 부채에 적용하면 부채는 현재시점에서 그 의무를 이행하는 데 필요한 현금이나 현금성자산의 할인하지 않은 금액을 말한다.

(3) **실현가능가치** : 자산의 실현가능가치(realizable value)는 정상적으로 처분하는 경우 수취할 것으로 예상되는 현금이나 현금성자산의 금액으로 평가하는 것을 말한다. 이 기준을 부채에 적용하면 부채는 이행가치(settlement value)로 평가하는데, 이는 정상적인 영업과정에서 부채를 상환하기 위해 지급될 것으로 예상되는 현금이나 현금성자산의 할인하지 않은 금액이다.

(4) **현재가치** : 자산의 현재가치(present value)는 정상적인 영업과정에서 그 자산이 창출할 것으로 기대되는 미래 순현금유입액을 현재의 가치로 할인한 금액을 말한다. 이 기준을 부채에 적용할 경우 부채는 정상적인 영업과정에서 그 부채를 상환할 때 필요할 것으로 예상되는 미래 순현금유출액의 현재할인가치로 평가한다.

제 6 절 표시와 공시 및 자본과 자본유지 개념

1. 표시와 공시

보고기업은 재무제표에 정보를 표시하고 공시함으로써 기업의 재무정보를 정보이용자에게 전달한다(개념체계 7.1). 재무보고의 목적인 유용한 재무정보의 전달은 그 경로가 중요하며, 표시와 공시는 그러한 정보를 소통하는 수단으로서 중요한 의미를 갖는다. 재무정보의 근본적인 질적특성인 목적적합성과 표현의 충실성 역시 정보소통의 효과성으로 그 목적을 달성할 수 있다. 재무정보의 소통이 효과적이라면 재무정보의 이해가능성과 비교가능성 또한 향상시킨다. 개념체계 문단 7.2에서는 재무제표정보의 소통의 효과성을 위한 조건으로 다음을 제시한다.

(1) 규칙에 초점을 맞추기보다는 표시와 공시의 목적과 원칙에 초점을 맞춘다.
(2) 유사한 항목은 모으고 상이한 항목은 분리하는 방식으로 정보를 분류한다.
(3) 불필요한 세부사항 또는 과도한 통합에 의해 정보가 가려져서 불분명하게 되지 않도록 통합한다.

표시와 공시의 목적을 달성하는 데 있어서 가장 중요한 실행 방법은 분류와 통합이라고 할 수 있다. 분류는 자산, 부채, 자본, 수익, 비용을 표시와 공시를 위해 그 특성에 따라 구분하는 것이다. 반대로 통합은 재무제표 항목의 특성을 공유하고 동일한 분류에 속하는 것을 합하는 것이다. 이 두 가지는 서로 상충되는 사항으로 표시와 공시의 목적을 훼손시키지 않는 범위 내에서 둘 사이의 균형을 유지하는 것이 가장 중요하다. 예를 들면, 너무 많은 항목으로 분류를 하다 보면 중요한 정보를 얻는 효익보다는 분류로 인한 비용이 더 커질 수 있다. 반대로 재무제표 항목의 과도한 통합은 목적적합한 정보가 다른 중요하지 않은 세부정보와 섞여서 불분명한 정보로 가치가 훼손될 수 있다.

2. 자본의 개념

회계학에서 자본의 정의가 '자산에서 부채를 차감한 후의 잔여지분'이라는 것은 회계원리 과정에서도 학습한 바 있고, 그러한 이유로 자본은 기업의 순자산 또는 지분(주주지분, 소유주지분)과 동일한 용어라는 것을 이해할 수 있다. 그런데 이러한 용어들 간의 동일성은 재무적 개념을 토대로 자본을 정의할 경우 성립하는데, 자본의 '재무적 개념'이란 자본을 투하(투자)된 화폐액 또는 투하된 구매력으로 보는 관점을 말한다. 이와 대조적으로 자본을 '실물적 개념'하에서 정의하여 기업의 조업능력(예 : 1일 생산수량)이나 생산능력으로 간주하기도 한다. 오늘날 한국채택국제회계기준의 적용을 받는 기업들은 모두 자본의 재무적 개념에 기초하여 재무제표를 작성한다.

그런데 「개념체계」에서는 '대부분의 기업은 자본의 재무적 개념에 기초하여 재무제표를 작성한다'라고 언급하고 있을 뿐, 원칙적으로 특정한 자본의 개념을 강제하고 있지는 않다.[3] 이는 기업이 재무제표이용자의 정보요구에 기초하여 적절한 자본 개념을 선택하여야 한다는 것을 의미한다. 즉, 재무제표의 이용자가 주로 명목상의 투하자본이나 투하자본의 구매력 유지에 관심이 있다면 재무적 개념의 자본을 채택하여야 하고, 이용자의 주된 관심이 기업의 조업능력 유지에 있다면 실물적 개념의 자본을 사용하여야 한다. 특히 실물적 개념의 자본을 적용하는 경우 상대적으로 측정의 어려움이 더해진다.

---

3) 초인플레이션하에 있는 통화로 보고해야 하는 기업의 경우와 같이 예외적인 상황이 있다.

3. 자본유지 개념과 이익의 결정

위에서 설명한 자본 개념에 따라 다음과 같이 자본유지(capital maintenance) 개념이 도출된다.

★

재무자본유지

재무자본유지 개념하에서 이익은 해당 기간 동안 소유주에게 배분하거나 소유주가 출연한 부분을 제외하고 기말 순자산의 재무적 측정금액(화폐금액)이 기초 순자산의 재무적 측정금액(화폐금액)을 초과하는 경우에만 발생한다. 재무자본유지는 명목화폐단위 또는 불변구매력 단위를 이용하여 측정할 수 있다.

실물자본유지

실물자본유지 개념하에서 이익은 해당 기간 동안 소유주에게 배분하거나 소유주가 출연한 부분을 제외하고 기업의 기말 실물생산능력이나 조업능력이 기초 실물생산능력을 초과하는 경우에만 발생한다.

위에서 언급한 자본유지 개념은 기업이 유지하고자 하는 자본을 어떻게 정의하는지에 관련된 것이며, 이러한 자본유지 개념은 이익을 측정하는 준거기준이 됨으로써 자본 개념(stock, 저량)과 이익 개념(flow, 유량) 사이의 연결고리를 제공한다. 자본유지 개념은 자본에 대한 투자수익과 투자회수를 구분하기 위한 필수요건이다. 즉, 일반적으로 기초에 가지고 있던 자본만큼 기말에도 가지고 있다면 그 기업의 자본은 유지된 것이며, 기초자본을 유지하기 위해 필요한 금액을 초과하는 자산의 유입액만이 이익(자본의 투자수익)으로 간주된다. 실제로 이익은 수익에서 비용(필요한 경우 자본유지조정액)을 차감한 후의 잔여액으로 계산된다.

자본을 명목화폐단위로 정의한 재무자본유지 개념하에서 이익은 해당 기간 중 명목화폐자본의 증가액을 의미한다. 따라서 기간 중 보유한 자산가격의 증가 부분(미실현보유이익)은 개념적으로 이익에 속한다. 그러나 (미실현)보유이익은 자산이 교환거래에 따라 처분되기 전에는 이익으로 인식되지 않을 것이다. 현재 한국채택국제회계기준의 적용을 받는 기업들이 가장 보편적으로 사용하는 자본유지 개념은 명목화폐단위 재무자본유지 개념인데, 이 명목화폐단위 자본유지 개념하에서 이익은 다음과 같은 식으로 표현된다.

★

이익 = (기말의 재무자본 − 기초의 재무자본) − 소유주의 출연(투자) + 소유주에 대한 배분

만일 재무자본유지 개념이 불변구매력 단위로 정의된다면 이익은 해당 기간 중 투자된 구매력의 증가를 의미하게 된다. 따라서 일반물가수준에 따른 가격상승을 초과하는 자산가격의 증가 부분만이 이익으로 간주되며, 그 이외의 가격증가 부분은 자본의 일부인 자본유지조정으로 처리된다.

실물자본유지 개념하에서 이익은 해당 기간 중 실물생산능력의 증가를 의미한다. 기업의 자산과 부채에 영향을 미치는 모든 자산−부채의 가격변동은 해당 기업의 실물생산능력의 변동이 아니므로 이익이 아니라 자본의 일부인 자본유지조정으로 처리된다. 그러므로 실물자본유지 개념을 사용하기 위해서는 현행원가기준에 따라 자산과 부채를 측정하여야 한다. 이에 비해 재무자본유지 개념은 특정한 측정기준의 적용을 요구하지 않으며 기업이 유지하려는 재무자본의 유형에 따라 기업이 측정기준을 선택할 수 있다.

위에서 논의한 내용을 쉽게 이해하기 위하여 다음의 예를 살펴보자. 만일 어떤 기업이 연초에 명목화폐단위로 측정한 자본을 100원만큼 가지고 있었고, 연초로부터 연말까지의 기간 중에 소유주가 출연한 바도 없고 소유주에 대해 배분한 것도 없었으며, 연말에 명목화폐단위로 측정한 결과 자본이 130원이었다고 가정하자. 또한 당해 회계기간 동안 일반물가수준의 상승이 10%였다고 가정한다. 그러면 명목화폐단위 재무자본유지 개념하에서 이익은 30원(=₩130 − ₩100)으로 계산되고, 불변구매력단위 재무자본유지 개념하에서 이익은 20원(=₩130 − ₩100 × 110%)이 된다. 단, 기초 자본에 대한 일반물가수준의 상승분 10원은 자본의 일부인 자본유지조정으로 처리될 것이다. 만일 이 기업이 같은 기간에 대해 연초의 자산과 부채를 연말의 현행원가기준으로 재측정한 결과 순자산 총액이 120원으로 계산되었다면 실물자본유지 개념하에서의 이익은 10원(=₩130 − ₩120)으로 계산되고 이 기간 동안의 자산·부채의 가격변동분 20원은 해당 기업의 실물생산능력유지에 대한 측정치로 간주되어 이 역시 자본유지조정으로 처리된다.

연습문제

EXERCISES

서술형

1. 재무보고를 위한 개념체계란 무엇인지 설명하시오.
2. 재무보고의 목적을 설명하시오.
3. 재무보고를 위한 개념체계와 일반적으로 인정된 회계기준(GAAP)의 관계를 설명하시오.
4. 재무보고를 위한 개념체계의 필요성을 설명하시오.
5. 경제적 자원과 청구권은 각각 현행 회계에서 무엇을 말하는지 간단히 설명하시오.
6. 재무제표의 종류에 대해 설명하시오.
7. 재무보고를 위한 개념체계에서 기본가정에 대해 설명하시오.
8. 유용한 재무정보의 질적특성이란 무엇인지 설명하시오.
9. 재무정보의 근본적 질적특성인 목적적합성과 충실한 표현에 대해 설명하시오.
10. 재무정보의 중립성이란 무엇인지 설명하시오.
11. 재무정보가 목적적합성을 가지려면 갖추어야 할 세부 특성은 무엇인지 설명하시오.
12. 재무정보의 보강적 질적특성 중 이해가능성의 기준이 무엇인지 설명하시오.
13. 목적적합성과 관련된 중요성이란 무엇인지 설명하시오.
14. 유용한 재무보고에 대한 원가제약 요인에 대해 설명하시오.
15. 재무제표 요소의 인식(recognition)이란 무엇인지 설명하시오.
16. 재무제표 요소의 인식의 조건은 무엇인지 설명하시오.
17. 재무제표 요소의 측정(measurement)이란 무엇인지 설명하시오.
18. 재무제표 요소의 측정기준에 대해 설명하시오.
19. 재무제표의 표시와 공시에서 분류와 통합을 비교 설명하시오.
20. 회계에서 사용되는 자본의 개념(정의)에 대해 설명하시오.
21. 자본유지 개념 중 재무자본유지란 무엇인지 설명하시오.
22. 자본유지 개념 중 실물자본유지란 무엇인지 설명하시오.
23. 명목화폐단위 재무자본유지 개념하에서 이익은 어떻게 측정되는지 설명하시오.
24. 회계에서 자산을 취득원가로 기록하는 경우가 많은데 이러한 취득원가 정보가 정보의 질적특성인 목적적합성과 표현의 충실성을 충족시키는지 평가하시오.

25. 무식㈜은 영업용 건물을 보유하고 있는데 어떤 연도에는 공정가치로 평가하지 않고 어떤 연도에는 공정가치로 평가하고 있으며 감가상각방법도 수시로 변경하고 있다. 이러한 회계정보의 생산이 보강적 질적특성에 미치는 영향을 설명하시오.

26. 기업들은 제품의 판매촉진의 일환으로 다양한 매체를 통해 광고를 한다. 만일 동국㈜이 1억원의 광고활동을 수행했다면 이러한 활동은 경제적 자원으로 인식되어야 할 것인가? 재무제표 요소의 두 가지 인식요건을 제시하고 광고활동이 이러한 각 요건을 충족시키는지 설명하시오.

27. 다음은 명목화폐단위로 측정된 동국㈜의 자본에 관한 정보이다. 동국㈜은 해당 기간에 배당을 포함한 어떤 다른 소유주와의 거래는 없었다.

	20 × 1년도	20 × 2년도
기초 자본	₩200	₩250
기말 자본	₩250	₩300
물가상승률	10%	20%

1) 명목화폐단위 자본유지 개념에 따르는 경우 각 연도의 순이익을 계산하시오.
2) 불변구매력단위 자본유지 개념에 따르는 경우 각 연도의 순이익을 계산하시오.
3) 각 연도 말의 현행원가기준으로 기초 순자산을 측정한 결과 20×1년도는 ₩220, 20×2년도는 ₩280이라고 가정하고 실물자본유지 개념하에서의 각 연도의 순이익을 계산하시오.
4) 만일 동국㈜이 20×1년도에 추가출자를 ₩10 받았고 배당으로 ₩30을 지급했다면 명목화폐단위 자본유지 개념에 따르는 경우 20×1년도 순이익을 계산하시오.

28. 재무보고를 위한 개념체계에 대한 다음 설명 중 옳지 않은 것은? (공인회계사 2015)
① 일반목적재무보고서는 보고기업의 가치를 보여주기 위해 고안된 것이 아니다. 그러나 일반목적재무보고서는 현재 및 잠재적 투자자, 대여자와 그 밖의 채권자가 보고기업의 가치를 추정하는 데 도움이 되는 정보를 제공한다.
② 보강적 질적특성은 가능한 한 극대화되어야 한다. 그러나 보강적 질적특성은 정보가 목적적합하지 않거나 나타내고자 하는 바를 충실하게 표현하지 않으면, 개별적으로든 집단적으로든 그 정보를 유용하게 할 수 없다.
③ 재무정보의 예측가치와 확인가치는 상호 연관되어 있어, 예측가치를 갖는 정보는 확인가치도 갖는 경우가 많다.

④ 재무보고서는 사업활동과 경제활동에 대해 합리적인 지식이 있고, 부지런히 정보를 검토하고 분석하는 이용자들을 위해 작성된다.

⑤ 통일성은 한 보고기업 내에서 기간 간 또는 같은 기간 동안에 기업 간 동일한 항목에 대해 통일한 방법을 적용하는 것을 말한다.

03 재무제표의 구조에 대한 이해

제 1 절 재무보고와 재무제표

1. 재무보고와 재무제표의 의의

재무회계는 기업의 외부이용자에게 유용한 정보를 전달하기 위해 경제적 활동을 측정, 분류 및 요약하여 이를 전달하는 정보시스템이라는 것을 우리는 이미 제1장에서 살펴보았다. 이러한 재무회계의 목적은 기업 외부에 존재하는 현재의 주주나 채권자뿐만 아니라 잠재적인 투자자를 포함하는 다양한 외부 이해관계자의 의사결정에 유용한 정보를 전달하는 것이다. 이러한 재무회계의 목적을 달성하기 위해 외부 이해관계자에게 기업의 경제적 활동을 측정하여 보고하는 시스템이 재무보고이다. 이처럼 재무보고(financial reporting)란 재무회계의 목적을 달성하기 위해 외부에 전달되는 재무정보를 총칭하는 포괄적인 개념이다. 따라서 구체적인 재무보고의 목적은 현재 및 잠재적 투자자와 채권자가 합리적인 의사결정을 하는 데 유용한 정보를 제공하는 재무회계의 목적과 동일하다. 여기서 투자자와 채권자의 의사결정에 유용한 정보란 기업이 미래에 창출할 현금흐름의 크기, 시기 및 불확실성을 예측하는 데 도움을 주는 정보를 말한다. 예를 들어, 주식을 매입하려고 하는 투자자는 해당 기업이 미래에 현금을 창출할 수 있는 능력과 미래 현금흐름의 불확실성 정도를 고려하여 투자의사결정을 할 것이고, 채권자는 해당 기업이 제공된 원금과 이자를 지급할 수 있는 능력이 있는지 평가하여 자금제공 여부에 관한 의사결정을 할 것이므로 이러한 의사결정에 필요한 미래 현금흐름의 크기, 시기 및 불확실성에 대한 정보를 전달하는 것이 유용한 정보이다.

재무보고의 핵심적인 수단이 재무제표이다. 재무제표(financial statements)란 현재 및 잠재 투자자와 채권자가 기업의 가치 또는 채무이행능력을 평가할 수 있도록 재무상태, 경영성과 및 재무상태 변동에 관한 정보를 전달하는 보고서이다. 또한 재무제표는 경영자의 수탁책임을 평가하는 데 유용한 정보를 전달한다. 경영자는 주주로부터 경제적 자원을 위탁받아 회사를 경영하므로 경제적 자원을 위탁한 이해관계자는 경영자가 이 자원을 얼마나 효율적이고 효과적으로 운용했는지를 평가할 필요가 있는데 이에 필요한 재무정보를 재무제표가 전달한다. 이러한 목적을 달성하기 위해 재무제표는 다음과 같은 정보를 전달한다.

★
(1) 자산, 부채 및 자본
(2) 차익과 차손을 포함한 광의의 수익과 비용
(3) 소유주에 의한 출자와 소유주에 대한 배분
(4) 현금흐름

한국채택국제회계기준에 의하면 재무제표는 재무상태표, 포괄손익계산서, 자본변동표, 현금흐름표의 4개 기본재무제표로 구성되며 이들 재무제표를 이해하는 데 필요한 설명정보를 제공하는 주석을 포함한다. 재무상태표는 이전에 대차대조표라 불리던 재무제표로 자산, 부채 및 자본에 관한 정보를 전달한다. 포괄손익계산서는 수익과 비용 등을 보고하는 재무제표로 경영자의 경영성과를 보고한다는 측면에서 경영성과보고서란 명칭으로 사용될 수 있다. 자본변동표는 재무상태표를 구성하는 자본이 회계기간 동안 어떤 요인에 의해 얼마나 변동했는지 보고하는 재무제표이며, 현금흐름표는 회계기간 동안의 현금흐름에 관한 정보를 전달하는 재무제표이다.

재무제표와 관련하여 주기와 주석 및 보충명세서의 개념을 정확하게 이해할 필요가 있다. 주기(parenthetical disclosure)란 재무제표상의 해당 과목 다음에 괄호 등을 이용하여 그 회계 사실의 내용을 간단한 자구나 숫자로 표시하는 것을 말한다. 예를 들어, 매출채권에서 대손충당금을 차감하여 순액으로 재무상태표에 보고하는 경우 차감된 대손충당금 금액을 매출채권 다음에 괄호로 표시하는데 이와 같은 보고방법을 주기라 한다. 이러한 주기는 재무제표 본문에 표시되므로 재무제표의 일부에 해당한다.

주석(footnotes)이란 재무제표 본문의 정보를 보완하여 재무제표의 전반적인 이해를 높이는 데 필요한 양적 · 질적 정보를 제공하기 위해 재무제표 본문에 첨부되는 정보를 말한다. 예를 들어, 재무제표의 작성에 사용된 주요 회계방법과 같이 재무제표의 본문을 이해하는 데 필요한 정보를 주석을 통해 전달한다. 이러한 주석 정보는 재무제표의 전반적인 이해를 증진시키며 기업의 재무상태, 경영성과, 자본변동 및 현금흐름에 관한 필수적인 정보를 전달하므로 주석이 없는 재무제표는 완전한 재무제표라 할 수 없다.

재무제표에는 이용자의 의사결정에 유용할 것으로 판단되는 각종 명세서와 경영자의 분석 및 검토보고서와 같은 설명자료를 첨부할 수 있다. 그러나 일반적으로 인정된 회계원칙에서 필수적으로 요구되지 않고 경영자의 판단에 의해 첨부되는 각종 명세서나 분석자료는 재무제표의 범위에 포함되지 않는다. 이와 같이 일반적으로 인정된 회계원칙에서 필수적으로 요구되지 않는 보충정보 및 명세서 등 추가 재무자료에는 다음과 같은 것이 있다.

- **보충정보**(supplementary information)
  - 석유, 가스, 석탄 등 기업이 보유한 자원의 매장량
  - 물가수준변동, 회계정보 등
- **기타 재무보고 자료**(other means of financial reporting)
  - 최고경영자의 분석 및 설명자료(management analysis and discussion)
  - 주주에 대한 서신(letter to shareholders) 등
- **기타 정보**(other information)
  - 경쟁기업
  - 수주상태
  - 관련 경제지표
  - 회사에 대한 분석 정보 등

재무보고와 재무제표에 대한 이상의 설명을 요약하면 <표 3-1>과 같다.

표 3-1 재무보고와 재무제표

<table>
<tr><td colspan="5">이해관계자의 의사결정에 유용한 정보</td></tr>
<tr><td colspan="4">재무보고(financial reporting)</td><td></td></tr>
<tr><td colspan="3">GAAP 영향권역</td><td></td><td></td></tr>
<tr><td colspan="2">재무제표</td><td></td><td></td><td></td></tr>
<tr><td>기본적 재무제표</td><td>주기와 주석</td><td></td><td></td><td></td></tr>
<tr><td>재무상태표
포괄손익계산서
자본변동표
현금흐름표</td><td>회계방침
우발사항
자산평가기준
자기주식 내용 등</td><td>보충정보:
지하자원 매장량
물가수준변동정보</td><td>기타 재무보고 자료:
주주에 대한 서한
경영자 분석 및 설명</td><td>기타 정보:
경쟁기업 현황
경제통계 분석보고서</td></tr>
</table>

2. 재무제표 작성과 표시의 일반사항

앞에서 살펴본 바와 같이, 재무제표는 외부이용자에게 유용한 재무정보를 전달하는 재무보고의 주요 수단이므로 일반적으로 인정된 회계원칙에 따라 작성되어야 할 뿐만 아니라 일정한 형식을 갖추고 외부에 전달되어야 한다. 다음에서는 재무제표를 작성하고 보고하는 과정에서 지켜야 할 일반사항에 대해 살펴보고자 한다.

2.1 공정한 표시와 한국채택국제회계기준의 준수

재무제표는 기업의 경제적 사실과 거래의 실질을 충실하게 표현하여 기업의 재무상태, 재무성과 및 현금흐름을 공정하게 표시하여야 한다. 여기서 공정하게 표시된 재무제표란 한국채택국제회계기준을 준수하여 적정하게 작성된 재무제표를 말한다. 한국채택국제회계기준을 준수하여 재무제표를 작성하는 기업은 그러한 준수 사실을 주석에 명시적이고 제한 없이 기재한다. 여기서 '제한 없이'가 의미하는 바는, 대부분의 항목은 한국채택국제회계기준을 준수하고 일부 항목은 한국채택국제회계기준을 준수하지 않고 기업회계기준을 준수한 경우와 같이 '특정 항목을 제외하고는 한국채택국제회계기준을 준수하였다'라는 문구를 사용할 수 없다는 것이다. 재무제표가 한국채택국제회계기준의 요구사항을 모두 충족한 경우가 아니라면 한국채택국제회계기준을 준수하여 작성되었다고 기재하여서는 아니된다.

2.2 계속기업 평가

재무회계개념체계에 따르면 계속기업(going-concern)을 전제로 하여 재무회계가 이루어진다. 만일 기업이 계속하여 존속할 수 없는 경우에는 일반적으로 인정된 회계원칙에 입각하여 작성된 재무제표는 유용한 정보가 될 수 없을 것이다. 예를 들어, 기업이 청산에 들어간 경우 일반적으로 인정된 회계원칙에 입각하여 역사적원가를 기준으로 회계처리된 자산의 평가는 이용자의 의사결정에 유용한 정보를 전달할 수 없다. 오히려 청산기업의 경우 역사적원가 대신에 자산을 처분할 때 받을 수 있는 처분가치로 자산을 평가하는 것이 이용자에게 더 유용할 수 있다. 이에 재무제표를 작성하는 책임을 가진 경영자는 재무제표를 작성함에 있어서 계속기업으로서의 존속가능성을 반드시 평가하여야 한다.

계속기업의 전제가 타당한지 판단하기 위해서 경영자는 수익성, 부채상환계획, 대체적 재무자원의 조달계획 등에 관해서 최소한 재무상태표일로부터 1년간의 예상가능한 모든 정보를 고려하여야 한다. 그러나 기업이 과거 상당기간 동안 계속영업이익을 보고하였고 재무상태표일 현재 경영에 필요한 재무자원을 확보하고 있는 경우에는 계속기업의 전제를 적용하여 재무제표를 작성한다. 만일 경영자가 계속기업으로서의 존속능력을 평가한 결과 계속기업의 전제에 대해 중대한 의문을 가지게 된 경우에는 이를 재무제표의 주석에 반드시 공시하여야 한다. 만일 재무제표가 계속기업의 전제하에 작성되지 않는 경우에는 그 사실과 함께 재무제표가 작성된 기준 및 그 기업을 계속기업으로 보지 않는 이유를 주석에 공시하여야 한다.

2.3 발생기준 회계

현금흐름표를 제외한 재무제표는 발생기준에 따라 작성되어야 한다.

발생기준(accrual basis) 회계는 재무회계의 기본적 특징으로서 재무제표의 기본요소의 정의 및 인식, 측정과 관련이 있다.

발생기준 회계의 기본적인 논리는 발생기준에 따라 재무제표의 구성요소를 인식하는 것이다. 발생기준이란 기업실체의 경제적 거래나 사건에 대해 관련된 수익과 비용을 그 현금유출입이 있는 기간이 아니라 당해 거래나 사건이 발생한 기간에 인식하는 것을 말한다.

2.4 중요성과 통합표시

재무제표 본문이나 주석에 공시되는 항목을 구분하여 별도로 표시할 것인가 아니면 유사한 항목끼리 통합하여 표시할 것인가를 결정할 때 그 항목의 중요성을 고려하여 결정한다. 여기서 중요성(materiality)이란 재무제표이용자의 의사결정에 영향을 미치는 정도를 나타내는 개념으로 경영자는 이용자의 관점에서 해당 항목의 성격이나 금액의 크기를 고려하여 판단해야 한다. 중요한 항목은 그 내용을 가장 잘 나타낼 수 있도록 구분하여 표시하며, 중요하지 않은 항목은 성격이나 기능이 유사한 항목으로 통합하여 표시할 수 있다. 예를 들어, 미수수익이 중요한 경우 매출채권과 별도로 재무상태표에 보고하고 중요하지 않은 경우 매출채권과 통합하여 표시할 수 있다.

중요성의 원칙을 적용하여 재무제표에 대한 구분 및 통합의사결정을 할 때 경영자는 재무제표 본문과 주석에 서로 다른 중요성 판단기준을 사용할 수 있다. 예를 들어,

재무제표 본문에는 항목이 중요하지 않아 서로 통합하여 표시한다 할지라도 주석에는 이를 구분하여 표시해야 할 정도로 중요할 수 있다. 이러한 경우 재무제표 본문에 통합하여 표시한 항목의 세부 내용을 주석으로 기재한다.

2.5 상계금지

한국채택국제회계기준에서 요구하거나 허용하지 않는 한 자산과 부채 그리고 수익과 비용은 상계하지 아니한다. 자산과 부채를 서로 상계하거나 수익과 비용을 서로 상계하여 표시하는 경우 이용자가 재무상태나 경영성과를 이해하고 미래 현금흐름을 분석하는 데 방해가 될 수 있으므로 원칙적으로 자산과 부채 그리고 수익과 비용은 상계하지 아니한다. 그러나 재고자산에 대한 재고자산평가충당금을 차감하여 관련 자산을 순액으로 측정하는 것은 상계표시에 해당하지 아니한다.

2.6 보고빈도

일반적으로 전체 재무제표는 일관성 있게 1년 단위로 작성한다. 그러나 회계기간의 변경으로 인해 **재무제표의 보고기간이 1년을 초과하거나 미달하는 경우 재무제표 해당 기간뿐만 아니라 다음 사항을 추가로 공시한다.**

- 보고기간이 1년을 초과하거나 미달하게 된 이유
- 재무제표에 표시된 금액이 완전하게 비교가능하지는 않다는 사실

2.7 비교재무제표와 계속성

재무제표의 기간별 비교가능성을 제고하기 위해 전기 재무제표상의 모든 계량정보를 당기의 정보와 비교하는 형식으로 표시해야 한다(비교재무제표의 작성 원칙). 또한 전기 재무제표상의 비계량정보가 당기의 재무제표를 이해하는 데 관련된 경우에는 이를 당기의 정보와 비교하여 주석에 기재한다. 예를 들어, 전기 재무상태표일 현재 미해결 상태였던 소송사건이 당기의 재무상태표일 현재 아직도 해결되지 않은 경우 전기 재무상태표일에 불확실성이 존재하였다는 사실과 내용, 당기 중에 소송사건과 관련되어 취해진 조치 및 결과 등에 대한 정보를 비교하여 주석으로 기재한다.

또한 비교가능성을 제고하기 위하여 재무제표의 항목의 표시와 분류는 매 회계기간마다 동일하여야 한다(계속성 원칙). 다음의 경우에는 예외로서 재무제표의 표시와

분류방법을 변경할 수 있다. 먼저 회계기준에 의하여 재무제표 항목의 표시와 분류의 변경이 요구되는 경우이다. 즉, 회계기준의 변경으로 재무제표 항목의 분류와 표시방법을 새롭게 규정하는 경우에는 회계기준의 변경에 따라 분류 및 표시방법을 변경할 수 있다. 둘째, 사업결합이나 사업중단 등으로 인하여 영업 내용이 중요하게 변경된 경우에도 표시 및 분류방법을 변경할 수 있다. 마지막으로 재무제표의 표시 및 분류방법이 기업의 재무정보를 보다 적절히 전달할 수 있는 경우 이를 변경할 수 있다.

이처럼 재무제표의 표시 및 분류방법이 변경된 경우 비교재무제표를 작성하여 공시할 때 당기와의 비교를 위해 전기의 재무제표를 당기의 표시 및 분류방법으로 변경하여야 한다. 이때 재분류 항목의 내용, 금액, 재분류가 필요한 이유를 주석으로 기재하여야 한다.

다음에서는 재무제표에 포함되는 개별재무제표의 구조와 주석에 대해 상세하게 살펴보고자 한다.

제 2 절 재무상태표

1. 재무상태표의 의의

재무상태표(statement of financial position)는 일정 시점에 있어서 회계주체의 재무상태를 나타내는 재무보고서이다. 여기에서 일정 시점이라 함은 재무상태표가 작성되는 특정 일자를 말하는데 보통 회계주체가 정한 회계기간(accounting period)의 최종일을 의미하며, 재무상태표일이라고도 한다. 정규의 회계기간은 1년이며 이를 회계연도(fiscal year) 또는 영업연도(business year)라고 하고, 일반적으로 정규의 결산일 또는 재무상태표일은 영업연도의 최종일이 된다.

재무상태라 함은 일정 시점에 있어서 회계주체의 자산과 부채 및 자본 등 세 가지 기본요소의 구성상태를 의미한다. 그러므로 재무상태표는 곧 특정 일자에 있어서 회계주체의 자산과 부채 및 자본의 구성상태를 나타내는 재무보고서이다. 회계주체가 결산일 현재 소유하고 있는 자산과, 결산일 현재 회계주체가 부담하고 있는 부채를 표시하고, 동시에 결산일 현재 회계주체가 소유하고 있는 자산에서 부담하고 있는 부채를 차

그림 3-1 재무상태표와 구조와 구성요소

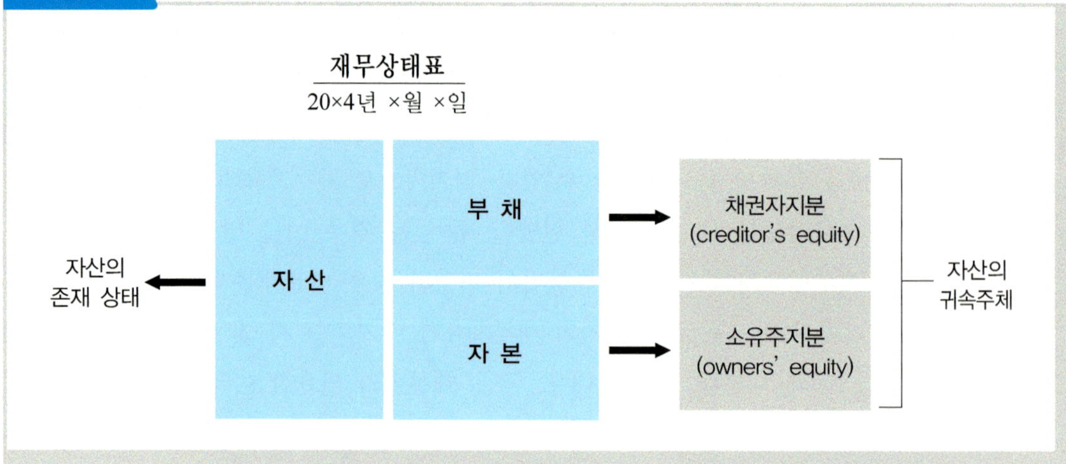

감한 잔액을 자본이라는 항목으로 표시하는 것이다. 재무상태표의 기본적인 구조와 그 구성요소는 <그림 3-1>과 같다.

여기에서 재무상태표를 구성하고 있는 세 가지 요소, 즉 자산, 부채 및 자본에 대하여 좀 더 상세히 살펴보자.

자산(assets)이라 함은 미래에 경제적 효익을 창출할 것으로 기대되는 유형 및 무형의 자원(resources)이다. 여기에서 경제적 효익(economic benefits)은 직접 또는 간접적으로 "미래의 현금 창출에 기여할 수 있는 잠재력"을 의미한다. 현금흐름은 생산과 판매를 통하여 이루어지는 것이므로 결국, 자산이란 기업의 재화나 용역의 생산 및 판매 등 기업활동을 하는 데 기여하는 자원을 의미하는 것이다.

오늘날의 회계에서는 자산의 본질을 경제적 효익, 즉 미래의 현금 창출 잠재력 여부에 두고 있기 때문에 과거의 재무상태표 상에서 흔히 볼 수 있던, 소위 이연자산(deferred assets) 항목이 최근에 없어진 것도 이 때문이다.

재무상태는 유동성에 크게 영향을 받으므로 자산은 일반적으로 유동자산과 비유동자산으로 대별되며 비유동자산은 투자자산, 유형자산, 무형자산 및 기타비유동자산을 포함한다.

부채(liabilities)란, 회계주체가 특정 경제적 효익을 이미 받았으나 이에 대한 대가를 아직 지급하지 않아 회계주체가 현재 부담하고 있는 경제적 의무를 말한다. 경제적 의무를 이행하기 위해서는 경제적 효익, 즉 자산의 희생을 수반한다.

미래에 경제적 효익을 희생할 가능성이 있으면 재무상태표상의 부채로 인식되는 것이지 반드시 법률상의 채무의 요건을 갖추어야만 부채가 되는 것은 아니다. 또한 재무상태표에 표시되는 부채는 그 금액이 계약이나 법령 등에 의하여 확정되는 것이 일반적이지만 때로는 제품보증충당부채와 같이 추정치로 표시되는 경우도 있다. 부채도 자산과 마찬가지로 유동부채와 비유동부채로 구분된다.

자본(owners' equity)은 자산총액에서 부채총액을 차감한 잔여액을 말한다. 자산에서 부채를 차감한 잔액은 곧 순자산액(net assets)이며, 동시에 자산에 대한 소유주의 청구권을 나타내는 소유주지분이 된다. 그러므로 자본이란 용어는 오해를 일으키기 쉬운 용어이다. 재무상태표에 표시되는 자본은 경제학에서 말하는 생산요소로서의 자본(capital)이나 경영학 또는 상법에서 사용되는 총자산 또는 소유주의 출자액이란 용어와는 전혀 다른 개념이다. 자본이란 용어 대신에 소유주지분(owners' equity) 또는 주주지분(shareholder's equity)이란 용어가 오히려 일반인의 오해를 줄일 수 있는 더 적절한 용어라고 할 수 있다. 다만, 자본이란 용어가 오랫동안 사용되어 왔기 때문에 계속 사용하고 있는 것에 불과하다.

재무상태표상 자본은 자본금, 자본잉여금, 자본조정, 기타포괄손익누계액, 이익잉여금으로 구분된다. 재무상태표일 현재 기업이 소유하고 있는 자산총액에서 재무상태표일 현재 기업이 부담하고 있는 부채총액을 차감한 잔액은 결국 재무상태표일 현재 소유주 또는 주주에게 귀속되는 지분(equity)이 되는 것이다.

2. 재무상태표와 재무상태표등식

앞에서 재무상태표의 구성요소인 자산, 부채 및 자본의 의의와 이 세 요소 간의 관계에 대하여 설명하였다. 즉, 재무상태표의 차변에 표시되는 자산의 합계액은 반드시 대변에 표시되는 부채와 자본의 합계액과 일치한다. 왜냐하면, 재무상태표의 대변에 표시되는 부채와 자본은 자산에 대한 청구권(claim) 또는 자산에 대한 지분(equity)을 나타내는 것이므로 자산의 합계액과 이에 대한 청구권 또는 지분의 합계액은 일치하여야 하기 때문이다. 이 관계를 표로 표시하면 다음과 같다.

아래 등식을 재무상태표등식(balance sheet equation) 또는 회계등식(accounting equation)이라고 한다. 재무상태표등식은 회계기록의 핵심적인 원리가 된다. 이 원리에 따라 거래를 분개하고 재무제표를 작성한다는 것은 이미 회계원리 과정에서 배웠을 것이다.

자 산	=	자산에 대한 청구권		
자 산	=	채권자청구권 (creditor's claim)	+	소유주청구권 (owners' claim)
		∥		∥
자 산	=	부 채	+	자 본

위의 재무상태표등식에 포괄손익계산서상의 포괄이익 결정의 원리를 결합하여 보자. 포괄이익은 다음과 같이 수익에서 비용을 차감한 금액이다.

포괄이익 = 수 익 − 비 용

포괄이익은 소유주의 몫이므로 자본의 일부분이다. 그러므로 소유주의 출연이나 소유주에 대한 분배가 없다면 재무상태표등식은 다음과 같이 표시할 수 있다.

자 산	=	부 채	+	자 본	+	수익 − 비용 (=포괄이익)
자 산	=	부 채	+	자 본	+	포괄이익

위 등식에서 보면 자산 합계액은 부채와 자본의 합계액에 당기의 포괄이익을 가산한 가액과 일치하게 되는 것이다. 이 등식이 재무상태표와 포괄손익계산서가 작성되는 원리가 되는 것이다.

3. 재무상태표의 표시 및 분류

앞에서 살펴본 바와 같이 재무제표는 이해하기 쉽도록 간단하고 명료하게 작성되어야 한다. 이러한 원칙에 입각하여 재무상태표의 항목은 적정하게 표시 및 분류되어야 한다.

3.1 재무상태표 항목의 구분과 통합표시

한국채택국제회계기준에 따르면 재무상태표에 표시되어야 할 항목의 순서나 형식을 명확하게 규정하지 않고 있다. 기업의 재무상태를 이해하는 데 목적적합한 경우 특정 항목을 구분할 필요가 있으며 이용자가 쉽게 이해할 수 있도록 사용되는 용어도 변경할 수 있다. 추가적 항목으로 특정 항목을 구분하여 표시할지 여부를 결정할 때 다음 사항을 고려하여야 한다.

(1) 자산의 성격 및 유동성
(2) 기업 내에서의 자산 기능
(3) 부채의 금액, 성격 및 시기

한국채택국제회계기준에 따르면 재무상태표에는 적어도 다음에 해당하는 금액을 나타내는 항목을 구분하여 표시해야 한다.

★

자산

(1) 현금및현금성자산
(2) 매출채권 및 기타 채권
(3) 재고자산
(4) 생물자산
(5) 지분법적용 투자자산, 금융자산, 투자부동산
(6) 유형자산, 무형자산
(7) 이연법인세자산
(8) 당기 법인세와 관련한 자산
(9) 매각예정으로 분류된 자산과 매각예정으로 분류된 처분집단에 포함된 자산의 총계

부채

(1) 금융부채
(2) 매입채무 및 기타 채무
(3) 충당부채
(4) 이연법인세부채
(5) 당기 법인세와 관련한 부채
(6) 매각예정으로 분류된 처분집단에 포함된 부채

3.2 유동과 비유동의 구분

한국채택국제회계기준에 따르면 자산과 부채는 유동성 순서에 따른 표시방법이 신뢰성 있고 더욱 목적적합한 정보를 제공하는 경우를 제외하고는 유동자산과 비유동자

산, 유동부채와 비유동부채로 재무상태표에 구분하여 표시한다. 유동성배열법에 따라 유동성 순서에 따른 표시방법을 적용할 경우 모든 자산과 부채는 유동성의 순서에 따라 표시한다. 여기서 유동성(liquiduty)이란 자산이 얼마나 이른 시간 내에 사용되거나 현금화되는가를 나타낸다.

한국채택국제회계기준에 따르면 자산의 경우 유동자산은 다음의 항목을 말한다.

★

(1) 기업의 정상영업주기 내에 실현될 것으로 예상하거나, 정상영업주기 내에 판매하거나 소비할 의도가 있다.
(2) 주로 단기매매목적으로 보유하고 있다.
(3) 보고기간 후 12개월 이내에 실현될 것으로 예상한다.

유동자산으로 분류되기 위한 첫 번째 조건은 정상영업주기(normal operating cycle) 기준이다. 여기서 영업주기는 영업활동을 위한 자산의 취득시점부터 그 자산이 현금이나 현금성자산으로 실현되는 시점까지 소요되는 기간이다. 정상영업주기를 명확히 식별할 수 없는 경우에는 그 기간이 12개월인 것으로 가정한다. 대부분의 제조기업의 경우 이러한 영업주기가 1년 이내이다. 그러나 조선업이나 포도주 산업과 같이 영업주기가 수년이 걸리는 업종도 있다. 이와 같이 영업주기가 1년 이상인 업종의 경우 정상적인 영업주기 내에 판매 혹은 사용되는 자산을 유동 항목으로 구분하여 표시한다. 예를 들어, 포도주 산업의 경우 현금으로 전환되거나 소비될 것으로 기대되는 기간이 1년 이상이라 하더라도 정상적인 영업주기 내에서 현금으로 전환되거나 소비될 재고자산과 매출채권을 유동자산으로 분류한다.

유동자산으로 분류되기 위한 두 번째 조건은 자산의 보유목적이 **단기매매목적**이어야 한다. 예를 들어, 단기매매목적으로 보유하고 있는 금융자산은 유동자산에 포함된다.

유동자산으로 분류되기 위한 세 번째 조건은 **1년 기준**이다. 즉, 1년 이내에 현금으로 실현될 것으로 기대되는 자산은 유동자산으로 분류된다. 따라서 한국채택국제회계기준에 따르면 유동자산과 비유동자산의 구분은 정상영업주기 기준과 1년 기준 중 더 긴 기준을 사용하고 있다. 발생 당시에는 비유동자산이었으나 시간의 경과로 인해 보고기간 후 1년 이내에 현금으로 전환될 것으로 기대되는 자산도 유동자산에 포함된다.

부채의 경우도 자산과 마찬가지로 정상영업순환주기 기준과 1년 기준을 사용하여 분류된다. 한국채택국제회계기준에 따르면 다음의 부채는 유동부채(current liabilities)

로 분류된다.

★
(1) 정상영업주기 내에 결제될 것으로 예상하고 있다.
(2) 주로 단기매매목적으로 보유하고 있다.
(3) 보고기간 후 12개월 이내에 결제하기로 되어 있다.

자산 중 유동자산에 속하지 않는 자산은 비유동자산으로 분류되며 부채도 유동부채에 포함되지 않는 경우 비유동부채로 구분된다. 특히 이연법인세자산과 이연법인세부채는 항상 비유동자산 혹은 비유동부채로 분류한다.

3.3 실현예정일 정보

재무상태표는 유동성이나 부채상환능력과 같이 재무상태를 전달하는 재무보고서이므로 이용자들이 이러한 정보를 이해할 수 있도록 자산과 부채의 실현예정일에 대한 정보를 제공하는 것이 바람직하다. 특히 금융자산과 금융부채의 경우 만기에 대한 공시가 필수적이다. 여기서 금융자산은 매출채권 및 기타 채권을 포함하고, 금융부채는 매입채무 및 기타 채무를 포함한다. 자산과 부채가 유동 또는 비유동으로 구분되는지의 여부와 관계없이, 재고자산과 같은 비화폐성 자산의 회수예정일과 충당부채와 같은 부채의 결제 예정일에 대한 정보도 역시 유용하다. 예를 들어, 기업은 보고기간 후 12개월 후에 회수될 것으로 기대되는 재고자산 금액을 공시해야 한다. 즉, 유동성배열법을 사용하든 혹은 유동 항목 및 비유동 항목으로 구분하든 관계없이 자산 및 부채 금액 중 1년 이내에 실현될 금액과 1년 이후에 실현될 금액을 별도로 공시해야 한다.

4. 재무상태표의 공시형식

재무제표 작성원칙에 따르면 재무제표는 이해하기 쉽도록 간단명료하게 보고하는 양식을 채택해야 한다. 일반적으로 재무제표의 양식은 보고식(report form)과 계정식(account form)으로 구분되는데, 계정식은 계정처럼 양쪽에 항목을 배열하는 양식이고 보고식은 재무제표 항목을 위에서 아래로 나열하는 방식이다.

예제 3-1

다음은 XYZ 주식회사의 20×9년 12월 31일(결산일) 현재의 결산수정후 총계정원장(재무상태표계정) 잔액이다. 이 자료에 의하여 차기이월미처분이익잉여금을 구하고, 재무상태표를 작성하라.

〈결산수정후 총계정원장 잔액〉

계정	금액	계정	금액
현금	1,740,000	건물감가상각누계액	400,000
장기금융자산	1,000,000	사채	1,000,000
자기주식	100,000	재고자산	700,000
주식발행초과금	200,000	단기금융자산	500,000
자본금	5,000,000	건물	2,000,000
토지	2,000,000	매입채무	600,000
매출채권	760,000	단기차입금	500,000
해외사업환산손실	100,000	저작권	200,000
장기대여금	200,000	장기제품보증충당부채	500,000
임차보증금	400,000	사업확장적립금	300,000
이익준비금	200,000	이연법인세자산	50,000
미처분이익잉여금	?		

계정식 재무상태표는 왼쪽과 오른쪽으로 구분하여 자산을 왼쪽(차변)에, 부채와 자본을 오른쪽(대변)에 표시하는 형식을 말하며, 보고식은 왼쪽과 오른쪽을 구분하지 않고 일렬로 배열하여 작성하는 방법을 말한다. 계정식은 일종의 표의 형태라 할 수 있고, 보고식은 일종의 보고서의 형태라고 할 수 있다. 한국채택국제회계기준에서는 재무상태표의 양식에 대해 보고식 혹은 계정식 중 어느 형태로 작성할 것인지에 대해 구체적으로 규정하지 않고 있다.

위 예제에 주어진 자료를 가지고 재무상태표를 계정식으로 작성하면 다음과 같다.

재무상태표

20×9년 12월 31일 현재

XYZ주식회사 (단위: 원)

과 목	금 액	과 목	금 액
자 산		**부 채**	
Ⅰ. 유 동 자 산	3,700,000	Ⅰ. 유 동 부 채	1,100,000
현 금	1,740,000	매 입 채 무	600,000
단 기 금 융 자 산	500,000	단 기 차 입 금	500,000
매 출 채 권	760,000		
재 고 자 산	700,000	Ⅱ. 비 유 동 부 채	1,500,000
		사 채	1,000,000
Ⅱ. 비 유 동 자 산	5,450,000	장기제품보증충당부채	500,000
1. 투자자산		부 채 총 계	2,600,000
장 기 금 융 자 산	1,000,000	**자 본**	
장 기 대 여 금	200,000	Ⅰ. 자 본 금	5,000,000
2. 유 형 자 산		Ⅱ. 자 본 잉 여 금	200,000
토 지	2,000,000	주 식 발 행 초 과 금	200,000
건 물	2,000,000		
(감 각 상 각 누 계 액)	(400,000)	Ⅲ. 자 본 조 정	
		자 기 주 식	(100,000)
3. 무 형 자 산			
저 작 권	200,000	Ⅳ. 기타포괄손익누계액	
		해 외 사 업 환 산 손 실	(100,000)
4. 기타비유동자산			
임 차 보 증 금	400,000	Ⅴ. 이 익 잉 여 금	1,550,000
이 연 법 인 세 자 산	50,000	이 익 준 비 금	200,000
		사 업 확 장 적 립 금	300,000
		미 처 분 이 익 잉 여 금	1,050,000
		자 본 총 계	6,550,000
자 산 총 계	9,150,000	부 채 와 자 본 총 계	9,150,000

* 미처분이익잉여금은 회계등식에 따라 자산총계에서 미처분이익잉여금 산출 전 부채와 자본총계를 차감하여 산출한다.

제 3 절 포괄손익계산서와 경영성과의 보고

1. 포괄손익계산서의 의의

포괄손익계산서(statement of comprehensive income)는 일정 기간 동안의 회계주체의 경영성과를 나타내는 재무보고서로 기본재무제표의 하나이다. 일정 시점을 기준으로 작성되는 재무상태표와 달리 포괄손익계산서는 경영성과를 나타내므로 성과를 측정하기 위한 일정한 기간 개념이 필요하다. 즉, 포괄손익계산서를 작성하기 위해서는 분기, 반기 혹은 1년 등 일정한 기간 개념이 필요하다. 이러한 포괄손익계산서는 일정 기간 동안의 수익, 비용, 차익과 차손 등을 통해 경영성과를 측정하여 이를 보고하는 재무제표로 경영성과보고서라고 부르기도 한다. 포괄손익계산서는 특정 기간 동안의 경영성과에 대한 정보뿐만 아니라 기업의 미래 현금흐름과 수익창출능력 등을 이용자가 예측하는 데 유용한 정보를 제공한다.

포괄손익계산서에서 총포괄손익은 당기순손익과 기타포괄손익을 포함한다.

총포괄손익	=	당기순이익	±	기타포괄손익

여기서 당기순손익(net income)은 수익과 비용 및 이득과 손실로 구성된다.

수익(revenue)이란 기업의 주요 경영활동으로서의 재화나 용역을 판매하거나 제공함으로써 회사에 유입되는 경제적 효익을 말한다. 즉, 수익이란 재화나 용역의 제공을 통해서 회사의 순자산이 증가하는 것을 말한다. 예를 들어, 상품의 판매를 통해 기업이 벌어들이는 매출액은 주요 수익의 하나이다.

비용(expense)이란 기업의 주요 경영활동으로서의 수익을 창출하는 과정에서 유출되는 경제적 효익을 말한다. 예컨대 매출수익을 창출하기 위해 상품의 구입원가, 광고비 및 판매비 등과 같은 경제적 자원의 희생, 즉 회사의 순자산이 감소하는 것을 말한다.

이득(gains)이란 기업의 주요 경영활동 이외의 부수적인 거래나 사건으로서, 주주와의 거래가 아닌 거래나 사건의 결과로 발생하는 순자산의 증가액을 말한다. 예를 들어, 건물의 처분으로 인해 기업이 회수하는 현금이 처분되는 건물의 장부가치보다 높은 경우 이득이 발생한다.

손실(losses)이란 기업의 주요 경영활동 이외의 부수적인 거래나 사건으로서, 주주

표 3-2 기타포괄손익의 종류와 재분류조정 해당 여부

종 류	재분류조정* 대상 여부
유형 및 무형자산의 재평가모형에서 인식하는 재평가잉여금	재분류조정 금지
기타포괄손익측정 금융자산의 공정가치 평가손익	재분류조정
기타포괄손익측정을 선택한 금융자산의 공정가치 평가손익	재분류조정 금지
당기손익 지정 금융부채의 신용위험 변동에 따른 공정가치 평가손익	재분류조정 금지
확정급여제도의 재측정요소	재분류조정 금지
기능통화와 표시통화가 다를 경우 기능통화로 작성된 재무제표를 표시통화로 환산하는 과정에서 발생하는 외환차이	재분류조정
현금흐름위험회피 파생상품의 평가손익 중 위험회피에 효과적인 부분	재분류조정
지분법 자본변동	경우에 따라 재분류조정 또는 금지

자료 : 신현걸 · 최창규 · 김현식, IFRS중급회계, 제7판(도서출판 탐진, 2019), p. 649.

* 재분류조정(recycling adjustment)에 관해서는 제10장 및 제11장에서 후술함.

와의 거래가 아닌 거래나 사건의 결과로 발생하는 순자산의 감소액을 말한다. 예를 들어, 사채를 상환하는 과정에서 사채의 장부금액보다 더 높은 금액으로 상환하는 경우 사채상환손실이 발생한다. 이러한 이득과 손실은 수익 및 비용과는 달리 순액으로 보고되는 특징을 갖기 때문에 「재무보고를 위한 개념체계」에서는 차익 혹은 차손이란 용어를 사용하고 있다. 수익이나 비용은 서로 상계되지 않고 총액으로 기록되는 반면에 이득과 손실은 순액으로 보고된다. 예를 들어, 상품을 매출하는 경우 매출액에서 매출에 들어간 비용을 서로 상계하지 않고 매출액은 수익으로, 매출원가는 비용으로 총액으로 표시되는 반면에 이득과 손실은 처분된 자산의 총 판매금액에서 자산의 장부금액을 공제한 후의 순액으로 기록된다. 단, 현행 한국채택국제회계기준에서는 포괄손익계산서상에 수익과 이득(차익) 및 비용과 손실(차손)을 별도로 구분하지 않고 차익(차손)을 광의의 수익(비용)에 포함한다.

기타포괄손익(other comprehensive income)이란 소유주에 의한 추가출자나 소유주에 대한 분배를 제외한 항목으로서 당기순손익에 포함되지 않는 손익을 말한다. <표 3-2>는 기타포괄손익의 종류를 보여준다.

2. 구성요소의 인식기준

앞에서도 언급했듯이 포괄손익계산서는 경영성과를 보고하는 재무제표이므로 이러한 경영성과를 어떤 기준으로 측정할 것인가 하는 문제가 대두된다. 경영성과를 측정하는 방법에는 크게 현금기준과 발생기준이 있다. 현금기준(cash basis)이란 재화나 용역의 제공에 따른 현금을 수령하는 시점에서 수익과 이득을 인식하고 이러한 수익 및 이득을 창출하기 위해 현금이 유출되는 시점에서 비용 및 손실을 인식하여 순이익을 계산하는 방법이다. 이에 비해 현행 기업회계기준이 채택하고 있는 발생기준(accrual basis)은 현금의 수입과 지출에 관계없이 수익과 이득, 비용과 손실 등이 발생한 기간에 인식하는 방법이다.

발생기준은 기업회계에서 오래 전부터 준수해 오고 있는 순이익의 측정방법이다. 이러한 발생기준이 채택되어온 주요 이유는 수익과 비용 등을 발생한 사실을 기초로 하여 인식함으로써 기간손익을 합리적으로 계산할 수 있기 때문이다. 뿐만 아니라, 포괄손익계산서의 목적은 미래 현금흐름과 수익창출능력을 예측하는 데 유용한 정보를 제공해야 하므로 발생기준에 입각한 기간손익이 현금기준에 의한 기간손익 계산방법보다 이용자의 의사결정에 더 유용한 정보를 제공할 수 있기 때문에 발생기준이 채택되어 왔다. 정부기관 또는 비영리기관 등에서는 기간손익의 계산이나 자본시장에서 순손익의 정보를 필요로 하지 않으므로 현금기준을 적용해 왔다. 그러나 최근에는 정부기관이나 비영리기관에서도 발생기준을 채택하는 경향이 증가하고 있다. 우리나라의 지방자치단체의 경우 2007회계연도부터 발생기준에 의한 회계정보를 예산회계(현금기준)와 병행하여 작성하도록 되어 있다. 현금기준과 발생기준을 좀 더 구체적으로 이해하기 위해 다음의 예를 살펴보자.

예제 3-2

동국회사는 주주로부터 ₩2,000,000을 출자받아 20×9년 1월 초에 창업한 회사로 20×9년 동안 다음의 거래를 하였다. 금융기관으로부터 ₩500,000을 차입하였고 만기는 2년 후이며 이자는 매년 말에 연 이자율 5%로 상환하기로 하였으나 당기에 이자를 지급하지 않았다.

회사는 연초에 건물을 임차하고 2년분 임차료 ₩20,000을 선급하였다. 또한 이 회사는 7월 1일에 보험에 가입하고 1년분 보험료 ₩12,000을 선급했다. 이 회사는 20×9년 동안 상품 ₩80,000을 구입하고 대금 중 ₩50,000을 지급했다. 올해 상품 매출액은 ₩100,000이고 이 중 ₩30,000은 현금으로 회수했다. 당기에 판매된 상품의 취득원가는 ₩50,000이며 회계기간 동안 종업원에게 지급된 급여는 ₩5,000이다.

현금기준과 발생기준에 입각하여 동국회사의 20×9년도 당기순손익을 구하라.

풀이

현금기준			발생기준		
수 입		₩30,000	수 입		₩100,000
지 출			비 용		
상품매입비용	₩50,000		매출원가	₩50,000	
임차료	20,000		임차료	10,000	
보험료	12,000		보험료	6,000	
급 여	5,000	(87,000)	급 여	5,000	
			이자비용	25,000	(96,000)
순손실		(₩57,000)	순이익		₩4,000

위의 예에서 먼저 주주로부터 출자받은 금액과 금융기관으로부터 차입한 금액은 각각 자본거래와 재무활동이므로 재화나 용역의 제공으로부터 창출하는 수익에 해당하지 않는다. 수익은 재화나 용역의 제공으로부터 발생하므로 현금기준에 따르면 재화나 용역의 제공에 따라 유입된 현금액은 매출을 통해 획득된 30,000원이다. 그러나 발생기준에 따르면 판매액 100,000원 모두 수익으로 보고된다. 일반적으로 판매된 대금은 보통 정상적으로 회수될 것으로 기대되므로 수익을 단지 현금회수액으로 보고하는 것보다 매출액 전부를 보고하는 것이 기간손익의 계산에 더 합리적이다. 현금기준에 따르면 임차료 2년분 20,000원과 상품 구입대금 중 현금지급액 50,000원, 보험료 1년분 지급액 12,000원, 급여지급액 5,000원이 비용이 된다. 그러나 임차료 중 그 반은 당기에 귀속되는 것이고 나머지는 다음 기의 임차료이므로 현금기준에 따라 비용을 현금지출액으로 인식하는 것은 문제가 있다. 또한 보험료 중 당기에 속하는 부분은 6개월분이므로 현금기준에서 1년분 보험료를 모두 인식하는 것은 불합리하다.

이에 비해 발생기준 회계는 당기의 순손익을 계산하기 위해 당기에 발생한 부분만을 임차료와 보험료로 기록하므로 보다 합리적인 기간손익 계산방법이다. 매출원가의 경우도 현금기준은 현금을 지급한 부분만 비용으로 인식하는데 이렇게 하면 매출수익과 매출원가 간의 투입－산출의 관계가 합리적이지 못하다. 그러나 발생기준은 당기의 매출액과 대응하는 매출원가를 대금지급 여부에 관계없이 비용으로 인식하므로 산출－투입관계가 합리적이다. 또한 현금기준에 의하면 이자비용을 기록하지 않는데 이러한 이자비용은 당기에 차입금을 사용한 대가이므로 발생기준처럼 당기에 비용으로 인식하는 것이 바람직하다.

지금까지 살펴본 바와 같이 발생기준 회계원칙은 합리적 기간손익계산을 하고자 하는 데 그 목적이 있으며, 합리적 기간손익계산은 합리적인 경영성과 평가를 가능하게 한다. 발생기준에 따르는 경우 수익과 이득, 비용과 손실을 발생한 기간에 기록하도록 하는데, 수익이나 비용 등의 발생기간을 정확하게 어느 시점으로 할 것인가 하는 문제가 발생한다. 수익의 창출과정은 원재료의 매입으로부터 출발하여 제품의 판매 및 대금회수와 같은 영업주기 내에 연속적으로 발생한다고 볼 수 있다. 예를 들어, 과일판매업을 하는 경우 정상적인 영업이라면 과일의 구매활동으로부터 과일의 부가가치가 창출되며 이를 냉장창고에 보관하고 포장하는 과정에서도 부가가치가 발생하며 이러한 과정을 거쳐 판매가격이 결정되고 과일의 판매 및 대금회수 과정을 거쳐 수익 창출활동이 완료된다. 이처럼 수익이 연속적으로 발생하기 때문에 어느 시점에 수익을 기록할 것인가 하는 문제가 발생기준에서 중요하다. 이에 현행 기업회계기준은 수익이 실현된 시점에서 수익을 기록하게 하는 수익의 실현원칙을 채택하고 있다.

수익실현원칙(principle of revenue realization)이란 원칙적으로 수익의 획득과정이 거의 완료되고 그 수익을 객관적으로 측정할 수 있는 시점에 수익을 인식하는 것을 말한다. 일반적으로 이러한 수익실현시점은 재화나 용역이 제공된 시점이라 할 수 있다. 일반적으로 재화나 용역이 판매를 통해 고객에게 제공되면 수익창출 과정 중 대금회수 과정만 완성하면 수익창출 과정이 완료되며 이 시점에서 판매가격을 객관적으로 측정할 수 있다. 따라서 재화나 용역이 제공된 시점이 일반적으로 수익이 실현되는 시점이라 할 수 있다. 물론 대금회수 과정에서 수익의 일부를 회수하지 못할 수도 있지만 이러한 금액은 사업 경험상 어느 정도 객관적으로 추정할 수 있으므로 재화나 용역이 제공된 시점이 일반적으로 수익이 실현된 시점이며 이때 수익을 기록한다. 그러나 산업에 따라 반드시 재화나 용역이 제공된 시점이 수익실현시점으로 판단하기 어려운 경우가 많다. 예를 들어, 고객에게 제품을 제공하고 이를 사용한 후에 매입의사결정을 하도록 하는 경우 고객에게 재화가 제공되었다고 해서 수익이 실현되었다고 볼 수 없다. 이러한 경우에는 고객이 매입의사를 통지한 때 수익이 실현된 것으로 판단해야 할 것이다. 산업에 따른 다양한 수익인식기준은 본서의 범위를 넘어서기 때문에 여기서 자세한 설명은 생략한다.

비용은 수익을 창출하는 데 희생되는 자원의 가치이므로 비용은 자기가 창출한 수익과 같은 기간에 인식되어야 투입－산출관계가 합리적으로 결정된다. 즉, 관련 수익과 비용은 동일한 기간에 함께 보고되어야 한다. 수익 · 비용 대응원칙(matching principle)

이란 비용 항목을 자기가 창출한 수익과 대응시켜 관련 수익과 같은 회계기간에 인식하여야 한다는 원칙이다. 예를 들어, 당기의 매출을 창출하기 위해 희생된 상품의 매출원가는 매출이 기록되는 회계기간에 함께 기록되어야 한다는 것이다.

그러나 모든 비용에 대해 해당 비용이 창출한 수익과 직접적으로 대응시키기는 어려운 경우가 많이 존재한다. 예를 들어, 건물의 감가상각비나 임차료 등이 어느 수익과 관련되는지를 명확하게 파악하기란 곤란하다. 이와 같이 수익과 비용의 인과관계가 명확하지 않은 경우 비용은 사용된 회계기간에 비용으로 인식된다. 이처럼 사용된 기간에 비용이 기록되는 것을 기간대응(period matching)이라 한다. 대부분의 비용은 이러한 기간대응에 입각하여 사용된 회계기간의 비용으로 기록된다.

수익과 비용의 인식과 관련하여 이해하여야 하는 또 하나의 회계원칙은 보수주의이다. 보수주의(conservatism)란 불확실성하에서 회계방법을 선택할 때 기업의 재무상태나 경영성과를 낙관적이 아니라 가급적 비관적으로 표시하는 방법을 택하여야 한다는 원칙이다. 예를 들어, 재고자산을 평가할 때 취득원가와 시가를 비교하여 시가가 더 높으면 원가로 표시하고 시가가 원가보다 낮은 경우에만 평가손실을 인식하는 저가법은 대표적인 보수주의에 입각한 회계방법이다.

보수주의는 취득원가주의와 함께 재무회계에서 오랫동안 중요한 회계관습으로 지켜온 회계원칙인데, 이것은 기업의 자본유지와 채권자 보호라는 전통적인 상법의 정신에서 유래된 결과로 볼 수 있다. 그러나 회계정보가 투자자의 의사결정에 유용해야 한다는 특성을 강조하는 현대의 회계에서는 전통적인 보수주의가 점차 그 자리를 잃어가고 있다.

3. 포괄손익계산서의 분류 및 표시

특정 기간에 발생한 모든 수익과 비용은 다음 중 한 가지 방법으로 보고된다.

(1) 단일 포괄손익계산서

(2) 두 개의 보고서 : 당기순손익의 구성요소를 배열하는 보고서(별개의 손익계산서)와 당기순손익에서 시작하여 기타포괄손익의 구성요소를 배열하는 보고서(포괄손익계산서)

앞에서 살펴보았듯이 단일 포괄손익계산서는 당기순이익 항목과 기타포괄손익 항목을 포함하므로 크게는 당기순이익 부분과 기타포괄손익 부분으로 대별된다. 당기순이익 부분은 별도로 작성될 수 있는 과거의 별개의 손익계산서와 동일하고 기타포괄손익 부분은 당기순이익에 당기에 발생한 기타포괄손익을 가감하여 총포괄손익을 계산하는 부분이다.

당기순이익 부분은 다시 계속영업손익 부분과 중단영업손익 부분으로 대별된다. 계속영업손익 부분은 기업이 계속적으로 영위하는 사업에서 얻은 경영성과를 나타내는 부분이고, 중단영업손익은 당기에 기업이 중단한 사업과 관련하여 발생한 수익과 이득, 비용과 손실을 이용하여 별도로 손익을 계산하여 여기에서 관련 법인세비용을 차감하여 중단영업손익으로 계속영업손익과 구분하여 보고한다. 단일 포괄손익계산서의 주요 내용을 요약하면 다음과 같다.

<table>
<tr><td rowspan="3">총포괄손익</td><td rowspan="2">당기순이익</td><td>계속영업손익</td></tr>
<tr><td>중단영업손익</td></tr>
<tr><td colspan="2">기타포괄손익</td></tr>
</table>

한국채택국제회계기준에 따르면 포괄손익계산서의 계속영업손익에 포함되는 수익과 비용에 대한 정보의 표시방식에 대해서는 명확하게 규정하지 않고 적어도 다음 정보가 포함되어야 한다고 규정하고 있다.

(1) 수익
(2) 금융원가
(3) 지분법 적용대상기업의 당기순손익에 대한 지분
(4) 법인세비용
(5) 중단영업과 관련하여 발생한 다음의 금액을 합한 금액
- 세후 중단영업손익
- 중단영업에 포함된 자산이나 처분집단을 순공정가치로 측정함에 따라 발생한 세후손익
- 중단영업에 포함된 자산이나 처분집단의 처분으로 발생한 세후처분손익

(6) 당기순이익
(7) 기타포괄손익의 성격별 구성요소
(8) 지분법 적용대상인 관계기업과 조인트벤처의 기타포괄이익에 대한 지분
(9) 총포괄손익
(10) 영업이익

비용은 빈도, 발생가능성 및 예측가능성의 측면에서 서로 다를 수 있는 경영성과의 구성요소를 강조하기 위해 세분되어야 하는데 한국채택국제회계기준에 따르면 비용은 성격별 혹은 기능별로 세분할 것을 요구한다. 어느 방법으로 비용을 분류할 것인가는 회계정보의 질적특성인 충실한 표현과 목적적합성에 근거하여 결정되어야 할 것이다.

비용의 첫 번째 분류형태는 성격별 분류이다. 이 방법에 따르면 당기손익에 포함된 비용은 감가상각비, 광고비, 운송비, 종업원급여와 같이 그 성격별로 통합하며, 기능별로 재배분하지 않는다. 이 방법은 비용을 기능별 분류로 배분할 필요가 없기 때문에 적용이 간단할 수 있다. 비용의 성격별 분류에 따른 포괄손익계산서 양식은 다음과 같다.

포괄손익계산서

수익		×××
제품과 재공품 변동	×××	
원재료와 소모품사용액	×××	
종업원급여 비용	×××	
감가상각비와 기타상각비	×××	(×××)
영업손익		×××
기타수익		×××
기타비용		(×××)
법인세비용차감전순이익		×××
법인세비용		(×××)
당기순이익		×××
기타포괄손익		×××
총포괄손익		×××

두 번째 분류방법은 비용의 기능별 분류이다. 비용의 기능별 분류법에 따르면 비용을 매출원가, 그리고 물류원가와 관리활동원가 등과 같이 회계실체의 기능별로 분류한다. 이 방법에서는 적어도 매출원가를 다른 비용과 분리하여 공시하므로 '매출원가법'으로 불리기도 한다. 이 방법은 성격별 분류보다 재무제표이용자에게 보다 이해하기 쉬운 형식으로 정보를 제공할 수 있지만 비용을 기능별로 배분하는데 자의적인 배분과 상당한 정도의 주관적 판단이 개입될 수 있다. 비용을 기능별로 분류하는 기업은 감가상각비, 기타 상각비와 종업원급여비용을 포함하여 비용의 성격에 대한 추가 정보를 주석으로 공시해야 한다. 비용의 기능별 분류에 따른 포괄손익계산서의 예는 다음과 같다.

포괄손익계산서

수익		×××
매출원가		(×××)
매출총이익		×××
물류원가	×××	
관리비	×××	(×××)
영업손익		×××
기타수익		×××
기타비용		(×××)
법인세비용차감전순이익		×××
법인세비용		(×××)
당기순이익		×××
기타포괄손익		×××
총포괄손익		×××

전통적으로 우리나라의 경우 영업손익을 구체적으로 보고하는 양식을 택했고 이용자들이 영업손익 정보에 익숙해 있으므로 한국채택국제회계기준에서는 성격별 혹은 기능별 분류와 관계없이 수익에서 매출원가 및 판매비와관리비(물류원가 등을 포함)를 차감한 영업이익을 포괄손익계산서에 별도로 구분하여 표시하는 방식을 채택하였다. 다만, 영업의 특수성을 고려할 필요가 있는 경우(예 : 매출원가를 구분하기 어려운 경우)나 비용을 성격별로 분류하는 경우 영업수익에서 영업비용을 차감한 영업이익을 포괄손익계산서에 구분하여 표시할 수 있다.[1)]

단, 개별 기업의 영업성격의 특수성을 감안하여 영업이익에 포함되지 않은 항목 중 기업의 영업성과를 더 잘 반영하는 그 밖의 수익 또는 비용 항목이 있다면 이러한 항목을 추가하여 조정영업이익 등의 명칭을 사용하여 주석으로 공시할 수 있도록 하고 있다. 이 경우 기업은 추가한 주요 항목과 그 금액 및 조정영업이익 등은 해당 기업이 자체 분류한 영업이익이라는 사실도 함께 주석에 포함한다. 다음에서는 포괄손익계산서에 나타날 수 있는 다양한 손익 항목에 대해 구체적으로 살펴본다.

① 매출총손익과 영업손익

매출총손익은 앞에서 보았듯이 비용을 기능별로 분류할 때 포괄손익계산서에 포함되는 항목으로 매출총손익(gross margin)은 기업이 계속사업을 수행하는 과정에서 발

---

1) 영업이익 산출에 포함된 주요 항목과 그 금액을 포괄손익계산서 본문에 표시하거나 주석으로 공시한다.

생한 매출액에서 매출원가를 차감하여 구한다. 매출액은 기업의 주된 영업활동에서 발생한 제품, 상품, 용역 등의 총매출액에서 매출할인, 매출환입 및 에누리 등을 차감한 금액이다. 매출액은 업종별 혹은 부문별로 구분하여 표시할 수 있으며 부산물이나 수출액, 장기할부매출액 등이 중요한 경우에는 이를 구분하여 표시하거나 주석으로 그 내용을 기재한다. 만일 매출액을 업종별 혹은 부문별로 분리하여 보고하거나 주석으로 공시하는 경우 관련 매출원가도 수익 · 비용 대응원칙에 입각하여 분리하여 보고하거나 주석으로 공시한다.

매출원가(cost of goods sold)는 매출액에 직접적으로 대응하는 비용으로서 판매된 제품이나 상품 등에 대한 제조원가 또는 매입원가이다. 이러한 매출원가는 기초상품재고액에 당기상품순매입액을 가산하여 산출한 판매가능상품금액에서 기말상품재고액을 차감한 금액이다. 여기서 당기상품순매입액은 상품의 총매입액에서 매입할인, 매입환출 및 에누리 등을 차감한 금액이다. 이러한 매출원가의 산출과정은 포괄손익계산서 본문에 보고할 수도 있고 단지 계산한 결과인 매출원가만을 보고할 수도 있다.

기말상품재고액을 저가법으로 평가할 때 발생하는 평가손실은 매출원가에 가산하고, 재고자산의 감모손실이 발생하는 경우 원가성의 존재 여부와 관계없이 매출원가에 가산하고 원가성이 없는 감모손실이 중요한 경우 주석으로 공시할 수 있다.

영업손익은 매출총손익에서 판매비(물류비)와 일반관리비를 차감하여 구한다. 앞에서 언급한 바와 같이, 한국채택국제회계기준에 따르면 비용의 구분방법에 관계없이 영업이익을 표시하는 방식으로 보고되어야 한다.

② 법인세비용차감전순손익

법인세비용차감전순손익은 비용을 기능별로 분류하든 성격별로 구분하든 관계없이 포괄손익계산서에 표시되는 순손익으로서 영업손익에서 기타수익을 가산하고 법인세비용을 제외한 기타비용을 차감한 금액이다.

법인세비용차감전계속영업손익	=	영업손익 + 기타수익 − 법인세비용을 제외한 기타비용

③ 계속영업손익

계속영업손익(net income or loss from continuing operation)이란 다음과 같이 법인세비용차감전계속영업손익에서 계속영업손익법인세비용을 차감하여 구한다.

계속영업손익	=	법인세비용차감전계속영업손익 – 계속영업손익법인세비용

④ 중단영업손익

기업이 여러 종류의 제품을 생산하여 판매하거나 다양한 업종에 참여하고 있는 경우 특정 제품의 사업 부문을 중단하는 경우가 발생한다. 예를 들어, 가전제품사업 부문과 반도체사업 부문을 갖고 있는 전자업체가 가전제품의 사업 부문의 성과가 좋지 않아 영업을 중단하는 경우가 있다. 이와 같이 기업이 회계기간 동안에 특정 사업을 중단하는 경우 중단된 사업 부문에 대한 수익과 비용은 계속영업손익과 별도로 구분하여 보고하여야 한다. 중단영업손익은 중단사업에서 당기에 발생한 손익을 말하며 여기에는 중단사업으로 인한 사업중단직접비용과 중단영업자산손상차손이 포함된다. 예를 들어, 특정 사업을 회계기간 중간에 중단하는 경우 중단할 때까지 영업활동을 수행했으므로 수행된 활동에 대한 중단영업손익이 존재할 것이다. 사업을 중단함으로써 사업중단으로 인해 발생하는 직접적인 비용이 발생할 것이고 사업중단으로 인해 중단사업부문이 보유한 기계나 다른 자산의 가치가 하락하여 손상차손(impairment loss)이 발생할 수 있다. 이러한 중단사업으로 인해 발생하는 중단영업손익은 법인세효과를 차감한 순액으로 포괄손익계산서에 별도로 보고하고 법인세효과는 주석으로 기재한다.

⑤ 당기순손익

당기순손익(net income or loss)은 계속영업손익에 중단영업손익을 포함하여 모든 손익 항목을 포함한 순손익을 말한다. 당기순손익은 위에서 설명한 단계를 거쳐 결정되는 회계기간의 순이익이므로 이용자들이 가장 많이 이용하는 이익 중의 하나이다.

당기순손익	=	계속영업손익	±	중단영업손익

⑥ 총포괄손익

총포괄손익(comprehensive income)은 당기순손익에 기타포괄손익을 가감하여 최종적으로 도출된다. 이미 살펴보았듯이 주주와의 자본거래를 제외한 모든 손익거래 항목이 당기순이익에 포함되는 것은 아니다. 예를 들어, 특정 금융자산의 시가가 변동하여 발생하는 평가손익이나 해외사업환산손익 등은 손익거래이지만 당기순손익에 보고되지는 않는 기타포괄손익이다. 기타포괄손익은 법인세효과를 차감한 순액으로 보고하거나 법인세효과를 차감하지 않은 총액을 보고한 후 기타포괄손익 합계액에서 총법인세효과를 차감하는 방식으로 표시될 수 있다.

총포괄손익 = **당기순이익** ± **기타포괄손익**

한국채택국제회계기준에 따르면 당기순손익과 총포괄손익에 대해 지배기업의 소유주의 지분과 소수주주의 지분을 구분하여 공시하여야 한다. 즉, 당기순손익과 총포괄손익 각각의 금액 중 얼마가 지배기업의 소유주에게 돌아갈 몫이며 얼마가 소수주주에게 돌아갈 몫인지를 공시하여야 한다. 또한 포괄손익계산서에 보통주 한 주당 순이익 금액을 나타내는 주당순이익(EPS : earnings per share)을 계산하여 공시하여야 한다.

4. 포괄손익의 산출방법 – 자본유지접근방법과 거래접근방법

기업의 포괄손익은 어떻게 산출하는가? 여기에서는 기업의 포괄손익을 산출하는 대표적인 접근방법이라고 할 수 있는 자본유지접근방법과 거래접근방법에 대하여 설명한다.

4.1 자본유지접근방법

자본유지접근방법(capital maintenance approach)이란, 소유주와의 자본거래가 없다고 가정할 때 기말의 순자산에서 기초의 순자산을 차감한 잔액, 즉 기간 중의 순자산의 증가액을 포괄이익으로 하는 방법을 말한다. 만일 기중에 주주의 추가투자나 주주에 대한 배당금이 있었다면, 추가투자는 차감하고 배당금은 가산하여 포괄이익을 산출해야 함은 물론이다.

예컨대, 다음 (1)~(4)의 자료에 의하여 포괄이익을 산출하면 <표 3-3>과 같다.

(1) 20×9년 1월 1일의 순자산액	2,000,000원
(2) 20×9년 12월 31일의 순자산액	2,500,000원
(3) 20×9년도 중 신규투자액	500,000원
(4) 20×9년도 중 현금배당금	400,000원

표 3-3 자본유지접근방법에 의한 순이익 계산

20×9. 12. 31. 순자산	₩2,500,000
차감 : 20×9. 1. 1. 순자산	(2,000,000)
순자산증가액	500,000
차감 : 20×9년 투자액	(500,000)
가산 : 20×9년 배당액	400,000
총포괄이익	400,000

위의 예시에서 보는 바와 같이 자본유지접근방법은 포괄이익을 일정 기간 동안의 기업의 순자산(자본)의 변동액으로 측정한다는 점에서 자본변동접근방법(change in equity approach)이라고도 하며, 순자산의 변동액을 포괄이익으로 한다는 의미에서 순자산법(net asset approach)이라고도 한다. 또한 "이익(income)이란, **기초와 기말의 부**(well-offness 또는 **유족한 상태)를 동일하게 유지하면서 소비할 수 있는 최대의 가치**"라고 정의한 영국의 경제학자, J. R. Hicks가 제시한 이익 개념에 근거한 방법이라는 점에서 흔히 경제학적 접근방법이라고 하기도 한다. 여기에서 순수한 경제학적 접근방법이 되려면 기초의 자산은 물론, 기말의 자산을 그 시점의 현행가치로 평가하고 인플레이션 영향을 모두 반영하여야 한다.

자본유지접근방법은 포괄이익이 산출된 내역과 그 구성, 즉 기간 중의 수익과 비용 등 경영활동의 내용을 표시하지 못하고 그 결과만을 표시한다는 문제점과 만일 기말의 순자산을 시가로 평가한다면 시가를 신뢰성 있게 측정하지 못하는 데 따르는 문제점이 발생한다.

4.2 거래접근방법

거래접근방법(transaction approach)은 회계기간 중에 발생한 순자산의 변동내역을 주주에 의한 추가출자, 주주에 대한 배분, 재화나 용역을 제공함으로써 발생하는 순자산의 증가, 재화나 용역을 제공하는 과정에서 희생된 순자산의 감소 등으로 분류하고 재화나 용역을 제공함으로써 순자산이 증가하는 것을 수익이라 하고 이를 위해 희생된 순자산의 감소를 비용으로 구분한다. 회계기간 중에 발생한 순자산의 변동내역인 수익 및 비용과 기타포괄손익(기타포괄손익은 모두 차익 또는 차손에 해당)을 파악하여 총포괄이익을 도출하는 것을 말한다.

기간중의 총수익 및 이득	−	기간중의 총비용 및 손실	=	총포괄이익

이 방법은 기간 중의 기업의 포괄이익에 영향을 미친 모든 경영활동을 수익이나 비용 등으로 구분하여 이익을 산출한다는 의미에서 손익법이라고도 한다.

거래접근방법은 포괄이익에 영향을 미친 모든 수익과 비용 및 기타포괄손익 등 이익의 구성과 그 내용을 알 수 있다는 장점이 있으며, 포괄이익에 영향을 미치는 모든 손익거래를 취득원가기준, 발생기준 및 실현기준 등의 회계원칙에 따라 인식함으로써 객관적 측정이 가능하여 정보의 신뢰성을 유지할 수 있다는 장점이 있어 재무회계에서 전통적으로 채택되고 있는 방법이다.

거래접근방법에 의하여 산출되는 이익은 경제학적 접근방법에 의한 이익과 구별하기 위해 회계상의 이익 또는 회계이익(accounting income)이라고 한다. 자본유지접근법과 거래접근법 간의 상호 관계에 대해서는 제5장에서 다시 상세히 살펴본다.

예제 3-3

다음은 XYZ 주식회사의 20×9년 12월 31일(결산일) 현재의 결산수정후 총계정원장(손익계정) 잔액이다. 이 자료에 의하여 당기순이익을 계산하고 20×9년도 포괄손익계산서를 작성하라.

〈결산수정후 총계정원장 잔액〉

매출액	6,000,000	매출원가	4,010,000
상품	700,000	매출할인	200,000
광고비	100,000	급여 및 임금	500,000
대손상각비	40,000	감가상각비	200,000
퇴직급여	200,000	임대료수익	500,000
이자비용	100,000	이자수익	200,000
사무용품비	100,000	법인세비용	350,000
지분법이익	100,000	외환차손	50,000
중단사업부문영업이익 (법인세효과: 200,000)	500,000	중단사업부문자산손상손실 (법인세효과: −80,000)	200,000

* 추가정보
1. 당기총매입액 4,500,000원, 매입운임 : 10,000원, 매입환출 : 300,000원, 기초상품재고액 : 500,000원
2. 유통주식수 : 100,000주

위의 예제에 주어진 자료를 이용하여 포괄손익계산서를 작성하면 다음 <표 3-4>와 같다.

표 3-4 포괄손익계산서

포괄손익계산서

20×9년 1월 1일부터 20×9년 12월 31일까지

XYZ주식회사 (단위: 원)

과목	금액	
Ⅰ. 순매출액		5,800,000*
Ⅱ. 매출원가		(4,010,000)
Ⅲ. 매출총이익		1,790,000
Ⅳ. 판매비와관리비		
급여및임금	500,000	
퇴직급여	200,000	
광고비	100,000	
대손상각비	40,000	
감가상각비	200,000	
사무용품비	100,000	(1,140,000)
Ⅴ. 영업이익		650,000
Ⅵ. 기타수익		
임대료수익	500,000	
지분법이익	100,000	
이자수익	200,000	800,000
Ⅶ. 기타비용		
이자비용	100,000	
외환차손	50,000	(150,000)
Ⅷ. 법인세비용차감전순이익		1,300,000
Ⅸ. 법인세비용		(350,000)
Ⅹ. 계속영업이익		950,000
Ⅺ. 중단영업손익		
1. 중단사업영업이익 (법인세효과 : 200,000)	500,000	
2. 중단사업자산손상차손 (법인세효과 : −80,000)	(200,000)	300,000
Ⅻ. 당기순이익		1,250,000
XIII. 기타포괄손익		−
XIV 총포괄손익		1,250,000
XV 주당순이익정보		
기본주당계속영업이익		9.5원
기본주당순이익		12.5원

* 순매출액=6,000,000(총매출)−200,000(매출할인)

** 매출원가=500,000(기초재고)+4,210,000(당기순매입)−700,000(기말재고)

당기순매입액=4,500,000(총매입)−300,000(매입환출)+10,000(매입운임)

제 4 절 자본변동표

1. 자본변동표의 의의

자본변동표(statement of changes in equity)란 회계기간 동안 주주지분의 변동을 구성항목별로 구분하여 보고하는 기본재무제표의 하나이다. 과거 기업회계기준에서 자본은 자본금, 자본잉여금, 자본조정, 기타포괄손익누계액, 이익잉여금(또는 결손금)으로 세분하였는데 한국채택국제회계기준은 자본의 구성요소에 대해 각 분류별 납입자본, 각 분류별 기타포괄손익누계액과 이익잉여금의 누계액을 포함한다고만 언급하고 있다. 자본변동표는 이러한 각 자본의 주요 구성항목별로 구분하여 기초잔액, 변동사항, 기말잔액을 표시하는 재무보고서이다.

과거에는 이익잉여금처분계산서(또는 결손금처리계산서)가 기본재무제표에 포함되었는데, 이는 이익잉여금 중 미처분이익잉여금의 변동 내용을 나타내는 보고서이다. 이에 비해 자본변동표는 이익잉여금뿐만 아니라 모든 자본의 변동 내용에 대한 포괄적인 정보를 나타내는 보고서이다. 자본변동표는 자본의 포괄적인 변동을 보고함으로써 재무제표 간의 연계성을 제고시키며 재무제표의 이해가능성을 높인다. 자본변동표에는 자본의 기초잔액과 기말잔액을 모두 보고하므로 재무상태표와 연계되고 자본변동표상의 자본변동 내역 중 많은 부분은 포괄손익계산서나 현금흐름표와 연계성을 갖는다.

2. 자본변동표의 기본구조 및 양식

자본변동표의 기본구조는 자본을 구성하는 주요 항목별로 기초잔액을 출발점으로 한다. 즉, 자본을 구성하는 자본금, 자본잉여금, 자본조정, 기타포괄손익누계액 및 이익잉여금의 기초잔액을 첫 출발점으로 하여 회계기간 동안 발생한 각 항목별 증가 및 감소 거래에 대한 상세한 정보를 전달한다.

자본의 구성항목 중 자본금 및 자본잉여금의 주요 변동원인은 소유주와의 거래인 증자거래와 감자거래이다. 즉, 유상으로 혹은 무상으로 주식을 발행하는 경우 자본금은 발행금액 중 발행된 주식수에 액면금액을 곱한 금액만큼 증가하고 나머지 금액은

표 3-5 자본의 구성요소와 주요 변동요인

자본의 구성	관련 계정과목	주요 변동요인
자본금	자본금	유(무)상 증자 유(무)상 감자 주식배당
자본잉여금	주식발행초과금 자기주식처분이익 감자차익 등	유상증자(액면금액 초과 발행) 자기주식의 재발행 감자거래
자본조정	주식할인발행차금 자기주식 감자차손 등	유상증자(액면금액 미만 발행) 자기주식의 매입 혹은 처분 감자거래 등
기타포괄손익 누계액	일부 금융자산평가이익 재평가잉여금 해외사업환산손익 등	일부 금융자산의 시가 변동 재평가모형 채택시 유형자산 시가변동 환율변동 등
이익잉여금	각종 적립금 미처분이익잉여금	미처분이익잉여금을 각종 적립금으로 처분* 당기순이익(손실), 배당금 지급

* 미처분이익잉여금을 이익준비금과 같이 적립금으로 처분하는 거래는 이익잉여금 내부의 변동만 초래할 뿐 이익잉여금 총액을 변동시키지 않으므로 자본변동표에 나타나지 않는다.

자본잉여금을 증가시킨다. 반면 유상으로 혹은 무상으로 주식을 매입하거나 소각시키면 자본금이 감소할 것이고 감자차익이 발생하는 경우 자본잉여금이 영향을 받는다. 회계기간 중에 이러한 거래가 있었다면 자본변동표에 자본금 및 자본잉여금의 변동을 초래하는 항목으로 보고된다.

자본조정 항목으로 보고되는 항목은 그 성격이 매우 다양하므로 자본변동표상 각 계정별로 구분하여 표시하는 것이 바람직하다. 자본조정의 변동은 주식할인발행차금이나 자기주식 등 계정과목별로 구분하여 그 변동내역을 자본변동표에 표시한다.

기타포괄손익누계액의 변동은 주로 장기투자자산인 금융자산의 공정가치가 변동함에 따라 발생하는 평가손익, 해외사업을 수행하는 기업의 경우 환율변동으로 인한 해외사업환산손익 및 현금흐름위험회피 파생상품평가손익 등이 여기에 포함된다.

이익잉여금 변동의 주요 원인은 당기순이익(순손실)과 배당이다. 이익잉여금은 당기순이익이 발생하면 증가하고 당기순손실이 발생하면 감소한다. 이익잉여금을 감소시키는 사건은 배당을 통한 소유주에 대한 분배이다. 한국채택국제회계기준에 따르면 자본변동표 본문이나 주석에 당해 기간 동안에 소유주에 대한 배분으로 인식된 배당금액과 주당배당금을 반드시 표시해야 한다. 이 밖에도 주식할인발행차금이나 감자차손과 같은 자본조정 항목을 상각하면 이익잉여금이 감소한다. 여기서 주의할 점은 이익잉여금을 법정적립금이나 임의적립금으로 처분하는 경우 이익잉여금 총액 자체는 변동하지 않으므로 이들 적립금의 변동은 자본변동표에 나타나지 않는다는 것이다. 기타포괄손익과 당기순이익의 합인 총포괄손익은 기업이 벌어들인 자본(earned capital)인데 총포괄손익 중 얼마가 지배기업의 소유주에게 귀속되고 얼마가 소수주주(비지배주주)에게 귀속되는지 각각의 금액을 구분하여 표시해야 한다.

자본변동표의 구체적 양식은 <표 3-6>과 같다.

표 3-6 자본변동표

자본변동표

제×기 20××년 ×월 ×일부터 제×기 20××년 ×월 ×일까지
제×기 20××년 ×월 ×일부터 제×기 20××년 ×월 ×일까지

회사명 ______ (단위: 원)

구 분	자본금	자본잉여금	자본조정	기타포괄손익누계액	이익잉여금	총계
20××.×.×(보고금액)	×××	×××	×××	×××	×××	×××
회계정책변경누적효과					(×××)	(×××)
전기오류수정					(×××)	(×××)
수정후이익잉여금					×××	×××
연차배당					(×××)	(×××)
처분후이익잉여금					×××	×××
중간배당					(×××)	(×××)
유상증자(감자)	×××	×××				×××
당기순이익(손실)					×××	×××
자기주식 취득			(×××)			(×××)
해외사업환산손익				(×××)		(×××)
20××.×.×	×××	×××	×××	×××	×××	×××
20××.×.×(보고금액)	×××	×××	×××	×××	×××	×××
회계정책변경누적효과					(×××)	(×××)
전기오류수정					(×××)	(×××)
수정후이익잉여금					×××	×××
연차배당					(×××)	(×××)
처분후이익잉여금					×××	×××
중간배당					(×××)	(×××)
유상증자(감자)	×××	×××				×××
당기순이익(손실)					(×××)	×××
자기주식 취득			(×××)			(×××)
FVOCI항목평가손익				×××		×××
20××.×.×	×××	×××	×××	×××	×××	×××

제 5 절 현금흐름표

1. 현금흐름표의 의의

현금흐름표의 작성방법에 대하여 제14장에서 상세하게 설명할 것이므로 여기서는 현금흐름표의 의의 및 그 구성요소와 기본적인 형식에 대하여만 설명하기로 한다.

현금흐름표(statements of cash flow)는 "회계기간의 현금의 수입과 지출 및 현금잔액의 증감을 표시하는 회계보고서"이다. 즉, 현금흐름의 상세 내역을 나타내는 회계보고서라 할 수 있다.

기업의 성과를 평가하고 미래의 전망을 예측하기 위해서는 결산시점의 재무상태를 표시하는 재무상태표와 회계기간의 수익성을 표시하는 포괄손익계산서 외에 회계기간 동안의 현금의 수입과 지출 및 채무를 상환하는 데 이용될 수 있는 현금흐름에 대한 정보도 매우 중요하다.

최근에 기업의 제품과 생산시설도 양호하고 영업전망도 나쁘지 않은데도 불구하고 상환기한이 도래한 채무를 상환하지 못하여 갑자기 도산하는 기업을 간혹 볼 수 있다. 물론 기업이 채무상환능력을 상실하는 것은 일반적으로 기업의 수익성이 악화되기 때문이지만, 수익성이 양호한데도 불구하고 공장 건설이나 부동산의 매입 등에 막대한 현금을 투자하는 경우에는 채무상환능력을 상실할 수도 있는 것이다.

과거에 우리나라의 기업들은 이익이나 현금흐름보다는 사업의 확장을 통한 기업의 규모에 더 많은 관심을 집중했기 때문에 단기 유동성에 있어 많은 어려움을 당한 경험이 있다. 「IMF 구제금융」사태 이후에 기업들이 소위 현금흐름을 중요시하는 "현금경영"에 관심을 가지기 시작하였으며, 이런 점에서 현금흐름표의 중요성이 증대되고 있다고 할 수 있다.

2. 현금흐름표의 구조

현금흐름표는 현금흐름을 다음 세 가지로 구분하여 표시한다.

① 영업활동으로 인한 현금흐름(cash flow from operating activities)

영업활동으로 인한 현금흐름은 제품의 생산과 판매, 상품과 용역의 매입 및 판매활동에 따른 현금흐름을 말한다. 따라서 제품생산을 위한 원료의 구입과 상품의 매입을 위하여 현금을 지출하거나, 제품, 상품 및 용역의 판매로 인하여 현금이 유입되는 것이 모두 여기에 속한다.

② 투자활동으로 인한 현금흐름(cash flow from investing activities)

투자활동으로 인한 현금흐름은 현금의 대여와 유가증권, 투자자산 및 유무형자산의 취득을 위하여 현금을 지출하거나 대출금의 회수 또는 유가증권, 투자자산 및 유무형자산의 처분으로 인한 현금의 유입 등이 여기에 속한다.

③ 재무활동으로 인한 현금흐름(cash flow from financing activities)

재무활동으로 인한 현금흐름은 토지, 건물, 기계장치, 공구와 기구 등의 구입과 같이 생산 및 영업을 위한 자금을 조달하기 위하여 주식을 발행하거나 사채를 발행하는 일 또는 금융기관으로부터 차입을 하는 것과 같은 자금의 조달과, 또한 사채 및 차입금의 상환으로 인한 현금흐름이 여기에 속한다.

현금흐름표의 기본적인 구조를 표시하면 다음 <그림 3-2>와 같다.

그림 3-2 현금흐름표의 구조

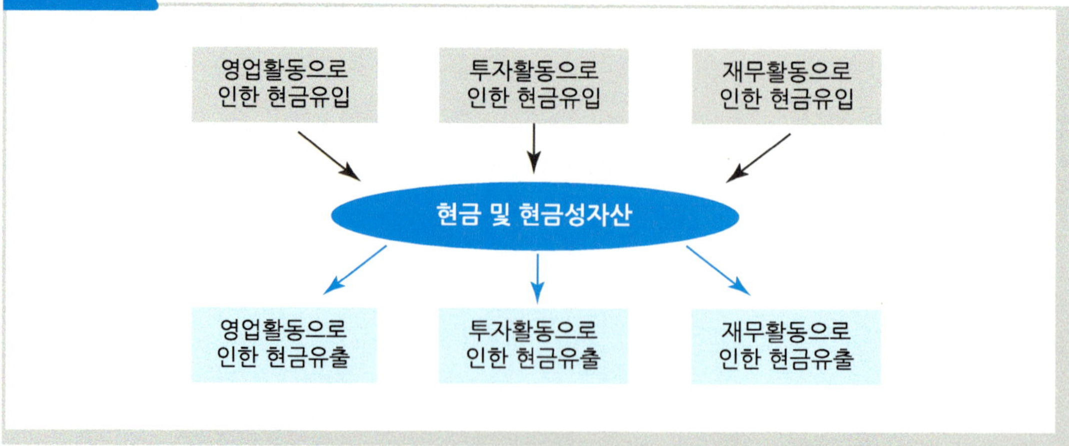

제 6 절 재무제표의 주석

주석(footnotes)이란 재무제표 본문의 정보에 추가하여 재무제표의 전반적인 이해를 제고시키는 데 필요한 양적 및 질적 정보를 제공하는 것을 말한다. 이러한 주석정보는 이용자가 기업의 재무상태, 경영성과, 자본의 변동 및 현금흐름을 이해하는 데 필수적인 정보를 제공하기 때문에 주석은 재무제표의 일부를 구성한다.

재무제표에 대한 주석은 체계적인 방법으로 표시되어야 하며 재무상태표, 포괄손익계산서, 자본변동표 및 현금흐름표의 본문에 표시된 개별 항목에는 관련된 주석 내용과 상호 연결하는 기호를 사용하여 이용자들이 쉽게 재무제표 본문의 내용을 이해하는 데 필요한 주석정보를 알 수 있도록 해야 한다. 일반적으로 주석은 재무제표이용자가 재무제표를 이해하고 다른 기업의 재무제표와 비교하는 데 도움이 될 수 있도록 다음의 순서로 체계적으로 작성한다.

- 한국채택국제회계기준에 준거하여 제무제표를 작성하였다는 사실의 명기
- 재무제표 작성에 사용된 중요한 회계정책의 요약
- 재무제표 본문에 표시된 항목에 대한 보충정보
- 우발부채나 비재무적 정보

위의 주석공시사항 중 한국채택국제회계기준에 의해 재무제표가 작성되었다는 사실은 재무제표 작성에 관한 일반사항에서 이미 언급한 내용이므로 여기서 다시 설명하지 않으며 한국채택국제회계기준에서 주석공시가 요구되는 재무제표의 보충정보는 본서의 이후 장에서 필요할 때마다 구체적으로 설명할 것이다. 다음에서는 재무제표 작성에 사용된 중요한 회계원칙과 우발부채, 재무상태표일 이후의 중요한 사건과 같은 비재무적 정보에 대해서만 간단히 살펴본다.

① 중요한 회계정책의 요약

주석으로 기재하는 중요한 회계정책의 요약은 다음 사항을 포함하여야 한다.

- 재무제표를 작성하는 데 이용한 측정기준
- 재무제표를 이해하는 데 필요한 기타의 회계정책

일반적으로 재무상태표의 다양한 자산은 다양한 측정속성을 이용하여 측정된다. 예를 들어, 건물이나 토지 등은 역사적원가로 측정되고 금융자산은 가능한 경우 공정가치로 평가되며 매출채권은 회수가능금액으로 측정된다. 또한 재고자산은 저가법에 의해 평가되는데 역사적원가와 순실현가능가치 중 낮은 금액으로 측정된다. 재무제표이용자에게 재무제표 작성의 기초가 된 이러한 측정기준에 관한 정보를 제공하는 것은 매우 중요하다. 왜냐하면 재무제표의 작성기준은 재무제표이용자의 분석에 중요한 영향을 미치기 때문이다. 재무제표에 하나 이상의 측정기준을 사용한 경우, 예를 들어 특정 자산 집단을 재평가하는 경우, 각 측정기준이 적용된 자산과 부채의 범주를 구분하여 표시해야 한다. 한국채택국제회계기준은 해당 기업의 성격을 고려할 때 재무제표이용자가 공시될 것이라고 기대하는 사업 내용과 정책을 고려하여 공시한다. 예를 들어, 재무제표이용자는 법인세 납부대상 기업이 이연법인세부채 및 자산을 포함한 법인세에 대한 회계정책을 공시할 것으로 기대한다. 기업이 중요한 해외사업을 수행하거나 외화거래를 하는 경우에는 외환손익의 인식에 대한 회계정책의 공시를 기대할 것이다. 따라서 이러한 경우 해당 내용을 주석에 반드시 포함시켜 이용자가 재무제표를 이해하는 데 이러한 정보를 사용할 수 있도록 해야 한다.

경영진은 추정과는 별도로 기업의 회계정책을 적용하는 과정에서 재무제표에 인식되는 금액에 중요한 영향을 미칠 수 있는 다양한 판단을 한다. 예를 들어, 매출채권의 양도가 소유에 따른 효익과 위험을 실질적으로 이전하는 거래인지 보유한 금융자산이 시세차익목적인지 지배목적인지 등 경영자의 판단과정을 거친다. 한국채택국제회계기준에 따르면 회계정책을 적용하는 과정에서 경영진이 내린 판단으로 재무제표에 인식되는 금액에 중요한 영향을 미친 사항은 관련된 추정과는 별도로 중요 회계정책의 요약이나 기타 주석 사항으로 공시해야 한다.

② 추정 불확실성의 원천

유형자산의 회수가능가액이나 진행 중인 소송사건과 관련된 일부 자산과 부채의 장부금액은 불확실한 미래 사건에 의해 중대한 영향을 받는다. 경영진은 이러한 불확실한 미래 사건이 보고기간말의 자산과 부채에 미치는 영향을 추정하여 결정해야 한다. 이러한 추정을 할 때 현금흐름 또는 할인율에 대한 위험조정, 급여의 미래 변동 및 기타 원가에 영향을 미치는 가격의 미래 변동과 같은 항목에 대한 가정이 필요하다. 이러한 가정과 미래 불확실성에 대한 추정이 사용되는 경우 다음 회계연도에 장부금액이 중요하게 변동될 수 있는 중대한 위험이 존재하게 된다. 한국채택국제회계기준은 이와 같이 다음 회계연도에 장부금액이 중요하게 변동될 수 있는 중대한 위험이 있는 자산과 부채의 경우 다음 사항 등을 주석으로 기재하여야 한다.

(1) 자산과 부채의 성격

(2) 보고기간말의 장부금액

자본의 경우에는 재무제표이용자가 자본관리를 위한 기업의 목적, 정책 및 절차를 평가할 수 있도록 필요한 정보를 주석으로 공시해야 한다.

③ 재무상태표일 이후의 사건

재무상태표일 후 발생한 사건(subsequent events)이란, 재무상태표 작성일 이후부터 재무제표가 사실상 확정된 날 사이에 발생한 중요한 사건을 말하며 후속사건이라고도 한다. 재무상태표는 결산일 현재를 기준으로 작성되나 실제로 주주총회에서 승인이 되어 공시되는 것은 결산일로부터 훨씬 후의 일이다. 결산일 현재에는 발생하지 않았기 때문에 결산에 포함되지 않았으나 결산일 이후에 기업의 재무상태에 중요한 영향을 미칠 수 있는 사건이 발생할 수 있는 것이다. 이를 재무상태표일 후 발생한 사건이라 한다. 후속사건은 재무제표의 수정을 요하는 사건과 재무제표의 수정을 요하지 않는 사건으로 구분되는데 전자의 예를 들면 다음과 같다.

★
- 계류중인 소송사건이 확정되어 손실이 발생한 경우
- 이미 구입한 자산의 취득원가가 재무상태표일 이후에 확정된 경우
- 재무상태표일 현재 지급의무가 있는 종업원에 대한 이익분배 등

재무제표의 수정을 요하지 않고 주석으로 표시하는 것들의 예는 다음과 같다.

★
- 주요 자산의 구입 및 매각
- 타 기업의 인수합병 또는 기업 일부의 매각
- 중요한 구조조정계획의 발표 또는 착수

- 천재지변의 발생
- 자산의 가격이나 환율의 비정상적 변동
- 채무자의 부도 또는 파산
- 거액의 당기손익측정 금융자산 또는 기타포괄손익측정 금융자산의 평가손실 발생 등

④ 자산 및 부채의 평가방법과 중요한 회계정책(valuation and accounting policies)

유형자산 및 재고자산 등의 평가방법은 여러 가지가 있고, 어떤 평가방법을 적용하는가는 재무상태표에 매우 중요한 영향을 미치는 것이므로 반드시 주석으로 공시해야 한다. 또한 유형자산의 감가상각방법, 무형자산의 상각방법, 외화환산방법, 관계회사투자유가증권의 회계처리방법, 개발비의 처리방법, 회계변경의 처리방법 등 중요한 회계처리방법을 주석으로 공시해야 한다.

⑤ 중요한 약정사항

주식매수선택권(stock option), 리스계약, 보험계약 등 현재 또는 미래에 재무제표에 중요한 영향을 미칠 수 있는 계약이 있는 경우에 그 내용을 주석으로 공시해야 한다.

연습문제

EXERCISES

서술형

1. 재무상태표의 기본구조를 설명하시오.
2. 재무상태표의 유용성과 한계점을 논하시오.
3. 재무상태표의 유동항목과 비유동항목의 구분의 원칙에 대하여 설명하시오.
4. 유동성이란 무엇인지 설명하시오.
5. 재무상태표상의 자본의 의의를 설명하시오.
6. 자산과 부채의 회계학적 의의를 설명하시오.
7. 투자자산과 유형자산의 차이를 설명하시오.
8. 수익의 의의를 설명하시오.
9. 비용의 의의를 설명하시오.
10. 당기순이익의 의의를 설명하시오.
11. 당기순이익과 총포괄손익의 차이에 대하여 설명하시오.
12. 계속영업손익과 중단영업손익 간의 차이를 설명하시오.
13. 재무탄력성(financial flexibility)이란 무엇인지 설명하시오.
14. 수익 및 비용 개념과 대비하여 이득과 손실의 의미를 설명하시오.
15. 수익과 비용의 대응원칙을 설명하시오.
16. 발생기준(accrual basis)과 실현기준(realization principle)의 의미를 설명하시오.
17. 자본잉여금과 이익잉여금의 차이를 설명하시오.
18. 이익결정에 있어서 자본유지접근방법의 내용을 설명하시오.
19. 이익산출에 있어서 거래접근방법의 내용을 설명하시오.
20. 재무제표의 작성을 책임지는 경영진의 계속기업평가에 대한 책임을 설명하시오.
21. 주석과 주기에 대하여 설명하시오.
22. 재무상태표일 후 발생한 사건(subsequent events)이란 무엇인가 설명하고, 그 예를 들어보시오.
23. 현금흐름표의 작성목적은 무엇인지 설명하시오.
24. 자본변동표의 작성목적을 설명하시오.
25. 기타포괄손익누계액이란 무엇인지 설명하시오.

26. 포괄손익계산서에 표시되는 계속영업이익에 대한 법인세비용을 설명하시오.
27. 포괄손익계산서에 비용이 표시되는 두 가지 방법을 설명하시오.
28. 벌어들인 자본(earned capital)과 출자자본(납입자본)의 차이를 설명하시오.
29. 출자자본(납입자본)을 변동시키는 경제적 사건에 대해 설명하시오.
30. 벌어들인 자본을 변동시키는 경제적 사건에 대해 설명하시오.
31. 투자활동에서 조달된 현금흐름과 재무활동에서 조달된 현금흐름의 차이를 설명하시오.

주 관 식

01. 북악 주식회사의 20×8년 12월 31일 현재 재무상태표상의 자산합계액은 ₩300,000, 부채합계액은 ₩100,000이었다. 또한 이 회사의 20×9년도 포괄손익계산서상의 수익합계액은 ₩400,000, 비용합계액은 ₩300,000이고, 20×9년 12월 31일 현재 재무상태표상의 부채합계액이 ₩150,000이다. 위의 자료를 이용할 때 20×9년 12월 31일 현재 재무상태표상의 자본합계액을 구하시오.

02. K전자 주식회사의 20×9년 1월 1일 현재 재무상태표상의 자산합계액은 ₩300,000, 부채합계액은 ₩100,000, 자본금은 ₩150,000이었고, 20×9년 12월 31일(결산일) 현재 재무상태표상의 자산합계액은 ₩350,000이고 부채합계액은 ₩120,000, 자본금은 ₩150,000이다. 기간 중에 배당금 지급이 없었다면 이 회사의 20×9년도 총포괄이익을 구하시오.

03. 아래의 계정과목들은 재무상태표의 어느 부분에 표시되어야 하는가?

감채적립금	사채할인발행차금	손상차손누계액
주식발행초과금	자기주식	장기금융자산
사　　채	이월결손금	주식할인발행차금
해외사업환산손실	미교부주식배당금	이익준비금

04. 다음의 계정들은 포괄손익계산서의 어느 부분에 표시되어야 하는가?

매입할인	매　　입	매출환입
무형자산상각비	대손상각비	이자수익
단기금융자산처분손실	재고자산평가손실	지분법이익
배당금수익	채무면제이익	법인세비용
임원상여금	사무실건물감가상각비	매입운임
퇴직급여	중단사업부문자산손상차손	임 차 료

05. 다음은 「낙산」주식회사의 20×9년도 자본과 관련된 자료이다. 다음 각 항목이 자본금, 자본잉여금, 자본조정, 기타포괄손익누계액, 이익잉여금 중 어느 부분에 영향을 미치는지 설명하시오.

우선주자본금	₩200,000	당기순이익	₩500,000
회계변경누적효과(이익)	200,000	중대한 전기오류수정손실	100,000
자기주식	300,000	현금배당	300,000
기타포괄손익에 포함되는 금융자산평가이익	50,000	자기주식처분이익	100,000

06. 다음 「평화」주식회사의 20×9년 12월 31일 현재의 수정후 총계정원장 잔액이다. 이 자료에 의하여 보고식 포괄손익계산서와 재무상태표를 작성하시오.

퇴직급여충당부채	₩20,000	현금및현금성자산	₩310,000
자본금	400,000	매출채권	155,000
법인세비용	38,500	매출원가	590,000
임대수익	18,000	특허권	60,000
이익잉여금	???	선수금	5,000
미지급급여	18,000	소모품	140,000
매출	1,000,000	장기성매출채권	20,000
단기금융자산	110,000	토지	140,000
매입채무	99,000	비품	70,000
감가상각누계액(비품)	28,000	사채	100,000
장기금융자산	17,500	토지처분이익	30,000
지분법적용투자주식	70,000	감가상각누계액(건물)	19,600
장기차입금	232,000	상품	89,000
판매비	99,000	건물	98,000
관리비	24,500	이자비용	10,000
장기금융자산평가이익*	20,000		

* 장기금융자산평가이익은 기타포괄손익에 포함된다.

07. 동국회사는 20×9년도 1월 1일에 자본금 ₩10,000으로 영업을 시작하였다. 영업자금을 충당하기 위해 연초에 ₩10,000을 차입하였으며 1년분 이자 ₩1,000은 2×10년도 초에 지급하기로 하였다. 같은 날 영업용 건물을 1년간 임차하기로 하고 2년분 임차료 ₩2,400을 지급했으며, 또한 보험에 가입하고 3년분 보험료 ₩3,600을 현금으로 지급했다. 20×9년도 동안 상품 ₩4,000을 현금으로 구입하여 상품의 반을 ₩6,000에 판매하고 ₩2,000은 현금으로 회수하였다. 기타 영업비용은 ₩500이며 이를 현금으로 지급하였다.

1) 발생기준에 의한 20×9년도 당기순이익을 계산하시오.
2) 현금기준에 의한 20×9년도 당기순이익을 계산하시오.
3) 포괄손익계산서의 목적을 고려할 때 어느 방법에 의한 당기순이익이 더 유용한 정보를 전달하는지 간략히 설명하시오.

08. 다음 각 거래 중 수익실현원칙에서 입각해서 판단할 때 수익의 실현 여부를 판단하고 수익이 실현되지 않은 거래의 경우 그 이유를 간단히 설명하시오.

1) 인형제조업자는 아가방 회사로부터 인형제작주문을 받았다.
2) 주간조선은 고객이 이미 대금을 지급했던 잡지를 배달했다.
3) 한국통신은 추가로 5만주의 주식을 발행했다.
4) SBS Stars는 다음 주에 있을 주말경기에 대한 입장권을 판매했다.
5) 암표상은 다음 주에 있을 SBS Stars 농구경기에 대한 입장권을 판매했다.
6) 인터넷 티켓판매회사인 Ticketnet회사는 주말에 있을 농구경기의 입장권을 판매했다.
7) 제일신문은 10%의 주식배당을 결정하였다.
8) 선박회사는 군함을 건설해 주기로 하고 그 대금을 받았다.
9) 동국리스사는 기계 임대계약을 체결하고 1년분 임대료를 미리 받았다.
10) NW백화점은 상품권을 고객에게 판매했다.

09. 다음의 거래를 고려하여 발생기준을 따르는 경우 5월 중에 비용으로 인식되어야 하는 비용 총액을 계산하시오.

1) 4월에 방영된 TV 광고료 ₩200을 5월에 지급하다.
2) 5월 매출액에 대한 영업판매사원에 대한 급료 ₩3,200을 아직 지급하지 않다.
3) 1월에 12개월분 임차료 ₩6,000을 선급하다.
4) 5월 동안 4월에 구입한 상품(취득원가 : ₩300)을 ₩450에 외상으로 판매하다. 단, 재고자산 기록체계로서 계속기록법을 사용한다고 가정한다.
5) 5월 매출액 중 ₩400의 대손이 확정되다. 단, 대손충당금계정의 기존 잔액이 확정된 대손보다 크다고 가정한다.
6) 6월에 사용할 차량을 임차하고 ₩500을 5월에 지급하다.
7) 5월에 중간배당 ₩1,000을 결정하고 현금으로 지급하다.
8) 5월에 제품을 생산하기 위해 일한 생산근로자의 급료 ₩5,000을 지급하다.
9) 4월에 외상으로 매입한 상품대금을 5월에 지급하다.

10) 5월 말에 ₩10,000을 차입하고 1년분 이자를 ₩500을 선급하다.

10. 다음은 동국회사의 20×9년 1월 1일 재무상태표의 자본 부분에서 추출된 자료이다.

보통주자본금(수권주식수 : 100,000주; 액면가 : ₩5)	₩100,000
주식발행초과금	50,000
자가주식처분이익	2,000
자기주식	16,000
금융자산평가손실	10,000
이익준비금	15,000
사업확장적립금	10,000
감채적립금	5,000
미처분이익잉여금	30,000

20×9년도 동안 다음과 같은 거래가 발생하였다. 각 거래가 자본변동표상 자본금, 자본잉여금, 자본조정, 기타포괄손익누계액, 이익잉여금 중 어느 부분에 영향을 미치는지 판단하고 그 영향을 증가, 감소, 영향없음 등으로 표시하시오.

1) 동국회사는 보통주 10,000주를 주당 ₩10에 발행하여 그 대금을 납입받다.
2) 동국회사는 다음과 같이 배당을 결정하였는데 현금배당은 현금으로 이미 지급되었고 주식배당은 아직 주식으로 발행되지 않고 있다.
   현금배당 : ₩5,000; 주식배당 : ₩500
3) 동국회사는 보유 중인 금융자산의 시가가 상승하여 당기에 평가이익 ₩15,000이 발생하였는데 이 평가이익은 기타포괄손익에 포함된다.
4) 동국회사는 자기주식 1,000주를 주당 ₩15에 매입하고 대금을 지급하였다.
5) 동국회사는 감채적립금의 목적이 달성되어 미처분이익잉여금으로 이입하였다.
6) 동국회사는 미처분이익잉여금을 다음과 같이 처분하였다.
   이익준비금 : ₩5,000; 사업확장적립금 : ₩6,000

11. 다음 각 거래가 현금흐름표에 보고되어야 하는지 판단하고, 보고되어야 하는 경우 영업활동현금흐름, 투자활동현금흐름, 재무활동현금흐름으로 나누어 표시하시오.

1) 상품판매대금 ₩1,000을 회수하다.
2) 현금배당금 ₩500을 수령하다.
3) 상품매입대금 ₩400을 지급하다.
4) 주식배당 ₩500에 대해 주식을 발행하다.

5) 장기금융자산 ₩300을 현금으로 구입하다.
6) 사채 ₩1,000을 상환하다.
7) 토지 ₩1,000을 현금으로 구입하다.
8) 급여 ₩400을 현금으로 지급하다.
9) 소모품 ₩1,000을 외상으로 구입하다.
10) 현금배당금 ₩500을 지급하다.
11) 장기차입금에 대한 이자비용 ₩300을 지급하다.
12) 새로운 주식을 발행하고 그 대금 ₩2,000을 납입받다.

회계정보의 처리와 회계순환과정

04

제1장에서 설명한 바와 같이 회계란 기업의 경영활동을 화폐단위로 계량화하여 계량화된 자료를 체계적으로 정리하고 재무정보를 생산하여 이를 주주, 채권자, 경영자 등의 정보이용자에게 제공하는 체계이다. 특히 재무회계에서는 기업의 경영활동에 대한 재무정보를 일반목적 재무제표의 형식으로 정리하여 외부이용자에게 제공하는 것이다.

본 장에서는 일반목적 재무제표를 작성하기 위해 기업의 경제적 활동을 인식하고 이를 체계화하는 방식인 복식부기시스템에 대해, 즉 재무회계정보의 수집, 기록, 처리 등 회계정보의 생성과정에 대해 설명한다.

제 1 절 회계거래의 기록과 복식부기제도

회계는 기업활동을 측정하여 재무정보를 생산하는 활동이므로 회계의 첫 번째 단계는 측정대상을 식별하는 것이다. 회계학에서 측정대상을 식별하는 활동을 인식(recognition)이라 하는데, 제2장에서 재무제표 요소의 인식요건에서 살펴본 바와 같이 자산, 부채 및 자본의 정의에 부합하면서 (1) 그 항목과 관련된 미래 경제적 효익의 유입 혹은 유출가능성이 높고, (2) 해당 금액을 신뢰성 있게 측정할 수 있는 경제적 사건인 경우 회계의 대상이 된다.

1. 회계거래의 식별과 계정과목

1.1 거래의 의의

일반적으로 회계의 대상은 기업의 경제적 활동인데 기업의 모든 경제적 활동이 회계의 대상은 아니다. 재무회계의 최종 산출물은 일반목적 재무제표이므로 재무제표의 구성요소인 자산, 부채 및 자본(수익과 비용 포함)에 영향을 미치지 않거나 혹은 화폐금액으로 신뢰성 있게 측정이 불가능한 경제적 사건이나 기업활동은 재무회계의 인식대상이 아니다. 재무회계의 대상을 거래(transactions)라고 하는데 재무회계의 첫 번째 단계는 기업활동 중에서 인식대상인 거래를 식별하는 과정으로부터 출발한다. 따라서 거래(transactions)란 재무제표의 구성요소인 자산, 부채 및 자본(수익과 비용 포함)에 변화를 초래하는 경제적 사건으로서 인식요건(미래 경제적 효익의 유입(혹은 유출)가능성과 측정가능성)을 충족시키는 경제적 사건을 말한다.

회계학에서의 거래의 의미는 일상생활에서 쓰이는 거래와 개념이 다르다. 일상생활에서 거래라고 하면 물건을 사고팔기 위한 계약을 체결하거나 금전을 주고받는 경제적 사건을 의미한다. 그러나 재무회계의 대상인 거래는 자산, 부채 및 자본(수익과 비용 포함)에 영향을 주는 경제적 사건으로서 화폐단위로 측정이 가능한 경제적 사건(events)을 의미한다. 예를 들어, 기업경영에서 중요한 경제적 사건(예를 들어, 주요한 인적자원의 변동이나 경영목표의 변경)도 그 사건을 화폐액으로 측정할 수 없으면 회계기록의 대상인 거래가 아니다.

또한 일상생활에서 거래란 외부 사람과의 계약을 체결하는 활동을 주로 의미하는데 회계상의 거래는 기업 내부에서 발생할 수도 있다. 예를 들어, 기업이 소유한 자동차를 업무용으로 사용하는 사건은 일상적으로 거래라고 하지 않는다. 그러나 회계상으로는 이러한 사건은 거래에 해당한다. 왜냐하면 자동차를 영업에 사용한다는 것은 기업의 수익을 창출하기 위해 사용된 것이므로 비용을 발생시켜 기업의 자본(이익)에 변동을 초래하는 경제적 사건이며 이를 감가상각비란 비용으로 인식한다는 것을 회계원리 과목에서 학습하였을 것이다. 회계상의 거래와 거래가 아닌 사건을 예로 들면 다음과 같다.

회계상 거래에 해당하는 사건	회계상 거래에 해당하지 않는 사건
• 홍수로 기계장치가 고장나다. • 화재로 창고와 상품 일부가 소실되다. • 상품을 매입하고 대금을 지불하지 않다. • 제품생산을 위해 기계장치를 사용하다. • 내년도 보험료를 미리 지급하다. • 종업원의 급료 중 일부만 지급하다. • 비업무용 토지와 새로운 기계장치를 교환하다. • 보유하고 있는 다른 회사의 주식 가치가 상승하다.	• 유능한 영업부장을 영입하다. • 코엑스 빌딩 내에 새로운 사무실을 임차하기로 하다. • 거래처로부터 상품을 매입해 달라는 위탁을 받다. • 경쟁회사가 상품가격을 대폭 인하한다고 발표하다. • 원재료를 장기간 공급받기로 계약하다. • 회사 사장이 국회의원에 당선되다.

일반목적 재무제표를 작성하기 위해서는 이러한 회계상의 거래를 식별하고 이를 회계시스템에 입력하면서부터 시작되기 때문에 회계대상인 거래를 식별하는 과정은 유용한 재무정보를 생산하기 위한 첫 번째 단계로 매우 중요한 작업이다.

1.2 계정의 의의와 형식

앞에서 살펴보았듯이, 회계상으로 거래는 자산, 부채 및 자본(수익과 비용 포함)에 변화를 초래하는 경제적 사건으로서 화폐금액으로 신뢰성 있게 측정가능한 경우를 말하므로 거래가 발생하면 자산, 부채 혹은 자본의 변화가 발생하게 된다. 따라서 거래가 식별되면 각 거래가 자산, 부채 혹은 자본(수익과 비용 포함)에 어떤 변동이 발생하는지를 분석하여야 한다. 예를 들어, 외상으로 상품 100만원을 매입하는 경우 이는 회계상 거래에 해당하는데 이 거래가 자산, 부채 혹은 자본에 어떤 변화를 초래할 것인지 분석해야 한다. 이러한 거래의 경제적 효과를 분석해 보면 상품이란 자산의 유입을 초래하고 상품의 대가를 아직 지급하지 않았기 때문에 미래 현금유출을 발생시키는 부채(매입채무)의 증가를 초래한다는 것을 알 수 있다. 이와 같이 거래가 발생하면 자산, 부채 혹은 자본의 어떤 항목이 영향을 받는지 분석할 수 있는데 이러한 영향을 유사한 성격별로 요약하기 위해 계정(account)이 필요하다. 회계학에서 계정(account)이란 거래를 기록하기 위해 같은 내용별로 분류하는 일정한 형식의 계산 단위를 말한다. 복잡한 거래를 식별하여 일목요연하게 기록하고 분류 및 종합할 수 있도록 계정은 각각의 명칭이 있어야 하는데 이를 계정과목(title of account)이라고 한다. 위의 외상매입거래의 경우 영향을 받은 상품이란 자산과 매입채무란 부채가 계정과목이 된다.

계정의 형식은 회사마다 다양할 수 있는데 공통적으로 포함하는 특성은 각 계정의 성격을 나타내는 계정과목을 포함하고 있으며 해당 계정의 증가를 기록하는 면과 감소를 기록하는 면을 포함하고 있으며, 이 밖에 해당 계정에 영향을 초래한 거래의 기록일자 및 거래의 내역을 간단히 기입할 수 있는 적요란이 있다. 교육과정에서는 편의성을 위해 증가와 감소를 기록하는 두 면을 가진 약식계정을 사용하는데, 이를 T계정(T-account)이라고 한다.

1.3 계정의 분류와 총계정원장

기업의 경영활동은 복잡하고 방대하여 수많은 거래가 발생하며 이들을 일목요연하게 정리하여 기록하기 위해서는 많은 종류의 계정이 필요하게 된다. 계정과목은 크게 재무상태표계정과 포괄손익계산서계정(포괄손익계정이라 하기도 함)으로 구분되며, 재무상태표계정은 다시 자산에 속하는 계정, 부채에 속하는 계정, 자본에 속하는 계정으로 분류하고, 포괄손익계산서계정은 수익에 속하는 계정과 비용에 속하는 계정으로 분

표 4-1 주요 계정과목 목록

구 분		계정과목
재무상태표 계정	자산계정	현금및현금성자산, 단기금융자산, 매출채권, 미수금, 미수수익, 선급금, 선급비용, 상품, 소모품, 장기금융자산, 토지, 건물, 기계장치, 영업권, 특허권, 개발비 등
	부채계정	매입채무, 단기차입금, 미지급금, 미지급비용, 선수금, 선수수익, 장기차입금, 사채, 퇴직급여충당부채 등
	자본계정	자본금, 주식발행초과금, 자기주식처분이익, 감자차익, 자기주식, 이익준비금, 미처분이익잉여금, 기타포괄손익누계액 등
포괄손익계산서 계정	수익계정	매출, 이자수익, 임대료수익, 유형자산처분이익, 다양한 평가이익 등
	비용계정	매출원가, 급여, 복리후생비, 퇴직급여, 감가상각비, 이자비용, 임차료, 보험료, 유형자산처분손실, 다양한 평가손실 등
	기타포괄손익계정	일부 금융자산평가손익, 재평가잉여금 등

류한다. 계정과목은 기업의 특성, 규모, 거래내용, 거래발생빈도, 계정의 중요도 및 예산편성 방침 등에 따라 기업이 적절하게 설정하여 사용하면 된다. 상품매매업을 하는 회사의 대표적인 계정들을 요약하면 <표 4-1>과 같다.

특정 기업이 사용하는 모든 계정을 하나로 모아놓은 장부를 원장(ledger) 또는 총계정원장(general ledger)이라고 하는데, 원장은 분개장(journal)과 함께 회계시스템에서 가장 필수적인 장부이다. 따라서 이 두 개의 회계장부를 주요장부(main books of accounting)라고 한다.

2. 회계등식과 복식부기제도

2.1 회계등식

재무회계의 기본요소들 간의 관계 중에서 가장 기본이 되는 것은 회계등식이다. 회계등식(accounting equation)은 재무회계시스템에서 항상 성립하는 항등식으로, 회사가 보유하고 있는 경제적 자원은 자산이며 이러한 자산에 대해서는 채권자나 소유주의 청구권이 존재한다는 것으로 이를 식으로 표시하면 다음과 같다.

자 산 = 지 분

여기서 지분(持分, equity)은 자산에 대한 청구권을 의미하는데, 이는 타인의 청구권을 의미하는 채권자지분(creditors' equity)과 소유주의 청구권을 의미하는 소유주지분(owners' equity)으로 나눌 수 있다. 여기에서 채권자지분은 기업의 입장에서 보면 부채(liabilities)이고 소유주지분은 자본(capital)이 된다. 따라서 회계등식은 다음과 같이 표현할 수 있다.

자 산 = 부채(채권자지분) + 자본(소유주지분)

위의 회계등식은 회계시스템의 기본이 되며, 모든 회계거래의 기록은 이 등식을 기초로 시작된다. 또한 이를 바탕으로 재무상태표가 작성되기 때문에 이 식을 재무상태표등식이라고도 한다. 재무상태표등식을 그림으로 표시하면 다음과 같다.

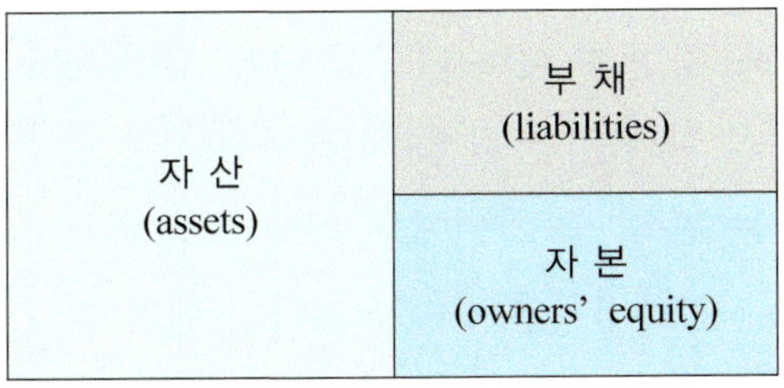

그러면 왜 자산총액은 부채와 자본의 합계액과 일치하는 것일까? 이것은 동일한 자산을 서로 다른 측면에서 보는 것이기 때문이다. 위의 그림에서 왼쪽의 자산은 기업이 보유하고 있는 다양한 경제적 자원의 구성상태를 나타내는 것이라면, 오른쪽은 그 자산이 존재하게 된 원천, 즉 그 자산의 귀속주체별로 구별하여 표시한 것이다. 따라서 경제적 자원의 존재상태를 표시한 왼쪽의 자산에는 채권자나 소유주의 청구권이 존재하기 때문에 왼쪽의 자산총계와 오른쪽의 부채와 자본의 합계가 일치할 수밖에 없는 것이다.

회사가 경제적 활동을 통해 창출한 이익(=수익－비용)은 소유주의 몫이므로 자본의 일부분이다. 즉, 자본 속에는 수익과 비용이 포함되므로 이들을 포함하여 회계등식을 다시 정리하면 다음과 같이 표시할 수 있다.

자 산 = 부 채 + 자 본 + 수 익 − 비 용

따라서,

자 산	+	비 용	=	부 채	+	자 본	+	수 익

2.2 복식부기와 차변과 대변

회계상의 거래가 발생하였을 때 이를 입력하여 요약하고 체계적으로 정리하는 시스템이 복식부기제도이다. 복식부기제도(double entry system)는 단식부기제도와 구분되는 시스템으로 회계의 대상인 거래를 입력할 때 왼쪽과 오른쪽에 동일한 금액을 입력하는 시스템을 말한다. 예를 들어, 토지 1억원을 외상으로 취득하는 거래를 살펴보자. 이 거래는 토지라는 자산의 증가와 미지급금이라는 부채의 증가로 입력된다. 이와 같이 모든 거래는 적어도 두 가지의 계정에 영향을 주게 되는데, 이것을 거래의 이중성(duality of transactions) 또는 이중적 효과라고 한다.

이처럼 하나의 거래는 적어도 두 개 이상의 계정에 영향을 주므로 각 계정의 증감을 표시하기 위해 차변과 대변을 구분한다. 차변(debit)이란 왼쪽을 표시하며 대변(credit)은 오른쪽을 나타낸다. 회계등식에서 자산은 등호를 중심으로 왼쪽에 있으므로 자산계정의 증가는 왼쪽, 즉 차변에 기록하고 부채나 자본계정은 등호의 오른쪽에 존재하므로 부채나 자본계정의 증가는 오른쪽인 대변에 입력한다. 반대로 자산의 감소는 자산의 증가를 나타내는 차변의 반대편인 대변에 기록하며 부채나 자본계정의 감소는 차변에 표시한다. 위의 토지 외상취득의 경우 회사의 자산인 토지가 증가했으므로 이는 차변에 표시될 것이고 미지급금이라는 부채가 증가했으므로 이는 대변에 표시될 것이다. 이때 차변과 대변에 기록되는 금액이 항상 일치하기 때문에 항상 차변과 대변은 균형을 이루게 되어 대차균형의 원리 혹은 회계등식이 성립하게 된다.

2.3 분 개

1) 분개의 의의

앞에서 설명한 바와 같이 일반목적 재무제표를 만들어 내기 위해서 재무회계는 거래를 식별하여 입력하는 단계에서 출발한다. 분개(分介, journalizing)란 기업의 경제적 활동 중에서 회계의 대상인 거래를 식별하고 분석하여 각 거래가 영향을 주는 계정과목과 거래금액을 확정하고 이를 해당되는 계정의 차변기입금액과 대변기입금액으로 구분하여 복식부기제도에 따라 입력하는 절차를 말한다.

분개는 회계정보를 생성하기 위한 최초의 측정 및 입력(original entry)이라고 할 수 있다. 분개가 잘못되면 분개 이후의 모든 회계자료와 정보에 착오가 생기게 된다. 따라서 잘못된 분개는 잘못된 회계정보를 산출한다. 계정과목의 결정, 기록대상금액의 결정, 차변과 대변의 결정 등을 포함하는 분개는 회계에 대한 전문지식을 소유하고 있는 사람의 전문적 판단에 의하여 이루어져야 한다. 컴퓨터와 인공지능이 발달하여 자료의 처리를 신속하고 정확하게 할 수 있는 요즈음에도 분개는 컴퓨터가 할 수 없다.

2) 분개의 법칙

거래란 회계주체의 자산, 부채 및 자본(수익과 비용 포함)에 변화를 가져다주는 경제적 사건이라고 이미 설명한 바 있으며, 이 거래를 분석하여 해당되는 계정과목의 차변 또는 대변에 기록하는 절차를 분개라고 하였다. 분개를 하는 데 있어서는 준수해야 하는 법칙이 있는데, 이를 분개의 법칙이라고 한다. 분개의 법칙을 쉽게 이해하기 위해서 앞에서 도출한 다음의 등식을 기억하면 도움이 된다.

자 산 + 비 용 = 부 채 + 자 본 + 수 익

일단 회계의 대상인 거래가 식별되면 이 거래를 분개하기 위해서 먼저 계정과목을 결정해야 한다. 이러한 계정과목을 결정하기 위해서는 각 거래가 위의 다섯 가지 구성요소 중 어느 구성요소의 변동을 초래하는지를 분석해야 한다. 예를 들어, 은행에서 단기로 현금을 차입하는 거래를 살펴보자. 기업이 은행에서 현금을 대출받으면 현금이란 자산이 증가하고 단기차입금이란 부채가 증가한다. 즉, 현금계정과 단기차입금계정이 변동한다는 사실을 분석할 수 있다. 다음 단계는 어느 계정을 차변에 기입하고 어느 계정을 대변에 기입할 것인지를 결정해야 한다.

앞의 등식에서 등호를 중심으로 왼쪽(차변)에는 자산과 비용이 있으며 등호의 오른쪽(대변)에는 부채, 자본 및 수익이 있다. 즉, 등호를 중심으로 왼쪽인 차변에 있는 자산과 비용에 속하는 계정의 경우 이들 계정이 증가하면 차변에 기록하고 감소하는 경우 대변에 기록한다. 한편 등호의 오른쪽(대변)에 있는 항목은 부채, 자본 및 수익이므로 이들에 속하는 계정은 증가하는 경우 대변에 기록하고 감소하는 경우 반대편인 차변에 기록한다. 위의 예에서 은행에서 현금을 차입하는 거래를 분개하면, 현금이란 자산에 속하는 계정이 증가했으므로 이는 차변에 입력되어야 하고 미지급금이라는 부채의 증가는 등식에서 부채가 있는 대변에 기록하면 된다. 이러한 분개의 법칙을 요약하면 다음과 같다.

	자산계정	비용계정	부채계정	자본계정	수익계정
각 계정의 증가	차변	차변	대변	대변	대변
각 계정의 감소	대변	대변	차변	차변	차변

수익과 비용은 자본의 구성요소이므로 자본에 미치는 영향에 따라 수익과 비용의 입력원칙이 결정된다고 볼 수 있다. 즉, 수익의 증가는 이익의 증가이고 이익의 증가는 자본의 증가이므로 자본의 증가가 기록되는 대변에 수익의 증가가 기록된다. 반면에 비용의 증가는 이익의 감소이자 자본의 감소이므로 자본의 감소가 기록되는 차변에 비용의 증가가 기록된다.

3) 분개장

분개는 분개장(分介帳, journal)이라는 장부에서 이루어지는데, 분개장은 회계거래를 인식하고 측정하여 최초로 기록하는 중요한 장부라는 점에서 총계정원장과 함께 주요 장부의 하나가 된다.

분개장의 양식은 다음과 같다.

일반분개장

일 자	적 요	원 면	차 변	대 변

분개장에서 가장 중요한 부분은 차변란과 대변란이며, 거래의 발생 순서에 따라 일자별로 기록한다. 원면란은 총계정원장의 해당 계정과목 쪽수(page)를 기록하는데, 분개시에는 기록하지 않고 총계정원장에 전기(posting)할 때 기재한다. 컴퓨터를 이용하여 회계처리를 하는 경우에는 원장의 페이지를 기록하는 대신 계정과목번호(account number 또는 account code)를 기입하여야 한다. 적요란에는 분개된 내용을 간단하게 설명한다.

기업의 규모가 크고 거래내용이 복잡한 경우에는 분개장을 일반분개장(general journal)과 특수분개장(special journal)으로 분할하여 사용하는 경우가 많다. 특수분개장은 현금출납장(cash journal), 매입장(purchase journal), 매출장(sales journal), 어음기입장 등과 같이 특정 유형의 거래만을 상세하게 기입하는 분개장이다.

또한 거래가 다양하고 분량이 많은 기업에서는 분개장 대신에 전표(傳票, slips)를 사용하기도 한다. 전표에는 입금전표, 출금전표, 대체전표의 세 종류가 있으며 거래별로 다른 전표를 사용하기 때문에 이들 전표를 순서대로 철하면 그대로 분개장이 된다. 전표를 사용하면 다음과 같은 장점이 있기 때문에 우리나라의 대부분의 기업에서는 전표를 사용하고 있다.

① 기업의 각 부서별로 회계업무의 기록업무를 분담할 수 있다.
② 회계의 업무절차를 파악할 수 있고 책임소재를 분명하게 할 수 있다.
③ 회계의 기록 및 장부조직을 합리화할 수 있다.
④ 장부의 검사 및 회계감사를 용이하게 할 수 있다.
⑤ 회계업무의 전산화를 용이하게 할 수 있다.

제 2 절 회계순환과정

오늘날의 기업은 계속기업(going concern)을 전제로 하기 때문에 일정한 기간을 회계기간으로 정하여 회계정보를 주기적으로 보고하게 된다. 따라서 매 회계기간마다 일반목적 재무제표를 작성하기 위해서 회계의 대상인 거래의 분개로부터 재무제표가 작성되는 단계까지 순환적으로 이루어지게 된다. 이처럼 매 회계기간마다 거래의 분개에서부터 재무제표 작성 및 장부의 마감까지의 단계가 반복적으로 수행되는데 이를 회계순환과정이라 한다.

1. 회계순환과정의 의의

회계순환과정(accounting cycle)이란 회계기간을 한 단위로 하여 매 기간마다 반복적으로 행해지는 회계절차를 의미하며, 유사한 회계절차가 반복적으로 행해지기 때문에 순환과정(cycle)이라고 부른다. 여기서 회계기간(accounting period)이란 기업의 경영성과와 재무상태를 보고하기 위하여 인위적으로 설정한 기간을 말하며, 회계기간 말에는 결산을 하게 된다. 결산이란 회계기간의 당기순손익을 계산하고 기말의 재무상태를 파악하며, 회계기록을 마감하여 다음의 회계기간을 준비하는 제반 절차를 의미한다.

회계순환과정은 크게 두 단계로 구분되는데, 하나는 회계기간 중에 발생하는 거래에 대한 회계절차이고, 다른 하나는 회계기말에 있어서의 결산절차이다. 회계기간 중의 절차로는 우선 (1) 회계대상인 거래를 식별하고 분개장에 기입하는 분개, (2) 분개의 내용을 원장의 각 계정에 옮겨 기입하는 전기(posting)가 있다. 회계기말의 결산절차로는 (3) 장부의 임시마감과 수정전시산표 작성, (4) 수정분개 및 전기, (5) 수정후시산표 작성, (6) 재무제표의 작성 및 (7) 장부의 최종마감이 있다.

1.1 회계기간 중의 회계절차

1) 거래의 식별 및 분개

회계순환과정의 첫 번째 단계는 회계기간 중에 발생하는 다양한 경제적 사건이 회계의 대상인 거래인지를 식별하고 거래인 경우 영향을 받는 계정과목과 금액을 측정하여 복식부기의 원리에 따라 분개장에 분개를 하는 것이다. 물론 이때 회계담당자는 해당 거래의 발생을 정당화시키는 문서인 관련 세금계산서, 청구서, 검수보고서, 품의 또는 기안서류 등 제반 증빙서류를 확인한 후에 회계입력을 결정해야 한다. 거래의 식별 및 분개과정은 이미 상세하게 학습하였으므로 추가 설명은 생략한다.

이러한 분개가 기록되는 장부인 분개장의 특징은 회계기간 중에 발생한 거래를 발생순서대로 입력한다는 것이다. 즉, 거래의 발생순서대로 분개가 기록되기 때문에 분개장을 보고 회사의 자산이 얼마인지 부채가 얼마인지 파악하기는 어렵다. 이에 필요한 정보를 만들기 위해서는 분개장의 내용을 자산, 부채 및 자본에 속하는 계정별로 요약하는 단계가 필요하다.

2) 원장으로 전기

분개장에는 거래가 발생한 순서대로 분개의 법칙에 따라 기록되므로 분개장은 기업의 영업일지와 같은 성격을 갖는 회계장부라고 볼 수 있다. 분개장의 기록을 보면 거래가 발생한 순서대로 그 내역을 알 수 있으나, 계정과목별로 집계가 되어 있지 않기 때문에 계정별로 내용을 파악할 수가 없어 회계정보로서 가치를 제대로 가지지 못한다. 분개장에 기록되어 있는 거래내용을 계정별로 집계하기 위하여 분개의 내용을 각 해당 계정에 옮겨 적는 것을 전기(posting)라고 하며, 계정들을 모아 놓은 장부를 총계정원장(general ledger)이라고 한다. 분개장의 분개내용을 총계정원장에 전기하는 데는 특별한 원리가 필요한 것은 아니고 분개장의 내용을 그대로 각 해당 계정에 옮겨 기입

그림 4-1 회계순환과정

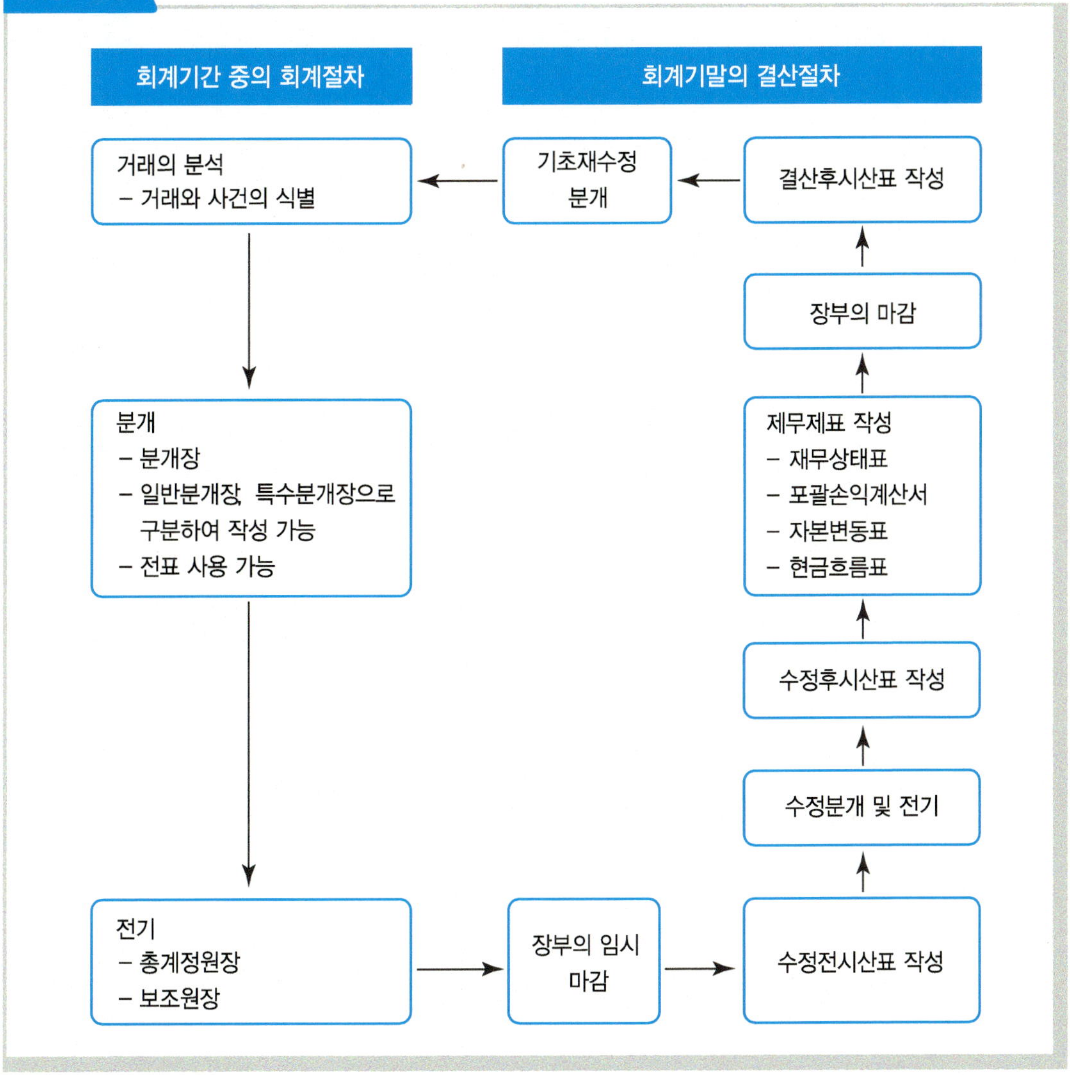

하면 된다. 즉, 분개장의 일자 및 차변계정과목과 대변계정과목의 금액을 총계정원장 상의 해당 계정과목의 차변 또는 대변에 옮겨 적으면 된다.

요즈음은 거의 모든 기업의 회계처리가 전산화되어 있기 때문에 분개자료를 입력하면 자동적으로 총계정원장에 전기되는 것이 일반적이다. 따라서 분개가 제대로 입력되었을 경우 총계정원장에의 전기는 걱정하지 않아도 된다.

1.2 회계기말의 결산절차

매 회계연도 종료일에는 분개장과 원장 등 모든 회계기록을 정리하고 필요한 결산수정을 한 다음에 기업의 재무상태와 경영성과를 나타내는 재무제표(financial statements)를 작성하여야 하는데, 이와 같은 일련의 과정을 결산(year-end closing)이라 한다. 회계연도 종료일에 작성하는 재무제표를 연차보고서(annual report) 또는 결산보고서라고도 부르며, 이들 재무제표는 정기주주총회에 제출하여 주주총회의 승인을 받아야만 한다. 우리나라에서는 상장회사의 경우, 연차보고서 외에 분기보고 및 6개월을 기간으로 하는 반기보고서(semi-annual report)를 작성하여 공시하도록 하고 있다.

재무제표를 작성하기 위한 결산절차에는 결산을 위해 장부를 임시로 마감한 후 수정전시산표를 작성하는 단계, 결산수정사항을 반영하기 위한 수정분개, 수정을 반영한 후 수정후시산표의 작성 및 재무제표의 작성과 마지막으로 다음 회계기간을 준비하는 장부의 마감단계로 구분되는데, 이에 대한 상세한 내용은 다음 절에서 종합예제를 통하여 설명하기로 한다.

회계기간 중에 이루어지는 분개 및 원장으로 전기단계를 거쳐 결산절차에 이르기까지 회계정보의 수집과 재무제표의 작성은 매 회계기간마다 반복되기 때문에 회계순환과정이라 한다. 이것을 도식화하면 앞의 <그림 4-1>과 같다.

2. 회계순환과정 종합예제

지금까지 살펴본 회계순환과정을 상세하게 설명하기 위하여 다음의 [종합예제 4-1]을 이용하기로 한다.

종합예제 4-1

퍼스널컴퓨터와 주변기기 판매를 주업으로 하는 한신전자㈜의 20×9년 4월 30일 현재 재무상태표는 다음과 같다.

재무상태표

20×9년 4월 30일 현재

한신전자㈜ (단위 : 원)

자 산		부 채	
현 금	20,000,000	매 입 채 무	1,000,000
금 융 자 산	1,000,000	차 입 금	5,000,000
상 품	1,000,000	자 본	
비 품	10,000,000	자 본 금	15,000,000
		이 익 잉 여 금	11,000,000
자산합계	32,000,000	부채와 자본합계	32,000,000

다음은 한신전자㈜의 5월 거래내역이다.

5월 1일 액면 ₩5,000의 보통주 1,000주를 추가로 발행하여 ₩5,000,000을 납입받다.
3일 영업용 건물을 임차하고 임차보증금 ₩10,000,000을 현금으로 지급하다.
5일 사무용비품 ₩1,000,000을 현금으로 취득하다.
6일 은행으로부터 ₩5,000,000을 차입하다.
10일 상품(PC)을 ₩19,000,000에 외상으로 매입하다.
15일 상품(PC)을 ₩25,200,000에 현금으로 판매하다.
20일 매입채무 중 ₩10,000,000을 현금으로 상환하다.
25일 종업원급여 ₩2,000,000을 지급하다.

[결산수정사항]

(1) 5월분 비품의 감가상각금액은 ₩500,000이다.
(2) 차입금에 대한 5월분 이자 ₩100,000이 아직 지급되지 않았다.
(3) 5월 31일의 상품의 재고원가는 ₩2,000,000이다.
(4) 금융자산의 5월 말 공정가치는 ₩1,500,000이다. 이 금융자산은 공정가치로 평가하며 평가손익은 기타포괄손익에 포함된다.

위의 거래내역과 수정사항을 이용하여 회계순환과정을 완성하라.

2.1 분 개

종합예제에 주어진 한신전자㈜의 회계기간은 암묵적으로 한 달이다. 즉, 한신전자㈜는 매달 회계순환과정을 반복한다고 가정하고 있다. 먼저 종합예제에 주어진 정보는 회계기간인 20×9년 5월 초 현재 존재하는 자산, 부채 및 자본 금액으로 이 금액은 4월로부터 이월되어 온 금액으로 원장의 각 계정에 그 금액이 이미 기록되어 있다는 것을 의미한다. 또한 종합예제에 주어진 정보는 5월 중에 발생한 거래내역이 주어져 있다. 이러한 주어진 정보를 이용하여 회계순환과정을 단계별로 학습해 보기로 한다.

회계순환과정의 첫 번째 단계는 발생한 거래를 분석하여 복식부기원리에 입각하여 분개장에 분개를 하는 것이다. 분개란 앞에서 설명했듯이 거래가 발생한 순서대로 거래가 변동을 초래하는 자산, 부채 또는 자본의 계정과목을 결정하고 분개의 법칙에 따라 기록하는 단계이다.

먼저 한신전자㈜의 5월 1일의 거래는 유상증자 거래로 주식을 발행하여 현금을 확보하는 거래이다. 이 거래를 분석하면 회사 주식의 발행으로 현금이란 자산이 증가하고 이러한 현금은 소유주가 추가로 회사에 출자한 것이므로 회사 자산에 대한 소유주의 청구권을 나타내는 자본이 증가하는데 구체적으로 자본에 속하는 계정 중에서 발행된 주식의 액면금액을 나타내는 계정인 자본금계정이므로 자본금이 증가한다. 분개의 법칙에 따르면 자산의 증가는 차변에 기록되고 자본의 증가는 대변에 기록되므로 다음과 같이 분개한다.

(차) 현　　금　　5,000,000　　(대) 자 본 금　　5,000,000

분개에 대해서는 회계원리 과목에서 이미 학습했으므로 추가 설명 없이 한신전자㈜의 5월 거래내역을 분개하면 다음과 같다.

〈분개〉

① 5월 1일의 거래

(차) 현　　금　　5,000,000　　(대) 자 본 금　　5,000,000

② 5월 3일의 거래

(차) 임차보증금　　10,000,000　　(대) 현　　금　　10,000,000

③ 5월 5일의 거래

(차) 비　　품　　1,000,000　　(대) 현　　금　　1,000,000

④ 5월 6일의 거래

(차) 현　　금　　5,000,000　　(대) 차 입 금　　5,000,000

⑤ 5월 10일의 거래

(차) 매　　입　　19,000,000　　(대) 매입채무　　19,000,000

[차변에 매입계정 대신에 상품계정이 사용될 수도 있으며 여기서는 한신전자㈜가 실지재고조사법을 사용한다고 가정하여 매입계정으로 기록하였다.]

⑥ 5월 15일의 거래

(차) 현　　금　　25,200,000　　(대) 매　　출　　25,200,000

[상품이 판매되었는데도 불구하고 상품의 감소 및 매출수익에 대응하는 매출원가(비용계정)가 여기에 기록되지 않았음을 독자들은 기억하길 바란다. 이는 한신전자㈜가 실지재고조사법을 사용한다고 가정하기 때문에 매출수익에 대한 분개만 하고 상품의 감소 및 매출원가의 발생은 결산절차에서 기록하기 위한 것이다.]

⑦ 5월 20일의 거래

(차) 매입채무　　10,000,000　　(대) 현　　금　　10,000,000

⑧ 5월 25일의 거래

(차) 급　　여　　2,000,000　　(대) 현　　금　　2,000,000

2.2 원장으로 전기

회계순환과정에서 두 번째 단계는 분개장에 입력된 기록을 각 계정으로 옮기는 전기(posting) 과정이다. 분개장의 분개내용을 총계정원장에 전기하는 데는 특별한 원리가 필요한 것은 아니고 분개장의 내용을 그대로 각 해당 계정에 옮겨 기입하면 된다. 즉, 분개장의 일자 및 차변계정과목과 대변계정과목의 금액을 총계정원장상의 해당 계정과목의 차변 또는 대변에 옮겨 적으면 된다. 예를 들어, 한신전자㈜의 5월 1일 분개장의 분개내역을 보면 차변에 현금계정이 기록되어 있고 대변에 자본금계정이 기록되어 있다. 원장으로 전기란 먼저 차변에 있는 항목은 현금 500만원이므로 이를 원장에 있는 현금계정의 차변으로 500만원을 옮겨 적는 것이다. 또한 분개장의 대변에 있는 자본금 500만원은 원장에 있는 자본금계정의 대변에다 500만원을 옮겨 적으면 된다. 원장으로 전기할 때 분개된 반대편의 계정과목을 옮겨 적는데 이는 거래의 내역을 쉽게 파악하기 위한 목적이다. 예를 들어, 원장에 있는 현금계정에 5월 1일 거래를 전기할 때 분개의 반대편(대변)에 기록된 계정과목인 자본금을 기록하면 쉽게 추가출자로 현금이 증가했다는 사실을 추론할 수 있다. 동일하게 원장의 자본금계정에는 반대편 계정과목인 현금을 기록함으로써 현금이 납입되었음을 추론할 수 있게 된다.

요즈음은 거의 모든 기업의 회계처리가 전산화되어 있기 때문에 분개자료를 입력하면 자동적으로 총계정원장에 전기되는 것이 일반적이다. 따라서 분개가 제대로 입력되었을 경우 총계정원장에의 전기는 걱정하지 않아도 된다.

한신전자㈜의 5월 거래에 대한 분개내역을 총계정원장에 전기하여 잔액을 구하면 다음과 같다. 여기서는 이해의 편의를 위해 T계정을 사용하였다.

현 금			
전기이월	20,000,000	② 임차보증금	10,000,000
① 자본금	5,000,000	③ 비 품	1,000,000
④ 차입금	5,000,000	⑦ 매입채무	10,000,000
⑥ 매 출	25,200,000	⑧ 급 료	2,000,000
	32,200,000		

금융자산			
전기이월	1,000,000		
	1,000,000		

상 품			
전기이월	1,000,000		
	1,000,000		

임차보증금			
② 현 금	10,000,000		
	10,000,000		

비 품			
전기이월	10,000,000		
③ 현 금	1,000,000		
	11,000,000		

차 입 금			
		전기이월	5,000,000
		④ 현 금	5,000,000
			10,000,000

매입채무			
⑦ 현 금	10,000,000	전기이월	1,000,000
		⑤ 매 입	19,000,000
			10,000,000

자 본 금			
		전기이월	15,000,000
		① 현 금	5,000,000
			20,000,000

매 출			
		⑥ 현 금	25,200,000
			25,200,000

이익잉여금			
		전기이월	11,000,000
			11,000,000

매 입

⑤ 매입채무	19,000,000	
	19,000,000	

급 여

⑧ 현 금	2,000,000	
	2,000,000	

2.3 수정전시산표의 작성

1) 시산표의 의의와 대차금액 일치의 원리

회계순환과정의 첫 번째 단계인 분개 및 원장으로의 전기 과정은 거래가 발생할 때마다 이루어지므로 회계기간 중에 수행된다. 회계순환과정의 다음 단계는 재무제표 작성을 위한 결산절차이다. 결산절차의 첫 번째 단계는 거래에 대한 분개 및 원장으로 전기가 끝난 상태에서 원장을 임시로 마감하여 각 계정의 잔액을 파악하여 이를 이용하여 시산표를 작성하는 절차이다. 시산표(trial balance)란 원장에 있는 모든 계정의 잔액을 구하고 이러한 잔액을 차변과 대변으로 구분하여 나열한 표를 말한다. 예를 들어, 한신전자㈜의 원장을 보면 회사가 사용하는 모든 계정이 포함되어 있는데, 현금계정을 보면 지금 현재 차변에 3,220만원이 있고 차입금의 경우 대변잔액이 1,000만원이 있다는 것을 알 수 있다. 따라서 시산표를 작성하면 현금계정 차변에 3,220만원을 차변에 포함되고 차입금의 경우 대변에 잔액 1,000만원이 포함된다. 이러한 시산표는 외부에 공개되는 재무제표가 아니라 회사의 장부이므로 특별한 양식이 있는 것이 아니고 회사의 목적에 맞게 적절한 형식으로 작성하면 된다.

결산절차의 첫 번째 단계로 시산표를 작성하는 목적은 다음과 같다.

첫째, 재무제표를 작성하기 전에 지금까지의 회계기록에 오류가 없는지를 대차금액 일치의 원리를 이용하여 확인한다. 모든 거래가 올바르게 분개되고 원장으로 전기가 정확하게 이루어지면 분개할 때 차변과 대변에 동일한 금액을 입력했으므로 모든 계정이 나열된 시산표상의 차변합계액과 대변합계액은 일치하여야 한다. 즉, 차변합계가 대변합계와 일치하는지 점검함으로써 분개 및 전기 과정에 발생한 오류를 찾아내기 위해 시산표를 작성한다.

둘째, 재무제표 작성을 용이하게 할 수 있도록 원장의 모든 계정과목을 일목요연하게 정리한다(자산 + 비용 = 부채 + 자본 + 수익).

셋째, 완전한 재무제표를 작성하기 전에 먼저 기업의 개략적인 재무상태와 경영성과를 알아본다.

여기서 유의하여야 할 것은 시산표를 작성하여 차변합계액과 대변합계액이 일치한다고 해서 모든 회계기록이 정확하다고 말할 수는 없다는 것이다. 다음과 같은 경우는 시산표의 작성만으로 확인되지 않는 오류이다.

① 회계거래가 발생하였음에도 분개 자체를 누락한 경우
② 같은 거래를 두 번 이상 분개한 경우
③ 분개된 것을 전기할 때 차변과 대변을 모두 누락시킨 경우
④ 자산계정을 비용계정으로 혹은 부채 및 자본계정을 수익계정으로 전기한 경우
⑤ 분개에 나타난 차변과 대변을 정반대로 전기한 경우
⑥ 차변과 대변에 동일한 금액의 오류가 발생한 경우

이상과 같은 오류가 발생한 경우 그 오류를 찾는 것이 매우 어려울 뿐만 아니라 이러한 오류의 발생은 매우 중대한 것이기 때문에 그러한 일이 생기지 않도록 회계담당자는 잘 훈련되어야 하고 회계업무에 임하는 자세가 철저하여야 하며, 동시에 모든 회계업무는 두 사람 이상에게 분담되어 상호 확인이나 승인절차를 거치도록 하는 내부통제제도(internal control system)의 구축이 필요하다.

2) 시산표의 작성방법

시산표는 원장의 각 계정의 금액을 집계하여 하나의 표로 만든 것이다. 이때 각 계정의 합계액만을 모아서 만든 합계시산표, 잔액만을 모아서 만든 잔액시산표, 합계와 잔액은 모두 모아서 만든 합계잔액시산표 등 세 가지가 있으며, 결산수정분개 이전에 작성한 시산표이냐 이후에 작성한 시산표이냐에 따라 수정전시산표(unadjusted trial balance)와 수정후시산표(adjusted trial balance)로 구분된다.

[종합예제 4-1]의 한신전자㈜의 20×9년 5월 31일 현재의 수정전 합계잔액시산표를 만들어보면 다음 표와 같다.

합계잔액시산표(수정전)

20×9년 5월 31일 현재

한신전자㈜ (단위: 원)

차변		계정과목	대변	
잔액	합계		합계	잔액
32,200,000	55,200,000	현금	23,000,000	
1,000,000	1,000,000	금융자산		
10,000,000	10,000,000	임차보증금		
11,000,000	11,000,000	비품		
1,000,000	1,000,000	상품		
		차입금	10,000,000	10,000,000
	10,000,000	매입채무	20,000,000	10,000,000
		자본금	20,000,000	20,000,000
		이익잉여금	11,000,000	11,000,000
		매출	25,200,000	25,200,000
19,000,000	19,000,000	매입		
2,000,000	2,000,000	급여		
76,200,000	109,200,000	합계	109,200,000	76,200,000

2.4 결산수정사항과 결산수정분개

1) 결산수정분개의 의의

회계순환과정의 궁극적인 목적은 결산일 현재의 재무상태와 동일로 종료되는 회계기간의 재무성과를 나타내는 재무제표를 작성하는 것이다. 그러나 지금까지 이루어진 작업은 주로 외부와의 거래에서 발생한 거래들만 분개를 하고 이를 요약했으므로 수정전시산표에 나타나는 계정과목은 결산일 현재의 자산, 부채 혹은 자본을 정확하게 나타내지 못하거나 재무성과를 제대로 나타내지 못할 수가 있다. 특히 재무제표는 발생주의에 입각하여 작성되므로 수익과 비용 계정이 정확하지 않은 금액으로 기재되어 있을 수 있다.

예를 들어, 한신전자㈜의 수정전시산표를 보면 비품이 1,100만원 있는 것으로 기록되어 있다. 그러나 이는 비품의 구입금액이 그만큼 있다는 것이지 분명히 회계기간 동안 일부는 사용되었을 것이므로 이는 결산일 현재의 비품 금액을 정확하게 나타내지 못한다. 또한 차입금의 경우 남의 자금을 5월 동안 사용했기 때문에 분명 이자비용이 발생했을 것이나 이러한 이자비용이 아직 장부에 반영되지 않고 있다. 매출수익의 경우 상품의 판매로 인해 매출은 기록되어 있지만 이러한 수익을 창출하기 위해 희생된 상품의 원가인 매출원가가 장부에 기록되어 있지 않다.

이처럼 회계기간 말의 재무제표를 정확하게 작성하기 위해서는 잘못된 금액을 올바른 금액으로 수정해야 하는데, 이러한 수정이 필요한 사항을 결산수정사항이라 하고 이들을 기록하는 분개를 결산수정분개(adjusting entries) 혹은 단순히 수정분개라 한다.

일반적으로 결산절차에서 수정이 필요한 사항은 몇 가지 유형으로 구분할 수 있다.

첫 번째 유형은 회계관습이나 회계제도에 의해 회계기간 중에 기록하지 않은 거래들을 결산시 수정하는 사항이다. 예를 들어, 한신전자㈜의 경우 실지재고조사법을 사용하므로 상품을 판매할 때 매출수익은 기록하지만 판매로 인한 상품의 감소와 매출원가(비용계정)가 기록되어 있지 않다.

두 번째 유형은 자산의 사용에 대한 것으로, 예를 들어 건물이나 기계장치의 사용에 관한 것이다. 건물이나 기계장치 등의 자산은 취득 당시에 취득원가로 장부에 기록되어 있는데 회사는 이러한 건물이나 기계장치를 회계기간 동안 영업에 사용했을 것이므로 이를 반영하는 수정분개가 필요하다. 이와 유사하게 선급이나 선수된 항목도 일반적으로 수정사항에 포함된다. 예를 들어, 보험료를 선급하여 지급하는 경우 이를 선급보험료로 기록한 경우 시간이 경과함에 따라 보험서비스를 회사가 이용하였기 때문에 이를 결산시점에 적절하게 수정하여야 하며 선수임대료(부채계정)의 경우 기간이 경과하면 이는 임대료 수익이 되므로 이를 적절하게 수정해야 한다.

세 번째 유형은 회계기간 중에 발생은 했지만 아직 장부에 기록되지 않은 항목이다. 예를 들어, 다른 회사에 자금을 대여한 경우 기간이 경과함에 따라 이자수익이 발생하지만 아직 이자회수일이 다가오지 않아 이를 기록하지 않은 경우 결산시 이를 반영하여 장부를 수정해야 한다.

네 번째 유형은 자산과 부채의 평가방법에 따른 수정사항이다. 예를 들어, 특정 금융자산의 경우 공정가치로 자산을 평가해야 하는데 장부에는 아직 결산일 현재의 시가가 기록되어 있지 않으므로 공정가치의 상승이나 하락에 따른 평가손익을 수정해야 한다.

잘못된 금액을 수정하는 방법은 지우개로 지우거나 수학적으로 +/− 기호를 사용하면 쉬운데 복식부기제도의 경우 이미 장부에 입력되고 원장으로 전기된 상태이므로 분개 형식을 통해 수정한다. 예를 들어, 현금계정이 과대하게 기록되어 있다면 과대로 기록된 금액만큼 대변에 분개를 해주면 현금계정의 잔액이 올바른 금액으로 수정될 것이고 과소하게 기록되어 있다면 현금계정의 차변에 과소하게 기록된 금액을 기록하면 전기 과정을 통해 올바른 금액으로 수정될 것이다. 즉, 수정분개를 하는 방법을 요약하면 다음과 같다.

① 먼저 수정사항을 파악하여 영향을 받는 계정과목을 식별한다.

② 수정이 필요한 계정과목이 결산일 재무제표에 보고되어야 할 올바른 잔액을 분석한다.

③ 수정이 필요한 계정과목이 현재 원장 장부에 기록되어 있는 금액을 확인한다.

④ 위에서 파악한 ②와 ③의 금액의 차이를 분개원칙에 따라 수정한다. 즉, 자산이나 비용 계정이 장부에 과대하게 기록된 경우 이를 대변에 기록하고 부채, 자본 혹은 수익 계정이 과대하게 장부에 기록된 경우에는 차변에 그 차이를 기록한다.

2) 수정사항 및 수정분개

① 매출원가의 계산 : 상품계정의 수정

매출원가의 계산과 관련된 계정은 상품계정과 매입계정이다. 매출원가는 매출을 창출하는 데 직접적으로 희생된 비용으로 상품매매업에서 가장 중요한 비중을 차지하는 비용이다. 그러나 아직도 수정전시산표에 매출원가라는 계정이 나타나지 않고 있다. 한신전자㈜의 수정전시산표를 보면 상품계정과 매입계정은 있지만 매출원가계정은 아직 없다. 따라서 결산일에 상품계정, 매입계정 및 상품의 기말실사를 통해 기말상품재고원가를 파악하여 다음과 같이 매출원가를 파악하여야 한다. 수정전시산표상의 상품계정은 기초재고액을 나타내고 매입계정의 잔액은 당기매입액을 나타내므로 매출원가는 수학적으로 다음과 같이 구한다.

매출원가 = 기초상품재고액 + 당기매입액 − 기말상품재고액

이처럼 수학적으로 계산된 매출원가를 복식부기제도하에서 장부상으로 어떻게 도출할 수 있는지 살펴보기 위해 다음의 예제를 살펴보자.

예제 4-1

C회사의 수정전시산표상 상품계정과 매입계정의 잔액은 다음과 같다.

상　품	₩1,000
매　입	₩5,000

상품에 대한 기말재고를 실사한 결과 그 금액은 ₩2,000이다.
위의 정보에 입각하여 매출원가를 계산하는 결산수정분개는 다음과 같다.

〈상품의 기초재고를 매출원가계정에 집계하는 분개〉

(차) 매출원가	1,000	(대) 상　　품	1,000

〈당기매입분을 매출원가에 집계하는 분개〉

(차) 매출원가	5,000	(대) 매　　입	5,000

〈상품의 기말재고액을 매출원가계정 대변에 집계하고 상품계정에 기록하는 분개〉

(차) 상　　품	2,000	(대) 매출원가	2,000

위의 세 가지 분개를 하면 매출원가는 장부상 ₩4,000으로 결정되고, 상품의 기말재고액 ₩2,000은 기말재무상태표에 보고될 상품계정에 올바르게 표시된다.

만일 매출원가계정을 사용하지 않고 매입계정에서 매출원가를 계산할 수도 있는데 이 경우에는 당기매입분은 이미 매입계정에 있으므로 위의 첫 번째와 세 번째 수정분개에 해당하는 내용을 다음과 같이 기록하면 된다.

(차) 매　　입	1,000	(대) 상　　품	1,000
상　　품	2,000	매　　입	2,000

위 수정분개를 하면 원래 매입계정 차변의 ₩5,000과 기초상품을 나타내는 ₩1,000이 더해져 ₩6,000이 되고, 기말상품 ₩2,000이 대변에 차감되어 매입계정 잔액이 매출원가를 나타내는 ₩4,000으로 수정된다. 이 방법은 간단하지만 매입계정의 금액이 포괄손익계산서를 작성할 때 매출원가로 전환되어야 하므로 오히려 혼란스러운 방법이다.

종합예제에 주어진 한신전자㈜의 경우 수정전시산표상으로 상품계정이 100만원이고 매입계정에 1,900만원이 있으며 결산시 기말재고조사를 한 결과 기말상품이 200만원이다. 따라서 매출원가계정을 이용하여 수정분개를 하면 다음과 같다.

(차) 매출원가	1,000,000	(대) 상　　품	1,000,000
매출원가	19,000,000	매　　입	19,000,000
상　　품	2,000,000	매출원가	2,000,000

② 유형자산의 감가상각

토지를 제외한 유형자산의 경우 자산으로 계상된 금액 중 당기에 사용한 부분에 해당하는 당기의 비용으로 배분되어야 할 금액을 결정하는 것을 감가상각(depreciation)이라고 한다. 감가상각에 대한 수정분개는 당기에 감가상각된 부분만큼을 차변에 감가상각비라는 비용으로 계상하고, 대변에는 감가상각누계액계정에 같은 금액만큼 계상한다.

예제 4-2

C회사는 20×9년 1월 초에 기계장치를 구입하였다. 취득원가는 ₩20,000,000이고, 내용연수(useful life)는 5년이며, 잔존가액(salvage value)은 ₩5,000,000이다. 정액법(straight-line method)에 의해 20×9년의 이 기계장치의 감가상각비를 계산하면 ₩3,000,000[=(₩20,000,000 - ₩5,000,000)/5]이다.

(차) 감가상각비	3,000,000	(대) 감가상각누계액	3,000,000

감가상각누계액은 과거연도부터 감가상각한 금액의 누계로 표시되며, 자산의 차감계정으로 재무상태표에서는 해당 유형자산에서 차감하는 형식으로 기재하든지 혹은 감가상각누계액을 차감한 순액으로 보고하고 주기적으로 감가상각누계액을 기재한다.

③ 선급비용의 처리 : 비용의 이연

이미 비용으로 지출한 금액 중에서 당기에 전액이 비용화되지 않고 차기에 비용화되어야 할 금액이 있는 경우가 있다. 이러한 경우 결산시에 차기에 속할 비용을 당기의 비용으로부터 차감하고 미리 지급한 선지급 부분을 자산으로 계상하여야 한다. 이때 자산으로 계상된 부분을 선급비용(prepaid expense)이라고 하며, 이는 비용의 미경과분 또는 비용의 이연부분이라고 할 수 있다.

예를 들면, 보험료나 지급이자 등을 선지급할 때에 전액을 자산으로 처리하였을 경우 이 중에서 당기에 경과되거나 사용된 부분만큼은 자산계정에서 차감하고 이들은 적절한 비용으로 수정되어야 한다.

예제 4-3

H회사는 20×9년 9월 1일에 1년분의 화재보험료로 ₩240,000을 수표발행하여 지급하였다. 이 경우 화재보험료를 지불한 20×9년 9월 1일의 분개는 다음과 같이 두 가지 방법으로 분개할 수 있다.

① 보험료를 비용으로 계상하는 경우

(차) 보 험 료	240,000	(대) 당좌예금	240,000

② 보험료를 선급보험료라는 자산으로 계상하는 경우

(차) 선급보험료	240,000	(대) 당좌예금	240,000

H회사가 결산일에 행할 수정분개는 이미 분개한 내용에 따라 다음과 같이 달라진다.

①의 방법으로 분개를 한 경우

(차) 선급보험료	160,000	(대) 보 험 료	160,000

②의 방법으로 분개를 한 경우

(차) 보 험 료	80,000	(대) 선급보험료	80,000

어느 방법으로 분개를 하더라도 적정한 수정분개를 통해 20×9년에 비용으로 계상되는 보험료는 ₩80,000이고, 결산기말에 남아 있는 선급보험료(자산계정)의 잔액은 ₩160,000이 되어야 한다.

④ 선수수익의 처리 : 수익의 이연

선급비용과 유사하게, 장래에 용역을 제공하기로 하고 대금을 미리 받았으나 결산기말까지 용역을 제공하지 못한 경우 용역을 제공하지 못한 부분을 당기의 수익에서 차감하고 같은 금액을 선수수익(unearned revenue)이라는 부채로 계상하는 수정분개를 하여야 한다.

예제 4-4

G회사는 20×9년 10월 1일에 1년분의 사무실 임대료 ₩400,000을 현금으로 받았다. 이 경우 사무실임대료를 받은 20×9년 10월 1일의 분개를 다음과 같이 두 가지 방법으로 할 수 있다.

① 임대료수입을 수익으로 계상한 경우

(차) 현 금	400,000	(대) 임대료수익	400,000

② 임대료수입을 선수임대료라는 부채로 계상한 경우

(차) 현 금	400,000	(대) 선수임대료	400,000

위의 각 분개방법에 따라 결산일의 수정분개는 다음과 같이 달라진다.

①의 방법으로 분개를 한 경우

(차) 임대료수익	300,000	(대) 선수임대료	300,000

②의 방법으로 분개를 한 경우

(차) 선수임대료	100,000	(대) 임대료수익	100,000

어느 방법으로 분개를 하더라도 적정한 수정분개를 통해 G회사의 20×9년도 임대료수익은 ₩100,000이 되고 결산기말에 선수임대료(부채계정)의 잔액은 ₩300,000이 되어야 한다.

⑤ 미지급비용의 계상 : 발생비용의 계상

이미 재화나 용역을 제공받아 수익의 획득을 위하여 이를 사용 또는 소비하였으나 결산일 현재 아직 비용으로 계상하지 않은 금액이 있으면 결산일에 이 금액을 정확히 파악하여 비용으로 계상하는 수정분개를 하여야 한다.

예를 들어, 전기료, 전화료, 수도료 등은 비용이 발생한 다음 어느 정도 시일이 지난 후에 이를 지급하는 것이 일반적이다. 따라서 당기에 속하는 비용으로서 아직 지급하지 않은 부분이 있으면 이것을 당기의 비용으로 차변에 기록하는 동시에 미지급비용(expenses payable)이라는 부채로 대변에 기록하여야 한다. 또한 사무실을 임차하여 사용하고 아직 지급하지 않은 임차료, 아직 지급하지 않은 종업원의 급여나 임금 등도 결산일에 당기의 비용으로 인식하여야 할 금액을 정확히 계산하여 당기의 비용으로 계상하고 동시에 미지급임차료, 미지급임금 등의 계정과목을 대변에 기입하는 수정분개를 하여야 한다.

예제 4-5

K회사는 20×9년 12월분 전기와 수도사용량에 대한 요금은 ₩2,500,000으로 계산되는데, 아직 청구서를 받지 못해 12월 31일(결산일) 현재 납부하지 않았다. K회사의 12월분 전기수도료는 당기의 수익을 얻기 위하여 사용된 부분이므로 당기의 비용으로 계상하고, 지급이 안 된 부분을 부채로 계상하여야 하므로 다음과 같이 수정분개를 한다.

(차) 전기수도료	2,500,000	(대) 미지급전기수도료	2,500,000

⑥ 미수수익의 계상

당기에 속하는 수익으로서 아직 받지 못한 부분이 있을 경우에는 해당하는 금액을 당기의 수익으로 대변에 기록하는 동시에 같은 금액을 미수수익(revenue receivable 또는 accrued revenue)이라는 자산으로 차변에 기록하는 수정분개를 하여야 한다.

예를 들어, 사무실을 임대하여 주었으나 결산일 현재 아직 받지 못한 임대료수익, 대여금이나 은행예금에 대하여 기간이 경과하여 이자가 발생하였으나 아직 이자를 받지 못한 이자수익들은 임대료수익, 이자수익 등의 대변에 기입하고 미수임대료, 미수이자 등 자산계정의 차변에 기입한다.

예제 4-6

Y회사는 20×9년 12월 31일에 국채에 대한 2개월분의 이자 ₩60,000을 아직 받지 못한다.

(차) 미 수 이 자	60,000	(대) 이 자 수 익	60,000

⑦ 공정가치의 평가

일반적으로 인정된 회계원칙에 따르면 일부 금융자산이나 금융부채의 경우 공정가치로 평가하여야 한다. 일반적으로 수정전시산표상에는 이러한 자산들이 결산일 현재의 공정가치를 반영하고 있지 않으므로 이를 반영하는 수정분개가 필요하다. 예를 들어, 회사가 상장된 다른 회사의 주식을 투자목적으로 보유하는 금융자산은 일반적으로 재무상태표에 공정가치로 표시되어야 하므로 이러한 금융자산은 결산일 현재의 공정가치와 장부금액을 비교하여 그 차액을 금융자산평가손익으로 인식하여야 하며, 이들 평가손익은 한국채택국제회계기준의 분류방법에 따라 당기순이익이나 기타포괄손익으로 보고해야 한다.

예제 4-7

B회사는 여유자금이 있어 투자목적으로 20×9년 10월 1일에 현대자동차 주식 1,000주를 주당 ₩95,000에 매입하였으며 이들은 공정가치로 평가해야 하고 평가손익은 기타포괄손익으로 보고된다. 결산일의 현대자동차 주식가격은 1주당 ₩90,000이다. B기업의 20×9년 12월 31일의 수정분개는 다음과 같다.

(차) 금융자산평가손실	5,000,000	(대) 금융자산	5,000,000

만약에 결산일의 주식가격이 1주당 ₩90,000이 아니라 ₩98,000이라고 한다면 B회사의 20×9년 12월 31일의 수정분개는 다음과 같다.

(차) 금융자산	3,000,000	(대) 금융자산평가이익	3,000,000

수정분개가 수행되고 나면 수정분개도 물론 분개이므로 다시 원장으로 전기를 수행해야 한다. 수정분개의 전기가 올바로 수행되면 이제 원장의 모든 계정은 재무제표에 보고될 올바른 금액으로 수정되었을 것이다.

[종합예제 4-1]에서 한신전자㈜의 수정분개와 이를 전기한 후의 총계정원장은 다음과 같다.

〈수정분개〉

(1)	(차) 감가상각비	500,000	(대) 감가상각누계액	500,000
(2)	(차) 이자비용	100,000	(대) 미지급이자	100,000
(3)	(차) 매출원가	1,000,000	(대) 상　품	1,000,000
	매출원가	19,000,000	매　입	19,000,000
	상　품	2,000,000	매출원가	2,000,000
(4)	(차) 금융자산	500,000	(대) 금융자산평가이익	500,000

〈총계정원장〉

현　금

전기이월	20,000,000	② 임차보증금	10,000,000
① 자본금	5,000,000	③ 비　품	1,000,000
④ 차입금	5,000,000	⑦ 매입채무	10,000,000
⑥ 매　출	25,200,000	⑧ 급　료	2,000,000
	32,200,000		

금융자산

전기이월	1,000,000		
(4) 평가이익	500,000		
	1,500,000		

임차보증금

② 현　금	1,000,000		
	1,000,000		

비　품

전기이월	10,000,000		
③ 현　금	1,000,000		
	11,000,000		

상　품

전기이월	1,000,000	(3) 매출원가	1,000,000
(3) 매출원가	2,000,000		
	2,000,000		

자 본 금

		전기이월	15,000,000
		① 현　금	5,000,000
			20,000,000

차 입 금

		전기이월	5,000,000
		④ 현　금	5,000,000
			10,000,000

감가상각누계액

		(1) 감가상각비	500,000
			500,000

미지급이자

		(2) 이자비용	100,000
			100,000

매입채무

⑦ 현 금	10,000,000	전기이월	1,000,000
		⑤ 매 입	19,000,000
			10,000,000

매 출

		⑥ 현 금	25,200,000
			25,200,000

매 입

⑤ 매입채무	19,000,000	(3) 매출원가	19,000,000

급 여

⑧ 현 금	2,000,000		
	2,000,000		

감가상각비

(1) 감가상각누계액	500,000		
	500,000		

매출원가

(3) 상 품	1,000,000	(3) 상 품	2,000,000
(3) 매 입	19,000,000		

이자비용

(2) 미지급이자	100,000		
	100,000		

이익잉여금

		전기이월	11,000,000
			11,000,000

금융자산평가이익

		(4) 금융자산	500,000
			500,000

2.5 수정후시산표의 작성과 재무제표 작성

1) 수정후시산표

수정분개가 이루어지면 이를 원장으로 전기한 후 새로운 잔액을 구한 후 다시 한번 시산표를 작성하는데, 이를 수정후시산표(adjusted trial balance)라고 한다. 수정후시산표를 작성함으로써 결산수정사항의 수정기입을 포함한 지금까지의 회계순환과정에서 오류가 존재하는지 여부를 차변합계와 대변합계를 비교하여 점검할 수 있다. 만약 오류가 존재하지 않는다면 수정후시산표상의 모든 계정과목의 금액은 재무제표에 보고되어야 할 정확한 금액이므로 이 수정후시산표를 가지고 재무상태표와 포괄손익계산서를 포함한 재무제표를 작성한다.

[종합예제 4-1]에서 한신전자㈜의 수정분개와 이를 전기한 후의 총계정원장의 잔액을 다시 계산한 후 수정후시산표를 작성하면 다음과 같다.

합계잔액시산표(수정후)

20×9년 5월 31일

한신전자㈜ (단위 : 원)

차변		계정과목	대변	
잔액	합계		합계	잔액
32,200,000	55,200,000	현금	23,000,000	
1,500,000	1,500,000	금융자산		
10,000,000	10,000,000	임차보증금		
11,000,000	11,000,000	비품		
2,000,000	3,000,000	상품	1,000,000	
		감가상각누계액	500,000	500,000
		차입금	10,000,000	10,000,000
	10,000,000	매입채무	20,000,000	10,000,000
		금융자산평가이익	500,000	500,000
		미지급이자	100,000	100,000
		자본금	20,000,000	20,000,000
		이익잉여금	11,000,000	11,000,000
		매출	25,200,000	25,200,000
18,000,000	20,000,000	매출원가	2,000,000	
2,000,000	2,000,000	급여		
100,000	100,000	이자비용		
500,000	500,000	감가상각비		
77,300,000	113,300,000	합계	113,300,000	77,300,000

2) 재무제표 작성

수정후시산표가 완성되면 이 시산표상의 잔액을 이용하여 재무상태표와 포괄손익계산서 등 재무제표를 작성한다. 수정후시산표의 계정과목 중 재무상태표에 속하는 계정을 재무상태표에 옮겨 기입하되 자산에 속하는 계정과 부채와 자본에 속하는 계정을 분류하여 재무상태표 작성기준에 입각하여 작성하면 된다. 여기서 주의할 점은 포괄손익계산서에서 계산된 당기순이익이 재무상태표의 이익잉여금계정에 가산되어야 한다는 점이다.

이익잉여금계정은 회사가 벌어들인 이익 중에서 회사 내부에 유보된 금액으로 당기순이익이 발생하면 증가하여야 한다. 여기서 전기에서 이월된 이익잉여금에 당기순이익을 가산하여야 재무상태표등식이 성립한다.

포괄손익계산서는 수정후시산표상에 표시된 계정과목 중 수익에 속하는 계정과 비용에 속하는 계정을 근거로 포괄손익계산서의 작성기준에 입각하여 작성한다.

포괄손익계산서를 다단계식으로 그리고 기능별로 분류하여 작성하는 경우, 다단계 포괄손익계산서는 매출액에서 매출원가를 차감하여 매출총이익을 산출하고, 여기에서 판매비와관리비를 차감하여 영업이익을 산출한다. 여기에서 기타수익을 가산하고 기타비용을 차감하여 법인세비용차감전 계속영업이익을 산출한다. 여기에 중단영업부문 손익을 가감하여 최종적으로 당기순이익을 산출한다.

한신전자㈜의 포괄손익계산서(보고식)와 재무상태표(계정식)를 작성하면 다음과 같다. 여기서 알아두어야 할 것은 정규의 재무제표는 반드시 2개 연도를 비교하는 비교재무제표(comparative financial statements) 형식으로 작성하여야 한다는 점이다.

포괄손익계산서(보고식)

20×9년 5월 1일부터 5월 31일까지

한신전자㈜ (단위 : 원)

과 목	금 액	
Ⅰ. 매 출 액		25,200,000
Ⅱ. 매 출 원 가		(18,000,000)
1. 기초상품재고원가	1,000,000	
2. 당 기 매 입 원 가	19,000,000	
3. 기말상품재고원가	(2,000,000)	
Ⅲ. 매 출 총 이 익		7,200,000
Ⅳ. 판매비와관리비		(2,500,000)
1. 급 여	2,000,000	
2. 감가상각비	500,000	
Ⅴ. 영 업 이 익		4,700,000
Ⅵ. 영 업 외 비 용		(100,000)
1. 이 자 비 용	100,000	
Ⅶ. 당 기 순 이 익		4,600,000
Ⅷ. 기타포괄손익		500,000
1. 금융자산평가이익	500,000	
Ⅸ. 총포괄이익		5,100,000

재무상태표(계정식)

20×9년 5월 31일 현재

한신전자㈜ (단위 : 원)

자산		부채	
현금	32,200,000	매입채무	10,000,000
금융자산	1,500,000	차입금	10,000,000
상품	2,000,000	미지급이자	100,000
비품	11,000,000	부채총계	20,100,000
감가상각누계액	(500,000)		
임차보증금	10,000,000	자본	
		자본금	20,000,000
		이익잉여금	15,600,000
		금융자산 평가손익누계액	500,000
		자본총계	36,100,000
자산총계	56,200,000	부채와 자본총계	56,200,000

2.6 장부의 마감

1) 장부의 마감

수정후시산표를 이용하여 재무제표를 작성하고 나면 기업은 원장을 정리해야 한다. 원장을 마감하는 방법은 포괄손익계정과 재무상태표계정이 서로 상이하다.

① 재무상태표계정의 마감

자산・부채・자본에 속하는 계정들은 당 회계연도의 기말잔액이 차기 회계연도로 이월되어 기초잔액이 되어야 하므로 결산일의 차변과 대변의 합계액 및 잔액을 산출한 다음 적요란 맨 마지막에 「차기이월」이라고 기입하고, 산출된 차변 또는 대변 잔액을 그 반대편에 기입함으로써 차변과 대변의 합계액이 일치되도록 해주어야 한다. 다음 회계연도 개시일에는 각 계정의 적요란에 「전기이월」이라고 기입하고 지난 회계연도로부터 이월된 금액을 차변 또는 대변에 기입한다. 이때 자산계정의 기초잔액은 차변에 기록되고 부채와 자본계정의 기초잔액은 대변에 기록된다.

재무상태표계정 중에서 현금계정의 마감방법을 예시하면 다음과 같다.

현금계정

전 기 이 월	20,000,000	② 임차보증금	10,000,000
① 자 본 금	5,000,000	③ 비 품	1,000,000
④ 차 입 금	5,000,000	⑦ 매 입 채 무	10,000,000
⑥ 매 출	25,200,000	⑧ 급 여	2,000,000
		차 기 이 월	32,200,000
	55,200,000		55,200,000
전 기 이 월	32,200,000		

② 포괄손익계산서계정의 마감

자산 · 부채 · 자본에 속하는 계정들은 차기로 이월되나, 수익 · 비용에 속하는 계정들은 당기의 순이익이나 순손실을 산출하기 위한 것이기 때문에 기말잔액이 차기로 이월되지 않는다.

이와 같이 수익과 비용에 속하는 계정의 잔액을 0으로 하여 마감하기 위하여 사용되는 계정이 집합손익계정(income summary account) 또는 손익계정이다. 집합손익계정은 모든 수익과 비용을 하나의 계정으로 모으기 위해 설정되는 명목계정(nominal account)이다. 수익에 속하는 계정은 그 대변잔액을 차변에 기입하여 주면서 동시에 집합손익계정 대변에 기입하여 주고, 비용계정은 그 차변잔액을 대변에 기입함과 동시에 집합손익계정 차변에 기입하여 준다.

이와 같이 수익과 비용 계정의 차변 또는 대변계정 잔액을 집합손익계정에 대체하여 주면서 자신의 계정잔액을 0으로 하는 분개를 마감분개(closing entry)라고 한다. 마감분개를 통하여 수익과 비용 계정은 차기이월 없이 마감되고, 모든 수익과 비용은 집합손익계정에 집합된다. 이 집합손익계정을 마감하여 대변에 잔액이 남으면 당기순이익이 되고 차변에 잔액이 남으면 당기순손실이 된다. 집합손익계정에서 산출된 당기순이익은 이익잉여금계정으로 대체된다. 이러한 집합손익계정의 마감을 통하여 이익잉여금계정이 당기순손익을 반영한 잔액으로 표시된다.

당기순이익에 포함되는 모든 수익과 비용 계정은 이와 같이 집합손익계정에 집계된 후 이익잉여금계정으로 대체되지만 기타포괄손익에 속하는 항목은 이익잉여금으로 대체되는 것이 아니라 자본의 또 다른 항목인 기타포괄손익누계액계정으로 대체해야 한다. 예를 들어, 한신전자㈜의 경우 기타포괄손익 항목으로 금융자산평가이익이 존재하는데 이 항목은 집합손익계정을 통해 이익잉여금으로 대체되지 않고 별도로 금융자산평가손익누계액계정(자본에 속하는 계정)으로 대체된다.

한신전자㈜의 마감분개를 표시하면 다음과 같다.

〈수익에 속하는 계정의 마감분개〉

ⓐ	(차) 매　　출	25,200,000	(대) 집합손익	25,200,000

〈비용에 속하는 계정의 마감분개〉

ⓑ	(차) 집합손익	18,000,000	(대) 매출원가	18,000,000
ⓒ	(차) 집합손익	2,000,000	(대) 급　　료	2,000,000
ⓓ	(차) 집합손익	500,000	(대) 감가상각비	500,000
ⓔ	(차) 집합손익	100,000	(대) 이자비용	100,000

〈집합손익계정의 마감분개〉

ⓕ	(차) 집합손익	4,600,000	(대) 이익잉여금	4,600,000

〈기타포괄손익계정의 마감분개〉

ⓖ	(차) 금융자산평가이익	500,000	(대) 금융자산평가손익누계액	500,000

위에서 행한 마감분개를 총계정원장의 해당 계정에 전기한 후 마감하면 다음과 같이 된다.

매　　출

차변	금액	대변	금액
ⓐ 집합손익	25,200,000	⑥ 현　　금	25,200,000
	25,200,000		25,200,000

매출원가

차변	금액	대변	금액
(3) 상　　품	1,000,000	(3) 상　　품	2,000,000
(3) 매　　입	19,000,000	ⓑ 집합손익	18,000,000
	20,000,000		20,000,000

급　　여

차변	금액	대변	금액
⑧ 현　　금	2,000,000	ⓒ 집합손익	2,000,000
	2,000,000		2,000,000

감가상각비

차변	금액	대변	금액
(1) 감가상각누계액	500,000	ⓓ 집합손익	500,000
	500,000		500,000

이자비용

차변	금액	대변	금액
(2) 미지급이자	100,000	ⓔ 집합손익	100,000
	100,000		100,000

집합손익

차변	금액	대변	금액
ⓑ 매출원가	18,000,000	ⓐ 매　　출	25,200,000
ⓒ 급　　료	2,000,000		
ⓓ 감가상각비	500,000		
ⓔ 이자비용	100,000		
ⓕ 이익잉여금	4,600,000		
	25,200,000		25,200,000

이익잉여금

차변	금액	대변	금액
차기이월	15,600,000	전 기 이 월	11,000,000
		ⓕ 집합손익	4,600,000
	15,600,000		15,600,000
		전 기 이 월	15,600,000

금융자산평가이익

차변	금액	대변	금액
금 융 자 산 평가손익누계액	500,000	(4) 금융자산	500,000
	500,000		500,000

금융자산평가손익누계액

차변	금액	대변	금액
		금융자산평가이익	500,000
			500,000

2.7 결산후시산표(이월시산표) 및 역분개

장부의 마감이 완료되면 차기로 이월되는 금액의 정확 여부를 최종적으로 확인하기 위해 결산후시산표(post-closing trial balance)를 작성해 볼 수 있으며, 차기 회계연도에서의 회계기록의 편의를 위해 역분개(reversing entries)를 행하기도 한다. 결산후시산표의 작성과 역분개는 회계의 순환과정에서 필수적인 것은 아니며 선택적으로 행해진다.

1) 결산후시산표의 작성

결산후시산표는 차기로 이월되는 자산・부채・자본의 계정 잔액의 정확성 여부를 최종적으로 확인하기 위해 작성되며, 이월시산표(after-closing trial balance)라고도 한다. 결산후시산표에는 수익과 비용 계정은 마감되어 잔액이 없으므로 나타나지 않는다.

[종합예제 4-1]에서 한신전자㈜의 결산후시산표는 다음과 같다.

결산후시산표

20×9년 5월 31일

한신전자㈜ (단위: 원)

차 변	계 정 과 목	대 변
32,200,000	현 금	
1,500,000	금 융 자 산	
2,000,000	상 품	
11,000,000	비 품	
	감 가 상 각 누 계 액	500,000
10,000,000	임 차 보 증 금	
	차 입 금	10,000,000
	매 입 채 무	10,000,000
	미 지 급 이 자	100,000
	자 본 금	20,000,000
	이 익 잉 여 금	15,600,000
	금융자산평가손익누계액	500,000
56,700,000	합 계	56,700,000

2) 역분개

역분개(reversing entries)란 새로운 회계연도가 시작되기 전에 전기말에 행한 수정분개를 역으로 행하는 것을 말하며, 취소분개 또는 기초재수정분개라고도 한다. 역분개의 목적은 전기에 행한 수정분개가 당기의 회계처리를 복잡하게 하는 경우가 발생하는데, 이러한 영향을 없애주기 위한 것이다.

예를 들어, 20×9년 기말에 600,000원의 급여가 미지급상태에 있을 경우 이에 대한 수정분개는 다음과 같다.

12/31	(차) 급 여	600,000	(대) 미지급급여	600,000

2×10년 1월 10일에 전기분의 미지급급여 600,000원과 당기분의 급여 400,000원을 지급하는 경우 다음과 같은 분개를 하여야 한다.

1/10	(차) 미지급급여	600,000	(대) 현 금	1,000,000
	급 여	400,000		

위의 분개를 행할 때 전기말의 수정분개를 조사하여 미지급급여계정의 존재 여부를 확인해야 하는 불편함이 따르게 된다. 이러한 문제를 해결하기 위해 역분개를 하는 것이다.

2×10년 기초에 지난 기말에 행한 수정분개의 차변과 대변의 계정과목을 단순히 바꾸어 주는 역분개를 아래와 같이 행하면 위에서 언급한 수정분개를 조사하는 문제가 해결된다. 즉, 2×10년 기초에 다음과 같은 역분개를 한다.

1/1	(차) 미지급급여	600,000	(대) 급 여	600,000

위와 같은 역분개를 행하였을 경우 2×10년 1월 10일에 1,000,000원의 급여를 지급하는 거래의 회계처리는 다음과 같이 간단하다.

1/10	(차) 급 여	1,000,000	(대) 현 금	1,000,000

기초에 역분개를 한 경우 1월 10일에 급여를 지급할 때 전기분지급과 당기분지급을 구분할 필요가 없다. 왜냐하면 기초에 행한 역분개에 의해 기록된 대변의 급여 600,000원과 1월 10일자 차변의 급여 1,000,000원이 서로 상계되어 잔액 400,000원이 바로 당기의 급여비용으로 계상되기 때문이다.

이와 같이 역분개의 활용은 지난 기말의 수정분개를 고려하여야 하는 불편함을 제거하여 준다. 수많은 거래가 이루어지는 기업의 경우 역분개는 회계처리의 간편성과 일관성을 가져다주는 장점이 있다. 그러나 역분개는 반드시 행하여야 하는 것은 아니며 선택적인 것이다.

또한 모든 수정분개에 대하여 역분개를 해야 되는 것도 아니다. 수정분개 중에서 선급항목과 발생항목(선수수익, 미수수익, 선급비용, 미지급비용)이 역분개의 대상이 되며, 추정항목의 경우는 역분개를 행하지 않는다. 그리고 선급항목과 발생항목이라 하여도 최초 분개시 수익이나 비용으로 회계처리한 경우에만 역분개를 행하게 되며, 자산이나 부채로 회계처리를 행한 경우에는 역분개를 할 필요가 없다.

예제 4-8

SK는 20×9년 11월 1일 향후 6개월간의 보험료로 ₩600,000을 수표발행 지급하다.

〈20×9년 11월 1일의 분개〉

①	(차) 선급보험료	600,000	(대) 당좌예금	600,000
②	(차) 보 험 료	600,000	(대) 당좌예금	600,000

〈20×9년 12월 31일의 수정분개〉

위의 각 분개방법에 따른 수정분개는 다음과 같다.

① (차)	보 험 료	200,000	(대) 선급보험료	200,000
② (차)	선급보험료	400,000	(대) 보 험 료	400,000

〈2×10년 1월 1일의 역분개〉

① 분개없음

② (차)	보 험 료	400,000	(대) 선급보험료	400,000

2.8 정산표의 활용

수정전시산표의 작성으로부터 시작하여 결산수정분개와 재무상태표 및 포괄손익계산서의 작성과정을 하나의 표를 이용하여 보다 쉽게 행하기 위하여 흔히 정산표(worksheet)를 작성한다. 정산표는 **10위식정산표**(10 column worksheet)와 **8위식정산표**(8 column worksheet)가 있는데, 10위식정산표에서 수정후시산표 부분을 생략한 것이 8위식정산표이다.

정산표는 결산을 보다 편리하고 정확하게 하기 위하여 작성되는 표에 불과한 것이지 반드시 작성하여야 하는 재무제표의 일종은 아니다. 실무적으로는 정산표 작성이 오히려 복잡함을 초래하는 경우도 있기 때문에 정산표를 작성하지 않고, 수정후시산표를 이용하여 재무제표를 작성하는 것이 보통이다. 정산표는 결산과정을 일목요연하게 하나의 표로 나타내 주기 때문에 교육용으로 많이 이용된다.

[종합예제 4-1]에서 한신전자㈜의 10위식정산표를 작성하면 다음과 같다.

정산표(10위식)

계정과목	수정전시산표		수정분개		수정후시산표		포괄손익계산서		재무상태표	
	차변	대변	차변	대변	차변	대변	차변	대변	차변	대변
현 금	32,200,000				32,200,000				32,200,000	
금 융 자 산	1,000,000		500,000		1,500,000				1,500,000	
상 품	1,000,000		2,000,000	1,000,000	2,000,000				2,000,000	
임차보증금	10,000,000				10,000,000				10,000,000	
비 품	11,000,000				11,000,000				11,000,000	
감 가 상 각 누 계 액				500,000		500,000				500,000
차 입 금		10,000,000				10,000,000				10,000,000
매 입 채 무		10,000,000				10,000,000				10,000,000
자 본 금		20,000,000				20,000,000				20,000,000
이익잉여금		11,000,000				11,000,000				11,000,000
매 출		25,200,000				25,200,000		25,200,000		
매 입	19,000,000			19,000,000	0					
급 료	2,000,000				2,000,000		2,000,000			
합 계	76,200,000	76,200,000								
매 출 원 가			1,000,000							
			19,000,000	2,000,000	18,000,000		18,000,000			
미지급이자				100,000		100,000				100,000
이 자 비 용			100,000		100,000		100,000			
감가상각비			500,000		500,000		500,000			
당기순이익							4,600,000			4,600,000
금 융 자 산 평 가 이 익				500,000		500,000	500,000			
금 융 자 산 평가손익누계										500,000
합 계			23,100,000	23,100,000	77,300,000	77,300,000			56,700,000	56,700,000

보론 재무제표 간의 연결관계와 회계순환과정

제3장에서 우리는 재무상태표가 일정 시점의 재무상태표를 표시하는 시점보고서인 반면에 나머지 기본재무제표(포괄손익계산서, 자본변동표 및 현금흐름표)는 일정 기간 동안의 재무제표 요소의 변동(흐름)을 표시하는 기간보고서라는 점을 살펴보았다.

그런데 이들 재무제표 간에는 긴밀한 연결관계(articulation)가 존재하는데, 이 연결관계로 인해 포괄손익계산서에 표시되는 당기순이익을 잘못 계산하였다면 자동적으로 재무상태표의 이익잉여금의 기말잔액이 잘못 표시되게 된다. 이 절에서는 구체적으로 기본재무제표 간에 어떤 연결관계가 있는지 살펴보자.

재무회계에서 가장 기본이 되는 모형은 다음의 회계항등식이다. 재무상태표는 이 회계항등식에 기초하여 작성되며, 그런 의미에서 회계항등식을 재무상태표(대차대조표) 등식이라고도 한다.

★

회계항등식 : 자산총계 = 부채총계 + 자본총계

위의 회계항등식에서 총계라는 용어를 생략하고 자본총계를 그 구성요소인 납입자본, 이익잉여금 및 기타포괄손익누계액으로 분류하면 다음과 같이 표시된다.[1)]

$$\text{자산} = \text{부채} + \text{납입자본} + \text{이익잉여금} + \text{기타포괄손익누계액}$$

위의 식은 항등식이므로 어떤 시점에도(기말시점이든 기초시점이든) 상관없이 성립한다.

$$\text{자산}_{\text{기초}} = \text{부채}_{\text{기초}} + \text{납입자본}_{\text{기초}} + \text{이익잉여금}_{\text{기초}} + \text{기타포괄손익누계액}_{\text{기초}} \quad (1)$$

$$\text{자산}_{\text{기말}} = \text{부채}_{\text{기말}} + \text{납입자본}_{\text{기말}} + \text{이익잉여금}_{\text{기말}} + \text{기타포괄손익누계액}_{\text{기말}} \quad (2)$$

---

1) 자본의 구성요소를 분류하는 데는 몇 가지 다른 방법이 있겠으나 표준적인 방법은 납입자본, 이익잉여금 및 기타자본요소의 세 항목으로 대별하는 것이다. 여기에 납입자본을 자본금과 자본잉여금으로 세분하고 기타자본요소는 자본조정과 기타포괄손익누계액으로 세분하여 다섯 개의 요소로 표시할 수 있다. 이 절에서는 편의상 기타자본요소 중 자본조정 항목이 없다고 가정한다.

위의 식(1)은 기초시점의 자산, 부채 및 자본의 총잔액을 나타내고 식(2)는 기말의 총잔액을 나타낸다. 그런데 회계기간 동안의 자본의 각 구성요소의 변동을 수식으로 표현하면 다음과 같다.

$$납입자본_{기말} = 납입자본_{기초} + 유상증자(신주발행) - 자기주식순취득액^{2)} \tag{3}$$

$$이익잉여금_{기말} = 이익잉여금_{기초} + 당기순이익 - 현금배당^{3)} \tag{4}$$

$$기타포괄손익누계액_{기말} = 기타포괄손익누계액_{기초} \pm 기타포괄손익 \tag{5}$$

위의 식(3), 식(4) 및 식(5)를 통합하여 상세한 내용의 재무보고서 형태로 작성하는 것이 자본변동표이다. 위의 항목 중 당기순이익은 수익총계에서 비용총계를 차감한 차액이며 당기순이익에 기타포괄손익을 가감하면 총포괄이익이 계산된다.

$$당기순이익 = 수익(기타포괄이익\ 제외) - 비용(기타포괄손실\ 제외) \tag{6}$$

$$총포괄이익 = 당기순이익 + 기타포괄이익 - 기타포괄손실 \tag{7}$$

위의 식(6) 및 식(7)의 상세한 내용을 재무보고서 형태로 작성하면 각각 손익계산서와 포괄손익계산서가 된다.

이들 기본재무제표 간의 연결관계는 재무제표의 작성 순서대로 살펴보면 좀 더 분명해진다. 기말의 수정분개 및 전기가 이루어지면 가장 먼저 작성되어야 할 재무보고서는 포괄손익계산서(손익계산서 포함)이며, 이들은 위의 식(6) 및 식(7)을 토대로 작성된다. 이 과정이 완료되면 포괄손익계산서에서 도출된 당기순이익과 기타포괄손익을 식(4)와 식(5)에 반영하고, 회계기간 중에 유상증자나 자기주식 거래가 있었다면 이를 식(3)에 반영하여, 이 세 개의 식을 토대로 자본변동표가 작성된다. 자본변동표 작성을 통해 자본 구성요소의 기말잔액이 올바르게 결정되면 이들을 재무상태표 작성에 반영한다.

한편 보고기간 말에 실제 회계장부를 기록하는 과정에서는 기말 마감분개(결산분개)를 통해 당기순이익(수익 및 비용)과 현금배당을 마감하여(잔액을 0으로 만듦) 이익잉여금 기말잔액에 반영하고, 기타포괄손익을 해당 기타포괄손익누계액에 마감한다.

---

2) 자기주식 순취득액 = 자기주식 취득액−자기주식 매도액

3) 배당에는 현금배당 이외에도 주식배당이 있으나, 주식배당은 이익잉여금의 납입자본화에 불과하므로 자본총계에는 영향을 미치지 않는다(주식배당에 대한 자세한 사항은 제13장을 참조하라). 이 점을 감안하여 주식배당은 여기서 포함하지 않는다.

한편 납입자본의 변동은 마감분개를 통하지 않고 거래 발생시점의 분개를 통해 직접 납입자본의 기말잔액에 반영된다.

이 장에서 자세한 설명은 생략하겠지만 자산을 현금 및 현금 이외의 나머지 구성요소로 분해하고 식(1)에서 식(2)를 차감하면 현금흐름표 등식이 유도된다. 이와 같이 현금흐름표는 기초와 기말의 재무상태표와 포괄손익계산서에 보고된 일부 손익항목을 토대로 작성되므로 네 개의 재무제표 중 가장 최후에(나중에) 작성된다.

이와 같이 포괄손익계산서에 보고되는 당기순이익과 기타포괄손익을 연결고리로 하여 포괄손익계산서와 자본변동표가 연결되어 있으며, 당기순이익과 기타포괄손익이 반영된 이익잉여금과 기타포괄손익누계액을 연결고리로 하여 자본변동표와 재무상태표가 연결되어 있음을 알 수 있다. 위에서 언급한 바와 같이, 현금흐름표는 비교재무상태표와 포괄손익계산서와 연결되어 있다.

한편 식(3), 식(4) 및 식(5)의 각 변을 더하여 정리하면 다음의 식(8)이 유도된다.

$$\text{자산}_{\text{기말}} = \text{부채}_{\text{기말}} + \text{납입자본}_{\text{기말}} + \text{이익잉여금}_{\text{기초}} + \text{기타포괄손익누계액}_{\text{기초}} + \text{수익(협의)} - \text{비용(협의)} - \text{현금배당} + \text{기타포괄이익} - \text{기타포괄손실} \quad (8)$$

위의 식(8)의 일부 우변항목을 좌변으로 이동시키면 다음의 식(9)가 성립한다.

$$\text{자산}_{\text{기말}} + \text{비용} + \text{기타포괄손실} + \text{현금배당} = \text{부채}_{\text{기말}} + \text{납입자본}_{\text{기말}} + \text{이익잉여금}_{\text{기초}} + \text{기타포괄손익누계액}_{\text{기초}} + \text{수익} + \text{기타포괄이익} \quad (9)$$

수정분개 후 작성하는 수정후시산표는 위의 식(9)에 기초한 것이라 할 수 있고(수정후시산표 등식), 여기에 결산마감분개를 거쳐 모든 임시계정(유량계정)을 관련된 영구계정(저량계정)에 마감하여 누적하면 다음의 식(10)이 유도된다.

$$\text{자산}_{\text{기말}} = \text{부채}_{\text{기말}} + \text{납입자본}_{\text{기말}} + \text{이익잉여금}_{\text{기말}} + \text{기타포괄손익누계액}_{\text{기말}} \quad (10)$$

위의 식(10)은 식(2)와 동일하며 이를 결산(마감)분개후 등식이라고 할 수 있다.

참고로 식(3), 식(4) 및 식(5)의 좌변은 좌변끼리 우변은 우변끼리 단순히 더하여 정리하면 다음의 식(11)이 유도된다.

$$\text{자본}_{\text{기말}} = \text{자본}_{\text{기초}} + \text{총포괄이익} - (\text{현금배당} - \text{유상증자} + \text{자기주식순취득액}) \quad (11)$$

위의 식(11)을 순증관계(clean surplus relation)라 부르기도 하는데, 식(11) 우변의 괄호는 회계기간 중의 기업과 소유주 간의 거래를 나타낸다. 즉, 유상증자는 주주의 기업에 대한 출자를 의미하며 현금배당과 자기주식 순취득액의 합계는 기업의 소유주에 대한 분배를 의미한다. 이러한 관계를 반영하고 위의 식(11)을 총포괄이익에 대해 정리하면 다음의 식(12)와 같다.

$$\text{총포괄이익} = (\text{자본}_{\text{기말}} - \text{자본}_{\text{기초}}) + \text{소유주에 대한 분배} - \text{소유주의 투자} \qquad (12)$$

위의 식(12)는 바로 자본유지접근방법에 의한 총포괄이익의 정의이다.

연습문제

EXERCISES

서술형

1. 회계에서 거래의 의미를 설명하시오.
2. 회계의 순환과정을 순서대로 설명하시오.
3. 다음에 대하여 설명하시오.
   (1) 회계기간
   (2) 결산수정분개
   (3) 대차금액 일치의 원리
   (4) 역분개(재수정분개)
   (5) 시산표와 정산표
4. 회계순환과정 중 분개 및 전기에 대해 설명하시오.
5. 결산수정분개를 하는 이유를 설명하시오.
6. 재무상태표계정의 결산수정기입의 예를 아는 대로 설명하시오.
7. 포괄손익계산서계정의 결산수정기입의 예를 설명하시오.
8. 시산표의 작성만으로 확인되지 않는 회계상의 오류를 열거하고, 이와 같은 오류의 방지대책을 설명하시오.
9. 포괄손익계산서를 다단계로 작성하는 이유를 설명하시오.
10. 미수수익과 선수수익의 차이를 설명하시오.
11. 미지급비용과 선급비용의 차이를 설명하시오.
12. 실질계정과 명목계정의 마감방법을 설명하시오.

주관식

01. 다음 중 회계상의 거래는 T, 거래가 아닌 것은 F로 표시하고 F인 경우 이유를 설명하시오.

(1) 화재가 발생하여 ₩2,000,000의 비품이 소실되다. ································ (　　)
(2) 주주총회에서 신주 10,000주를 액면가(₩5,000)에 발행하기로 결의하다. (　　)
(3) 상품 ₩2,500,000의 주문을 받다. ·· (　　)
(4) 당월분 급료를 지급하지 못하다. ·· (　　)
(5) 상품 ₩500,000어치를 도난당하다. ·· (　　)
(6) 토지를 외상으로 구입하다. ·· (　　)
(7) 은행에 현금 ₩1,000,000을 예입하기로 결정하다. ································· (　　)
(8) 내년에 운송하여 주기로 약속하고 운송료 ₩300,000을 받다. ················· (　　)
(9) 보증금 ₩1,000,000과 월세 ₩200,000에 건물을 임차하기로 하다. ········· (　　)
(10) 사용 중인 기계를 자동차와 교환하다. ·· (　　)

02. 다음 각 사건이 회계등식에 미치는 영향, 즉 자산, 부채 및 자본에 미치는 영향을 분석하라.

(1) 토지의 장부가액이 ₩30,000,000인 토지를 ₩36,000,000을 받고 처분하다.
(2) 주주총회에서 신주 10,000주를 주당 ₩6,000(주당 액면금액 ₩5,000)에 발행하다.
(3) 기계를 ₩2,000,000에 구입하고 ₩500,000은 현금으로 지급하고 나머지는 외상으로 하다.
(4) 종업원에 대해 당월분 급료 ₩1,000,000을 지급하지 못하다.
(5) 자동차 보험에 가입하고 1년분 보험료 ₩1,200,000을 선급하다.
(6) 전기에 외상으로 매출한 상품에 대한 대금 ₩1,000,000을 회수하다.
(7) 백화점이 상품권 ₩100,000어치를 팔고 현금을 받다.
(8) 사용 중인 기계(장부금액 : ₩1,000,000; 감가상각누계액 : ₩500,000)를 공정가치가 ₩600,000인 자동차와 교환하다.
(9) 작년도에 판매한 제품에 대해 하자가 발생하여 수리비로 ₩100,000을 지급하다(이 회사는 제품보증충당부채가 이미 설정되어 있다).
(10) 기말에 보유 중인 금융자산(장부금액 : ₩200,000)의 시가가 ₩300,000으로 증가하다. 이 금융자산은 시가로 평가되어야 하고 평가손익은 기타포괄손익으로 분류되어야 한다.

03. 다음의 거래를 분개하시오.

8월 1일 현금 ₩18,000,000을 투자하여 사업을 개시하다.
2일 8월분 임차료 ₩750,000을 지급하다.
3일 외상으로 사무용비품 ₩6,300,000을 구입하다.
6일 소모품 ₩2,000,000을 구입하면서 현금 ₩1,500,000을 지급하고 잔액은 외상으로 하다.
11일 고객에게 용역제공을 하고 ₩1,200,000을 받지 못하다.
17일 고객으로부터 ₩450,000을 회수하다.
19일 비품 외상매입대금 중 ₩3,300,000을 지급하다.
25일 8월분 전기료 ₩140,000을 지급하다.
30일 8월분 급여 ₩7,500,000을 아직 지급하고 있지 않다.

04. 한성㈜의 20×9년 12월 31일 현재 총계정원장의 각 계정잔액이 다음과 같을 때 시산표를 작성하시오.

현 금	₩27,000	금 융 자 산	₩24,000
매 출 채 권	48,000	토 지	65,000
기 계 장 치	30,000	건 물	100,000
미 지 급 금	37,500	차 입 금	50,000
자 본 금	100,000	매 출	?
급 여	22,000	매 출 원 가	197,000
영 업 비	37,000	이 자 비 용	3,500
이 자 수 익	4,000		

05. 20×9년 7월 1일에 영업을 시작한 남일㈜의 7월 31일의 잔액이 다음과 같을 때 7월분 재무제표를 작성하기 위한 수정분개를 하시오.

선 급 임 차 료	₩300,000
신 급 광 고 비	18,000
소 모 품	100,000
선 수 수 익	50,000
용 역 수 익	150,000

[기말수정사항]

(1) 7월 1일 1년분 임차료 ₩300,000을 지급하였다.

(2) 7월, 8월, 9월분 광고비 ₩18,000을 7월 1일에 지급하였다.

(3) 7월 31일 소모품 재고액은 ₩70,000이다.

(4) 7월 31일 용역제공을 완료하였으나 대금 ₩30,000을 청구하지 않았다.
(5) 고객으로부터 미리 ₩50,000을 받았으나 현재 1/4의 용역이 제공되었다.

06. 다음은 동국㈜의 20×9년 12월 31일 현재의 수정전시산표와 기말수정사항이다. 이를 이용하여 수정분개를 하고 수정후시산표를 작성하시오.

수정전시산표

20×9년 12월 31일

동국㈜ (단위 : 원)

차 변	계 정 과 목	대 변
7,000	현 금	
8,300	매 출 채 권	
3,400	소 모 품	
4,000	선 급 비 용	
59,000	기 계 장 치	
	매 입 채 무	30,000
	자 본 금	38,500
	용 역 수 익	29,200
7,800	광 고 비	
3,400	급 여	
4,800	지 급 임 차 료	
97,700	합 계	97,700

[기말수정사항]
(1) 소모품 기말재고액은 ₩2,500이다.
(2) 선급비용은 보험료로서 연초에 4년분을 지급한 것이다.
(3) 기계에 대한 당기 상각액은 ₩5,310이다.
(4) 기초에 3년분 신문광고대금을 지급하고 전액 광고비로 처리하였다.
(5) 기말 현재 발생분 급료 ₩1,500을 아직 계상하지 않고 있다.

07. 명보㈜의 20×9년 12월 31일 현재 수정전시산표와 수정후시산표는 다음과 같다.

계 정 과 목	수정전시산표		수정후시산표	
	차 변	대 변	차 변	대 변
현 금	421,500		421,500	
매 출 채 권	736,500		736,500	
소 모 품	12,500		4,000	
선 급 보 험 료	62,800		30,000	

계 정 과 목	수정전시산표		수정후시산표	
	차 변	대 변	차 변	대 변
대 여 금	120,000		120,000	
기 계 장 치	1,020,000		1,020,000	
감가상각누계액				46,000
미 수 이 자			1,600	
미 지 급 급 여				39,200
선 수 임 대 료		20,000		
매 입 채 무		369,200		369,200
자 본 금		400,000		400,000
이 익 잉 여 금		127,700		127,700
임 대 료		260,000		280,000
이 자 수 익		5,400		7,000
급 여	1,309,000		1,348,200	
매 출		2,500,000		2,500,000
보 험 료			32,800	
감 가 상 각 비			46,000	
소 모 품 비			8,500	
합 계	3,682,300	3,682,300	3,769,100	3,769,100

【요구사항】

(1) 기말수정분개를 추정하시오.

(2) 20×9년도 포괄손익계산서와 기말재무상태표를 작성하시오.

(3) 기말마감분개를 하시오.

08. 다음의 정산표를 완성하시오.

계 정 과 목	수정전시산표		수정분개		포괄손익계산서		재무상태표	
	차 변	대 변	차 변	대 변	차 변	대 변	차 변	대 변
현 금	6,000						①	
매 출 채 권	②						15,000	
선 급 보 험 료	6,000			③			2,000	
선 급 임 차 료	4,000			④			2,000	
소 모 품	7,500			⑤			5,000	
차 량 운 반 구	50,000						50,000	
매 입 채 무		⑥						⑦
자 본 금		10,000						⑧
매 출		90,000				⑨		
광 고 선 전 비	4,500				4,500			
임 차 료	24,000		⑩		⑪			
통 신 비	3,000				3,000			
소 계	120,000	120,000						

계 정 과 목	수정전시산표		수정분개		포괄손익계산서		재무상태표	
	차 변	대 변	차 변	대 변	차 변	대 변	차 변	대 변
보 험 료			⑫		4,000			
소 모 품 비			⑬		2,500			
감 가 상 각 비			4,500		4,500			
감가상가누계액				4,500				4,500
소 계			13,000	13,000	44,500	⑭		⑮
당 기 순 이 익					⑯		80,000	⑰
합 계						90,000	⑱	80,000

09. 지성㈜의 20×9년 12월 31일 현재의 수정전과 수정후의 시산표는 다음과 같다.

시산표

20×9년 12월 31일

지성㈜ (단위 : 원)

계 정 과 목	수정전시산표		수정후시산표	
	차 변	대 변	차 변	대 변
현 금	431,000		431,000	
매 출 채 권	745,000		745,000	
소 모 품	30,000		12,000	
선 급 보 험 료	60,000		40,000	
대 여 금	1,200,000		1,200,000	
건 물	1,200,000		1,200,000	
감가상각누계액				50,000
미 수 이 자			10,000	
미 지 급 급 여				20,000
선 수 이 자		20,000		
매 입 채 무		350,000		350,000
차 입 금		400,000		400,000
자 본 금		1,000,000		1,000,000
이 익 잉 여 금		386,000		386,000
임 대 료		250,000		250,000
이 자 수 익		10,000		40,000
급 여	1,200,000		1,220,000	
용 역 수 익		2,500,000		2,500,000
보 험 료	50,000		70,000	
감 가 상 각 비			50,000	
소 모 품 비			18,000	
합 계	4,916,000	4,916,000	4,996,000	4,996,000

【요구사항】

(1) 기말수정분개를 추정하시오.

(2) 다음 연도(2×10년) 기초에 행할 역분개를 표시하시오.

10. 상철㈜의 20×9년의 12월 31일 현재의 수정전시산표와 기말수정사항이 다음과 같을 때 다음의 물음에 답하시오.

수정전시산표

20×9년 12월 31일

상철㈜ (단위: 원)

계정과목	차변	대변
현금	750,000	
매출채권	200,000	
상품	100,000	
소모품	160,000	
선급보험료	240,000	
당기손익인식금융자산	50,000	
토지	480,000	
매입채무		80,000
자본금		1,400,000
미처분이익잉여금		200,000
매출		1,800,000
매입	500,000	
광고선전비	40,000	
급료	640,000	
임차료	200,000	
이자비용	120,000	
합계	3,400,000	3,400,000

[기말수정사항]

① 12월 31일 현재 소모품재고액은 ₩80,000이다.

② 선급보험료계정 잔액은 20×9년 1월 1일부터 2×11년 12월 31일까지의 3년분이다.

③ 12월 31일 현재 발생하였으나 미지급하고 있는 급여가 ₩49,000이다.

④ 임차료계정 잔액 중 ₩40,000은 2×10년 1월분을 선급한 것이다.

⑤ 기말상품재고액은 ₩200,000이다.

⑥ 당기손익인식금융자산의 기말 현재 공정가치는 ₩60,000이다. 이 금융자산의 평가손익은 당기순손익에 포함된다.

【요구사항】

(1) 수정분개를 행하시오.

(2) 보고식 포괄손익계산서와 계정식 재무상태표를 작성하시오.

(3) 2×10년 1월 1일에 필요한 역분개를 행하시오.

11. 다음에 주어진 지성㈜의 수정전시산표 자료를 이용하여 물음에 답하시오.

시산표

20×9년 12월 31일

지성㈜ (단위: 원)

계 정 과 목	차 변	대 변
현 금	200,000	
금 융 자 산	40,000	
매 출 채 권	596,000	
상 품	36,000	
소 모 품	27,000	
토 지	1,062,000	
건 물	2,362,400	
매 입 채 무		411,600
장 기 차 입 금		1,200,000
자 본 금		1,000,000
이 익 잉 여 금		512,800
매 출		4,008,000
임 대 료 수 익		14,000
이 자 비 용	98,000	
급 여	2,401,000	
매 입	324,000	
합 계	7,146,400	7,146,400

[추가정보]

① 기말상품재고원가는 ₩50,000이다.

② 소모품재고액은 ₩7,000이다.

③ 임대료수익은 20×9년 12월 1일에 2개월분을 받은 것이다.

④ 기말 현재 미지급상태인 급여는 ₩543,000이다.

⑤ 건물의 당기 감가상각비는 ₩200,000이다.

⑥ 금융자산의 기말 현재 공정가치는 ₩50,000이다. 이 금융자산은 공정가치로 평가되어야 하고 평가손익은 기타포괄손익에 포함된다.

【요구사항】

(1) 기말수정분개를 행하시오.

(2) 수정후시산표를 작성하시오.

(3) 마감분개를 행하시오.

(4) 재무상태표와 포괄손익계산서를 작성하시오.

05 자산평가와 이익측정

제 1 절 자산평가와 이익측정

제 2 절 화폐의 시간가치

제 1 절 자산평가와 이익측정

1. 저량과 유량의 개념

회계학에서 전통적으로 이익의 측정 문제는 가장 중요한 주제 중의 하나이다. 그러나 회계원리를 학습한 학생에게 이익이 무엇인지 질문하면 대부분 수익에서 비용을 차감하여 계산한다고 대답하는데, 그러면 수익과 비용은 무엇인지 질문하면 명확하게 답변하지 못하는 경우가 많다. 회계학에서 측정하고자 하는 이익의 본질을 설명하기 전에 먼저 저량(stock)과 유량(flow)의 개념에 대해 살펴보도록 하자. 가치(value)에는 저량(stock)과 유량(flow)의 두 개념이 있다. 저량이란 특정 시점에 있어서 존재하는 양을 말하며, 유량이란 시간당 또는 일정 기간 동안 획득(유입)되든지 또는 사용(유출)되는 양을 말한다. 두 개념 간에는 밀접한 관계가 있어서, 저량으로부터 유량이 창출되기도 하고 유량이 일정한 기간 동안 축적되면 저량으로 전환될 수도 있다. 이와 같이 유량은 일정 기간을 기준으로 유입되거나 유출되는 양에 관한 것이며, 저량이란 일정 시점(기초 또는 기말)에 측정되는 크기(양)와 직결된다.

유량과 저량의 개념을 좀 더 쉽게 이해하기 위해 입수구와 출수구가 있는 물탱크(수조)를 생각해보자. 현재 물탱크에 들어 있는 물의 양(저량)을 어떻게 측정할까? 가장 단순한 방법은 물탱크 바닥의 면적과 저장된 물의 깊이를 측정하여 물의 체적을 계산하는 것이다. 그러나 만일 물탱크 깊이가 너무 깊어 측정이 곤란하다면 물탱크에 있는 물의 양을 측정하는 다른 방법은 없을까? 입수구와 출수구에 계측기(미터)를 설치하여 최초 입수 시점에서 현재 측정시점까지의 입수량 총계와 출수량 총계를 측정한다면 양자의 차이로써 물탱크에 남아 있는 물의 저장량을 간접적으로 측정할 수 있다. 이와 같이 물탱크의 입수량과 출수량(유량)을 정확히 측정할 수 있다면 유량이 축적되어 저량이 되므로 저량을 측정할 수 있고, 반대로 저량을 정확히 측정할 수 있다면 저량의 변동량으로서 유입량과 유출량의 차이를 측정할 수 있다. 예컨대 유량이 축적되면 저량의 변동을 초래하므로 저량의 변동을 측정하여 유량을 간접적으로 측정할 수 있다.

이러한 저량과 유량의 개념을 회계학에 적용하면 재무상태표는 일정 시점의 자산, 부채 및 자본을 나타내므로 저량(일정 시점의 측정된 화폐금액)에 해당하고, 일정 기간 동안 창출(발생)되는 수익, 비용 및 순이익은 유량에 해당한다. 물탱크를 회계학적으로 해석하면 물탱크에 저장된 물은 특정 시점의 자본을 나타내고 입수구로 들어오는 물은 수익이며 출수구를 통해 빠져나가는 것은 비용으로 해석할 수 있다. 물론 소유주와의 거래를 통해 물탱크의 자본이 변할 수도 있다. 이러한 소유주와의 거래(추가 출자나 배당지급)가 없다고 가정하면 회계시스템에서는 일정 기간 동안 수익을 벌어들인 만큼 저량인 자본이 증가하고 비용이 발생한 만큼 자본이 출수구를 통해 빠져나간다. 물론 회계학에서의 자본은 자산총계에서 부채총계를 차감한 잔여지분이므로 자본 자체의 측정 문제는 별도로 존재하지 않고 자산과 부채의 측정 문제를 해결하면 자본의 측정은 자동적으로 해결된다. 즉, 저량인 자본, 즉 순자산의 측정을 통해서 이익이 측정될 수도 있고 유량인 수익과 비용의 측정을 통해 이익이 측정될 수도 있다.

2. 경제학적 순이익 및 자본의 측정[1)]

자본(capital)에 관해서는 일찍이 Adam Smith나 David Ricardo에서 비롯하여 Karl Marx, J. B. Clark 등의 경제학자들이 다양한 정의를 내린 바 있으나, 자본을 구체적으로 어떻게 측정하는가의 문제에 대해서 실용적인 해답을 내린 이는 없었다.

자본의 측정에 대해 논의한 대표적인 경제학자로서 Irving Fisher는 1930년 그의 저서[2)]에서 자본(capital)은 '순이익(income, profit)을 창출하는 일정 시점의 부의 저장량(a stock of wealth)'으로 정의하였다. Fisher의 이러한 자본의 정의에 따르면 순이익은 자본의 사용으로부터 향유할 수 있는 미래의 혜택(또는 역무)이며 단일 이상의 기간에 걸쳐 창출되는 가치라고 말할 수 있다. 다시 말해 미래 경제적 효익을 창출할 수 있는 자산의 합체(stock)가 자본이고, 따라서 자본의 가치는 그로부터 창출되는 미래효익의 가치에 의해 결정된다. 예를 들어, 농지는 농부에게 자본이고, 농지의 가치는 농지에서 (미래에) 수확할 수 있는 경작물의 순가치를 일정한 방법으로 환산한 금액이다. 여기서 수확물의 순가치가 기업에 있어서는 순이익에 해당한다고 볼 수 있다.

그런데 Fisher의 관점에서 순이익을 측정하는 데 직면하는 문제는, 순이익은 앞으로 실현될 미래가치인데 미래는 불확실하거나 사전적으로 예측할 수 없는 여러 가지

---

1) 이 소절은 Alexander D, Britton A., and A. Jorissen (2007), *International Financial Reporting and Analysis*, 3rd. Edition, Thompson.의 제4장의 내용 일부를 참조하였다.

2) Fisher, I. (1930), *Theory of Interest*, Macmillan, New York.

요인에 의해 좌우되므로 순이익을 편의 없이 측정한다는 것은 불가능에 가까운 일이라는 점이다. 이렇게 순이익의 정확한 측정이 불가능에 가까운 일이라면 자본의 가치측정 역시 동일한 한계에 직면하게 된다.

이러한 난관을 극복할 수 있는 한 가지 방안은 자본의 본질에 관한 정의와 자본의 가치측정 문제를 독립적으로 다루는 것일지도 모른다. 영국의 경제학자 J. R. Hicks는 이러한 방향으로 대안을 제시하기 위해 고민했다고 볼 수 있다. Hicks는 순이익을 “기초와 기말의 부(well-offness, 유족한 상태)를 동일하게 유지하면서 소비할 수 있는 최대의 가치”라고 정의하였는데, 이를 좀 더 쉽게 설명하면 다음과 같다.

예를 들어, 이동국 군의 기초의 부(유족한 상태)가 300원이고, 일정 기간(예 : 1년) 동안의 소득(Y)이 100원이며 소비(C)가 120원이라면 기말의 부(유족한 상태)는 280원이 된다. Hicks의 용어를 빌자면 이동국 군의 소비가 소득을 20원 만큼 초과하여 당해 기간 동안 그 재산은 20원 만큼 줄어들고, 결국 이동국 군은 기초의 well-offness(유족한 상태)를 유지하지 못하게 된다. 반대로 일정 기간(예 : 1년) 동안의 소득(Y)이 140원이며 소비(C)가 120원이라면 기말의 재산(부)은 320원으로 늘어나게 된다. 일정 기간의 소득과 소비가 같다면 기초와 기말의 재산(부)은 동일하고 이동국 군은 기초의 well-offness(또는 유족한 상태)를 유지하게 된다. 따라서 이동국 군이 기초의 well-offness(유족한 상태)를 유지하면서 소비할 수 있는 최대금액은 소득(C = Y)과 같다.

위의 간단한 예에서 소득금액이나 기초의 유족상태 등에 대해 숫자를 이용하여 설명하였다. 그러나 이러한 계량화 작업이 회계학의 주요 기능 중 하나인데 유족한 상태나 소득금액을 실제로 측정하는 문제는 간단하지 않다. 일정 기간 동안 소득과 소비를 정확히 측정할 수 있다고 하더라도 기초의 부의 금액이 얼마인지 모른다면 기말의 부의 금액을 알 수 없다. 즉, 한 기간 동안 소득과 소비가 같다는 것을 측정할 수 있다 하더라도 기초의 ‘유족한 상태’를 측정할 수 없다면 기말의 ‘유족한 상태’가 얼마인지 알 수 없고, 단순히 ‘유족한 상태’가 유지되었다는 사실만 알 수 있다. 사실 개인에게 ‘유족한 상태’는 매우 주관적이어서 각 개인이 처한 상황(예 : 현재의 재산상태 및 소득)이나 위험에 대한 선호도 등에 따라 서로 다를 수밖에 없어서 구체적으로 이를 어떻게 측정할지는 분명하지 않다. 이와 같이 개인의 ‘유족한 상태’ 자체를 수량화하기 어렵다면 한 기간 동안 유지해야 할 유족한 상태의 측정이 어렵다는 의미이고, Hicks가 정의하는 순이익도 동일한 측정상의 문제를 가질 수밖에 없다.

3. 회계학에서의 순이익 및 자산의 측정

3.1 전통적인 측정방법

위에서 살펴본 바와 같이 경제학에서 자본(부)과 순이익(소득)의 개념정의는 제시된 바 있으나 측정 관점에서는 순환론적 한계를 벗어나지 못하고 있으며 구체적이고 실용적인 측정방법을 제시하지 못하고 있다. 그러나 측정을 기본으로 하는 회계학은 어떤 방법으로든 핵심과제인 측정문제를 해결해야 하였으므로 순이익과 자본의 측정을 위해 차선책으로서 근사치(approximation)를 이용할 수밖에 없었다.

전통적으로 회계학에서는 측정에서 가장 중요한 속성으로 간주되는 '신뢰성'을 제고하기 위하여 대부분의 자산과 부채를 취득원가(역사적원가)를 기준으로 측정하여 왔다(예외적으로 일부 자산의 경우 공정가치 평가를 인정함). 또한 한 기간의 순이익을 정확히 측정하면 자본은 순이익만큼 증가하는 금액으로 계상하여 왔으므로 자본의 성질(속성)에 대한 어떤 형태의 개념정의 없이 산술적 정의(자산총계 − 부채총계)만 있었고, 따라서 자본의 본질에 관련된 정의나 측정문제에 특별한 관심을 기울일 필요가 없었다.

한편 순이익은 일반적으로 매 거래마다 수익과 비용을 인식 · 측정하고 일정 기간의 수익총계에서 비용총계를 차감하여 측정하였으며, 순이익만큼을 이익잉여금의 증가로 기록하여 결국 자본의 증가로 회계하여 왔다. 이러한 순이익 측정방법은 물탱크의 입구로 들어오는 수익과 물탱크의 출구로 빠져나가는 비용을 측정하는 유량에 의한 순이익의 측정방법으로 회계학에서는 거래접근방법(transaction approach)이라 한다.

다시 설명하면, 거래접근방법에서는 회계기간 중에 발생한 순자산의 변동내역 중 주주에 의한 추가출자 및 주주에 대한 배분을 제외하고(자본거래), 재화나 용역을 제공함으로써 발생하는 순자산의 증가를 수익 및 이득으로, 재화나 용역을 제공하는 과정에서 희생된 순자산의 감소를 비용 및 손실로 구분한다. 거래접근방법은 순이익에 영향을 미친 모든 수익과 비용 등 순이익의 구성과 그 내용을 알 수 있다는 장점이 있으며, 순이익에 영향을 미치는 모든 손익거래를 취득원가기준, 발생기준 및 실현기준 등의 회계원칙에 따라 인식함으로써 객관적 측정이 가능하여 정보의 신뢰성을 유지할 수 있다는 장점이 있다.

수익은 거래접근방법을 적용하여 매 거래마다 수익의 대가로 받았거나 받을 대가의 공정가치로 측정하고, 비용은 수익과 직접 대응되는 경우에는 수익을 창출하기 위해 희생된 자산의 원가로, 기간별 대응이 되는 비용의 경우에는 실제 지출이 발생한 기간의 원가 또는 자산의 취득원가에 기초하여 산정되는 합리적이고 체계적인 배분액 등 복수의 기준에 의해 측정하고 있다. 국제회계기준이 도입되기 전에는 이렇게 산출된 순이익을 손익계산서상에 최종적으로 당기순이익(Net income)이라는 명칭으로 보고하였다. 당기순이익과 이익잉여금(자본의 한 항목) 관계는 다음과 같은 항등식에 기초하였다.

기말의 이익잉여금 = 기초의 이익잉여금 + 당기순이익 − 배당

위에서 배당은 현금배당과 주식배당의 합계이다.

이와 같이 전통적인 방법에서는 기본적으로 순이익을 유량 중심의 측정인 거래접근방법을 기초로 정의하고 측정하였으며, 따라서 이를 손익계산서 중심의 회계라고 볼 수 있다. 그러나 재무상태표상의 자산 · 부채를 일반적으로 역사적원가를 기준으로 측정하였으므로 인플레이션이나 기술의 급격한 발전으로 인한 경제적 가치의 변동 등 변화하는 경제적 현실(economic reality)을 제대로 반영하지 못하는 한계를 노출하게 되었다.

3.2 IFRS의 측정방법

위에서 설명한 바와 같이 전통적인 거래접근법에 따른 이익측정은 유량 개념에 초점을 맞추고 있어 순손익에 대해서는 근사치를 제공하고 있지만 재무상태표상의 자산 · 부채의 측정은 일반적으로 역사적원가 기준에 입각함으로써 변화하는 경제적 현실을 제대로 반영하지 못하여 재무상태표상의 기업의 장부가치(순자산 혹은 자본)가 기업의 가치를 제대로 측정하지 못하는 문제가 계속 제기되어 왔다. 즉, 전통적인 접근방법은 손익계산서 중심의 순이익 측정에만 초점을 맞추고 재무상태표상의 순자산인 기업의 장부가치(자본)가 그 기업의 기초 및 기말의 부(유족한 상태)를 제대로 측정하지 못한다는 것이다. 최근 들어 기업의 장부가치가 기업의 실제 가치(내재가치)를 설명하는 비중이 상대적으로 높다는 근거를 제시한 연구들이 축적됨에 따라 손익계산서의 순이익의 측정보다는 재무상태표의 자산 · 부채의 정확한 측정이 재무제표의 공시 관점에서 더욱 중요하다는 주장이 힘을 얻게 되었고, 국제회계기준위원회(IASB)는 이러한 새로운 시각을 국제회계기준에 적극 반영하게 되었다.

국제회계기준은 자산 및 부채의 공정가치 개념을 강조하여 기초의 순자산과 기말

의 순자산을 보다 정확히 측정하여 순자산의 장부가치를 직접 측정하는 데 초점을 맞추고 있다. 즉, 자산 및 부채의 평가에 따른 보다 정확한 기초의 순자산이나 기말의 순자산(물탱크에 저장된 물의 양)을 측정함으로써 재무상태표상의 순자산이 갖는 정보가치를 증대시키는 접근방법을 채택하였다. 이와 같이 기초나 기말의 순자산의 평가를 통해 순이익을 측정하는 접근방법을 자본유지접근방법(capital maintenance approach)이라 한다. 자본유지접근방법은 기초의 순자산과 기말의 순자산의 측정을 더 강조한다는 측면에서 재무상태표 중심의 이익측정방법으로 기초와 기말의 순자산을 비교함으로써 순이익을 측정한다. 다음에서는 자본유지접근법에 대해 보다 상세하게 살펴보자.

★

총포괄이익 = (기말의 자본총계 - 기초의 자본총계) - 소유주의 투자(출연) + 소유주에 대한 배분

제3장에서 이미 살펴본 바와 같이, 자본유지접근방법에서는 기업실체와 소유주 간의 자본거래(추가출자나 배당)가 없다고 가정할 때 총포괄이익을 기말의 순자산[3]과 기초의 순자산의 차액, 즉 기간 중의 순자산의 변동액으로 측정하며, 만일 기중에 소유주의 추가투자(유상증자)나 소유주에 대한 배분(배당금 및 자기주식 취득)이 있었다면 이들 금액을 가감하여 조정한다.[4] 이러한 총포괄이익과 순자산의 변동액과의 관계식을 우리는 순증관계(clean surplus relation)라 부르기도 한다.

IFRS의 총포괄이익에 대한 정의는 위에서 논의한 Hicks의 소득(Income) 개념과 동일한데, 그 이유는 다음과 같다. Hicks가 개인의 차원에서 논의한 부(유족한 상태), 소득 및 소비의 개념을 기업의 차원으로 확장하여 아래와 같이 부(K)는 자본(SE)으로, 소득(Y)을 순이익(I)으로, 그리고 소비(C)를 소유주에 대한 순배당(D = 배당 − 소유주의 투자)으로 대치해보자.

여기서 첨자 b와 e는 각각 기초시점의 측정치, 기말시점의 측정치를 나타낸다.

---

3) 회계에서 자본은 실체가 소유주들에게 궁극적으로 돌려주어야 할 부채(지분)라고 볼 수도 있다. 현재의 주주자본주의 체제하에서는 기업(회계실체)이 일단의 순자산을 소유하고, 소유주(주주)들이 기업을 소유하는 구조를 가지고 있으므로 순자산은 결국 자본과 동일하다.

4) 당기순이익을 유량(수익)에서 유량(비용)을 차감하여 산출하는 반면, 총포괄이익은 기말의 순자산(저량)에서 기초의 순자산(저량)의 차감한 금액으로 정의하므로 총포괄이익은 개념적으로 당기순이익과 상당히 다르다.

★

$$Y - C = K_e - K_b \quad \text{(Hicks)}$$

$$I - D = SE_e - SE_b \quad \text{(Hicks의 논의를 기업에 적용)}$$

위에서 SE_e는 기말의 자본(순자산)을, 그리고 SE_b는 기초의 자본(순자산)을 각각 의미한다. 그리고 I는 순이익을 그리고 D는 소유주에 대한 순배당을 의미한다. 여기서 소유주에 대한 순배당은 소유주에 대한 배분에서 소유주의 투자를 차감한 금액과 동일하다.

우리는 위 상자의 두 번째 식은 다음 식과 동일함을 알 수 있다.

$$I = SE_e - SE_b + D$$

위의 식을 보면 Hicks가 말하는 개인에 있어서의 소득은 기업에 있어서는 순이익의 개념과 동일하며, 이러한 순이익의 개념은 IFRS의 총포괄이익에 대한 정의와 일치함을 알 수 있다. 이러한 이유에서 IFRS에서 총포괄이익의 개념은 순이익(개인에 있어서는 소득)을 "기초와 기말의 부(well-offness 또는 유족한 상태)를 동일하게 유지하면서 소비할 수 있는 최대의 가치"라고 한 Hicks의 정의에 근거한 방법이라고 말할 수 있고, 그러한 의미에서 총포괄이익을 흔히 경제학적 이익측정방법이라고 부르기도 한다.[5]

이와 같이 총포괄이익을 자본유지접근방법에 의해 정의하는 것은 유량인 수익과 비용의 측정을 중요시하는 전통적인 방법과는 달리 저량인 자본의 측정, 즉 자산과 부채의 정확한 측정이 더 중요해진 것을 의미한다. 이러한 이유에서 국제회계기준위원회(IASB)는 자산의 공정가치 측정을 전통적인 방법에 비해 대폭 확대 · 강화하였다. 즉, IFRS에서는 '시장참여자 사이의 정상거래에서 형성되는 자산 · 부채의 유출가격'을 반영하는 공정가치를 보다 적극적으로 넓은 범위의 자산에 적용함으로써 역사적원가의 한계를 극복하려 하였다.

IASB의 이러한 노력에도 불구하고 IFRS는 아직도 자산 · 부채 평가를 위한 통일된 기준을 제시하지는 못하고 있다. 다음의 표는 여러 종류의 자산 · 부채에 적용되는 평가기준을 보여준다. 특정 부류의 자산 · 부채에 대한 특정한 평가기준의 선택은 자산 · 부채의 성격, 보유목적 그리고 공정가치의 관찰가능 여부 등을 실무적으로 반영한 것

---

5) 여기에서 순수한 경제학적 측정방법이 되려면 기초의 자산은 물론, 기말의 자산을 그 시점의 현행가치로 평가하고 인플레이션 영향을 모두 반영하여 측정하여야 한다.

표 5-1 자산 · 부채의 평가기준

취득원가	가장 보편적인 자산 · 부채의 평가기준
상각후원가	상각후원가측정 금융자산, 수취채권, 금융부채 등
공정가치	당기손익-공정가치측정 금융자산, 기타포괄손익-공정가치측정 금융자산, 무상으로 취득한 유형자산, 재평가모형이 적용되는 유형자산 등
현재가치	손상된 유형 및 무형자산의 사용가치 계산, 비유동부채 등
순실현가능가치	수취채권의 회수가능액, 저가기준이 적용되는 재고자산

이라고 볼 수 있다.

현재 IFRS에서 사용되는 자산 · 부채의 평가기준은 자본시장이나 실물시장의 가격변동 효과, 급격한 기술발전에 의해 야기되는 유형 및 무형자산의 회수가능액의 변동 등을 적시에 완전히 반영할 만큼 진척되어 있다고 보기 어렵다. 아직도 많은 기업은 유형 및 무형자산을 취득원가를 기준으로 측정할 수 있고(원가모형), 재고자산은 취득원가를 기준으로 측정하되 순실현가능가치가 취득원가를 하회하는 경우에만 순실현가능가치로 측정한다(저가기준). 더욱이 엄격한 인식기준을 적용함으로써 자산성이 있는 무형자산 관련 지출의 대부분을 자산으로 표시하지 않고 지출이 발생하는 기간에 비용으로 처리하도록 하고 있다. 그러므로 향후 IASB는 자산 · 부채의 평가기준을 개선하는데 부단한 노력을 경주할 것으로 예상되고, 그 개선방향은 자산 · 부채의 측정이 경제현실을 더 잘 반영해야 한다는 목표를 지향할 것임이 분명하다. 이러한 목표를 달성하기 위하여 IFRS에서 제시하고 있는 가장 이상적인 자산 · 부채의 평가기준은 공정가치 측정이다. 즉, 공정가치로 측정된 자산 · 부채의 금액이 경제현실을 가장 근사하게 반영한다고 보는 것이 IASB의 기본적 입장이다.

3.3 IFRS의 공정가치 측정

국제회계기준 도입 이전의 구 기업회계기준과 비교할 때 IFRS의 주요한 특징 중 하나가 공정가치 측정의 적용을 확대한 것인데, 그동안 공정가치 측정에 관한 통일된 지침이 제시되지 않다가 K-IFRS 1113호가 2014년 3월에 제정 공포됨으로써 각 회계기준서에 흩어져 있던 공정가치 측정에 관한 기준이 하나의 통일된 기준으로 정리되었으며 공정가치에 대한 보다 구체적이고 개선된 개념정의가 제시되었다. 본 절에서는 공정가치 측정에 가장 핵심이 되는 사항만 간략히 살펴보고자 한다. 아래에서 논의

표 5-2 공정가치 측정에 관한 주요 용어

주요 용어	K-IFRS에서의 정의
공정가치	측정일에 시장참여자 사이의 정상거래에서 자산을 매도하면서 수취하거나 부채를 이전하면서 지급하게 될 가격
정상거래	측정일 이전에 일정 기간 동안 해당 자산이나 부채와 관련되는 거래를 위한 통상적이고 관습적인 마케팅활동을 할 수 있도록 시장에 노출되는 것을 가정하는 거래. 즉, 강제된 거래(예 : 강제 청산 또는 재무적 어려움에 따른 매각)가 아닌 거래
활성시장	지속적으로 가격결정 정보를 제공하기에 충분한 정도의 빈도와 규모로 자산이나 부채에 대한 거래가 이루어지는 시장
유출가격	자산을 매도하면서 수취하거나 부채를 이전하면서 지급하게 될 가격
유입가격	교환거래에서 자산을 취득하면서 지급하거나 부채를 부담하면서 수취하는 가격
최고 최선의 사용	비금융자산 또는 비금융자산이 사용되는 자산과 부채로 구성된 집합(예 : 사업)의 가치를 최대화하는 시장참여자에 의한 비금융자산의 사용
가장 유리한 시장	거래원가나 운송원가를 고려했을 때 자산을 매도하면서 수취하는 금액을 최대화하거나 부채를 이전하면서 지급하는 금액을 최소화하는 시장
주된 시장	해당 자산이나 부채에 대한 거래의 규모와 빈도가 가장 큰 시장
투입 변수	자산이나 부채의 가격을 결정할 때 시장참여자가 사용하게 될 가정으로서 다음과 같은 위험에 대한 가정을 포함한다. (1) 공정가치를 측정하기 위해 사용되는 특정 가치평가기법(예 : 가격결정모형)에 내재된 위험 (2) 가치평가기법에의 투입변수에 내재된 위험 투입변수는 관측가능하거나 관측가능하지 않을 수 있다.

하는 내용의 이해를 수월하게 하기 위해 중요한 용어에 대한 정의를 <표 5-2>에 제시한다.

1) 공정가치 측정의 목적

IFRS에서는 위의 <표 5-2>에서와 같이 공정가치(fair value)를 “측정일에 시장참여자 사이의 정상거래에서 자산을 매도하면서 수취하거나 부채를 이전하면서 지급하게 될 가격”으로 정의하고 있다. 이와 같이 공정가치 측정은 유출가격을 원칙으로 하고 있으며, 공정가치 측정의 목적은 현재의 시장조건에서 측정일에 시장참여자들 간의 정상적인 거래에서 자산을 매도하거나 부채의 이전이 발생하는 경우 형성되는 가격을 추정하는 데 있다. 여기서 정상적인 거래란 청산하거나 사업규모를 중요하게 축소하거나 또는 불리한 조건으로 거래할 의도나 필요가 없는 상태인 계속기업의 가정을 전제로 한다. 따라서 강제된 거래, 비자발적인 청산 또는 재무적 어려움으로 인한 매도에서 수취하거나 지급하는 금액은 공정가치로 볼 수 없다. 공정가치 측정의 목적을 위해 보고기업은 다음의 사항들을 결정하여야 한다.

- 측정의 대상이 되는 특정 자산 또는 부채
- 비금융자산의 경우 최고 최선의 사용과 일관되며 측정을 위해 적절한 가치평가의 전제
- 자산 또는 부채의 주된 시장 또는 가장 유리한 시장
- 측정을 위해 적절한 가치평가기법(자산 또는 부채에 가격을 결정할 때 시장참여자들이 사용하게 될 가정을 가장 잘 반영하는 투입변수를 개발하기 위해 사용되는 자료의 사용가능성과 투입변수들이 분류되는 공정가치 서열체계의 수준을 고려한다)

2) 공정가치 서열체계

공정가치는 원칙적으로 시장에서 형성된 가격을 우선으로 하여 측정하여야 하나 시장이 존재하지 않거나 시장가격을 입수할 수 없다면 소위 가치평가기법을 이용하여 측정(추정)할 수 있다. 이를 구체화한 것이 공정가치 서열체계(fair value hierarchy)이다. 이 공정가치 서열체계는 가치평가기법에 사용되는 투입요소를 분류하는 체계로서 공정가치 측정 및 공시의 일관성과 비교가능성을 제고하는 데 목적이 있다. 서열체계는 아래와 같이 3단계로 되어 있으며, 동일한 자산 또는 부채의 활성시장에서 형성되는 공시가격(조정필요성이 없는 공시가격)에 가장 높은 순위를 부여하며 관측가능하지 않은 투입변수에 가장 낮은 순위를 부여한다. 자산이나 부채의 공정가치를 측정하기 위해 여러 투입변수가 사용된다면 공정가치 서열체계 내에서 다른 수준으로 분류될 수 있는데, 이 경우에 측정치 전체에 유의적인 공정가치 서열체계에서 가장 낮은 수준의 투입변수와 동일한 수준으로 공정가치 측정치 전체를 분류한다.

■ 수준1 투입변수 : 가장 높은 수준의 공정가치 측정치로 활성화된 시장이 존재하는 경우에는 공시가격을 조정 없이 그대로 공정가치로 본다.

- 이는 측정일에 동일한 자산이나 부채에 대한 접근가능한 활성시장의(조정되지 않은) 공시가격을 말한다.
- 활성시장의 공시가격은 공정가치의 가장 신뢰성 있는 증거를 제공하며 이용가

능할 때마다 공정가치를 측정하는 데 조정 없이 사용한다.

- 단일의 자산이나 부채의 포지션을 보유(금융상품을 보유하는 것과 같이 대량의 동일 자산이나 부채의 포지션을 보유하는 것을 포함)하고 그 자산이나 부채가 활성시장에서 거래되는 경우, 자산이나 부채의 공정가치는 개별 자산이나 부채의 공시가격과 기업이 보유하고 있는 수량을 곱하여 수준1로 측정한다. 시장의 일일 정상거래 규모가 보유하고 있는 수량을 소화할 만큼 크지 않고 단일 거래에서 매도주문을 하는 것이 공시가격에 영향을 미칠 수 있는 경우도 이에 해당한다.

■ 수준2 투입변수 : 이 수준의 공정가치 추정치는 평가대상인 자산이나 부채의 직접적인 활성화된 시장은 존재하지 않지만 유사한 자산이나 부채에 대한 활성화된 시장이 있거나 시장에서 관측가능한 투입변수로 가치평가가 가능한 경우를 말한다.

- 수준2의 투입변수는 수준1의 공시가격 이외에 자산이나 부채에 대해 직접적으로 또는 간접적으로 관측가능한 투입변수를 말한다.
- 자산이나 부채에 특정한 조건이 있는 경우, 수준2의 투입변수는 자산이나 부채의 실질적인 전체 조건에 대해 관측가능해야 하며, 다음을 포함한다.
  (1) 유사한 자산이나 부채에 대한 활성시장의 공시가격
  (2) 동일하거나 유사한 자산이나 부채에 대한 비활성시장의 공시가격
  (3) 자산이나 부채에 대해 공시가격 이외의 관측가능한 투입변수.
  예를 들면 다음과 같다.
    (가) 일반적으로 정기적으로 공시되는 관측가능한 이자율과 수익률 곡선
    (나) 내재변동성
    (다) 신용스프레드
  (4) 시장에서 입증된 투입변수

■ 수준3 투입변수 : 이 수준은 가장 낮은 수준의 공정가치 추정기법으로 관측가능하지 않은 투입변수를 사용하여 평가대상인 자산이나 부채의 공정가치를 추정하는 수준이다.

- 이는 자산이나 부채에 대한 관측가능하지 않은 투입변수이다.
- 관측가능하지 않은 투입변수는 측정일에 자산이나 부채에 대한 시장의 활동이 거의 없는 상황에서 사용이 허용되는 것으로, 관련된 관측가능한 투입변수가 이

용가능하지 않은 경우 사용한다. 그러나 이 경우에도 공정가치 측정의 목적은 자산을 보유하거나 부채를 부담하는 시장참여자의 관점에서 측정일의 유출가격을 측정하는 것으로 여전히 동일하다. 따라서 위험에 대한 가정을 포함하여 자산이나 부채의 가격을 결정할 때 시장참여자가 사용하게 될 가정을 관측가능하지 않은 투입변수에 반영한다.

- 이용가능한 최선의 정보를 이용하여 관측가능하지 않은 투입변수를 개발하며, 그러한 정보에는 기업 자신의 정보가 포함될 수 있다. 기업 자신의 자료에 기초하는 경우라도 합리적으로 이용가능한 정보를 통해 다른 시장참여자가 다른 자료를 이용하거나 다른 시장참여자에게 이용가능하지 않은 것으로서 기업에 특정된 것(예 : 기업 특유의 시너지효과)이 있다는 것을 알게 된 경우에는 이러한 자료를 반영하여 조정한다.

3) 공정가치 측정을 위한 가치평가기법

가치평가기법(valuation method)을 사용하는 목적은 측정일에 현행 시장 상황에서 시장참여자 사이에 이루어지는 자산을 매도하거나 부채를 이전하는 정상거래에서의 가격을 추정하는 것이다. 따라서 기업은 상황에 적합하며 관련된 관측가능한 투입변수의 사용을 최대화하고 관측가능하지 않은 투입변수의 사용을 최소화하면서 공정가치를 측정하는 데 충분한 자료가 이용가능한 가치평가기법을 사용하여야 한다. 광범위하게 사용되는 세 가지 가치평가기법은 시장접근법, 원가접근법 및 이익접근법이다.

① 시장접근법 : 동일하거나 비교가능한(유사한) 자산 및 부채에 대한 시장거래에서 생성된 가격이나 기타 관련정보를 이용하여 공정가치를 추정하는 방법이다. 이는 시장에서 관측가능한 정보를 기초로 추정하는 방법으로서 시장가격에 가장 근사한 추정이 가능할 것이므로 다른 가치평가모형에 우선하여 적용되어야 할 방법이다. 시장접근법과 일관되는 가치평가기법 중에는 예를 들어 비교가능한 대상들로부터 도출된 시장배수를 사용하는 방법이 있고, 채무증권과 같은 일부 금융상품의 가치를 평가하는 데 주로 사용되는 수학적 기법으로서 매트릭스 가격결정방법이 있다.

② 원가접근법 : 자산의 사용능력을 대체하기 위해 현재 필요한 금액을 반영하는 방법이고 통상 현행대체원가(current replacement cost)라고 불린다. 현행대체원가는 자산을 현재시점에 취득하는 경우에 지급해야 할 가격을 의미하므로 유입

가격에 해당한다. 많은 경우에 현행대체원가법은 다른 자산과 함께 사용되거나 다른 자산 및 부채와 함께 사용되는 유형의 자산에 대한 공정가치를 측정하는 데 사용된다.

③ 이익접근법 : 미래의 현금흐름 또는 수익과 비용을 현재가치로 할인하여 단일의 현행금액으로 전환하는 방법이다.[6] 이익접근법의 예로서는 현재가치기법, 옵션가격결정모형, 그리고 일부 무형자산의 공정가치를 측정하는 데 사용되는 다기간초과이익법이 있다.

4) 공정가치 측정에 있어서의 유의사항

- 시장참여자가 측정일에 그 자산이나 부채의 가격을 결정할 때는 그 자산이나 부채의 특성을 고려한다. 그러한 특성에는 다음이 포함된다.
  (1) 자산의 상태와 위치
  (2) 자산의 매도나 사용에 제약이 있는 경우 그러한 사항
- 비금융자산의 공정가치를 측정하는 경우에는 시장참여자가 경제적 효익을 창출하기 위하여 그 자산을 최고 최선으로 사용하거나 혹은 최고 최선으로 사용할 다른 시장참여자에게 그 자산을 매도하는 시장참여자의 능력을 고려한다.
- 공정가치 측정은 측정일에 금융부채나 비금융부채 또는 자기지분상품(예 : 사업결합의 대가로 발행된 지분)이 시장참여자에게 이전되는 것을 가정한다. 부채나 자기지분상품의 이전은 측정일 현재 결제되거나 또는 소멸되지도 않으며 취소되지도 않는 상태를 전제로 한다.
- 부채의 공정가치는 기업이 의무를 이행하지 않을 위험(불이행위험)의 효과를 반영한다. 불이행위험은 기업 자신의 신용위험을 포함하지만 이것만으로 한정되는 것은 아니며, 불이행위험은 부채의 이전 시점 전・후에 동일한 것으로 가정한다.

---

6) 할인율을 이용한 현재가치 계산에 관한 논의는 다음의 제2절에 제시된다.

제 2 절 화폐의 시간가치

1. 기본 개념

어떤 기업이 상품을 판매하고 대금 회수에 대해 다음의 두 가지 대안을 갖고 있다면 어떤 대안이 더 바람직할까?

대안 1 : 현재시점에 10,000원을 회수한다.

대안 2 : 현재시점으로부터 4년 후 14,000원을 수령한다.

혹자는 대안 1을 선호할 것이고 혹자는 대안 2가 바람직하다고 할 것이다. 이러한 의사결정에 결정적인 역할을 수행하는 요인은 무엇이고, 기업은 어떤 요인을 고려하여 의사결정을 할 것인가? 회계학에서는 화폐가치가 안정되어 있다고 가정하므로 인플레이션 요인은 없다고 전제한다면 위의 문제를 결정하는 데 핵심적인 요인은 무엇일까? 그것은 기업이 명시적으로 또는 묵시적으로 부담해야 할 기회비용이라고 할 수 있다. 즉, 기업이 지금 당장 현금을 회수할 경우 그 현금을 다른 곳에 투자하여 획득할 수 있는 최대수익률이 바로 기업의 기회비용이다. 위의 대안 1에서와 같이, 기업이 지금 당장 현금 10,000원을 회수하는 경우 이를 다른 곳(예를 들어, 예금 또는 금융자산)에 투자를 하여 매년 15%를 벌 수 있다면 기업은 대안 1을 선호할 것이다. 왜냐하면 10,000원을 수령하여 15%의 투자안에 투자하면 4년 후에 획득하는 명목현금액은 다음과 같이 17,490원으로서 14,000원보다 더 큰 금액이 되기 때문이다.

1년 후 가치 = ₩10,000 + ₩10,000 × 15% = ₩11,500

2년 후 가치 = ₩11,500 + ₩11,500 × 15% = ₩13,225

3년 후 가치 = ₩13,225 + ₩13,225 × 15% = ₩15,209

4년 후 가치 = ₩15,209 + ₩15,209 × 15% = ₩17,490

그러나 기회비용이 0%인 기업, 즉 현금을 보유하고 있어도 투자할 대상이 없는 기업은 대안 2를 선호할 것이다. 왜냐하면 기회비용이 0%인 기업은 지금 현금 10,000원을 수령해도 4년 후에도 명목현금은 그대로 10,000원에 머물러 있기 때문이다. 이처럼 현금흐름의 발생시점이 다를 경우 동일한 명목현금액이라도 그 실질가치가 다르다. 이러한 경우 두 대안을 비교하기 위해서는 각 대안의 명목현금흐름액을 동일한 시점의 현금가치로 전환할 필요가 있다. 위의 경우 우리는 대안 1의 현재시점의 현금흐름을 4년 후의 명목현금으로 환산하여 대안 2와 현금흐름 발생시점을 일치시켜 비교하였다. 즉, 기회비용이 15%인 의사결정자의 경우 대안 1의 4년 후 명목가치는 17,490원이 되고 대안 2의 명목가치 14,000원은 이미 4년 후의 가치이므로, 이제 두 금액을 동일시점을 기준으로 비교할 수 있어 17,490원(대안 1)이 더 좋은 대안이라고 결정하게 된다. 제2의 비교방법은 대안 2의 4년 후의 명목현금액을 대안 1과 비교하기 위해 현재가치로 환산하는 방법이다. 다음에서는 이처럼 현금의 발생시점이 다른 현금액을 특정 시점의 가치로 전환하는 방법과 관련된 현재가치 및 미래가치의 개념에 대해 살펴보고자 한다.

2. 미래가치와 현재가치

미래가치(future value)란 특정 시점에 발생한 화폐금액을 미래 특정 시점의 가치로 환산했을 때의 가치를 말한다. 예를 들어, 기회비용이 연 15%인 기업이 현재 10,000원의 현금을 4년 후의 화폐가치로 환산했을 때의 화폐가치는 17,490원인데, 이를 미래가치라 한다.

위의 미래가치 계산에 내재한 개념은 복리이자계산법(compound interest method)이다. 단리이자계산법과 달리 복리이자계산법은 원금에 붙는 단위기간의 이자가 다음 기간에는 원금의 일부가 되어 여기에 다시 이자를 부가하는 계산법이다. 기회비용이 15%인 투자자의 경우 현재 10,000원을 투자하면 1년 후에 1,500원 이자를 획득한다. 두 번째 연도에는 원래의 원금 10,000원과 1년 동안 획득한 이자 1,500원의 합인 11,500원을 재투자하여 다시 15%의 이자를 획득한다. 이러한 과정을 요약하면 다음과 같다.

1년 후 미래가치 $= ₩10{,}000 \times (1+0.15) = ₩11{,}500$
2년 후 미래가치 $= ₩11{,}500 \times (1+0.15) = ₩10{,}000 \times (1+0.15)^2 = ₩13{,}225$
3년 후 미래가치 $= ₩13{,}225 \times (1+0.15) = ₩10{,}000 \times (1+0.15)^3 = ₩15{,}209$
4년 후 미래가치 $= ₩15{,}209 \times (1+0.15) = ₩10{,}000 \times (1+0.15)^4 = ₩17{,}490$

복리이자계산법에 따르면 1원의 기회비용이 r인 경우 미래 n년 후의 미래가치는 다음과 같이 계산된다.

$$₩1\text{의 미래가치} = ₩1 \times (1+r)^n = ₩1 \times FV(r, n)$$

여기서 r = 1년간의 기회비용(이자율), n = 기간수

위의 공식에서 $FV(r, n)$의 값을 계산하는 데 편리를 위해 부록의 [표 1]이 제공된다. [표 1]을 이용하는 방법은 기간을 나타내는 행과 기회비용을 나타내는 r(%)의 열이 만나는 곳의 값이 바로 1원의 미래가치 값이다.

지금까지 우리는 투자기회가 매년 1회씩만 주어진다는 연간복리계산법을 가정하였는데, 만일 투자기회가 6개월마다 주어지는(갱신할 수 있는) 경우 [표 1]을 어떻게 이용해야 할까? 6개월이 단위기간인 복리의 경우 기회비용이 연간 r%인 사람은 6개월 기회비용은 r/2%가 될 것이고 이자계산 횟수인 기간수(n)은 두 배로 늘어날 것이므로 기간은 이제 $2n$이 되어야 한다.

따라서 6개월 복리인 경우 1원의 미래가치는 [표 1]에서 $FV(r/2, 2n)$의 숫자를 읽어 구하면 된다. 본서에서는 특별한 언급이 없는 경우 연간복리법을 가정한다.

앞에서 우리는 미래가치에 대해 살펴보았는데 이제 질문을 다음과 같이 바꾸어 보자. 4년 후에 수령할 명목현금 17,490원을 현재시점의 화폐가치로 환산하면 얼마일까? 기회비용이 연간 15%인 기업이라면 4년 후 미래의 17,490원에 현재시점의 10,000원과 동일한 가치를 부여할 것이다. 이것이 바로 현재가치 개념이다.

현재가치(present value)란 이와 같이 미래 특정 시점의 명목현금흐름액을 현재시점의 가치로 환산할 때의 금액을 말한다. 즉, 4년 후의 17,490원을 현재시점의 가치로 환산하면 얼마의 금액일까의 물음에 답하는 것이 바로 현재가치의 개념이다. 만일 기회비용이 15%일 때 4년 후의 17,490원에 해당하는 현재가치를 W원이라 하면 이는 4년 후에 17,490원과 동일해야 할 것이다. 따라서 복리이자계산법에 따르는 경우 다음과 같이 현재가치가 구해진다.

$$W\text{원} \times (1+0.15)^4 = ₩17,490$$

$$\Rightarrow \quad W\text{원} = ₩17,490 \times \frac{1}{(1+0.15)^4} = ₩10,000$$

위의 예에서 살펴보는 바와 같이 현재가치를 계산하는 방법은 미래가치를 계산하

는 방법을 거꾸로 본 것(역수)에 불과하다. 따라서 일반적인 경우 기회비용이 r이라면 n년 후의 1원을 지금의 화폐가치로 전환했을 때의 현재가치는 다음과 같다.

$$₩1\text{의 현재가치} = ₩1 \times \frac{1}{(1+r)^n} = ₩1 \times PV(r, n)$$

여기서 r = 1년간의 기회비용(이자율), n = 기간수

위의 공식에서 $PV(r, n)$의 값을 계산하는 데 편리를 제공하기 위해 부록에 [표 2]가 제공된다. 표를 이용하는 방법은 미래가치의 경우와 동일하다.

3. 정상연금의 미래가치와 현재가치

위에서 우리는 일회성으로 발생하는 현금흐름을 미래가치와 현재가치로 환산하는 방법을 살펴보았는데 현금흐름이 동일한 시간간격마다 반복적으로 발생하는 경우를 살펴보자. 예를 들어, 지금으로부터 1년 후부터 시작하여 4년간 매기 10,000원의 적금을 적립하는 경우를 생각해 보자. 이 경우 현금흐름이 한 번만 발생하는 것이 아니고 4회 발생하므로 이들 금액을 특정 시점의 미래가치로 환산하기 위해서는 미래가치를 4회나 반복 계산해야 한다. 그러나 각 연도말에 동일한 현금이 반복적으로 발생하는 경우 간편하게 미래가치(또는 현재가치)로 환산하는 방법이 있는데 이는 다음과 같다.

정상연금(ordinary annuity)이란 주기적으로(동일한 시간간격으로) 각 기간 말에 발생하는 동일한 현금흐름(예 : 10,000원)을 말한다. 위의 경우 현금흐름을 도식화하면 다음 그림과 같다.

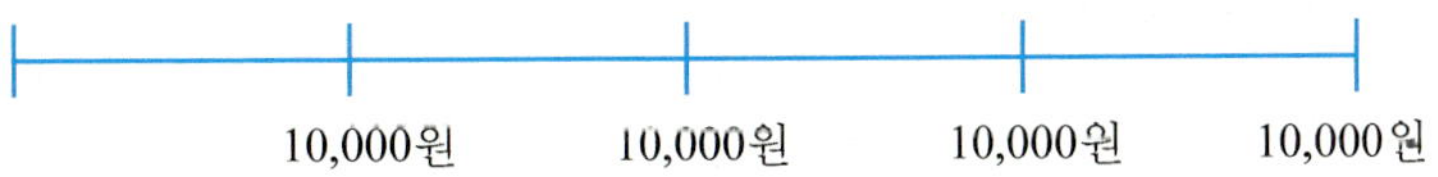

정상연금을 미래가치로 환산하는 방법을 살펴보기 위해 위의 예를 살펴보자. 다음 4년간 이자율이 15%인 적금에 매 연도 말 10,000원씩 적립하는 경우 4년 후의 미래가치 총계는 얼마나 될까? 이 경우 마지막 적립액은 10,000원은 4년 후의 10,000원과 동일한 가치이므로 이전 현금흐름을 미래가치로 환산하기 위해 다음과 같이 세 번의 계산을 반복하여 수행한다.

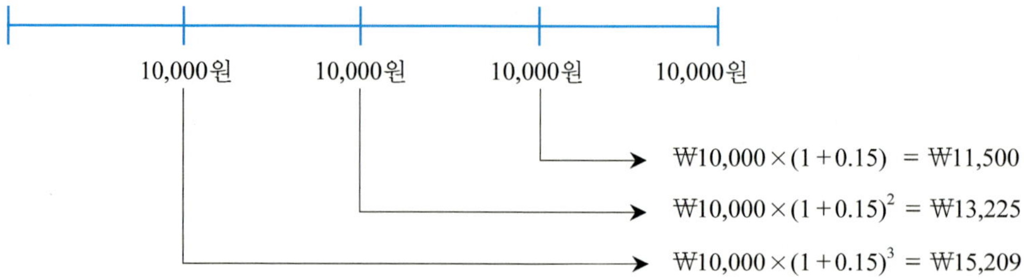

즉, 매년 말에 4년간 불입하는 정상연금의 4년 후의 가치는 49,934원(=₩10,000 + ₩11,500 + ₩13,225 + ₩15,209)이다. 문제는 계산상의 불편이 기간의 수가 증가함에 따라 더욱 증대된다는 데 있다. 그러나 각 기간에 발생하는 현금흐름이 동일하고 주기적으로 발생하므로 수학적 성질(등비수열의 합을 계산하는 공식)을 이용하여 간단하게 표시(계산)하는 방법이 있다.

예를 들어, n기간 동안 주기적으로 발생하는 1원의 정상연금을 n년 후의 미래가치로 환산하면 다음과 같다.

★

$$\text{정상연금 ₩1의 미래가치} = FVA(n, r)$$
$$= 1 + (1+r) + (1+r)^2 + (1+r)^3 \cdots\cdots + (1+r)^{n-1}$$
$$= \frac{(1+r)^n - 1}{r}$$

r = 1년간의 이자율(기회비용), n = 기간수

위의 공식을 암기하기란 쉽지 않으므로 부록의 [표 3]이 위의 공식 $FVA(n, r)$의 값을 제공한다. 예를 들어, 위의 예에서 이자율이 15%인 4년간 10,000원씩 적금을 불입하면 4년 후의 가치는 다음과 같이 계산된다.

$$\text{정상연금 ₩10,000의 4년 후 미래가치} = ₩10,000 \times FVA(n, r)$$
$$= ₩10,000 \times 4.9934 = ₩49,934$$

이처럼 정상연금의 미래가치를 구하는 방법은 새로운 개념이 아니라 미래가치의 환산방법을 특수한 형태의 현금흐름에 응용하여 간편하게 미래가치를 구하는 것이다.

지금까지 정상연금을 미래가치로 전환하는 방법을 살펴보았는데 이제 정상연금의 현재가치를 구하는 방법을 살펴보자. 예를 들어, 기회비용이 15%일 때 상품을 판매하고 그 대금을 미래 4년간 매 연도 말에 10,000원씩 분할하여 수령하는 경우를 살펴보

자. 이 경우 상품 판매시 일시불로 회수하는 경우 얼마의 금액을 회수해야 할까? 이러한 예에서 발생하는 현금흐름은 정상연금에 해당하는데 현재가치로 전환하기 위해 다음과 같이 네 번의 계산을 수행해야 한다.

$$1년\ 후\ 받을\ 금액의\ 현재가치 : ₩10,000 \times \frac{1}{(1+0.15)} = ₩8,696$$

$$2년\ 후\ 받을\ 금액의\ 현재가치 : ₩10,000 \times \frac{1}{(1+0.15)^2} = ₩7,561$$

$$3년\ 후\ 받을\ 금액의\ 현재가치 : ₩10,000 \times \frac{1}{(1+0.15)^3} = ₩6,575$$

$$4년\ 후\ 받을\ 금액의\ 현재가치 : ₩10,000 \times \frac{1}{(1+0.15)^4} = ₩5,718$$

즉, 4년간 정상연금의 현재가치는 28,550원(=₩8,696+₩7,561+₩6,575+₩5,718)이다. 이러한 계산의 불편은 기간의 수가 증가함에 따라 더욱 심해진다. 그러나 각 기간에 발생하는 현금흐름이 동일하므로 수학적 성질(등비수열의 합)을 이용하여 간단하게 표시하는 방법이 있다. 예를 들어, 기간 동안 주기적으로 발생하는 1원의 정상연금을 현재가치로 환산하면 다음과 같다.

$$\begin{aligned} 정상연금\ ₩1의\ 현재가치 &= PVA(n, r) \\ &= 1/(1+r) + 1/(1+r)^2 + 1/(1+r)^3 \cdots\cdots + 1/(1+r)^{n-1} \\ &= \frac{1 - \frac{1}{(1+r)^n}}{r} \end{aligned}$$

r = 1년간의 이자율(기회비용), n = 기간수

위의 공식에서 $\frac{1 - \frac{1}{(1+r)^n}}{r}$의 값을 계산하기가 쉽지 않으므로 독자들의 편의를 위해 부록의 [표 4]가 제공된다. 예를 들어, 위의 예에서 이자율이 15%인 4년간 10,000원씩 수령하는 정상연금의 현재가치를 구하면 다음과 같다.

$$\begin{aligned} 정상연금\ ₩10,000의\ 현재가치 &= ₩10,000 \times PVA(n, r) \\ &= ₩10,000 \times 2.8550 = ₩28,550 \end{aligned}$$

4. 화폐의 시간가치와 회계처리

아래에서는 앞에서 살펴본 화폐의 시간가치 개념이 회계처리에 적용되는 방법에 대해 살펴보고자 한다. 재무회계에서 비유동자산이나 비유동부채의 평가와 관련하여 화폐의 시간가치 개념을 적용한다. 예를 들어, 3년 만기의 어음 100,000원과 교환으로 상품을 판매한 경우 장기매출채권으로 얼마의 금액을 기록할 것인가? 혹은 이 경우 매출수익을 얼마의 금액으로 기록해야 할 것인가 하는 문제가 대두된다. 3년 후에 수령할 100,000원은 단기간 내에 회수될 100,000원과 그 가치(현재가치)가 다르다. 만일 당기의 매출수익으로 100,000원을 모두 기록한다면 현금으로 판매한 100,000원과 동일하게 수익이 보고되므로 수익이 과대계상되는 결과가 초래되어 재무정보의 유용성이 감소할 수 있다.

그런데 현재가치를 계산하기 위해서는 어떤 기회비용의 개념을 사용해야 할까? 동일한 거래라 하더라도 기업마다 직면하는 위험이 다르므로 기회비용에 차이가 있을 수 있다. 동일한 거래를 각 기업마다 상이한 기회비용으로 현재가치를 계산한다면 재무정보의 산출에 주관성이 개입될 여지가 크고 경제적 실질을 왜곡할 수 있으므로 회계학에서는 유효이자율 혹은 동종거래의 시장이자율을 사용하는 것이 일반적이다. 이러한 이자율에 대해서는 부채회계와 관련한 장에 설명된 부분을 참조하고 여기서는 잠정적으로 '시장이자율'이란 포괄적인 용어를 사용하기로 한다. 위의 예에서 동일한 어음에 적용되는 시장이자율이 15%이면 위 어음의 현재가치는 다음과 같다.

$$\text{어음의 현재가치} = ₩100{,}000 \times PV(n=3,\ r=15\%) = ₩65{,}752$$

현재가치 65,752원과 명목가액 100,000원의 차이가 중요하므로 기업은 장기매출채권과 매출을 현재가치로 보고하기 위해 다음과 같이 회계처리한다.

매출시점 :

(차) 장기매출채권	100,000	(대) 매출수익	65,752
		현재가치할인차금	34,248

위의 회계처리에서 장기매출채권 계정은 만기가액(100,000원)으로 기록하되 차감계정인 현재가치할인차금을 34,248원으로 기록하여 어음의 순장부금액은 현재가치인 65,752원으로 기록한다. 한편 매출시점으로부터 1년이 경과한 시점의 회계처리는 장기

매출채권의 현재가치가 시간경과에 따라 미래 기간수가 감소하므로 증가한다는 점을 반영하여야 한다. 매출시점으로 1년이 경과한 시점에 어음의 현재가치는 다음과 같이 계산된다.

$$\text{어음의 현재가치} = ₩100{,}000 \times PV(n=2,\ r=15\%) = ₩75{,}614$$

즉, 위의 어음의 현재가치 75,614원과 매출 시점에서 기록한 어음의 현재가치 65,752원의 차이인 9,862원만큼 어음의 장부가치가 증가하는데, 이는 평가계정인 현재가치할인차금을 상각하여 반영한다. 그런데 9,862원은 매출시점의 어음의 현재가치 65,752원에 1년간의 시장이자율 15%를 곱한 금액과 동일하며, 이는 1년 기간의 이자수익으로 회계처리한다.

매출시점으로부터 1년 후:

(차) 현재가치할인차금	9,862	(대) 이자수익	9,862

예제 5-1

장기대여금의 회계

20×1년 1월 2일 동국기업은 3년 만기의 어음(액면금액 : ₩100,000, 표시이자율 : 연 10%)을 받고 수수료를 차감한 후 ₩88,584을 필동기업에 대출해 주었다. 또한 같은 날 동국기업은 무이자부어음(액면금액 : ₩100,000, 만기 : 3년)을 받고 장충기업에 ₩79,383을 대출해 주었다. 이 거래들에 대한 회계처리를 설명하시오.

풀이

필동기업의 이자부어음과 관련하여 동국기업이 미래에 수령할 현금흐름은 3년 후의 액면금액 ₩100,000과 매 연도 말 ₩10,000의 현금이자이나 이들 현금흐름의 현재가치는 실제로 대출해 준 ₩88,584과 같으므로 다음과 같이 분개한다.

20×1. 1. 2. :

(차) 장기대여금	100,000	(대) 현　　금	88,584
		현재가치할인차금	11,416

위의 현재가치할인차금은 일종의 표시이자율과 유효이자율의 차이로 인한 이자수익의 선수분을 나타내는 계정으로 장기대여금계정의 차감계정이다. 매 연도 인식할 이자수익은 유효이자율법에 따라 인식하고, 실제 이자수령액은 액면이자율에 의해 결정된다. 위의 거래에 내재된 유효이자율은 어음의 보유에 따른 미래 현금유입액의 현재가치를 ₩88,584에 일치시키는 할

인율을 말하므로 다음과 같이 구할 수 있다.

(액면가액의 현가 + 이자수령액의 현가) = [₩100,000 × 1원의 현가표(n = 3년, 유효이자율 = ?%) + ₩10,000 × 연금 1원의 현가표(n = 3회, 유효이자율 = ?%)] = ₩88,584

위의 식을 만족시키는 할인율을 시행착오법에 따라 구하면 유효이자율은 약 15%이다. 유효이자율이 계산되었으므로 이를 적용하여 계산한 20×1년(첫 번째 연도)의 이자수익과 액면이자율을 적용하여 계산한 이자수입액은 다음과 같다.

이자수입액 = ₩100,000 × 10% = ₩10,000
이자수익 = ₩88,584 × 15% = ₩13,288

이에 대한 분개는 다음과 같다.

20×1. 12. 31. :

(차) 현　　금	10,000	(대) 이자수익	13,288
현재가치할인차금	3,288		

이처럼 유효이자율법에 따라 이자수익을 계상하고 장기대여금의 현재가치할인차금을 이자수익과 이자수입액의 차이만큼 상각한다.

장충기업의 무이자부어음의 경우에도 대출시점의 회계처리는 이자부어음의 경우와 본질적으로 같다.

20×1. 1. 2. :

(차) 장기대여금	100,000	(대) 현　　금	79,383
		현재가치할인차금	20,617

무이자부어음의 경우 표시이자율을 0%로 해석하여 유효이자율을 계산하면 연 8%이고, 유효이자율법을 적용하여 이자수익을 계상하되 현금이자 수입액은 없으므로 이자수익만큼 현재가치할인차금계정을 상각한다.

20×1. 12. 31. :

(차) 현재가치할인차금	6,351	(대) 이자수익	6,351

예제 5-2

장기매출채권의 회계

20×1년 1월 2일 동국기업은 상품을 매출하고 당일 ₩10,000은 계약금으로 수령하였고, 나머지 대금은 매 연도 말 ₩50,000씩 5년에 걸쳐 지급받기로 하였다. 이 거래에 대한 회계처리를 설명하시오.

풀이

이 경우 위의 장기대여금과는 달리 외상매출의 매출수익이 명시되어 있지 않으므로 할인율(유효이자율)을 직접 계산할 수 없다. 따라서 이러한 채권과 동종이거나 유사한 채권의 이자율로 유효이자율을 추정하고 이를 토대로 장기매출채권으로부터 창출되는 현금흐름의 현재가치를 계산하여야 한다. 예를 들어, 동일한 조건의 수취채권에 적용되는 시장이자율이 연 10%라고 하자. 이 경우 미래에 수취할 현금을 시장이자율(유효이자율)로 할인한 현재가치를 구하면 다음과 같다.

₩50,000×연금 1원의 현재가치표(n = 5년, 유효이자율 = 10%) = ₩189,540

미래에 수령할 명목금액은 ₩250,000(= ₩50,000×5년)이므로 이 명목금액과 현재가치의 차이(₩60,460)를 반영하여 다음과 같이 분개한다.

20×1. 1. 2. :

(차) 현　　금	10,000	(대) 매출수익	199,540
장기매출채권	250,000	현재가치할인차금	60,460

현재가치할인차금계정은 장기매출채권과 관련된 이자수익의 선수분을 나타내는 계정으로 장기매출채권계정의 차감계정이다. 즉, 장기매출채권의 순장부금액은 미래 현금흐름의 현재가치인 ₩189,540(= ₩250,000 − ₩60,460)으로 기록된다. 위의 분개에서 매출액은 현금수령액 ₩10,000과, 5년간에 나누어 받을 ₩250,000의 현재가치(₩189,540)의 합이다. 위의 경우 이자수령에 대한 명시적 약정이 없으므로 표시이자율이 0%라고 간주하면 된다. 따라서 1년 후 이자수입액은 없고 유효이자율법에 따라 20×1년의 이자수익을 계산한 후 이 이자수익의 전액만큼 현재가치할인차금을 상각하면 된다. 즉, 유효이자율법에 따른 이자수익만큼 현재가치할인차금계정이 상각된다. 유효이자율법에 따라 이자수익을 계산하면 다음과 같다.

이자수익 = ₩189,540 × 10% = ₩18,954

따라서 20×1년 말 ₩50,000을 수령할 때 다음과 같이 분개한다.

20×1. 12. 31. :

(차) 현　　금	50,000	(대) 장기매출채권	50,000
현재가치할인차금	18,954	이자수익	18,954

이처럼 유효이자율법에 따라 계산된 이자수익만큼 현재가치할인차금계정이 감소하고 장기매출채권계정도 매년 ₩50,000씩 감소하여 마지막 현금수령일 직전에는 장기매출채권의 잔액이 ₩50,000이 될 것이고, 마지막 현금수령일에 이자수익을 인식하면 현재가치할인차금계정의 상각이 완료되어 잔액이 ₩0으로 감소할 것이다.

보론 총포괄이익의 정의와 계산

★

총포괄이익 = (기말의 자본총계 − 기초의 자본총계) − 소유주의 투자(출연) + 소유주에 대한 배분

위에서 보듯이 자본유지접근방법에 의한 총포괄이익의 정의식에는 수익이나 비용이 포함되어 있지 않으므로 포괄손익계산서상에 총포괄이익을 이 정의식에 의해 표시한다면 기간 중의 다양한 수익과 비용 등에 의해 파악할 수 있는 경영활동의 내용을 표시하지 못하게 되며 단지 경영성과의 결과만을 표시하게 되는 문제점이 발생한다. 이러한 실무적인 한계를 감안하여 IFRS에서 포괄손익계산서상의 총포괄이익은 다음과 같이 당기순이익에 기타포괄손익을 조정하여 표시하도록 규정하고 있다.

★

총포괄이익 = 당기순이익 + 기타포괄이익 − 기타포괄손실

위의 총포괄이익 계산식은 기본적으로 거래접근방법에 입각한 것임을 알 수 있다. 또한 어떤 경우에는 위의 계산식을 단순화하여 (수익 − 비용)의 산식으로 표현하기도 한다.[7] 우선 단순히 (수익 − 비용)으로 산식을 표현하는 것은 기타포괄이익을 광의의 수익에 포함시키고 기타포괄손실을 광의의 비용에 포함시킨 결과이다. 따라서 총포괄이익을 (수익 − 비용)의 산식으로 표현할 경우 수익과 비용은 기타포괄손익을 포괄하는 광의의 수익과 광의의 비용을 의미한다.

다음 질문은 위의 자본유지접근법에 의한 총포괄이익의 정의식과 거래접근방법에 의한 계산식이 동일한 총포괄이익을 산출할 것인가의 문제이다. 이를 알아보기 위해 먼저 자본총계의 구성요소를 납입자본, 이익잉여금 및 기타포괄손익누계액의 세 항목으로 구분하여 보자. 여러 가지 자본조정 항목은 성질상 납입자본과 동질적이기 때문에 편의상 별도로 구분하지 않는다. 납입자본, 이익잉여금 및 기타포괄손익누계액은 다음과 같은 요인들에 의해 변동한다.

---

7) 제2장 참조.

$$\text{납입자본}_{\text{기말}} - \text{납입자본}_{\text{기초}} = \text{유상증자} + \text{자기주식처분} - \text{자기주식취득} + \text{주식배당} \quad (1)$$

$$\text{이익잉여금}_{\text{기말}} - \text{이익잉여금}_{\text{기초}} = \text{당기순이익} - \text{현금배당} - \text{주식배당} \quad (2)$$

$$\text{기타포괄손익누계액}_{\text{기말}} - \text{기타포괄손익누계액}_{\text{기초}} = \text{기타포괄이익} - \text{기타포괄손실} \quad (3)$$

위의 식(1), 식(2) 및 식(3)을 좌변은 좌변끼리 우변은 우변끼리 합하여 정리하면 다음의 식(4)가 유도된다.

$$\text{자본총계}_{\text{기말}} - \text{자본총계}_{\text{기초}} = (\text{당기순이익} + \text{기타포괄이익} - \text{기타포괄손실}) + (\text{유상증자} + \text{자기주식처분}) - (\text{현금배당} + \text{자기주식취득}) \quad (4)$$

유상증자와 자기주식처분액의 합계는 소유주의 투자에 해당하고 현금배당과 자기주식취득은 소유주에 대한 배분에 해당하므로 위의 식(4)는 다음의 식(5)와 같이 표시할 수 있다.

$$\text{당기순이익} \pm \text{기타포괄손익} = (\text{자본총계}_{\text{기말}} - \text{자본총계}_{\text{기초}}) - \text{소유주의 투자} + \text{소유주에 대한 배분} \quad (5)$$

위의 식(5)의 좌변은 포괄손익계산상에 표시되는 거래접근법에 의한 총포괄이익의 계산식이고 우변은 자본유지접근방법에 의한 총포괄이익의 정의식이다. 따라서 거래접근방법에 의한 총포괄이익의 계산식과 자본유지접근방법에 의한 총포괄이익의 정의는 결과적으로 동일함을 알 수 있다.

위의 논의와 관련하여 기타포괄손익의 성격을 분석해 보면 다음과 같다. 앞에서 살펴본 바와 같이, 기타포괄손익은 총포괄이익을 계산할 때 당기순이익에 가감되는 항목이다. 당기순이익은 전통적인 거래접근방법에 의해 정의되는 반면 총포괄이익은 자본유지접근방법에 의해 정의되므로 양자 간에 차이가 발생하는 것은 일견 자연스러운 것으로 보인다.

이러한 시각에서 보면 기타포괄손익은 기중에 발생하는 일반적인 손익거래와 달리 전통적인 거래접근방법을 통해서는 인식되지 않는 특별한 부류의 수익 및 비용으로 간주할 수 있다. 즉, 기타포괄손익은 본질적으로 자산의 가치변동(공정가치 변동)을 보고기간 말에 평가하여 해당 자산에 가치변동을 반영할 때 인식하게 되는 미실현보유손익이다. 한국채택국제회계기준에서 기타포괄손익으로 분류되는 항목의 예로는 기타포괄손익측정 금융자산평가손익, 해외사업환산손익, 재평가이익, 그리고 현금흐름위험회피파생상품평가손익 등을 들 수 있는데(제3장 제4절 참조), 이들은 공통적으로 보고기간 말에 해당 자산의 공정가치 변동을 장부에 반영할 경우 인식되는 미실현보유손익에 해당함을 알 수 있다.

연습문제

EXERCISES

서술형

1. 경제학에서 사용하는 저량과 유량의 개념을 각각 설명하라.
2. 저량과 유량 간의 관계에 대해 설명하라.
3. 재무제표요소들 중 어느 항목이 저량(유량)에 해당하는지 설명하라.
4. Irving Fisher의 자본과 순이익에 대한 개념을 설명하고 측정의 관점에서 이러한 개념들이 갖는 문제가 무엇인지 논하라.
5. J. R. Hicks의 소득, 소비 및 부(Wealth)에 관한 개념을 간략히 설명하고 Hicks의 논의가 자본유지접근방법에 해당하는 이유를 논하라.
6. 전통적인 순이익 측정방법의 내용을 설명하고 이와 관련하여 자산·부채의 평가방법에 미치는 문제점이 무엇인지 설명하라.
7. IFRS에서 총포괄이익을 어떻게 정의하며 이러한 총포괄이익의 정의가 과거 당기순이익의 정의와 어떻게 다른지 설명하라.
8. IFRS의 도입을 계기로 공정가치 측정이 강조되었는데 그 배경은 무엇인지 설명하라.
9. IFRS에서 공정가치의 정의는 무엇인지 설명하라.
10. 공정가치 서열체계의 내용을 간략히 서술하라.

주관식

01. 이동국 군은 현재 ₩5,000을 갖고 있다. 이동국 군이 이 돈을 10%의 이자를 제공하는 데 10년간 투자한다면 10년 후의 명목가치는 얼마일까?

① 연복리의 경우
② 6개월 복리의 경우
③ 분기별 복리의 경우

02. 이동국 군은 앞으로 10년 동안 매 6개월마다 ₩5,000을 이자율 8%의 예금에 투자하려고 한다. 만일 이자가 1년에 두 번씩 복리로 계산된다면 이동국 군 예금액은 10년 후에 얼마가 될까?

03. 당신은 5년 후에 ₩100,000을 받을 채권을 가지고 있다. 중도이자는 없으며 현재 시장이자율은 연 12%이다. 만일 분기별 복리로 이자가 계산된다고 가정할 때 이 채권의 현재가치는 얼마인가?

04. 당신은 은행으로부터 현금 ₩125,000의 대출을 받고 매 6개월마다 다음 5년간 동일한 금액을 상환하기로 약속하였다. 현행 이자율이 연 12%이고 6개월 복리로 이자가 계산될 때 당신이 매 6개월마다 상환해야 할 금액은 얼마인가?

05. 당신은 기계(현금취득가격 : ₩101,515)를 구입하고 다음 2년 동안 매년 말에 ₩55,307을 지급하기로 약속하였다. 이 거래에 내재된 이자율은 얼마인가?

06. 이동국 군은 자동차를 구입하였는데 자동차대금을 지급하는 방법에는 두 가지 대안이 있다.

대안 1 : 당장 현금 ₩100,000을 지급

대안 2 : 매년 말 ₩40,000을 3년간 지급하는 방법

이자율이 다음과 같을 때 어느 대안이 유리한지 계산하시오.

① 이자율이 4%일 때 ② 이자율이 10%일 때 ③ 이자율이 20%일 때

07. 동국기업은 앞으로 30년간 매년 말에 퇴직하는 종업원에게 일정한 금액의 연금을 지급해야 한다. 현재 보유하고 있는 기금은 ₩100,000이다. 시장이자율이 8%일 때 매년 연금으로 지급할 수 있는 금액은 얼마인가?

08. 이동국 군은 모교에 장학기금을 설립하여 회계원리 수강생 중 한 명에게 매년 말 ₩3,000을 10년간 지급하려고 한다.

① 장학금은 지금으로부터 1년 후에 처음으로 지급될 것으로 가정하면 이자율이 12%일 때 이동국 군은 장학기금으로 지금 얼마를 출연해야 하는가?

② 만일 장학금이 지금으로부터 5년 후에 처음으로 지급될 것으로 가정하면 이자율이 12%일 때 이동국 군은 장학기금으로 지금 얼마를 출연해야 하는가?

③ 만일 장학금을 1년 후부터 영원히 매년 말에 지급하려면 얼마의 기금을 지금 기부해야 하는가? (단, 이자율은 연 12%임)

09. 동국기업은 액면금액 ₩100,000, 이자율 10%, 매기말 1회 이자지급조건의 만기가 3년인 채권을 시장이자율이 다음과 같을 때 발행하였다. 사채발행비가 없다는 가정하에 채권의 발행가액을 계산하시오.

① 시장이자율 : 8% ② 시장이자율 : 10% ③ 시장이자율 : 12%

10. 동국기업은 기계를 구입하고 ₩1,000,000을 1년 후에 지급하기로 하였다. 이 거래의 시장 이자율은 10%이다. 기계의 취득원가는 얼마로 산정되어야 하는가?

06 재고자산

재고자산은 유동자산의 주요 구성요소이며 판매되는 경우 매출원가로 인식되어 영업이익의 주요 구성요소가 되므로 회계적으로도 매우 중요하다. 기말재고자산의 과대계상은 매출원가의 과소계상을 초래하여 영업이익의 과대계상을 초래한다.

백화점과 같은 상품매매업의 경우 재고자산은 판매할 목적으로 보유하고 있는 자산을 말하고, 제조기업의 경우 재고자산은 기업이 판매할 제품의 생산에 투입할 원재료와 완성된 제품 및 미완성된 제품 등을 말한다. 재고자산은 기업의 수익창출을 위해 필수적인 자산이므로 이러한 재고자산의 관리는 영업에서 매우 중요하다. 과도한 재고자산을 보유하면 보관비용이 들어갈 뿐만 아니라 보유한 재고자산의 진부화를 초래하여 기업에 큰 손실을 초래할 수 있다. 또한 대부분의 유동자산과는 다르게, 재고자산은 판매단계를 거쳐야 하므로 쉽게 현금화할 수 있는 자산이 아니다.

재고자산 회계의 주요 주제는 재고자산 취득시의 취득원가 측정 및 제조원가의 결정, 재고자산 판매에 따른 매출원가(비용)의 인식과 측정, 그리고 기말재고자산의 측정 및 평가라고 할 수 있다. 본 장에서는 이들 주제에 대하여 자세히 설명하며, 아울러 저가기준 및 추정에 의한 재고자산 평가도 다룬다.

제 1 절 재고자산의 의의와 주요 주제

1. 재고자산의 의의

기업이 보유하는 재고자산(inventory)의 종류는 기업의 특성에 따라 다르다. **상품매매기업**은 다른 기업이 생산한 완성품(제품 또는 상품)을 매입하여 판매하는 기업인데, 상품매매기업이 판매를 목적으로 보유하는 재고자산을 상품(merchandise)이라고 부른다. 이에 비하여 판매용 완성품을 직접 생산하는 **제조기업**의 재고자산은 완성품을 제조하기 위해 보유하는 원재료(raw materials), 생산공정 중에 있는 재공품(work in process), 그리고 완성된 제품(finished goods) 등으로 구성된다. 한편 **용역제공기업**의 재고자산에는 관련된 수익이 아직 인식되지 않은 용역원가가 포함된다. 예를 들어, 다른 기업을 위해 장기 프로젝트를 수행하는 컨설팅 기업이 아직 프로젝트가 완성되지 않았지만 지금까지 프로젝트를 완성하기 위해 투입한 원가는 일종의 재공품으로 재고자산으로 포함된다. 일반적으로 재고자산은 다음의 세 부류로 대별된다.

- 기업의 정상적인 영업과정에서 판매를 위하여 보유 중인 자산(상품, 제품)
- 기업의 정상적인 영업과정에서 판매를 위하여 생산과정에 있는 자산(재공품, 반제품)
- 생산이나 용역제공에 사용될(또는 투입될) 자산(원재료, 소모품)

일반적으로 재고자산에 포함되는 재고자산의 범위와 사용되는 계정의 유형은 다음 <표 6-1>과 같이 요약될 수 있다.

표 6-1 재고자산의 범위 및 분류

구분	내용
상 품	기업이 외부로부터 매입하여 재판매를 위해 보유하는 자산
제 품	기업이 판매를 목적으로 자체적으로 제조한 생산품
재공품	기업이 제품을 생산하기 위하여 제조과정에 있는 자산
반제품	기업이 제품을 생산하는 과정에서 제조한 중간제품과 부분품(재공품에 포함되나 현재 상태로 판매가능하다는 점에서 여타의 재공품과 구별된다)
원재료	제품의 제조에 투입할 목적으로 보유하고 있는 원료 및 재료
저장품	소모품, 소모공구기구, 비품, 수선용 부분품을 포함한다.[1]
기타 재고자산	위의 분류에 속하지 않는 재고자산

회계에서 특정 자산항목이 재고자산으로 분류되어야 할지의 여부는 그 기업의 주요 영업활동과 보유목적에 따라 달라진다. 예를 들어, 토지는 일반 기업의 경우 영업에 이용할 유형자산으로 분류되지만 부동산매매기업의 경우 판매목적으로 토지를 취득하였다면 이는 재고자산으로 분류된다. 또한 물리적 형태가 동일한 재고자산이라도 판매목적으로 보유하는 것이 아니라면 재고자산으로 분류하지 않는다. 예를 들어, 현대자동차㈜가 판매목적으로 보유하고 있는 차량은 재고자산으로 분류하지만, 임원의 업무용으로 보유하는 승용차는 유형자산으로 분류한다.

---

1) 재고자산에 포함되는 공구 및 비품은 당기의 생산과정에 소비 또는 투입될 부품에 한하며, 1년 이상 보유할 품목이면 비유동자산으로 분류한다.

2. 재고자산 회계의 주요 주제

재고자산이 부족하게 되면 기업은 소비자들의 수요를 적시에 충족시킬 수 없어 매출의 기회를 잃게 될 수도 있고, 비효율적인 생산기술이나 구매활동으로 인하여 과도한 양의 재고자산을 보유하게 되면 기업의 유동성에 큰 부담을 초래할 수도 있다. 대부분의 제조기업이나 상품매매기업의 경우 재고자산은 유동자산의 중요한 항목이며 전체 자산에서 차지하는 비중도 커서 재고자산의 측정 및 평가와 보고는 세심한 주의를 요한다.

위에서 설명한 바와 같이 기업은 회계기간 중에 재고자산을 취득하여 보유하면서 판매활동을 한다. 기업은 기초에 보유하던 재고자산과 회계기간 동안 매입(또는 제조)한 재고자산의 합계 중 일부를 판매하고 그 대가를 매출수익(sales revenue)으로 기록하게 된다. 매출수익은 일반적으로 기업이 획득하는 수익의 가장 중요한 부분이다. 기업은 판매를 통해 출고된 재고자산의 원가는 매출원가(cost of goods sold)라는 비용으로 인식하는데, 매출원가는 매출수익에 직접 대응되는 비용으로 볼 수 있다. 매출액에서 매출원가를 차감한 금액은 매출총이익(gross margin)으로 포괄손익계산서에 보고되며, 이 이익항목은 기업의 경영성과를 측정하는 중요한 지표의 하나이다.[2)]

기업이 기초에 보유하던 재고자산(기초재고)과 당기에 매입(또는 제조)한 재고자산의 합계액을 판매가능재고액(goods available for sale)이라고 하는데, 그 이유는 기업이 물리적으로 판매가능재고액 이상을 출고하여 판매할 수 없기 때문이다. 이 판매가능재고액 중 판매되어 출고된 부분은 매출원가(비용)로 인식되고, 회계기간 동안 판매되지 않고 남은 것은 기말재고자산(자산)이 되는 동시에 다음 회계기간의 기초재고자산으로 이월된다. 그러므로 재고자산의 회계에 오류가 생기면 재무상태표의 주요 항목인 재고자산의 평가뿐만 아니라 포괄손익계산서의 주요 비용항목인 매출원가도 왜곡되며, 따라서 매출총이익과 당기순이익에도 직접 영향을 미치게 된다.

---

2) K-IFRS에서는 포괄손익계산서 작성시 비용을 기능별 분류에 의하여 표시하는 기업은 매출원가를 다른 비용과 분리하여 보고하여야 한다. 즉, 매출원가는 포괄손익계산서상에 비용을 기능별로 분류하여 보고할 경우 별도로 표시되는 비용항목이다. 만일 비용을 성격별로 구분한다면 매출원가의 구성요소를 제품과 재공품의 변동, 원재료와 소모품의 사용액, 종업원급여비용 및 감가상각비와 기타상각비로 구분하여 표시하게 되어 매출원가라는 단일 비용항목이 표시되지 않는다.

그림 6-1 판매가능재고액, 기말재고 및 매출원가의 관계[3)]

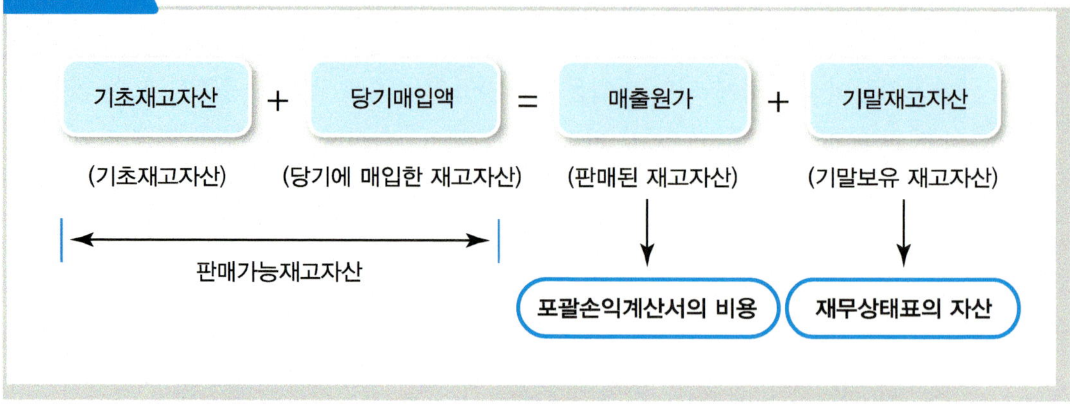

위의 <그림 6-1>에서와 같이, 기초재고자산과 당기매입액의 합계는 당기의 판매가능재고액(취득원가 총액)이며, 이 판매가능재고액 중에서 실제로 판매된 재고자산은 포괄손익계산서에 매출원가라는 비용항목으로 보고되고, 판매되지 않은 나머지 재고자산은 재무상태표에 기말재고자산으로 표시된다. 결국 재고자산 회계의 핵심적 주제는 당기매입액의 취득원가를 정확히 측정하여 기초재고와 당기매입액의 합계인 판매가능재고액을 매출원가(포괄손익계산서의 비용)와 기말재고자산(재무상태표의 자산)으로 배분하는 작업, 즉 회계기간의 매출원가와 기말재고자산을 적절히 측정하는 것이라고 할 수 있다.

따라서 재고자산 회계의 주요 주제는 재고자산 취득시의 취득원가 측정, 재고자산 판매에 따른 매출원가(비용)의 인식과 측정, 그리고 기말재고자산의 측정이라고 요약할 수 있다. 취득(매입)된 재고자산의 측정에 관한 취득원가 기준의 일반적인 사항들에 대해서는 다음의 2절에서 설명하며, 취득원가를 기준으로 재고자산의 취득(입고)과 판매(출고)를 비롯한 회계기간 중 재고자산의 거래를 기록하는 두 가지 방법(기록방법)에 대해서는 3절에서 설명한다. 회계기간 중 재고자산의 취득단가가 변동함으로써 파생되는 매출원가와 기말재고액의 측정에 관한 사항들은 4절에서 기술되며, 5절에서는 재고자산의 시가가 취득원가 이하로 하락했을 경우의 기말재고자산의 평가에 관한 저가기준에 대해 설명한다. 마지막으로 6절에서는 실제 거래로부터의 취득원가로 재고자산을 측정할 수 없어 추정에 의존해야 하는 특수한 경우들을 다룬다.

---

3) 김권중, 2014, NEW회계원리 제5판, 창민사, 283쪽 참조.

그림 6-2 재고자산 회계의 주요 주제

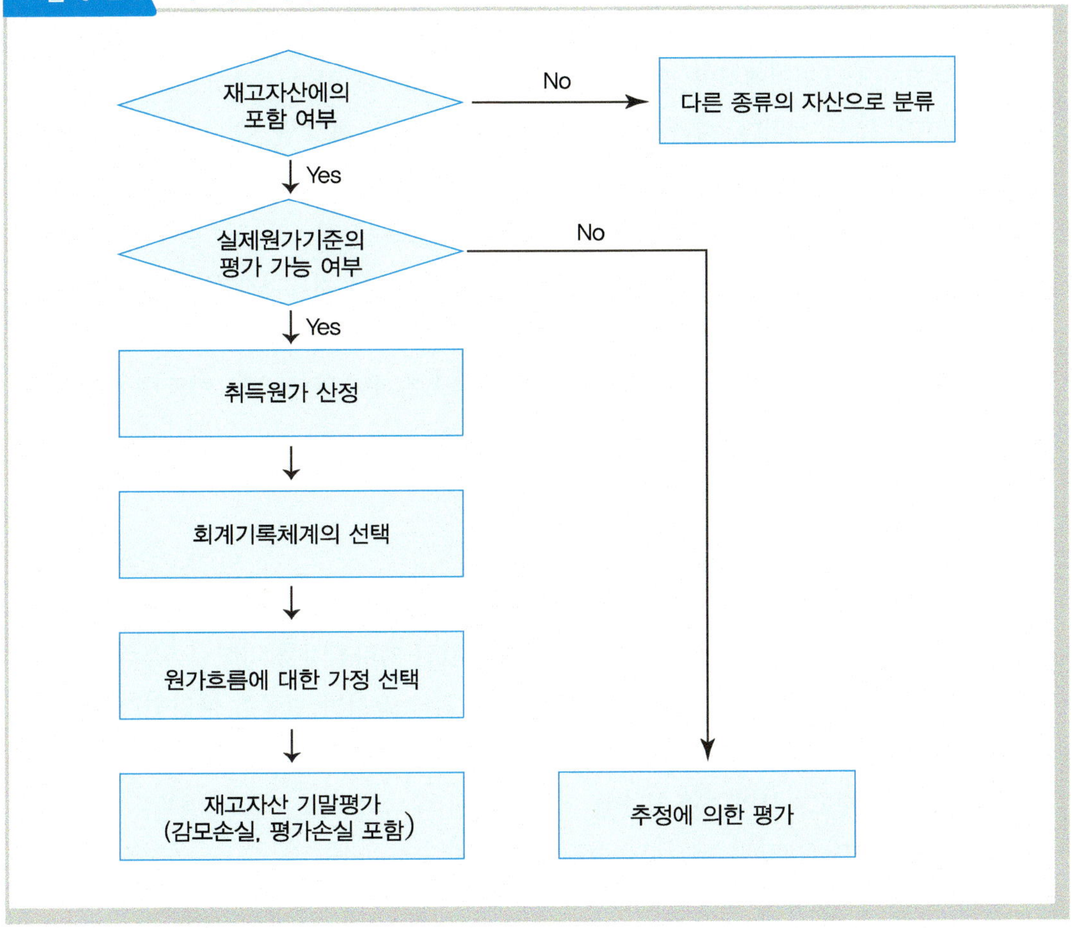

제 2 절 재고자산의 취득원가 측정

1. 취득원가 측정의 일반기준

K-IFRS에서 재무정보의 유용성을 높이기 위하여 자산평가 기준으로서 공정가치의 적용을 대폭 확대하였지만 재고자산의 측정기준은 원칙적으로 여전히 역사적원가(취득원가)이다. 그 이유는 재고자산에 대해서도 공정가치를 측정속성으로 적용한다면 판

매시점에 이론적으로 매출수익과 매출원가 간의 차이가 없어져서 매출총이익이 0이 되는 모순이 발생하기 때문이다.

재고자산의 정의에서와 같이 기업이 재고자산을 취득하여 보유하는 근본적인 이유는 판매를 위한 것이다. 따라서 재고자산의 취득원가는 재고자산을 판매목적에 적합하게(판매가능한 조건으로) 만들기 위해 필요한 정상적인 지출을 모두 포괄한다. 즉, 매입가격뿐만 아니라 매입운임, 하역료, 보험료, 보관료 등 재고자산의 취득에서 판매 직전 단계에 이르기까지 발생한 정상적인 부대비용을 모두 취득원가에 포함한다. 이렇게 재고자산의 취득원가를 구성하는 지출에는 크게 세 가지 원가부류가 있는데, 매입원가, 제조원가 중 전환원가 및 재고자산을 현재의 장소에 현재의 상태로 이르게 하는 데 발생한 기타원가가 그것이다.

1.1 매입원가

재고자산의 매입원가는 매입가격에 수입관세와 제세금,[4] 매입운임, 하역료 그리고 완제품, 원재료 및 용역의 취득과정에 직접 관련된 기타원가를 가산한 금액이다. 한편 매입과 관련한 매입할인, 에누리, 리베이트 및 기타 유사한 항목은 매입원가에서 차감한다. 이와 같이 K-IFRS에서 규정하고 있는 재고자산의 취득원가 중 매입원가는 상품매매기업의 재고자산의 취득원가에 적용될 뿐만 아니라 제조기업의 완제품 및 원재료의 취득원가를 포괄하고 있다는 점에 주의하자.

1.2 제조원가 중 전환원가

제조기업의 경우에는 재료를 구입하고 이를 이용하여 제품을 완성한다. 제품의 원가는 직접재료원가, 직접노무원가 및 제조간접원가 세 가지로 구성되며 직접재료의 원가는 위의 매입원가의 원칙을 따르면 된다. 즉, 직접재료가 생산에 투입되면 투입된 직접재료의 매입원가가 재공품계정에 집계된다. 제조원가의 나머지 구성요소인 직접노무원가와 제조간접원가는 직접재료를 제품으로 전환하는 데 드는 원가이므로 전환원가(conversion cost) 혹은 가공원가라 불린다. 전환원가 중 직접노무원가(direct labor cost)는 제품을 완성하는 데 투입된 인건비이므로 재료를 전환하는 데 투입된 인건비는 재공품 계정에 쉽게 집계될 수 있다. 제품의 원가를 결정할 때 중요한 이슈는 전환

4) 과세당국으로부터 추후 환급받을 수 있는 금액은 제외한다.

원가 중 제조간접원가의 결정이다. 제조간접원가는 그 성격상 특정 제품의 생산에만 국한되지 않고 공장에 생산되는 모든 제품의 원가와 관련되므로 제품의 원가를 결정하기 위해서는 제조간접원가를 여러 제품의 원가에 배부하여야 하는데, 배부기준으로 무엇을 사용하느냐에 따라 특정 제품의 원가가 영향을 받을 수 있다. 예를 들어, 공장 건물이나 기계장치의 감가상각비와 수선유지비 및 공장관리비 등의 제조간접원가는 해당 공장이나 기계에서 생산되는 모든 제품의 원가에 추적되어야 하므로 이를 정확하게 생산된 각각의 제품에 배부하는 것은 쉬운 일이 아닌 것이다. 제조기업의 재고자산 회계는 원가회계 영역에서 상세하게 다루므로 원가회계 교과서를 참조하기 바라며 본 장의 이후 내용은 상품매매기업의 재고자산을 중심으로 기술된다.

★

직접재료의 원가 ➞ 매입원가

재공품의 원가 ➞ 투입된 직접재료의 매입원가 + 투입된 직접노무원가 + 제조간접원가 배부액

제품의 원가 = 직접재료원가 + 직접노무원가 + 제조간접원가
= 직접재료원가 + 전환원가

1.3 기타원가

기타원가는 재고자산을 현재의 장소에 현재의 상태로 이르게 하는 데 필요하여 정상적으로 발생한 범위 내에서만 취득원가에 포함된다. 특정한 고객을 위한 비제조간접원가 또는 제품 디자인원가를 재고자산의 원가에 포함하는 경우가 기타원가의 예가 될 것이다. 이와 같이 재고자산의 취득원가 중 한 항목인 기타원가에 대해서 K-IFRS는 구체적인 속성에 관한 정의나 범위를 규정하고 있지 않다. 이 규정의 취지를 해석하자면, 기타원가는 취득원가 중 매입원가와 전환원가에 해당하지 않는 원가로서 재고자산을 현재의 장소에 현재의 상태로 이르게 하는 데 발생한 지출에 한정된다고 판단된다.

1.4 재고자산의 취득원가에서 제외되는 항목

다음의 항목들은 재고자산의 취득원가에 포함할 수 없으며 발생기간의 비용으로 인식하여야 한다.

★
(1) 재료원가, 노무원가 및 기타 제조원가 중 비정상적으로 낭비된 부분
(2) 후속 생산단계에 투입하기 전에 보관이 필요한 경우 이외의 보관원가
(3) 재고자산을 현재의 장소에 현재의 상태로 이르게 하는 데 기여하지 않은 관리간접원가
(4) 판매원가(판매활동을 위해 직접 지출된 비용)

이와 같이 제조원가 중 비정상적으로 낭비된 부분과 후속 생산단계에 투입하기 전에 보관이 필요한 경우를 제외한 보관원가 및 판매원가와 일반관리원가는 재고자산의 취득과 직접적인 관련성을 인정하기 어렵거나 간접적인 관련성 밖에는 없으므로 재고자산의 원가에 포함하지 않고 발생기간의 비용으로 인식한다.

2. 취득원가 측정의 특수사항

위에서 설명한 재고자산 취득원가의 결정에 관한 일반기준 이외에 다음의 몇 가지 항목에 대해 추가적으로 설명이 필요하다.

2.1 매입할인

매입할인(purchase discount)은 기업이 구매자로서 외상매입금을 정해진 기간보다 조기에 지급한 경우 판매자로부터 소정의 현금할인을 받는 것을 말하며, '현금할인'이라고도 한다.[5] 예를 들어, 2/10, n/30[6]으로 표시되는 조건으로 매입이 이루어지고, 당해 재고자산을 매입한 기업이 10일의 할인기간 내에 외상대금을 지불하였다면 매입대금의 2%를 할인받게 된다. 이러한 매입할인을 기록하는 회계처리방법에는 총액법과 순액법이 있다.

총액법(gross method)이란 매입자가 할인기간 내에 대금을 지급하여 실제로 할인을 받은 경우에만 매입할인을 인식하고, 할인기간이 지나서 대금을 지급하여 할인을 받지 못한 경우에는 매입을 위해 지불한 대금 전액을 당해 재고자산의 취득원가로 기

5) 수량을 많이 구입하는 경우에 대금을 할인해 주는 경우를 현금할인과 구분하여 '수량할인'이라고 정의할 수 있다. 수량할인은 구입자가 부담하는 가격이 아니므로 재고자산의 취득원가에 포함하지 않는다.

6) 이는 외상매출의 총기간은 30일 이내로 하되 10일 이내에 외상대금을 지급하면 2%를 현금할인 해준다는 판매조건을 의미한다.

록하는 방법이다. 이에 비해 순액법(net method)이란 애초의 매입시점에서 대금 지급 시기와 관계없이 매입할인액을 구입대금에서 차감한 순액을 재고자산의 취득원가로 기록하는 방법이다. 따라서 할인기간이 지나 매입대금을 지불한 경우 매입시점에서 기록한 재고자산의 취득원가를 초과한 금액은 할인기간경과손실(일종의 이자비용)로 인식하게 된다.

예제 6-1

동국㈜은 상품을 2/10, n/30 조건으로 구입하다. 이러한 상품 매입을 총액법과 순액법 각각에 따른 회계처리를 설명하라.

풀이

① 총액법(gross method) : 총액법하에서는 상품의 취득시 판매자가 제공한 할인을 이용할 것인지 아니면 매입 후 10일 이후에 지급하여 할인을 받지 않을 것인지 알 수 없으므로 취득시 총매입대금으로 매입을 기록한다.

(차) 매 입	1,000	(대) 매입채무	1,000

만일 10일 이내에 대금을 지급하는 경우에는 2% 할인을 받으므로 다음과 같이 분개한다.

(차) 매입채무	1,000	(대) 현 금	980
		매입할인(또는 매입)	20

만일 10일 이후에 대금을 지급한다면 할인혜택이 없으므로 다음과 같이 분개한다.

(차) 매입채무	1,000	(대) 현 금	1,000

② 순액법(net method) : 순액법하에서는 할인 후 가격이 정상가격이라 간주하여 다음과 같이 분개한다.

(차) 매 입	980	(대) 매입채무	980

만일 10일 이내에 실제로 대금을 지급하면 다음과 같이 분개한다.

(차) 매입채무	980	(대) 현 금	980

만일 10일 이후에 대금을 지급하는 경우 다음과 같이 매입할인 혜택을 이용하지 못한 금액을 비능률에 따른 손실(또는 금융비용)로 기록한다.

(차) 매입채무	980	(대) 현 금	1,000
매입할인경과손실(금융비용)	20		

2.2 매입에누리와 매입환출

매입할인과 유사하게 매입에누리와 매입환출도 당기 매입원가의 차감항목이다. 매입에누리란 매입된 상품이나 제품에 파손 또는 결함이 있어 매입자의 요청에 의해 판매자가 값을 할인해 주는 것을 말하며, 매입환출은 동일한 이유로 매입한 제품이나 상품을 아예 판매자에게 반환하는 부분(반품)을 말한다. 매입에누리 및 매입환출 각각의 계정은 기업의 회계정책에 따라 독립적으로 사용될 수도 있고 매입원가에서 직접 차감되어 기록될 수도 있다.

이상의 논의를 요약하면, 재고자산의 취득원가는 다음과 같이 매입가격 총액에 각종 취득부대비용을 가산하고 여기에 매입할인, 매입환출 및 에누리를 차감한 금액으로 측정한다.

★

재고자산의 취득원가 = 매입가격 총액 + 취득부대비용 − 매입할인 − 매입환출 및 에누리

예제 6-2

다음은 충주기업㈜이 대전기업㈜으로부터 2/10, n/30의 조건으로 외상매입한 상품에 관한 자료이다. 충주기업㈜은 총액법을 적용한다.

• 상품 매입가격 총액	600만원	• 매입환출	20만원
• 매입에누리	8만원	• 매입운임	70만원
• 보험료	5만원		

또한 충주기업은 외상대금을 할인기간인 10일 내에 지불하여 매입가격 총액의 2%를 할인받았다.

[물음] 충주기업㈜의 상품 취득원가는 얼마인가?

풀이

상품 취득원가 = 매입가격 총액 + 매입운임 + 보험료 − 매입할인 − 매입환출 및 에누리
= 600 + 70 + 5 − 12 − 28 = 635(만원)

2.3 일괄구입

두 종류의 이상의 재고자산을 일괄구입하여 각각의 취득원가를 정확히 알 수 없는 경우 상대적인 공정가치를 기준으로 일괄구입원가를 각각의 재고자산에 배분한다. 예를 들어, 어느 기업이 세 가지 다른 종류의 재고자산(A, B, 그리고 C)을 800,000원에 일괄구입하였고, 각 재고자산의 취득원가에 대한 상세한 정보를 가지고 있지 않다고 가정하자. 이와 같이 개별 자산의 취득원가 정보가 존재하지 않는 경우에는 각기 다른 세 가지 재고자산의 공정가치를 기준으로 취득원가 총계 800,000원을 각각의 재고자산에 배부한다. 만일 공정가치로 평가할 때 A재고자산이 600,000원, B재고자산이 300,000원, 그리고 C재고자산이 100,000원이라면, A재고자산의 취득원가는 800,000원의 60%인 480,000원, B재고자산의 취득원가는 800,000원의 30%인 240,000원, 그리고 C재고자산의 취득원가는 800,000원의 10%인 80,000원으로 결정된다.

이때 공정가치는 재고자산의 성격에 따라 다르게 측정될 수 있다. 즉, 일괄구입된 재고자산이 판매를 목적으로 한 것이 아니고 생산공정에 투입하기 위한 원재료인 경우 유입가치인 현행대체원가로 공정가치를 측정하는 것이 합리적이다. 그러나 일괄구입된 재고자산이 판매를 목적으로 취득한 상품이라면 유출가치의 하나인 판매가치를 공정가치의 측정치로 보아, 개별 재고자산의 판매가치가 판매가치 총계에서 차지하는 비율(상대적 판매가치)을 기준으로 취득원가 총계를 개별 재고자산에 배부하면 된다.

2.4 이연지불조건(후불조건)에 의한 취득의 경우

K-IFRS는 재고자산을 이연지불조건(후불조건)으로 취득할 경우 계약에 실질적으로 금융요소(이자비용)가 포함되어 있다면 해당 금융요소(예 : 정상신용조건의 매입가격과 실제 지급액 간의 차이)는 매입원가에서 제외하고 금융이 이루어지는 기간 동안 발생하는 이자비용을 매입원가가 아닌 비용으로 인식하도록 규정하고 있다. 이 규정을 재고자산에 적용하는 이유는 장기신용에 의해 구입한 재고자산의 대금은 현금구입에 비하여 이자분에 해당하는 만큼 높은 가격이 책정되어 있을 수 있으므로 당해 이자분(금융요소)을 취득원가에서 제외하여야 하기 때문이다. 이는 자산의 취득원가를 취득에 소요된 현금 또는 현금성자산의 금액으로 평가하는 측정의 기본 원칙에 부응한 것이다.

2.5 차입원가의 자본화

앞에서 살펴본 바와 같이 이연후불조건으로 재고자산을 구입하는 경우에 발생하는 금융비용은 원칙적으로 기간비용으로 취급된다. 그러나 재고자산을 판매가능한 상태로 이르게 하는 데 상당한 기간을 필요로 하는 경우 이 기간 동안 발생하는 금융비용, 즉 차입원가는 재고자산의 원가에 포함한다. 예를 들어, 조선회사의 경우 선박을 제조하여 판매가능한 상태로 이르게 하는 데 상당한 기간이 소요될 수 있다. 재고자산을 판매가능한 상태에 이르게 하는 데 상당한 기간을 요하는 경우 판매준비를 완료하는 데 들어간 차입원가는 비용화하지 않고 재고자산의 원가에 포함하여야 한다. 이러한 차입원가는 미래 경제적 효익의 발생가능성이 높고 신뢰성 있게 측정가능할 경우에 자산 원가의 일부로 자본화한다.

그러나 단기간 내에 제조되거나 생산되는 재고자산은 차입원가의 자본화대상 자산에 해당하지 않으며 취득시점에 의도된 용도로 바로 사용할 수 있거나 판매가능한 상태에 있는 자산의 취득인 경우에도 차입원가를 취득원가로 자본화하는 대신에 발생한 연도의 비용으로 처리해야 한다. 차입원가를 자본화해야 하는 적격한 자산의 범위에 대해서는 유형자산의 차입원가 자본화를 설명할 때 상세하게 다룬다.

3. 농림어업 수확물의 취득원가

생물자산에서 수확한 농림어업 수확물로 구성된 재고자산은 순공정가치(공정가치에서 예상되는 판매비용을 차감한 금액)로 측정하여 수확시점에 최초로 인식한다[K-IFRS 제1041호('농림어업') 참조]. 이렇게 공정가치에서 예상되는 판매비용을 차감한 금액이 최초인식시점에 해당 재고자산의 취득원가가 된다.

4. 기말재고자산에 포함될 항목의 결정

결산일의 재고자산의 측정은 관련된 자산(매출채권)이나 수익(매출액)의 결정과 밀접하게 연결되어 있다. 재고자산의 매출과 매입 거래는 회계기간 중에 연속적으로 이루어지므로 특히 결산일 부근에 발생한 거래에 있어서는 어느 회계기간의 거래인지를 정확히 결정하여야 매출수익, 매출원가 및 재고자산의 평가가 적절히 이루어질 수 있다. 이를 위해서는 재고자산의 법적 소유권의 이전 유무, 계약조건 그리고 상관습 등을 고려하여 판단하여야 한다. 이 소절에서는 이와 관련하여 설명이 필요한 몇 가지 거래의 경우들에 대해 살펴본다.

4.1 미착품

미착품(goods in transit)이란 운송 중에 있어 아직 도착하지 않은 상품을 말한다. 이 경우에 상품에 대한 법적 소유권의 이전여부에 따라 기말시점에서 재고자산에 포함하여야 할지가 결정된다. 즉, 운송 중에 있는 상품이 선적지인도조건(FOB, shipping point)이라면 선적지에서 선적과 동시에 이미 구매하는 기업으로 소유권이 이전된 것이므로 구매기업은 당해 상품을 당기의 매입에 포함하여야 하고 결산일 현재 측정하는 재고자산에도 포함하여야 한다. 그러나 만일 현재 운송 중인 상품이 도착지인도조건(FOB, destination)으로 구매되는 경우라면 매입기업의 입장에서는 결산일 현재 당기의 매입에서 제외하고 동시에 기말의 재고자산에서도 제외하여야 한다.

4.2 적송품(위탁판매의 경우)

위탁판매(consignment sales)란 위탁자의 상품을 수탁자(타인)에게 위탁하여 판매하는 것을 말한다. 위탁자가 수탁자에게 판매를 위탁할 목적으로 운송하여 전달한 상품을 적송품이라 한다. 위탁자의 입장에서 보면 수탁자가 위탁품을 판매하기 전까지는 적송품은 위탁자의 소유이므로 위탁자의 재고자산에 포함한다. 그 이유는 위탁매매에 있어 수탁자는 적송품에 대한 소유권을 갖지 않고 단지 판매를 대행하며 그 대가로 위탁자로부터 위탁수수료를 수수할 뿐이기 때문이다. 위탁자가 부담하는 적송운임은 적송품의 취득원가에 포함하되 적송품은 별도 계정으로 보고하지 않고 재무제표의 주석으로 공시한다.

4.3 시송품(시용판매의 경우)

시용판매(sales on approval)란 일단 상품을 고객에게 인도하여 고객이 사용하여 본 후 매입하겠다는 의사표시를 하면 매매가 성립하는 판매방법을 말한다. 시용판매의 경우 고객이 구매의사를 표시한 시점에 매출수익이 인식된다. 즉, 시송품은 시용판매의 경우 판매기업이 소유권의 변동 없이 고객에게 이전한 상품이므로 고객으로부터 상품을 매입하겠다는 의사표시를 받기 전까지는 판매자의 재고자산에 포함하여야 한다.

4.4 반품가능 재고자산

특정 소매판매의 경우, 고객이 매입한 상품에 만족하지 않는다면 판매대금의 반환을 요구할 수 있는 경우가 존재한다. 이 경우 판매업자가 과거의 경험과 기타 관련 요인에 기초하여 미래의 반환금액(반품률)을 신뢰성 있게 추정할 수 있다면 판매시점(상품인도시점)에 추정반환금액을 차감한 금액을 매출수익으로 인식한다. 따라서 이러한 경우 판매시점에서 판매기업은 판매된 상품을 재고자산에서 제외한다. 그러나 반환금액을 신뢰성 있게 추정할 수 없는 경우에는 구매자가 상품의 인수를 수락하거나 반품기간이 종료된 시점까지 수익인식을 연기한다. 따라서 반환금액(반품률)의 합리적인 추정이 불가능한 경우에는 수익인식 시점까지는 출고된 상품이라도 판매자의 재고자산에 포함하여야 한다.

4.5 할부판매

할부판매란 상품을 고객에게 인도하고 대금의 회수는 미래 기간에 걸쳐 분할하여 이루어지는 판매를 말한다. 할부판매의 경우에도 제품의 인도시점에 매출을 기록하고, 장기할부매출인 경우에는 인도시점에 매출을 인식하되 현재가치로 매출액을 평가하도록 규정하고 있다. 따라서 대금이 회수되기 전이라도 고객에게 상품이 이전되는 시점에서 재고자산에서 제외하여야 한다.

4.6 저당상품과 재구매조건부판매

저당상품이란 금융기관 등으로부터 자금을 차입하고 그 담보로 제공된 상품을 말한다. 또한 재구매조건부판매란 판매 후 일정 기간이 지나면 판매자가 당해 상품을 구매자로부터 다시 구매하는 조건으로 이루어지는 판매를 말한다. 저당상품과 재구매조건부판매는 공통적으로 제품을 담보 또는 매개로 한 차입계약(product financing)으로 볼 수 있다. 그러므로 저당상품의 경우 저당권이 행사되는 시점 이전에서는 판매자의 재고에 포함하여야 하고, 재구매조건부판매의 경우에도 실질적으로 소유권의 이전이 없는 차입거래로 보아 판매자의 재고에 포함한다.

제 3 절 재고자산 거래의 기록방법

위에서 설명한 바와 같이 재고자산 거래를 기록하는 과정은 기본적으로 기초재고자산과 당기매입액의 합계인 판매가능재고자산의 취득원가를 결정한 후 이를 매출원가와 기말재고자산의 두 요소로 '배분'하는 과정이다.[7] 재고자산의 거래를 기록하는 방법에는 계속기록법과 실지재고조사법이 있다. 아래에서는 이 두 가지 재고자산 기록방법에 관해 자세히 살펴본다.

1. 계속기록법

1.1 계속기록법하에서의 재고자산 거래의 기록

계속기록법(perpetual inventory system)은 상품의 매입과 매출이 있을 때마다 상품의 증감을 상품계정에 기록하고 매출이 이루어질 때마다 매출수익과 매출원가를 모두 기록하는 방법이다. 즉, 상품을 매입하였으면 매입한 상품의 취득원가를 상품계정에 기록하며(차기), 판매가 이루어지면 매출수익을 기록하며 판매된 상품의 취득원가를 상품계정에서 차감하는(대기) 동시에 그 금액을 매출원가 계정에 비용으로 기록한다(차기). 이렇게 회계기간 중에 상품의 증감과 매출원가를 매 거래마다 계속 기록하기 때문에 기말에 상품계정의 차변잔액은 기말 현재 상품의 시재액(장부상)을 나타내며, 매출원가 계정의 차변잔액은 당해 회계기간 (순)매출원가를 나타낸다.

이와 같이 계속기록법하에서는 상품의 기초재고와 당기매입액 모두가 하나의 상품계정에 기록되고, 매출이 이루어질 때마다 상품의 출고분(감소분)이 대변에 기록되며 동시에 동일한 금액의 매출원가가 기록된다. 아래에서 살펴볼 실지재고조사법과의 차이를 분명히 이해하기 위하여 다음의 등식을 살펴보자.

계속기록법하에서는 아래 등식의 네 개의 요소들 모두 어떤 시점에라도 파악이 가능하다. 즉, 기초재고액은 전기로부터 이월되어 온 금액이므로 이미 기록되어 있고, 매입과 매출원가 모두 입고와 출고시마다 매번 상품계정에 기록되므로 기말재고액(장부상 금액)도 항상 파악이 가능하다. 그러나 이 금액은 장부상의 금액이며 반드시 실제로

7) 배분의 결과인 기말재고와 매출원가도 물론 취득원가를 기준으로 측정된다.

그림 6-3 계속기록법 등식

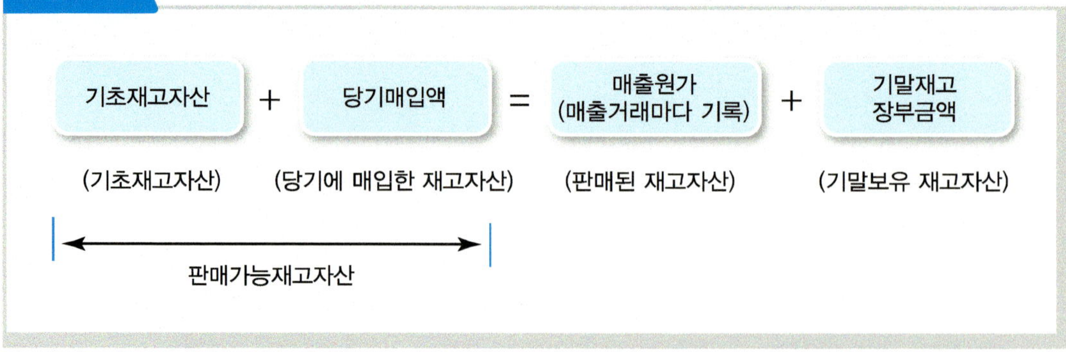

남아 있는 재고액을 의미하는 것은 아니다. 계속기록법을 채택하는 기업에서도 상품의 도난이나 파손 여부를 관리하기 위하여 실지재고조사를 주기적으로 실시하는데, 이러한 재고실사를 통해 파악된 실제 기말재고금액과 장부상의 기말재고액을 비교함으로써 상품의 감모손실을 파악할 수 있다.

계속기록법에서는 장부상으로 언제든지 상품의 재고를 파악할 수 있으므로 재고관리를 하는 데 유용하다. 다만, 빈번히 발생하는 매출거래에 대해 매출원가를 조사하여 이를 매번 기록해야 하기 때문에 수작업으로 회계기록을 유지하려면 기록에 소요되는 비용이 클 수 있다. 이러한 이유로 과거에는 계속기록법이 널리 사용되지 않았다. 그러나 이제는 많은 기업들이 전산회계시스템을 사용하고 있기 때문에 계속기록법이 널리 사용되게 되었다. 예를 들면, 할인점이나 편의점과 같은 소매기업의 경우에도 매장에서 스캐너로 상품의 바코드(bar code)를 읽어서 상품거래를 컴퓨터에 기록한다. 그래서 수작업으로 일일이 상품재고장을 기록할 필요가 없으며 전산소프트웨어를 이용함으로써 모든 기록 작업이 신속하고 편리해졌다.

1.2 계속기록법에서의 재고자산감모손실 인식

계속기록법을 적용하여 재고자산 거래를 기록하면 입고시점과 출고시점에서 재고자산의 입고 및 출고를 계속 기록하므로 언제든지 상품계정의 잔액을 통해 장부상 재고자산의 잔액을 파악할 수 있다. 그러나 이 잔액과 동일한 금액의 재고자산이 실제로 창고에 존재하지 않을 수 있다. 즉, 재고자산은 보관과정에서 파손, 도난 등에 의해 감소할 수 있으므로 계속기록법을 사용하는 기업이라도 기말에 재고실사를 해서 장부상 기말재고량과 실제 기말재고량이 일치하는지를 확인할 필요가 있다. 이때 장부상 기말

그림 6-4 재고자산감모손실의 회계

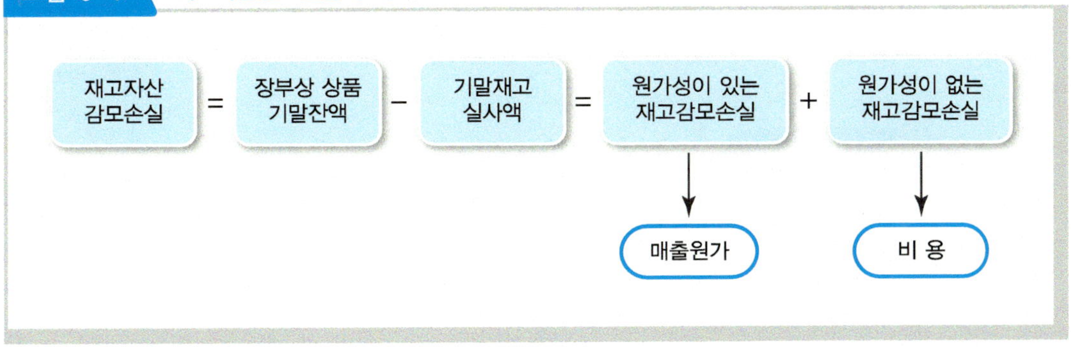

재고량보다 실제 기말재고량이 적으면 그 부족분을 재고자산감모손실이라 하고, 이를 기말수정분개를 통해 상품계정에서 차감하는 동시에 비용으로 인식하여야 한다.

재고자산감모손실은 영업활동과정에서 정상적인 수준으로 발생(불가피하게 발생)하는 경우와 비정상적인(예외적인) 수준으로 발생하는 경우가 있다. 정상적 감모손실은 다른 용어로 하면 '원가성이 있다'고 말하기도 하는데, 여기서 원가성이 있다는 말은 재고자산의 관리에 일정 비율의 감모손실이 필수불가결하게 발생하는 것을 의미한다. 이와 같은 정상적 감모손실은 매출원가에 가산한다. 이에 비해 비정상적 감모손실은 다른 용어로 '원가성이 없다'고도 말하기도 하는데, 이는 재고관리의 비능률로 인하여 발생하는 감모손실을 지칭한다. 원가성이 없는 비정상적인 감모손실은 별도의 비용항목으로 인식할 수 있다(별도의 비용항목으로 인식하는 경우라도 포괄손익계산서상에 표시할 때는 매출원가에 포함한다).[8)]

결과적으로 재고자산감모손실의 원가성 여부와 관계없이 재고자산감모손실은 수정분개를 통해 기말재고 장부가액에서 차감되며, 이 결과 상품계정의 잔액은 최종적으로 기말재고실사액으로 조정된다.

---

8) 구 기업회계기준(K-GAAP)에서는 재고자산평가손실과 환입, 정상적인 감모손실은 매출원가 계정에 반영하고 비정상적인 감모손실은 영업외비용계정으로 기록하도록 세분화하여 제시하였다. 이에 비해 K-IFRS에서는 재고자산원가를 비용으로 인식하는 항목들을 일반적으로 매출원가로 부른다고 기술할 뿐 분류표시를 상세히 제시하지 않고 있다. 이러한 K-IFRS의 규정에 비추어 볼 때 비정상적인 감모손실을 별도의 비용으로 회계처리 하더라도 포괄손익계산서에 표시할 때는 매출원가에 포함하여 보고한다.

1.3 재고자산 매매거래 기록의 실례 1 : 계속기록법

이 소절에서는 다음의 <예제 6-3>을 통하여 계속기록법의 내용을 자세히 살펴보자.

예제 6-3

상품매매기업인 동국회사의 20×7년 동안의 상품거래 자료는 다음과 같다. 동국회사는 매입할인을 총액법으로 회계처리한다.

- 1월 1일의 기초재고액 : ₩34,000
- 4월 1일의 매입 : ₩150,000, 이는 전액 2/10, n/30의 조건으로 한 외상매입이었다.
- 4월 9일의 매입대금 지급 : 동국회사는 4월 9일 매입대금 전액을 지급하고 2%의 할인을 받았다.
- 5월 15일의 매출 : ₩240,000(외상매출, 매가기준)이고 이 출고분의 매출원가는 ₩132,000이다.
- 9월 30일의 매입 : ₩120,000, 이는 전액 2/10, n/30의 조건으로 한 외상매입이었다.
- 10월 5일의 거래 : 9월 30일의 매입분 중 약간의 파손의 있어 판매처로부터 ₩5,000의 매출에누리를 받았고, ₩5,000은 아예 반품처리하였다.
- 10월 15일의 거래 : 9월 30일 거래의 나머지 매입채무를 지급하였다.
- 11월 1일의 매출거래 : ₩200,000(외상매출), 이 거래의 매출원가는 ₩110,000이다.
- 11월 5일의 거래 : 11월 1일분의 매출액 중 ₩10,000이 반품으로 회수되었다. 이 반품된 부분의 매출원가는 ₩5,500이다.
- 12월 31일 기말실사 : 기말의 실지재고를 조사한 결과 ₩52,000의 재고가 확인되었다.

[물음] 동국회사가 계속기록법을 채택하고 있다면 위의 거래들을 기록하기 위해 필요한 분개는 무엇인가?

풀이

- 매 입(4/1) :

(차) 상 품	150,000	(대) 매입채무	150,000

- 매입채무 지급(4/9) :

(차) 매입채무	150,000	(대) 현 금	147,000
		상 품	3,000

- 매 출(5/15) :

(차) 매출채권	240,000	(대) 매 출	240,000
매출원가	132,000	상 품	132,000

- 매 입(9/30) :

(차) 상 품	120,000	(대) 매입채무	120,000

• 매입환출 및 에누리(10/5) :

(차) 매입채무	10,000	(대) 상　품	10,000

• 매입채무의 지급(10/15) :

(차) 매입채무	110,000	(대) 현　금	110,000

• 매출(11/1) :

(차) 매출채권	200,000	(대) 매　출	200,000
매출원가	110,000	상　품	110,000

• 매출환입(11/5) :

(차) 매　출	10,000	(대) 매출채권	10,000
상　품	5,500	매출원가	5,500

동국회사의 상품계정에는 전기 말에 이월된 기초재고액 ₩34,000이 이미 기록되어 있다. 당기 중에 순매입액은 총매입액 ₩270,000에서 매입할인과 매입환출 및 에누리를 차감한 ₩257,000이고, 매출환입으로 인한 매출원가의 취소분을 감안하면 매출원가의 총액은 ₩236,500이 된다. 따라서 상품계정의 기말장부금액은(잔액)은 ₩54,500이다. 이와 같이 계속기록법하에서는 매출이 이루어질 때마다 매출원가 및 상품의 감소를 기록하므로 기말재고의 실사 전이라도 매출원가와 기말재고장부금액이 파악된다. 따라서 매출원가를 계산하기 위한 별도의 기말수정분개는 필요 없다. 그러나 실지재고조사를 통해 파악된 기말재고실사액은 ₩52,000으로서 장부금액보다 ₩2,500만큼 적다. 바로 이 ₩2,500이 재고자산감모손실이다. 위에서 설명한 바와 같이 재고자산감모손실 중 원가성이 있는 부분은 매출원가에 포함하고, 원가성이 없는 부분은 재고자산감모손실이라는 별도의 계정에 기록하여 비용 항목으로 인식할 수 있다. 만일 위의 예에서 ₩1,500은 원가성이 있으나 나머지 ₩1,000의 원가성이 없다면 동국회사가 기록할 수정분개는 다음과 같다.

• 수정분개(12/31) :

(차) 매출원가	1,500	(대) 상　품	2,500
재고자산감모손실	1,000		

이 수정분개의 결과 상품계정의 최종잔액은 ₩52,000이 되어 기말재고실사액과 동일해진다. 매출원가계정의 잔액은 ₩238,000으로서 실지재고조사법의 경우(후술)보다 ₩1,000이 적은데, 그 차이는 바로 원가성이 없는 감모손실 ₩1,000이다. 단, 포괄손익계산서에 최종적으로 보고되는 매출원가에 원가성이 없는 감모손실도 포함하므로 포괄손익계산서상에 표시되는 매출원가는 ₩239,000이 될 것이다.

2. 실지재고조사법

2.1 실지재고조사법하에서의 재고자산 거래의 기록

실지재고조사법(실사법, periodic inventory system)은 회계기간 중 상품의 매입액은 상품계정 대신에 매입계정에 별도로 기록하며(차기) 상품의 매출시에는 출고액은 기록하지 않고 매출수익만 기록하는 방법이다. 이와 같이 실지재고조사법에서는 당기 매입분은 모두 상품계정 아닌 매입계정[9]에 기록하며 상품 판매시에 매출원가를 인식하지도 않고 상품의 감소도 기록하지 않는다(매출원가의 측정을 기말시점까지 미룬다). 즉, 실지재고조사법에서는 기말시점이 되어서야 재고량의 실지조사를 통해 기말재고액(기말재고실사액)을 결정하고 아래의 재고자산 등식에 따라 회계기간 전체의 매출원가를 일회적으로 측정하여 인식한다.

이와 같이 실지재고조사법은 상품을 매입할 때는 상품의 증가를 상품계정과 분리하여 매입계정에 기록하지만 상품을 판매하는 거래에 대해서는 실제 재고자산이 출고(감소)되더라도 이를 기록하지 않고 있다가 결산시 기말에 남아 있는 재고자산을 실사한 후 다음의 재고자산 등식에 따라 매출원가와 재무상태표에 기재할 상품의 금액을 결정하는 방법이다.

그림 6-5 실지재고조사법 등식

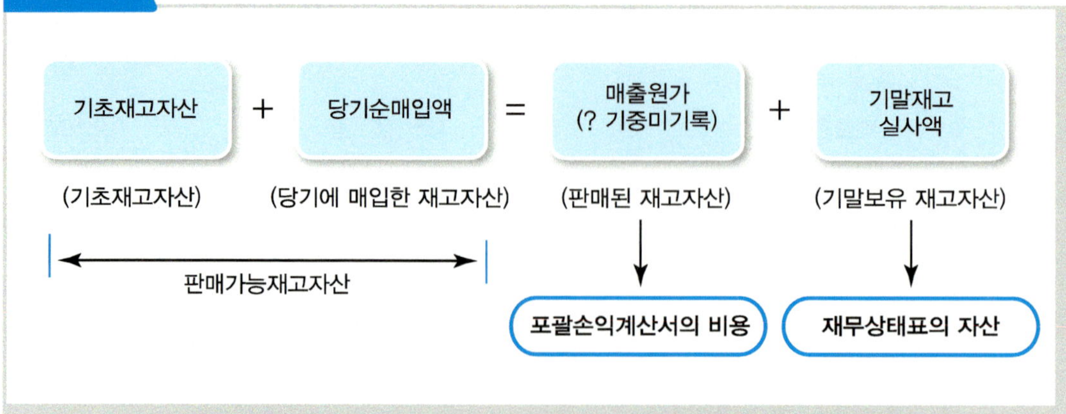

9) 매입계정은 비용계정의 하나이다.

위의 등식을 매출원가를 기준으로 정리하면 아래와 같은 매출원가 산정공식을 도출할 수 있다.

★

매출원가 = 기초재고액 + 당기순매입액* - 기말재고실사액

* 당기순매입액 = 매입가격 총액 + 매입부대비용 - 매입환출 및 에누리 - 매입할인

실무에서 실지재고조사법을 사용하는 경우에 매입계정을 매입, 매입운임, 매입환출 및 에누리 등으로 분리하여 매입거래를 기록하는 경우가 많다. 이렇게 계정을 분리하여 기록하면 상품 매입에 관련한 상세 자료를 용이하게 파악할 수 있다.[10)]

다음의 <예제 6-4>를 통하여 실지재고조사법을 사용하여 재고자산을 기록하고 있는 한 상품매매기업의 거래를 3분법을 이용하여 기록하는 방법을 살펴볼 것이다. 여기서 3분법이란 상품의 매매거래를 기본적으로 상품, 매입 그리고 매출의 세 계정을 사용하여 기록하는 방법이다. 위에서 설명한 바와 같이, 기업의 회계정책에 따라서는 매입과 관련한 매입할인, 매입환출 및 에누리 등을 별도의 계정에 분리하여 기록하는 방법을 사용할 수 있으나 본질적으로 이는 모두 3분법을 응용한 것이다.

2.2 실지재고조사법에서의 재고자산감모손실 인식

실지재고조사법의 경우에는 기말에 실사를 통해 측정된 기말재고를 재무상태표에 기말재고장부금액으로 바로 계상할 수 있는 장점이 있으나 포괄손익계산서에 계상되는 매출원가는 기말에 남아 있지 않은 모든 상품의 원가를 포함하게 된다. 따라서 도난이나 감모가 발생한 경우에 이는 기말재고자산(재고실사액)에 남아 있지 않고 자동적으로 모두 매출원가에 포함되므로 실지재고조사법하에서는 재고자산의 감모손실이 얼마인지 파악하는 것이 곤란하다. 이와 같이 실지재고조사법은 재고자산의 관리 목적 관점에서 한계를 가지고 있고 회계기록을 위한 효율적인 전산시스템이 광범위하게 보급됨에 따라 과거에 비해 실지재고조사법을 사용하는 기업의 숫자가 상당히 줄었을 것으로 보인다. 그러나 전산화가 곤란한 중후장대한 재화(예 : 석탄, 시멘트, 원목 등)를

10) 상품의 매입거래를 매입계정 이외에 여러 계정으로 분리해서 기록하였을 경우에는 기말에 각 계정 잔액을 매입계정으로 집계하면 당기순매입액(= 총매입액 + 매입운임 - 매입환출 및 에누리 - 매입할인)을 계산할 수 있다.

다루는 기업들은 아직도 실지재고조사법을 사용하고 있을 것으로 판단된다.

2.3 재고자산 매매거래 기록의 실례 2 : 실지재고조사법

예제 6-4

상품매매기업인 동국상사는 실지재고조사법을 사용하여 상품의 거래를 기록하며 총액법으로 매입할인을 기록한다. 동국상사의 2×14년 동안의 상품거래 내역은 다음과 같다.

- 1월 1일의 기초재고액 : ₩34,000
- 4월 1일의 매입 : ₩150,000, 이는 전액 2/10, n/30의 조건으로 한 외상매입이었다.
- 4월 9일 매입대금 지급 : 동국상사는 4월 9일 매입대금 전액을 지급하여 2%의 할인을 받았다.
- 5월 15일의 매출 : ₩240,000(전액 외상매출, 매가기준)
- 9월 30일의 매입 : ₩120,000, 이는 전액 2/10, n/30의 조건으로 한 외상매입이었다.
- 10월 5일의 거래 : 9월 30일의 매입분 중 일부에 약간의 파손의 있어 판매처로부터 ₩5,000의 매출에누리를 받았고, ₩5,000은 아예 반품처리하였다.
- 10월 15일의 거래 : 9월 30일 거래의 나머지 매입채무를 지급하였다.
- 11월 1일의 매출 : ₩200,000(외상매출, 매가기준)
- 11월 5일의 거래 : 11월 1일분의 매출액 중 ₩10,000이 반품으로 회수되었다.
- 12월 31일의 기말실사 : 기말의 재고를 실사한 결과 ₩52,000의 재고가 확인되었다.

[물음] 동국상사가 상품, 매입, 매출의 세 계정을 이용하여 위의 상품거래를 기록한다면 위의 거래들을 기록하기 위해 분개와 기말에 필요한 수정분개는 무엇인가?

풀이

- 매입(4/1) :

(차) 매 입	150,000	(대) 매입채무	150,000

- 매입채무의 지급(4/9) :

(차) 매입채무	150,000	(대) 현 금	147,000
		매 입	3,000

- 매출(5/15) :

(차) 매출채권	240,000	(대) 매 출	240,000

- 매입(9/30) :

(차) 매 입	120,000	(대) 매입채무	120,000

• 매입환출 및 에누리(10/5) :

(차) 매입채무	10,000	(대) 매 입	10,000

• 매입채무의 지급(10/15) :

(차) 매입채무	110,000	(대) 현 금	110,000

• 매출(11/1) :

(차) 매출채권	200,000	(대) 매 출	200,000

• 매출환입(11/5) :

(차) 매 출	10,000	(대) 매출채권	10,000

기초재고액 ₩34,000은 전기 말에 상품계정에 차기되어 이월된 것이다. 당기 중에 발생한 매입 및 매입할인, 매입환출 및 에누리를 위와 같이 모두 매입계정에 기록한 결과 매입계정의 기말잔액은 ₩257,000이고, 매출계정의 잔액은 ₩430,000이다. 실지재고조사법에서는 회계 기말에 재고를 실사한 후에 기말수정분개를 통해 매출원가를 일괄하여 계산한다.

• 수정분개(12/31) :

(차) 매출원가	34,000	(대) 상 품	34,000
매출원가	257,000	매 입	257,000
상 품	52,000	매출원가	52,000

이 수정분개의 결과 상품계정의 최종잔액은 기말재고실사액인 ₩52,000이 되어 차기로 이월되고, 매출원가계정의 잔액은 ₩239,000으로서 기초재고액과 당기 순매입액의 합계(즉, 판매가능재고액)에서 기말재고실사액을 차감한 금액이 된다. 또한 매입계정의 잔액은 결국 0이 되는데, 이와 같이 매입계정에는 기중의 매입과 매입할인, 매입환출 및 매입에누리만 기록되고 그 잔액(순매입액)이 기말수정분개를 통해 매출원가계정에 집계되어 잔액이 ₩0이 되는 임시계정이다. 위에서 보는 바와 같이 재고자산감모손실은 실제로 발생하여도 실지재고조사법에서는 파악되지 않으며 기말재고실사 과정에서 기말재고액에서 누락되어 자동적으로 매출원가에 일부로 포함된다.

위에서 논의된 계속기록법과 실지재고조사법의 차이가 다음의 <표 6-2>에 정리되어 있다.

표 6-2 계속기록법과 실지재고조사법의 비교

구 분	계속기록법	실지재고조사법
핵심적인 차이	- 매출시 출고수량 및 매출원가를 기록하므로 재고자산의 시재액을 항상 파악할 수 있다. - 단가가 비싸고 부피가 작아 물리적으로 다루기 쉬운 상품에 많이 적용한다.	- 매출시 출고수량(매출원가)를 기록하지 않는다. - 단가가 저렴하고 부피가 큰 상품에 많이 사용한다.
사용되는 주요계정	- 상품, 매출, 매출원가	- 상품, 매입, 매출 - 매출원가(결산시에만 선택적으로 사용)
기초재고액	- 상품계정에 기록되어 있음	- 상품계정에 기록되어 있음
매입 거래	- 상품계정에 차기 상품 ××× / 매입채무 ×××	- 매입계정에 차기 매입 ××× / 매입채무 ×××
매입할인과 매입환출 및 매입에누리	- 매입거래의 취소로 취급 매입채무 ××× / 상품 ×××	- 매입거래의 취소로 취급 매입채무 ××× / 매입 ×××
매출 거래	- 매출수익과 매출원가를 모두 기록 매출채권 ××× / 매출 ××× 매출원가 ××× / 상품 ×××	- 매출수익만 기록 매출채권 ××× / 매출 ×××
매출환입 및 매출에누리	- 환입의 경우에는 위의 두 분개를 모두 역분개 매출 ××× / 매출채권 ××× 상품 ××× / 매출원가 ××× - 에누리의 경우 매출수익만 역분개 매출 ××× / 매출채권 ×××	- 위의 매출거래의 분개를 역분개 매출 ××× / 매출채권 ×××
기말수정 및 결산분개	- 재고감모손실 파악함 매출원가 ××× / 상품 ××× 또는 재고자산감모손실 ××× / 상품 ××× - 필요한 경우 평가손실을 기록함	- 결산수정분개를 통해 매출원가 계산 매출원가 ××× / 상품 ××× 매출원가 ××× / 매입 ××× 상품 ××× / 매출원가 ××× - 재고자산감모손실 파악 불가능 - 필요한 경우 평가손실을 기록함

제 4 절 재고자산 원가흐름의 가정과 원가배분

우리는 앞의 제3절에서 재고자산 거래의 기록방법에 대해 살펴보았는데 관련예제(<예제 6-3> 및 <예제 6-4>)에서 재고자산의 수량과 단가(단위당 매입원가)를 분리하여 논의하지 않았다. 이는 마치 재고자산의 단가가 개당 1원이며 회계기간 내내 일정하다고 암묵적으로 가정한 것과 같다. 그러나 현실에서는 재고자산의 매입단가가 매입시점에 따라 변동할 수 있다. 예를 들어, 우리나라 정유회사가 산유국으로부터 수입하는 원유의 가격(단가)은 매일 변동한다.

이와 같이 재고자산의 매입단가가 변동하는 상황에서는 매출원가와 기말재고자산의 금액을 어떻게 측정하는가의 문제가 해결되어야 한다. 이를 위하여 재고자산의 실제적인 판매순서(물적흐름)와는 독립적으로 원가흐름에 대한 일정한 가정을 하게 되고[11) 이를 적용하여 매입단가가 변동하는 상황에서 매출원가와 기말재고자산의 금액을 측정한다. 원가흐름에 대한 가정(cost flow assumptions)은 앞의 제3절에서 설명한 재고자산의 기록방법과 조합을 이루어 적용된다.

1. 원가흐름의 가정

예를 들어, 이동국 군이 연초에 사과 장사를 시작하였고 당기 거래 내역이 다음과 같다고 하자.

1월에 1개(단가 : 100원) 구입하였고, 2월에 2개(단가 : 200원)를 구입하였으며, 5월에 2개(단가 : 250원)를 추가로 구입했다. 기말에 실지재고를 조사해보니 사과 1개가 남아 있었다면 재무상태표에 계상한 기말상품 금액과 당기 매출원가는 얼마로 계산해야 할까?

우선 기초재고액은 0원이고 당기매입액은 총 1,000원(=1개×₩100 + 2개×₩200 + 2개×₩250)이므로 판매가능재고액은 1,000원이다. 이 1,000원을 기말재고액과 매

11) 재고자산의 실제적인 판매순서(물적흐름, physical flow)와는 독립적인 원가흐름에 대한 일정한 가정을 하는 이유는 실제 판매순서가 입고순서와는 많이 다르고, 따라서 판매가 이루어질 때마다 일일이 추적하지 않는다면 매출원가를 정확히 파악할 수 없기 때문이다.

그림 6-6 매입단가의 변동에 따른 매출원가와 재고자산의 측정

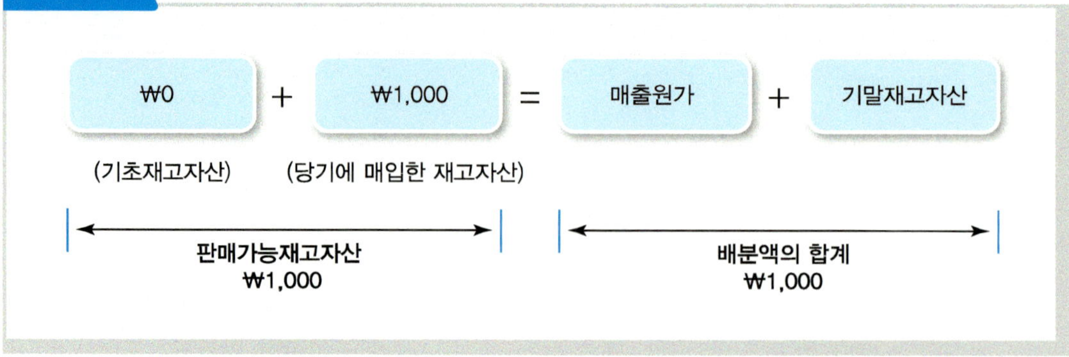

출원가로 배분해야 하고, 확인된 기말재고수량은 1개이다. 이제 문제는 이 1개의 기말재고수량에 어떤 단가를 적용하여 화폐금액으로 계산해야 하는가 하는 것이다. 만일 기말재고수량 1개에 대해 단가 100원을 적용한다면 기말재고액은 100원이 되고 매출원가는 900원이 될 것이다. 또한 기말재고수량 1개에 대해 단가 200원을 적용한다면 기말재고액은 200원이 되고 매출원가는 800원이 된다. 이처럼 기말재고액이 낮은 단가로 계상되면 그만큼 매출원가는 크게 계상되어 당기순이익이 줄어드는 효과를 갖는다.

상식적인 관점에서 가장 합리적이라고 판단되는 기말재고의 단가 결정방법은 기말에 실제로 남아 있는 재고를 정확히 추적하여 당해 재고의 취득원가로 단가를 결정하고 판매된 재고의 취득원가로 매출원가를 결정하는 것이다. 이동국 군의 사과장사를 예로 설명하면, 1월에 구입한 사과 1개가 실제로 기말재고로 남아 있다면 기말재고의 금액은 100원으로 결정하면 되고 5월에 구입한 사과가 실제로 남아 있다면 기말재고 금액은 250원으로 결정하면 될 것이다. 이렇게 실제로 판매된 재고자산과 기말에 남아 있는 재고자산을 정확히 식별하고 식별되는 재고자산별로 특정한 단가를 부과하는 방법을 개별법(specific identification method)이라고 한다.

K-IFRS에서는 통상적으로 상호 교환될 수 없는 재고자산 항목의 원가와 특정 프로젝트별로 생산되고 분리되는 재고자산의 원가는 개별법을 사용하여야 한다고 규정하고 있다. 예를 들어, 보석상의 경우 각 보석상품의 크기나 특성이 서로 달라 상호 교환될 수 없으므로 개별법을 적용하는 것이 적절하고, 고객의 주문에 의해 생산되는 특수기계의 경우에도 제작되는 기계의 특성이 모두 다를 것이므로 개별적으로 실물을 추적하여 원가를 결정하는 것이 합리적이다. 이렇게 개별법은 실제 물량흐름을 파악하여 어느 것이 판매되고 어느 것이 기말에 존재하는지를 일일이 추적하여 기말재고자산을

파악하는 방법이므로 원가흐름의 가정이 아니다.

반면 일반적으로 상호교환 가능한 대량의 동질적인 재고자산 항목에 대해서는 개별법을 적용하는 것이 적절하지 않다. 이렇게 상호교환 가능한 대량의 재고자산 항목에 개별법의 적용을 장려하지 않는 이유는 기말재고로 남아 있는 항목을 선택하는 방식을 이용하여 손익을 자의적으로 조정할 수 있기 때문이다.[12)]

전통적으로 회계에서는 다음 세 가지 원가흐름의 가정을 주로 사용해왔다.

첫째, 선입선출법(first-in, first-out method, FIFO)은 먼저 매입 또는 생산된 재고자산이 먼저 판매되어 결과적으로 기말에 재고에 남아 있는 항목은 가장 최근에 매입 또는 생산된 항목이라고 가정하는 방법이다. 이동국 군의 사과장사 예에 선입선출법을 적용하면, 1월과 2월에 매입한 3개의 사과와 5월 매입한 2개의 사과 중 1개가 판매된 것으로 간주되어 매출원가는 750원으로 결정되고 기말에 남아 있는 재고자산은 5월에 매입한 사과 1개의 취득원가인 250원으로 기록된다.

둘째, 가중평균법(또는 평균원가법, average cost method)은 기초재고자산과 회계기간 중에 매입 또는 생산된 재고자산의 원가를 가중평균(가중치는 매입수량)하여 재고항목의 단위원가를 결정하는 방법이다. 가중평균법을 이동국 군의 예에 적용하면, 기초재고는 없고 기중에 매입된 사과 5개의 취득원가 총액은 1,000원이므로 이를 5개로 나누면 평균 단위원가는 200원으로 결정된다. 따라서 기말재고자산의 원가는 200원으로 결정되고 매출원가는 800원으로 인식된다.

셋째, 후입선출법(last-in, first-out method, LIFO)은 선입선출법과 정반대로 나중에 매입 또는 생산된 재고자산이 먼저 판매되어 결과적으로 기말에 재고에 남아 있는 항목은 가장 먼저(일찍) 매입 또는 생산된 항목이라고 가정하는 방법이다. 후입선출법을 이동국 군의 예에 적용하면, 가장 먼저 매입한 사과의 단가는 100원이므로 기말재고자산의 원가는 100원으로 측정되고 나머지 900원이 매출원가로 인식된다.

K-IFRS에서는 개별법이 적용되지 않는 재고자산의 단위원가는 선입선출법이나 가중평균법으로 결정한다고 규정하고 있다. 즉, K-IFRS는 후입선출법의 적용을 금지하고 있는데, 그 이유는 후입선출법하에서는 오래된 기업의 경우 기말재고자산이 매우 오래된 단가 그대로 표시되어 재무정보이용자들에게 왜곡된 정보를 전달하게 되거나 연말 부근에 재고자산의 구매의사결정을 조정함으로써 쉽게 이익을 조작할 수 있기 때

12) 개별법의 약점은 우선 관리·기록비용이 많이 든다는 것이다. 또한 재고자산에 공동으로 관련되는 원가를 정확하게 배부하기 어렵다는 주장도 있다.

문으로 보인다. 예를 들어, 50년 전에 설립된 기업이 영업 개시연도에 100개를 매입해서 90개를 판매하고 이후 50년 동안은 매입량과 판매량이 동일했다면 50년 후 현재 기말재고량은 여전히 10개이고 그 단가는 50년 전과 동일하게 표시된다. 뿐만 아니라, 기말 부근에 높은 가격으로 상품을 구입하면 후입선출 가정에 의해 연말 부근에 구입한 재고의 높은 단가가 매출원가에 포함되어 매출원가가 큰 금액으로 표시되고 순이익을 줄일 수 있다. 반대로 연말 부근에 예정된 상품 매입을 내년 초로 미루면 과거에 매입한 상품의 낮은 단가가 매출원가에 포함되어 매출원가는 낮게 표시되고 순이익은 높게 표시할 수 있는데, 이러한 현상을 후입선출청산(LIFO liquidation)이라 한다.

따라서 각 기업은 후입선출법을 제외한 원가흐름의 가정 중에 하나를 선택하여 사용할 수 있으며 계속성(비교가능성) 원칙에 의해 일단 선택한 방법은 정당한 사유 없이 변경해서는 안 된다. 또한 성격과 용도 면에서 유사한 재고자산에는 동일한 단위원가(단가) 결정방법(원가흐름의 가정)을 적용하여야 하나, 성격이나 용도 면에서 차이가 있는 재고자산에는 서로 다른 단가 결정방법(원가흐름의 가정)을 적용할 수 있다. 예를 들어, 동일한 재고자산이 동일한 기업 내에서 영업부문에 따라 서로 다른 용도로 사용되는 경우가 있다. 그러나 재고자산의 지역별 위치나 과세방식이 다르다는 이유만으로 동일한 재고자산에 다른 단위원가 결정방법을 적용하는 것은 정당화될 수 없다.

앞의 제3절에서 설명한 바와 같이, 재고자산의 거래를 기록하는 방법에는 계속기록법과 실지재고조사법이 있다. 계속기록법을 선택하든 실지재고조사법을 선택하든 재고자산의 기록방법의 차이는 단가 결정과는 직접적인 관계가 없으므로 각 재고자산의 기록방법에 대해 일정한 원가흐름의 가정을 선택하여 적용하게 된다. 따라서 K-IFRS에서 허용되는 매출원가와 기말재고자산의 측정방법에는 다음의 4가지 조합이 있다.

표 6-3 원가흐름의 가정과 재고자산 기록방법의 조합

원가흐름의 가정 / 재고자산 기록방법	선입선출법	가중평균법
계속기록법	○	○ (이동평균법)
실지재고조사법	○	○ (총평균법)

2. 원가배분 방법

아래에서는 원가배분 방법을 단일한 품목(종류) 재고자산에 적용할 경우와 여러 가지 품목(종류)의 재고자산(복합재고자산)에 대하여 적용할 경우로 나누어 살펴본다.

2.1 단일재고자산의 원가배분 방법

1) 선입선출법

위에서 설명한 바와 같이, 선입선출법(FIFO)은 먼저 매입한(first-in) 재고자산이 먼저 판매된(first-out) 것으로 가정하는 방법이다. 즉, 재고자산의 실제 물적흐름과 관계없이 가장 먼저 구입된 상품이 먼저 판매되고 그 다음 매입한 순서대로 판매된다고 가정한다. 따라서 선입선출법을 적용할 경우 기말재고에는 가장 최근에 매입된 상품들이 남아 있게 된다.

계속기록법하에서 선입선출법을 사용하는 기업이라면, 판매시점마다 매출원가를 산정해야 하므로 각각의 판매시점별로 선입선출법의 가정을 적용하여 먼저 매입된 상품의 단가를 우선하여 매출원가에 포함한다. 실지재고조사법하에서 선입선출법을 사용하는 기업이라면, 기간 전체의 판매가능재고자산 중에서 가장 최근에 매입된 상품의 단가로 기말재고자산의 원가를 결정하고 이를 판매가능재고액에서 차감하여 매출원가를 결정한다. 즉, 선입선출법은 매입한 순서대로 판매된다고 가정하기 때문에 측정된 매출원가와 기말재고자산은 원가성 없는 재고자산감모손실이 발생하지 않는 한 계속기록법과 실지재고조사법 간에 동일한 금액으로 결정된다.

예제 6-5

다음은 12월 결산법인인 동국유통㈜의 2×14년 중 재고자산 거래 자료이다.

거래일자	수 량	매입단가	판매단가	총원가
기초재고:	100	₩10		₩1,000
2월 5일 매입	200	15		3,000
4월 10일 매출	(100)		₩20	
5월 20일 매입	300	20		6,000
7월 15일 매출	(300)		25	
10월 21일 매입	50	25		1,250

* 기말재고실사 결과 250개를 보유하고 있음.

[물음] 위의 거래 자료를 토대로 각 원가흐름의 가정 및 재고자산 기록체계의 조합에 대하여 각각 매출원가와 기말재고액을 계산하라.

• 실지재고조사법하에서 선입선출법을 적용한 경우

실지재고조사법에서는 기말에 실사 결과 확인된 재고수량에 가장 최근의 단가를 적용하여 기말재고자산의 금액을 결정하고, 이를 기초재고와 당기순매입액의 합계(판매가능재고액)에서 차감하여 매출원가를 계산한다. 즉, 선입선출법의 가정에 따라 기말재고 250개 중 50개는 가장 최근 매입분(10월 21일)의 단가 25원으로 결정되고 나머지 200개에 대해서는 그 다음 최근(5월 20일)의 단가 20원을 적용한다. 따라서 기말재고자산의 원가는 5,250원으로 측정된다. 이렇게 측정된 기말재고자산(5,250원)을 판매가능재고액 11,250원(= 100개×₩10 + 200개×₩15 + 300개×₩20 + 50개×₩25)에서 차감하면 매출원가 총액은 6,000원으로 계산된다.

• 계속기록법하에서 선입선출법을 적용한 경우

앞에서도 살펴보았듯이, 실지재고조사법과 계속기록법의 주요한 차이는 매출원가를 결정하는 시점에 관한 것이었다. 계속기록법의 핵심은 매출원가를 매출시점마다 원가흐름의 가정을 적용하여 측정하는 데 있다. 동국유통㈜의 재고자산 거래 시점별 재고자산 입고(매입)와 출고(매출원가) 내역을 기록한 상품재고장(inventory record)을 작성하면 다음과 같다.

일자	입고			출고			잔고		
	수량	매입단가	총원가	수량	매입단가	매출원가	수량	매입단가	총원가
기초재고	100	10	1,000				100	10	1,000
2월 5일	200	15	3,000				100 200	10 15	1,000 3,000
4월 10일				100	10	1,000	200	15	3,000
5월 20일	300	20	6,000				200 300	15 20	3,000 6,000
7월 15일				200 100	15 20	3,000 2,000	200	20	4,000
10월 21일	50	25	1,250				200 50	20 25	4,000 1,250
12월 31일	판매가능재고액 = 11,250			매출원가 = 6,000			기말재고자산 = 5,250		

선입선출법을 적용하는 경우 상품재고장의 특징은 각 거래일에 잔액을 기록할 때 매입단가가 서로 다른 재고자산집단이 있다면 이를 통합하지 않고 복수의 재고자산집단으로 구분하여 병기한다는 점이다. 이를 재고층(inventory layer)이라고 한다. 예를 들어, 2월 5일 첫 번째 매입의 경우에는 기초재고와 단가(10원)와 2월 5일의 매입단가(15원)가 다르므로 당일 시점의 잔액을 기록할 때 두 개의 재고층을 병기한다. 이때 매입 일자의 순서대로 재고층을 기록함은 물론이다.

4월 10일에는 100개의 재고를 판매하였는데, 선입선출법의 가정에 근거하여 100개 전량이 기초재고에서 출고된 것으로 계산한다. 따라서 4월 10일의 매출원가는 1,000원이며 이 시점의 재고는 3,000원(=200개×₩15)이다. 300개가 판매된 7월 15일에도 직전 거래일인 5월 20일에 남아 있던 두 개의 재고층 중에서 먼저 매입된 200개(단가 15원)가 우선 출고되었고 나머지 100개는 최근에(5월 20일) 매입된 300개(단가 20원) 중 일부가 판매된 것으로 계산한다. 이렇게 계산하면 7월 15일의 매출에 대한 매출원가는 5,000원으로 계산된다. 10월 21일의 매입 이후에는 추가적인 거래가 없으므로 이 날의 재고자산 잔액 5,250원이 기말재고 장부금액으로 결정된다. 그런데 기말에 재고자산을 실사한 결과 250개가 남아 있는 것으로 확인되었으므로 재고자산감모손실이 없다는 것을 알 수 있고, 따라서 재무상태표에 표시되는 기말재고는 5,250원으로 확정되며, 포괄손익계산서에 표시되는 매출원가는 6,000원으로 측정된다.

이렇게 계속기록법하에서 선입선출법을 적용하여 계산된 금액과 실지재고조사법하에서 선입선출법을 적용한 경우를 비교해 보면 기말재고액과 매출원가가 각각 동일함을 알 수 있다. 이와 같이 재고자산감모손실이 없다면 선입선출법을 적용할 경우 두 가지 재고자산 기록방법에 대해 도출되는 기말재고액과 매출원가가 동일한데, 그 이유는 입고순서대로 출고된다고 가정하기 때문이다.

2) 가중평균법

가중평균법(또는 평균원가법, average cost method)은 기초재고와 기중 매입된 재고의 원가를 가중평균하여 단위원가를 결정하는 방법이다. 이때 가중치는 각 매입일의 수량이다.

실지재고조사법하에서 가중평균법을 적용할 경우에는 기말시점에 일회적으로(한꺼번에) 평균 매입단가를 계산한다. 이 때문에 실지재고조사법하에 적용되는 가중평균법을 총평균법이라고 한다. 즉, 당기의 판매가능재고액(=기초재고액+당기순매입액)을 당기의 판매가능 총수량(=기초재고량+당기순매입량)으로 나누어 평균 매입단가를 계산하고, 이를 실사를 통해 보유가 확인된 기말재고량에 곱하여 기말재고자산을 계산한다. 가중평균법을 적용할 때 평균 매입단가를 기중의 매출수량에 직접 곱하여 매출원가를 계산하는 것은 엄밀히 말해 실지재고조사법의 취지에 어긋난다. 실지재고조사법에서는 원가흐름의 가정에 상관없이 판매가능재고액에서 기말재고액을 차감하여 매출원가를 계산하여야 한다.

계속기록법하에서 가중평균법을 적용하는 경우에는 매입시점의 매입단가가 이전에 계산된 평균 매입단가와 다르다면 재고자산이 매입될 때마다 매입단가를 새로이 계산하여야 한다. 각 판매시점에는 직전(최근)의 매입시점에 계산된 평균 매입단가를 적용하여 당시의 매출원가를 산정한다. 이와 같이 계속기록법하에서 가중평균법을 적용하는 경우에는 매입시점마다 평균 매입단가를 새로이 계산하여 이전의 평균 단가와 달라지기 때문에 이동평균법(moving average method)이라고 부른다.

이와 같이 실지재고조사법에서는 평균 단가를 일회만 계산하지만 계속기록법에서는 매입시점마다 평균 단가를 새로이 계산하므로 양 기록방법의 매출원가와 기말재고액은 달리 계산된다.

- 실지재고조사법하에서 가중평균법을 적용한 경우

<예제 6-5>에 제시된 동국유통㈜의 거래 자료에 대하여 총평균법을 적용하여 총평균단가를 계산한 결과는 다음과 같다.

총평균단가 = 판매가능재고액 ÷ 판매가능재고량
= ₩11,250 ÷ 650개 = ₩17.31/개
기말재고 = 실지재고조사 결과 확인된 기말재고수량 × 총평균단가
= 250개 × ₩17.31 = ₩4,328(원단위 이하 반올림)
매출원가 = 판매가능재고액 − 기말재고
= ₩11,250 − ₩4,328 = ₩6,922

- 계속기록법하에서 가중평균법을 적용한 경우

계속기록법하에서 가중평균법을 적용하여 작성한 상품재고장은 다음과 같다.

일자	입고			출고			잔고		
	수량	매입단가	총원가	수량	매입단가	매출원가	수량	매입단가	총원가
기초재고	100	10	1,000				100	10	1,000
2월 5일	200	15	3,000				300	13.33	4,000
4월 10일				100	13.33	1,333	200	13.33	2,667
5월 20일	300	20	6,000				500	17.33	8,667
7월 15일				300	17.33	5,200	200	17.33	3,467
10월 21일	50	25	1,250				250	18.87	4,717
12월 31일	판매가능재고액 = 11,250			매출원가 = 6,533			기말재고자산 = 4,717		

(원단위 이하 반올림)

위의 상품재고장에서 보듯이, 계속기록법하에서 가중평균법을 적용하는 경우의 특징은 매입일마다 평균단가를 새로이 계산하여야 한다는 점이다. 이전의 평균단가와 당해 매입일의 단가가 같지 않은 한 평균단가의 계산은 필수적이다. 예를 들어, 2월 5일 첫 번째 매입의 경우에 기초재고의 단가(10원)와 2월 5일의 매입단가(15원)가 다르므로 당일 시점에 평균단가를 계산하려면 기초재고의 원가 1,000원과 2월 5일의 매입원가의 합인 4,000원을 당일 보유한 총수량 300개로 나눈다(13.33원=4,000원/300개). 따라서 선입선출법과는 달리 복수의 재고층을 병기하지 않고 두 재고층을 통합하여 기록한다.

4월 10일에는 판매된 100개에 대해 직전 매입일(2월 5일)에 계산된 평균단가 13.33원을 적용하여 매출원가를 계산한다(1,333원). 5월 20일 두 번째 매입일의 단가가 이전에 계산된 평균단가와 다르므로 새로운 평균단가를 계산하여야 한다. 5월 20일 현재 재고자산의 원가 합계는 8,667원이고 총수량은 500개이므로 새로운 평균단가는 17.33원으로 계산된다. 다시 이 평균단가가 7월 15일의 판매분 300개에 곱해져 당일 인식되는 매출원가는 5,200원(=300개 × 17.33원)이 되며, 남아 있는 재고의 원가는 3,467원이다. 10월 21일에 최종 매입이 있었으므로 동일한 방식으로 새로운 평균단가가 계산되고, 이후 거래가 없어 기말의 평균단가는 18.87원으로 확정된다.

이와 같이 계속기록법하에서 가중평균법을 적용하는 경우의 특징은 매입일마다 평균단가를 새로이 계산하여야 하고 결과적으로 평균단가가 계속 변동하므로 이를 이동평균법이라고 부른다.

2.2 복합재고자산의 원가배분 방법

위에서는 단일한 품목의 재고자산을 보유하고 있는 경우에 적용되는 원가배분 방법을 살펴보았다. 그러나 실제로는 대부분의 기업은 여러 품목의 재고자산을 보유하고 있고, 일부 기업에 있어서는 재고자산의 품목별로 일일이 원가배분 방법을 적용하는 것이 과도한 인력과 비용의 투입을 야기하여 비효율적일 수 있다. 이러한 경우에는 여러 품목의 재고자산을 유사한 집단으로 묶어서 풀(pool)을 구성하고, 하나의 풀을 단일한 종류의 재고자산처럼 취급하여 앞에서 설명한 원가흐름 가정을 적용할 수 있다.

3. 원가배분 방법의 비교

<예제 6-5>의 자료를 이용하여 재고자산 기록방법과 원가흐름의 가정 및 재고자산 기록방법의 각 조합에 대해 계산된 기말재고와 매출원가, 그리고 매출액 및 매출액으로부터 매출원가를 차감한 결과인 매출총이익을 계산한 결과가 아래의 <표 6-4>에 제시되어 있다.[13]

표 6-4 재고자산 기록체계 및 원가흐름 가정의 조합 간의 매출원가와 기말재고자산 및 매출총이익 비교

	FIFO* 실지재고조사법	FIFO 계속기록법	이동평균법	총평균법	LIFO 계속기록법	LIFO 실지재고조사법
매출액(A)	₩9,500	₩9,500	₩9,500	₩9,500	₩9,500	₩9,500
판매가능재고액	11,250	11,250	11,250	11,250	11,250	11,250
매출원가(B)	6,000	6,000	6,533	6,922	7,500	8,000
기말재고자산	5,250	5,250	4,717	4,328	3,750	3,250
매출총이익(A－B)	₩3,500	₩3,500	₩2,967	₩2,578	₩2,000	₩1,500

• FIFO : 선입선출법; LIFO : 후입선출법

위 <표 6-4>의 결과를 요점별로 설명하면 다음과 같다.

① 선입선출법의 경우 실지재고조사법을 사용하든 계속기록법을 사용하든 기말재고자산과 매출원가가 동일함을 알 수 있다.

13) K-IFRS에서는 후입선출법이 인정되지 않으므로 계산과정을 별도로 제시하지 않았지만 비교목적으로 함께 살펴본다.

② 기말재고자산을 조합 간에 대해 비교해 보면, 선입선출법이 가장 크고 그보다 가중평균법의 기말재고자산이 적으며 후입선출법의 기말재고자산이 가장 적다. 가중평균법의 경우에는 총평균법(실지재고조사법과 가중평균법의 조합)의 기말재고자산이 이동평균법(계속기록법과 가중평균법의 조합)의 그것에 비해 적다. 그 이유는 기중에 매입단가가 지속적으로 상승하는 상황에서는 기중 전체의 평균단가가 기말재고자산의 계산에 반영되는 총평균법에 비해 이동평균법의 기말재고에는 최근의 높은 단가가 반영되기 때문이다. 한편 후입선출법의 경우에는 실지재고조사법의 기말재고자산이 계속기록법에 비해 적게 계산된다. 그 이유는 실지재고조사법하에서는 기초재고와 그 다음 오래된 재고층의 낮은 단가가 기말재고자산에 반영되는 반면, 계속기록법하에서는 매출시점에 기간 중의 매입분이 매출원가로 산입되고 기말재고자산에 비교적 최근의 높은 단가의 재고층이 포함되기 때문이다.

③ 매출원가의 경우 조합 간의 대소관계는 기말재고자산과는 정반대이다. 이는 판매가능재고자산의 취득원가 총액은 원가흐름의 가정과 관계없이 동일하므로 매출원가로 비교한 원가흐름의 가정 간의 대소관계는 기말재고자산으로 비교한 경우와 반대가 되기 때문이다. 실지재고조사법－후입선출법의 조합이 가장 크고 그 다음이 계속기록법－후입선출법의 조합, 총평균법, 이동평균법의 순서이다. 선입선출법의 매출원가가 가장 적으며, 실지재고조사법과 계속기록법 간의 금액이 동일한 것은 기말재고자산의 경우와 같다. 만일 <예제 6-5>의 자료에서 재고자산감모손실이 발생하였고 이 중 일부가 비정상적인 감모손실이어서 매출원가와는 별도의 비용항목으로 계상되었다면 계속기록법의 매출원가는 실지재고조사법의 매출원가에 비해 비정상적인 감모손실만큼 적게 계산된다. 그러나 포괄손익계산서에 표시되는 매출원가에는 비정상적인 감모손실이 포함되므로 두 방법의 매출원가는 동일하게 표시된다.

④ 위 항들의 설명은 모두 기중의 매입단가가 지속적으로 상승할 경우 성립한다. 만일 기중에 매입단가가 계속 하락하는 상황이라면 조합 간의 대소관계가 반대로 나타날 것이고, 만일 기중에 매입단가의 변동이 일정한 방향을 보이지 않고 오르내리는 경우라면 대소관계를 일반화하여 말할 수 없다.

<표 6-4>에 나타난 대소관계를 매출원가, 매출총이익 및 기말재고자산에 대해 정리하면 다음과 같다. 매출총이익의 대소관계는 매출원가의 경우와는 반대이고 기말재

고자산의 경우와는 동일하게 나타난다.

★

요 약 : 기중에 매입단가가 계속 상승하는 경우

매 출 원 가 : 선입선출법 – 실지재고조사법 = 선입선출법 – 계속기록법 〈 이동평균법 〈 총평균법 〈 후입선출법 – 계속기록법 〈 후입선출법 – 실지재고조사사법

매출총이익 : 선입선출법 – 실지재고조사법 = 선입선출법 – 계속기록법 〉 이동평균법 〉 총평균법 〉 후입선출법 – 계속기록법 〉 후입선출법 – 실지재고조사법

기말재고자산 : 선입선출법 – 실지재고조사법 = 선입선출법 – 계속기록법 〉 이동평균법 〉 총평균법 〉 후입선출법 – 계속기록법 〉 후입선출법 – 실지재고조사법

위에서 설명한 바와 같이, 재고자산 매입단가가 지속적으로 오르는 상황에서 선입선출법을 사용하면 다른 단가 결정방법들에 비하여 매출총이익이 크게 나타난다. 만일 다른 수익이나 비용이 전혀 없다고 가정하면 법인세부담액은 매출총이익에 비례하므로 <표 6-5>에서 보듯이 선입선출법을 사용하는 경우 법인세부담액이 가장 크게 된다(법인세부담액은 매출총이익의 30%로 가정).

표 6-5 각 원가흐름 가정하에서의 매출원가 및 기말재고자산의 비교(실지재고조사법을 사용하는 경우)

	선입선출법	총평균법	후입선출법
매 출 액(A)	₩9,500	₩9,500	₩9,500
판매가능재고자산 (기말재고자산) 매출원가(B)	₩11,250 (5,250) 6,000	₩11,250 (4,328) 6,922	₩11,250 (3,250) 8,000
매출총이익(C = A − B)	₩3,500	₩2,578	₩1,500
법인세부담액(C × 30%)	₩1,050	₩773	₩450

위에서 매출총이익의 차이는 실제 재고자산의 물적흐름과 관계없는 단순히 회계방법(재고자산 원가흐름의 가정)의 차이에 따른 장부상 차이이다. 즉, 매출액은 원가흐름의 가정에 영향을 받지 않고 매출이 모두 현금거래로 이루어졌다면 유입되는 현금은 원가흐름의 가정과 관계없이 동일하다. 그런데 단순히 재고자산 원가흐름의 가정에 따라 매출총이익이 달리 계산되어 여기에 비례한 법인세부담액에 차이가 발생한다. 이와 같이 적용되는 원가흐름의 가정에 따라 실제로 부담해야 할 법인세(현금유출)에 차이

가 발생하여, 선입선출법의 경우 다른 단가 결정방법에 비해 법인세부담액이 가장 크고 그 다음이 가중평균법이며 후입선출법의 경우에 법인세부담액이 가장 적다.

K-IFRS에서 후입선출법을 인정하지 않으므로 선입선출법과 가중평균법만을 비교해보자. 기중에 매입단가가 계속 상승하는 상황에서 가중평균법을 선택하면 선입선출법보다 법인세부담액이 낮아 절세효과를 누릴 수 있다. 1990년대 후반의 학계 연구에 의하면 국내 기업의 과반이 가중평균법을 사용하고 있는 것으로 보고되었는데, 그 당시에는 후입선출법의 사용이 금지된 것이 아니었는데도 후입선출법을 선택한 기업의 숫자가 매우 작았다. 1970년대 두 차례의 Oil Shock으로 인해 전례 없이 높은 인플레이션에 시달렸던 많은 미국기업들이 1974년 및 1979년에 절세효과를 누리기 위해 다른 방법에서 후입선출법으로 회계방법을 변경한 바 있다. 그러나 당시에도 기존에 사용하던 선입선출법과 가중평균법을 고수한 기업들이 적지 않았다.

이러한 과거의 현상들을 종합해 볼 때, 절세효과가 재고자산 원가흐름의 가정을 선택함에 있어 유일한 기준이 아님을 알 수 있다. 예를 들어, 금융기관의 대출금이 많은 기업이 채무약정(debt covenant)을 준수하기 위하여 일정 수준의 순이익과 부채비율을 유지하여야 한다면 절세효과를 포기하더라도 순이익과 기말재고자산을 크게 표시하게 하는 선입선출법을 선호할 수도 있다. 또 어떤 기업은 순이익이 낮게 보고될 경우 주식가격에 악영향을 미칠 가능성을 우려하기도 한다. 이와 같이 회계방법의 선택은 복수의 요인에 의해 영향을 받을 수 있다.

4. 매입단가의 변동과 재고자산감모손실

위의 <예제 6-5>에서 기말재고수량을 실사한 결과 250개가 아니고 240개라고 가정해 보자. 실지재고조사법을 재고자산 기록방법으로 채택하여 사용하고 있다면, 위에서 설명한 원가흐름의 가정에 따라 기말 실사 결과 남아 있는 수량인 240개에 대한 기말재고액이 계산되고 이를 판매가능재고액에서 차감하여 매출원가를 계산하면 된다. 따라서 별도로 기중에 출고되는 수량을 추적하여 기록하지 않았다면 재고자산감모손실은 파악할 수 없고 자동적으로 감모손실 전액이 매출원가에 포함된다. 그러나 계속기록법이 사용되고 있다면 원가흐름에 대한 가정을 적용하여 재고감모손실 10개의 금액을 결정하여야 한다.

예제 6-6

다음은 동국유통㈜의 2×14년 중 재고자산의 거래 자료이다. 동국유통㈜은 계속기록법을 적용하여 재고자산 거래를 기록하고 있다.

거래일자	수 량	매입단가	판매단가	총원가
기초재고 :	100	₩10		₩1,000
2월 5일 매입	200	15		3,000
4월 10일 매출	(100)		₩20	
5월 20일 매입	300	20		6,000
7월 15일 매출	(300)		25	
10월 21일 매입	50	25		1,250

* 기말재고실사 결과 240개를 보유하고 있음.

[물음] 위의 거래 자료를 토대로 선입선출법 및 이동평균법의 가정에 대하여 각각 매출원가, 재고자산감모손실, 그리고 기말재고액을 계산하라.

풀이

실사한 결과 기말재고가 240개가 남아 있다면, 상품재고장에 기록된 250개 중에서 어떠한 원인에서든지 10개의 재고자산감모손실이 발생했다는 것을 알 수 있다. 이 10개의 감모손실을 회계처리하려면 당연히 그 금액을 측정해야 한다.

만일 원가흐름의 가정이 선입선출법이라면 상품재고장에는 기말재고 장부금액으로서 5월 20일 매입분 200개(단가 ₩20)와 10월 21일의 매입분 50개(단가 ₩25)가 기록되어 있다. 이 중 10개는 재고자산감모손실로서 상품계정에서 차감되어야 한다. 이렇게 단가가 서로 다른 복수의 **재고층**(inventory layer)이 남아 있는 경우 재고자산감모손실의 측정도 원가흐름의 가정에 준하여 이루어진다. 즉, 선입선출법을 적용하면 10개의 재고감모손실은 오래된 재고층에서 발생된 것으로 가정된다. 따라서 10개의 재고자산감모손실의 단가는 5월 20일 매입분의 ₩20으로 결정되어 감모손실 금액은 ₩200이 된다. 앞에서 살펴본 바와 같이, 만일 10개의 재고자산감모손실 중 5개는 비정상적인 감모손실이고 5개는 정상적인 감모손실이라면 재고자산감모손실을 기록하기 위한 기말 수정분개는 다음과 같다.

• 재고자산감모손실의 인식 :

(차) 재고자산감모손실	100	(대) 재고자산	200
매출원가	100		

비정상적인 감모손실을 매출원가에 포함하지 않고 별도의 비용항목으로 회계처리했더라도 포괄손익계산서상에는 매출원가에 포함하여 표시하여야 한다. 한편 위의 예에서 선입선출법 대신에 이동평균법을 원가흐름의 가정으로 사용한 경우 10개의 재고자산감모손실의 평균단가는 가장 최근 매입일(10월 21일)에 계산된 ₩18.87이고, 따라서 재고감모손실의 금액은 ₩189이 된다.

제 5 절 저가기준에 의한 기말재고자산 평가

앞의 제4절에서 우리는 일정한 원가흐름의 가정하에서 기말재고자산의 원가를 계산하는 방법을 학습하였다. 여기서 기말재고의 '원가'란 취득원가기준으로 측정된 금액이다. 재고자산은 판매를 위하여 보유 중이거나 생산 중인 자산이므로 영리를 추구하는 많은 기업에 있어서는 재고자산의 예상판매가격이 취득원가보다 높은 것이 정상적인 상황일 것이다. 이렇게 정상적인 상황하에서는 기말재고자산의 장부금액은 취득원가기준으로 측정되어 재무상태표에 표시된다. 그러나 재무상태표일 현재 재고자산의 순실현가능가치가 재고자산의 취득원가 이하로 하락하는 경우 K-IFRS에서는 재무상태표일 현재의 순실현가능가치로 기말재고자산을 평가하도록 요구하고 있다. 다시 말해, 기말재고자산의 순실현가능가치가 원가 이하로 하락한 경우 원가보다 낮은 순실현가능가치로 기말재고자산의 장부금액을 표시하고, 반대로 순실현가능가치 원가를 초과하는 경우에는 원가로(취득원가기준 그대로) 기말재고자산 장부금액을 표시하는 방법으로서 두 평가기준 중 낮은 금액을 선택한다는 의미에서 이를 저가기준(lower of cost or market, LCM)이라고 한다.

예를 들어, 어느 기업이 취득원가기준으로 1,000원의 구형 핸드폰을 기말재고자산으로 보유하고 있는데, 시장에 신형 스마트폰이 출시됨에 따라 구형 핸드폰의 예상판매가격이 700원으로 하락한 경우에(예상판매비용을 0으로 가정) 재무상태표에 기말재고자산을 취득원가(1,000원) 그대로 표시한다면 이는 실제의 재고자산 가치를 과대표시하는 결과를 초래하여 재무제표이용자들의 경제적 의사결정을 오도할 위험이 있다.

이러한 취득원가기준의 문제점을 감안하여, K-IFRS에서는 기말에 재고자산의 순실현가능가치가 취득원가 이하로 하락한 경우에는 저가기준을 적용하여 기말재고자산을 평가하도록 의무화하고 있다. 구체적으로 다음과 같은 사유가 발생하면 재고자산의 순실현가능가치가 원가 이하로 하락하여 원가를 회수하기 어려울 수 있다.

① 물리적으로 손상된 경우

② 완전히 또는 부분적으로 진부화된 경우

③ 판매가격이 하락한 경우

④ 완성하거나 판매하는 데 필요한 원가가 상승한 경우

1. 순실현가능가치의 평가

위에서 설명한 바와 같이, 저가기준이란 취득원가와 기말시점의 순실현가능가치 중에서 낮은 금액으로 기말재고자산을 평가하는 방법이다. 여기서 순실현가능가치(net realizable value)란 '정상적인 영업과정에서 해당 재고자산의 판매를 통해 실현될 것으로 기대하는 순매각금액'을 말한다. 순매각금액이란 해당 재고자산의 예상판매가격에서 예상판매비용을 차감한 금액을 의미하는데, K-IFRS는 순실현가능가치를 기업특유가치로 규정하고 공정가치와 일치하지 않을 수도 있다는 점을 분명히 하고 있다.[14)]

저가기준은 평가손실만 인식하고 평가이익은 인식하지 않음으로써 기말재고자산을 보수적으로 평가하는 방법에 해당한다. 전통적으로 회계에서는 재무상태표에 자산의 가액을 표시할 때 보수주의(conservatism)를 적용하여 왔는데, K-IFRS에서는 이러한 재무회계의 전통적인 입장을 재고자산의 평가에 대해 반영한 것이다. 이와 같이 순실현가능가치가 취득원가를 하회하는 경우에 순실현가능가치로 감액하는 저가기준은 자산의 장부금액이 판매나 사용으로부터 실현될 것으로 기대되는 금액을 초과하여서는 안 된다는 견해와 일관된다.

한편 완성될 제품이 원가 이상으로 판매될 것으로 예상되는 경우에는 그 생산에 투입하기 위해 보유하는 원재료 및 기타 소모품에 대해서 저가법을 적용하지 않는다. 그러나 원재료 가격이 하락하고 그 원재료를 사용한 제품의 원가가 제품의 순실현가능가치를 초과할 것으로 예상된다면 해당 원재료에 대해 저가법을 적용하여 감액한다. 이 경우 원재료의 순실현가능가치는 현행대체원가를 말한다.[15)]

2. 저가기준 평가의 회계처리

위의 구형 핸드폰의 예에 대해 저가기준을 적용하면, 기말에 평가된 취득원가(1,000원)보다 순실현가능가치(700 − 0 = 700원)가 낮으므로 기말재고자산의 장부금액을 700원으로 표시해야 한다. 이를 위해 취득원가와 순실현가능가치의 차액인 300원을 재고자산평가손실로 인식하고 재고자산의 차감계정인 재고자산평가충당금 계정에

---

14) 순실현가능가치는 현재가치로 할인하지 않은 명목금액이라는 점에도 유의하자.

15) 원재료의 현행대체원가는 순실현가능가치에 대한 최선의 이용가능한 측정치가 될 수 있기 때문이다.

300원을 대기하는 수정분개를 한다. 만일 이러한 수정분개를 수행하기 직전 재고자산평가충당금 계정에 기존잔액이 100원이었다면 재고자산평가충당금 계정의 기존잔액 100원과 재고자산의 가치하락분(300원)의 차이인 200원을 재고자산평가충당금에 대기하고 재고자산평가손실은 200원으로 인식한다. 이러한 수정분개의 결과 재고자산평가충당금의 기말잔액은 재고자산의 가치하락분(취득원가와 순실현가능가치의 차액)과 동일한 300원이 된다.

위의 예에서 재고자산평가충당금 계정의 기존잔액이 0이라고 가정하면 다음과 같은 수정분개를 기록하여 재고자산평가손실 300원을 매출원가 계정에 차기하고 동일한 금액을 재고자산평가충당금 계정에 대기한다.

(차) 매출원가	300	(대) 재고자산평가충당금	300

위의 수정분개에서 재고자산평가손실이라는 계정 대신에 매출원가 계정에 차기하였는데, 이는 '당기에 비용으로 인식하는 재고자산 금액은 일반적으로 매출원가로 불리운다'라는 K-IFRS의 규정에 따라 재고자산평가손실을 매출원가에 포함시킨 것이다.[16] 또한 재고자산평가손실을 당해 재고자산에서 직접 차감하지 않고 그 차감계정인 재고자산평가충당금에 대기하는 회계처리방법은 재무상태표상에 재고자산의 취득원가와 평가손실액을 모두 표시하여 재무정보이용자에게 보다 충실한 재무정보를 제공하는 장점을 갖는다.

3. 순실현가능가치가 회복된 경우의 회계처리

재고자산에 대하여 저가기준을 적용할 때는 매 후속기간에 순실현가능가치를 재평가하여야 하는데, 만약 순실현가능가치로 감액한 후 다음(후속) 연도 말에 재고자산의 감액을 초래했던 상황이 해소되거나 경제상황의 변동으로 순실현가능가치가 상승한 명백한 증거가 있는 경우에는 최초의 장부금액을 초과하지 않는 범위 내에서 평가손실을 환입한다. 즉, 순실현가능가치가 취득원가 이상으로 상승한 부분은 인식하지 않는

16) K-IFRS에서는 재고자산 원가를 비용으로 인식하는 경우 분류표시에 대해서는 일반적으로 매출원가로 부른다고 기술할 뿐 분류표시를 상세히 제시하지 않고 있다. 이를 해석하자면, 수정분개에서 재고자산평가손실이라는 계정 명칭의 사용을 배제하는 것은 아니며, 다만 포괄손익계산서에 표시할 때 재고자산평가손실을 매출원가에 포함시키면 될 것이다.

다. 만일 순실현가능가치가 취득원가 이상으로 높아진 부분에 대해 평가손실의 환입을 인식한다면 이는 취득원가와 순실현가능가치 중 낮은 금액으로 재고자산의 장부금액을 표시하는 저가기준에 위배되는 결과를 초래하기 때문이다. 평가손실 환입을 인식한 결과 재고자산의 새로운 장부금액은 원래의 취득원가와 수정된 순실현가능가치 중 작은 금액이 된다. 예를 들어, 위의 구형 핸드폰의 예에서 평가손실을 인식한 다음 연도 말에 예상판매가격이 회복되어 당해 자산의 순실현가능가치가 800원으로 상승하였다면 다음과 같이 회계처리한다.

(차) 재고자산평가충당금	100	(대) 매출원가	100

위의 분개 결과 재고자산평가충당금은 100원 감소하고, 재고자산평가충당금의 환입액인 100원은 매출원가에서 차감된다.[17)]

예제 6-7

2×13년에 설립된 영동㈜의 재고자산 관련 자료는 다음과 같다. 영동㈜은 재고자산 기록체계로서 계속기록법을 택하고 있다.

연 도	기말재고 수량(개)		기말재고 단가(원)	
	장부수량	실제수량	취득원가	순실현가능가치
2×13년	20	17	200	180
2×14년	25	21	200	205

[물음] 위의 자료에 대하여 각 년도 말의 재고자산감모손실(전액 정상감모손실로 가정), 재고자산평가손실 및 재고자산평가손실환입액(필요시)을 계산하라.

풀이

2×13년 말에는 기말재고자산의 순실현가능가치가 취득원가를 하회하므로 재고자산평가손실을 인식하여야 한다. 그러나 기말재고자산에 대한 평가손실은 실제수량에 대해서만 인식한다. 따라서 재고자산평가손실을 계산하기에 앞서 재고자산감모손실부터 계산하여야 한다.

2×13년의 재고자산감모손실 = 3개 × ₩200 = ₩600

17) 이렇게 재고자산평가충당금환입이라는 계정을 별도로 사용하지 않고 매출원가에서 차감하는 것은 '순실현가능가치의 상승으로 인한 재고자산평가손실의 환입은 환입이 발생한 기간의 비용으로 인식된 재고자산 금액의 차감액으로 인식한다'는 K-IFRS의 규정을 반영한 것이다.

위의 ₩600의 감모손실은 매출원가에 가산된다. 이제 감모손실을 제외한 나머지 17개의 실지 재고수량에 대해 평가손실을 계산한다.

2×13년의 재고자산평가손실 = 17개 × (₩200 − ₩180) = ₩340

위의 평가손실 ₩340은 매출원가에 포함되고, 재고자산평가충당금 계정 대변에 동일한 금액이 기록된다.

2×14년의 재고자산감모손실 = 4개 × ₩200 = ₩800

2×13년의 경우와 같이, 위의 ₩800의 감모손실은 재고자산에서 차감되어 매출원가에 가산된다. 2×14년 말에는 재고자산의 단위당 순실현가능가치는 취득원가를 상회하므로 재고자산평가손실을 인식할 필요가 없을 뿐만 아니라, 재고자산의 순실현가능가치가 원가 이상으로 회복되었으므로 재고자산평가충당금 계정의 잔액 전액(₩340)을 환입하여야 하고, 이 금액은 2×14년의 매출원가에서 차감된다.

4. 저가기준 평가의 적용방법 : 종목별기준 · 조별기준 · 총액기준

위에서는 재고자산이 단일 종목으로 구성된 경우를 가정하여 설명하였다. 그런데 여러 종목의 재고자산을 보유하고 있는 경우에는 종목에 따라서 순실현가능가치(예상판매가격 및 예상판매비용)의 변동이 서로 다를 수 있다. 예를 들어, 두 개의 유사한 재고자산의 집단(A조와 B조)을 보유하고 있고 두 개의 재고자산의 집단(조)은 각각 두 종류(종목)의 상품으로 구성되어 있으며, 기말시점에서 각 종목의 재고수량, 단위원가, 예상 판매단가 및 단위당 예상 판매비용이 다음과 같다고 가정하자.

상 품		수 량	단위원가	예상 판매단가	예상 판매비용
A조	A1	100개	₩120/개	₩170/개	₩20/개
	A2	200개	₩80/개	₩90/개	₩20/개
B조	B1	200개	₩200/개	₩190/개	₩10/개
	B2	300개	₩180/개	₩200/개	₩10/개

위에서 저가기준을 종목별기준으로 적용하면 순실현가능가치가 취득원가보다 낮아서 재고자산평가손실을 인식해야 하는 상품은 A2상품과 B1상품이다. A2상품에서 발생한 평가손실은 2,000원이고, B1상품에서 발생한 평가손실은 4,000원이어서 재고자산평가손실의 총액은 6,000원이 된다. 만일 자산집단(조)의 동질성이 높아 저가기준을

조별로 적용한다면 A조의 경우에는 취득원가 합계보다 순실현가능가치의 합계가 크므로 재고자산에 대해 평가손실을 인식하지 않는다. 반대로 B조의 경우에는 취득원가 합계보다 순실현가능가치의 합계가 적으므로 재고자산에서 발생하는 평가손실을 계산하면 1,000원이 된다. 따라서 조별기준을 적용할 경우 재고자산평가손실로 인식해야 할 금액은 1,000원이다. 마지막으로 총액기준을 적용하는 경우에는 취득원가 총계와 순실현가능가치 총계가 동일하므로 재고자산평가손실을 인식하지 않는다.

종목별기준 : A2상품 및 B2상품의 재고자산평가손실 = ₩2,000 + ₩4,000
= ₩6,000

조별기준 : B조의 재고자산평가손실 = ₩1,000

총액기준 : 재고자산 전체의 평가손실 = ₩0

이와 같이 종목별기준에 비하여 조별기준이, 조별기준에 비하여 총액기준에서 재고자산평가손실이 작게 계산된다. 그 이유는 조별기준의 경우 각 자산집단(조) 내에서 평가이익과 평가손실이 상쇄되는 효과가 있어 그만큼 인식되는 평가손실이 줄게 되고, 총액기준의 경우에는 모든 종목을 포함하여 취득원가와 순실현가능가치를 비교하므로 평가손익의 상쇄효과가 가장 크게 나타나기 때문이다.

위에서와 같이, 종목별기준은 평가손실을 더 크게 인식하기 때문에 조별기준보다 더 보수적인 방법이며, 조별기준은 총액기준에 비해 더 보수적인 방법이다. K-IFRS에서는 **종목별**(항목별)**기준을 적용**하도록 규정하고 있으며, 총액기준은 인정되지 않는다. 다만, 유사하거나 관련 있는 재고자산 항목들은 하나의 집단(그룹)으로 묶어서 조별기준으로 저가기준을 적용할 수 있도록 허용하고 있다. 이러한 경우로는 재고자산 항목이 유사한 목적 또는 용도를 갖는 동일한 제품군에 속하는 다른 항목과 동질성이 높아 구분하여 평가할 수 없는 경우를 들 수 있다. 그러나 완제품 또는 특정 영업부문에 속하는 모든 재고자산과 같은 분류에 기초하여 저가기준을 적용하는 것은 적절하지 않다.

5. 저가기준의 한계

위에서 살펴본 바와 같이 저가기준을 적용하여 재고자산을 평가하면 당해 재고자산이 과대계상될 가능성이 최소화된다는 점에서 재무정보이용자의 우려를 불식시키는 순기능이 존재한다. 저가기준의 이러한 장점에도 불구하고 저가기준에 대해 비판적인 시각을 갖는 이들은 저가기준의 개념적 한계로서 다음의 몇 가지 사항들을 지적하고 있다.

① 저가기준의 적용 대상이 되는 재고자산은 예외 없이 재고자산평가손실이 인식되는 기간 이후에 실제로 출고되어 매출이 이루어진다. 따라서 재고자산의 가치감소로 인한 비용(재고자산평가손실)이 발생하여 인식되는 기간과 재고자산의 매출수익이 인식되는 기간이 달라 수익 · 비용 대응의 원칙과 부합하지 않는다.

② 특정 기간에는 자산을 취득원가로 평가하고 다른 기간에는 순실현가능가치로 자산을 평가하므로 일관성이 떨어진다.

③ 저가기준을 적용하여 평가손실을 인식한 기간의 당기순이익은 분명히 보수적으로 산정되나, 이후의 기간에 실제로 당해 재고자산의 매출이 이루어지고 그 매출액이 저가기준으로 평가한 기간의 예상판매가격에 비해 높은 수준에서 실현된다면 오히려 그 기간의 당기순이익이 높게 보고되는 결과가 초래된다.

제 6 절 추정에 의한 기말재고자산 평가

앞에서 살펴본 바와 같이, 재무상태표에 보고될 기말재고자산은 원칙적으로 실사를 통해 측정된 기말재고액에 기초하여야 한다. 그러나 재고자산의 실사에는 많은 시간과 비용이 소요되기 때문에 재고자산의 실사 없이 개략적인 중간 결산을 통해 중간재무제표를 작성하는 경우에는 재고자산의 원가를 추정하는 경우가 있다. 또한 재고자산에 화재나 도난이 발생하여 이로 인해 멸실된 재고자산을 실사를 통해 물리적으로 확인할 수 없다면 불가피하게 멸실된 재고자산의 원가를 추정하여야 한다. 이러한 경우 사용되는 방법이 매출총이익법이다. 또한 상품의 종류가 매우 다양하여 개별 재고자산의 취득원가 산정이 어려운 백화점이나 할인점 등에서 많이 사용하고 있는 매출가격환원법도 재고자산의 추정에 기반을 둔 방법이다. 아래에서는 이 두 가지 방법에 대해 차례로 살펴본다.

1. 매출총이익법에 의한 재고자산의 추정

매출총이익법(gross margin method)은 매출총이익률법(gross margin ratio method)이라고도 불리우며, 미리 추정된 매출총이익률(=매출총이익/매출액)에 의해 매출원가를 추정한 후, 역으로 기말상품 재고액을 산출(추정)하는 방법이다. 즉, 앞에서 설명한 바대로 일정한 원가흐름의 가정(개별법, 선입선출법 및 가중평균법)을 토대로 기말상품재고액을 파악한 후 매출원가를 계산하거나(실지재고조사법) 양자를 독립적으로 계산하였으나(계속기록법), 매출총이익법에서는 매출원가를 먼저 추정하고, 이를 바탕으로 기말상품재고액을 추정하게 된다. 매출총이익법에 의해 기말상품재고액을 추정하는 절차는 다음과 같다.

① 기초상품재고액, 당기순매입액, 당기매출액, 매출총이익률을 파악한다.
② 순매출액에 매출총이익률을 곱하여 매출총이익을 추정한다.
③ 순매출액에서 추정된 매출총이익을 차감하여 매출원가 추정액을 구한다.
④ 판매가능재고액(기초상품재고액+당기순매입액)에서 추정된 매출원가를 차감하여 기말재고액을 추정한다.

위에서 매출총이익률은 일반적으로 과거의 (평균)매출총이익률을 토대로 결정되는데, 이는 기본적으로 당기의 매출총이익률이 과거 기간의 매출총이익률과 크게 다르지 않다는 전제에 근거한 것이다. 따라서 이 전제가 성립하지 않는다면 매출총이익법의 신뢰성은 낮아질 수밖에 없다.

예제 6-8

2×14년 10월 말에 롯데상회㈜는 화재로 인해 창고에 보유하고 있던 재고자산을 모두 잃었다. 다음의 자료를 이용하여 매출총이익법에 의해 화재손실액을 추정하라.

기초상품 재고액	₩2,000,000
10월 말까지의 순매입액	10,000,000
10월 말까지의 매출액	14,000,000
과거기간의 평균매출총이익률	30%

풀이

(1) 매출원가 추정액 = 10월 말까지의 매출액 − 10월 말까지의 매출총이익

= ₩14,000,000 - (₩14,000,000 × 30%) = ₩9,800,000

(2) 기말상품재고 추정액 = 판매가능상품원가 - 매출원가 추정액
= (₩2,000,000 + ₩10,000,000) - ₩9,800,000
= ₩2,200,000

이처럼 매출총이익법은 기말상품의 원가를 추정에 의해 측정하는 방법이므로 실제 원가에 기초한 기말상품의 원가측정을 원칙으로 하는 K-IFRS에서는 허용되지 않는다. 즉, **연차재무상태표에 보고되는 기말상품의 원가를 매출총이익법에 의해 추정하는 것은 허용되지 않는다.**

2. 매출가격환원법(소매재고법)

2.1 기본개념

재고자산의 종류가 다양하지 않은 기업들의 경우에는 위에서 설명한 원가흐름에 관한 가정들 중 하나를 선택하여 적용하는데 무리가 없다. 그러나 이러한 재고자산의 계산방법은 취급하는 상품의 종류가 매우 다양하여 개별적인 원가추적이 어렵고 가격 변동이 빈번하며 공통적으로 발생하는 운송비 등을 배부하기가 까다로운 백화점이나 할인점의 경우에는 적용하기 어렵다. 이러한 경우의 대안이 매출가격환원법이다. 매출가격환원법은 판매가기준으로 평가한 기말재고금액에 구입원가, 판매가 및 판매가 변동액에 근거하여 산정한 원가율(1 - 매출총이익률)을 적용하여 기말재고자산의 원가를 추정하여 결정하는(환원하는) 방법이다.

이와 같이 매출가격환원법은 실제원가가 아닌 추정에 의한 원가결정방법이므로 K-IFRS에서도 원칙적으로 이익률이 유사하고 품종변화가 심한 다품종 상품을 취급하는 유통업에서 실무적으로 다른 원가측정법을 사용할 수 없는 경우에 사용할 수 있도록 제한적으로 규정하고 있다. 매출가격환원법은 주로 백화점이나 할인점 등과 같은 소매기업에서 사용되므로 소매재고법이라고도 한다.

매출가격환원법을 적용하기 위해서는 기본적으로 다음의 세 가지 기본적인 자료가 필요하다.

① 기초재고의 원가와 매가(소매가)

② 당기매입분의 원가와 매가(소매가)

③ 당기의 매출액(소매가 기준)

이러한 자료를 토대로 하여 우선 매가 기준의 기초재고와 당기매입분의 합계인 판매가능재고액에서 당기의 매출액(매가 기준)을 차감하여 매가 기준의 기말재고를 추정하고, 여기에 적절히 계산된 원가 대 매가 비율(원가율)을 곱하여 원가기준의 기말재고를 추정하게 된다.[18] 매출가격환원법에서도 각기 다른 원가흐름의 가정에 따라 원가율을 달리 계산하게 되는데, 이에는 평균원가매출가격환원법, 선입선출매출가격환원법, 저가기준매출가격환원법 및 후입선출매출가격환원법이 있다.[19] 이 방법들에 대해 상세히 살펴보기 전에 다음과 같은 몇 가지 용어들을 먼저 이해할 필요가 있다.

2.2 판매가격의 변동

매출가격환원법하에서의 장부기장에서는 상품의 매입원가와 매입시점에서의 추정매가를 기록하고, 차후에 추정매가와 실제 판매가격이 다르게 되면 애초에 정해진 추정매가에 가격인상액과 가격인하액을 가감하여 추정매가를 조정하게 된다. 가격인상이나 가격인하 이후에도 취소가 있을 수 있어 다음과 같이 인상취소액을 가격인상액에서 차감하여 순인상액을 계산하고, 인하취소액을 가격인하액에서 차감하여 순인하액을 계산한다.

순인상액 = 인상액 − 인상취소액

순인하액 = 인하액 − 인하취소액

2.3 원가흐름의 가정에 따른 추정액의 결정

매출가격환원법의 핵심은 판매가기준으로 평가한 기말재고액에 구입원가와 매가 및 순인상(인하)액을 반영한 판매가 간의 비율로 산정한 원가율을 적용하여 기말재고자산의 원가를 추정하여 결정하고, 이 기말재고자산의 원가추정액을 원가로 측정한 판

---

18) 통상적으로 기말재고를 추정을 통해 계산한다고 하여도 재고실사를 통해 기말재고의 과대계상 여부를 검토하는 것이 불가능한 것은 아니다.

19) K-IFRS에서는 후입선출법을 원가흐름의 가정으로 인정하지 않으므로 후입선출소매재고법 역시 인정되지 않는다고 해석된다. 따라서 본서에서는 후입선출소매재고법에 대해 상술하지 않는다.

매가능재고액에서 차감하여 매출원가를 산정하는 것이다. 각 추정단계를 식으로 나타내면 다음과 같다.

★

제1단계 : 기말재고(매가) = 기초재고(매가) + 당기매입액(매가) - 매출액
제2단계 : 기말재고(원가) = 기말재고(매가) × 원가율
제3단계 : 매출원가 = 기초재고(원가) + 당기매입액(원가) - 기말재고(원가)

<그림 6-7>의 상품(매가)계정은 실제 기록하는 계정이 아니라 이해를 쉽게 하기 위해 도식화한 가상(개념)적인 계정이다. 위에서 설명한 바와 같이 상품(원가)계정과 상품(매가)계정의 차변에 기록된 기초재고(원가) 및 기초재고(매가), 그리고 당기매입액(원가) 및 당기매입액(매가) 자료는 기중에 수집된다. 여기에 상품(매가) 계정 대변에 기록된 매출에 관한 자료도 기중에 수집된다. 당기 동안의 순인상액과 순인하액은 애초의 추정매가에 대한 조정이므로 상품(매가) 계정의 차변에 기록된 당기매입액(매가)에 대한 조정액으로 표시된다.

위에서 설명한 바와 같이, 기말재고(매가)는 기초재고(매가)에 당기매입액(매가)을 더하고 여기서 매출액을 차감하여 계산하는데 기중에 인상 및 인하가 발생하면 이를

그림 6-7 매출가격환원법의 개념도

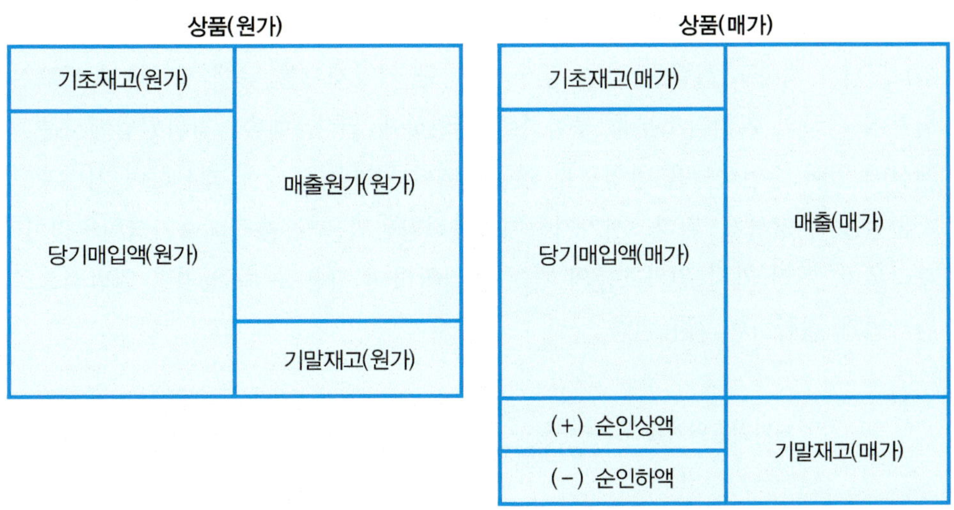

반영하여 당기매입액을 조정한다. 따라서 기말재고(매가)는 다음의 식으로 계산된다.

★

기말재고(매가) = 기초재고(매가) + [당기매입액(매가) + 순인상액 – 순인하액] – 매출액

위와 같이 계산된 기말재고(매가)에 원가율을 곱하여 기말재고(원가)를 추정한다. 기말재고(원가)가 추정되면 매출원가는 위의 등식대로 원가기준의 판매가능재고액에서 기말재고(원가)의 추정액을 차감하여 계산한다. 이때 원가율 계산방법에는 세 가지가 있는데 기초재고로만 측정되는 기초재고원가율, 당기매입액으로만 측정되는 당기매입원가율, 그리고 두 요소의 평균비율로 측정되는 평균원가율이 그것이다. 결국 원가율은 <그림 6-7>의 두 계정의 차변요소들의 비율로 계산된다는 것을 알 수 있다.

- **평균원가매출가격환원법**

평균원가매출가격환원법에서는 기초재고와 당기매입액이 기중에 평균적으로(같은 비율로) 판매된다고 가정한다. 따라서 원가율은 위의 두 계정의 차변총계(기초재고 및 당기매입액의 합계) 간의 비율로 결정된다고 볼 수 있다.

$$\text{평균원가율} = \frac{\text{기초재고(원가)} + \text{당기매입액(원가)}}{\text{기초재고(매가)} + \text{당기매입액(매가)} + \text{순인상액} - \text{순인하액}}$$

- **저가기준매출가격환원법**

매출가격환원법에서도 단일재고의 경우와 유사하게 기말재고의 시가(순실현가능가치)가 원가 이하로 하락한 경우 평가손실만큼 기말재고를 낮게 평가하며 이로서 매출원가에 상품의 가치감소분을 포함하여 반영하게 된다. 매출가격환원법에서는 원가율 계산에 있어 순인하액을 반영하지 않음으로써 원가율을 낮게 계산하여 기말재고의 평가손실을 반영하게 된다. 저가기준매출가격환원법은 전통적매출가격환원법이라고도 불리우며, 여러 가지 원가흐름의 가정과 결합하여 사용될 수 있지만 일반적으로 평균원가법과 결합하여 사용된다.

$$\text{저가기준원가율} = \frac{\text{기초재고(원가)} + \text{당기매입액(원가)}}{\text{기초재고(매가)} + \text{당기매입액(매가)} + \text{순인상액}}$$

• 선입선출매출가격환원법

선입선출매출가격환원법에서는 원가흐름 가정이 먼저 구입된 것이 먼저 판매된다고 가정하므로 기초재고가 당기매입분보다 먼저 판매된다고 가정한다. 따라서 당기매출액이 기초재고자산의 매가보다 크다면 기말재고에는 당기매입분만 남게 된다. 즉, 기말재고에는 기초재고가 포함되지 않을 것이므로 기말재고자산의 추정에 사용될 원가율은 다음과 같이 원가기준의 당기매입액과 판매가격의 변동이 반영된 매가기준의 당기매입액 간의 비율로 결정된다.

$$\text{당기매입원가율} = \frac{\text{당기매입액(원가)}}{\text{당기매입액(매가)} + \text{순인상액} - \text{순인하액}}$$

보론 매출가격환원법과 관련된 특수항목의 조정

매출가격환원법에서는 매입에누리 및 환출, 정상감모손실, 비정상감모손실, 매출에누리 및 환입, 종업원에 대한 특별할인 등 항목들이 존재하는 경우 기말재고(매가)의 산정과 원가율 계산이 상당히 복잡해진다. <표 6-6>은 이러한 특수항목이 원가기준의 당기매입액, 매가기준의 기말재고 및 원가율 계산에 미치는 영향을 정리한 것이다.

- 매입운임은 매입원가의 일부로 간주되므로 당기 매입원가에 가산되며 상품(매가) 계정에는 조정이 이루어질 필요가 없다. 따라서 <그림 6-7>의 개념도의 상품계정(원가)의 차변에 가산하기만 하면 되고, 결과적으로 원가율 계산에 반영된다.

- 같은 맥락에서 매입할인 및 매입에누리는 단순히 매입원가의 취소(차감)액으로 간주되어 상품계정(원가) 차변에 기록된 당기매입액(원가)의 차감항목으로 기록되면 되고, 만일 매입할인과 매입에누리가 매가의 감소분으로 반영된 것이 아니라면 매가 계정에는 조정이 이루어질 필요가 없다. 따라서 매입할인 및 매입에누

표 6-6 매출가격환원법의 특수항목 조정

	조정대상 / 특수항목	당기매입액(원가)	기말재고(매가)
원가율 조정에 관련된 항목	매입운임	(+)	−
	매입할인	(−)	−
	매입에누리	(−)	−
	매입환출	(−)	(−)
	타계정유입	(+)	(+)
	비정상재고감모손실	(−)	(−)
판매가격 조정에만 필요한 항목	매출할인		(+)
	매출에누리		(+)
	매출환입		(+)
	정상재고감모손실		(−)
	종업원특별할인		(−)

(+)는 가산을, (−)은 차감을 의미한다.

리는 원가율 계산에 반영된다.

- 매입환출은 원래 매입되었던 재고자산이 실제로 반품(출고)되는 경우이므로 매입원가뿐만 아니라 매가로 평가된 당기매입분의 차감항목으로 취급된다. 따라서 상품계정(원가)의 차변에 당기매입액의 차감항목으로 기록됨과 동시에 상품계정(매가)의 차변에 기록된 당기매입액(매가)의 차감항목으로도 기록된다. 상품계정(매가)의 당기매입액의 차감항목으로 기록되는 것은 기말재고(매가)로부터 차감되는 것과 동일한 효과를 갖는다. 이와 같이 매입환출은 원가율 계산에 반영된다.

- 매출환입, 매출할인 및 매출에누리는 매입활동과는 관계가 없으므로 총매출액의 차감항목으로만 취급된다. 즉, 상품계정(매가)의 대변에 기록되는 매출에 대한 차감항목으로 기록된다. 상품계정(매가)에 기록된 매출에 대한 차감항목으로 기록되므로 기말재고(매가)는 그만큼 커진다. 상품계정(원가)과 상품계정(매가)의 차변에는 영향이 없으므로 원가율 계산에는 반영되지 않는다.

- 한편 타계정(기업내의 타부서)으로부터 유입된 상품이 존재한다면 이 부분도 다른 기업으로부터의 일반매입과 동일하게 취급한다. 따라서 상품계정(원가) 차변의 당기매입액과 상품계정(매가) 차변의 당기매입액에 동시에 가산되어 원가율 산정에 고려된다. 상품계정(매가) 차변의 당기매입액에 가산되는 것은 기말재고(매가)에 추가하는 것과 동일한 효과를 갖는다.

- 정상적인 재고감모손실의 경우에는 원가율 산정에 포함되지 않고 상품계정(매가)의 대변에 기록되는데, 그 이유는 정상적인 감모율은 유통업종에서는 정상적인 것으로 간주되어 당기에 상품을 매입할 때 매가 산정에 이미 반영된 것으로 보아야 하기 때문이다. 정상적인 감모손실이 상품계정(매가)의 대변에 기록되면 결과적으로 매가로 측정된 기말재고에서 차감되는 효과가 있다. 상품계정(원가) 차변과 상품계정(매가) 차변에는 모두 영향이 없으므로 원가율 계산에는 반영되지 않는다.

- 그러나 비정상적인 감모손실의 경우에는 분명히 회피할 수 있었던 손실을 의미하므로 이로 인하여 원가율이 왜곡되는 일이 없도록 상품계정(원가) 및 상품계정(매가)의 차변에서 동시에 차감된다. 따라서 비정상적인 감모손실이 발생하면 원가율 산정에 반영하여야 하며 결과적으로 매가로 측정된 기말재고에서 차감되는 효과가 있다.

- 종업원에 대한 특별할인은 단순히 특수한 경우를 위해 판매가격을 할인한 것이고 일반적인 매가에 영향을 미친 것이 아니므로 원가율 산정에 반영되지 않는다. 따라서 상품계정(매가)의 대변에 기록되고, 결과적으로 매가로 측정된 기말재고에서 차감되는 효과를 낳는다.

위에서 살펴본 특수항목의 처리방법을 반영한 매출가격환원법의 개념도는 다음 <그림 6-8>과 같이 표시된다.

그림 6-8 특수항목을 반영한 매출가격환원법의 개념도

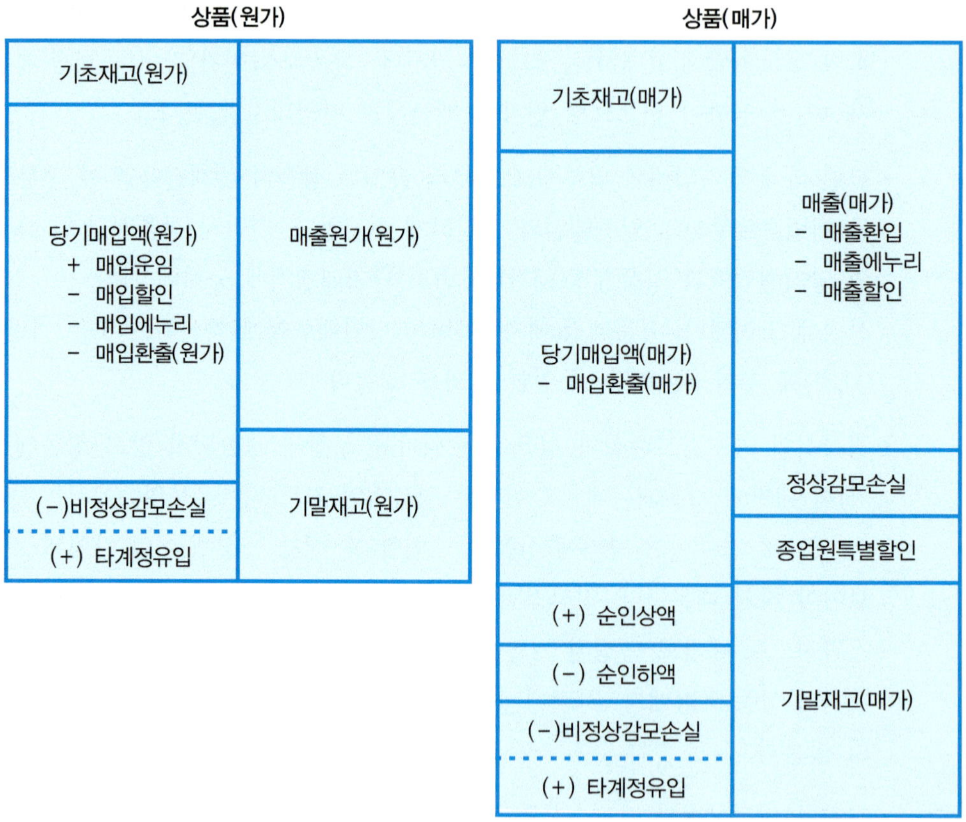

예제 6-9

한국백화점은 다양한 종류의 재고자산 항목을 취급하고 있어 실무적으로 일반적인 원가측정법을 적용하기 어렵기 때문에 매출가격환원법을 사용하고 있다. 한국백화점의 2×14년도 재고자산과 관련된 자료는 다음과 같다.

구 분	원가(원)	판매가격(원)
기초재고	12,000	20,000
당기총매입액	200,000	308,000
매입할인	3,000	–
순인상액	–	4,000
순인하액	–	1,600
매출액	–	295,000
종업원특별할인	–	3,000
정상감모손실	1,000	1,500

[물음] 한국백화점이 원가흐름의 가정으로 선입선출법을 적용하는 경우와 평균법을 적용하는 경우 기말재고와 매출원가는 얼마로 추정되는가?

풀이

1) 선입선출매출가격환원법을 적용할 경우 :

상품(원가)

차변	대변
기초재고(원가) 12,000	매출원가(원가)
당기매입액(원가) 200,000 − 매입할인 3,000	기말재고(원가)

상품(매가)

차변	대변
기초재고(매가) 20,000	매출(매가) 295,000
당기매입액(매가) 308,000	정상감모손실 1,500
	종업원특별할인 3,000
(+) 순인상액 4,000	기말재고(매가)
(−) 순인하액 1,600	

기말재고(매가) = ₩20,000 + (₩308,000 + ₩4,000 − ₩1,600) − ₩295,000 − ₩1,500 − ₩3,000 = ₩30,900

선입선출매출가격환원법의 경우에 당기매입액만으로 원가율이 계산된다.

당기매입원가율 = (₩200,000 − ₩3,000)/(₩308,000 + ₩4,000 − ₩1,600) = 63.47%

기말재고(원가) 추정액 = ₩30,900 × 0.6347 = ₩19,612

매출원가 추정액 = ₩12,000 + ₩200,000 − ₩3,000 − ₩19,612 = ₩189,388

2) 평균원가매출가격환원법을 적용할 경우 :

선입선출매출가격환원법의 경우와 모든 자료는 동일하고 단지 원가율의 계산을 위해 당기매입원가율 대신에 평균원가율을 사용하는 점이 다르다.

평균원가율 = (₩12,000 + ₩200,000 − ₩3,000)/(₩20,000 + ₩308,000 + ₩4,000 − ₩1,600) = 63.26%

기말재고(원가) 추정액 = ₩30,900 × 0.6326 = ₩19,547

매출원가 추정액 = ₩12,000 + ₩200,000 − ₩3,000 − ₩19,547 = ₩189,453

연습문제

EXERCISES

서술형

1. 재고자산을 매입하였을 때 그 취득원가를 어떻게 측정하는지 설명하라.
2. 매입할인에 대한 회계방법인 총액법과 순액법의 차이를 설명하라.
3. 재고자산 기록방법으로서 계속기록법과 실지재고조사법은 어떻게 다른지 비교하여 설명하라.
4. 재고자산감모손실이란 무엇이며 또 어떻게 회계처리하는가? 실지재고조사법에서 일반적으로 재고감모손실을 파악할 수 없는 이유는 무엇인가?
5. 한 회계기간의 판매가능재고자산 총액은 어떻게 구성되어 있는가?
6. 판매가능재고자산과 매출원가 및 기말재고자산은 서로 어떤 관계에 있는지 설명하라.
7. 총평균법과 이동평균법은 어떻게 다른지 설명하라.
8. 재고자산 매입단가가 지속적으로 상승하고 있을 때, 재고자산 기록체계와 원가흐름의 가정의 각 조합에 대해 기말재고, 매출원가 및 매출총이익의 대소를 비교하라.
9. 재고자산 매입단가가 지속적으로 상승하고 있을 때, 선입선출법과 후입선출법의 차이를 세금 납부액 측면에서 비교하라.
10. 기말재고자산을 평가할 때는 저가기준(lower of cost or market)을 적용해야 한다. 저가기준이란 무엇인지 설명하고, 저가기준을 적용할 때 필요한 회계처리의 내용을 설명하라.
11. 재고자산평가충당금과 재고자산평가손실은 재무제표에 어떻게 표시하는가?
12. 재고자산평가손실과 재고자산감모손실이 동시에 발생했을 경우 계산하는 방법에 대해 설명하라.
13. 저가기준을 적용하는 방법으로서 종목별기준과 총액기준의 차이점은 무엇인가?
14. 매출총이익률법의 사용이 정당화되는 경우를 열거하라.
15. 매출가격환원법의 핵심적인 내용을 설명하고 각 원가흐름의 가정하에서 원가율을 계산하는 방법을 설명하라.

주관식

01. 다음은 상품매매업을 수행하는 동국기업㈜이 외상매입한 상품에 관한 자료이다. 다음 자료를 이용하여 상품의 취득원가를 구하라.

상품 매입가격 총액	₩1,000,000	매입환출	₩100,000
취득후 보관비	20,000	매입운임	500,000
운송보험료	30,000	판매배달운임	50,000

02. 다음은 상품매매업을 하는 경주㈜의 4월 동안 상품거래이다. 경주㈜는 매입할인을 총액법으로 회계처리한다고 가정하고 다음 각 거래를 분개하라.

4/2 상품(송장가격 : ₩800)을 매입하면서 수량할인 ₩100을 받고 나머지는 현금으로 지급하다.

4/3 상품(송장가격 : ₩5,000)을 외상으로 구입하고 대금조건은 2/10, n/30이다. 매입과 관련하여 다음의 지출을 하였다.

매입운임 : ₩30; 검사비 : ₩30; 운송보험료 : ₩10

4/5 3일에 구입한 상품 중 파손된 상품(송장가격 : ₩1,000)을 반환하다.

4/7 3일에 구입한 상품대금을 지급하다.

4/15 외국에서 상품(송장가격 : ₩2,000)을 구입하고 거래조건은 도착지인도조건이며 상품은 아직 운송 중에 있다.

4/22 지난달에 현금을 선급하고 주문한 상품 ₩5,000이 도착하였다.

03. 다음은 상품매매업을 하는 동국㈜의 20×7년 동안의 상품거래 내역이다.

- 1월 1일의 기초재고액 : ₩30,000
- 4월 1일 상품 매입 : ₩150,000, 이는 전액 2/10, n/30의 조건으로 한 외상매입이었다.
- 4월 10일 매입대금 지급 : 동국상사는 4월 9일 매입대금 전액을 지급하여 2%의 할인을 받았다.
- 5월 15일의 상품 외상매출 : 판매가 ₩120,000(취득원가 : ₩100,000)
- 6월 30일의 상품매입 : ₩120,000, 이는 전액 2/10, n/30의 조건으로 한 외상매입이었다.
- 7월 5일의 거래 : 6월 30일의 매입분 중 ₩20,000은 아예 반품처리하였다.
- 9월 15일의 거래 : 6월 30일 거래의 나머지 매입채무를 지급하였다.

- 10월 3일의 외상매출 : 판매가 ₩200,000(취득원가 : ₩150,000)
- 11월 5일의 거래 : 10월 3일분의 매출액 중 ₩10,000의 상품이 반품으로 회수되었다.
- 12월 31일의 기말실사 : 기말의 재고를 실사한 결과 ₩52,000의 재고가 확인되었다.

1) 동국㈜이 실지재고조사법을 택하고 있으며 상품, 매입, 매출의 세 계정(3분법)을 이용한다고 가정하고 위의 거래들을 기록하기 위해 분개와 기말수정분개를 하라.
2) 동국㈜이 계속기록법을 택한다고 가정할 때 위의 거래들을 분개하고 기말수정분개를 하라.

04. 서울회사의 기말상품재고액에는 다음의 금액이 포함되어 있다.

- 판매가로 표시된 적송품(매출총이익률 : 40%) : ₩1,000
- 미착품(FOB, shipping point 조건으로 구입하여 운송중인 상품의 원가) : ₩500
- 수탁품 : ₩300(경주회사로부터 위탁받아 판매할 상품)
- 시송품 : ₩3,000(고객에게 발송하였으나 고객으로부터 회신이 없음, 판매가격 : ₩3,000, 원가 : ₩2,000)

K-IFRS를 따르는 경우 서울회사의 올바른 기말상품재고원가는 얼마인가?

05. 다음은 민국㈜의 재고자산 관련 자료이다. 민국㈜은 실지재고조사법을 사용하고 있다.

(1) 기초상품재고액 : ₩70,000
(2) 당기순매입액 : ₩580,000
(3) 당기에 위탁판매를 위해 발송한 상품원가 : ₩100,000(이 중 75%는 판매되었음)
(4) 재매입약정(약정재구입가격 : ₩20,000)과 함께 판매한 상품원가 : ₩15,000
(5) 회사 내의 창고에 있는 실제 기말상품 원가 : ₩150,000
(6) 당기 상품평가손실 ₩35,000(기초 재고자산평가충당금 잔액은 없음)

1) 올바른 기말상품의 원가금액을 계산하라.
2) 재무상태표에 보고될 기말상품의 금액을 구하라.
3) 포괄손익계산서에 보고될 재고자산 관련 총비용을 구하고 그 구성내역을 설명하라.

06. 중구산업㈜은 20×7년 1월 1일에 매입가격 ₩1,000,000의 상품을 외상(단기신용조건)으로 구입하였다. 구입조건은 2/10, n/30이었다.

1) 중구산업㈜이 위의 상품을 구입한 시점(1월 1일)의 회계처리와 대금을 1월 9일에 지불했을 경우 회계처리를 순액법과 총액법으로 구분하여 제시하라.

2) 중구산업㈜이 위의 상품 구입대금을 1월 20일에 지불했을 경우 회계처리를 순액법과 총액법으로 구분하여 제시하라.

07. 진지㈜는 월별로 포괄손익계산서를 작성한다. 그런데 실지재고조사는 연말에만 실시하므로 월말 재고를 추정하여야 한다. 모든 매출은 외상으로 이루어지며 매출총이익은 원가의 50%이다. 20×9년도 4월의 자료는 다음과 같다.

월초 매출채권 잔액	₩10
월말 매출채권 잔액	15
당월 중 매출채권 현금회수액	25
기초재고자산	18
당월 매입액	16

위의 자료를 이용하여 월말 재고자산 원가를 추정하라.

08. 상품매매업을 하는 목멱㈜은 20×9년도 초에 기초재고 100개(단가 ₩300)를 가지고 있었으며, 20×9년 동안 다음과 같은 상품거래를 하였다. 다음의 각 독립적인 물음에 답하라.

	수량	단가
3월 매입	400	₩500
5월 매출	300	(개당 판매가격 : ₩800)
7월 매입	500	₩600
12월 매출	400	(개당 판매가격 : ₩1,000)

1) 목멱㈜이 실지재고조사법을 채택하고 있으며 기말재고수량이 300개인 경우를 가정하고 다음을 구하라.

가. 선입선출법하의 기말재고자산; 매출원가; 매출총이익

나. 평균법하의 기말재고자산; 매출원가; 매출총이익

2) 목멱㈜이 계속기록법을 채택하고 있으며 기말재고수량이 300개인 경우를 가정하고 1)의 요구사항에 답하라.

3) 목멱㈜이 계속기록법을 채택하고 있으며 기말재고수량이 200개인 경우를 가정하고 다음을 구하라(단, 50개는 정상감모손실이고 나머지는 비정상적인 감모손실로 가정하라).

가. 선입선출법하의 기말재고자산; 매출원가; 매출총이익

나. 평균법하의 기말재고자산; 매출원가; 매출총이익

09. 2×13년에 설립된 고려㈜의 재고자산 관련 자료는 다음과 같다. 고려㈜는 재고자산 기록체계로서 계속기록법을 택하고 있다.

연도	기말재고수량(개)			기말재고단가(원)	
	장부수량	실제수량	정상적 감모수량	취득원가	순실현 가능가액
2×13년	200	180	10	200	180
2×14년	300	250	20	200	210

위의 자료에 기초하여 각 년도 말의 재고자산감모손실(정상 및 비정상인 부분을 구별한다고 가정), 재고자산평가손실 및 재고자산평가손실환입(필요시)을 계산하고 필요한 분개를 하라.

10. 다음은 필동기업㈜의 20×1년 재고자산 관련 자료이다. 필동기업㈜은 재고자산의 기록체계로서 계속기록법을 채택하고 있다. 자료에 주어진 순서대로 거래가 발생했다고 가정하고 물음에 답하라.

거래일자	수 량	매입단가	판매단가	총원가
기초재고:	100	₩50		₩5,000(=100개×50)
매 입	300	60		18,000(=300개×60)
매 출	(100)	–	₩100	–
매 입	100	80		8,000(=100개×80)
매 출	(200)		150	

1) 필동기업㈜이 기말에 재고자산을 실사한 결과 180개만이 남아 있었다고 가정할 때 각 원가흐름(선입선출법 및 이동평균법)의 가정에 대하여 각각 매출원가, 재고자산감모손실, 그리고 기말재고액을 계산하라. 단, 감모분의 10%만이 비정상감모분이다(정상 및 비정상인 감모분을 구별한다고 가정).

2) 필동기업㈜이 기말에 재고자산을 실사한 결과 180개만이 남아 있었고 회사가 선입선출법의 원가흐름 가정을 사용한다고 가정하자. 기말에 재고자산의 순실현가능가치가 단위당 ₩40으로 확인되었으며, 단 감모분의 10%만이 비정상감모분이다. 필동㈜의 기말재무제표에 보고할 기말재고자산 금액, 매출원가, 재고자산감모손실 및 평가손실을 구하라.

11. 다음은 단국백화점㈜의 재고자산 관련 자료이다. 단국백화점㈜은 매출가격환원법을 사용하여 재고자산의 회계처리를 수행하고 있다.

	원 가	판매가격
기초재고자산	₩34,000	₩70,000
매입	146,000	280,000
매입할인	20,000	40,000
가격인상		12,000
가격인상취소		2,000
가격인하		15,000
가격인하취소		5,000
당기총매출액		200,000
매출환입		8,000

1) 판매가격으로 표시되는 기말재고액을 계산하라.

2) 다음의 각 방법하에서 기말재고의 원가를 추정하라.

① 선입선출법 ② 평균원가법 ③ 저가기준법

12. 동국백화점㈜은 다양한 종류의 재고자산 항목을 취급하고 있어 실무적으로 일반적인 원가측정법을 적용하기 어렵기 때문에 매출가격환원법을 사용하고 있다. 동국백화점의 2×14년도 재고자산과 관련된 자료는 다음과 같다.

	원가	판매가격
기초재고	₩15,000	₩30,000
당기총매입액	200,000	340,000
순인상액	–	10,000
순인하액	–	30,000
매출액	–	303,000
종업원특별할인	–	3,000
정상감모손실	1,000	1,500

동국백화점㈜이 원가흐름의 가정으로 선입선출법을 적용하는 경우와 평균원가법을 적용하는 경우 기말재고와 매출원가를 추정하라.

13. 바람기업㈜은 7월 초에 화재로 인해 창고에 있던 재고자산이 모두 멸실되는 피해를 입었다. 바람기업㈜은 실지재고조사법을 사용하고 있었기 때문에 화재 당시 얼마만큼 재고자산을 보유하고 있었는지 알 수가 없다. 멸실된 재고자산의 원가를 추정하기 위해 다음 자료를 수집하였다.

기초재무상태표상의 재고자산	₩200,000
1/1일부터 6/30일까지의 매입액 합계	800,000
1/1일부터 6/30일까지의 매출액 합계	1,200,000
전년도 매출총이익률	40%

1) 전년도 매출총이익률이 금년에도 유지된다고 가정할 때 화재 발생시까지의 매출원가를 추정하라.
2) 화재로 소실된 재고자산의 원가를 추정하라.

14. 다음은 실지재고조사법을 사용하는 남산기업㈜의 9월 중 상품거래 자료이다. 이 기업의 회계기간은 9월 1일부터 9월 30일까지 1개월이라고 가정한다. 남산기업㈜은 3분법을 사용하고 있으며, 기말에 매출원가 계정에서 매출원가를 집계한다.

거래일자	수 량	매입단가	판매단가	총원가
기초재고 : 9/1	100	₩80		₩8,000
매 입 : 9/6	60	90		5,400
매 출 : 9/13	(70)		₩150	
매 입 : 9/21	150	96		14,400
매 출 : 9/24	(210)		160	
매 입 : 9/29	90	100		9,000
기말재고 : 9/30	120*			

* 기말재고실사에 의해 확인된 수량
기말재고자산의 시가(순실현가능가치)를 평가한 결과 개당 97원으로 평가되었다. 재고자산평가충당금 계정에 전월로부터 이월된 잔액 200원이 있다.

1) 선입선출법을 적용하여 9월의 매출원가와 기말재고를 각각 계산하고, 각 매입 · 매출 및 기말시점에서 필요한 분개를 하라(매입 · 매출은 신용거래로 가정한다).
2) 총평균법을 적용하여 9월의 매출원가와 기말재고를 각각 계산하고, 기말시점에서 필요한 분개를 하라.
3) 후입선출법을 적용하여 9월의 매출원가와 기말재고를 각각 계산하고, 기말시점에서 필요한 분개를 하라(후입선출법은 K-IFRS에서 인정되지 않으나 비교 목적으로 연습해보자).
4) 다음 형태로 9월의 부분포괄손익계산서를 작성하라.

	선입선출법 적용	총평균법 적용	후입선출법 적용
매 출 액	______	______	______
매출원가	______	______	______
매출총이익	______	______	______

15. 다음은 계속기록법을 사용하는 남산기업㈜의 9월 중 재고자산 거래 자료이다. 이 기업의 회계기간은 9월 1일부터 9월 30일까지 1개월이라고 가정한다. 남산기업㈜은 재고자산 기록을 위하여 단일상품 계정을 사용하고 있다.

거래일자	수 량	매입단가	판매단가	총원가
기초재고 : 9/1	100	₩80		₩8,000
매 입 : 9/6	60	90		5,400
매 출 : 9/13	(70)		₩150	
매 입 : 9/21	150	96		14,400
매 출 : 9/24	(210)		160	
매 입 : 9/29	90	100		9,000
기말재고 : 9/30	120*			

* 상품재고장의 기말재고 장부수량, 기말재고실사에 의해 확인된 수량은 115개이다. 재고감모손실 중 3개는 원가성이 있고, 나머지 2개는 원가성이 없는 것으로 평가되었다.
기말재고자산의 시가(순실현가능가치)를 평가한 결과 개당 97원으로 평가되었다. 재고자산평가충당금계정에 전월로부터 이월된 잔액 200원이 있다.

1) 선입선출법을 적용하여 9월의 매출원가와 기말재고자산을 각각 계산하고, 각 매입 · 매출 및 기말시점에서 필요한 분개를 하라(매입 · 매출은 신용거래로 가정한다).
2) 이동평균법을 적용하여 9월의 매출원가와 기말재고자산을 각각 계산하고, 기말시점에서 필요한 분개를 하라.

유형자산 1

07

유형자산은 기업이 장기간에 걸쳐 영업활동(재화나 용역이 생산, 타인에 대한 임대 또는 관리활동)에 사용할 목적으로 보유하는 물리적 형체가 있는 자산이다. 많은 기업에 있어 유형자산은 자산총계의 중요한 부분을 점한다. 따라서 유형자산의 회계처리는 기업의 자산총계 및 순이익에 큰 영향을 미치는 것이 일반적이다. 유형자산 회계의 주요 주제로는 취득원가 측정, 취득 후 지출에 대한 회계, 감가상각, 재평가모형, 보유기간 중의 손상차손의 인식, 그리고 제거에 대한 회계처리 등이 있다. 본 장에서는 유형자산의 의의 및 분류, 취득원가 측정, 취득 후의 지출에 대하여 차례로 살펴본다. 감가상각, 유형자산의 재평가모형, 손상차손의 인식, 그리고 유형자산의 처분에 대한 회계에 대해서는 제8장에서 설명한다.

제 1 절 유형자산의 의의 · 인식기준 및 주요 주제

본 절에서는 유형자산의 개념정의와 인식기준을 우선 논의하고 이를 토대로 유형자산의 분류와 유형자산 회계의 주요 주제에 대해 설명하고자 한다.

1. 유형자산의 의의

유형자산(tangible assets)을 간단히 정의하자면 기업이 영업활동에 장기간 사용하기 위하여 보유하는 물리적 형체가 있는 자산이다. 즉, 유형자산은 영업에 사용할 목적, 즉 재화나 용역의 생산, 타인에 대한 임대 또는 관리활동에 사용할 목적으로 보유하는 자산이다. 영업활동에 장기간 사용하기 위하여 보유하는 생산시설과 판매시설이 유형자산의 대표적인 예이다.[1] 일반적으로 이러한 시설을 취득하는 데는 큰 금액의 투자가 소요되므로 많은 기업에 있어 유형자산이 자산 중에 차지하는 비중은 매우 크다. 이와 같이 유형자산은 자산의 중요한 부분을 차지하는 경우가 많기 때문에 재무상태표의 표시가 매우 중요하다. 또한 유형자산과 관련된 지출의 자산인식 또는 비용처리 여부는 당기손익에 큰 영향을 미친다.

1) 이러한 이유로 유형자산은 설비자산 또는 고정자산이라고 불리기도 한다.

다음에서는 위에서 설명한 유형자산의 정의에 입각하여 유형자산의 특징을 다음의 몇 가지 관점에서 자세히 살펴보기로 한다.

1.1 취득목적

유형자산은 재화의 생산, 용역의 제공, 타인에 대한 임대 또는 관리활동에 사용할 목적으로 취득하여 보유하는 자산이다. 즉, 유형자산의 취득목적은 판매목적이 아니라 재화와 용역의 생산 및 타인에 대한 임대라는 정상적인 영업활동에 사용하기 위한 것이라고 요약할 수 있다. 따라서 동일한 자산이라도 투자목적으로 취득한 자산은 투자자산으로 분류되어야 하며, 판매를 목적으로 취득하였다면 재고자산으로 분류하여야 한다. 예를 들어, 제조기업이 공장을 새로이 건설하기 위하여 취득한 토지는 생산활동에 사용하기 위해 취득한 것이므로 유형자산으로 분류되는 것이 마땅하지만, 만일 동일한 토지를 시세차익을 취할 목적으로 취득하였다면 이는 투자자산(투자부동산)으로 분류되어야 한다. 또한 부동산매매기업이 재판매를 목적으로 토지를 취득하였다면 이는 재고자산으로 분류되는 것이 합당하다.

1.2 보유기간

유형자산은 한 회계기간(1년)을 초과하는 장기간에 걸쳐 사용할 것이 예상되는 자산이다. 이와 같이 기업이 유형자산을 장기간에 걸쳐 보유하는 가장 중요한 이유는 당해 유형자산이 미래에 경제적 효익(economic benefit)을 기업에게 제공할 것이기 때문이다. 이러한 미래의 경제적 효익을 회계학에서는 용역잠재력(service potential)이라 부르기도 한다. 유형자산의 미래의 경제적 효익이 장기간에 걸쳐 존속할 것이 예상되는 한, 기업은 유형자산을 계속 보유하려 할 것이다. 일반적인 경우 유형자산의 용역잠재력은 무한히 지속될 수 없고, 유형자산이 수익창출을 위하여 사용되는 기간에 걸쳐 감소하게 된다. 이렇게 용역잠재력은 유한하여 언젠가는 소모될 것이므로 유형자산에 대해서 일정 기간에 걸쳐 감가상각비를 인식하게 된다. 만일 유형자산의 용역잠재력이 기간의 경과와는 별개로 진부화나 기타 환경의 변화로 인하여 급격히 줄어든다면 이를 손상차손으로 인식하여야 한다.

1.3 물리적 형체

유형자산은 물리적 형체가 있는 자산이며, 이 점에서 물리적 형체가 없는 특허권이나 영업권과 같은 무형자산과 구별된다. 무형자산도 미래의 경제적 효익을 제공하며 기업에서 장기간 사용된다는 점에서 유형자산과 공통점이 있으나, 물리적 형체가 없기 때문에 유형자산과 구분된다.

2. 유형자산의 인식기준

특정 자산이 유형자산으로 인식되기 위해서는 위에서 살펴본 유형자산의 정의에 포함된 세 가지 주요한 특징이 갖추어지고, 다음의 두 가지 일반적인 자산의 인식기준을 모두 충족하여야 한다.

★
① 자산으로부터 발생하는 미래 경제적 효익이 기업에 유입될 가능성이 높다.
② 자산의 원가를 신뢰성 있게 측정할 수 있다.

위의 유형자산의 인식조건이 충족되었는지의 여부를 판단하기 위해서는 당해 유형자산을 최초로 인식하는 시점에서 입수가능한 증거에 근거하여 미래 경제적 효익의 유입가능성을 평가하여야 한다. 예를 들어, 일반적으로 자산과 관련된 권리와 의무를 대부분 이전받은 경우 미래 경제적 효익의 유입가능성이 높다고 할 수 있다. 그러나 자산과 관련된 권리와 의무가 이전되기 전까지는 상당한 불이익 없이도 거래가 취소될 수 있기 때문에 미래 경제적 효익의 불확실성이 높고, 따라서 유형자산으로 인식하지 않는다.

유형자산을 포함한 특정 항목을 재무제표에 자산으로 계상하기 위해서는 당해 항목에 대한 측정기준이 있고 그에 따른 측정치가 회계정보로서의 신뢰성을 가질 수 있어야 한다. 특정 항목에 대한 미래 경제적 효익의 유입가능성이 높다고 하더라도 그 금액을 신뢰성 있게 측정할 수 없는 경우에는 이를 자산으로 인식하여서는 안 되며, 주석이나 기타 설명자료로 공시한다.

안전 또는 환경상의 이유로 취득하는 유형자산은 그 자체로는 직접적인 미래 경제적 효익을 얻을 수 없으나, 다른 자산으로부터 경제적 효익을 얻기 위하여 필요할 수 있다. 이러한 유형자산은 당해 유형자산을 취득하지 않았을 경우보다 관련 자산으로부터 미래 경제적 효익을 더 많이 얻을 수 있게 해주기 때문에 자산으로 인식할 수 있다. 예를 들면, 화학제품 제조업체가 위험한 화학물질의 생산과 저장에 관한 환경규제요건을 충족하기 위하여 새로운 화학처리공정설비를 설치하는 경우 당해 설비가 이러한 자산에 해당한다. 이때 이러한 설비 없이는 화학제품을 제조 및 판매할 수 없기 때문에 관련증설원가를 자산으로 인식한다.

유형자산과 관련된 모든 원가는 그 발생시점에 인식기준을 적용하여 평가한다. 이러한 원가에는 유형자산을 매입하거나 건설할 때 최초로 발생하는 원가뿐만 아니라 **후속적으로 해당 자산을 영업활동에 사용할 준비를 완료하는 데까지 필요로 할 것으로 기대되는 정상적인 증설, 대체 또는 수선 · 유지와 관련된 원가를 포함한다.**

3. 유형자산의 분류

유형자산에는 토지, 건물, 구축물, 기계장치, 건설중인자산 등이 포함된다. K-IFRS **에서는 유형자산 항목을 구성하는 범위에 대해서 구체적인 규정을 두고 있지 않으나** 일반적으로 유형자산은 그 형체를 기준으로 토지, 건물, 구축물, 기계장치, 차량운반구, 비품, 공기구, 건설중인자산 등으로 분류한다(<표 7-1> 참조). 여기서 건설중인자산은 기업이 자체 사용을 목적으로 현재 건설 중에 있는 유형자산을 말한다.

K-IFRS는 유형자산 항목을 구성하는 범위에 대해서는 구체적으로 규정하고 있지 않기 때문에 유형자산의 인식기준을 적용할 때 업종의 특성과 기업의 특수한 상황을

표 7-1 유형자산의 분류

유형자산 항목	포함범위
토 지	–
건 물	본 건물 및 건물부속설비(냉난방, 전기, 통신 및 기타설비 등)
구축물	교량, 궤도, 갱도, 주차장, 정원설비 및 기타 토목설비 또는 공작물 등
기계장치	기계장치, 운송설비(컨베이어, 호이스트, 기중기 등), 기타 부속설비 등
건설중인자산	자체 사용목적으로 현재 건설 중에 있는 유형자산(유형자산의 건설을 위한 재료비, 노무비 및 경비로 하되, 건설을 위하여 지출한 도급금액 등을 포함한다.)
기타 유형자산*	차량운반구, 선박, 비품, 공기구 등 기타자산

* 회계처리할 때는 오른쪽의 세분된 항목들을 계정과목으로 사용할 수 있음.

고려하여야 한다. 즉, 특정 유형자산을 구성하고 있는 항목들을 분리하여 개별 유형자산으로 식별해야 할지 아니면 구성항목 전체를 단일한 유형자산 항목으로 인식해야 할지는 기업의 특수한 상황과 업종의 특성을 고려하여 판단한다. 예를 들어, 금형, 공구 및 틀 등과 같이 개별적으로 경미한 항목은 통합하여 그 전체가치에 대하여 인식기준을 적용하는 것이 적절하다.

사용기간이 한 회계기간 미만인 대부분의 예비부품과 수선용구는 재고자산으로 분류하고 사용되는 시점에 당기손익(또는 제조원가의 일부)으로 인식한다. 그러나 중요한 예비부품과 대기성 장비로서 한 회계기간 이상 사용할 것으로 예상되는 경우에는 이를 유형자산으로 분류한다. 이와 유사하게, 예비부품과 수선용구가 특정 유형자산에만 연계되어 사용될 수 있다면 유형자산으로 분류한다.

4. 유형자산 회계의 주요 주제

유형자산은 최초인식 후에 원가모형과 재평가모형 중에 하나를 선택하여 분류별로 동일하게 적용하여 평가한다. 원가모형이란 유형자산의 최초인식 후에 원가에서 감가상각누계액과 손상차손누계액을 차감한 금액을 장부금액으로 하는 평가모형을 말하며, 재평가모형이란 최초인식 후에 공정가치를 신뢰성 있게 측정할 수 있는 유형자산을 재평가일의 공정가치에서 이후의 감가상각누계액과 손상차손누계액을 차감한 재평가금액을 장부금액으로 하는 평가모형을 말한다.

원가모형으로 평가하는 유형자산에 관한 회계주제는 유형자산 거래의 발생시점별로 크게 나누어 ① 최초인식시점의 원가측정과 ② 인식시점 이후의 원가의 인식 및 측정(취득 후의 지출, 감가상각 및 손상차손을 포함), 그리고 ③ 제거로 대별할 수 있다. 본 장에서는 최초인식시점의 유형자산의 원가측정, 취득 후의 지출에 대해 자세히 살펴보고, 나머지 주제와 재평가모형에 관련한 내용에 대해서는 다음 장에서 자세히 논의한다.

제 2 절 유형자산의 원가

본 절에서는 유형자산을 처음으로 인식하는 시점에서 취득원가의 결정 및 측정에 대해 살펴본다. 유형자산의 경우 취득방법이 다양하며 그 금액이 크고 중요하여 취득원가의 결정은 차후에 감가상각비의 결정에 영향을 주므로 회계적으로 매우 중요한 주제이다. 본 절에서는 다양한 취득방법에 따른 유형자산의 취득원가의 구성요소와 이에 대한 결정을 다룬다.

1. 유형자산 최초원가 측정의 일반원칙 및 원가구성요소

일반적으로 유형자산을 취득하는 경우 유형자산은 취득원가에 따라 최초로 인식된다. 유형자산의 최초인식시점에서 취득원가기준을 적용하는 이유는 취득원가가 그 시점에서 자산의 공정가치를 가장 잘 반영하며, 취득원가는 실제거래에서 발생한 원가이므로 신뢰성이 매우 높기 때문이다. 다음 장에서 다룰 유형자산의 재평가모형의 경우에도 최초인식시점에는 취득원가로 측정된다. 따라서 유형자산 회계의 첫 번째 주요 주제는 유형자산을 최초에 인식할 때 그 원가(최초원가)를 어떻게 측정하는가의 문제이다.

일반적으로 자산의 취득원가(acquisition cost)는 자산을 취득목적에 사용할 준비를 완료하는 데 필요한 정상적인 지출을 말한다. 앞에서 살펴본 바와 같이, 유형자산은 생산 및 영업활동에 사용하기 위한 목적으로 취득하는 것이므로 유형자산의 취득원가는 경영자가 의도하는 방식으로 자산을 사용할 수 있도록 준비하는 데 필요한 취득과 직접 관련되는 모든 정상적인 지출을 포함한다. 이러한 원가측정의 일반기준에 의하면 유형자산의 원가는 다음의 세 요소로 구성된다.

★

(1) 유형자산의 구입가격(유형자산의 취득과 직접 관련된 제세공과금 포함)에 매입할인과 리베이트 등을 차감한 금액
(2) 경영진이 의도하는 방식으로 자산을 가동하기 위하여 필요한 장소와 상태에 이르게 하는 데 직접 관련되는 원가(이후 '직접관련원가'라고 부름)
(3) 자산을 해체, 제거하거나 부지를 복구하는 데 소요될 것으로 최초에 추정되는 원가(이후 '복구원가'라고 부름)

유형자산 취득원가의 첫 번째 구성요소는 구입가격과 부대비용을 나타낸다. 구입가격은 일반적으로 자산을 취득하기 위하여 자산의 취득시점이나 건설시점[2)]에 지급한 현금및현금성자산 또는 제공하거나 부담할 기타 대가의 공정가치를 말한다. 즉, 유형자산의 구입가격은 인식시점의 현금가격상당액이다. 부대비용은 재고자산의 취득원가의 경우와 거의 동일하다. 즉, 구입과정에서 부담한 취득세 등은 취득원가에 가산되며 매입할인과 같이 회사가 부담하지 않은 부분은 취득원가에 포함되지 않는다.

유형자산의 취득원가를 구성하는 두 번째 요소는 유형자산의 취득과 관련된 직접관련원가이다. 여기서 직접관련원가는 유형자산의 취득목적을 달성하기 위하여 해당 자산의 사용을 준비하는 데 필요한 후속적 지출을 말한다. 예를 들어, 제품의 생산에 사용할 목적으로 기계장치를 구입하는 경우 기계장치를 설치하고 시운전하는 데 발생한 지출이나 이 과정에서 전문가의 도움을 받은 경우 전문가에게 지급한 수수료 등은 직접관련원가로 취득원가에 포함된다. 그러나 유형자산을 경영진이 의도하는 방식으로 가동될 수 있는 장소와 상태로 준비하는 과정과 직접 관련이 없는 관리원가 및 기타 일반간접원가 등은 유형자산의 취득원가에 포함하지 않는다. 시운전이나 본격적인 가동준비를 위한 지출이라도 유형자산을 사용가능한 상태로 준비하는 과정과 직접 관련이 없다면 취득원가에 포함하지 않는다.

또한 유형자산을 경영진이 의도하는 방식으로 가동하는 데 필요한 장소와 상태에 이르게 하기 위해 필요한 활동은 아니지만, 유형자산의 건설 또는 개발과 관련하여 영업활동이 이루어질 수 있다. 이러한 부수적인 영업활동은 건설이나 개발이 진행되는 동안 또는 그 이전단계에서도 이루어질 수 있다. 예를 들어, 건설이 시작되기 전에 건설용지를 주차장 용도로 사용함에 따라 수익이 획득될 수 있다. 이러한 부수적인 영업은 유형자산을 경영진이 의도하는 방식으로 가동하는 데 필요한 장소와 상태에 이르게 하는 데 꼭 필요할 것으로 기대되는 활동이 아니므로 그러한 수익과 관련 비용은 당기손익으로 인식하고 각각 수익과 비용항목으로 구분하여 표시한다.

유형자산의 취득원가를 구성하는 세 번째 요소는 복구원가이다. 복구원가란 유형자산을 제거, 해체하거나 부지를 복구하는 데 소요될 것으로 추정되는 원가를 말한다. 이러한 복구원가는 원자력발전소, 해상구조물, 쓰레기매립장, 저유설비와 같이 경제적 사

---

2) 자가건설한 유형자산의 원가는 외부에서 구입한 유형자산에 적용하는 것과 같은 기준을 적용하여 측정한다(자세한 사항은 후술함). 자가건설한 유형자산의 장부금액에 포함되는 이자에 대해서는 '차입원가의 인식기준'[기업회계기준서 제1023호('차입원가')]을 적용한다.

용이 종료된 후에 그대로 방치할 경우 심각한 환경오염이 예상되어 주로 공적 규제에 의해 의무적으로 원상을 회복해야 하는 경우에 발생한다. 이러한 복구의무가 존재하는 경우 복구에 따른 원가를 추정하여 취득원가에 산입한다.

요약하면 유형자산의 취득원가는 다음과 같이 구입가격 및 부대비용은 물론 당해 자산을 사용가능한 상태로 만들 때까지 소요된 모든 직접관련원가 및 추정복구원가를 포함한다.

★

유형자산의 취득원가(최초원가) = 유형자산의 구입가격 및 부대비용 + 직접관련원가 + 추정복구원가

2. 유형자산 유형별 취득원가

2.1 토 지

위에서 설명한 취득원가 결정의 일반원칙을 따르면, 토지를 취득하여 사용할 수 있도록 준비하는 데 소요된 모든 지출은 토지의 취득원가를 구성한다. 일반적으로 토지의 취득원가는 구입금액, 소유권 이전등기에 소요되는 등기비용과 중개비 등과 같은 수수료, 법률비용, 토지를 타인으로부터 인수하면서 부담하기로 한 채무로 인하여 발생하는 경비 및 영구적인 내용연수를 갖는 토지시설비용 등이 있는데, 이들 지출항목들은 모두 토지를 본래의 사용목적에 적합하도록 만들기 위하여 지출된 것이므로 토지의 취득원가에 포함된다.

예를 들어, 토지의 구입가액이 5억원이었고, 토지를 구입하면서 매도자가 부담하여야 할 재산세 5,000,000원과 토지를 담보로 한 채무 10,000,000원을 모두 구입자가 부담하기로 하였다면 토지의 취득원가는 총 5억 15,000,000원이 된다. 만일 이러한 재산세나 채무 부담을 지지 않고 토지를 취득하였다면 토지의 구입가액은 5억원보다 높았을 것이므로 토지취득과 관련하여 부담하는 재산세와 채무는 토지의 취득원가에 포함되어야 한다.

특히 새 건물을 신축하기 위해서 기존 건물이 있는 토지를 취득하였을 경우, 청소나 구획정리 비용뿐만 아니라 그 토지 위에 있던 기존 건물의 철거 관련 지출은 새로운 건물의 신축을 준비하는 과정에 필요한 절차이므로 이러한 지출도 취득원가에 산입

한다. 또한 기존 건물의 철거로부터 생긴 부산물(예를 들어, 판매가능한 건축자재나 목재 등)을 판매하여 수취한 금액이 있는 경우 이 금액은 당기손익으로 인식하지 않고 토지의 취득원가에서 차감하여야 한다.

도로의 포장과 조명 및 배수시설 등과 같이 토지의 정지작업에 소요된 지출도 취득원가에 포함되는데, 이렇게 하는 이유는 이 지출의 내용연수가 **무한하거나 지방정부가 유지보수를 계속하여 부담하는 경우**가 많기 때문이다. 토지를 취득한 기업이 자체적으로 조경공사를 하였고 그 내용연수가 영구적이라면 이 지출도 토지의 취득원가에 포함될 수 있다. 그러나 주차시설, 보도, 전용차로, 울타리 등 내용연수가 **유한한** 토지 관련 지출은 별도의 구축물(land improvement) 계정으로 인식하고 예상되는 내용연수에 걸쳐 감가상각하여야 한다.

2.2 건 물

건물의 취득원가는 건물의 구입 또는 건설에 직접적으로 지출되는 모든 지출을 포함하여야 한다. 이 지출항목은 (1) 재료비, 인건비, 건설기간 중 발생되는 간접비, (2) 건물의 등기비용과 각종 수수료 등을 말한다. 외부 업체와 도급계약을 통해 건물을 신축하는 경우 토지의 굴착으로부터 완공에 이르기까지 발생한 모든 비용이 건물의 취득원가에 포함된다.

위에서 설명한 바와 같이, 새 건물을 신축하기 위해서 기존 건물이 있는 토지를 취득하였을 경우, 그 토지 위에 있던 기존 건물의 철거 관련 비용은 철거된 건물의 부산물을 판매하여 수취한 금액을 차감한 후 토지의 취득원가에 산입하여야 하는데 이러한 취득원가 측정의 근거는 무엇일까? 새 건물을 신축하기 위해 기존의 건물이 있는 토지를 구입하였다면 기존의 구건물을 철거하는 작업은 새로운 건물을 신축하기 위해 토지를 준비하는 과정에서 발생한 것이므로, 즉 토지를 그 사용목적에 적합하도록 만들기 위해 지출한 것이므로 토지의 취득원가가 되어야 한다. 새로운 건물을 신축하기 위한 토지의 준비가 끝난 후에 새로운 건물을 신축하는 과정에서 발생하는 지출들은 새로운 건물의 취득원가에 산입되어야 한다.

유사한 경우이지만, 건물을 신축하기 위하여 사용 중인 토지 위에 있는 기존 건물을 철거하는 경우에는 이미 그 건물이 유형자산으로 인식되어 있어서 그 건물을 철거하는 것은 건물을 장부에서 제거하는 것이므로 그 건물의 장부금액을 처분손실로 인식하고 철거비용은 전액 당기비용으로 처리하여야 한다. 이렇게 사용 중인 토지 위에 있는 기존 건물의 철거로 인해 사용 중인 토지의 미래 경제적 효익(용역잠재력)이 증가하였다고 볼 수 없다.

예제 7-1

유형자산의 취득원가 측정

동국전자㈜는 당년도 초에 설립된 후 영업활동에 사용하기 위한 유형자산의 취득과 관련하여 다음과 같은 항목을 지출하였다.

(1) 낡은 건물이 있는 토지의 구입대금	₩1,000,000
(2) 토지 취득을 위한 중개수수료	50,000
(3) 토지의 취득 및 등록세	80,000
(4) 공장 건축허가비	5,000
(5) 신축공장건물 설계비	63,000
(6) 기존 건물 철거비	150,000
(7) 기존 건물의 철거과정에서 수거한 건자재 판매대금	30,000
(8) 토지의 정지 및 측량비	35,000
(9) 건물 신축을 위한 토지굴착비용	45,000
(10) 건물공사원가(재료비, 노무비, 제조간접비)	2,875,000
(11) 건물 완공 후 조경공사비(내용연수 – 영구적)	25,000
(12) 배수시설 공사비(내용연수 – 영구적)	12,000
(13) 진입도로 포장공사비 및 상·하수도 공사비*	28,000
(14) 울타리와 주차장 공사비(내용연수 – 제한적)	14,000

* 이들 공사비용은 처음에는 회사가 부담했으나 사후 유지·관리비는 지방자치단체가 부담하기로 했다.

[물음] 위의 자료를 이용하여 기말재무상태표에 계상할 토지와 건물(공장용 건물)의 취득원가는 각각 얼마인가? 단, 건물은 당년도 중에 완공되었다.

풀이

- 토지의 취득원가 계산 :

  이 경우 토지는 공장건물을 신축하기 위해 취득한 것이고, 따라서 그 토지 위에 있던 기존 건물 철거비는 당해 토지를 취득목적에 적합하도록 준비하기 위한 지출로 보아야 하므로 토지의 취득원가의 일부를 구성한다. 단, 기존 건물의 철거비용 중 철거과정에서 수거한 건자재 판매대금은 토지의 취득원가에서 차감되어야 한다. 진입도로 포장공사비 및 상·하수도 공사비는 토지의 정지작업에 소요된 지출이며, 지방정부가 유지보수비를 계속하여 부담

하는 경우에 해당하므로 기업 입장에서는 내용연수가 무한하다고 보아 토지의 취득원가에 포함한다.

(1) 낡은 건물이 있는 토지의 구입대금	₩1,000,000
(2) 토지 취득을 위한 중개수수료	50,000
(3) 토지의 취득 및 등록세	80,000
(6) 기존 건물 철거비	150,000
(7) 기존 건물의 철거과정에서 수거한 건자재 판매대금	(30,000)
(8) 토지의 정지 및 측량비	35,000
(11) 건물 완공 후 조경공사비(내용연수 - 영구적)	25,000
(12) 배수시설 공사비(내용연수 - 영구적)	12,000
(13) 진입도로 포장공사비 및 상 · 하수도 공사비*	28,000
합 계	₩1,350,000

* 지방정부가 유지보수비를 계속하여 부담하므로 기업 입장에서는 내용연수가 무한하다고 보아 토지의 취득원가에 포함

• 건물의 취득원가 계산 :
울타리와 주차장 공사비는 공장용 건물과 직접 관련이 없어 건물의 취득원가에 산입할 수 없고 구축물이라는 별도의 유형자산으로 기록해야 한다.

(4) 공장 건축허가비	₩5,000
(5) 신축공장건물 설계비	63,000
(9) 건물 신축을 위한 토지굴착비용	45,000
(10) 건물공사원가(재료비, 노무비, 제조간접비)	2,875,000
합 계	₩2,988,000

2.3 설비자산

설비자산이란 기계장치, 운송설비, 기타 부속설비, 사무용 설비, 기구와 비품, 공장설비 및 기타 고정자산을 포괄하여 총칭하는 개념이다. 이러한 유형자산의 취득원가에는 구입가액에 발생한 운송비, 운송 중의 보험료, 조립 및 설치비용, 그리고 시운전비도 포함된다. 따라서 설비자산을 구입하여 사용목적에 적합하도록 준비하는 데까지 발생한 정상적인 모든 지출을 취득원가에 산입한다.

3. 유형자산의 취득방법과 취득원가 측정

3.1 구 입

유형자산을 취득하는 가장 일반적인 방법은 외부의 타실체로부터 구입하는 것이다. 앞의 제1절에서 살펴본 바와 같이, 유형자산은 영업활동에 장기간 사용하기 위하여 취득되므로 취득원가는 당해 자산을 그 의도된 목적에 적합하게 사용가능한 상태로 준비하는 데 소요된 모든 정상적인 지출을 포함한다. 즉, 유형자산의 취득원가는 구입원가(자체제작의 경우에는 제작원가)와 자산을 사용목적에 부합하도록 준비하는 데 직접 관련되는 각종 지출(운송료, 보험료, 설치비, 시운전비, 제세공과금 등)을 포함한다. 그러나 유형자산을 취득 또는 사용가능한 상태로 준비하는 과정과 직접 관련이 없는 일반관리비나 경비 등은 유형자산의 취득원가에 포함하지 않는다. 시운전이나 본격적인 가동준비를 위한 지출이라도 유형자산을 사용가능한 상태로 만드는 과정과 직접 관련이 없다면 취득원가에 포함하지 않는다. 다음에서는 현금거래가 아닌 후불조건의 구입, 일괄구입, 주식발행에 의한 구입 등과 같은 특수한 상황에 대해 살펴본다.

1) 이연지급계약

유형자산은 일반적으로 고가의 자산으로서 장기연불조건에 의하여 취득할 경우가 많다. 장기연불조건이란 유형자산의 대금지급이 장기간에 걸쳐 이루어지는 구입계약조건을 말한다. 위에서 설명한 바와 같이, 유형자산의 원가는 최초인식시점의 현금가격상당액이다. 이러한 입장에서 보면, 유형자산의 대금지급기간이 일반적인 신용기간을 초과하여 장기에 걸쳐 이연되는 경우 현금가격상당액(미래 현금지출액의 현재가치)만을 취득원가로 하고 실제 총지급액이 현금가격상당액을 초과하는 부분은 신용기간에 걸쳐 이자비용으로 인식하여야 한다.[3] 이러한 규정이 적용되는 이유는 유형자산을 장기신용에 의해 구입하였다면 유형자산의 구입대금은 일반적으로 현금구입대금에 비하여 이자분에 해당하는 만큼 높은 수준으로 책정되어 있을 것이므로 당해 이자분을 취득원가에서 제외하여야 하기 때문이다. 이는 자산의 취득원가는 취득에 소요된 현금 또는 현금성자산(제공한 기타 대가가 존재하는 경우 그 공정가치 포함)으로 평가하는 기본 원칙에 부응한 것이다.

3) 이때 현금가격상당액과 실제 총지급액의 차액의 일부를 차입원가로 본다면 이를 이자비용으로 인식하지 않고 자본화할 수도 있다.

예제 7-2

이연지급조건에 의한 유형자산 취득

2×14년 1월 1일에 동국㈜이 생산라인에 설치할 목적으로 경주제작소㈜로부터 로봇자동분무기를 특별 주문하여 도입하였다. 동국㈜은 경주제작소㈜에게 ₩100,000,000의 3년 만기 무이자부 어음을 발행하여 지급하였다. 동국㈜과 동일한 신용등급의 기업이 발행한 동일한 만기의 어음은 2×14년 1월 1일 현재 연 10%의 수익률에 거래되고 있다. 이 로봇자동분무기는 새로운 기술에 의해 최근에 개발된 장비로서 시장에서 유사한 자산의 공정가치가 존재하지 않는다.

[물음 1] 로봇자동분무기(기계장치)의 취득원가는 얼마인가?

[물음 2] 동국㈜이 2×14년 1월 1일(취득시점) 및 동년 12월 31일에 기록할 회계처리를 보여라. 단, 동국㈜은 신규 취득한 장비에 대해 5년간에 걸쳐 정액법으로 감가상각하며 잔존가치는 ₩0으로 가정한다.

풀이

(1) 동국㈜이 지급한 장기어음의 현재가치는 다음과 같이 계산된다.

장기어음의 현재가치 = ₩100,000,000 × PV(n = 3, r = 10%)
= ₩100,000,000 × 0.75132 = ₩75,132,000

따라서 신규 취득된 기계장치의 취득원가는 대가로 지급된 장기어음의 현재가치인 ₩75,132,000으로 결정된다.

(2) 2×14년 1월 1일(기계장치 취득일) 및 2×14년 12월 31일(보고기간 말)에 필요한 회계처리는 다음과 같다.

2×14/1/1 :

(차)	기계장치	75,132,000	(대) 장기미지급금	100,000,000
	현재가치할인차금	24,868,000		

2×14/12/31 :

(차)	이자비용	7,513,200	(대) 현재가치할인차금	7,513,200
(차)	감가상각비	15,026,400*	(대) 감가상각누계액 – 기계장치	15,026,400

* 2×14년 감가상각비 : ₩75,132,000 ÷ 5 = ₩15,026,400

2) 일괄구입

일괄구입은 대표적으로 여러 종류의 설비자산을 한꺼번에 단일한 일괄가격에 구입하거나 건물이 있는 토지를 일괄하여 구입하는 경우에 발생한다. 이와 같이 두 종류 이상의 유형자산을 일괄구입하여 각각의 취득원가를 정확히 알 수 없는 경우 상대적 공정가치를 기준으로 일괄구입원가를 각각의 유형자산에 배분하며, 이는 재고자산의 일괄구입과 동일하다. 상대적인 공정가치를 배분의 기준으로 하는 것은 물론 취득원가와 공정가치가 비례한다는 암묵적인 가정에 근거한다. 상대적 공정가치를 알 수 없는 경우에는 감정가액이나 과세표준액을 배부기준으로 사용할 수 있다.

예제 7-3

유형자산의 일괄구입

2×14년 1월 1일에 필동산업㈜이 부천산업㈜으로부터 건물 및 부속토지와 건물에 설치되어 있는 기계장치를 ₩800,000,000에 일괄구입하였고, 개별자산의 취득원가는 실무적으로 알 수 없었다. 독립적인 감정평가사로부터 세 유형자산 각각에 대해 감정을 받은 결과, 토지의 감정가액은 ₩700,000,000, 건물의 감정가액은 ₩200,000,000, 그리고 기계장치의 감정가액은 ₩100,000,000이었다. 그리고 건물은 전문가로부터 안전검사를 받은 결과 그대로 사용하는데 아무 지장이 없다는 판정을 받아 추가지출 없이 계속 사용하기로 하였다.

[물음] 위의 자료를 토대로 개별 유형자산의 취득원가를 결정하라.

풀이

상대적인 감정가액을 기준으로 총 취득원가 ₩800,000,000을 개별 유형자산에 배부하여 취득원가를 결정한다. 따라서 토지의 취득원가는 ₩800,000,000의 70%인 ₩560,000,000, 건물의 취득원가는 ₩800,000,000의 20%인 ₩160,000,000, 그리고 기계장치의 취득원가는 ₩800,000,000의 10%인 ₩80,000,000으로 결정된다.

주의할 점은 이 예제에서와 같이 토지 위에 있는 건물을 추가지출 없이 계속 사용할 수 있는 경우에 건물의 취득원가는 상대적인 감정가액을 기준으로 결정되나, 만일 안전상의 문제로 인하여 건물을 불가피하게 철거하여 철거비용으로 ₩100,000,000을 지출하고 이 건물을 철거하는 과정에서 나온 폐자재를 판매하여 ₩20,000,000을 수취하였다면, 건물의 취득원가는 0으로 처리하여야 하고 토지의 취득원가는 다음과 같이 계산된다.

토지의 취득원가 = ₩800,000,000 × 90% + ₩100,000,000(철거비용)
　　　　　　　　　 − ₩20,000,000(폐자재의 판매가액)
　　　　　　　　 = ₩800,000,000

3.2 주식발행에 의한 유형자산 취득

유형자산을 취득하기 위하여 현금을 지급하는 대신 주식을 발행한 경우에는 취득한 유형자산의 공정가치와 주식의 시장가치 중 보다 객관적인 측정치를 이용하여 취득원가를 결정한다. 일반적으로 발행된 주식이 증권시장에서 활발하게 거래되고 있다면 주식의 시장가치가 유형자산의 취득원가에 대한 좋은 측정치가 된다. 그 이유는 주식시장에서 형성된 주식가격이 현행 현금가격상당액에 대한 가장 좋은 측정치가 되기 때문이다.[4)]

예를 들어, 이천반도체㈜가 2×14년 7월 1일 생산능력 확충을 목표로 기존의 공장부지에 이웃한 토지를 취득하였는데, 토지의 구입대가로 보통주 10,000주(액면가 주당 5,000원)를 발행하였다. 2×14년 7월 1일 현재 이천반도체㈜의 주식은 주식시장에서 주당 8,000원에 거래되고 있다. 이렇게 시장에서 활발하게 거래되는 주식과 교환으로 토지를 취득한 거래를 기록하기 위한 회계처리는 다음과 같다.

2×14. 7. 1. :

(차) 토　지	80,000,000	(대)	자본금 - 보통주	50,000,000
			주식발행초과금	30,000,000

위의 경우와 달리 발행된 주식의 공정가치를 객관적으로 측정하기 어려운 경우에는 신규 취득된 토지의 공정가치를 기준으로 토지의 취득원가를 결정하고, 이에 따라 발행된 주식의 발행가액을 간접적으로 측정한다.

3.3 교환에 의한 취득

대부분의 자산 취득거래는 현금 등의 화폐성자산을 매개로 하여 거래가 이루어지기 때문에 화폐성자산의 공정가치를 자산의 취득원가로 간주하는 데 큰 문제가 없다.

---

4) K-IFRS의 주식기준보상에 관한 기업회계기준서에 의하면, 종업원이 아닌 자와의 거래에 있어서는 원칙적으로 제공받은 재화의 공정가치를 신뢰성 있게 추정할 수 있다고 보고, 다만 제공받은 재화의 공정가치를 신뢰성 있게 추정할 수 없는 경우에 한하여 주식의 공정가치를 제공받은 재화(유형자산)의 취득원가로 한다고 규정하고 있다. 이 규정에 의거할 때, 주식이 활발하게 시장에서 거래되어 그 시장가치를 항상 관찰할 수 있더라도 주식의 발행을 통해 취득한 유형자산의 공정가치를 신뢰성 있게 측정할 수 있다면 우선적으로 이를 유형자산의 취득원가로 측정해야 할 것이다. 그러나 활성시장에서 거래되는 주식의 공정가치에 비해 유형자산 공정가치 측정의 신뢰성은 상당히 낮을 가능성이 높아서 이 규정을 실무에 그대로 적용할 수 있을지에 대해서는 의문의 여지가 있다.

그러나 유형자산의 경우에는 간혹 유형자산 간의 교환 또는 유형자산과 다른 비화폐성 자산 간의 교환에 의해 취득이 이루어지는 경우가 있다. 이와 같이 비화폐성자산 간의 교환에 의해 유형자산의 취득이 이루어지는 경우에는 객관적인 공정가치 산정에 어려움이 있을 수 있다.

이러한 어려움을 고려하더라도 다른 비화폐성자산과의 교환을 통해 취득한 유형자산의 취득원가는 일반자산의 취득원가 결정과 동일한 기준을 적용하여 공정가치로 평가하는 것이 타당하다. 즉, 비화폐성자산과의 교환을 통해 취득한 유형자산의 취득원가는 화폐성자산과의 교환을 통해 취득한 경우와 마찬가지로 원칙적으로 유형자산을 취득하기 위하여 제공한 비화폐성자산의 공정가치를 기초로 하여 측정한다. 만일 교환거래에서 제공한 자산의 공정가치를 신뢰성 있게 측정할 수 없고 취득한 유형자산의 공정가치를 신뢰성 있게 측정할 수 있는 경우에는 취득한 유형자산의 공정가치를 취득원가로 측정한다. 그러나 다음 중 하나에 해당하는 경우에는 공정가치를 기초로 한 원가 측정의 예외를 인정한다.

★

조건 (1) : 교환거래에 상업적 실질이 결여된 경우
조건 (2) : 취득한 자산과 제공한 자산 모두의 공정가치를 신뢰성 있게 측정할 수 없는 경우

위의 조건(1)에서 교환거래의 상업적 실질의 존부는 교환거래의 결과로 미래 현금흐름이 얼마나 변동될 것인지를 고려하여 결정한다. 일반적으로 교환거래의 결과로 발생하는 미래 현금흐름의 변동이 중요한 경우, 즉 다음 조건 중 하나를 충족하는 경우에 교환거래는 상업적 실질이 있다고 간주한다.

① 취득한 자산과 관련된 현금흐름의 구성(위험, 유출입시기, 금액)이 제공한 자산과 관련된 현금흐름의 구성과 다르다.
② 교환거래의 영향을 받는 영업부분의 기업특유가치[5)]가 교환거래의 결과로 변동한다.

5) 기업특유가치란 자산의 계속적인 사용으로부터 그리고 내용연수 종료시점에 처분으로부터 또는 부채의 결제로부터 발생할 것으로 기대되는 현금흐름의 현재가치를 말한다.

일반적으로 상이한 종류의 유형자산 간의 교환인 경우에는 위의 조건이 충족되는 것이 보통이다. 예를 들어, 토지를 제공하고 건물을 취득하는 경우 건물이 제공하는 미래 현금흐름의 구성내역은 토지가 제공하는 미래 현금흐름과는 실질적으로 다를 것이다. 만일 동일한 유형의 유형자산 간의 교환인 경우에는 미래 현금흐름의 구성내역은 크게 다르지 않지만 교환거래로 인하여 기업의 특유가치의 변동액이 큰 경우에는 상업적 실질이 있다고 간주된다. 이와 같이 교환거래로 인하여 상업적 실질의 변동이 존재하고 제공한 자산의 공정가치나 취득한 유형자산의 공정가치를 신뢰성 있게 측정할 수 있는 경우에는 비화폐성자산 간의 교환거래를 ① 제공한 비화폐성자산의 처분거래와 ② 새로운 유형자산의 취득거래 두 가지로 해석하여 제공한 자산의 처분손익을 인식한다.

그러나 유형자산과 유형자산(또는 다른 비화폐성자산) 간의 교환거래에 상업적 실질이 결여된 경우 또는 취득한 자산과 제공한 자산 모두의 공정가치를 신뢰성 있게 측정할 수 없는 경우에는 제공한 자산의 장부금액으로 취득한 자산의 원가를 측정한다. 이 경우에는 대가로 제공한 자산의 처분(제거)으로 인한 손익은 발생하지 않는다. 이러한 취득원가의 결정방법을 요약하면 <표 7-2>와 같다.

표 7-2 비화폐성자산과의 교환에 의한 유형자산의 취득원가 결정

각 경우의 측정방법 / 상업적 실질의 존부	경 우	취득자산의 취득원가 측정	처분손익의 인식
상업적 실질이 있는 교환거래	취득한 자산과 제공한 자산의 공정가치를 신뢰성 있게 측정할 수 있는 경우	제공한 자산의 공정가치로 측정	제공한 자산의 공정가치와 당해 자산의 장부가치의 차이를 처분손익으로 인식
	제공한 자산에 비해 취득한 자산의 공정가치를 더 신뢰성 있게 측정할 수 있는 경우	취득한 자산의 공정가치로 측정	취득한 자산의 공정가치와 제공한 자산의 장부가치의 차이를 처분손익으로 인식
	두 자산의 공정가치 모두를 신뢰성 있게 측정할 수 없는 경우	제공한 자산의 장부가치로 측정	처분손익을 인식하지 않음
상업적 실질이 없는 교환거래	–	제공한 자산의 장부가치로 측정	처분손익을 인식하지 않음

예제 7-4

비화폐성자산 간의 교환에 의한 유형자산 취득 1

서울운송㈜은 영업에 사용해오던 트럭 일부와의 교환으로 주차장 부지를 취득하였다. 교환을 위하여 서울운송㈜은 트럭 이외에도 ₩15,000,000을 현금으로 지급하였다. 제공된 트럭의 장부금액은 ₩45,000,000(원가 : ₩65,000,000, 감가상각누계액 : ₩20,000,000)이다. 서울운송㈜이 교환으로 제공한 트럭을 시장에서 처분할 경우의 공정가치(순실현가능가치)는 ₩55,000,000이다. 서울운송㈜은 이 교환거래에 상업적 실질이 있다고 판단하고 있다.

[물음 1] 위의 자료를 토대로 토지(주차장 부지)의 취득원가를 결정하라.
[물음 2] 위의 토지 취득을 기록하기 위한 회계처리를 보여라.

풀이

위의 거래는 상업적 실질이 있는 교환거래이다. 서울운송㈜이 토지를 취득하기 위해 대가로 제공한 차량운반구(트럭)의 공정가치는 ₩55,000,000이고 여기에 추가하여 ₩15,000,000의 현금을 지불하였으므로, 토지의 취득원가는 두 금액의 합계인 ₩70,000,000으로 결정된다. 또한 차량운반구의 공정가치와 장부금액의 차이인 ₩10,000,000은 유형자산처분이익으로 인식한다. 그러므로 위의 자산 간의 교환거래를 기록하기 위한 회계처리는 다음과 같다.

(차)	토　　지	70,000,000	(대)	차량운반구	65,000,000
	감가상각누계액 －차량운반구	20,000,000		현　　금	15,000,000
				유형자산처분이익	10,000,000

예제 7-5

비화폐성자산 간의 교환에 의한 유형자산 취득 2

서울기계㈜는 영업에 사용해오던 기계장치와의 교환으로 부산산업㈜으로부터 다른 기계장치를 취득하였다. 교환을 위하여 서울기계㈜는 기계장치 이외에도 ₩15,000,000의 현금을 지급하였다. 제공된 기계장치의 장부금액은 ₩45,000,000(취득원가 : ₩65,000,000, 감가상각누계액 : ₩20,000,000)이다. 서울기계㈜가 교환으로 제공한 기계장치와 취득한 기계장치는 모두 범용기계가 아니며 상당히 진부화되어서 공정가치를 신뢰성 있게 측정할 수 없다.

[물음 1] 위의 자료를 토대로 기계장치의 취득원가를 결정하라.
[물음 2] 위의 기계장치의 취득을 기록하기 위한 회계처리를 보여라.

풀이

서울기계㈜가 대가로 제공한 자산 및 취득한 자산의 공정가치를 신뢰성 있게 측정할 수 없으므로 제공한 자산의 장부금액으로 원가를 측정하며, 따라서 기계장치의 처분손익은 발생하지 않는다. 여기에 추가하여 ₩15,000,000의 현금을 지불하였으므로, 기계장치의 취득원가는 대가로 제공한 기계장치의 장부금액과 추가로 지불한 현금의 합계인 ₩60,000,000으로 결정된다.

(차) 기계장치(신)	60,000,000	(대) 기계장치(구)	65,000,000
감가상각누계액 - 기계장치	20,000,000	현 금	15,000,000

3.4 증여 및 무상취득

유형자산을 증여나 무상으로 취득한 경우 취득원가 측정의 일반원칙을 그대로 적용하면 당해 유형자산의 취득원가는 소유권이전을 위한 지출액 정도로 매우 저가일 것이다. 이렇게 결정된 취득원가는 유형자산으로부터 창출되는 미래 경제적 효익을 제대로 반영하지 못하게 되는 문제점이 발생한다. 따라서 이렇게 특수한 취득의 경우에는 취득원가 측정의 일반원칙을 그대로 적용하지 않고 취득된 유형자산의 공정가치를 취득원가로 한다. 이때 유형자산의 공정가치는 시장가격으로 한다. 다만, 시장가격이 없는 경우에는 동일한 자산 또는 유사한 자산의 현금거래로부터 추정할 수 있는 실현가능가치나 공인된 감정기관의 감정가액을 사용할 수 있다.

예를 들어, 동남산업㈜은 지방자치단체의 적극적인 산업유치정책의 혜택을 부여받아 건물을 증여받고 소유권이전등기를 위하여 1,000,000원을 지출하였다. 동남산업㈜이 당해 건물을 공인된 감정기관에게 감정을 의뢰한 결과 감정가액이 9,000,000원이라는 통보를 받았다. 이와 같이 증여로 인한 건물의 취득을 기록하는 경우 건물의 감정가액과 소유권이전등기비용의 합계액인 10,000,000원으로 건물의 취득원가를 기록한다. 이때 소유권이전등기비용으로 지출한 1,000,000원과의 차액 9,000,000원은 자산수증이익(포괄손익계산서의 당기순손익 구성항목)이란 계정과목으로 기록한다.

(차) 건 물	10,000,000	(대) 현 금	1,000,000
		자산수증이익	9,000,000

3.5 정부보조 등에 의한 취득

공공부문의 중요한 사업을 수행하는 민간기업이나 공공사업을 담당하는 공기업의 경우에는 국가 또는 지방자치단체로부터 정부보조금이나 공사부담금[6]을 지원받아 유형자산을 취득하기도 한다. 이와 같이 정부보조금 등으로 인해 유형자산을 무상 또는 공정가치보다 낮은 대가로 취득한 경우에는 앞의 무상취득이나 증여의 경우와 마찬가지로 그 유형자산의 취득원가는 취득일의 공정가치로 한다. 즉, 정부보조금 등을 지원받아 유형자산을 취득하게 되면 그만큼 유형자산을 공정가치보다 낮은 금액으로 취득하게 되는 것이므로 취득원가기준을 액면 그대로 적용하면 해당 유형자산의 취득원가가 미래 경제적 효익을 제대로 반영하지 못하는 결과가 초래되는 것은 증여나 무상취득의 경우와 같다. 따라서 해당 유형자산의 취득원가는 정부보조금 등을 반영한 낮은 취득원가가 아닌 취득시점에서 취득한 자산의 공정가치로 결정하는 것이 합리적이다.

이러한 정부보조금 등을 재무상태표에 표시하는 방법에는 두 가지 방법이 있다. 첫 번째 방법은 보조금을 이연수익(부채)으로 인식하여 자산의 내용연수에 걸쳐 체계적인 기준으로 당기손익(수익으로)에 인식하는 방법이다. 두 번째 방법은 자산의 장부금액을 계산할 때 보조금을 차감하는 방법(자산의 차감항목으로 표시하는 방법)이다. 이 경우 보조금은 감가상각자산의 내용연수에 걸쳐 감가상각비를 감소시키는 방식으로 당기손익으로 인식한다.

유형자산의 취득과 관련하여 수취한 정부보조금 등의 경제적 실질은 자산의 증여 또는 무상취득과 유사하므로 정부보조금 계정은 위에서 설명한 자산수증이익과 유사하다고 볼 수 있다. 그러나 증여나 무상취득의 경우 자산수증이익을 증여받은 회계연도에 모두 수익으로 인식하여 유형자산이 취득된 기간의 당기순이익에 일시에 반영하는 데 비하여, 정부보조금 등은 해당 유형자산의 내용연수에 걸쳐 점차적으로 수익으로 인식한다.

예제 7-6

정부보조금 등에 의한 유형자산의 취득

2×14년 1월 1일에 동남전력㈜은 정부보조금을 지원받아 에너지절감용 기계장치를 취득하였다. 이 기계장치의 취득원가는 ₩1,100,000이며 정부보조금은 기계장치 취득원가의 50%인 ₩550,000이다. 동남전력㈜은 이 기계장치의 잔존가치를 ₩100,000으로 추정하고, 내용연수 5년에 걸쳐 정액법에 의해 감가상각하기로 하였다. 동남전력㈜은 이 기계장치를 2년 동안 보유한 후 2×16년 1월 1일에 ₩500,000에 처분하였다. 단, 동남전력㈜은 수령한 정부

6) 공사부담금이란 전기, 가스, 상하수도, 철도 등의 공공사업을 수행하는 공기업이 새로운 시설에 대하여 수요자로부터 설비투자에 소요되는 자금의 일부를 미리 제공받는 것을 말한다.

보조금을 관련 자산의 장부금액을 계산할 때 차감항목으로 표시하는 방법을 택하고 있다.

[물음 1] 위의 자료를 토대로 2×14년 1월 1일의 정부보조금 수령과 에너지절감용 기계장치의 취득을 기록하는 회계처리를 하라.

[물음 2] 2×14년 12월 31일(결산일) 동남전력㈜이 감가상각을 기록하는 회계처리(정액법)를 하라.

[물음 3] 2×14년 12월 31일(결산일) 동남전력㈜이 유형자산과 정부보조금을 부분재무상태표에 어떻게 표시하여야 하는지를 설명하라.

[물음 4] 2×16년 1월 1일에 동남전력㈜의 기계장치 처분을 기록하기 위한 회계처리를 하라.

풀이

1) 2×14년 1월 1일 : 정부보조금의 수령 및 유형자산의 취득을 기록하기 위한 회계처리

(차) 현　　금	550,000	(대) 정부보조금	550,000
기계장치	1,100,000	현　　금	1,100,000

2) 2×14년에 대한 유형자산의 감가상각비는 ₩200,000(=(₩1,100,000 - ₩100,000)/5)이고, 이와 대응하여 정부보조금 계정에서 상각되어 감가상각비의 차감항목으로 인식되는 금액은 다음과 같이 계산된다.

$$₩550,000 \times ₩200,000/₩1,000,000 = ₩110,000$$

2×14년 12월 31일 유형자산의 감가상각 및 정부보조금 상각을 기록하기 위한 회계처리

(차) 감가상각비	200,000	(대) 감가상각누계액-기계장치	200,000
정부보조금	110,000	감가상각비	110,000

3) 위의 감가상각을 반영한 2×14년 12월 31일 현재의 부분재무상태표는 다음과 같다.

부분재무상태표

2×14년 12월 31일 현재

동남전력㈜

기계장치		₩1,100,000	
차감 :	감가상각누계액	(200,000)	
	정부보조금	(440,000)	₩460,000

4) 2×16년 1월 1일 기계장치의 처분시점에 2×15년의 감가상각비 ₩200,000을 반영하면 감가상각누계액의 잔액은 ₩400,000이며, 정부보조금의 잔액은 2×15년 상각액을 반영하면 ₩330,000이므로 기계장치의 장부금액은 ₩370,000이다. 처분대가 ₩500,000이 처분시점의 장부금액을 ₩130,000만큼 상회하므로 이 금액은 처분이익으로 인식된다.

(차) 현　　금	500,000	(대) 기계장치	1,100,000
감가상각누계액-기계장치	400,000	유형자산처분이익	130,000
정부보조금	330,000		

3.6 국 · 공채의 매입을 통한 유형자산의 취득

아파트나 승용차의 구입과 같은 특정 유형자산의 취득의 경우에는 법령 등에 의해 강제로 국 · 공채를 시가보다 높은 가격으로 구입해야 하는 의무가 발생한다. 일반적으로 이러한 국 · 공채의 공정가치가 명목가치(액면금액)에 비해 낮고, 그 차이는 중요한 것이 보통이다. 이와 같이 유형자산의 취득을 위하여 불가피하게 공정가치보다 상당히 높은 액면액으로 국채나 공채를 인수한 경우에는 인수한 국 · 공채는 그 공정가치로 기록하고, 액면액과 공정가치의 차이를 유형자산의 취득원가에 산입한다. 즉, 국 · 공채의 공정가치보다 비싼 값에 취득한 부분은 유형자산의 취득을 위해 지불한 금액이므로 국 · 공채의 취득원가로 기록하지 않고 유형자산 취득원가의 일부로 본다는 의미이다.

예제 7-7

국 · 공채의 교부를 통한 유형자산의 취득

12월 결산법인인 동서산업㈜은 2×14년 1월 1일에 건물(매입가격 ₩900,000, 부대비용 ₩100,000)을 취득하기 위해 서울특별시가 발행한 공채(액면 ₩200,000, 만기 3년의 무이자부 할인채)를 액면가에 취득하였다. 공채 취득시점의 유사한 조건의 공채에 적용되는 시장수익률(시장이자율)은 연 6%였다.

[물음] 2×14년 1월 1일의 동서산업㈜이 건물과 공채의 취득을 기록하기 위해 필요한 회계처리를 하라.

풀이

2×14년 1월 1일 : 공채와 유형자산의 취득을 기록하는 분개

공채의 공정가치 = ₩200,000×PV(n=3, r=6%)
　　　　　　　= ₩200,000×0.83962 = ₩167,924

(차) 건　　물	1,032,076	(대) 현　　금	1,200,000
AC측정금융자산	167,924*		

* AC측정금융자산을 취득자(투자자)의 입장에서 기록할 때는 공정가치(액면금액에서 현재가치할인차금을 차감한 금액)로 기록할 수 있다(순액표시). 인수한 AC측정금융자산(공채)의 액면금액과 공정가치의 차액은 취득한 건물의 취득원가에 산입한다. 여기서 AC란 상각후원가(Amortized cost)를 의미함.

3.7 자가건설

중화학공업이나 공익산업에 속한 기업에 있어서는 건물이나 설비자산 등의 유형자산을 외부에서 구입하는 대신 자체적으로 제조 또는 건설하는 경우가 흔히 있다. 이 경우 외부에 취득되는 유형자산과 달리 구입가격이나 계약가격이 존재하지 않으므로 취득원가를 객관적으로 측정하기가 쉽지 않다. 결국 기업은 특정 유형자산의 자체 건설(제조)을 위해 소모된 자원의 배분(allocation)을 통해 측정하고, 이를 당해 유형자산의 취득원가로 결정하는 방안을 선택할 수밖에 없다. 이러한 자가건설의 경우 건설되는 자산의 취득원가는 일반적으로 자가건설에 소요된 직접재료비, 직접노무비와 제조간접비를 포함한다.

직접재료비나 직접노무비 등의 직접비용을 자가건설 대상 자산에 추적하여 배부하는 것은 큰 문제가 없으나, 특히 제조간접비의 배부는 그리 단순하지 않다. 제조간접비에는 전력비, 광열비, 보험료, 공장 건물에 부과되는 재산세, 공장 감독을 위한 간접노무비, 제조나 건설에 사용되는 설비자산의 감가상각비 및 소모품비 등이 포함된다(간접비의 배부방식에 대한 상세한 내역은 원가회계에서 학습하기 바란다).

일반적으로 자가건설한 유형자산의 원가는 외부에서 구입한 유형자산에 적용하는 것과 같은 기준을 적용하여 결정한다. 특히 정상적인 영업활동과정에서 판매할 목적으로 자가건설한 경우의 취득원가는 원칙적으로 판매를 목적으로 제작한 자산(재고자산)의 제조원가와 동일해야 한다. 따라서 자가건설된 유형자산의 취득원가는 재고자산의 제조원가의 결정과 원칙적으로 동일하다. 따라서 자가건설의 대상이 되는 유형자산의 취득원가는 동일한 자산을 외부로부터 구입한 경우의 취득원가를 초과해서는 안 되며, 초과하는 부분은 결국 낭비 또는 비효율적인 경영에 기인한 것이므로 유형자산의 취득원가에 산입하지 않는다. 즉, 자가건설 대상 자산의 취득원가를 취득시점의 공정가치 이상으로 산정하지 않는다.

자가건설된 자산의 취득원가 결정과 관련한 특수항목은 건설기간 동안 발생한 건설에 소요된 자금의 이자비용(건설자금이자)의 처리이다. 건설자금이자의 자본화 논쟁은 회계학에서 오랫동안 있어 왔다. 건설자금이자의 자본화, 즉 취득원가에 포함하자는 주장의 근거는 건설자금이자도 취득원가의 정의에 입각하여 자산의 취득과정에서 부담한 원가의 일부이므로 취득원가에 포함해야 한다는 것이다. 이에 반해 건설자금이자의 자본화에 반대하는 입장은 건설된 자산의 가치는 자금조달 여부에 영향을 받아서는 안 되므로 건설자금이자를 자본화하면 자체 자금으로 건설한 자산과 타인 자금으로 건설한 자산 간에 취득원가가 달라진다는 모순을 제기한다. 현행 K-IFRS는 자가건설과 관련된 건설자금이자를 자본화하여 취득원가에 포함하도록 규정하고 있다. 이러한 건설자금이자의 자본화 회계방법은 보론에서 상세하게 설명한다.

자가건설 등 자산의 취득개시부터 실제 사용할 시점까지의 취득과정에 장기간이 소요되는 경우에는 유형자산에 대한 지출이 시작되면 이를 건설중인자산 계정으로 기록하였다가 취득과정이 완료되는(사용목적에 적합해지는) 시점에 해당 유형자산계정으로 대체하면 된다.

건설원가의 발생시점 :

(차) 건설중인자산	×××	(대) 재료비, 노무비, 제조간접비 등	×××

건설완료 시점 :

(차) 건물, 설비자산 등	×××	(대) 건설중인자산	×××

제 3 절 취득 후의 지출

유형자산을 취득하여 사용하는 중에도 그 자산과 관련된 여러 가지 지출이 발생하며, 따라서 자산의 취득 후에 발생한 제 지출을 어떻게 회계처리할 것인가의 문제가 대두된다. 일반적으로 유형자산의 취득 이후 유형자산을 사용하는 기간 중에 발생한 지출 중에서 자본화되는 원가를 '후속원가'라고 부른다. 본 절에서는 유형자산의 보유 중의 지출에 대한 회계처리 문제를 살펴보고자 한다.

1. 수익적 지출 및 자본적 지출

위에서 언급한 바와 같이, 유형자산을 취득하여 사용하는 중에도 그 자산과 관련된 여러 가지 지출이 발생한다. 이러한 지출 중에는 당기 영업활동에 관련된 정상적인 수선비 또는 유지비의 성질이 있는 것도 있고, 자산의 근본적인 기능 또는 성능에 중대한 변화를 초래하는 것도 있다. 따라서 자산의 취득 후에 발생한 지출을 당기의 비용으로 인식할 것인가, 아니면 이를 자본화하여 미래의 회계기간에 배분할 것인가 하는 문제가 발생한다.

유형자산의 취득 후의 경상적인 지출로서 유형자산의 본래의 기능(용역잠재력 또는 미래 경제적 효익)을 유지하는 데 소요된 지출은 수익적 지출(revenue expenditures)이라 하고, 이러한 지출은 발생한 기간의 비용으로 인식한다. 일반적으로 일상적인 수선・유지와 관련하여 발생하는 원가는 해당 유형자산의 장부금액에 포함하여 인식하지 않고 발생시점에 당기손익으로 인식한다. 예를 들면, 공장설비에 대한 유지・보수나 수선을 위한 지출은 당초 예상되었던 성능수준을 향상시키기보다는 단지 유지시키기 위한 지출이므로 비용으로 처리한다.

반면에 유형자산의 용역잠재력을 증가시키는 지출을 자본적 지출(capital expenditures)이라 하고, 이러한 지출은 비용으로 인식하지 않고 해당 유형자산에 가산하여 잔여 내용연수에 걸쳐 감가상각한다. 예를 들면, 새로운 생산공정의 채택이나 기계부품의 성능개선을 통하여 생산능력의 증대, 내용연수의 연장, 상당한 원가절감이나 품질향상을 가져오는 경우에 관련된 지출은 미래 경제적 효익을 증가시키므로 자본적 지출로 처리한다. 또한 유형자산의 사용가능 기간 중 정기적으로 이루어지는 종합검사 과정에서 발생하는 원가가 자산의 인식기준을 충족하는 경우에는 유형자산의 일부가 대체되는 것으로 보아 이러한 지출을 자본화하여 해당 유형자산의 장부금액에 포함하여 인식한다.

자본적 지출과 수익적 지출을 명확히 구분하여 표시해야 하는 이유는 어떤 특정한 지출을 자본적 지출로 처리하느냐 또는 수익적 지출로 처리하느냐에 따라 기업의 재무상태와 경영성과가 크게 달라지는 경우가 많기 때문이다. 즉, 수익적 지출로 처리하여야 할 것을 자본적 지출로 처리하게 되면 그 기간의 이익이 과대계상될 뿐만 아니라 유형자산이 과대계상되며, 이와 반대로 자본적 지출로 처리하여야 할 것을 수익적 지출로 처리하게 되면 비용이 과대계상되고 유형자산이 과소평가되는 결과를 초래한다.[7)]

2. 보유기간 중 지출의 실제

위에서 설명한 일반적인 지침을 토대로 수선 및 유지비, 증설, 개량 및 교체, 재배치와 이전 등 보유기간 중의 지출의 세부항목에 대해 살펴보자.

2.1 수선 및 유지

위에서 언급한 바와 같이, 유형자산의 일상적인 수선·유지와 관련하여 발생하는 원가는 해당 유형자산의 장부금액에 포함하여 인식하지 않고 발생시점에 당기손익으로 인식한다. 이렇게 일상적인 수선·유지를 위한 지출은 주로 노무비와 소모품비로 구성되며 사소한 부품원가가 포함될 수도 있다. 이러한 지출은 해당 자산으로부터 당초 예상되었던 성능수준을 회복하거나 유지하기 위한 것이므로 일반적으로 발생한 기간의 비용으로 인식한다. 예를 들면, 중요하지 않은 기계부품의 교환이나 청소 또는 윤활유 주입 등과 같은 수선비는 그 지출의 효과가 당기의 수익을 창출하는 데만 영향을 미치고 관련 유형자산의 미래 경제적 효익을 증대시키는 것으로 보기 어렵기 때문에 발생한 기간의 비용으로 인식한다.

다만, 항공기나 선박과 같은 유형자산을 계속적으로 가동하기 위해서는 당해 유형자산의 일부가 대체되는지의 여부와 상관없이 결함에 대한 정기적인 종합검사가 필요할 수 있다. 정기적인 종합검사과정에서 발생하는 원가가 자산의 인식기준을 충족하는 경우에는 그 지출을 당해 유형자산의 장부금액에 포함하여 인식한다. 이 경우 직전에 이루어진 종합검사에서의 원가와 관련되어 남아 있는 장부금액(물리적 부분의 장부금액과 구별됨)을 제거한다. 이러한 제거의 회계처리는 해당 유형자산을 매입하거나 건설할 때 종합검사와 관련된 원가를 분리하여 인식하였는지 여부와 관계가 없다. 이와 같이 정기적인 종합검사과정에서 발생하는 원가가 자산의 인식기준을 충족하는 경우에 그 지출을 당해 유형자산의 장부금액에 포함하여 인식하는 것은 유형자산의 일부가 대체되는 것과 동일하게 간주되기 때문이다.[8)]

만일 해당 유형자산을 매입하거나 건설할 때 종합검사와 관련된 원가를 분리하여

---

7) 자본적 지출의 속성을 갖춘 지출이라도 중요성이 원칙을 적용하여 일정 금액 이하의 자본적 지출은 자본화하지 않고 기간비용으로 인식할 수 있다.

8) 다음의 개량 및 교체 참조.

인식하지 않아서 해당 유형자산의 종합검사와 관련된 기존 원가요소가 매입 또는 건설 시점에 얼마였는지를 측정하기 어렵다면 이를 나타내는 지표(추정치)로서 미래의 유사한 종합검사 추정원가를 사용할 수 있다.

2.2 증 설

증설(addition)은 새로운 자산이 창출된 것이므로 자본적 지출로 처리되는 것이 일반적이다. 예를 들어, 종합병원에 새로운 병동건물이 추가되거나 사무용 건물에 중앙 냉방장치가 추가되었다면 관련 자산의 미래 경제적 효익(용역잠재력)을 높인다고 보아야 한다. 따라서 증설을 위한 지출은 자본화되어 감가상각을 통해 미래에 창출되는 수익과 대응되어야 한다.

증설을 회계처리할 때 어려운 점은 증설로 인하여 기존의 유형자산의 구조에 변동이 초래될 경우에 발생한다. 예를 들어, 기존 건물을 증축하는 경우에 벽체를 철거해야 하는 상황이 발생하였다고 하자. 이 경우 철거된 벽체 부분의 장부금액과 철거비용은 증설의 취득원가에 포함되어야 하는가 또는 기간비용(손실)으로 기록되어야 하는가? 이에 대한 대답은 증설의 원래 의도에 달려 있다고 할 수 있다. 기존의 건물을 건축할 때 미래의 증설을 예상하여 벽체의 철거가 계획되어 있었다면 벽체의 철거와 관련된 제 비용은 증축을 위한 취득원가에 가산되어야 한다. 그러나 벽체의 철거가 사전에 계획된 것이 아니라면 벽체의 철거와 관련된 비용은 비효율적인 자산의 운용에 기인한 것으로 판단되므로 당기의 비용으로 처리하여야 할 것이다. 실제로 철거된 벽체 부분의 장부금액을 분리하여 파악하는 것이 실무적으로 어렵다면 무시하는 것이 합리적일 것이다.

2.3 개량 및 교체

개량과 교체는 공통적으로 자산을 다른 자산으로 대체하는 것을 말한다. 개량(improvements, betterments)이란 교체된 자산이 기존 자산의 기능을 현저히 개선하는 것을 의미하며, 교체(replacement)란 교체된 부분이 기능상으로는 실질적으로 전과 동일하되, 다만 기존 자산의 내용연수를 연장하는 효과를 갖는 경우를 말한다. 예를 들어, 주택의 무늬목 바닥을 원목 바닥으로 대체하였다면 이는 개량에 해당하고, 헌 무늬목 바닥을 새 무늬목 바닥으로 대체하였다면 이는 교체에 해당한다. 자산의 기능을 단순히 유지하기 위해 지출되는 일반적인 수선과 주택의 이러한 개량과 교체를 구별하는 것이 쉽지 않은 경우도 자주 있다. 따라서 회계담당자는 이러한 지출에 대해 세심하게 분류하여야 한다. 요컨대 개량 및 교체가 기존 자산의 용역잠재력을 증가시키거나 내용연수를 연장시킨다면 이러한 지출은 자본화해야 한다.

일부 유형자산의 경우 주요 부품이나 구성요소의 정기적 교체가 필요할 수 있다. 예를 들면, 용광로의 경우 일정 시간 사용 후에 내화벽돌의 교체가 필요할 수 있으며, 항공기의 경우에도 좌석과 취사실 등의 내부설비를 항공기 동체의 내용연수 동안 여러 번 교체할 필요가 있을 수 있다. 또한 유형자산이 취득된 후 반복적이지만 비교적 낮은 빈도로 대체(예 : 건물 인테리어 벽의 대체)되거나 비반복적으로 대체되는 경우도 있다. 이와 같이 유형자산의 일부를 대체할 때 발생하는 원가가 자산의 인식기준을 충족하는 경우에는 이를 해당 유형자산의 장부금액에 포함하여 인식하며 대체되는 부분의 장부금액은 제거한다.

자본화되는 개량과 교체를 회계처리하는 방법으로는 세 가지를 들 수 있다.

① **대체법**(substitution approach) : 대체법은 대체의 대상이 되는 기존 자산의 장부금액을 파악할 수 있을 때 적합한 방법이다. 이와 같이 기존 자산의 장부금액이 파악되는 경우 구자산의 장부금액을 제거하고 신자산의 취득원가로 대체하는 것이 대체법이다.

② **자본화법**(capitalizing the new cost) : 개량 및 교체를 위한 지출을 기존 자산의 취득원가에 가산하는 방법이다. 이 방법은 기존 자산의 감가상각이 거의 완료되어 장부금액이 거의 ₩0에 근접하고 있을 경우 합리적인 회계처리방법이다. 즉, 대체의 대상이 되는 구자산을 장부에서 제거하지 않기 때문에 자산의 취득원가가 과대계상될 가능성이 있으나 그 정도가 심각하지 않은 상황에서 적절한 방법이다. 개량의 경우에는 흔히 이 방법으로 회계처리된다.

③ **감가상각누계액에서 차감하는 방법**(charging to accumulated depreciation) : 이 방법은 교체의 경우 적합한 회계처리방법이다. 교체는 기존 자산의 용역잠재력을 증가시키지 않고 내용연수만을 연장시킨다. 이러한 상황에서는 자산계정에 가산하기보다는 감가상각누계액에 차기함으로써 감가상각누계액계정의 잔액을 줄이는 것이 적절하다. 이 방법은 교체를 위한 지출이 기존 자산의 내용연수를 연장함으로써 과거의 감가상각비의 일부를 회복한다는 데 근거를 두고 있다. 그러나 자산계정에 직접 가산하는 것과 감가상각누계액에 차기하는 것은 결국 장부금액에 미치는 효과에 있어 동일하다는 점에 주의를 할 필요가 있다.

2.4 이전 및 재배치

기업은 공장과 같은 생산시설의 능률을 향상시키기 위하여 기계나 생산라인을 이전(rearrangement)하거나 재배치(reinstallation)하기도 한다. 이와 같이 이전 및 재배치를 위한 지출은 자산의 용역잠재력을 증가시키는 것이 일반적이다. 따라서 이러한 지출의 금액이 중요한 경우에는 자본화하여 당해 유형자산의 잔여 내용연수에 걸쳐 감가상각한다. 그러나 지출의 금액이 중요하지 않거나 다른 비용으로부터 분리하는 것이 불가능하거나 또는 지출로 인하여 창출되는 미래의 경제적 효익이 불확실하다면 당기의 비용으로 인식한다.

보론 차입원가의 자본화

1. 차입원가 자본화의 이론적 배경

대부분의 기업들은 유형자산 등의 취득과 관련하여 내부적으로 축적한 자금이 부족한 경우 외부로부터 자금을 차입하여 사용한다. 자금을 차입하면 기업은 그 대가로 이자비용과 기타 이와 유사한 비용을 부담하게 되는데, K-IFRS[기업회계기준서 제1023호('차입원가')]에서는 이를 포괄하여 '차입원가'라고 정의한다.

차입원가는 포괄손익계산서상의 대표적인 당기손익항목으로서 발생한 기간의 비용으로 보고됨이 원칙이다. 그러나 특정 자산의 취득을 위한 자금에 차입금이 포함되는 경우 이러한 차입원가를 해당 자산의 취득에 소요되는 지출로 간주하여 취득원가에 산입하여야 한다는 주장과 차입원가를 당기손익에 반영하여 비용으로 인식하여야 한다는 입장 간에 오랫동안 논쟁이 계속되어 왔다. 이와 같이 특정 자산의 취득을 위한 차입금에 대한 차입원가를 해당 자산의 취득원가의 일부로 포함하는 것을 '차입원가 자본화'라고 하고, 이러한 회계처리방법은 많은 국가에서 GAAP으로 인정되어 왔다. 우리나라에서도 2002년 12월 31일 이전에는 차입원가의 자본화를 강제하여 오다가, 2002년 12월 31일 이후에는 구 기업회계기준서 제7호(금융비용자본화)를 제정하여 차입원가 자본화를 임의규정으로 허용함으로써 기업이 선택적으로 적용할 수 있었다. 그러나 K-IFRS에서는 기업 간 회계처리방법의 일관성을 제고할 목적으로 일정 조건이 충족되는 차입원가의 자본화를 강제규정화하였다.

이 보론에서는 기업회계기준서 제1023호('차입원가')의 주요 내용을 중심으로 차입원가의 자본화에 대해 살펴본다.

차입원가의 자본화에 대해서는 차입원가가 자산의 취득원가에 포함되어야 하는가에 대한 본질적인 문제제기와 자본화하는 경우에도 총자본비용 중 타인자본비용(차입원가)만 자본화함으로써 기업의 재무의사결정에 따라 자산의 취득원가가 달라진다는 문제점이 제기되어 왔다. 즉, 동일한 자산을 취득했음에도 불구하고 이를 전액 자기자본으로 조달한 경우에는 자기자본비용이 자산의 원가에 포함되지 않지만 일부 또는 전액을 부채(차입)를 통해 조달한 경우에는 부채에 대한 금융비용(차입원가)이 취득원가의 일부로 산입되는 논리적인 모순이 생기는 것이다.

차입원가의 자본화를 지지하는 주장은 전통적인 취득원가기준에 입각하여, 차입을 통하여 취득한 자산(적격자산)의 취득과 관련된 차입원가는 실제로 발생한 비용이고 그 자산을 취득하지 않았다면 부담하지 않을 수 있었던 지출이기 때문에 적격자산의 취득원가를 구성하며, 그 금액을 객관적으로 측정할 수 있는 경우에는 해당 자산의 취득원가에 산입할 수 있다는 입장을 취하고 있다. 그러나 위에서 설명한 차입원가의 자본화가 갖는 논리적 결함 때문에 K-IFRS에서는 차입원가의 자본화를 의무화하되 그 범위와 측정방법을 규정함에 있어 신중한 입장을 견지하고 있다. 구체적으로 과도한 자본화를 방지하기 위하여 차입원가의 범위, 차입원가의 자본화가 가능한 대상자산(적격자산), 자본화기간, 자본화이자율, 자본화할 수 있는 차입원가의 산정 등에 관하여 상세한 제한 규정을 두고 있다. 또한 차입원가를 자본화하여 회계처리한 기업과 기간비용으로 회계처리한 기업 간의 재무성과에 대한 비교가능성을 제고하기 위하여 동일한 부류의 자산 중에 일부 자산에 대해서만 선택적으로 차입원가를 자본화하거나 또는 비용화하는 것은 금지하고 있으며, 자본화에서 기간비용으로, 기간비용에서 자본화로의 회계변경은 비교가능성을 위하여 정당한 사유가 없이는 허용하지 않고 있다.

2. 적격자산

기업회계기준서 제1023호에서는 차입원가의 자본화가 가능한 대상자산을 적격자산이라고 부르며, 적격자산을 '의도된 용도로 사용하거나 판매가능한 상태에 이르게 하는 데 상당한 기간을 필요로 하는 자산'으로 정의하여 적격자산이 되기 위한 일정한 조건을 규정하고 있다. 또한 적격자산이 될 수 있는 자산의 종류를 다음과 같이 열거하고 있다.

(1) 재고자산; (2) 제조설비자산; (3) 전력생산설비; (4) 무형자산; (5) 투자부동산

단, 금융자산과 단기간 내에 제조되거나 다른 방법으로 생산되는 재고자산은 적격자산에 해당하지 않으며,[9] 취득시점에 의도된 용도로 바로 사용할 수 있거나 판매가능한 상태에 있는 자산인 경우에도 적격자산에 해당하지 않는다.

기업이 장기간에 걸쳐 유형자산 등을 자가건설할 경우에 건설중인자산으로부터 수익이 발생하지 않으므로 자가건설과 관련하여 조달된 차입금에 대한 이자비용(건설자

---

9) 따라서 단기간에 반복적으로 대량생산되거나 경상적으로 제조되는 재고자산은 적격자산에서 제외할 수 있다. 또한 공정가치로 측정되는 적격자산(예 : 생물자산)도 적격자산에서 제외할 수 있다.

금이자)을 자본화할 것인지의 여부에 대해 많은 논쟁이 있어 왔다. 기업회계기준서 제1023호에서 정의되는 차입원가의 자본화는 건설자금이자를 포괄하는 개념이며, 따라서 적격자산에는 건설중인자산뿐만 아니라 외부로부터 구입되는 자산도 포함될 수 있고, 제조설비자산, 전력생산설비와 같은 일부 유형자산 이외에도 무형자산, 투자부동산 및 재고자산으로서 의도된 용도로 사용하거나 판매가능한 상태에 이르게 하는 데 상당한 기간이 소요되는 자산이 포함되는 점에 유의하여야 할 것이다.

적격자산의 취득, 건설 또는 생산과 직접 관련된 차입원가는 당해 자산 원가의 일부로 자본화하여야 한다. 즉, 적격자산의 취득, 건설 또는 생산과 직접 관련된 차입원가는 당해 자산 원가를 구성한다. 이러한 차입원가는 미래 경제적 효익의 발생가능성이 높고 신뢰성 있게 측정가능할 경우에 자산 원가의 일부로 자본화한다. 기타 차입원가는 발생기간에 비용으로 인식하여야 한다. 수익 · 비용의 대응원칙에 근거하여 이미 수익창출에 공헌하고 있는 사용 중인 자산은 적격자산이 아니며, 사용 또는 판매가능한 상태에 있는 자산에 대한 차입원가에 대해서는 의도적인 지연을 통한 이익조정을 막기 위하여 이를 보유비용으로 보아 기간비용으로 처리한다.[10)]

3. 자본화가능차입원가의 범위

K-IFRS에서 정의되는 차입원가는 '자금의 차입과 관련하여 발생하는 이자 및 기타 원가'를 말하며, 적격자산의 취득, 건설 또는 생산과 직접 관련된 차입원가는 당해 적격자산과 관련된 지출이 발생하지 아니하였다면 부담하지 않았을 차입원가로 측정된다. 이와 같이 K-IFRS는 자본화가능차입원가를 증분원가(incremental cost) 개념의 입장에서 포괄적으로 정의하고 있다. 그러나 자본(부채로 분류되지 않는 우선주자본금 포함)의 실제원가 또는 내재원가는 자본화가능차입원가의 범위에서 제외된다. 차입원가에 포함될 수 있는 항목을 좀 더 구체적으로 열거하면 다음과 같다.

(1) 유효이자율법을 사용하여 계산된 이자비용

(2) 금융리스 관련 금융원가

(3) 외화차입금과 관련되는 외환차이 중 이자원가의 조정으로 볼 수 있는 부분

10) 기업회계기준서 제1029호('초인플레이션 경제에서의 재무보고')를 적용하는 경우 해당 기간의 인플레이션을 보상하기 위한 차입원가 부분은 발생한 기간에 비용으로 인식한다.

명시적으로 열거하고 있지는 않으나 당좌차월과 장·단기차입금에 대한 이자비용, 차입약정과 관련된 할인·할증차금의 상각액, 차입과 직접 관련하여 발생한 부대비용의 상각액 등이 차입원가에 포함될 수 있다.

특정 적격자산을 취득하기 위한 목적으로 특정하여 자금을 차입하는 경우 당해 적격자산과 직접 관련된 차입원가는 쉽게 식별할 수 있다. 그러나 개별 차입금과 특정 적격자산 간의 직접 관련성을 식별하고, 적격자산과 관련된 지출이 발생하지 않았다면 부담하지 않을 수 있었던(회피할 수 있었던) 차입원가를 결정하기는 어려울 수 있다. 외화표시 또는 외화연계 차입금을 사용하거나 연결실체가 초인플레이션 발생국가에서 영업하는 경우 또는 심한 환율변동이 발생하는 경우에도 어려움이 발생할 수 있다. 결과적으로 적격자산의 취득과 직접 관련된 차입원가를 결정하기가 쉽지 않으며, 따라서 판단이 요구된다.

적격자산을 취득하기 위한 목적으로 특정하여 차입한 자금(이후 '특정목적 차입금'이라 칭함)에 한하여, 회계기간 동안 그 차입금으로부터 실제 발생한 차입원가에서 당해 차입금의 일시적 운용에서 생긴 투자수익을 차감한 금액을 자본화가능차입원가로 결정한다. 이렇게 하는 이유는 적격자산과 관련한 자금조달약정에 따라 차입금을 미리 조달하여 자금의 전부 또는 일부가 사용되기 전에 관련 차입원가가 발생할 수 있고, 이러한 경우 기업은 적격자산에 대한 지출이 이루어지기 전에 차입금을 일시적으로 운용할 수 있기 때문이다.

한편 일반적인 목적으로 자금을 차입하고(이후 '일반목적 차입금'이라 칭함) 이를 적격자산의 취득을 위해 사용하는 경우에 한하여 당해 자산 관련 지출액에 자본화이자율을 적용하는 방식으로 자본화가능차입원가를 결정한다. 즉, 특정 적격자산과 개별적인 일반목적 차입금 간에 직접 관련성을 식별하기 어려운 경우가 많으므로 궁극적으로 일반목적 차입금에 대한 차입원가는 추정에 의하여 측정할 수밖에 없다. 따라서 자본화이자율은 회계기간 동안 차입한 자금(적격자산을 취득하기 위해 특정 목적으로 차입한 자금 제외)으로부터 발생된 차입원가를 가중평균하여 산정한다. 차입원가의 가중평균을 산정함에 있어 지배기업과 종속기업의 모든 차입금을 포함하는 것이 적절할 수도 있고, 개별 종속기업의 차입금에 적용되는 차입원가의 가중평균을 사용하는 것이 적절할 수도 있다. 회계기간 동안 자본화한 차입원가는 당해 기간 동안 실제 발생한 차입원가를 초과할 수 없다.

4. 자본화기간의 결정

4.1 자본화개시시점

차입원가의 자본화기간을 결정하려면 자본화개시시점과 자본화종료시점을 파악해야 한다. 자본화기간의 개시시점은 다음의 세 가지 조건이 모두 충족되는 시점으로 한다.

★

① 적격자산에 대해 지출하고 있고,
② 차입원가를 발생시키고 있으며,
③ 적격자산을 의도된 용도로 사용하거나 판매가능한 상태에 이르게 하는 데 필요한 활동을 수행하고 있다.

적격자산에 대한 지출액은 현금의 지급, 다른 자산의 제공 또는 이자부부채의 발생 등에 따른 지출액을 의미한다. 적격자산과 관련하여 수취하는 정부보조금과 건설 등의 진행에 따라 수취하는 금액은 적격자산에 대한 지출액에서 차감한다. 회계기간 동안 적격자산의 평균장부금액(이미 자본화된 차입원가 포함)은 일반적으로 자본화이자율을 적용하고자 하는 당해 기간 동안 지출액의 적절한 근사치가 된다.

적격자산을 의도된 용도로 사용하거나 판매가능한 상태에 이르게 하는 데 필요한 활동은 당해 자산의 물리적인 제작뿐만 아니라 그 이전단계에서 이루어진 기술 및 관리상의 활동도 포함한다. 예를 들어, 물리적인 제작 전에 각종 인허가를 얻기 위한 활동 등을 들 수 있다. 그러나 자산의 상태에 변화를 가져오는 생산 또는 개발이 이루어지지 않은 상황에서 단지 당해 자산의 보유는 필요한 활동으로 보지 않는다. 예를 들어, 토지가 개발되고 있는 경우 개발과 관련된 활동이 진행되고 있는 기간 동안 발생한 차입원가는 자본화 대상에 해당하지만 건설목적으로 취득한 토지를 별다른 개발활동 없이 보유하는 동안 발생한 차입원가는 자본화조건을 충족하지 못한다.

4.2 자본화의 중단

적격자산에 대한 적극적인 개발활동을 중단한 기간에는 차입원가의 자본화를 중단한다. 자산을 의도된 용도로 사용하거나 판매가능한 상태에 이르게 하는 데 필요한 활동을 중단한 기간에도 차입원가는 발생할 수 있으나, 이러한 차입원가는 미완성된 자산을 보유함에 따라 발생하는 비용으로서 자본화조건을 충족하지 못한다. 또 다른 예로서, 경영환경 변화나 새로운 정책결정으로 인하여 취득활동을 중단한다면 이는 기업이 의도적으로 취득활동을 지연하거나 중단하는 경우에 해당한다. 이와 같이 기업이 의도적으로 취득활동을 지연하거나 중단한 경우에 발생한 차입원가는 자산취득과정에서 발생된 것으로 볼 수 없으므로 자본화하지 않는다.

4.3 자본화종료시점

적격자산을 의도된 용도로 사용하거나 판매가능한 상태에 이르게 하는 데 필요한 대부분의 활동이 완료된 시점에 차입원가의 자본화를 종료한다. 적격자산이 물리적으로 완성된 경우라면 일상적인 건설 관련 후속 관리업무 등이 진행되고 있더라도 당해 자산을 의도된 용도로 사용할 수 있거나 판매가능한 상태에 있는 것으로 본다. 예를 들어, 구입자 또는 사용자의 요청에 따른 내장공사와 같은 중요하지 않은 작업만이 남아 있는 경우라면 거의 모든 건설활동이 종료된 것으로 본다.

적격자산의 건설활동을 여러 부분으로 나누어 완성하고, 남아 있는 부분의 건설활동을 계속 진행하고 있더라도 이미 완성된 부분이 사용가능하다면, 당해 부분을 의도된 용도로 사용하거나 판매가능한 상태에 이르게 하는 데 필요한 거의 모든 활동을 완료한 시점에 차입원가의 자본화를 종료한다(예 : 각각의 건물별로 사용가능한 여러 동의 건물로 구성된 복합업무시설). 그러나 일관생산체제를 갖추어야 하는 산업설비의 경우 개별 공정이 완료되더라도 자본화를 종료하지 않고, 전체 공정이 완료되는 시점까지 자본화한다(예 : 제철소와 같이 동일한 장소에서 여러 생산부문별 공정이 순차적으로 이루어지는 여러 생산공정을 갖춘 산업설비).

5. 자본화가능차입원가의 산정

자본화할 수 있는 차입원가(자본화가능차입원가)는 적격자산을 취득할 목적으로 직접 차입한 자금, 즉 특정목적 차입금에 대한 차입원가와 일반적인 목적으로 차입한 자금 중 적격자산의 취득에 소요되었다고 볼 수 있는(추정되는) 차입금, 즉 일반목적 차입금에 대한 차입원가로 나누어 산정한다. 즉, 특정목적 차입금이 있는 경우에는 특정목적 차입금에 대한 차입원가를 먼저(우선하여) 자본화한 후에 일반목적 차입금에 대한 차입원가를 산정하여 자본화한다.

5.1 특정목적 차입금 관련 차입원가의 산정

특정목적 차입금에 대한 차입원가 중 자본화할 수 있는 금액은 자본화기간 동안 특정목적 차입금으로부터 실제로 발생한 차입원가에서 같은 기간 동안 자금의 일시적 운용에서 생긴 수익을 차감한 금액으로 한다.

★

특정목적 차입금의 자본화할 차입원가
= 특정목적 차입금에서 자본화기간 동안 실제 발생한 차입원가 - 특정목적 차입금의 일시적 운용에서 생긴 수익

5.2 일반목적 차입금 관련 차입원가의 산정

일반목적 차입금 관련 차입원가는 자본화대상자산에 대한 지출이 없었더라면 회피할 수 있었던 차입원가이므로, 당연히 이 차입원가의 회피가능성이 자본화할 차입원가를 산정하는 기준이 된다.[11)]

일반목적 차입금에 대한 차입원가 중 자본화할 수 있는 차입원가는 회계기간 동안의 적격자산에 대한 평균지출액 중 특정목적 차입금을 사용한 평균지출액을 초과하는 부분에 대해 적절한 이자율("자본화이자율")을 적용하는 방식으로 산정한다. 적격자산에 대한 지출액은 차입원가를 부담하는 부채를 발생시키거나, 현금지급, 다른 자산을 제공하는 등에 따른 지출액을 의미한다. 국고보조금, 공사부담금 등의 보조금과 건설 등의 진행에 따라 회수되는 금액은 적격자산에 대한 지출액에서 차감한다.

자본화이자율은 회계기간 동안 상환되었거나 미상환된 일반목적 차입금에 대하여 발생된 차입원가를 가중평균하여 산정한다. 일반목적 차입금에 대하여 회계기간 동안 자본화한 차입원가는 일반목적 차입금에 대하여 당해 기간 동안 실제 발생한 차입원가를 한도로 하여 자본화한다. 일반목적 차입금에서 발생한 이자비용은 직접 자본화하는 것이 아니라 간접적으로 적격자산에 대한 평균지출액에서 특정목적 차입금을 초과하는 부분에 대해 자본화이자율을 적용하여 계산하므로 이와 같이 적절한 자본화의 한도(upper limit)가 필요한 것이다. 만일 이러한 상한(한도)이 적용되지 않는다면 경우에

11) 차입원가의 회피가능성 이외에도 당해 차입금의 용도와 사용제한, 자금의 조달 및 사용계획 그리고 현재의 자금상태 등을 종합적으로 판단하여 결정한다.

따라서는 자기자본의 사용으로 인한 자본비용이 자본화되는 모순을 초래하게 된다.

한도액 계산에는 자본화이자율 산정에 포함되지 않은 차입금 및 특정목적 차입금에 대한 차입원가가 제외되어야 한다. 또한 특정목적 차입금의 경우와는 달리 일반목적 차입금의 경우 자금의 일시적 운용에서 생긴 수익은 차감하지 않는다는 점에 유의하여야 한다.

위에서 설명한 특정목적 차입금 및 일반목적 차입금 관련 차입원가의 산정기준을 토대로 자본화가능차입원가를 산정하는 과정을 단계별로 좀 더 자세히 살펴보자.

[제1단계] 적격자산의 취득을 위하여 소요된 평균지출액을 계산한다.

여기서 평균지출액이란 실제로 지출이 이루어진 시점부터 회계기간 종료시점까지의 기간을 가중치로 한 기간가중평균지출액을 의미한다. 예를 들어, 12월 결산법인인 A기업이 2×13년 1월 1일에 유형자산의 취득과정을 시작하였고, 자산의 취득을 위해 동년 1월 1일에 1,000,000원을 지출하였으며, 7월 1일에 2,000,000원을 지출하였다고 하자. 그러면 2×13회계연도에 대한 첫 번째 지출 1,000,000원의 지출기간은 12개월이고, 두 번째 지출 2,000,000원의 지출기간은 6개월이다. 이를 토대로 다음과 같이 기간가중평균지출액을 계산한다.

$$₩1,000,000 \times 12/12 + ₩2,000,000 \times 6/12 = ₩2,000,000$$

위와 같이 2×13년도에 대한 평균지출액은 2,000,000원으로 계산된다.

[제2단계] 특정목적 차입금과 일반목적 차입금을 식별한다.

제1단계에서 계산한 적격자산을 취득하기 위하여 소요된 평균지출액 중 특정목적 차입금이 있는지 확인한다. 평균지출액에서 특정목적 차입금을 초과하여 발생한 지출액은 일반목적 차입금으로 충당된 것으로 본다.

자본화대상자산에 대한 평균지출액 = 특정목적 차입금 + 일반목적 차입금

[제3단계] 특정목적 차입금에 대한 차입원가를 산정한다.

특정목적 차입금에 대해 자본화기간 동안 발생한 차입원가는 한도 없이 전액 자본화한다. 여기서 차입자금의 일시적 운용에서 발생한 수익은 차감한다.

[제4단계] 일반목적 차입금에 대한 차입원가를 산정하기 위한 자본화이자율을 계산한다.

위에서 설명한 바와 같이, 자본화이자율은 회계기간 동안 상환되었거나 미상환된 일반목적 차입금(일반외화차입금을 포함)에 대하여 발생된 차입원가를 가중평균하여 산정하는 것이 원칙이나, 회계기간 동안 차입금의 구성종목 등의 변동이 중요하지 않은 경우에 한하여 결산일 현재 미상환된 일반목적 차입금에 대한 차입원가를 가중평균하여 산정할 수 있다.

★

$$\text{일반목적 차입금에 대한 자본화이자율} = \frac{\text{일반목적 차입금에 대해 발생한 금융비용}}{\text{연평균 일반차입금 총액}}$$

[제5단계] 일반목적 차입금에 대한 차입원가를 산정한다.

일반목적 차입금에 대한 차입원가 중 자본화할 수 있는 차입원가는 회계기간 동안의 적격자산에 대한 평균지출액 중 특정목적 차입금을 사용한 평균지출액을 초과하는 부분에 대해 자본화이자율을 적용하는 방식으로 다음의 식에 의해 산정한다.

★

일반목적 차입금에 대한 차입원가 중 자본화가능차입원가
= (적격자산에 대한 평균지출액 − 특정목적 차입금을 사용한 평균지출액*) × 자본화이자율

* 특정목적 차입금의 일시적 운용에 사용된 부분은 차감하여 계산한다.

일반목적 차입금범위 내에서 자본화할 차입원가를 산정함에 있어 다음 사항을 추가로 고려해야 한다.

① 전기 이전에 자본화한 차입원가는 당기 적격자산의 평균지출액에 포함시키지 않는다.

② 미지급차입원가의 자본화 여부는 일반적으로 미지급공사원가도 취득원가를 구성하고 미지급차입원가의 발생도 대상자산의 취득이 없었더라면 회피가능한 범위에 속하므로 자본화대상차입원가에 포함시킨다.

또한 일반목적 차입금에 대하여 자본화할 차입원가는 자본화이자율 산정에 포함된 일반목적 차입금으로부터 회계기간 동안 발생한 차입원가를 초과할 수 없으며(차입원가 자본화의 상한), 일반목적 차입금의 일부를 일시적으로 운용해서 생긴 수익은 차감하지 않는다는 점에 유의하여야 함은 앞서 언급한 바와 같다.

예제 7-8

차입원가 자본화

12월 결산법인인 평안기업㈜은 특수제조설비를 제작하기 위하여 2×13. 1. 1. 동아정밀㈜과 도급계약을 체결하였다. 이 제조설비는 2×14. 6. 30. 제작이 완료될 예정이고 평안기업㈜은 당해 제조설비의 제작을 위해 다음과 같이 지출하였다(단위 : 원).

2×13. 1. 1.	₩40,000
2×13. 7. 1.	80,000
2×13. 10. 1.	60,000
2×14. 1. 1.	70,000
합 계	₩250,000

평안기업㈜의 2×13년도의 차입금 현황은 다음과 같으며, 2×14년도에 신규로 조달한 차입금은 없다.

차입금	차입일	차입금액	상환일	이자율	이자지급조건
A	2×13. 1. 1.	₩50,000	2×14. 6.30.	8%	분기별 복리/매년 말 지급
B	2×12. 1. 1.	60,000	2×14.12.31.	6%	단리/매년 말 지급
C	2×12. 1. 1.	70,000	2×15.12.31.	8%	단리/매년 말 지급

위의 차입금 중 차입금 A는 제조설비 제작 목적을 위하여 개별적으로 차입(특정목적 차입금)되었으며 이 중 ₩10,000은 2×13. 1. 1.~ 6. 30. 동안 연 5%(단리) 이자지급조건의 정기예금에 예치하였다. 차입금 B와 차입금 C는 일반목적으로 차입되었다(일반목적 차입금).

[물음] 위의 자료를 토대로 평안기업㈜이 2×13회계연도 및 2×14회계연도에 자본화할 차입원가를 산정하라.

풀이

(1) 2×13회계연도에 자본화할 차입원가의 산정

1. 적격자산에 대한 평균지출액

지출일	지출액	자본화대상기간	평균지출액
2×13. 1. 1.	₩40,000	12/12	₩40,000
2×13. 7. 1.	80,000	6/12	40,000
2×13.10. 1.	60,000	3/12	15,000
합 계	₩180,000		₩95,000

2. 자본화이자율의 계산

특정목적 차입금을 제외하고 일반목적으로 차입되어 사용된 설비제작 관련 차입금에 대하여 적용할 자본화이자율은 다음과 같이 산정한다.

차입금	연평균차입금액	차입원가
B	₩60,000	₩3,600
C	70,000	5,600
합 계	₩130,000	₩9,200

$$\text{자본화이자율} = \frac{\text{차입원가 총액}}{\text{연평균차입금 총액}} = \frac{9,200}{130,000} = 7.08\%$$

3. 특정목적 차입금 관련 차입원가 계산(원단위 이하 반올림)

당기중 발생한 차입원가	$50,000 \times (1+0.08/4)^4 - 50,000$	= ₩4,122
(−) 당기중 획득한 수익	$10,000 \times (1+0.05 \times 6/12) - 10,000$	= 250
자본화할 차입원가		₩3,872

4. 일반목적 차입금 관련 차입원가 계산

① 자본화할 수 있는 차입원가

(자본화대상자산에 대한 평균지출액 − 특정목적 차입금을 사용한 평균지출액) × 자본화이자율

$= \{95,000 - (50,000 \times 12/12 - 10,000 \times 6/12)\} \times 7.08\% =$ ₩3,540

② 자본화이자율 산정에 포함된 일반목적 차입금에서 회계기간 동안 발생한 실제 차입원가

차입금 B	60,000 × 6% =	₩3,600
차입금 C	70,000 × 8% =	5,600
합 계		₩9,200

③ 한도비교 : 일반목적 차입금과 관련된 차입원가(₩3,540)는 당기 한도액(₩9,200) 이내이므로 전액 자본화가 가능하다.

5. 2×13회계연도에 자본화할 수 있는 차입원가

₩3,872(특정목적 차입금) + ₩3,540(일반목적 차입금) = ₩7,412

(2) 2×14회계연도에 자본화할 차입원가의 산정

1. 적격자산에 대한 평균지출액

지출일	지출액	자본화대상기간*	평균지출액
2×13. 1. 1.	₩40,000	6/12	₩20,000
2×13. 7. 1.	80,000	6/12	40,000
2×13.10. 1.	60,000	6/12	30,000
2×14. 1. 1.	70,000	6/12	35,000
합 계	₩250,000		₩125,000

* 2×14. 6. 30. 제조설비 제작 완료

2. 자본화이자율의 계산

특정목적 차입금을 제외하고 일반목적으로 차입되어 사용된 설비제작 관련 차입금에 대하여 적용할 자본화이자율은 다음과 같이 산정한다.

차입금	연평균차입금액	차입원가
B	₩60,000	₩3,600
C	70,000	5,600
합 계	₩130,000	₩9,200

$$\text{자본화이자율} = \frac{\text{차입원가 총액}}{\text{연평균차입금 총액}} = \frac{9,200}{130,000} = 7.08\%$$

3. 특정목적 차입금 관련 차입원가 계산

당기중 발생한 차입원가	$50,000 \times (1+0.08/4)^2 - 50,000$	= ₩2,020
자본화할 차입원가		₩2,020

4. 일반목적 차입금 관련 차입원가 계산

① 자본화할 수 있는 차입원가

[125,000 - (50,000 × 6/12)]×7.08% = ₩7,080

② 지본회이자율 산정에 포함된 차입금에서 회계기간 동안 발생한 실제 차입원가

차입금 B	60,000 × 6% =	₩3,600
차입금 C	70,000 × 8% =	5,600
합 계		₩9,200

③ 한도비교 : 일반목적 차입금과 관련된 차입원가(₩7,080)는 당기한도(₩9,200) 이내이므로 전액 자본화가 가능하다.

5. 2×14회계연도에 자본화할 수 있는 차입원가 계산

₩2,020(특정목적 차입금) + ₩7,080(일반목적 차입금) = ₩9,100

연습문제

EXERCISES

서술형

1. K-IFRS에서 규정하고 있는 유형자산의 개념정의 및 유형자산의 인식기준에 대해 설명하라.
2. 유형자산의 세 가지 주요한 특징을 열거하고 설명하라.
3. 유형자산의 취득원가를 측정하는 일반기준을 설명하라.
4. 토지의 취득원가를 결정하는 구체적인 방법을 설명하라.
5. 복수의 유형자산을 일괄구입하여 개별 유형자산의 취득원가가 파악되지 않는 경우 취득원가를 결정하는 방법을 설명하라.
6. 이연지급조건에 의해 유형자산을 취득한 경우 취득원가의 산정방법을 설명하라.
7. 비화폐성자산 간의 교환에 의해 유형자산을 취득한 경우 제공한 유형자산의 공정가치로 취득한 자산의 취득원가를 측정하는 이유를 설명하고 회계처리의 내용을 설명하라.
8. 상업적 실질이 없는 자산 간의 교환에 의해 유형자산을 취득한 경우 제공한 유형자산의 장부가액으로 취득한 자산의 취득원가를 측정하는 이유를 설명하고 회계처리의 내용을 설명하라.
9. 국고보조금이나 공사부담금을 지급받아 유형자산을 취득한 경우 유형자산의 취득원가를 산정하는 두 가지 방법을 설명하고 각각의 방법과 관련하여 당해 유형자산의 감가상각비와 처분손익을 어떻게 측정하는지 설명하라.
10. 국공채의 매입을 통한 유형자산의 취득의 경우 유형자산의 취득원가는 어떻게 산정되며 그 근거는 무엇인가?
11. 금융비용자본화에 대한 세 가지 주장들을 설명하고 금융비용자본화에 관한 현행 기업회계기준의 내용을 설명하라.
12. 유형자산의 취득 이후의 지출로서 수익적 지출과 자본적 지출의 차이점을 설명하고 각 지출을 회계처리하는 방법을 설명하라.
13. 자본화되는 개량과 교체를 회계처리하는 방법에는 대체법, 자본화법 및 감가상각누계액 차감법의 세 가지가 있다. 각 방법의 핵심적인 내용을 설명하고 각 방법이 어떠한 경우에 적절한지 설명하라.

주관식

01. 동국회사는 새로운 건물과 토지를 구입하는 것과 관련하여 다음과 같은 지출을 하였다. 다음 각각의 지출이 건물이나 토지의 취득원가에 포함되어야 하는지 아니면 기간비용으로 처리되어야 하는지 설명하라.

① 토지와 건물의 구입가격 : ₩100,000,000
② 매입계약을 체결하는 과정에서 부동산업자에게 지급된 수수료 : ₩100,000
③ 법원 등기세 : ₩50,000
④ 토지와 건물의 취득 담당부서 경영자에 대한 급여 : ₩1,000,000
⑤ 취득과정에 지출된 교통비 : ₩20,000
⑥ 취득과정에 사용된 회사 자동차 감가상각비 : ₩30,000
⑦ 취득과정에 사용된 회사 자동차의 사고로 인한 지출 : ₩500,000
⑧ 경영자가 토지의 구매에 빼앗긴 시간 때문에 상실한 판매기회 : ₩400,000

02. 왕건회사㈜는 새로운 공장을 건설하기 위해 기존 건물이 있는 토지를 구입하였다. 다음의 각 지출이 토지의 원가로 기록되어야 하는지 아니면 건물의 취득원가로 기록되어야 하는지 아니면 기간 비용이나 수익으로 기록되어야 하는지 설명하라.

① 기존 건물이 있는 토지의 구입가격
② 부동산 중개업자에게 지급된 중개수수료
③ 새로운 건물을 짓기 위해 사용된 재료비
④ 구 건물을 철거하는 데 들어간 인건비
⑤ 새 건물을 짓기 위한 굴착작업 원가
⑥ 차입한 건설자금에 대한 이자
⑦ 건설과 다른 활동에 사용되는 회사 트럭의 감가상각비
⑧ 구 건물의 철거과정에서 얻은 건축자재의 판매액
⑨ 신축허가를 받는 데 들어간 지출
⑩ 건설기간 동안 지급된 토지에 대한 재산세
⑪ 건물을 외부에서 구입하지 않고 자가건설함으로써 생기는 이익

03. 신라㈜는 20×9년 1월 초에 기계를 취득하고 대금을 다음과 같이 지급하였다. 이 기계의 현금 구입가격은 ₩15,000이다.

취득시 현금지급액 : ₩1,500

미지급금(매월 ₩1,200씩 10개월간 할부지급) : ₩12,000
아남사 보통주(액면가액 : ₩50, 50주) : ₩2,500

뿐만 아니라 이 회사는 이 기계의 설치비용으로 ₩400을 지급하였다면 기계의 취득원가는 얼마인가?

04. 남산전자㈜는 당년도 초에 설립된 후 영업활동에 사용하기 위한 유형자산의 취득과 관련하여 다음과 같은 항목을 지출하였다.

(1) 낡은 건물이 있는 토지의 구입대금	₩2,000,000
(2) 토지 취득을 위한 중개수수료	50,000
(3) 토지의 취득 및 등록세	30,000
(4) 공장 건축허가비	10,000
(5) 신축공장건물 설계비	50,000
(6) 기존 건물 철거비	150,000
(7) 기존 건물의 철거과정에서 수거한 건설자재 판매대금	50,000
(8) 토지의 정지 및 측량비	40,000
(9) 건물공사원가(재료비, 노무비, 제조간접비)	3,000,000
(10) 배수시설 공사비(내용연수 - 영구적)	100,000
(11) 울타리와 주차장 공사비(내용연수 - 제한적)	200,000

위의 자료를 이용하여 기말재무상태표에 계상할 토지와 건물(공장용 건물)의 취득원가는 각각 얼마인가? 단, 건물은 당년도 중에 완공되었다.

05. 동국㈜은 새로운 제품을 개발하고 이를 생산하는 데 필요한 특수기계를 중고로 구입하기로 하고 경주에 있는 목멱㈜에서 회사가 필요한 기계를 발견하였다. 동국㈜이 이 중고기계를 서울에 있는 공장에 설치하고 시운전하는 데 다음과 같은 지출을 하였다. 기계의 취득원가는 얼마인가?

(1) 기계 구입가격 : ₩3,000,000
(2) 목멱㈜의 공장현장에서 기계의 해체 : ₩200,000
(3) 기계를 경주에서 서울로 운반 : ₩100,000
(4) 하역작업에 동원된 종업원의 일당 : ₩200,000
(5) 하역작업 중 파손된 부품 : ₩100,000(부품 파손은 기대된 것이 아님)
(6) 새로운 제품에 대한 광고 : ₩300,000
(7) 서울공장에 설치 : ₩200,000
(8) 시운전비 : ₩100,000

06. 다음의 20×9년도 유형자산과 관련된 거래를 분개하라.

1) 1/2일 : 회사는 토지, 건물 및 비품을 일괄가격 ₩120,000에 구입하였다.
   ① 토지, 건물 및 비품의 공정가치가 다음과 같은 경우 : ₩30,000; ₩60,000; ₩60,000
   ② 토지 및 건물의 공정가치만 알려진 경우 : ₩30,000; ₩60,000
2) 1/2일 : 회사는 기계를 구입하고 매년 12월 31일에 ₩20,000을 앞으로 5년간 지급하기로 하였다. 취득 당시 유효이자율은 10%이다.
3) 2/1일 : 회사는 토지(감정가 : ₩60,000)를 구입하고 액면가액 ₩5,000인 상장된 주식 10주를 발행하였다. 취득 당시 주식의 시가는 주당 ₩6,500이다.
4) 3/2일 : 회사는 환경오염물질의 제거를 위한 장치를 서울시로부터 기증받았다. 장치의 공정가치는 ₩10,000이다.
5) 3/2일 거래에서 서울시로부터 증여받는 대신에 환경오염물질 제거 장치의 공정가치의 반을 보조금으로 받은 경우
6) 3/31일 : 회사는 새로운 기계(공정가액 : ₩30,000)를 취득하고 현금 ₩10,000과 사용 중이던 기계(취득원가 : ₩15,000; 감가상각누계액 : ₩5,000)를 제공하였다. 이러한 교환거래는 상업적 실질이 없다고 가정하라.
7) 만일 6번 거래(3/31일)에서 취득한 자산이 기계가 아니라 자동차이고 교환거래가 상업적 실질을 갖는 경우

07. 다음의 자료는 12월 결산법인인 동국㈜의 유형자산의 취득과 관련한 정보이다. 동국㈜은 사용 중이던 기계를 경주㈜에 인계하고 이와 교환으로 동일한 종류의 기계를 인수하고 현금 ₩40,000을 경주㈜에 지불하였다.

	인계한 기계	취득한 기계
취득원가	₩1,000,000	₩1,500,000
감가상각누계액	(500,000)	(1,000,000)
장부금액	500,000	500,000
공정가치	200,000	300,000

1) 이러한 자산 간의 교환이 상업적 실질에 변동을 초래하지 않는 경우 위의 교환거래를 분개하고 사용 중이던 기계의 처분손익을 계산하라.
2) 이러한 자산 간의 교환이 상업적 실질에 변동을 초래하는 경우 위의 교환거래를 분개하고 사용 중이던 기계의 처분손익을 계산하라.

08. 20×1년 1월 1일에 아산㈜은 정부보조금을 지원받아 원자력발전소를 건설하였다. 이 발전소의 건설원가는 ₩2,000,000이며 건설을 위해 정부보조금 ₩1,000,000을 수령했다. 아산㈜은 내용연수 30년 후에 발전소 부지를 복구해야 할 법적 의무가 존재하며 복구원가는 30년 후 시점에서 ₩1,000,000으로 추정된다. 추정 복구원가에 적용될 유효이자율은 5%이고 30년 동안의 인플레이션은 없다고 가정하라.

1) 아산㈜이 건설이 완료된 시점인 20×1년도 1월 1일에 원자력발전소의 취득원가는?
2) 정부보조금은 20×1년도 말에 작성되는 재무상태표에 정부보조금이 보고되는 방법을 설명하라.
3) 원자력발전소의 잔존가치가 없고 정액법을 사용한다고 가정할 때 20×1년도 감가상각비는 얼마인가? (아산㈜은 정부보조금을 감가상각비에서 차감하는 방법을 사용한다)

09. 동아㈜는 20×4년 1월 1일에 건물(매입가격 ₩5,000,000, 부대비용 ₩1,000,000)을 취득하기 위해 서울특별시가 발행한 공채(액면 ₩800,000, 만기 3년, 연 이자율 2%, 매년 말 이자지급조건)를 액면가에 취득하였다. 공채 취득시점의 시장이자율은 연 8%였다.

1) 동아㈜가 취득한 건물의 취득원가는?
2) 취득시점에서 동아㈜가 수행해야 할 회계처리는?

10. 동국㈜은 20×8년도 말 현재 하나의 건물(취득원가 : ₩80,000,000; 감가상각누계액 : ₩66,000,000)을 보유하고 있으며 10년 동안 감가상각을 하여 왔다. 이 건물은 앞으로 10년간 더 사용할 수 있을 것으로 기대된다. 20×9년도 초에 이 건물에 비상계단을 설치하는데 ₩3,000,000을 지출하였다. 이러한 지출에 대해 다음의 독립적인 질문에 대해 답하라.

1) 경영자는 위의 비상계단 설치로 인해 고객의 편의가 증대되어 고객이 증가할 것으로 기대하고 있다. 이러한 경우 비상계단 설치에 대해 필요한 분개를 하라.
2) 원래 건물에 비상계단이 설치되어 있었는데 지난해 홍수로 인해 파괴되었다. 보험에 가입되지 않았고 20×9년도 초에 원래 계단과 물리적으로 동일한 계단을 새로 설치한 경우 필요한 분개를 하라.
3) 비상계단의 설치에 대한 지출을 수익적 지출로 처리하지 않고 자본적 지출로 처리하는 경우 20×9년도 당기순이익에 미치는 영향을 분석하라(이 회사가 건물 및 관련자산에 대해 정액법을 사용한다고 가정하라).

11. 동국㈜은 특수기계를 제작하기 위하여 20×4. 1. 1. 경주정밀㈜과 도급계약을 체결하였다. 이 특수기계는 20×4. 12. 30. 제작이 완료되었고 동국㈜은 당해 특수기계의 제작을 위해 다음과 같이 지출하였다(단위 : 원).

20×4. 1. 1.	₩50,000
20×4. 6. 1.	50,000
20×4. 10. 1.	100,000
합 계	₩200,000

동국㈜의 20×4년도의 차입금 현황은 다음과 같다.

차입금	차입일	차입금액	상환일	이자율	이자지급조건
A	20×4. 1. 1.	₩50,000	20×5. 6.30.	8%	단리/매년 말 지급
B	20×3. 1. 1.	60,000	20×5.12.31.	6%	단리/매년 말 지급
C	20×3. 1. 1.	70,000	20×6.12.31.	8%	단리/매년 말 지급

위의 차입금 중 차입금 A는 특수기계 제작 목적을 위하여 개별적으로 차입(특정목적 차입금)되었으며 차입금 B와 차입금 C는 일반목적으로 차입되었다(일반목적 차입금).

위의 자료를 토대로 다음 물음에 답하라.

1) 위의 기계장치가 차입원가의 자본화 대상인 적격자산인 경우 기계장치에 대한 20×4년도 평균지출액을 계산하라.
2) 일반목적 차입금의 평균이자율을 구하고 일반목적 차입금 중 자본화할 차입원가를 구하라.
3) 동국㈜이 20×4년도 위의 기계제작과 관련하여 자본화하여야 하는 총 차입원가를 구하라.

12. 다음의 자료는 12월 결산법인인 서남중공업㈜의 유형자산의 취득과 관련한 정보이다. 각 거래사항의 물음에 답하라.

(1) 서남중공업㈜은 판재성형용으로 사용하던 기계를 호남기업㈜에 인계하고 이와 교환으로 동일한 종류의 기계를 인수하였다. 추가로 현금 ₩40,000을 호남기업에 지불하였다. 이 교환거래는 상업적 실질이 결여된 거래로 판단되며 두 기계에 관한 자세한 정보는 다음과 같다.

	인계한 기계	취득한 기계
취득원가	₩1,000,000	₩1,500,000
감가상각누계액	(750,000)	(1,200,000)
장부금액	250,000	300,000
공정가치	280,000	320,000

1) 위의 기계의 취득을 기록하기 위한 분개를 보여라.

(2) 서남중공업㈜은 20×6년 1월 1일 산업합리화정책의 일환으로 20×6년 1월 1일에 에너지절약형 설비자금의 일부를 정부에서 지원받았다. 설비의 취득원가는 ₩300,000이고, 정부보조금은 ₩150,000으로 설비취득일에 전액 수령하였다. 이 정부보조금은 상환의무가 없다. 이 설비의 내용연수는 5년, 잔존가액은 ₩20,000으로 정액법으로 감가상각한다. 서남중공업㈜은 이 설비를 20×7년 12월 31일에 ₩100,000에 처분하였다. 단, 이 기업은 정부보조금을 감가상각자산의 내용연수에 걸쳐 감가상각비를 감소시키는 방식을 통해 당기손익으로 인식하는 회계처리방법을 선택하고 있다.

2) 위 설비의 처분시점에 인식해야 할 유형자산처분이익(손실)은 얼마인가?

(3) 서남중공업㈜은 20×7년 1월 1일에 건물(매입가격 ₩1,000,000, 부대비용 ₩200,000)을 취득하기 위해 서울특별시가 발행한 공채(액면 ₩200,000, 만기 3년, 연 이자율 2%, 매년 말 이자지급조건)를 액면가에 취득하였다. 공채 취득시점의 시장이자율은 연 8%였다.

3) 20×7년 1월 1일의 서남중공업㈜이 건물과 공채의 취득을 기록하기 위해 수행할 회계처리는 무엇인가?

4) 20×7년 12월 31일(보고기간 말) 서남중공업㈜이 유형자산 및 공채와 관련하여 수행할 회계처리를 보여라. 단, 건물의 잔존가치는 ₩100,000, 내용연수는 10년으로 추정되었고, 정액법에 의해 감가상각한다.

유형자산 2

08

제7장에 이어서 본 장에서는 유형자산의 취득 이후 사용기간 동안 인식하는 유형자산의 감가상각비 및 보유기간 중 수행하는 손상차손의 인식, 유형자산의 재평가모형, 그리고 유형자산의 처분과 폐기에 대한 회계처리 등의 주제를 살펴본다.

제 1 절 유형자산의 감가상각

유형자산의 취득과정이 완료된 후에 기업은 유형자산에 대해 원가모형이나 재평가모형 중 하나를 회계정책으로 선택하여 유형자산의 분류별로 일관성 있게 회계처리하여야 한다. 여기서 원가모형이란 유형자산의 최초인식 후에 원가를 기초로 하여 유형자산이 영업에 사용됨에 따라 감가상각비를 인식하고 회계연도 말에 자산가치의 손상여부를 결정하는 회계방법을 말한다. 이에 비해 재평가모형이란 최초인식 후에 공정가치를 신뢰성 있게 측정할 수 있는 유형자산에 대해 재평가일의 공정가치에서 이후의 감가상각누계액과 손상차손누계액을 차감한 재평가금액을 장부금액으로 보고하는 방법을 말한다. 이와 같이 기업이 유형자산에 대해 어떤 평가모형을 선택하든지 유형자산의 취득시점 이후의(후속기간의) 장부금액 평가에서 핵심사항은 감가상각과 손상차손의 인식이라고 할 수 있다. 본 절에서는 먼저 감가상각에 대해 살펴보고 제3절에서 손상차손에 대해 학습한다.

1. 감가상각의 의의

유형자산의 취득목적은 영업에 장기간 사용하기 위한 것이다. 유형자산이 실제로 영업에 사용되면 수익의 창출에 공헌하는 것이므로 수익·비용 대응 원칙에 따라 유형자산의 사용분은 비용으로 인식되어야 한다. 이렇게 유형자산의 사용에 따른 가치감소분을 비용으로 인식한 것을 감가상각비(depreciation expense)라고 한다. 토지와 **건설중인자산**[1])을 제외한 모든 유형자산은 감가상각 대상자산이다. 건물은 내용연수가 유한하

1) '건설중인자산'에 대해서도 감가상각비를 인식하지 않는다. 건설중인자산은 건설이 완료되어 영업활동에 사용이 시작되면 다른 자산항목으로 분류하고 그 시점부터 감가상각비를 인식한다.

므로 감가상각 대상자산이지만, 토지는 채석장이나 매립지 등을 제외하고는 일반적으로 내용연수가 무한하므로 감가상각 대상이 아니기 때문이다. 토지와 건물을 동시에 취득하는 경우에도 이들을 별개의 자산으로 구분하여 기록하는 데는 감가상각이 중요한 이유가 된다.

회계학에서 감가상각이란 유형자산의 감가상각대상금액을 **그 자산의 내용연수 동안 체계적으로 배분하는 과정**(a process of allocating costs in a systematic manner)이다. 회계학에서 감가상각의 주목적은 취득원가의 기간배분이지 자산의 재평가가 아니다. 따라서 감가상각비는 유형자산의 장부금액이 공정가치에 미달하더라도 계속하여 인식한다.

일반적으로 유형자산의 감가상각비는 당기손익(비용)으로 인식되나, 어떤 유형자산에 내재된 미래 경제적 효익이 다른 자산을 생산하는 데 사용되는 경우 유형자산의 감가상각비는 관련 자산의 제조원가에 포함한다. 예를 들면, 제조설비의 감가상각비는 재고자산의 가공원가로서 제조원가를 구성하고, 개발활동에 사용되는 유형자산의 감가상각비는 무형자산의 인식조건을 충족하는 자산이 창출된 경우 해당 무형자산의 취득원가에 포함될 수 있다.

2. 감가상각의 결정 요소

감가상각비를 결정하기 위해서는 감가상각대상금액, 내용연수, 잔존가치 및 감가상각방법의 제 요소들이 결정되어야 한다. 이 중 감가상각방법에 대해서는 자세한 설명이 필요하므로 다음 소절에서 설명하기로 하고 여기서는 감가상각대상금액, 잔존가치 그리고 내용연수에 대해 살펴본다.

2.1 감가상각대상금액과 잔존가치

감가상각대상금액(depreciable amount)은 유형자산의 원가에서 잔존가치를 차감한 금액을 말한다. 유형자산의 감가상각대상금액은 내용연수에 걸쳐 체계적인 방법으로 배분된다. 즉, 감가상각대상금액은 유형자산을 수익획득과정에 이용하는 기간(내용연수) 동안에 인식할 감가상각비의 총계를 의미한다.

잔존가치(residual value)는 유형자산의 내용연수가 종료되는 시점에 당해 자산의 처분으로부터 회수할 수 있는 금액에서 그 자산의 처분과 관련된 비용을 차감한 금액을 의미한다. 드문 경우이기는 하지만 유형자산의 잔존가치가 해당 자산의 장부금액과 같거나 큰 금액일 수도 있다. 이 경우에는 자산의 잔존가치가 장부금액보다 작은 금액으로 감소될 때까지는 유형자산의 감가상각액은 0이 된다.

2.2 내용연수

유형자산의 내용연수(useful life)는 생산량비례법 이외의 감가상각방법을 사용할 경우에는 '기업에서 자산이 사용가능할 것으로 기대되는 기간'으로 정의되며, 생산량비례법으로 감가상각할 경우에는 '자산에서 얻을 것으로 예상되는 생산량이나 이와 유사한 단위 수량'으로 정의된다. 이와 같이 내용연수는 유형자산을 기업의 영업활동에 사용할 수 있는 수명을 말한다.

유형자산은 기업의 자산관리정책에 따라 일정 기간이 경과되거나 자산에 내재하는 미래 경제적 효익의 특정부분이 소비되면 처분될 수 있다. 이 경우 내용연수는 일반적 상황에서의 경제적 내용연수보다 짧을 수 있으므로 유사한 자산에 대한 기업의 경험에 비추어 해당 유형자산의 내용연수를 추정하여야 한다. 유형자산의 경제적 효익은 유형자산을 사용함으로써 감소하지만 자산을 사용하지 않더라도 기술적 또는 상업적 진부화 및 마모나 손상 등의 요인으로 인하여 자산으로부터 기대하였던 경제적 효익이 감소될 수 있으므로 이를 고려하여 내용연수를 추정하여야 한다.

유형자산의 내용연수는 자산으로부터 기대되는 효용에 따라 결정되며 유형자산의 감가상각은 자산이 사용가능한 때부터 시작된다. 즉, 경영진이 의도하는 방식으로 자산을 가동하는 데 필요한 장소와 상태에 이른 때부터 내용연수가 시작된다. 감가상각은 애초에 추정된 내용연수에도 불구하고 자산이 매각예정자산[2)]으로 분류되는(또는 매각예정으로 분류되는 처분자산집단에 포함되는) 날과 자산이 제거되는 날 중 이른 날에 중지한다. 따라서 유형자산이 운휴 중이거나 적극적인 사용상태가 아니어도, 감가상각이 완전히 이루어지기 전까지는 감가상각을 중단하지 않는다. 그러나 유형자산의 사용정도에 따라 감가상각을 하는 경우에는 생산활동이 이루어지지 않을 때 감가상각액을 인식하지 않을 수 있다.

---

2) 기업회계기준서 제1105호('매각예정비유동자산과 중단영업') 참조

3. 감가상각방법

유형자산의 감가상각방법은 자산의 미래 경제적 효익이 소비되는 형태(pattern)를 반영하여 내용연수 동안 감가상각대상금액을 각 회계기간에 배분하는 체계적인 방법이다. 즉, 감가상각방법은 해당 자산으로부터 예상되는 미래 경제적 효익의 소비형태에 따라 선택하고, 예상 소비형태가 변하지 않는 한 매 회계기간에 일관성 있게 적용하여야 한다. 그러나 유형자산의 감가상각방법은 적어도 매 회계연도 말에 재검토하며 재검토결과 자산에 내재된 미래 경제적 효익의 예상되는 소비형태에 유의적인 변동이 있다면, 변동된 소비형태를 반영하기 위하여 감가상각방법을 변경한다. 이러한 감가상각방법의 변경은 회계추정의 변경으로 보아 전진법에 의해 회계처리한다.[3] 그런데 유형자산을 사용하면서 각 회계연도에 미래 경제적 효익이 얼마나 감소되었는지는 정확히 측정하기 어렵기 때문에 유형자산의 미래 경제적 효익의 소비형태는 근사적으로 추정할 수밖에 없다.

회계에서는 유형자산의 미래 경제적 효익의 소비형태에 따라 다양한 감가상각방법을 사용할 수 있다. 예를 들어, 잔존가치가 변동하지 않는다고 가정할 때 자산의 내용연수 동안 매 기간 일정액의 감가상각액을 계상하는 방법을 정액법이라 한다. 체감잔액법은 자산의 내용연수 동안 감가상각비가 매 기간 감소하는 방법이다. 즉, 내용연수의 초기에 더 많은 감가상각비를 인식하고, 후기로 갈수록 감가상각비를 적게 인식하는 방법이다(예 : 정률법, 연수합계법 등). 생산량비례법은 자산의 예상조업도 또는 예상생산량에 근거하여 감가상각비를 계상하는 방법이다. 이외에도 위의 감가상각방법에 해당하지 않는 특수상각법이나 체증상각법이 있다.

표 8-1 유형자산의 감가상각방법

1) 정액법
2) 체감잔액법 : 정률법, 이중체감잔액법, 연수합계법
3) 생산량비례법 : 생산량비례법, 사용시간비례법
4) 체증상각법(연금법, 상각기금법)과 특수상각법

3) 이와 같이 감가상각방법의 변경은 다른 회계방법의 변경과 달리 전진법에 의해 회계처리한다는 점에 유의하도록 하자. 전진법이란 회계변경의 효과를 과거로 소급하지 않고 변경사항을 미래에만 반영하는 회계방법이다.

이제 여러 감가상각방법을 구체적으로 학습하기 위해 특수기계 부품을 생산하는 동국기계㈜의 부품생산설비에 대한 다음의 자료를 공통적으로 이용한다. 동국기계㈜는 12월 결산법인이다.

• 취득일	: 2×14년 1월 1일	• 취득원가	: ₩100,000
• 내용연수	: 4년	• 잔존가치	: ₩10,000
• 예상 총생산량	: 100,000개	• 예상 총가동(사용)시간	: 10,000시간

3.1 정액법

정액법(straight-line method)은 유형자산이 사용되는 각 상각연도에 동일한 금액으로 감가상각대상금액을 배분하는 방법이다. 정액법에 의한 연도별 감가상각비는 다음과 같이 계산한다.

$$\text{연도별 감가상각비} = \frac{\text{취득원가} - \text{잔존가치}}{\text{내용연수}}$$

위에서 언급한 바와 같이 위의 식에서 (취득원가 − 잔존가치)는 감가상각대상금액(depreciable amount)으로서 내용연수에 걸쳐 인식될 감가상각비 총액이다. 위와 같이 정액법은 감가상각비 계산이 매우 간단하여 실무에서 가장 보편적으로 사용되는 방법이다.

동국기계㈜의 부품생산설비에 대해 정액법을 적용하여 연도별 감가상각비를 계산하면 다음과 같다.

$$\text{연도별 감가상각비} = \frac{₩100,000 - ₩10,000}{4} = ₩22,500$$

정액법하에서 매기(매년) 동일한 금액(22,500원)만큼 감가상각비가 인식된다. 이렇게 하면 내용연수가 종료되는 시점(위의 예에서 2×17년 말)에 감가상각누계액계정의 잔액은 10,000원이 되며, 이는 잔존가치와 동일하다.

3.2 체감잔액법

체감잔액법은 자산의 내용연수 동안 감가상각비가 매 기간 감소하는 방법인데, 정률법, 이중체감잔액법, 연수합계법 등이 이에 속한다. 체감잔액법은 유형자산의 수명을 고려할 때 내용연수 초기에 더 효율적일 것이므로 수익창출(생산) 목적에 더 많이 공헌할 것이라는 가정에 기초하고 있다. 즉, 체감잔액법은 내용연수 초기에 더 많은 감가상각비를 계상하고 후기로 갈수록 감가상각비를 적게 계상하는 방법이다. 내용연수의 초기에 자산으로부터 창출되는 현금유입액은 높고 수선유지비가 낮아 상대적으로 유형자산의 사용으로 인한 순현금흐름(현금유입액 − 수선유지비)이 높을 것이므로, 체감잔액법을 적용하여 초기에 감가상각비를 많이 계상하고 순현금흐름이 체감하는 후기에는 감가상각비를 적게 계상하는 것이 수익 · 비용 대응의 원칙에 부합된다는 주장이 있다.[4)]

1) 정률법

정률법(fixed percentage method)에서는 기초의 장부금액에 다음과 같이 계산되는 일정한 상각률(정률)을 곱하여 각 연도의 감가상각비를 계산한다.

★

연도별 감가상각비 = 기초 장부금액 × 상각률(정률)
= [취득원가 − 전년 말까지의 감가상각누계액] × 상각률

$$상각률 = 1 - \sqrt[n]{\frac{잔존가치}{취득원가}} \qquad (n = 내용연수)$$

위의 식에서 보는 바와 같이, 기초(연초)의 장부금액은 취득원가로부터 전년 말까지 인식된 감가상각누계액(즉, 연초의 감가상각누계액)을 차감한 금액이다. 감가상각의 진행에 따라 연초의 장부금액이 감소하는데 비해 여기에 곱하는 상각률은 일정한 비율이므로 연간 감가상각비는 매기 체감하게 된다.

---

4) 그러나 '유형자산의 감가상각방법은 자산의 미래 경제적 효익이 소비되는 형태를 반영한 방법이어야 한다'는 원칙에 비추어 볼 때 미래 경제적 효익의 소멸분을 (현금유입액−수선유지비)로 측정하는 것이 반드시 합리적인가의 문제에 대해서는 반론의 여지가 있다.

동국기계㈜의 부품생산설비에 대해 정률법을 적용하여 상각률을 계산하면 다음과 같다.

$$\text{상각률} = 1-\sqrt[4]{\frac{10{,}000}{100{,}000}} = 1-0.5623 = 0.4377$$

참고 **정률의 계산**

정률법을 적용할 경우 수학적으로 n년 후의 기말 장부금액은 다음과 같다.

$$n\text{년 후 장부금액} = \text{취득원가}\times(1-r)^n \qquad [r=\text{상각률(정률)}]$$

내용연수가 n년이라면 내용연수 동안의 총감가상각비는 감가상각대상금액을 초과할 수 없으며 n년 후의 장부금액은 바로 추정 잔존가액과 같아야 하므로 다음이 성립한다.

$$\text{취득원가}\times(1-r)^n = \text{잔존가치} \;\Rightarrow\; r=1-\sqrt[n]{\frac{\text{잔존가치}}{\text{취득원가}}}$$

이 상각률을 각 연도의 기초 장부금액 곱하여 연도별 감가상각비를 계산한다. 다음의 표에는 이해를 돕기 위하여 동국기계㈜의 부품생산설비에 대한 연도별 감가상각비와 함께 각 연도말 감가상각누계액과 장부금액이 제시되어 있다.

감가상각 연도	연도별 감가상각비	감가상각누계액 기말 잔액	연말 장부금액
2×14년	기초 장부금액 100,000 × 0.4377 = ₩43,770	₩43,770	₩56,230
2×15년	기초 장부금액 56,230 × 0.4377 = 24,612	68,382	31,618
2×16년	기초 장부금액 31,618 × 0.4377 = 13,839	82,221	17,779
2×17년	기초 장부금액 17,779 − 10,000 = 7,779*	90,000	10,000
	합 계 ₩90,000		

* 감가상각 최종 연도의 감가상각비는 [기초 장부금액 − 잔존가치]로 계산

위의 표에 제시된 바와 같이 상각률(0.4377)은 매년 동일하게 적용되지만, 상각률에 곱해지는 기초의 장부금액은 감소하므로 연도별 감가상각비는 매기 체감하게 된다.

그런데 정률법을 적용하여 감가상각을 할 경우 몇 가지 주의할 점이 있다. 첫째,

정률법에서는 기초 장부금액에 상각률을 곱하여 감가상각비를 계산하므로 내용연수의 최종 연도를 제외하면 감가상각비 계산과정에서 잔존가치를 고려할 필요가 없다. 특히 내용연수의 1차 년도 감가상각비를 계산할 때 잔존가치가 얼마이든 상관없이 취득원가에 상각률을 곱하여야 한다. 왜냐하면 1차 연도(2×14년) 초의 장부금액은 취득원가이지 감가상각대상금액(= 취득원가 − 잔존가치)이 아니기 때문이다.

둘째, 내용연수 최종 연도(2×17년)의 감가상각비는 기초 장부금액에 상각률을 곱하여 계산하지 않고 기초 장부금액에서 잔존가치를 차감하여 계산한다. 그 이유는 상각률 계산에 미세한 오차가 존재하므로 연도별 감가상각비를 위의 공식에 따라 계산하면 최종 장부금액이 잔존가치와 일치하지 않기 때문이다.

셋째, 잔존가치가 0일 경우에는 위의 상각률 계산 공식을 그대로 적용한다면 상각률이 1이 된다. 이 경우에는 잔존가치에 1(또는 임의의 작은 숫자)을 대입하여 상각률을 계산한다.

넷째, 만일 결산기간이 1년이 아니고 6개월이라면 위의 상각률 계산 공식에 $n = 4$를 대입하는 것이 아니고 $n = 8$을 대입하여야 한다. 즉, 회계연도가 1년 이하인 경우 n은 내용연수가 아니라 내용연수 동안의 상각횟수라고 할 수 있다.

2) 이중체감잔액법

이중체감잔액법(double-declining balance method)은 상각률을 계산하는 방법 이외에는 정률법과 매우 유사한 감가상각방법이지만 그 연원은 정액법에서 비롯되었다. 즉, 이중체감법은 미국의 연방소득세법에서 정액법 상각률의 두 배를 초과하지 않는 범위 내에서 체감잔액법의 사용을 허용하였기 때문에 개발된 방법이다. 이 방법은 정액법의 상각률($= \frac{1}{\text{내용연수}}$)에 2배를 곱하여 상각률을 계산한다.[5] 정률법에서 상각률을 계산하는 것이 비교적 복잡한데 비해 이중체감잔액법의 상각률 계산은 매우 단순하다는 장점이 있다. 내용연수의 초기에 더 많은 감가상각비를 인식하고 후기 연도로 갈수록 감가상각비를 적게 인식하는 체감잔액법의 특성은 정률법과 동일하다.

5) 체감잔액법은 정액법의 상각률에 일정한 배수를 곱하여 상각률을 계산하는 방법인데, 2배 이외에도 1.5배 혹은 다른 배수를 적용할 수도 있다.

★

$$\text{연도별 감가상각비} = \text{연초 장부금액} \times \text{상각률}$$
$$= [\text{취득원가} - \text{전년 말까지의 감가상각누계액}] \times \text{상각률}$$
$$\text{상각률} = \left(\frac{1}{n}\right) \times 2 \qquad (n = \text{내용연수})$$

정률법을 적용할 경우 주의할 점은 이중체감법을 적용할 경우에도 동일하게 적용되지만 상각률을 계산할 때 잔존가치를 전혀 고려하지 않으므로 잔존가치가 0일 경우에도 잔존가치를 1(또는 임의의 작은 숫자)로 바꾸어 상각률을 계산할 필요가 없다는 점이 다르다.

3) 연수합계법

정률법과 마찬가지로 연수합계법(sum-of-the-years'-digit method)도 체감잔액법의 하나이다. 내용연수가 n년인 경우 연수합계는 다음과 같이 계산된다.

$$\text{연수합계} = 1 + 2 + 3 + \cdots + n = \frac{n(n+1)}{2}$$

연수합계법은 연도별 상각률을 각 연도 초 현재 남아 있는 내용연수(잔여내용연수)를 연수합계로 나누어 계상하는 방법으로서 연도별 감가상각비는 다음과 같이 계산된다.

★

$$\text{연도별 감가상각비} = (\text{취득원가} - \text{잔존가치}) \times \frac{\text{연초 현재의 잔여내용연수}}{\text{연수합계}}$$
$$\text{연수합계} = \frac{n \times (n + 1)}{2}$$

동국기계㈜의 부품생산설비에 대해 연수합계를 계산하면 내용연수가 4년이므로 연수합계는 10이 되고, 연도별 상각률의 분모는 10이다. 연수합계법을 적용하여 연도별 감가상각비를 계산하면 다음의 표와 같다.

감가상각 연도	연도별 감가상각비		감가상각누계액 기말 잔액	연말 장부금액
2×14년	(100,000 − 10,000) × 4/10 =	₩36,000	₩36,000	₩64,000
2×15년	(100,000 − 10,000) × 3/10 =	27,000	63,000	37,000
2×16년	(100,000 − 10,000) × 2/10 =	18,000	81,000	19,000
2×17년	(100,000 − 10,000) × 1/10 =	9,000	90,000	10,000
	합 계	₩90,000		

같은 체감잔액법 중에서도 정률법에서는 상각률을 연초의 장부금액에 곱하여 감가상각비를 계산하지만, 연수합계법에서는 상각률을 감가상각대상금액인 [취득원가 − 잔존가치]에 곱하는 점이 다르다. [취득원가 − 잔존가치]는 기간이 경과해도 변하지 않지만 상각률이 기간 경과에 따라 체감하기 때문에 연수합계법의 연도별 감가상각비는 내용연수 초기에 더 많은 감가상각비를 계상하고 후기로 갈수록 감가상각비를 적게 계상하는 점에서 정률법과 공통점을 갖는다.

3.3 생산량비례법

생산량비례법(production use method)은 자산의 예상조업도 또는 예상생산량에 근거하여 연도별 감가상각비를 계상하는 방법이다. 생산량비례법의 기본 가정은 유형자산이 특정 목적을 달성하는 데 공헌한 정도에 비례해서 감가상각비를 계상한다는 것이다. 예를 들어, 기계를 생산에 사용할 목적으로 구입한 경우 제품의 생산에 더 많이 공헌한 연도에 더 많은 감가상각비를 계상하고 제품의 생산에 적게 사용된 연도에는 적은 감가상각비를 계상하는 방법이다. 문제는 유형자산이 특정 목적을 달성하는 데 공헌한 정도를 객관적으로 측정하기가 쉽지 않다는 점이다. 일반적으로 사용되는 공헌 정도의 측정기준은 제품의 생산량이다. 그러나 생산되는 제품이 다양한 경우 완성품을 동일한 측정단위로 계산할 수 없으므로 이 경우에는 유형자산의 사용시간 등이 측정기준으로 사용될 수 있다(사용시간비례법).

만일 사용시간이나 생산량 등과 같이 각 유형자산이 특정 목적을 달성하는 데 공헌하는 정도를 객관적으로 측정할 수 있다면 생산량비례법은 수익 · 비용 대응원칙의 관점에서 볼 때 매우 합리적인 방법이다. 그러나 건물이나 구축물 등의 경우 일반적으로 생산량이나 사용시간을 측정하기가 쉽지 않기 때문에 생산량비례법을 사용하기 어렵다. 생산량비례법을 적용한 매 연도별 감가상각비를 계상하는 방법을 이해하기 위해 다음의 예제를 살펴보자.

예제 8-1

생산량비례법

위의 동국기계㈜는 부품생산설비에 대해 생산량비례법을 적용하여 감가상각하며 내용연수 동안 각 연도별 예상생산량을 다음과 같이 추정하였다.

2×14년 : 30,000개, 2×15년 : 30,000개,
2×16년 : 20,000개, 2×17년 : 20,000개

[물음] 생산량비례법에 따라 연도별 감가상각비를 계산하라.

풀이

부품생산설비의 내용연수 동안 예상 총생산량은 100,000개이므로 단위생산량당 감가상각비는 다음과 같이 계산된다.

단위생산량당 감가상각비 = [취득원가 − 잔존가치]/예상 총생산량
= (₩100,000 − ₩10,000)/100,000개
= ₩0.9/개

따라서 연도별 감가상각비는 다음과 같이 계산된다.

2×14년 : ₩0.9×30,000개 = ₩27,000
2×15년 : ₩0.9×30,000개 = ₩27,000
2×16년 : ₩0.9×20,000개 = ₩18,000
2×17년 : ₩0.9×20,000개 = ₩18,000

위의 동국기계㈜의 예에서 이 기업이 예상 총생산량 대신 내용연수 동안의 예상 총가동시간(총사용시간)을 기준으로 생산량비례법을 적용한다고 하자. 2×14년 동안의 부품생산설비의 실제 가동시간이 2,000시간이라면, 2×14년의 감가상각비는 다음과 같이 계산된다.

$$\text{단위가동시간당 감가상각비} = \frac{\text{취득원가} - \text{잔존가치}}{\text{예상 총가동시간}}$$

$$= \frac{(₩100{,}000 - ₩10{,}000)}{10{,}000\text{시간}} = ₩9/\text{시간}$$

$$
\begin{aligned}
\text{2×14년의 감가상각비} &= \text{단위가동시간당 감가상각비} \times \text{연간 가동시간} \\
&= ₩9 \times 2{,}000\text{시간} = ₩18{,}000
\end{aligned}
$$

3.4 기타의 감가상각방법

체증상각법은 화폐의 시간가치를 고려하여 미래 현금흐름의 현재가치를 기준으로 감가상각비를 계산하는 방법이다. 여기에는 연금법과 상각기금법이 있다. 체증상각법은 정액법이나 체감잔액법을 적용할 경우 당해 유형자산으로부터의 투자수익률(return on investment)이 장부금액의 감소와 함께 점차 증가하는 단점을 극복하기 위해 고안된 방법이라고 할 수 있다. 연금법과 상각기금법이 체증상각법으로 불리는 이유는 체감잔액법과는 대조적으로 내용연수의 초기 연도에 감가상각비를 적게 인식하고, 후기 연도로 갈수록 감가상각비가 커지기 때문이다. 연금법과 상각기금법은 매우 제한적으로 사용되는 감가상각방법이므로 그 구체적인 내용은 생략한다.

종합상각법(composite method)은 서로 다른 여러 종류의 자산들을 마치 단일한 자산인 것처럼 취급하여 통합적으로 감가상각을 수행하는 방법이다. 예를 들어, 유선통신 서비스를 제공하는 기업의 경우 전신주, 단파송신기, 교환기 등 수 종류의 유형자산을 다량으로 보유하게 되는데, 이 경우 개별자산에 대해 일일이 다른 감가상각방법을 적용하거나 잔존가치 또는 내용연수를 별도로 추정하는 것은 매우 번거로운 일이다. 이런 경우에 종합상각법을 적용하는 것이 간편하고 현실적인 방법일 수 있다. 이와 같이 종합상각법은 자산 간의 성격이 이질적이고 내용연수가 다르더라도 사용할 수 있는 감가상각방법으로서, 결국 복수의 자산집단에 대해 평균으로 계산되는 종합상각률을 계산하여 적용한다는 것이 핵심적인 내용이다.

종합상각법이 서로 이질적인 종류의 자산들을 단일한 자산으로 간주하여 감가상각을 수행하는데 비해 조별상각법은 상호 동질적인 자산들을 한 종류의 자산(조)으로 통합하여 감가상각을 수행하는 것을 말한다. 즉, 조별상각법은 복수의 자산 간에 성격이 크게 다르지 않고 내용연수도 유사한 자산집단으로 분류할 수 있는 경우 사용하는 것이 합리적이다. 이렇게 조별상각법은 정의상으로 구별되지만 조별로 매 기간의 감가상각비를 계산하는 방법이나 회계처리방법은 종합상각법과 동일하다.

4. 감가상각방법의 선택

감가상각방법은 해당 자산으로부터 예상되는 미래 경제적 효익의 예상되는 소비형태에 따라 선택하고, 소비형태가 변하지 않는 한 매기 계속 적용하여야 한다. 그러나 실무적으로 감가상각을 수행하는 기업의 입장에서는 그리 단순한 문제가 아닌 것으로 판단된다. 우선 대부분의 유형자산의 경우에 자산으로부터 창출되는 미래의 경제적 효익을 객관성 있게 측정한다는 것이 매우 어렵다. 따라서 일반적으로 특정한 종류의 유형자산에 대하여 특정한 감가상각방법이 가장 적절하다는 판단을 내리는 것은 쉽지 않은 일이다. 결국 기업들은 이론적 입장에서 감가상각을 선택하기보다는 세금효과나 당기순이익(장부금액)에 미치는 효과를 고려하여 선택할 것으로 판단된다.

요컨대 유형자산의 여러 가지 감가상각방법 중 일반적으로 특정 방법이 다른 방법에 비해 우수하다는 주장은 성립하지 않는다. 따라서 감가상각방법의 선택은 기업이 처한 경제적 실질을 우선적으로 고려하여 이루어지면 될 것이다. 그런 맥락에서 유형자산의 감가상각방법은 적어도 매 회계연도 말에 재검토하고, 재검토 결과 자산에 내재된 미래 경제적 효익의 예상되는 소비형태에 유의적인 변동이 있다면 이를 반영하기 위하여 감가상각방법을 변경할 수 있다. 그러나 정당한 사유 없이 고의적으로 감가상각방법을 변경하는 경우 재무제표의 비교가능성이 저해되거나 최악의 경우에는 이익조작이 일어날 가능성이 있을 것이다.

5. 감가상각의 자산구성 요소별 적용

특정 유형자산을 구성하는 부분(요소)의 내용연수나 미래 경제적 효익의 소비형태가 서로 다른 경우에는 상각률과 상각방법을 달리 적용할 필요가 있다. 이러한 경우에는 유형자산의 구입과 관련된 총지출을 그 유형자산을 구성하고 있는 부분별로 배분하여 개별 유형자산과 같이 구분하여 감가상각하는 것이 보다 적절하다. 특히 유형자산을 구성하는 일부의 원가가 당해 유형자산의 전체 원가에 비교하여 중요하다면, 해당 유형자산을 감가상각할 때 그 부분은 별도로 구분하여 감가상각한다. 예를 들면, 항공기의 경우 동체와 엔진을 별도로 구분하여 감가상각하는 것이 적절할 수 있다.

유형자산의 일부를 별도로 구분하여 감가상각하는 경우에는 동일한 유형자산을 구성하고 있는 나머지 부분, 즉 개별적으로 중요하지 않은 부분도 별도로 구분하여 감가상각할 수 있다. 이러한 나머지 부분에 대해 다양한 기대치가 존재한다면 각 부분들의 소비형태나 내용연수를 충실하게 반영하는 방법으로 근사치를 이용하여 별도로 분리하여 감가상각할 수 있다.

유형자산을 구성하고 있는 중요한 부분에 해당 유형자산의 다른 중요한 부분과 동일한 내용연수 및 감가상각방법을 적용하는 수가 있는데, 이러한 경우에는 감가상각액을 결정할 때 하나의 집단으로 통합할 수 있다.

6. 감가상각의 회계처리

지금까지 감가상각의 본질과 연도별 감가상각비를 계산하는 감가상각방법에 대해 살펴보았다. 여기서는 계산된 감가상각비를 어떻게 회계처리할 것인가 하는 문제를 살펴본다. 매 회계연도 감가상각비의 기록은 결산시 수정분개를 할 때 이루어진다. 수정분개를 하는 방식에는 직접차감법과 간접법이 있다. 직접차감법은 감가상각비를 관련 유형자산계정으로부터 직접 차감하는 방법으로 다음과 같이 분개한다.

(차) 감가상각비	×××	(대) 건물 등 유형자산	×××

그러나 이 방법을 택하면 유형자산의 취득원가 및 감가상각누계액 정보가 재무제표에 표시되지 않고 유형자산계정에는 상각후잔액(취득원가 − 감가상각누계액)만 장부금액으로 남게 된다. K-IFRS에서는 이러한 유형자산의 취득원가 및 감가상각누계액 정보를 상실하는 직접차감법보다는 취득원가, 감가상각누계액 및 상각후잔액을 모두 재무정보이용자에게 제공하는 간접법을 택하여 다음과 같이 분개한다.

(차) 감가상각비	×××	(대) 감가상각누계액	×××

위의 분개에서 감가상각누계액은 재무상태표상에서 관련 유형자산의 감소를 나타내는 계정이 된다. 이러한 계정을 자산의 차감계정(contra account)이라 하는데, 감가상각누계액은 관련 유형자산을 차감하는 계정이다. K-IFRS에 따르면, 유형자산의 감가상각누계액은 관련 자산과목에서 차감하는 형식으로 기재하거나 이를 일괄하여 유형자산의 합계액에서 차감하는 형식으로 기재하여야 한다. 특히 일괄하여 총액을 유형자산 총액에서 차감하는 형식으로 기재하는 경우에는 그 내용을 주석으로 공시하여야 한다.

제 2 절 감가상각과 관련한 기타 주제

1. 기중 취득한 유형자산의 감가상각

지금까지는 감가상각비를 계산할 때 유형자산을 회계연도 초에 취득하여 유형자산의 상각연도와 회계연도가 일치하는 경우를 가정하였다. 만일 회계연도가 1월 1일부터 12월 31일까지인 기업이 5월 1일에 건물을 구입한 경우 매 회계연도에 감가상각비를 얼마나 인식하여야 할 것인가? 정액법이 사용되는 경우에는 단위기간(1년)당 감가상각비가 일정하므로 월할계산이나 일할계산이 그렇게 어렵지 않다. 그러나 정률법 등과 같이 단위기간당 감가상각비가 일정하지 않은 경우 그 계산이 다소 복잡한데, 실무에서는 이 문제를 해결하기 위하여 월할계산법을 많이 사용한다. 이를 이해하기 위해 다음의 예제를 살펴보자.

예제 8-2

기중 취득한 유형자산의 감가상각 : 월할계산법

위의 동국기계㈜의 예에서 이 기업이 부품생산설비를 2×14년 5월 1일에 취득하였다고 가정하며 유형자산의 내용은 종전과 동일하다. 동국기계㈜는 당해 자산에 대해 정률법을 적용하여 감가상각하고 있다.

[물음] 월할계산법에 기초하여 각 회계연도의 감가상각비를 계산하라.

풀이

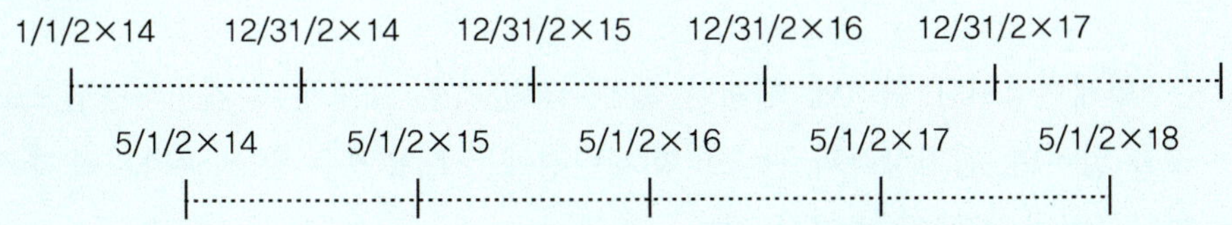

위와 같이 회계연도와 유형자산의 감가상각연도가 상호 일치하지 않는 경우 먼저 감가상각연도별 감가상각비를 계산한다. 즉, 2×14년 5월 1일부터 2×15년 4월 30일까지의 상각 제1차 연도의 감가상각비를 계산하고, 이어서 상각 제2차 연도(2×15년 5월 1일부터 2×16년 4월 30일까지)의 감가상각비를 계산한다. 같은 방법으로 상각 제3차 연도 및 제4차 연도의 감가상각비를 계산한다. 이렇게 계산한 상각연도별 감가상각비를 상각기간이 각 회계연도에 귀속하는 월수를 기준으로 회계연도에 배부하고 이를 가중평균하면 회계연도별 감가상각액이 계산된다. 동국기계㈜가 정률법을 적용하므로 상각연도별 감가상각비를 계산하면 각각 다음과 같다.

상각 제1차 연도 : ₩43,770; 상각 제2차 연도 : ₩24,612
상각 제3차 연도 : ₩13,839; 상각 제4차 연도 : ₩7,779

위 금액을 기초로 2×14회계연도에 배부할 감가상각비는 상각 제1차 연도 감가상각비 중 8개월분(5월 1일부터 12월 31일까지)이므로 ₩43,770×8/12 = ₩29,180으로 계산된다. 또한 2×15회계연도의 경우 상각 제1차 연도 감가상각비 중 4개월분과 상각 제2차 연도 감가상각비 중 8개월분이 2×15회계연도에 귀속하므로 감가상각비는 다음과 같이 계산된다.

2×15년도 감가상각비 : ₩43,770 × 4/12 + ₩24,612 × 8/12 = ₩30,975

2×15년도와 같은 방법으로 후속 회계연도의 감가상각비를 계산하면 다음과 같다.

2×16년도 감가상각비 : ₩24,612 × 4/12 + ₩13,839 × 8/12 = ₩17,430
2×17년도 감가상각비 : ₩13,839 × 4/12 + ₩7,779 × 8/12 = ₩9,799
2×18년도 감가상각비 : ₩7,779 × 4/12 = ₩2,593

실무에서는 다양한 유형자산이 존재하므로 위와 같이 정확하게 월할계산법(또는 일할계산법)을 적용하여 감가상각비를 계산하는 것이 번잡하므로 당해 회계연도에 사용기간이 6개월 미만이면 6개월로 간주하고 사용기간이 6개월 이상이면 1년으로 가정하고 감가상각비를 계산하는 간편법도 많이 사용하고 있다.

2. 감가상각과 회계변경

회계변경이란 과거에 채택한 회계처리방법을 새로운 회계처리방법으로 변경하는 것을 말하며, 감가상각과 관련한 회계변경에는 내용연수 및 잔존가치의 추정변경과 감가상각방법 자체의 변경이 있다.

앞에서 설명한 바와 같이 감가상각비를 계산하기 위해서는 내용연수와 잔존가치에 대한 추정이 필요하다. 유형자산을 보유하고 사용하는 과정에서 기업은 당해 자산에 대한 추가적인 정보를 입수함에 따라 이를 반영하여 추정 내용연수와 잔존가액을 변경해야 하는 경우가 있다. K-IFRS에 따르면, 추정은 비교가 가능하도록 매기 계속하여 적용하고 정당한 사유 없이 변경하지 못한다. 여기서 정당한 사유란 이러한 변경으로 인해 재무제표를 보다 적절히 표시할 수 있는 경우를 의미한다. 즉, 새로운 정보의 획득에 따라 재무제표를 보다 적절히 표시하기 위해 자산의 내용연수나 잔존가치의 변경이 정당한 경우 이를 변경할 수 있으며 이를 회계추정변경이라 한다.

유형자산의 감가상각방법은 적어도 매 회계연도 말에 재검토하고, 재검토 결과 자산에 내재된 미래 경제적 효익의 예상되는 소비형태에 유의적인 변동이 있다면 변동된 소비형태를 반영하기 위하여 감가상각방법을 변경한다.

K-IFRS에서는 잔존가치 및 내용연수에 대한 추정변경의 경우뿐만 아니라 감가상각방법의 변경의 경우에도 추정변경으로 간주하여 전진법을 적용하도록 규정하고 있다. 전진법이란 회계변경 이전에 이미 공표한 재무제표에는 어떤 수정도 하지 않고 회계변경기간과 그 이후의 회계기간에 대해서만 변경된 회계처리방법을 적용하여 재무제표를 작성하는 방법을 말한다. 이와 같이 전진법은 회계변경의 효과를 과거로 소급하지 않고 변경사항을 미래에만 반영하는 회계방법이다.

전진법을 감가상각의 추정변경에 적용하면 과거에 인식한 감가상각비 및 감가상각누계액은 소급하여 수정하지 않고 추정변경 시점의 장부금액에 변경된 잔여내용연수 및 잔존가치를 기초로 추정변경 기간과 그 이후 기간의 감가상각비를 계산한다.

예제 8-3

감가상각의 추정변경

위의 동국기계㈜의 부품생산설비의 자료를 그대로 이용한다.

- 취득일 : 2×14년 1월 1일
- 취득원가 : ₩100,000
- 내용연수 : 4년
- 잔존가치 : ₩10,000
- 감가상각방법 : 정액법

동국기계㈜는 취득 후 2년이 지난 2×16년 초에 자산의 추정 내용연수를 4년에서 6년으로 변경하였으며(2년 연장), 추정 잔존가치도 ₩10,000에서 ₩5,000으로 변경하였다. 또한 미래 경제적 효익의 소비형태에 유의적인 변동이 있다고 판단하고, 이를 반영하기 위하여 감가상각방법을 기존의 정액법으로부터 연수합계법으로 변경하였다.

[물음] 동국기계㈜가 2×16년 및 2×17년에 각각 인식해야 할 감가상각비는 얼마인가?

풀이

내용연수와 잔존가치를 변경하기 전인 2×15년까지 2년간의 감가상각누계액은 다음과 같다.

$$2\times15\text{년까지의 감가상각누계액} = \frac{(₩100,000 - ₩10,000)}{4} \times 2 = ₩45,000$$

따라서 2×15년 말의 장부금액은 ₩55,000(=₩100,000-₩45,000)이다. 그런데 추정 변경의 결과 새로운 추정 잔존가치가 ₩5,000이므로, 2×16년 초의 감가상각대상금액은 추정변경 시점에서의 장부금액 ₩55,000에서 추정변경 후의 새로운 잔존가치 ₩5,000을 차감한 ₩50,000이 된다. 이 금액을 새로운 잔여내용연수 4년(=6-2)에 걸쳐 연수합계법에 의해 상각한다. 따라서 2×16년 및 2×17년의 감가상각비는 다음과 같이 계산한다.

$$2\times16\text{년의 감가상각비} = \frac{(₩55,000 - ₩5,000)}{10} \times 4 = ₩20,000$$

$$2\times17\text{년의 감가상각비} = \frac{(₩55,000 - ₩5,000)}{10} \times 3 = ₩15,000$$

3. 자본적 지출과 감가상각

제7장에서 살펴본 바와 같이 유형자산의 미래 경제적 효익(용역잠재력)을 증가시키는 자본적 지출(capital expenditures)은 비용으로 인식하지 않고 해당 유형자산에 가산하여 잔여 내용연수에 걸쳐 감가상각한다. 이때 고려해야 할 문제는 자본적 지출이 연중에 이루어졌다면 자본적 지출에 대한 추가적인 감가상각비를 월할계산법으로 측정하여야 하는가의 여부이다. 이론적으로는 자본적 지출이 연중에 이루어졌다면 지출 시점으로부터 월할상각하는 것이 타당할 것이다. 그러나 실무적으로는 연중에 이루어진 자본적 지출을 월할계산법으로 상각한다면 자본적 지출 부분을 기존의 유형자산과 별개의 유형자산으로 회계처리하는 것과 동일한 효과를 낳게 되므로 자본적 지출의 시점과 관계없이 기초에 지출이 발생한 것으로 간주하여 감가상각하는 것이 현실적인 방법이다.[6)]

한편 어떤 자본적 지출은 유형자산의 용역잠재력을 증가시킬 뿐만 아니라 당해 유

6) 세법에서는 자본적 지출이 연중에 이루어졌더라도 기초에 발생한 것으로 보아 기존의 유형자산과 동일하게 감가상각하도록 규정하고 있다.

형자산의 내용연수나 잔존가치를 증가시키기도 한다. 이러한 경우에는 자본적 지출이 발생한 이후의 감가상각비는 수정된 내용연수와 잔존가치에 기초해 인식되어야 한다. 이 경우 일반적인 추정변경의 경우에 준하여 전진법으로 회계처리한다.

제 3 절 유형자산의 손상

회계에서 자산의 가장 중요한 속성은 미래의 경제적 효익이다. 즉, 기업이 자산을 보유하는 중요한 이유는 자산이 미래 현금의 유입에 공헌하는 능력이 있기 때문이다. 정상적인 경우 자산의 미래 경제적 효익은 장부금액을 초과할 것으로 기대된다. 그러나 만일 자산의 미래 경제적 효익이 취득원가를 기초로 측정된 장부금액에 미달하거나 그러할 가능성이 있다면 자산의 일반적인 평가기준인 취득원가를 고수할 수 없는 상황이 된다. 이 절에서는 이러한 특별한 상황에서 유형자산에 대해 어떻게 회계처리하여야 하는지에 대해 살펴보자.

1. 손상차손의 인식

자산의 미래 경제적 효익이 취득원가를 기초로 측정된 장부금액에 미달하거나 그러할 가능성이 있다면 기업은 자산의 미래 경제적 효익을 재평가하여 장부금액에 미달하는 부분에 대해서는 자산의 장부금액에서 차감할 필요가 있고, 이를 손상차손(impairment loss)이라고 한다. 그러면 손상차손을 인식해야 할 특별한 상황이 무엇인지 구체적으로 살펴보자.

K-IFRS에 따르면, 기업은 매 보고기간 말마다 자산손상을 시사하는 징후(indication of impairment)가 있는지를 검토하여야 하며 이를 위해 최소한 다음 사항을 고려하여야 한다.

★

외부정보

(1) 회계기간 중에 자산의 시장가치가 시간의 경과나 정상적인 사용에 따라 하락할 것으로 기대되는 수준보다 중요하게 더 하락하였다.

(2) 기업 경영상의 기술 · 시장 · 경제 · 법률 환경이나 해당 자산을 사용하여 재화나 용역을 공급하는 시장에서 기업에 불리한 영향을 미치는 중요한 변화가 회계기간 중에 발생하였거나 가까운 미래에 발생할 것으로 예상된다.
(3) 시장이자율(시장에서 형성되는 그 밖의 투자수익률을 포함)이 회계기간 중에 상승하여 자산의 사용가치를 계산하는 데 사용되는 할인율에 영향을 미쳐 자산의 회수가능액을 중요하게 감소시킬 가능성이 있다.
(4) 기업의 순자산 장부금액이 당해 시가총액보다 크다.

내부정보

(5) 자산이 진부화되거나 물리적으로 손상된 증거가 있다.
(6) 회계기간 중에 기업에 불리한 영향을 미치는 중요한 변화가 자산의 사용범위 및 사용방법에서 발생하였거나 가까운 미래에 발생할 것으로 예상된다.
(7) 자산의 경제적 성과가 기대수준에 미치지 못하거나 못할 것으로 예상되는 증거를 내부보고를 통해 얻을 수 있다.

만일 유형자산의 손상을 시사하는 징후가 발견된다면 다음 단계에서는 손상차손 금액을 결정해야 한다. 일반적으로 손상차손(impairment loss) 금액은 자산의 장부금액이 회수가능액을 초과하는 금액이다. 그러면 우선 회수가능액이 무엇인지 살펴보자.

2. 유형자산의 회수가능액 측정

유형자산의 회수가능액(recoverable amount)은 순공정가치와 사용가치 중 큰 금액으로 정의된다. 여기서 순공정가치는 '시장참여자 사이의 정상적인 거래에서 자산의 매각으로부터 수취할 수 있는 금액에서 매각처분부대원가를 차감한 금액'으로 정의된다. 사용가치(value in use)는 '자산(또는 현금창출단위)을 사용함으로써 창출될 것으로 기대되는 미래 현금흐름의 현재가치'를 말한다. 자산의 사용가치의 측정은 결국 전적으로 추정에 의존할 수밖에 없으며, 당해 자산으로부터 기대되는 미래 현금흐름의 추정과 이를 현재가치로 전환하기 위한 적절한 할인율의 추정에 의해 수행된다. 또한 동일한 자산이라도 이를 사용하는 기업에 따라 사용가치는 다르게 추정된다는 점에서 공정가치와 본질적인 차이점을 갖는다.

순공정가치가 사용가치보다 크다면 기업은 당해 자산을 처분하여 순공정가치만큼 현금으로 확보하려 할 것이고, 반대의 경우에는 자산을 계속 사용하여 현금흐름을 창출하려 할 것이다. 따라서 기업이 자산을 처분하든 계속 보유하여 사용하든 기업이 자신에 유리한 대안을 선택할 것이므로 자산으로부터 기대하는 회수가능액은 순공정가치와 사용가치 중 큰 금액이 될 것이다. 이와 같이 회수가능액은 기업이 당해 자산에 대해 합리적인(기업에 유리한) 경영의사결정을 내린다는 전제 하에서 자산으로부터 창출되는 미래 경제적 효익을 측정한 것이라고 볼 수 있다.

★

회수가능액 = MAX(순공정가치, 사용가치)

3. 손상된 유형자산의 장부금액 측정

기업은 매 보고기간 말마다 자산손상을 시사하는 징후가 있는지를 검토하여야 하며(손상검토), 만약 그러한 징후가 있다면 위에서 설명한 바와 같이 당해 자산의 회수가능액을 추정하여야 한다. 회수가능액이 결정되면 유형자산의 회수가능액이 장부금액에 미달하는 경우 그 차액이 손상차손이 되고 유형자산의 장부금액은 손상차손만큼 감소되어야 한다.

★

손상차손 = 장부금액 - 회수가능액

따라서 유형자산을 원가모형을 선택하여 회계처리하는 경우의 장부금액은 자산의 취득원가에서 감가상각누계액과 손상차손누계액을 차감한 금액을 말한다. 즉, 이전에 손상차손을 인식한 일이 없다면 원가모형으로 회계처리하는 유형자산의 장부금액은 자산의 취득원가에서 감가상각누계액만을 차감한 금액으로 측정될 것이나, 만일 이전에 한번 이상의 손상차손의 인식이 있었다면 장부금액은 자산의 취득원가에서 감가상각누계액과 손상차손누계액을 차감한 금액으로 측정된다.

유형자산에 대해 손상차손을 인식한 이후 회계연도의 감가상각비 계산은 손상차손을 반영한 후의 장부금액에 대해 종전의 감가상각방법 및 잔존가치를 적용하여 잔존내용연수에 걸쳐 감가상각비를 계상한다. 마치 추정의 변경의 경우와 같이 전진법을 적용하면 된다.

4. 손상차손의 환입

손상차손을 인식한 이후의 기간에 유형자산의 회수가능액이 회복되어 다시 장부금액을 초과하는 경우에는 그 자산이 감액되기 전의 장부금액의 감가상각 후 잔액(상각후잔액)을 한도로 하여 그 초과액을 손상차손환입으로 처리한다. 여기서 손상차손환입 한도액이란 과거에 손상차손의 인식이 전혀 없이 해당 자산을 정상적으로 감가상각하였을 경우의 장부금액(상각후잔액)을 말한다. 유형자산의 손상차손환입은 즉시 당기손익으로 인식한다. 구체적으로 손상차손환입액을 계산하는 절차는 다음과 같다.

① 우선 손상차손환입으로 인식할 수 있는 최대금액을 계산하여야 하는데, 이 최대금액은 회복된(재추정된) 자산의 회수가능액과 회수가능액을 재평가하는 시점에 측정한 자산의 장부금액(= 취득원가 − 감가상각누계액 − 손상차손누계액)의 차이로 측정된다.

② 이렇게 계산된 최대금액과 손상차손환입 한도액을 비교하여 최대금액이 한도액을 초과하지 않는다면 전액을 손상차손환입액으로 인식한다.

③ 최대금액이 한도액을 초과하는 경우에는 한도액까지만 손상차손환입액으로 인식한다.

예제 8-4

손상차손의 인식

12월 결산법인인 동국기계㈜는 2×14년 1월 1일에 다음과 같은 내역의 건물을 취득하였다.

• 취득원가 : ₩10,000,000 • 내용연수 : 10년 • 잔존가치 : ₩0
단, 이 건물의 감가상각방법은 정액법이다.

2×15년 말의 결산시점에 건물의 회수가능액이 ₩6,400,000으로 평가되었다. 2×16년의 결산시점에서는 회수가능액을 재추정할 만한 상황이 발생되지 않았으나, 2×17년 말 시점에는 회수가능액이 ₩7,000,000으로 회복되었다. 2×14년 1월 1일 이후에 감가상각방법 및 내용연수와 잔존가치에 대한 추정변경은 없었다.

[물음] 2×15년, 2×16년 및 2×17년 결산시점에서 건물의 감가상각비와 손상차손을 인식하기 위한 회계처리와 손상차손의 회복을 기록하기 위한 회계처리를 하라.

풀이

(1) 연간 감가상각비 : (₩10,000,000 - ₩0) / 10년 = ₩1,000,000
따라서 1차 연도 말(2×14년 12월 31일) 건물의 장부금액은 ₩9,000,000이다.

(2) 2×15년 12월 31일의 회계처리 :
상각 2차 연도 말 결산시점에서 건물의 회수가능액이 ₩6,400,000으로 평가되었으므로 유형자산의 회수가능액과 당년도의 감가상각비를 반영한 후의 장부금액을 비교하여 손상차손을 인식한다. 2×15년의 감가상각비 ₩1,000,000을 반영한 후의 장부금액은 ₩8,000,000이고, 회수가능액 ₩6,400,000이 장부금액 ₩8,000,000에 미달하므로 그 차액인 ₩1,600,000을 손상차손으로 인식한다.

(차)	감가상각비	1,000,000	(대) 감가상각누계액	1,000,000
	손상차손	1,600,000	손상차손누계액	1,600,000

(3) 2×16년 결산시점에서의 감가상각비의 회계처리 :
유형자산에 대해 손상차손을 인식한 이후 회계연도의 감가상각비 계산은 손상차손을 반영한 후의 장부금액에 대해 종전의 감가상각방법을 적용하여 잔존내용연수에 걸쳐 감가상각비를 계상한다. 이 경우 추정의 변경의 경우처럼 전진법을 적용하면 된다. 따라서 2×16년의 감가상각비는 손상차손 인식 이후의 새로운 장부금액 ₩6,400,000에 대해 잔존가치 ₩0 및 잔여내용연수 8년으로 계산한다. 그러므로 2×16년의 연간 감가상각비는 다음과 같이 계산된다.

연간 감가상각비 = (₩6,400,000 - ₩0) / 8년 = ₩800,000

(차)	감가상각비	800,000	(대) 감가상각누계액	800,000

(4) 2×17년 12월 31일의 회계처리 :
이미 감액된 유형자산의 회수가능액이 다시 회복되어 장부금액을 초과하는 경우에는 그 자산의 손상차손을 인식하기 전 장부금액의 감가상각 후 잔액(상각후원가)을 한도로 하여 그 초과액(= 회수가능액 - 장부금액)을 손상차손환입으로 처리한다. 우선 2×17년의 감가상각비를 먼저 계상한 다음 2×17년 말 시점의 장부금액을 산출한다.

(차)	감가상각비	800,000	(대) 감가상각누계액	800,000

동국기계㈜는 감가상각방법으로 정액법을 사용하므로 2×17년의 감가상각비는 2×16년의 감가상각비 ₩800,000과 동일하다. 따라서 2×17년 12월 31일의 장부금액은 ₩4,800,000 (= ₩5,600,000 - ₩800,000)이다.

2×17년도 말 결산시점에서 건물의 회수가능액이 ₩7,000,000으로 회복되었으며, 이 새로운 회수가능액이 동일한 시점에 측정한 장부금액 ₩4,800,000을 초과하므로 손상차손환입을 인식하여야 한다. 이를 위해서 과거에 손상차손을 인식하지 않고 정상적으로 감가상각해 왔더라면 산출되었을 장부금액을 구하고, 이 금액을 한도로 2×17년 감가상각비를 계상한 후의 장부금액을 초과하는 금액을 손상차손환입으로 처리한다.

① 회수가능액 : ₩7,000,000
② 과거에 손상차손을 인식하지 않고 정상적으로 감가상각해 왔더라면 산출되었을 2×17 12월 31일의 장부금액 = ₩10,000,000 − (₩1,000,000×4) = ₩6,000,000
③ 2×17년 12월 31일의 장부금액 : ₩4,800,000

위에서 계산한 바와 같이 회수가능액이 ₩7,000,000이지만 과거에 손상차손을 인식하지 않고 정상적으로 감가상각해 왔더라면 산출될 장부금액(= ₩6,000,000)을 한도로, 이 ₩6,000,000과 2×17년도의 감가상각비(= ₩800,000)를 계상한 후의 장부금액(= ₩4,800,000)과의 차액 ₩1,200,000을 손상차손환입으로 인식한다. 손상차손환입은 당기손익에 반영한다.

(차) 손상차손누계액	1,200,000	(대) 손상차손환입	1,200,000

제 4 절 유형자산의 제거

유형자산은 처분하는 때 그리고 사용이나 처분을 통하여 미래 경제적 효익이 기대되지 않을 때 재무상태표에서 제거한다. 유형자산의 제거로 인하여 발생하는 손익은 자산을 제거할 때 당기손익으로 인식한다.

1. 유형자산의 처분

유형자산은 장기간 사용하기 위하여 보유하는 자산이지만, 유형자산의 내용연수 종료시점 또는 그 이전에라도 유형자산을 계속 보유하는 것이 불리하다고 판단하면 기업은 유형자산을 처분하기도 한다. 유형자산을 처분하면 처분시점에 유형자산의 장부금액을 제거하고, 제거로 인하여 발생하는 손익은 처분되는 자산의 순매각금액과 처분시점의 장부금액의 차이로 결정되며, 처분손익은 당기손익에 반영된다. 이때 처분시점의 장부금액이란 처분시점까지의 감가상각누계액과 손상차손누계액을 모두 반영한 금액을 말한다.

예를 들어, 취득원가가 1,000만원, 처분시점의 감가상각누계액이 350만원이고 손상차손누계액이 100만원인 유형자산을 750만원에 매각하고 매각처분을 위해 50만원을 지출했다고 하자. 이는 처분시점의 장부금액이 550만원(= ₩1,000만 − ₩350만 − ₩100

만)인 유형자산을 순매각금액 700만원에 처분한 것이기 때문에, 150만원(=₩700만−₩550만)의 유형자산처분이익(gains on disposition of asset)이 발생한다.

★

유형자산처분손익 = 순매각금액 − 처분시점의 장부금액*
* 총장부금액에서 처분시점의 감가상각누계액과 손상차손누계액을 차감한 금액

그러나 만약 위의 유형자산을 450만원의 순매각금액에 처분하였다면, 100만원의 유형자산처분손실(losses on disposition of asset)이 발생한다.[7)]

유형자산의 처분대가는 처분시점의 공정가치로 인식한다. 유형자산의 처분에 대한 지급이 지연되면 처분대가는 처분시점의 현금가격상당액으로 인식한다. 처분대가의 명목금액과 현금가격상당액의 차이는 처분으로 인하여 받을 금액에 유효이자율을 반영하여 이자수익으로 인식한다.

만약 12월 결산법인인 기업이 연중의 어느 시점(예 : 4월 30일)에서 유형자산을 처분하였다면, 연초(1월 1일)부터 처분시점까지의 감가상각비를 **먼저 인식**하여 처분시점의 장부금액을 새로이 계산해야 한다. 그 이유는 만일 처분이 없었다면 결산기말이 아닌 4월 30일에 감가상각비를 인식하지는 않겠지만 이론적으로는 연초부터 처분시점까지 유형자산을 사용하였으므로 그 사용기간에 해당하는 감가상각비는 이미 발생한 것이고, 따라서 이에 대한 감가상각비를 계상해야 하기 때문이다.

예제 8-5

유형자산의 처분

동명기업㈜은 2×14년 초에 다음과 같은 차량운반구를 취득하였다.

- 취득일 : 2×14년 1월 1일
- 내용연수 : 5년
- 감가상각방법 : 정액법
- 취득원가 : ₩10,000,000
- 잔존가치 : ₩1,000,000

[물음] (1) 동명기업㈜은 2×16년 6월 30일에 위의 차량운반구를 현금 ₩7,000,000을 받고 처분하였다. 유형자산처분손익을 계산하라. 단, 처분시점까지 위 자산에 대한 손상은 발생하지 않았다.

7) 즉, 450−550=−100(만원)이다.

(2) 동명기업㈜은 위의 유형자산 처분을 기록하기 위해 어떤 회계처리를 해야 하나?

풀이

(1) 자산 취득 이후 연간 감가상각비는 ₩1,800,000(=₩10,000,000 - ₩1,000,000)÷5년)이므로, 취득 후 2년 6개월이 지난 2×16년 6월 30일까지의 감가상각누계액은 다음과 같다.

2년 6개월간의 감가상각누계액 = ₩1,800,000×(2 + 6/12) = ₩4,500,000

이는 처분시점의 장부금액이 ₩5,500,000(=₩10,000,000 - ₩4,500,000)이라는 것을 의미한다. 따라서

유형자산처분손익 = 처분가액 - 처분 당시의 장부금액
= ₩7,000,000 - ₩5,500,000 = ₩1,500,000

(2) 2×16년 1월부터 6월까지 6개월간의 감가상각비를 인식하는 회계처리를 먼저 한다.

6개월분 감가상각비 = 연간 감가상각비 ₩1,800,000×(6/12) = ₩900,000

2×16년 6월 30일 :

(차) 감가상각비	900,000	(대) 감가상각누계액	900,000

처분된 차량운반구의 취득원가 ₩10,000,000 및 감가상각누계액 ₩4,500,000을 제거하고 처분대가로 받은 현금 ₩7,000,000과 처분시점의 장부금액의 차이인 ₩1,500,000을 유형자산처분이익으로 인식한다.

2×16년 6월 30일 :

(차) 현 금	7,000,000	(대) 차량운반구	10,000,000
감가상각누계액	4,500,000	유형자산처분이익	1,500,000

2. 원가모형에서의 유형자산의 폐기 및 비자발적인 처분

기업은 유형자산을 더 이상 사용하는 것이 비경제적이라고 판단하면 이를 폐기하게 된다. 폐기의 경우에는 유형자산을 처분하여 어떠한 대가도 받지 못하는 경우가 일반적이다. 이 경우에는 당해 유형자산의 장부금액이 전부 유형자산처분손실로 인식되나, 만일 일부라도 대가를 받게 된다면 그 대가를 장부금액에서 차감한 금액으로 처분손실을 계산한다.

유형자산의 비자발적인 처분이란 화재, 홍수, 도난 등과 같이 기업의 경영의사결정

이나 의도와 관계없이 유형자산이 처분되는 경우를 말한다. 비자발적 처분의 경우에도 처분손익을 계산하는 방법은 자발적 처분의 경우와 같다.

제 5 절 유형자산의 재평가모형

앞서 언급한 바와 같이, 기업은 유형자산의 취득시점에는 취득원가(취득시점의 공정가치)라는 단일기준에 의해 유형자산을 측정하지만, 취득시점 이후에는 원가모형이나 재평가모형 중 하나를 회계정책으로 선택할 수 있고, 선택한 회계정책을 유형자산의 분류별로 동일하게(일관성 있게) 적용하여 회계처리하여야 한다. 원가모형이란 유형자산의 최초인식 후에 원가에서 감가상각누계액과 손상차손누계액을 차감한 금액을 장부금액으로 하는 회계정책을 말한다. 이에 비해 재평가모형이란 최초인식 후에 **공정가치를 신뢰성 있게 측정할 수 있는 유형자산**에 대해서 재평가일의 공정가치에서 이후의 감가상각누계액과 손상차손누계액을 차감한 재평가금액을 장부금액으로 하는 회계정책을 말한다. 지금까지 설명한 내용은 바로 이 원가모형에 관한 것이다. 본 절에서는 원가모형과 대비하여 재평가모형에 대해 자세히 살펴보기로 한다.

1. 재평가모형의 공정가치 측정

위의 재평가모형의 정의에서 보듯이, 재평가모형에서도 감가상각과 손상차손의 인식이 핵심적인 내용으로 되는 것은 원가모형과 동일하며, 단지 최초인식 후에 원가가 아닌 공정가치를 장부금액에 반영하는 점이 재평가모형과 원가모형 간의 근본적인 차이점임을 알 수 있다. 또한 앞에서 언급한 바와 같이, 유형자산 최초인식시점에서 그 공정가치는 현금가격상당액으로 측정되며 이는 취득원가와 동일하므로 재평가모형을 선택하든 원가모형을 선택하든 상관없이 최초인식시점의 유형자산의 장부금액은 두 모형에 있어 동일하게 원가로 기록된다는 점에 주의하자.

재평가모형을 선택하여 적용할 경우 유형자산 평가의 핵심사항은 재평가시점의 공정가치 평가이다. 재평가모형에 적용하는 공정가치는 시장가치(market value)의 사용가능성에 따라 다음의 두 가지 접근법으로 대별할 수 있다.

표 8-2 유형자산의 공정가치 결정

유형자산의 종류	공정가치 결정방법
토지 및 건물	공인된 감정평가인의 감정에 의하고 시장에 근거한 증거
설비장치와 기계장치	감정에 의한 시장가치

1.1 시장가치접근법

유형자산의 공정가치는 활성화된 시장이 존재한다면 원칙적으로 시장가치일 것이다. 그러나 대부분의 금융자산의 경우와 달리 일부 유형자산의 경우 잘 발달된 활성시장이 존재하지 않는다. 특별히 유형자산 중 토지나 건물의 경우에는 활성화된 부동산 시장이 존재하므로 시장가치에 근거한 공정가치 측정이 가능할 경우가 많다. 이에 비해, 일반적으로 설비장치와 기계장치(plant and equipment)의 공정가치는 직접적인 시장가치가 존재하지 않을 것이므로 감정(appraisal)에 의한 시장가치로 측정된다.

1.2 이익접근법 및 상각후대체원가법

해당 유형자산의 특수성 때문에 공정가치에 대해 시장에 근거한 증거가 없고, 해당 유형자산이 거의 거래되지 않는다면, 이익접근법이나 상각후대체원가법을 사용해서 공정가치를 측정할 필요가 있다.

이익접근법(income approach)은 당해 유형자산으로부터 창출되는 미래 순현금흐름 유입액을 추정하여 이를 할인한 현재가치의 합계로 측정하는 방법인데 비해, 상각후대체원가법(depreciated replacement cost approach)은 해당 자산과 동일한 용역잠재력을 갖는 자산을 제조 또는 취득하여 해당 자산을 대체하는 데 필요한 현행원가를 의미한다.

2. 재평가모형의 빈도 및 분류별 수행

재평가모형을 채택하는 경우 얼마나 자주 유형자산의 재평가가 수행되어야 하는지는 명확하지 않다. 재평가모형을 선택한 기업은 보고기간 말에 자산의 장부금액이 공정가치와 중요하게 차이가 나지 않도록 주기적으로 수행할 필요가 있다. 따라서 재평가의 빈도는 재평가되는 유형자산의 종류와 공정가치 변동폭에 따라 달라지며, 재평가된 자산의 공정가치가 장부금액과 중요하게 차이가 나는 경우에는 추가적인 재평가가 필요하다. 중요하고 급격한 공정가치의 변동 때문에 매년 재평가가 필요한 유형자산이 있는 반면에 공정가치의 변동이 중요하지 않아 매 3년이나 5년마다 재평가하는 것으로 충분한 유형자산도 있다.

일반적으로 특정 유형자산을 재평가할 때 해당 자산이 포함되는 유형자산 분류 전체를 재평가하여야 하며 동일한 분류에 속하는 유형자산은 원칙적으로 동시에 재평가한다. 이는 개별 유형자산별로 선택적으로 재평가를 하거나 서로 다른 기준일의 평가금액이 혼재된 재무보고를 통해 자산가치나 이익을 조작하는 것을 방지하기 위한 것이다. 그러나 재평가가 단기간에 수행되며 계속적으로 갱신된다면, 동일한 분류에 속하는 자산을 순차적으로 재평가할 수 있다. 재평가를 위한 유형자산의 분류는 자산의 영업상 성격 및 용도의 유사성을 기준으로 한다. 다음은 개별 분류의 예이다.

(1) 토지　(2) 토지와 건물　(3) 기계장치　(4) 선박
(5) 항공기　(6) 차량운반구　(7) 집기　(8) 사무용비품

3. 재평가모형의 회계

유형자산을 재평가하는 경우 재평가이익이 발생하면 일반적으로 기타포괄손익으로 인식하고, 재평가손실이 발생하면 당기손실로 처리한다. 이러한 재평가손익의 발생에 따른 유형자산의 장부금액을 조정하는 방법은 다음 중 하나의 방법으로 회계처리한다. 그러나 두 방법 중 어떤 것을 택하여 회계처리하든지 재평가대상인 유형자산의 (순)장부금액은 동일해야 한다는 점에 유의하자.

방법 1 : 재평가 후 자산의 장부금액이 재평가금액과 일치하도록 감가상각누계액과 총장부금액을 비례적으로 수정하는 방법이다. 이 방법은 지수를 적용하여 상각후대체원가를 결정하는 방식으로 자산을 재평가할 때 흔히 사용된다(비례조정법).

방법 2 : 총장부금액에서 기존의 감가상각누계액을 제거하여 자산의 순장부금액이 재평가금액이 되도록 수정하는 방법이다. 이 방법은 건물을 재평가할 때 흔히 사용된다(총장부금액조정법).

다음의 예제를 통해 두 방법의 차이점을 살펴보자.

예제 8-6

유형자산의 재평가모형 1

동국실업㈜은 장부금액 8억원(취득원가 10억원, 감가상각누계액 2억원)인 차량운반구를 재평가모형을 적용하여 회계처리하고 있으며, 보고기간 말에 처음으로 재평가한 결과 공정가치가 10억원으로 상승한 것으로 나타났다. 동국실업㈜은 당해 차량운반구에 대해 이전에 재평가손실(당기손익)을 인식한 일이 없다.

[물음] 재평가이익을 계산하고 이를 비례조정법 및 총장부금액조정법에 따라 회계처리하라.

풀이

재평가이익의 계산은 간단하다. 공정가치가 10억원으로 상승하였고 재평가 직전의 (순)장부금액은 8억원이므로 재평가이익(기타포괄손익)으로 인식할 금액은 양자의 차액인 2억원이다. 회계처리는 다음의 두 가지 방법 중 하나로 수행될 수 있다.

(1) 방법 1 : 비례조정법

재평가 후 총장부금액과 감가상각누계액을 비례적으로 수정하면 다음과 같다.

수정된 총장부금액 : ₩10억×(₩10억/₩8억) = ₩12.5억

수정된 감가상각누계액 : ₩2억×(₩10억/₩8억) = ₩2.5억

즉, 차량운반구의 장부금액을 2.5억원 증가시키고 감가상각누계액 0.5억원을 증가시키는 방식으로 재평가이익을 인식한다.

(아래의 단위는 모두 천원)

(차) 차량운반구	250,000	(대) 감가상각누계액	50,000
		재평가이익(기타포괄손익)*	200,000

* 이전에 당기손익으로 인식된 재평가손실이 없으므로 위의 재평가이익은 전액 기타포괄손익으로 인식된다. 따라서 재평가이익을 인식하기 전과 후의 장부금액은 다음과 같이 조정된다.

	재평가 전	재평가 후
차량운반구 총장부금액	₩1,000,000	₩1,250,000
감가상각누계액	(200,000)	(250,000)
순장부금액	800,000	1,000,000
재평가이익 총계		200,000

아래의 마감분개를 통해 재평가이익(기타포괄손익)은 재평가잉여금(자본항목)에 가산된다.

(차) 재평가이익	200,000	(대) 재평가잉여금	200,000

(2) 방법 2 : 총장부금액조정법

방법 2에 따르면 재평가이익 2억원을 감가상각누계액계정에서 차감하는 방식으로 장부금액을 조정한다.

(차) 감가상각누계액	200,000	(대) 재평가이익(기타포괄손익)	200,000

위와 같이 회계처리하는 경우 재평가 전후의 장부금액은 다음과 같다.

	재평가 전	재평가 후
차량운반구의 총장부금액	₩1,000,000	₩1,000,000
감가상각누계액	(200,000)	(0)
순장부금액	800,000	1,000,000
재평가이익 총계		200,000

위의 회계처리에서 대기된 재평가이익(기타포괄손익)이 보고기간 말 다음의 결산분개(마감분개)를 통해 재평가잉여금(자본항목)에 가산되는 것은 방법 1에서와 같다.

지금까지 살펴본 예제는 이전에 동일한 재평가거래로 인한 재평가손실이나 재평가이익을 인식한 일이 없었던 단순한 경우이고 다음에서는 좀 더 복잡한 경우, 즉 이전에 재평가손익을 이미 인식한 경우에 대해 살펴본다. 유형자산의 재평가모형에 따른 재평가손익의 회계처리를 단계별로 요약하면 다음과 같다.

① 먼저 자산의 기초 장부금액에 근거하여 감가상각비를 인식하고 기말 현재 순장부금액을 구한다.

② 유형자산의 순장부금액과 시장가치를 비교하여 재평가이익이 발생하는 상황인지 아니면 재평가손실이 발생하는 상황인지 구분한다.

③ **재평가이익이 발생한 경우** 과거에 계상한 재평가손실이 있었는지 조사한다. 동일한 자산에 대하여 이전에 계상한 재평가손실이 없다면 재평가이익 전부를 기타포괄손익으로 인식한다. 그러나 동일한 자산에 대하여 이전에 당기손익으로 인식한 재평가손실(재평가감소액)이 있다면 그 금액을 한도로 재평가이익을 당기손익으로 인식하고 나머지 초과분이 있는 경우 그 초과분만큼의 재평가이익을 기타포괄손익으로 인식한다.

④ **재평가손실(재평가감소액)이 발생한 경우** 이전에 이미 계상한 재평가이익이 있는지 조사하고 과거에 이미 계상한 재평가이익이 없다면 재평가손실 전부를 당기손실로 인식한다. 그러나 그 자산에 대한 이미 재평가잉여금(자본항목)의 잔액

이 있다면 그 금액을 한도로 재평가손실 부분을 기타포괄손익으로 인식하고 나머지 부분은 당기손익 항목으로 인식한다.

예제 8-7

유형자산의 재평가모형 2

동국실업㈜은 소유하고 있는 건물을 재평가모형으로 회계처리하고 있다. 건물의 원가는 최초인식시점(취득시점)에 1,000백만원(내용연수는 5년, 잔존가치는 ₩0)이며 정액법으로 상각한다. 1차 연도(자산의 취득연도) 말 재평가 결과 추정된 공정가치가 600백만원으로 하락하였다. 그러나 2차 연도 말에 이 건물의 공정가치가 다시 650백만원으로 상승하였다. 동국실업㈜은 재평가 후 비례조정법을 적용하여 회계처리하고 있다.

[물음] 제1차 연도 및 제2차 연도의 재평가손실(또는 이익)을 계산하고 이를 회계처리하라.

풀이

제1차 연도의 재평가손실은 상각후원가 800백만원(취득원가 1,000백만원 - 감가상각누계액 200백만원)과 재평가액 600백만원의 차이로서 200백만원으로 계산된다. 재평가손실은 이전에 인식된 재평가잉여금이 없으므로 전액 당기비용으로 반영된다. 재평가 후 총장부금액과 감가상각누계액을 비례적으로 수정하면 다음과 같다.

수정된 총장부금액 : ₩1,000백만×(₩600백만/₩800백만) = ₩750백만
수정된 감가상각누계액 : ₩200백만×(₩600백만/₩800백만) = ₩150백만

위의 계산에 근거한 1차 연도 말의 회계처리는 다음과 같다.

〈1차 연도 말〉

(차) 감가상각비	200,000,000	(대) 감가상각누계액	200,000,000
(차) 감가상각누계액	50,000,000	(대) 건　　물	250,000,000
재평가손실(IS)	200,000,000		

(IS) : 당기비용으로 보고함.

위의 회계처리 결과 건물계정의 잔액(총장부금액)은 750백만원이 되며 감가상각누계액계정의 잔액은 150백만원이 되어 순장부금액이 600백만원으로 표시된다. 한편 제2차 연도 말 건물에 대한 감가상각비는 다음과 같이 연초의 순장부금액 600백만원에 대해 잔여내용연수 4년을 적용하여 150백만원으로 계산된다.

₩600백만/4년(잔여내용연수) = ₩150백만

150백만원의 감가상각비를 인식한 결과 2차 연도 말 현재 건물의 순장부금액은 450백만원이 된다. 2차 연도 말의 재평가액이 650백만원이므로 이 재평가액에서 제2차 연도 말의 순장

부금액 450백만원을 차감하면 재평가이익은 200백만원으로 계산된다.

재평가 후 총장부금액과 감가상각누계액을 비례적으로 수정하면 다음과 같다(백만원 단위 이하 반올림).

수정된 총장부금액 : ₩750백만×(₩650백만/₩450백만)=₩1,083백만
수정된 감가상각누계액 : ₩300백만×(₩650백만/₩450백만)=₩433백만

위의 계산에 근거하여 건물의 계정의 총장부금액은 333백만원 증액되고 감가상각누계액계정은 133백만원이 증액되어, 결과적으로 순장부금액은 200백만원만큼 늘어나게 된다. 제1차 연도에 당기손실로 인식된 재평가손실(재평가감소액)이 있으므로 제2차 연도의 재평가이익 200백만원 전액을 당기수익으로 인식한다.

〈2차 연도 말〉

(차) 감가상각비	150,000,000	(대) 감가상각누계액	150,000,000
(차) 건　　물	333,000,000	(대) 감가상각누계액	133,000,000
		재평가이익(IS)	200,000,000

(IS) : 포괄손익계산서의 수익으로 보고함.

4. 재평가잉여금의 이익잉여금 대체

특정 유형자산 항목과 관련하여 자본에 계상된 재평가잉여금은 그 자산이 제거될 때 이익잉여금으로 대체할 수 있다. 자산이 폐기되거나 처분될 때에 재평가잉여금 전부를 이익잉여금으로 대체하는 것이 그러한 경우에 해당된다. 자산이 제거될 경우 이외에도 기업이 그 자산을 사용함에 따라 재평가잉여금의 일부를 이익잉여금에 대체할 수 있다. 이 경우 재평가된 금액에 근거한 감가상각액과 최초원가에 근거한 감가상각액의 차이가 이익잉여금으로 대체되는 금액이 된다.

이와 같이 재평가잉여금을 이익잉여금으로 대체하는 경우 그 금액은 당기손익으로 인식하지 않는다. 이것은 어떠한 경우라도 재평가잉여금은 포괄손익계산서에 재분류되지(recycled) 않으며 재평가잉여금은 이익잉여금으로만 직접 대체된다는 것을 의미한다. 그러나 결과적으로는 재평가잉여금이 이익잉여금으로 직접 대체되든 포괄손익계산서를 거쳐서 이익잉여금에 반영되든 상관없이 자본총계에는 영향이 없다.

자산 사용 중의 재평가잉여금의 이익잉여금 대체에 대한 다음의 예제를 살펴보자.

예제 8-8

재평가잉여금의 잉여금 대체

12월 결산법인인 동국실업㈜은 2×13년 1월 1일에 건물을 ₩50,000,000에 취득하여 재평가모형을 적용하여 회계처리한다. 당해 자산의 내용연수는 5년, 잔존가치는 ₩0으로 추정되었으며 정액법으로 상각한다. 2×13년 12월 31일에 동 자산을 재평가한 결과 공정가치는 ₩46,000,000으로 평가되었다. 동국실업㈜은 2×14년 12월 31일에 재평가잉여금의 일부를 이익잉여금에 대체하기로 하고, 재평가된 금액에 근거한 감가상각액과 최초원가에 근거한 감가상각액의 차이를 이익잉여금으로 대체하였다. 동국실업㈜은 재평가모형의 적용을 위하여 총장부금액에서 기존의 감가상각누계액을 제거하여 자산의 순장부금액이 재평가금액이 되도록 수정하는 방법을 적용하고 있다.

[물음] 동국실업㈜이 건물의 취득부터 재평가이익의 인식 및 재평가잉여금의 이익잉여금 대체를 위해 수행할 일련의 회계처리를 보여라.

풀이

2×13년 1월 1일 : 건물의 취득

(차) 건 물	50,000,000	(대) 현 금	50,000,000

2×13년 12월 31일 : 1차 연도 감가상각

(차) 감가상각비	10,000,000	(대) 감가상각누계액	10,000,000

2×13년 12월 31일 : 건물의 재평가

(차) 감가상각누계액	6,000,000	(대) 재평가이익*	6,000,000

* 기타포괄손익으로 포괄손익계산서에 표시되고 결산(마감)분개를 통해 재평가잉여금에 가산됨.

2×14년 12월 31일 : 2차 연도 감가상각

(차) 감가상각비	11,500,000**	(대) 감가상각누계액	11,500,000

** 감가상각비의 계산 : ₩46,000,000/4 = ₩11,500,000

2×14년 12월 31일 : 재평가잉여금의 이익잉여금 대체

(차) 재평가잉여금	1,500,000***	(대) 이익잉여금	1,500,000

*** 재평가된 금액에 근거한 감가상각액(₩11,500,000)과 최초원가에 근거한 감가상각액(₩10,000,000)의 차이

5. 재평가모형하에서 유형자산의 손상차손

앞에서 언급한 바와 같이, 유형자산의 재평가모형이란 최초인식 후에 공정가치를 신뢰성 있게 측정할 수 있는 유형자산에 대해서 재평가일의 공정가치에서 이후의 감가상각누계액과 손상차손누계액을 차감한 재평가금액을 장부금액으로 하는 회계정책을 말한다. 이러한 재평가모형의 정의가 의미하는 바는 유형자산에 대해 재평가모형을 적용하여 공정가치의 변동에 따라 장부금액을 조정하더라도 원가모형에서와 같이 손상차손을 인식해야 한다는 점이다. 즉, 유형자산에 대해 재평가모형을 적용하여 재평가시점마다 자산의 공정가치를 반영하는 경우에도 자산손상의 징후를 검토하고 객관적인 증거가 발견되면(회수가능액이 장부금액을 하회하면) 손상차손을 인식하여야 한다. 이는 재평가모형의 자산평가기준인 공정가치는 매기 변동하여 등락을 거듭하지만 자산손상은 자산의 회수가능액이 반영구적으로 장부금액 이하로 하락하여 회복의 가능성이 당분간 없다고 판단될 때 인식하므로 공정가치의 변동과 회수가능액의 장부금액 이하로의 하락은 본질적으로 다른 사건이기 때문이다. 그러나 실무적으로 이러한 경우가 발생할 가능성이 낮고 회계처리가 복잡하므로 여기서는 상세한 설명을 생략한다.

6. 재평가모형에서의 유형자산의 처분

유형자산을 처분하면 처분시점에서 유형자산의 장부금액을 제거하고, 제거로 인하여 발생하는 손익은 처분되는 자산의 순매각금액과 처분시점의 장부금액(감가상각누계액과 손상차손누계액을 차감한 장부금액)의 차이로 결정되며, 처분손익은 당기손익에 반영된다는 점은 원가모형을 적용하는 경우나 재평가모형을 적용하는 경우에 차이가 없다.

다만 앞에서 언급한 바와 같이, 특정 유형자산 항목과 관련하여 자본에 계상된 재평가잉여금은 그 자산이 제거될 때 이익잉여금으로 대체할 수 있다. 자산이 폐기되거나 처분될 때에 재평가잉여금 전부를 이익잉여금으로 대체하는 것이 그러한 경우에 해당된다. 즉, 재평가모형을 선택하는 경우 유형자산의 처분이 발생하더라도 반드시 재평가잉여금을 이익잉여금으로 대체해야 하는 것은 아니며, 따라서 특정 유형자산이 제거되어도 관련 재평가잉여금이 자본의 한 항목으로 계속 보고될 수 있다. 여기에 더하여 유형자산의 처분손익은 전액 당기손익에 반영되는데 비해 재평가잉여금이 이익잉여금으로 대체되더라도 당기손익은 영향을 받지 않는다는 점에 유의하자.

예제 8-9

유형자산의 처분(재평가모형)

동명기업㈜은 2×18년 초에 토지를 ₩30,000,000에 취득하고 재평가모형을 적용하여 당해 유형자산을 기록하기로 하였다. 그런데 이 토지 주변지역에 개발바람이 불어 2×18년 말 공인된 감정인에게 당해 토지의 감정을 의뢰한 결과 토지의 공정가치가 ₩40,000,000으로 상승한 것으로 평가되었다. 동명기업㈜은 2×19년 초에 이 토지를 ₩39,000,000에 처분하였으며, 처분시점에 관련 재평가잉여금 전액을 이익잉여금으로 대체하였다.

[물음] 각 거래시점(토지의 취득, 재평가 및 처분)에 동명기업㈜이 기록해야 할 회계처리를 보여라. 또한 이 토지에 대한 일련의 거래의 결과 2×19년의 이익잉여금 및 자본총계에 미치는 영향에 대해 논하라.

풀이

2×18년 초(토지의 취득) :

(차) 토 지	30,000,000	(대) 현 금	30,000,000

2×18년 말(토지의 재평가) :

(차) 토 지	10,000,000	(대) 재평가이익(기타포괄손익)	10,000,000

* 이전에 재평가손실을 인식한 일이 없으므로 재평가이익 전액을 기타포괄손익으로 인식한다.

2×18년 말(마감분개) :

(차) 재평가이익(OCI)	10,000,000	(대) 재평가잉여금(자본항목)	10,000,000

* OCI : 기타포괄손익

2×19년 초(처분시점) :

(차) 현 금	39,000,000	(대) 토 지	40,000,000
유형자산처분손실	1,000,000		

* 유형자산처분손실은 당기손익으로서 마감분개 결과 이익잉여금을 감소시키지만 편의상 이에 관한 회계처리는 생략한다.

2×14년 초(재평가잉여금의 이익잉여금 대체) :

(차) 재평가잉여금	10,000,000	(대) 이익잉여금	10,000,000

위의 일련의 거래로 인해 2×19년 결산기말에 이익잉여금에 미치는 영향은 ₩9,000,000 순증가이다. 재평가잉여금 ₩10,000,000의 대체로 이익잉여금이 그만큼 증가하였지만 유형자산처분손실로 인해 ₩1,000,000만큼 감소하였기 때문이다. 만일 동명기업㈜이 재평가잉여금의 잉여금 대체를 수행하지 않았다면 2×19년 결산기말에 이익잉여금에 미치는 영향은

₩1,000,000 감소이다. 그러나 재평가잉여금의 이익잉여금 대체 여부에 관계없이 2×19년 결산기말의 자본총계에 미치는 영향은 ₩1,000,000 감소로 동일하다. 재평가잉여금의 이익잉여금 대체로 인해 이익잉여금은 증가하지만 같은 금액만큼 재평가잉여금이 감소하므로 자본총계에 미치는 영향은 없기(상쇄되기) 때문이다.

연습문제

EXERCISES

서술형

1. 유형자산의 감가상각의 의의를 설명하고 감가상각을 하는 이유는 무엇인지 설명하라.
2. 유형자산의 내용연수와 잔존가치를 추정하는 방법에 대해 설명하라.
3. 유형자산의 감가상각방법의 선택기준은 무엇인가?
4. 기중에 취득한 유형자산의 감가상각비 계산을 위해 월할계산을 적용한다고 할 때 정률법하에서 감가상각기간과 회계기간이 다를 경우 각 회계기간의 감가상각 계산방법을 설명하라.
5. 감가상각 추정변경을 회계처리하기 위한 방법인 전진법에 대해 설명하라.
6. 유형자산의 손상차손의 인식여부를 검토하여야 하는 상황들을 구체적으로 나열하라.
7. 유형자산의 손상차손 인식에 있어서 회수가능액은 어떻게 측정하는지 설명하라.
8. 일단 인식된 손상차손이 회복되었을 경우 손상차손환입액을 인식하되 인식할 수 있는 손상차손환입액에는 상한이 있다. 이 상한액은 어떻게 결정되나?
9. 유형자산의 처분손익을 측정하는 방법과 처분시의 회계처리방법을 설명하라.
10. 유형자산의 재평가모형과 원가모형의 차이점을 설명하라.
11. 재평가모형을 사용하는 경우 활성화된 시장이 없는 경우 공정가치를 구하는 방법을 간단히 설명하라.
12. 유형자산에 대해 재평가모형을 적용하는 경우 재평가이익과 재평가손실의 회계처리에 대해 설명하라.
13. 재평가잉여금의 이익잉여금 대체를 간단히 설명하라.
14. 유형자산의 재평가모형을 사용하는 경우 재평가손실과 손상차손의 차이점을 설명하라.

주관식

01. 중앙㈜은 20×1년 1월 1일에 영업용 설비를 ₩84,000으로 취득하였다. 이 기계의 내용연수는 8년이고 잔존가치는 ₩4,000으로 추정되며 이 설비와 관련된 제품의 총 생산수량은 1,000개로 추정된다.

1) 다음의 각 방법하에서 20×1년도 감가상각비를 구하라.
   가. 정액법; 나. 정률법; 다. 연수합계법;
   라. 이중체감법; 마. 생산량비례법(20×1년도 실제생산량은 200개로 가정)

2) 만약 문제에서 중앙㈜이 20×1년 1월 1일이 아닌 6월 30일에 영업용 설비를 취득했다면 다음 각 방법하에서 20×2년도 감가상각비를 구하라. (단, 6월 30일 이후 총 생산수량은 1,000개로 가정하고 20×2년 실제생산량이 200개라고 가정)
   가. 정액법; 나. 정률법; 다. 생산량비례법

02. 동국회사는 20×9년도 초에 다음의 유형자산을 취득하였다.

유형자산	취득원가	잔존가치	내용연수	감가상각방법
창고	₩450,000	₩50,000	20년	정액법
기계장치	220,000	40,000	20	연수합계법
컴퓨터	80,000	20,000	5	정률법
세탁기	125,000	25,000	10	이중체감법
트럭	48,000	8,000	4	생산량비례법

트럭의 총사용거리는 240,000km이고 각 연도에 운전거리는 각각 10,000km, 50,000km, 80,000km, 100,000km이다. 다음의 각 독립적인 물음에 답하시오.

1) 각 자산의 2×10년도 감가상각비를 구하시오.
2) 만일 기계장치 및 컴퓨터를 20×9년도 5월 1일에 구입하였다면 2×10년도의 감가상각비를 계산하시오.
3) 컴퓨터를 2년간 사용 후 3차 연도에 내용연수를 5년이 아닌 4년으로 변경하였다면 제3차 연도의 감가상각비는?
4) 세탁기를 2년간 사용 후 제3차 연도 초에 세탁기의 성능을 개선하기 위해 모터를 새것으로 대체하고 그 비용 ₩25,000을 지급했으며, 이러한 새 모터의 사용으로 인해 잔존가치가 ₩25,000에서 ₩40,000으로 증가되었다. 이러한 지출을 분개하고 제3차 연도의 세탁기에 대한 감가상각비를 구하시오.
5) 만일 4)에서 모터대체비를 수익적지출로 처리하는 경우 필요한 분개를 하고 제3차 연도

의 감가상각비를 구하시오.

6) 트럭을 3년간 사용 후에 제4차 연도 초에 ₩20,000의 현금으로 처분하였다. 이 거래를 분개하시오.

7) 만일 6)의 거래에서 제4차 연도 7월 초에 처분거래가 발생하였다면 어떤 분개를 하여야 하는가?

03. 12월 결산법인인 동국㈜은 20×7년 초에 다음과 같은 차량을 취득하였다.

• 차량 취득일 : 20×7년 1월 1일	• 취득원가 : ₩55,000
• 내용연수 : 5년	• 잔존가치 : ₩5,000
• 감가상각방법 : 정액법	

다음의 독립적인 물음에 답하라.

1) 동국㈜은 2년이 지난 20×9년 초에 차량의 추정 내용연수를 5년에서 7년으로 변경하였다. 이 경우 20×9년도 감가상각비를 구하라.

2) 동국㈜은 2년이 지난 20×9년 초에 차량의 추정 내용연수를 5년에서 7년으로 변경하였고 잔존가치도 ₩5,000에서 ₩3,000으로 변경하였다. 이 경우 20×9년도 감가상각비를 구하라.

3) 동국㈜은 2년이 지난 20×9년 초에 차량의 추정 내용연수를 5년에서 7년으로 변경하였고 잔존가치도 ₩5,000에서 ₩3,000으로 변경하였으며 감가상각방법도 정액법에서 연수합계법으로 변경하였다(정당한 변경으로 가정). 이 경우 20×9년도 감가상각비를 구하라.

04. 12월 결산법인인 경주㈜는 20×1년 초에 다음과 같은 기계장치를 취득하였다.

• 차량 취득일 : 20×1년 1월 1일	• 취득원가 : ₩55,000
• 내용연수 : 5년	• 잔존가치 : ₩5,000
• 감가상각방법 : 이중체감법	

경주㈜는 20×3년 초에 위의 기계의 성능을 개선하기 위해 ₩10,000의 자본적 지출을 하였다. 다음 물음에 답하라.

1) 위의 자본적 지출에 대한 분개를 하라.

2) 20×3년도 기계의 감가상각비를 구하라.

3) 만일 위의 지출을 자본적 지출이 아닌 수익적 지출로 처리하는 경우 당기순이익에 미치는 영향을 설명하라(세금효과는 무시).

05. 20×1년 1월 1일에 동국㈜은 정부보조금을 지원받아 에너지절감용 기계장치를 취득하였다. 이 기계장치의 취득원가는 ₩1,000,000이며 정부보조금은 ₩200,000이다. 회사는 이 기계장치의 내용연수는 5년이고 잔존가치는 없다고 추정하였으며 정액법을 사용한다. 회사는 이 기계장치를 2년 동안 보유한 후 20×3년 1월 1일에 ₩400,000에 처분하였다. 단, 동국㈜은 정부보조금을 관련자산의 장부금액을 계산할 때 차감항목으로 표시하는 방법을 택하고 있다.

1) 위의 자료를 이용하여 정부보조금 수령과 에너지절감용 기계장치의 취득을 기록하는 회계처리를 하라.
2) 20×1년 12월 31일(결산일) 감가상각을 기록하는 분개를 하라.
3) 20×1년 12월 31일에 작성되는 재무상태표에 유형자산과 정부보조금을 어떻게 표시하여야 하는지를 설명하라.
4) 20×3년 1월 1일에 동국㈜이 기계장치의 처분을 기록하기 위한 분개를 하라.

06. 12월 결산법인인 서울㈜은 20×1년 1월 1일에 취득원가 ₩500,000의 설비를 취득하였다. 서울㈜은 이 설비의 내용연수를 10년, 잔존가치는 없는 것으로 추정하였으며 정액법으로 감가상각한다. 서울㈜은 이러한 설비에 대한 손상의 징후를 매년 말에 확인하여 손상검사를 수행한 결과 다음 정보를 수집하였다.

	20×1년 말	20×2년 말
순공정가치	₩450,000	₩300,000
사용가치	460,000	240,000

1) 각 연도 말 위 설비의 회수가능액을 구하라.
2) 각 연도 말에 손상차손을 인식해야 하는지 여부를 설명하라.
3) 각 연도 말에 감가상각비를 인식하고 손상차손이 있는 경우 손상차손을 인식하는 분개를 하라.
4) 20×3년 말 위 설비의 회수가능가액이 ₩400,000이라면 20×3년 말에 행할 분개를 하라.

07. 12월 말 결산법인인 조은㈜은 20×5년 초에 다음과 같은 차량을 취득하였다.

• 차량 취득일 : 20×5년 1월 1일	• 취득원가 : ₩350,000
• 내용연수 : 5년으로 추정	• 잔존가치 : ₩50,000
• 감가상각방법 : 연수합계법	

1) 조은㈜은 20×7년 9월 30일에 위의 차량을 현금 ₩100,000을 받고 처분하였다. 유형자산처분손익을 계산하라.
2) 조은㈜은 위의 차량 처분을 기록하기 위해 어떤 회계처리를 해야 하나?

08. 12월 말 결산법인인 동국㈜은 20×1년 7월 1일에 다음의 기계장치를 취득하였다.

• 기계 취득일 : 20×1년 7월 1일	• 취득원가 : ₩150,000
• 내용연수 : 4년	• 잔존가치 : ₩50,000
• 감가상각방법 : 이중체감법	

20×1년 결산시점과 20×2년 결산시점에 이 기계의 회수가능액은 각각 ₩70,000과 ₩80,000이다.

1) 20×1년 12월 31일에 행할 감가상각비와 손상차손 관련 분개를 하라.
2) 20×2년 12월 31일에 행할 감가상각비와 손상차손 관련 분개를 하라.
3) 만약 동국㈜이 20×3년 4월 30일에 현금 ₩50,000을 받고 위의 기계장치를 매각하였다면 이 거래를 기록하기 위한 분개는?

09. 동국㈜은 토지를 4억원에 구입하였고 매 연도 말에 재평가모형을 사용하고자 한다. 1차 연도 말과 2차 연도 말 현재 토지의 공정가치는 다음과 같다.

1차 연도말 : 5억원
2차 연도말 : 6억원

1) 각 연도 말에 재평가를 수행하는 경우 각 연도 말에 필요한 분개를 하시오. 동국㈜은 재평가손익의 발생에 대해 총장부금액조정법을 적용하여 회계처리한다.
2) 3차 연도 초에 토지를 7억원에 처분하였다고 가정하고 다음 물음에 답하시오.
   ① 위의 토지처분에 대한 분개를 하시오.
   ② 위 토지처분 거래가 3차 연도 포괄손익계산서에 미치는 영향을 분석하시오.
   ③ 3차 연도 말 작성되는 재무상태표의 자본 부분에 위의 토지처분이 미치는 영향을 분석하시오.

10. 이화㈜는 장부금액 5억원(취득원가 10억원, 감가상각누계액 5억원)인 설비장치에 대해 재평가모형을 적용하고 있으며, 보고기간 말에 재평가한 결과 공정가치가 6억원으로 평가되었다. 이화㈜는 재평가 후 자산의 장부금액이 재평가금액과 일치하도록 감가상각누계액과 총장부금액을 비례적으로 수정하는 방법을 적용하고 있다

1) 이화㈜가 이전에 재평가손실을 인식한 적이 없다고 가정하고 당기말 재평가이익을 계산하고 이를 감가상각누계액과 총장부금액에 비례적으로 수정하는 분개를 하라.
2) 만일 이화㈜가 이전에 재평가손실 5천만원을 인식한 적이 있다고 가정하고 당기말 재평가이익을 계산하고 관련 분개를 하라.

11. 숙명㈜은 소유하고 있는 건물(취득원가 : ₩100,000; 내용연수 : 5년; 잔존가치 : 없음)을 재평가모형으로 회계처리하고 있다. 이 회사는 건물을 정액법으로 상각한다. 1차 연도 말과 2차 연도 말 시점의 공정가치를 재평가한 결과는 각각 ₩85,000과 ₩50,000이다. 숙명㈜은 재평가 후 자산의 장부금액이 재평가금액과 일치하도록 감가상각누계액과 총장부금액을 비례적으로 수정하는 방법을 적용하고 있다.

1) 숙명㈜이 1차 연도 말에 행할 분개를 하라.
2) 숙명㈜이 2차 연도 말에 행할 분개를 하라.

12. 12월 말 결산법인인 경주㈜는 20×1년 1월 1일에 다음과 같은 내역의 건물을 취득하였다.

• 건물 취득일 : 20×1년 1월 1일	• 취득원가 : ₩1,000,000
• 내용연수 : 4년	• 잔존가치 : ₩200,000
• 감가상각방법 : 정액법	

경주㈜는 이 건물을 재평가모형으로 회계처리하며 재평가 후 자산의 장부금액이 재평가금액과 일치하도록 감가상각누계액과 총장부금액을 비례적으로 수정하는 방법을 사용한다. 20×1년과 20×2년 결산시점에서 이 건물의 공정가치는 각각 ₩950,000과 ₩800,000으로 평가되었다.

1) 20×1년 12월 31일에 기록할 감가상각비와 재평가손익 관련 분개를 하라.
2) 20×2년 12월 31일에 감가상각비와 재평가손익 관련 분개를 하라.
3) 만약 경주㈜가 20×3년 4월 30일에 현금 ₩500,000을 받고 위의 건물을 매각하였다면 이 거래를 기록하기 위한 분개는?

13. 회계연도가 1월 1일부터 12월 31일까지인 부평기업㈜은 20×6년 7월 1일에 다음과 같은 내역의 기계장치를 취득하였다.

• 기계 취득일 : 20×6년 7월 1일	• 취득원가 : ₩5,000,000
• 내용연수 : 4년으로 추정	• 잔존가치 : ₩500,000으로 추정
• 감가상각방법 : 정률법 적용	• 상각률 : ?

20×7년 결산시점에 이 기계의 회수가능액이 ₩1,500,000으로 평가되었다. 그러나 20×8년 결산시점에는 회수가능액이 ₩2,000,000으로 회복되었다.

1) 20×6년 12월 31일에 기록할 감가상각비는 얼마인가?
2) 20×7년 12월 31일에 감가상각비와 손상차손을 인식하기 위한 회계처리는?
3) 20×8년 12월 31일에 감가상각비와 손상차손의 회복을 인식하기 위한 회계처리는?

4) 만약 부평기업㈜이 20×9년 4월 30일에 현금 ₩1,500,000을 받고 위의 기계장치를 매각하였다면 이 거래를 기록하기 위한 회계처리는?

14. 회계연도가 1월 1일부터 12월 31일까지인 부평기업㈜은 20×6년 1월 1일에 다음과 같은 내역의 건물을 취득하였다.

• 건물 취득일 : 20×6년 1월 1일	• 취득원가 : ₩5,000,000
• 내용연수 : 5년으로 추정	• 잔존가치 : ₩500,000으로 추정
• 감가상각방법 : 정액법 적용	

부평기업㈜은 이 건물을 재평가모형으로 회계처리하며 재평가 후 자산의 장부금액이 재평가금액과 일치하도록 감가상각누계액과 총장부금액을 비례적으로 수정하는 방법을 선택하여 적용한다. 20×6년과 20×7년 결산시점에서 이 건물의 공정가치는 각각 ₩4,920,000과 ₩3,052,000으로 평가되었다.

1) 20×6년 12월 31일에 감가상각비와 재평가손익을 인식하기 위한 회계처리는?
2) 20×7년 12월 31일에 감가상각비와 재평가손익을 인식하기 위한 회계처리는?
3) 만약 부평기업㈜이 20×8년 4월 30일에 현금 ₩2,500,000을 받고 위의 건물을 매각하였다면 이 거래를 기록하기 위한 회계처리는?

무형자산

09

무형자산은 지식기반사회에서 국가 및 기업의 경쟁력을 결정하는 중요한 요소 중 하나이다. 지금까지 산업사회에서는 부가가치 창출의 중심이었던 유형자산을 중시하였으나 경영환경이 정보화·지식사회로 전환됨에 따라 무형자산(또는 지식자산)의 중요성이 점차 증대되고 있다.

무형자산의 가장 중요한 특징은 물리적 형태가 없어 식별하기 어렵다는 것이며, 이러한 특징이 무형자산과 유형자산을 구별하는 가장 중요한 기준이 된다. 개념적으로 기업이 보유하고 있는 지적자산, 인적자산, 고객관계 등과 같이 물리적 실체는 없으나 기업에게 경제적 효익을 제공하는 모든 자산이 무형자산에 포함될 수 있다. 그러나 무형자산으로부터 창출되는 미래의 경제적 효익은 유형자산의 그것에 비해 상대적으로 불확실성이 매우 높다. 이 때문에 무형자산의 인식조건은 다른 자산에 비해 상당히 엄격하다. 일단 무형자산이 인식되면 유형자산과 마찬가지로 원가모형이나 재평가모형 중 하나를 선택하여 상각과 손상에 대한 회계처리를 한다.

본 장에서는 무형자산이 유형자산과 구별되는 특유한 속성으로부터 발생하는 무형자산 특유의 회계처리에 초점을 맞추어 설명하며, 논의의 주요 주제는 무형자산 취득시의 취득원가 측정, 무형자산의 상각, 취득 후 지출에 대한 회계, 무형자산의 손상차손 인식 및 재평가모형 등에 대한 회계처리 등이다.

제 1 절 무형자산의 의의 및 인식조건

1. 무형자산의 의의

기업은 경제적 자원을 사용하여(또는 부채를 부담하여) 과학적·기술적 지식, 새로운 공정이나 시스템의 설계와 실행, 라이선스, 지적재산권, 시장에 대한 지식과 상표(브랜드명 및 출판표제 포함) 등의 무형자원을 취득, 개발, 유지하거나 개선한다. 대표적인 무형자원의 예로는 IT부서 직원들에 의해 개발되는 컴퓨터 소프트웨어, 다양한 마케팅 활동을 통한 우수고객의 확보, 원재료의 낭비를 제거하는 새로운 공법에 대한 개발과 특허, 엔터테인먼트 회사에서 제작된 영화필름 등이 있다.

이러한 무형자원은 용어 그 자체에서 볼 수 있듯이 물리적 형태가 없는 자원으로 기업에 미래 경제적 효익을 제공할 것으로 기대되는 자산이다. 잠재적으로 무형자산으로 분류할 수 있는 자산은 매우 다양하지만 대표적인 무형자산은 특허권이나 상표권과 같은 산업재산권으로서 일정한 법적 권리의 형식으로 존재하는데, 이러한 이유로 무형자산을 통상적으로 권리 및 특전(rights and privileges)으로 부르기도 한다.

K-IFRS에 따르면, 무형자산(intangible assets)은 물리적 실체가 없는 비화폐성자산으로서, 식별가능하고, 기업이 통제하고 있으며, 미래 경제적 효익이 있는 자산으로 정의된다. 여기서 비화폐성자산이란 현금 및 확정되었거나 확정가능한 화폐금액으로 받을 자산인 화폐성자산 이외의 자산을 말한다. 무형자산이 다른 자산으로부터 구별되는 가장 중요한 특징은 물리적 실체가 없다는 것이다. 그렇다고 해서 물리적 실체가 없는 자산이 모두 무형자산에 포함되는 것은 아니다. 예를 들어, 매출채권이나 미수수익 등과 같은 자산은 미래에 현금이나 현금등가물을 수취할 청구권(claim)을 대표하며 물리적 형체가 없으나 무형자산으로 분류하지는 않는다. 무형자산은 또한 일반적으로 장기간 보유하는 자산이다. 따라서 대부분의 무형자산의 취득원가는 일정 내용연수에 걸친 상각과정(amortization)을 통해 비용화된다.

다음에서는 무형자산의 정의에 포함된 세 가지 중요한 특성인 ① 식별가능성, ② 통제가능성 및 ③ 미래 경제적 효익의 발생가능성에 대해 자세히 살펴보기로 한다.

1.1 식별가능성

자산은 다음 중 하나에 해당하는 경우에 무형자산 정의의 식별가능성 조건을 충족한다.

(1) 자산이 분리가능하다. 즉, 기업에서 분리하거나 분할할 수 있고, 개별적으로 또는 관련된 계약, 자산이나 부채와 함께 매각, 이전, 라이선스, 임대, 교환할 수 있다. 더 구체적으로 말하면, 자산이 분리가능하다는 것은 기업실체가 그 자산과 함께 동일한 수익창출활동에 사용되는 다른 자산의 미래 경제적 효익을 희생하지 않고 그 자산을 다른 기업실체에게 임대, 매각, 교환 또는 분배할 수 있는 것을 말한다.

(2) 자산이 계약상 권리 또는 기타 법적 권리로부터 발생한다. 자산으로부터 기대되는 미래 경제적 효익이 법에 의해 확보되는 경우로서, 예를 들어 저작권이나 특허권 등은 관련 법에 의해 보호되는 경우 식별가능성을 충족한다. 이 경우 그러한 권리가 이전가능한지 여부 또는 기업이나 기타 권리와 의무에서 분리

가능한지 여부는 고려하지 않는다.

한편 무형자산이 분리가능하지 않더라도 다른 방법으로 무형자산을 식별할 수 있는 경우가 있다. 예를 들면, 제조설비를 제조공정에 대한 특허권과 함께 일괄취득한 경우에는 그 특허권은 분리가능하지는 않지만 식별가능하다. 또한 어떤 자산이 다른 자산과 결합해야만 미래 경제적 효익을 창출하는 경우에도 그 자산으로부터 유입되는 미래 경제적 효익을 확인할 수 있다면 그 자산은 식별가능한 것으로 본다.

무형자산의 정의에서 식별가능성이 중요한 이유는 영업권과 구별하기 위한 것이다. 사업결합으로 취득하는 영업권은 개별적으로 식별되지 않고 분리하여 인식될 수 없는 자산으로부터 미래 경제적 효익을 기대하여 취득자가 지급하는 대가를 말한다. 그 미래 경제적 효익은 취득한 식별가능한 자산 사이의 시너지효과에서 발생하거나 개별적으로 재무제표상 인식기준을 충족하지는 않지만 취득자가 사업결합에서 대가를 지급하고자 하는 자산으로부터 발생할 수 있다.

1.2 통제가능성

기업이 특정 자산의 미래 경제적 효익을 확보할 수 있고 그 효익에 대한 제3자의 접근을 제한할 수 있다면 기업은 해당 자산을 통제하고 있는 것이다. 무형자산의 미래 경제적 효익에 대한 통제는 일반적으로 법적 권리로부터 나오며, 법적 권리가 없는 경우에는 통제를 입증하기 어렵다. 그러나 다른 방법으로도 미래 경제적 효익을 통제할 수 있기 때문에 권리의 법적 집행가능성이 통제의 필요조건은 아니다.

시장에 대한 지식 및 기술적 지식으로부터도 미래 경제적 효익이 발생할 수 있다. 이러한 지식이 저작권, 계약상의 제약 또는 기밀유지에 대한 종업원의 법적 의무 등과 같은 법적 권리에 의해 보호된다면, 기업은 그러한 지식으로부터 얻을 수 있는 미래 경제적 효익을 통제하고 있는 것으로 본다.

숙련된 종업원이나 훈련을 통해 습득된 종업원(또는 종업원으로 구성된 팀)의 기술도 기업에 미래 경제적 효익을 가져다줄 수 있으며, 기업은 또한 그러한 숙련된 기술을 계속하여 이용할 수 있을 것으로 기대할 수 있다. 그러나 숙련된 종업원이나 교육훈련으로부터 발생하는 미래 경제적 효익은 기업이 충분히 통제하기가 어렵기 때문에 무형자산의 정의를 충족하지 못한다. 이와 유사한 이유로 특정 경영능력이나 기술적 재능도 기업이 그것을 사용하여 미래 경제적 효익을 확보하는 것이 법적 권리에 의해 보호되지 않거나 무형자산 정의의 기타 요건을 충족하지 않는다면 일반적으로 무형자산의 정의를 충족할 수 없다.

기업은 고객구성이나 시장점유율에 근거하여 고객관계와 고객충성도를 잘 유지함으로써 고객이 계속하여 거래할 것이라고 기대할 수 있다. 그러나 그러한 고객관계나 고객충성도를 지속할 수 있는 법적 권리나 그것을 통제할 기타 방법이 없다면 일반적으로 고객관계나 고객충성도에서 창출될 미래 경제적 효익에 대해서는 그러한 항목(예 : 고객구성, 시장점유율, 고객관계와 고객충성도)이 무형자산의 정의를 충족하기에 기업이 충분한 통제를 보유하고 있지 않다.

1.3 미래 경제적 효익의 발생가능성

무형자산도 하나의 자산이므로 자산의 핵심적인 특성인 미래 경제적 효익이 있어야 한다. 무형자산의 미래 경제적 효익은 재화의 매출이나 용역수익, 원가절감 또는 자산의 사용에 따른 기타 효익의 형태로 발생할 수 있다. 즉, 특정 자산이 무형자산으로 인식되려면 미래에 현금유입을 증가시키거나 현금유출을 감소시키는 능력이 있어야 한다. 예를 들면, 제조과정에서 지적재산을 사용하면 미래 수익을 증가시키기보다는 미래 제조원가를 감소시킬 수 있다.

2. 무형자산의 인식조건

특정 항목을 무형자산으로 인식하기 위해서는 앞에서 설명한 무형자산의 정의를 구성하는 세 가지 속성을 갖추어야 하고, 여기에 더하여 그 항목이 다음의 조건을 모두 충족한다는 사실을 기업이 제시하여야 한다.

★

① 자산에서 발생하는 미래 경제적 효익(future economic benefits)이 기업에 유입될 가능성이 높아야 한다.
② 자산의 원가를 신뢰성 있게 측정할 수 있어야 한다.

위의 조건(정의 및 인식기준)은 무형자산을 취득하거나 내부적으로 창출하기 위하여 최초로 발생한 원가와, 취득이나 완성 후에 증가 · 대체 · 수선을 위하여 발생한 원가에 적용한다.

미래 경제적 효익이 기업에 유입될 가능성에 대한 평가는 결국 미래 경제적 효익의 확실성 정도에 대한 평가라고 할 수 있다. 이러한 미래 경제적 효익의 확실성에 대한 평가는 무형자산을 최초로 인식하는 시점에서 입수가능한 증거에 근거하여야 하며 활성화된 시장가격과 같은 외부 증거가 더 신뢰성이 있을 것이고, 무형자산의 내용연수 동안 존재할 미래 경제적 상황에 대한 경영자의 최선의 추정치를 반영하는 합리적이고 객관적인 가정에 근거하여야 한다.

무형자산의 특성상 일단 무형자산이 인식되고 나면 그 자산의 가치가 증가하지 않는 경우가 대부분이며 유형자산과 다르게 무형자산의 부분 대체도 거의 이루어지지 않는다. 따라서 대부분의 취득이나 완성 후에 이루어지는 무형자산에 대한 지출은 위에서 살펴본 무형자산의 정의와 인식기준을 충족하기보다는 기존 무형자산에 내재된 기대미래 경제적 효익을 유지하는 것이 대부분이다. 뿐만 아니라 취득이나 완성 후의 지출을 사업 전체가 아닌 특정 무형자산에 직접 귀속시키기 어려운 경우가 많다. 그러므로 후속지출(예 : 취득한 무형자산의 최초인식 후 또는 내부적으로 창출한 무형자산의 완성 후 발생한 지출)이 자본적 지출에 해당하여 자산으로 인식되는 경우는 매우 드물다.[1)]

미래 경제적 효익을 가져올 것으로 기대되는 지출이 발생하였더라도 자산의 인식기준을 충족할 정도로 미래 경제적 효익의 발생가능성이 높지 않다면 그러한 지출은 발생한 기간의 비용으로 인식한다. 예를 들어, 기업이 수행하는 연구활동을 위한 지출은 미래 경제적 효익이 있을 것으로 기대되지만 미래 경제적 효익의 불확실성이 크기 때문에 항상 비용으로 인식한다. 이외에 발생한 기간의 비용으로 인식하는 기타 지출의 대표적인 예는 다음과 같다.

① 법적 실체를 설립하는 데 발생하는 법적 비용과 같은 창업비, 새로운 시설이나 사업을 개시할 때 발생하는 개업비, 그리고 새로운 영업을 시작하거나 새로운 제품 또는 공정을 시작하기 위하여 발생하는 지출 등과 같은 사업개시비용
② 교육훈련비
③ 광고 또는 판매촉진 활동을 위한 지출
④ 관리원가와 기타 일반경비원가

1) 내부적으로 창출한 브랜드, 제호, 출판표제, 고객목록, 그리고 이와 실질이 유사한 항목(외부에서 취득하였는지 또는 내부적으로 창출하였는지에 관계없이)에 대한 취득이나 완성 후의 지출은 발생시점에 항상 당기손익으로 인식한다. 왜냐하면 그러한 지출은 사업을 전체적으로 개발하기 위한 지출과 구분할 수 없기 때문이다.

그림 9-1 무형자산의 인식

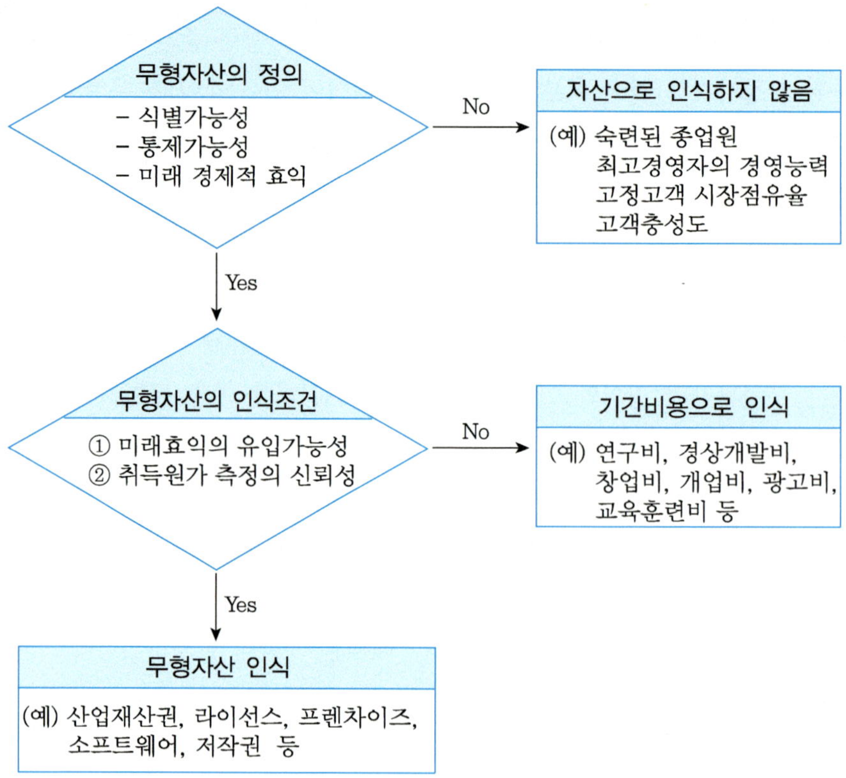

기업이 스스로 개발한 기술력이나 마케팅 능력도 기업에 미래 경제적 효익을 가져다주지만, 그 가치가 얼마인지를 신뢰성 있게 측정하기는 어렵다. 이 때문에 회계에서는 주로 외부에서 취득한 무형자원만을 재무상태표에 무형자산으로 인식한다. 즉, 기업이 외부에서 취득한 경우에는 그 취득대가가 무형자산의 가치를 신뢰성 있게 반영하고 있다고 간주한다. 이에 비해 기업이 내부적으로 창출한 무형자산은 그 가치를 신뢰성 있게 평가하기 어렵기 때문에 매우 제한적인 경우를 제외하고는 자산으로 인식하지 않는다. 이는 현행 회계의 큰 한계점이며 앞으로 해결해 나아가야 할 과제이다.

3. 무형자산의 분류

무형자산 항목으로는 ① 법적 권리인 산업재산권(특허권, 상표권 등), ② 다른 기업의 매수합병으로 발생할 수 있는 영업권, ③ 기업 내부에서 창출된 개발비, ④ 계약이나 구입에 의해 권리가 확보되는 저작권 및 영화필름, 컴퓨터 소프트웨어, 라이선스와 프랜차이즈, 임차권리금 등이 존재한다. 뿐만 아니라 고객목록, 고객이나 공급자와의 관계, 고객충성도, 시장점유율 등이 무형자산의 정의와 인식조건을 충족한다면 무형자산에 포함될 수 있다. <표 9-1>은 무형자산의 종류와 각 종류별 세부항목을 보여주고 있다. 무형자산은 사업상 유사한 성격과 효용을 가진 종류로 분류하여 표시한다. 다만, 재무제표이용자에게 보다 유용한 정보를 제공할 수 있다면 무형자산의 종류는 더 큰 단위로 통합하거나 더 작은 단위로 세분할 수 있다.

무형자산에 관한 K-IFRS[2]는 매수기업결합에서 발생한 영업권을 제외한 무형자산의 회계처리와 공시에 필요한 사항을 정하고 있다. 한편 매수기업결합에서 발생한 영업권의 회계처리는 별도의 기업회계기준서[3]에서 정하고 있다. 앞으로 본서에서는 영업권과 다른 무형자산을 구분하기 위해 필요할 경우 영업권을 제외한 무형자산을 식별가능한 무형자산(specifically identifiable intangibles)이라고 부른다.

표 9-1 무형자산의 분류

무형자산의 종류	정의 및 세부항목
산업재산권	일정 기간 동안 배타적으로 이용할 수 있는 법적 권리인 특허권, 실용신안권, 의장권, 상표권, 상호권 및 상품명 등
개발비	개발단계에서 발생한 지출로서 일정 조건을 충족하는 경우에만 무형자산으로 인식되는 부분
취득이나 계약에 의한 권리	외부에서 구입한 컴퓨터 소프트웨어, 라이선스와 프랜차이즈(특정 기술이나 상품·용역을 일정 기간 동안 사용 또는 판매할 수 있는 권리), 임차권리금, 저작권, 어업권, 프랜차이즈 등
영업권	개별적으로 식별하여 별도로 인식할 수 없으나 사업결합에서 획득한 그 밖에의 자산에서 발생하는 미래 경제적 효익을 나타내는 자산
기타 무형자산	기타 내부적으로 창출된 무형자산으로서 무형자산의 인식조건을 충족시키는 자산

2) 기업회계기준서 제1038호('무형자산')

3) 기업회계기준서 제1103호('사업결합')

표 9-2 취득형태에 따른 무형자산의 회계처리[5)]

구 분	분 류	세부항목	회계처리
식별가능한 무형자산	내부창출 무형자산	연구비, 경상개발비, 광고비, 교육훈련비 등	자산성이 있는 개발비를 제외하고 모두 비용으로 인식
	외부구입 무형자산	산업재산권, 저작권, 라이선스, 프랜차이즈, 임차권리금, 어업권, 컴퓨터 소프트웨어 등	자산으로 인식
영업권	내부창출 영업권	우수고객, 고객충성도, 시장점유율 등	자산으로 인식하지 않음
	사업결합 영업권	영업권	자산으로 인식

식별가능한 무형자산은 다시 내부창출무형자산과 외부구입무형자산으로 구분된다. 내부창출무형자산은 미래 경제적 효익의 불확실성이 높으므로 원칙적으로 모두 비용으로 처리하지만, 예외적으로 일정 조건을 충족하는 지출(개발비)은 자산으로 인식한다.[4)] 식별가능한 무형자산 중 외부구입무형자산은 원칙적으로 무형자산의 정의를 충족하므로 최초인식시 취득원가기준을 적용하여 자산으로 기록한다.

식별불가능한 무형자산인 영업권도 기업 내부에서 창출한 것과 사업결합을 통해 외부에서 구입한 것으로 분류할 수 있는데, 일반적으로 사업결합을 통해 외부에서 구입한 영업권은 자산으로 인식하지만 내부창출영업권은 미래 경제적 효익의 불확실성이 높고 취득원가의 신뢰성 있는 측정이 불가능하여 자산으로 인식하지 않는다.

위의 취득형태에 따른 무형자산 회계처리의 주요 내용을 요약 · 정리하면 <표 9-2>와 같다.

---

4) 개발비에 관해서는 다음의 제3절에서 살펴본다.

5) 송인만 · 윤순석 · 최관, 중급재무회계 제6판, 2014, 신영사, p. 371 참조.

예제 9-1

무형자산의 식별

12월 결산법인인 한국광통신㈜은 2×13년 12월 31일 현재 차변잔액을 갖는 다음 항목들을 총계정원장에 기록하고 있다(단위 : 원).

계정 명칭	잔 액
개업비	₩2,400,000
상표권	1,000,000
사채할인발행차금	350,000
선급광고비	100,000
임차권리금	750,000
경상개발비	600,000
연구비(소재기술개발을 위한 연구비)	4,000,000

[물음] 위의 항목들 중에서 무형자산으로 분류되어야 하는 항목들을 열거하라.

풀이

위에서 개업비, 경상개발비 및 연구비는 비용으로 분류되어야 하며, 사채할인발행차금은 사채(부채)계정의 차감적 평가계정이다. 선급광고비는 자산으로 분류되나 무형자산은 아니다. 무형자산으로 분류될 항목들은 상표권과 임차권리금이며 합계는 ₩1,750,000이다.

제 2 절 무형자산의 취득원가 결정

유형자산의 취득시 취득원가의 결정과 마찬가지로, 무형자산 역시 취득시에는 구입대가에 취득부대비용을 가산한 취득원가로 기록한다. 즉, 무형자산의 취득원가는 자산을 취득하여 그 자산이 목적하는 활동에 사용되기까지 소요된 모든 현금지출액 또는 현금등가액(현금가격상당액)으로 측정된다. 이와 같이 무형자산의 취득원가 산정은 유형자산의 경우와 본질적으로 유사하다. 아래에서는 무형자산의 고유한 특성과 관련한 취득원가 산정의 각 경우에 대해서 살펴본다.

1. 개별 취득

무형자산을 개별 취득한다는 것은 사업결합에 의한 경우에서와 같이 다른 자산·부채와 동시에(결부되어) 취득하지 않고 당해 무형자산을 독립적으로 외부의 기업실체로부터 구입을 통해 취득하는 것을 의미한다. 따라서 앞의 <표 9-2>의 식별가능한 무형자산 중 외부구입무형자산이 이 경우에 해당한다.

무형자산을 개별로 취득하는 경우에는 독립된 당사자 간의 거래에서 취득원가가 형성되므로 일반적으로 무형자산을 개별 취득하기 위하여 지급하는 금액은 취득시점에 그 자산에 내재된 미래 경제적 효익이 기업에 유입될 확률에 대한 기대를 반영한다. 따라서 개별 취득하는 무형자산의 경우에는 그 자산에서 발생하는 미래 경제적 효익이 유입될 가능성이 높고 또한 취득원가를 신뢰성 있게 측정할 수 있으므로 무형자산의 인식요건을 충족시킬 것이다.

유형자산의 경우와 같이 무형자산의 취득원가는 (1) 구입원가(매입할인과 리베이트를 차감하고 수입관세와 환급받을 수 없는 제세금을 포함)와 (2) 자산을 의도된 목적에 사용할 수 있도록 준비하는 데 직접 관련되는 원가[6)]로 구성된다.

이와 같이 무형자산을 개별 취득할 때의 취득원가 산정기준은 유형자산의 경우와 동일하다. 무형자산에 대한 대금지급기간이 일반적인 신용기간보다 긴 경우에는 무형자산의 구입원가는 현금가격상당액(미래 현금지급액의 현재가치)으로 측정된다. 또한 기업이 발행한 지분증권과 교환하여 취득한 무형자산의 취득원가는 그 지분증권의 공정가치로 한다. 무형자산과 기타의 자산을 일괄취득한 경우에는 취득원가 총액을 무형자산과 기타의 자산의 공정가치에 비례하여 배분한 금액을 각각 무형자산과 기타의 자산의 취득원가로 한다.

무형자산의 취득원가 인식은 그 자산이 경영자가 의도하는 방식으로 운용될 수 있는 상태에 이르면 중지하여야 한다. 따라서 무형자산을 취득한 후에 이를 사용하거나 재배치하는 데 발생한 원가는 자산의 취득원가에 포함되지 않는다. 예를 들어, 경영자가 의도하는 방식으로 운용가능하지만 사용 이전 기간에 발생한 원가와 그 자산에서 기대

6) 직접 관련되는 원가의 예는 다음과 같다.
(1) 그 자산을 사용가능한 상태로 만드는 데 직접적으로 발생하는 종업원급여
(2) 그 자산을 사용가능한 상태로 만드는 데 직접적으로 발생하는 전문가수수료
(3) 그 자산이 적절하게 기능을 발휘하는지 검사하는 데 발생하는 원가

되는 성능을 발휘하기 전에 발생하는 원가 및 자산의 산출물에 대한 수요가 확립되기 전까지 발생하는 손실과 같은 초기 영업손실은 자산의 취득원가에 포함하지 않는다.

또한 무형자산의 개발과 관련하여 발생하는 영업활동 중에는 당해 자산을 경영자가 의도하는 방식으로 운영될 수 있는 상태에 이르게 하는 데 반드시 필요하지 않은 활동이 있다. 이러한 부수적인 영업활동은 개발활동 이전이나 개발활동 중에 발생할 수 있는데, 이러한 부수적인 영업활동은 자산을 경영자가 의도하는 방식으로 운영될 수 있는 상태에 이르도록 하는 데 반드시 필요한 것이 아니기 때문에 이와 관련된 수익과 비용은 즉시 손익으로 인식한다.

2. 정부보조에 의한 취득

유형자산과 마찬가지로 무형자산도 정부보조로 인해 무상 또는 낮은 대가로 취득할 수 있다. 예를 들면, 정부가 공항착륙권, 라디오나 텔레비전 방송국 운영권, 수입면허 또는 수입할당이나 기타 제한된 자원을 이용할 수 있는 권리를 기업에게 이전하거나 할당하는 경우이다. 이러한 정부보조금의 회계처리는 유형자산과 마찬가지로 취득한 무형자산을 공정가치로 인식하는 동시에 수령한 정부보조금은 부채(이연수익) 또는 자산의 차감항목으로 인식하는 방법이다. 그러나 무형자산의 공정가치를 알 수 없어 최초에 자산을 공정가치로 인식하지 않기로 선택하는 경우에는, 자산을 명목상 금액(예 : 구입원가)과 자산을 의도한 용도로 사용할 수 있도록 준비하는 데 직접 관련되는 지출을 합한 금액으로 인식한다.

3. 교환에 의한 취득

무형자산의 교환에 의한 취득은 유형자산의 경우와 동일하다. 즉, 비화폐성자산 간의 교환이 상업적 실질을 가지고 제공한 자산의 공정가치나 취득한 자산의 공정가치를 신뢰성 있게 측정할 수 있는 경우에는 취득한 무형자산의 취득원가를 공정가치로 결정하고 포기한 자산의 처분손익을 인식한다. 한편 교환 간에 상업적 실질이 없는 경우나 공정가치를 신뢰성 있게 측정할 수 없는 경우에는 취득한 무형자산의 취득원가로 포기한 자산의 장부금액으로 하고 처분손익을 인식하지 않는다.

예제 9-2

무형자산의 취득원가 결정

진보㈜는 2×14년 3월 1일에 기계장치와 교환으로 민첩㈜으로부터 특허권을 취득하였다. 또한 특허권의 취득을 위해 추가적으로 현금 ₩100,000을 민첩㈜에 지급하였고, 특허권 등록비용으로 ₩50,000을 지출하였다. 2×14년 3월 1일의 당해 기계장치의 장부금액은 ₩100,000(취득원가 ₩200,000, 감가상각누계액 ₩100,000)이었고, 공정가치는 ₩110,000이다. 이 교환거래는 상업적 실질이 있는 교환거래로 판단된다.

[물음] 진보㈜가 2×14년 3월 1일에 특허권 취득을 기록하기 위한 분개를 하라. 단, 제공한 자산인 기계장치의 공정가치는 신뢰성 있게 측정된 것이다.

풀이

위의 교환거래는 상업적 실질이 있는 거래이며 제공한 자산의 공정가치가 신뢰성 있게 측정된 경우이므로 특허권의 취득을 위해 제공한 기계장치의 공정가치를 토대로 특허권의 취득원가를 결정하되 여기에 추가적으로 지급한 현금과 취득부대비용(특허권 등록비용)을 취득원가에 포함한다. 2×14년 3월 1일에 필요한 회계처리는 다음과 같다.

(차)	특허권	260,000	(대)	기계장치	200,000
	감가상각누계액	100,000		현 금	150,000
				기계장치처분이익	10,000

제 3 절 무형자산의 유형별 회계

1. 산업재산권

산업재산권이란 기업이 일정 기간 동안 배타적으로 이용할 수 있는 법적 권리인 특허권, 실용신안권, 의장권, 상표권, 상호권 및 상품명 등을 말한다.

특허권(patents)은 특정 발명을 특허법에 의하여 등록하여 일정 기간 배타적으로 사용할 수 있는 권리이다. 이러한 특허권을 외부로부터 매입한 경우에는 취득에 소요된 지출(매입가격 및 취득부대비용)을 기초로 하여 취득원가를 산정한다. 그러나 특허권을 자체적으로 개발한 경우에는 특허권 취득을 위하여 직접 사용된 금액만을 취득원가

표 9-3 특허권 이외의 산업재산권

구분	내용
실용신안권	상품의 모양 · 구조 및 이의 결합 등 실용적인 고안(design)을 관계법령에 따라 등록하여 일정 기간 독점적 · 배타적으로 이용할 수 있는 권리
의장권	상품의 외관상의 미감에 관한 고안(design)을 관계법령에 따라 등록하여 일정 기간 독점적 · 배타적으로 이용할 수 있는 권리
상표권	특정 상표를 관계법령에 따라 등록하여 일정 기간 독점적 · 배타적으로 이용할 수 있는 권리

로 계상한다.[7)]

실용신안권, 의장권, 상표권 등과 같은 산업재산권도 특허권과 마찬가지로 관계 법률에 의하여 보호를 받는 경우 일정 기간 동안 독점적 · 배타적으로 이용할 수 있다. 이러한 산업재산권이 갖는 구체적인 권리사항은 <표 9-3>과 같다.

2. 내부창출무형자산

현대의 기업들은 연구개발(R&D : research & development)에 막대한 자원을 투자하고 있으며, 연구개발 활동에 많이 투자하는 기업은 연구개발로 인해 창출되는 미래 경제적 효익이 소요되는 비용을 초과할 것이라고 기대하고 있다. 이러한 연구개발을 위한 지출은 내부적으로 창출된 무형자산의 대표적인 예라고 할 수 있다. 일반적으로 내부적으로 창출된 무형자산이 자산의 인식기준을 충족하는지를 평가하기는 쉽지 않다. 그 이유는 미래 경제적 효익을 창출할 가능성과 그 인식시점을 식별하기 어렵고, 그러한 자산의 원가를 신뢰성 있게 측정하기 어렵기 때문이다. 따라서 내부적으로 창출된 무형자산은 매우 제한적인 경우를 제외하고는 자산으로 인식되지 않고 비용으로 처리된다.

연구개발 활동에 의해 내부적으로 창출된 무형자산이 자산의 인식기준에 부합하는지를 평가하기 위하여 무형자산의 창출과정은 연구단계와 개발단계로 구분된다. 여기서 연구단계라는 용어에서 연구(research)란 새로운 과학적, 기술적 지식이나 이해를 얻기 위해 수행하는 독창적이고 계획적인 탐구활동을 말하며, 개발단계라는 용어에서 개발(development)이란 상업적인 생산이나 사용 전에 연구결과나 관련 지식을 새롭거

7) 보다 자세한 사항에 대해서는 후술하는 개발비에 관한 설명을 참조하라.

그림 9-2 개발비의 인식[8)]

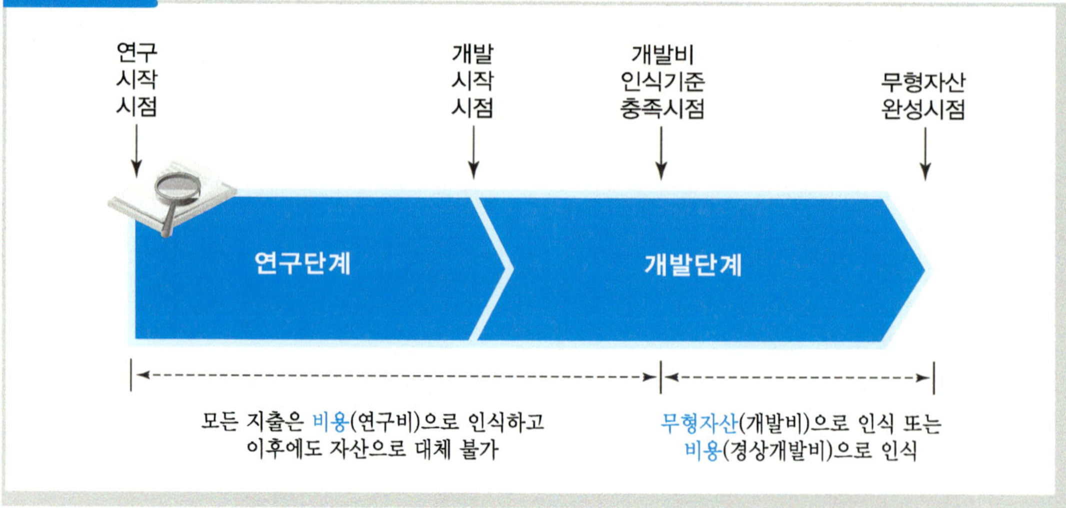

나 현저히 개량된 재료, 장치, 제품, 공정, 시스템이나 용역의 생산을 위한 계획이나 설계에 적용하는 활동을 말한다. 그러나 연구단계와 개발단계의 의미는 각각 연구와 개발이라는 용어의 의미에 비해 더 포괄적이다.

연비가 획기적으로 향상된 연료절약형 차세대 자동차를 개발하는 자동차 제조기업의 연구개발 활동을 예로 들어보자. 자동차 제조사는 우선 연료절약 엔진에 관련한 기초기술에 대해 연구를 수행할 것이고, 이를 토대로 수소자동차, 전기자동차, 하이브리드(hybrid) 엔진 자동차 등의 몇 가지 대체안들의 응용가능성을 탐색할 것이다. 만일 이 중에서 수소자동차를 상업화하기로 결정하였다면 그 이전단계까지를 연구단계로 분류하고 수소자동차를 상업화하기로 결정한 시점까지 발생한 지출은 연구비로 분류한다. 상업화 결정 이후 시제품 생산단계까지를 개발단계로 분류하고 이 단계에서 발생한 지출은 일정 조건이 충족되면 개발비라는 무형자산으로 인식한다. 이후 상업적 시험생산단계에서 양산단계에 이르는 과정에서 발생하는 지출은 제품생산원가로 인식한다.

연구개발투자가 성공하여 신기술 또는 신제품이 개발된다면 기업에 커다란 경제적 효익을 가져다줄 수 있다. 그러나 투자의 효과를 신뢰성 있게 측정하기 어렵기 때문에

---

8) Lam, N., and P. Lau, *Intermediate Financial Reporting*, An IFRS Perspective, 2009, McGraw Hill., p. 164 참조.

연구개발투자의 일부에 대해서만 그 지출액을 무형자산으로 인식할 수 있다.

연구단계(또는 내부 프로젝트의 연구단계)에서 발생하는 지출은 무형자산으로 인식하지 않고 발생시점에 비용으로 인식한다. 내부 프로젝트의 연구단계에서는 미래 경제적 효익을 창출할 무형자산이 존재한다는 것을 객관적으로 제시할 수 없기 때문에 내부 프로젝트의 연구단계에서 발생한 지출은 발생시점에 비용으로 인식한다.

한편 개발단계는 연구단계보다 훨씬 더 진전되어 있는 상태이기 때문에 프로젝트의 개발단계에서는 무형자산을 식별할 수 있으며, 그 무형자산이 미래 경제적 효익을 창출할 것임을 제시할 수 있다. 즉, 개발단계에서 발생한 지출이 (1) 미래 경제적 효익의 유입 가능성이 높으며 (2) 취득원가를 신뢰성 있게 측정할 수 있는 경우라면 무형자산으로 인식할 가능성이 존재한다. K-IFRS에서는 이렇게 자산성이 인정되는 개발단계의 지출 중 다음의 사항을 **모두 제시할 수 있는 경우에만** 개발활동(또는 내부 프로젝트의 개발단계)에서 발생한 지출을 무형자산으로 인식하도록 규정함으로써 개발단계에서의 지출에 대해서도 자산으로 인식될 수 있는 요건을 매우 보수적으로 제한하고 있다.

① 무형자산을 사용 또는 판매하기 위해 그 자산을 완성시킬 수 있는 기술적 실현 가능성

② 무형자산을 완성하여 사용하거나 판매하려는 기업의 의도

③ 무형자산을 사용하거나 판매할 수 있는 기업의 능력

④ 무형자산이 미래 경제적 효익을 창출하는 방법. 그 중에서도 특히 무형자산의 산출물이나 무형자산 자체를 거래하는 시장이 존재함을 제시할 수 있거나 또는 무형자산을 내부적으로 사용할 것이라면 그 유용성을 제시할 수 있다.

⑤ 무형자산의 개발을 완료하고 그것을 판매 또는 사용하는 데 필요한 기술적, 재정적 자원 등의 입수가능성

⑥ 개발과정에서 발생한 무형자산 관련 지출을 신뢰성 있게 측정할 수 있는 능력

요약하면 기초적 연구단계에 소요된 지출은 비용으로 처리하며, 개발단계(예 : 제조기법 개발, 시제품 제작)에 소요된 지출은 미래 경제적 효익[9]을 창출할 가능성이 높고 앞에서 제시된 요건을 충족하는 제한적인 경우에만 개발비[10]라는 무형자산으로 인식하고, 그렇지 않으면 경상개발비라는 비용으로 처리한다.

9) 무형자산의 미래 경제적 효익은 재화·용역의 매출증대나 원가절감 등의 형태로 발생한다.

10) 여기서 주의해야 할 것은 개발비란 계정과목은 비용 항목처럼 들리지만 무형자산 항목이라는 점이다.

일반적으로 내부적으로 창출한 무형자산의 원가는 그 무형자산이 인식기준을 최초로 충족시킨 이후에 발생한 지출금액의 합으로 한다. 이미 비용으로 인식한 지출은 무형자산의 원가로 인식할 수 없다. 유형자산과 마찬가지로 내부적으로 창출한 무형자산의 원가 역시 그 자산의 창출, 제조 및 경영자가 의도하는 방식으로 운영될 수 있게 준비하는 데 필요한 직접 관련된 모든 원가를 포함한다. 직접 관련된 원가의 예는 다음과 같다.

① 무형자산의 창출에 사용되었거나 소비된 재료원가, 용역원가 등
② 무형자산의 창출을 위하여 발생한 종업원급여
③ 법적 권리를 등록하기 위한 수수료
④ 무형자산의 창출에 사용된 특허권과 라이선스의 상각비
⑤ 자본화대상 금융비용

예제 9-3

내부적으로 창출한 무형자산

회계기간이 1. 1.~12. 31.인 A기업은 새로운 생산공정을 개발하고 있다. 20×5년 동안 발생한 지출은 ₩1,000이었으며 그 중 ₩900은 20×5년 12월 1일 전에 발생하였고 ₩100은 20×5년 12월 1일과 20×5년 12월 31일 사이에 발생하였다. A기업은 20×5년 12월 1일에 새로운 생산공정이 무형자산의 인식기준을 충족했다는 사실을 제시할 수 있다. 그 공정에 내재된 노하우의 회수가능액(그 공정이 사용가능하기 전에 해당 공정을 완료하기 위한 미래 현금유출액 포함)은 ₩500으로 추정된다. A기업이 20×6년 말에 개발이 완료되었으며 새로운 생산공정 개발과 직접적으로 관련하여 지출한 금액은 ₩2,000이다.

[물음] 20×6년 말에 무형자산의 원가로 인식할 금액은 얼마인가?

풀이

무형자산의 인식기준을 충족한 날은 20×5년 12월 1일이므로 그 이후에 발생한 원가 ₩100과 20×6년에 지출된 원가 ₩2,000이 무형자산으로 인식된다. 20×5년 12월 1일 전에 발생한 ₩900의 지출은 무형자산의 인식기준이 20×5년 12월 1일까지 충족되지 않았기 때문에 비용으로 인식한다. 따라서 20×6년 말에 자산으로 보고될 무형자산의 원가는 ₩2,100이다.

제 4 절 무형자산 취득 이후의 회계

유형자산의 경우와 같이 무형자산도 취득시점에는 원가로 측정하지만 취득 이후에는 원가모형과 재평가모형 중 하나를 선택하여 회계처리할 수 있다. 재평가모형을 적용하여 무형자산을 회계하는 경우에는 같은 분류의 기타 모든 자산도 그에 대한 활성시장이 없는 경우를 제외하고는 동일한 방법을 적용하여 회계한다. 즉, 무형자산은 영업상 유사한 성격과 용도로 분류하며, 자산을 선택적으로 재평가하거나 재무제표에서 서로 다른 기준일의 원가와 가치가 혼재된 금액을 보고하는 것을 방지하기 위하여 동일한 분류 내의 무형자산 항목들은 동시에 재평가하여야 한다.

원가모형하에서 무형자산은 최초인식 후에 원가에서 상각누계액과 손상차손누계액을 차감한 금액을 장부금액으로 하는 것은 유형자산의 경우와 같다. 따라서 무형자산 취득 이후의 주요한 회계처리 사항으로는 취득 이후의 지출과 상각, 그리고 손상차손의 인식문제가 있다. 이외에도 폐기와 처분의 문제가 논의되어야 한다. 이와 같이 무형자산은 유형자산과 본질적으로 유사한 점이 많으나 무형자산의 고유한 성격으로 인하여 취득 이후의 회계처리에 있어 유형자산과 차이가 존재하며, 독자들은 이러한 차이에 대해 주목할 필요가 있다. 일단 이러한 주제들을 원가모형에 기준하여 설명하고 이후에 재평가모형에 대해 설명한다.

1. 취득 이후의 지출

무형자산은 특성상 취득시점에 자산에 내재된 미래 경제적 효익이나 내용연수 등이 확정되기 때문에 취득시점 이후에 발생하는 자본적 지출은 드물다. 즉, 대부분의 취득이나 완성 후의 지출은 위에서 살펴본 무형자산의 정의와 인식기준을 충족하기보다는 기존 무형자산에 내재된 기대 미래 경제적 효익을 유지하는 것이 대부분이다. 또한 취득이나 완성 후의 지출을 사업 전체가 아닌 특정 무형자산에 직접 귀속시키기 어려운 경우가 많다. 그러므로 후속지출(예 : 취득한 무형자산의 최초인식 후 또는 내부적으로 창출한 무형자산의 완성 후 발생한 지출)이 자산으로 자본화되는 경우는 매우 드물다.

일반적으로 내부적으로 창출한 브랜드, 제호, 출판표제, 고객목록, 그리고 이와 실질이 유사한 항목(외부에서 취득하였는지 또는 내부적으로 창출하였는지에 관계없이)에 대한 취득이나 완성 후의 지출은 발생시점에 항상 당기손익으로 인식한다. 왜냐하면 그러한 지출은 사업을 전체적으로 개발하기 위한 지출과 구분할 수 없기 때문이다.

2. 무형자산의 상각

유형자산의 경우에는 원칙적으로 토지를 제외하면 미래 경제적 효익이 시간의 경과에 따라 소비(소멸)되기 때문에 감가상각을 통하여 장부금액을 감소시켜야 하며, 따라서 유형자산의 상각대상금액은 그 자산의 추정내용연수 동안 체계적인 방법에 의하여 비용으로 배분한다. 이에 비해 무형자산은 내용연수가 유한한지 또는 비한정인지를 우선 평가하고, 만약 내용연수가 유한하다면 자산의 내용연수 기간이나 내용연수를 구성하는 생산량이나 이와 유사한 단위를 평가하여 상각한다. 한편 관련된 모든 요소의 분석에 근거하여 그 자산이 순현금유입을 창출할 것으로 기대되는 기간에 대하여 예측 가능한 제한이 없을 경우, 무형자산의 내용연수가 비한정인 것으로 본다. 따라서 무형자산의 회계는 내용연수의 평가에 따라 다르다. 내용연수가 유한한 무형자산은 당연히 상각하여야 하고, 내용연수가 비한정인 무형자산은 상각하지 않는다.

2.1 무형자산의 내용연수 결정

무형자산의 내용연수를 결정하기 위해서 다음과 같은 요인들을 포함하여 종합적으로 고려한다.

(1) 기업이 예상하는 자산의 사용방식과 자산이 다른 경영진에 의하여 효율적으로 관리될 수 있는지 여부
(2) 자산의 일반적인 제품수명주기와 유사한 방식으로 사용되는 유사한 자산들의 내용연수 추정치에 관한 공개된 정보
(3) 기술적, 공학적, 상업적 또는 기타 유형의 진부화
(4) 자산이 운용되는 산업의 안정성과 자산으로부터 산출되는 제품이나 용역의 시장수요 변화
(5) 기존 또는 잠재적인 경쟁자의 예상 전략

앞에서 언급한 바와 같이, 무형자산의 내용연수는 매우 길 수도 있고 경우에 따라서는 비한정일 수도 있다. 내용연수의 불확실성으로 인하여 무형자산의 내용연수를 신중하게 추정하는 것은 정당하지만, 그렇다고 해서 비현실적으로 짧은 내용연수를 선택하는 것은 정당화되지 않는다.

무형자산은 물리적 실체가 없기 때문에 당연히 물리적 내용연수는 존재하지 않는다. 따라서 무형자산의 내용연수는 경제적 요인과 법적 요인에 의해 영향을 받는다. 경제적 요인은 자산의 미래 경제적 효익이 획득되는 기간을 결정하고, 법적 요인은 기업이 그 효익에 대한 접근을 통제할 수 있는 기간을 제한한다. 내용연수는 이러한 요인에 의해 결정된 기간 중 짧은 기간으로 한다. 예를 들어, 컴퓨터 소프트웨어와 기타 많은 무형자산은 기술상 빠른 변화가 있기 때문에 기술적 진부화의 영향을 받기 쉽고, 따라서 그러한 무형자산의 내용연수는 일반적으로 짧을 가능성이 높다.

계약상 권리 또는 기타 법적 권리로부터 발생하는 무형자산의 내용연수(예: 특허권)는 그러한 계약상 권리 또는 기타 법적 권리의 기간을 초과할 수는 없지만, 자산의 예상사용기간에 따라 더 짧을 수는 있다. 만약 계약상 또는 기타 법적 권리가 갱신가능한 한정된 기간 동안 부여된다면, 중요한 원가 없이 기업에 의해 갱신될 것이 명백한 경우에만 그 갱신기간을 무형자산의 내용연수에 포함한다.

내용연수가 비한정이라 할 때 **비한정이 무한한 내용연수를 의미하지 않는다**. 즉, 비한정 내용연수란 미래 경제적 효익이 유입될 기간이 반영구적이라는 의미이다. 무형자산의 내용연수는 자산의 내용연수를 추정하는 시점에 평가된 표준적인 성능수준을 유지하기 위한 미래 유지비용과 그 수준의 비용을 부담할 수 있는 기업의 능력과 의도만을 반영한다. 그러므로 자산의 내용연수를 추정하는 시점에 평가된 표준적인 성능수준을 유지하기 위하여 필요한 지출을 초과하는 미래지출계획에 근거하여 무형자산의 내용연수가 비한정이라는 결론을 내려서는 안 된다.

2.2. 내용연수가 유한한 무형자산의 상각

1) 상각기간과 상각방법

내용연수가 유한한 무형자산의 상각대상금액을 내용연수 동안 체계적인 방법으로 배분하는 것을 상각(amortization)이라고 하는데, 이는 본질적으로 감가상각대상 유형자산의 감가상각(depreciation)과 동일하다. 상각은 자산이 사용가능한 때부터 시작한다. 즉, 자산이 경영자가 의도하는 방식으로 운영할 수 있는 위치와 상태에 이르렀을 때부터 시작한다. 상각은 자산이 매각예정으로 분류되는(또는 매각예정으로 분류되는 처분자산집단에 포함되는) 날과 자산이 재무상태표에서 제거되는 날 중 이른 날에 중지한다. 즉, 무형자산의 경우에 그 사용이 중지된 경우라도 상각의 종료시점까지 계속 상각한다.

유형자산의 경우와 마찬가지로 무형자산의 상각방법은 자산의 미래 경제적 효익이 소비되는 형태를 반영한 합리적인 방법이어야 하고, 미래 경제적 효익의 예상되는 소비형태가 변동하지 않는다면 매 회계기간에 일관성 있게 적용한다. 유형자산의 경우처럼 무형자산의 상각방법에는 정액법, 체감잔액법(정률법 등), 생산량비례법 등이 있다. 이와 같이 무형자산에 대해 다양한 상각방법을 인정하는 이유는 무형자산이 다른 자산에 비해 이질성이 높아 개별 자산 간의 경제적 효익과 소비의 흐름이 매우 상이하기 때문이다. 다만, 경제적 효익이 소비되는 형태를 신뢰성 있게 결정할 수 없는 경우에는 정액법을 사용한다.

무형자산의 상각액은 일반적으로 당기손익으로 인식한다. 그러나 자산에 내재된 미래 경제적 효익이 다른 자산의 생산에 사용되는 경우, 그 자산의 상각비용은 생산된 자산의 원가를 구성하여 장부금액에 포함한다. 예를 들면, 제조과정에서 사용된 무형자산의 상각은 재고자산의 제조원가에 포함한다.

2) 잔존가치의 추정

감가상각대상 유형자산과는 달리, 내용연수가 유한한 무형자산의 잔존가치는 원칙적으로 0으로 보며, 다음의 (1)과 (2) 중 하나에 해당하는 경우를 예외로 한다.

(1) 내용연수 종료시점에 제3자가 자산을 구입하기로 한 약정이 있다.

(2) 무형자산의 활성거래시장이 있고 다음을 모두 충족한다.

- (가) 잔존가치를 그 활성시장에 기초하여 결정할 수 있다.
- (나) 그러한 활성시장이 내용연수 종료시점에 존재할 가능성이 높다.

영(0)이 아닌 잔존가치는 경제적 내용연수 종료시점 이전에 그 자산을 처분할 것이라는 기대를 나타내며, 내용연수가 유한한 자산의 상각대상금액은 당연히 잔존가치를 차감하여 결정한다. 무형자산의 잔존가치는 처분으로 회수가능한 금액을 근거로 하여 추정하는데, 그 자산이 사용될 환경과 유사한 조건에서 운용되었고 내용연수가 종료된 유사한 자산에 대해 추정일 현재 일반적으로 형성된 매각 가격을 사용한다. 잔존가치의 합리성에 대해서는 적어도 매 회계기간 말에는 검토하고 잔존가치의 변동이 정당한 경우 잔존가치를 변경할 수 있으며 이러한 잔존가치의 변동은 회계추정의 변경으로 보고 전진법으로 처리한다.

유형자산의 경우와 마찬가지로, 내용연수가 유한한 무형자산의 잔존가치는 해당 자산의 장부금액과 같거나 큰 금액으로 증가할 수도 있다. 이 경우에는 자산의 잔존가치가 이후에 장부금액보다 작은 금액으로 감소될 때까지는 무형자산의 상각액은 영(0)이 된다.

3) 상각기간과 상각방법의 검토

무형자산의 내용연수 동안 내용연수의 추정이 적절하지 않다는 것이 명백해지는 경우가 있다. 예를 들면, 무형자산의 가치가 반영구적으로 하락하여 손상차손을 인식한다는 것이 상각기간을 변경할 필요가 있다는 것을 나타낼 수 있다. 또한 시간이 경과함에 따라 무형자산에서 유입될 것으로 기대되는 미래 경제적 효익의 형태가 변경될 수 있다. 예를 들면, 매 연도 미래 경제적 효익의 유입이 동일할 것이라는 정액법보다 내용연수 초기에 더 많은 경제적 효익이 유입될 것으로 가정하는 체감잔액법이 더 적절하다는 것이 명백해지는 경우가 있다.

이러한 무형자산의 특성을 반영하여, 내용연수가 유한한 무형자산의 상각기간과 상각방법은 적어도 매 회계연도 말에 검토해야 한다. 검토결과 자산의 예상 내용연수가 과거의 추정치와 다르다면 상각기간을 이에 따라 변경하고, 자산에 내재된 미래 경제적 효익의 예상소비형태가 변동된 경우 변동된 소비형태를 반영하기 위하여 상각방법을 변경한다. 그러한 변경은 회계추정의 변경으로 보아 전진법에 의해 회계처리한다. 내용연수가 유한한 무형자산의 상각과 추정변경에 대해 다음 예제들을 통해 구체적으로 살펴보기로 하자.

예제 9-4

무형자산의 상각

12월 결산법인인 아주해양개발㈜은 20×1년 초에 베링해의 일정 면적의 해역에서 3년간 총 50,000톤을 어획할 수 있는 어업권을 ₩50,000,000에 취득하였다. 아주해양개발㈜은 취득한 어업권(무형자산)을 생산량비례법으로 상각하며, 잔존가치는 없다. 아주자원개발㈜은 20×1년 동안 총 15,000톤의 어획량을 올렸으며, 이 중 13,500톤을 판매하였고 나머지

1,500톤은 냉동창고에 저장하고 있다.

[물음] 20×1년 초의 어업권 취득과 20×1년 말에 상각과 관련한 아주해양개발㈜이 기록할 회계처리를 하라.

풀이

20×1년 초 : 어업권의 취득

(차) 어 업 권	50,000,000	(대) 현 금	50,000,000

생산량비례법에 의해 무형자산(어업권)을 상각하므로 20×1년 말에 인식해야 할 상각비는 다음과 같이 계산된다.

$$₩50,000,000 \times 15,000/50,000 = ₩15,000,000$$

20×1년 말 :

(차) 어업권상각비	15,000,000	(대) 어업권상각누계액	15,000,000

앞에서 언급한 바와 같이, 무형자산의 상각액은 일반적으로 당기손익으로 인식되지만 자산에 내재된 미래 경제적 효익이 다른 자산의 생산에 사용되는 경우, 상각비는 다른 자산의 원가를 구성하여 생산된 자산의 제조원가에 포함한다. 그러므로 20×1년의 어업권상각비 ₩15,000,000 중 판매된 어획량에 해당하는 ₩13,500,000은 매출원가로 계상되어야 하고, 저장된 나머지 금액(₩1,500,000)은 재고자산의 장부금액에 포함되어야 한다(매출수익에 대한 회계처리는 생략).

20×1년 말 :

(차) 매출원가	13,500,000	(대) 어업권상각비	15,000,000
재고자산	1,500,000		

무형자산의 상각을 회계처리할 때 실무적으로 상각누계액계정을 설정하는 방법을 사용하기도 하고 무형자산의 계정잔액을 직접 감소시키는 방법이 사용되기도 한다. 그러나 K-IFRS에서는 구체적인 회계처리방법에 대해 규정을 두고 있지는 않다. 이렇게 구체적 회계처리 규정이 없는 이유는 무형자산의 취득원가가 유형자산의 그것에 비해 재무정보이용자의 경제적 의사결정에 중요한 영향을 미칠 것으로 판단되지 않기 때문일 것이다. 다만, 무형자산의 계정잔액을 직접 감소시키는 방법이 사용될 경우에는 상각누계액을 재무제표 주석으로 공시하는 것이 바람직할 것이다.

예제 9-5

무형자산의 상각

12월 결산법인인 MTA㈜는 신규 사업영역에 진출하기 위해 2×13년 4월 1일에 대한개발㈜로부터 ₩5,000,000에 특허권을 취득하였다. 이외에도 법률수수료 ₩1,000,000과 등록비용 ₩400,000을 지출하였다. 취득시점에서 이 특허권의 법정 내용연수는 25년이고, 경제적 내용연수는 20년으로 추정되었으며 잔존가치는 없다. 또한 2×13년 7월 1일에 최첨단 자동화생산시설(기계장치)과 이를 운용하기 위한 소프트웨어를 일괄취득하고 ₩10,000,000을 지급하였다. 이 자동화생산시설은 소프트웨어 없이는 작동이 불가능하고 소프트웨어로부터 제공될 미래 경제적 효익을 별도로 식별할 수 없다. 자동화생산시설과 소프트웨어의 공정가치비율은 4 : 1로 평가되었고, 자동화생산시설의 잔존가치는 ₩0이고 내용연수는 10년으로, 그리고 소프트웨어의 내용연수는 12년으로 추정되었다. 한편 MTA㈜는 2×14년 12월 31일에 대한개발㈜로부터 취득한 특허권에 대해 내용연수를 재검토한 결과 추정잔여내용연수를 16년으로 수정하였고, 미래 경제적 효익의 예상되는 소비형태를 재검토한 결과 원래의 정액법보다는 정률법이 더 합리적이라는 판단을 함에 따라 상각방법을 정률법으로 변경하였다.

[물음 1] MTA㈜가 특허권의 취득시점에서 수행할 회계처리와 2×13년 12월 31일에 특허권의 상각을 기록하기 위한 회계처리는 무엇인가? 단, 무형자산은 정액법에 의해 상각한다.

[물음 2] MTA㈜가 자동화생산시설 및 소프트웨어의 취득시점에서 수행할 회계처리와 2×13년 12월 31일에 이들 자산의 원가배분을 기록하기 위한 회계처리는 무엇인가? (기계장치는 연수합계법, 무형자산은 정액법에 의해 상각한다.)

[물음 3] MTA㈜가 2×14년 12월 31일에 특허권의 내용연수의 추정변경과 상각방법 변경과 관련하여 기록해야 할 회계처리를 보여라.

풀이

1. 특허권의 취득원가는 구입대가와 취득부대비용의 합계인 ₩6,400,000이다. 따라서 2×13년 4월 1일의 회계처리는 다음과 같다.

2×13년 4월 1일 :

(차) 특 허 권	6,400,000	(대) 현 금	6,400,000

내용연수는 법정 내용연수와 경제적 내용연수 중 짧은 기간으로 선택해야 하므로 20년이 된다. 그러므로 2×13년 4월 1일부터 2×13년 12월 31일까지의 기간에 대한 상각비는 다음과 같이 계산된다.

특허권 상각비 = ₩6,400,000 ÷ 20 × 9/12 = ₩240,000

2×13년 12월 31일 :

(차) 특허권상각비	240,000	(대) 특 허 권	240,000

2. 소프트웨어는 자동화생산설비와 별도로 무형자산의 인식대상이 될 수 있다. 그러나 자동화생산설비는 소프트웨어 없이 가동이 불가능하고 소프트웨어가 제공하는 미래 경제적 효익을 자동화설비의 미래 경제적 효익과 분리하는 것이 불가능하므로 소프트웨어를 자동화설비(유형자산)의 일부로 보아 모두 유형자산으로 분류한다. 그러므로 내용연수도 기계장치를 기준으로 추정하여(10년) 적용한다. 취득시점의 회계처리와 결산시점의 감가상각을 위한 분개는 다음과 같다.

2×13년 7월 1일 :

(차) 기계장치	10,000,000	(대) 현　금	10,000,000

2×13년 12월 31일 :

(차) 감가상각비	500,000	(대) 감가상각누계액	500,000

3. 내용연수나 잔존가치와 같은 추정치의 변경이나 상각방법의 변경은 전진법에 의해 회계처리한다. 2×14년 초의 특허권(무형자산)의 장부금액은 ₩6,160,000(=₩6,400,000－₩240,000)이고, 변경된 잔여내용연수는 16년이므로 상각률(정률)은 다음과 같이 계산된다. (특허권의 잔존가치가 0이므로 임의의 작은 금액(₩10)을 대입하여 정률을 계산한다.)

$$정률 = 1 - \sqrt[16]{\frac{10}{6,160,000}} = 1 - 0.43466 = 0.56534$$

상각비 = ₩6,160,000×0.56534 = ₩3,482,494

2×14년 12월 31일 :

(차) 특허권상각비	3,482,494	(대) 특 허 권	3,482,494

3. 내용연수가 비한정인 무형자산

내용연수가 유한한 무형자산과는 대조적으로 내용연수가 비한정인 무형자산은 상각하지 않는다. 내용연수가 비한정인 무형자산(예 : 영업권)에 대해서는 상각을 하지 않는 대신에 매년 또는 무형자산의 손상을 시사하는 징후가 있을 때 회수가능액과 장부금액을 비교하여 내용연수가 비한정인 무형자산의 손상검사를 수행하여야 한다. 따라서 내용연수가 유한한 무형자산과 유형자산의 경우에는 매 보고기간 말에 손상을 시사하는 징후가 있는지 검토하고 손상을 시사하는 징후가 있을 때만 회수가능액을 추정하면 되지만, 내용연수가 비한정인 무형자산의 경우에는 매년 또는 손상을 시사하는 징후가 있을 때는 언제라도 회수가능액을 추정하여 손상검사를 수행하여야 한다. 따라서 내용연수가 비한정인 무형자산의 경우에는 손상을 시사하는 징후가 있는지 여부에 관계없이 회수가능액을 추정하고 장부금액과 비교하여야 한다는 점에서 내용연수가 유한한 무형자산의 경우에 비해 손상회계가 더 엄격히 적용된다고 할 수 있다.

뿐만 아니라 내용연수가 비한정인 무형자산의 경우 내용연수를 비한정으로 평가한 결정이 정당한지를 매 회계기간에 검토하여야 한다. 사건과 상황이 그러한 평가를 정당화하지 않는 경우에 비한정 내용연수를 유한한 내용연수로 변경하고, 이러한 경우에는 회계추정의 변경으로 간주하여 전진법을 적용하여 회계처리한다.

비한정 내용연수를 유한 내용연수로 재평가하는 것은 그 자산의 손상을 시사하는 하나의 징후가 된다. 따라서 이러한 경우에는 회수가능액과 장부금액을 비교하여 그 자산에 대한 손상검사를 하고, 회수가능액을 초과하는 장부금액을 손상차손으로 인식한다. 유형자산의 경우와 마찬가지로 무형자산의 경우에도 손상이 발생하면 이를 발생한 기간에 즉각 손실로 인식해야 한다. 즉, 자산의 진부화 및 시장가치의 급격한 하락 등으로 인하여 무형자산의 회수가능액이 장부금액에 중요하게 미달하게 되는 경우에는 장부금액을 회수가능액으로 조정하고 그 차액을 손상차손으로 인식하는 것이다. 무형자산의 손상차손 인식은 내용연수가 비한정인 무형자산에 대해서 뿐만 아니라 내용연수가 유한한 무형자산의 경우에도 동일하게 적용된다.

4. 무형자산의 폐기와 처분

무형자산은 다음의 각 경우에 재무상태표에서 제거한다.

★

(1) 처분하는 때
(2) 사용이나 처분으로부터 미래 경제적 효익이 기대되지 않을 때

무형자산의 제거와 관련된 회계처리는 유형자산의 경우와 본질적으로 동일하다. 무형자산의 제거로 인하여 발생하는 이익이나 손실은 순매각가액과 장부금액의 차이로 결정한다. 제거에 따른 이익이나 손실은 자산을 제거할 때 일반적으로 당기손익으로 인식한다.

무형자산은 여러 방법(예 : 매각, 금융리스의 체결 또는 기부)으로 처분할 수 있다. 자산의 처분시점을 결정할 때는 재화의 판매에 관한 수익인식기준[11)]을 적용한다.

5. 무형자산의 재평가모형

유형자산의 경우와 마찬가지로 무형자산의 경우에도 최초인식 이후 후속측정은 원가모형과 재평가모형 중 하나의 회계정책을 선택하여 수행한다. 즉, 무형자산의 경우에 원가모형이란 최초인식 후에 자산의 원가에서 상각누계액과 손상차손누계액을 차감한 금액을 장부금액으로 하는 회계정책을 말한다. 이에 비해 재평가모형이란 최초인식 후에 재평가일의 공정가치에서 이후의 상각누계액과 손상차손누계액을 차감한 재평가금액을 장부금액으로 하는 회계정책을 말한다. 무형자산의 재평가모형의 내용은 유형자산의 그것과 본질적으로 유사하므로 아래에서는 유형자산과의 차이점만 지적하기로 한다.

첫 번째 차이는 무형자산의 고유한 성격에 기인한 것이다. 즉, 무형자산의 경우에 재평가모형은 반드시 자산을 원가로 최초에 인식한 후에 적용한다. 따라서 재평가모형을 적용하는 경우에 (1) 이전에 자산으로 인식하지 않은 무형자산의 재평가 및 (2) 원가가 아닌 금액으로 무형자산을 최초로 인식하는 것은 금지된다. 그러나 일부 과정(예: 연구단계)이 종료될 때까지 인식기준을 충족하지 않아서 무형자산의 원가의 일부만 자산으로 인식한 경우에는 그 자산 전체에 대하여 재평가모형을 적용할 수 있다.

두 번째 차이는 공정가치의 측정에 관한 것이다. 유형자산의 공정가치는 시장가치접근법을 우선으로 하되 공정가치에 대해 시장에 근거한 증거가 없는 경우에 이익접근법이나 상각후대체원가법을 사용해서 공정가치를 측정할 수 있다. 이에 비해 무형자산에 대한 재평가인 경우 무형자산의 공정가치는 활성시장을 기초로 하여 결정한다. 그러나 무형자산의 경우에는 활성시장이 존재하는 경우가 흔하지 않다. 국가에 따라서는 자유롭게 양도가 가능한 택시 라이선스, 어업권이나 생산할당량에 대하여 활성시장이 존재할 수 있으나 대부분 국가의 경우 브랜드, 신문 제호, 음악과 영화 출판권, 특허권이나 상표는 성격상 독특하기 때문에 활성시장이 존재할 수 없다. 또한 무형자산이 매매되더라도 계약은 개별 매수자와 매도자 간에 협상이 되고 상대적으로 거래는 자주 일어나지 않기 때문에 무형자산의 거래가격이 신뢰성 있는 공정가치로 보기 어렵다.

이러한 무형자산의 특성 때문에 재평가한 무형자산의 공정가치를 더 이상 활성시장을 기초로 하여 결정할 수 없는 경우에는 자산의 장부금액은 활성시장을 기초로 한

---

11) 기업회계기준서 제1018호('수익') 참조.

최종 재평가일의 재평가금액에서 이후의 상각누계액과 손상차손누계액을 차감한 금액으로 한다.[12] 반면 자산의 공정가치를 이후의 측정일에 활성시장을 기초로 하여 결정할 수 있는 경우에는 그날부터 재평가모형을 적용한다.

세 번째 차이는 재평가의 자산 분류별 수행에 관한 것이다. 유형자산의 경우와 마찬가지로 무형자산의 경우에도 영업상 유사한 성격과 용도로 분류하고 자산을 선택적으로 재평가하거나 재무제표에 서로 다른 원가와 가치가 혼재된 금액으로 보고하는 것을 방지하기 위하여 같은 분류 내의 무형자산 항목들은 동시에 재평가한다. 그러나 무형자산의 경우에는 활성시장이 존재하는 것이 흔하지 않으므로 재평가한 무형자산과 같은 분류 내의 무형자산에 대한 활성시장이 없어서 재평가할 수 없게 된 경우에는 부득이 원가모형을 적용하여 원가에서 상각누계액과 손상차손누계액을 차감한 금액으로 표시한다.

재평가의 빈도와 그 밖의 회계처리방법, 즉 재평가일의 상각누계액의 회계처리방법, 장부금액이 재평가로 인해 증가된 경우의 회계처리, 장부금액이 재평가로 인해 감소된 경우의 회계처리, 그리고 재평가잉여금 누계액의 이익잉여금 대체에 있어서는 유형자산의 경우와 동일하다.

제 5 절 영업권

1. 영업권의 의의

기업은 대형화를 통한 규모의 경제(economies of scale)를 실현하기 위하여 또는 타 기업과의 결합을 통해 시너지를 창출하기 위한 목적 등 다양한 목적으로 다른 기업을 매수합병(mergers & acquisitions)한다. 이러한 매수합병의 경우에 회계적으로 중요한 주제는 영업권의 인식에 관한 것이다.

개념적으로 영업권(goodwill)은 고도의 기술, 경영진의 우수한 경영능력, 축적된 기

12) 재평가한 무형자산에 대하여 더 이상 활성시장이 존재하지 않는다는 것은 자산이 손상되어 손상검사를 할 필요가 있다는 것을 나타내는 것일 수 있다.

업이미지, 확고한 고객관계 등으로 인하여 특정 기업이 동종의 다른 기업에 비해 상대적으로 초과수익을 획득할 수 있는 능력(초과이익력)을 확보하였을 경우 그 (미래)초과이익의 현재가치 총계로 정의된다. 영업권은 다른 무형자산들과는 달리 식별가능하지 않으며, 기업으로부터 분리되어 개별적으로 판매되거나 교환될 수 없고, 기업 전체와 관련지어서만 확인가능하다는 특성을 가지고 있다.

영업권을 발생원인에 따라 사업결합을 통하여 취득한 영업권과 내부창출영업권으로 분류할 수 있다. 사업결합을 통해 취득한 영업권은 기업이 타 기업을 매수 또는 합병하는 경우에 발생하고, 내부창출영업권은 문자 그대로 기업이 내부적으로 창출한 영업권이다. 내부창출영업권은 취득원가를 신뢰성 있게 측정할 수 없고 기업이 통제하고 있는 식별가능한 자산이 아니라는 이유에서 자산으로 인식하지 않는다.

2. 매수영업권의 측정

위에서 설명한 바와 같이 내부창출영업권은 자산으로 인식하지 않으므로 다음의 논의는 사업결합을 통하여 취득한 영업권(이후 "매수영업권"이라 칭함)에 한정된 것이다. 사업결합이란 한 기업이 현금및현금성자산을 지불하거나 지분증권을 발행하여 다른 기업이나 사업을 하나의 실체로 통합하는 것을 말한다.

★

영업권 취득대가 = 사업결합원가(사업결합에 지출된 매수대가) − 피매수기업의 순자산 공정가치에서 차지하는 취득자의 지분

매수영업권의 측정은 위와 같이 사업결합원가에서 피매수기업의 순자산의 공정가치에 대한 취득자의 지분을 차감한 금액으로 한다. 쉽게 말하면 다른 기업을 매수합병할 때 피매수기업의 순자산 공정가치보다 더 높게 지급한 프리미엄(premium)을 말한다. 여기서 피매수기업의 순자산의 공정가치란 피매수기업의 식별가능한 자산의 공정가치에서 부채의 공정가치를 차감한 차액을 말한다.

예를 들어, A보험사가 B보험사를 흡수 합병하기로 계약하고 A보험사가 B보험사의 자산, 부채를 포괄적으로 인수한다고 가정해 보자. 이 경우 B보험사의 자산의 공정가치 총계가 100,000원이고 부채의 공정가치 총계가 50,000원이라면 이들을 인수하기 위해 50,000원만 지급하면 될 것이다. 그러나 만일 인수가액(매수대가)이 60,000원이

라면 A보험사가 B보험사에게 10,000원의 프리미엄을 지급한 셈인데 이러한 프리미엄이 바로 영업권으로 계상되는 것이다.

(차) 제 자산	100,000	(대) 제 부채	50,000
영 업 권	10,000	현 금	60,000

이처럼 영업권은 다른 회사를 포괄적으로 인수하거나 합병하는 경우에 발생하는 것으로서 인수하는 다른 자산과의 식별이 어렵기 때문에 그 회계방법이 복잡하다. 특히 영업권은 인수한 다른 자산과 결합하여 발생하는 것이므로 영업권의 공정가치를 측정하는 것은 어려운 문제이며 이에 대한 것은 고급과정에서 학습하도록 하자.

3. 영업권 취득 이후의 회계처리

3.1 영업권의 상각

영업권을 기록한 후 상각문제에 대해서는 다음과 같이 즉시 상각하는 방법, 내용연수에 걸쳐 상각하는 방법, 그리고 상각하지 않는 방법(무상각법)의 각기 다른 세 의견이 존재한다.[13)]

① 즉시 상각하는 방법

영업권의 매수원가를 취득연도에 전액 상각하여 당기비용으로 인식하는 방법이다. 내부창출영업권은 자산으로 인식하지 않고 외부로부터 취득한 영업권만 자산으로 인식하는 것은 논리적 일관성이 결여된 것이라는 주장이 이 방법의 논거이다. 또한 영업권으로부터 창출되는 미래 경제적 효익이 지속되는 기간을 추정하는 것이 매우 어렵다면 영업권을 즉시 상각하는 것이 합리적이라는 점에서 그 타당성을 찾을 수 있다.

② 내용연수에 걸쳐 상각하는 방법

이 방법을 주장하는 근거는 영업권으로부터 기대되는 미래 경제적 효익이 궁극적으로 소멸될 것이므로 이를 내용연수에 걸쳐 상각하여야 한다는 데 있다. 만일 영업권으로부터 기대되는 미래 경제적 효익이 언젠가 소멸될 것이 확실하다면 영업권의 취득원가를 상각하여 비용화하는 것은 수익 · 비용 대응의 원칙에 부합할 것이다. 문제는

13) 송인만 · 윤순석 · 최관, 중급재무회계 제6판, 2014, 신영사, pp. 394~395 참조.

영업권의 내용연수는 기업 간에 차이가 클 가능성이 높은데, 그 이유는 영업권은 산업재산권과는 달리 관계법령에 의해 배타적으로 이용할 수 있는 기간이 법적으로 정해져 있지 않기 때문이다.

③ 상각하지 않는 방법

영업권은 다른 증거가 없는 한 비한정 내용연수를 가진다고 보는 의견이다. 이 방법을 적용하면, 따라서 객관적으로 영업권의 가치가 감소되었다는 증거가 없는 한 상각하지 않는다. 이 방법의 타당성을 주장하는 근거는 다음과 같다.

(1) 기업은 취득한 영업권을 유지하고 향상시키기 위한 지출을 내부창출영업권으로 보아 모두 비용화하기 때문에 취득한 영업권을 계속 자산으로 인식하는 것이 합리적이다.
(2) 시간의 경과에 따라 영업권의 가치가 감소한다 하더라도 영업권의 내용연수를 합리적으로 추정하거나 상각의 적절한 행태(pattern)를 추정하는 것이 매우 어렵다.

K-IFRS에서는 영업권에 대한 무상각법을 택하고 있다. 대신에 영업권에 대한 자산손상의 인식을 강화하는 규정을 두고 있다.

3.2 영업권의 손상차손 인식

사업결합으로 취득한 영업권은 매 결산기에 회수가능액으로 평가하여야 하는데, 다른 무형자산의 경우와 같이 영업권의 회수가능액이 장부금액에 미달하는 경우에는 이를 손상차손으로 인식하여야 한다. 이와 같이 영업권에 대해서는 매년도 결산기마다 손상검사를 하여야 할 뿐만 아니라, 손상이 발생하였다고 판단할 만한 사건이나 기타 환경 등의 변화가 있을 경우에는 손상검사를 추가로 실시하여야 한다.

영업권의 경우에는 특히 손상차손을 인식한 후 회수가능가액이 회복되어 장부금액을 초과하는 경우에라도 그 초과액을 **손상차손환입으로 기록할 수 없다**. 그 이유는 이미 손상차손을 인식한 영업권의 회수가능가액이 회복된 경우 회복된 부분만큼을 손상차손환입으로 처리한다면 이는 기업이 스스로 영업권을 계상하게 되어 결과적으로 내부창출영업권을 기록하는 것과 동일하기 때문이다.

4. 염가매수차익(부의 영업권)

앞에서 살펴본 바와 같이, 영업권은 사업결합원가가 당해 거래로 취득되는 식별가능한 자산과 부채 및 우발부채의 공정가치를 초과하는 경우 인식하는 자산이다. 그러나 이 양자가 대소관계가 반대로 되는 경우가 있다. 즉, 식별가능한 자산과 부채, 우발부채의 공정가치가 사업결합원가보다 큰 경우에 그 초과분을 어떻게 처리할지의 문제가 대두된다. 과거 K-GAAP[14)]에서는 이를 부의 영업권(negative goodwill)이라는 용어로 정의하였으나, K-IFRS에서는 이를 염가매수차익으로 부른다. 염가매수차익은 다음과 같은 경우에 발생한다.

① 피결합기업의 식별가능한 자산, 부채 또는 우발부채의 공정가치 측정오류 또는 누락
② 취득한 식별가능한 순자산을 다른 기업회계기준에 따라 공정가치 아닌 방법으로 측정하였으나, 사업결합원가 배분시 이를 공정가치로 간주한 회계처리
③ 사업결합원가의 구성항목에 배분된 가치의 과소평가

K-IFRS에서는 더 이상 이 초과분을 재무상태표에 표시할 수 없다. 그 이유는 K-IFRS는 기본적으로 초과분의 발생 원인을 사업결합원가 또는 피결합기업의 식별가능한 자산·부채의 측정오류로 간주하는 입장을 취하고 있기 때문이다. 따라서 초과분에 대해서는 관련 항목들의 측정을 재검토하고 그래도 남는 차익(염가매수차익)이 있다면 이를 당기손익으로 인식하여야 한다.

---

14) 기업인수·합병 등에 관한 회계처리준칙 문단 10.

연습문제

EXERCISES

서술형

1. 특정 자산이 무형자산으로 정의되기 위해서는 세 가지의 중요한 속성을 갖추어야 하는데, 세 가지 중요한 속성을 열거하고 설명하라.
2. 위의 세 가지 중요한 속성 이외에 무형자산을 인식하기 위한 두 가지 요건이 있다. 이에 대해 간략히 설명하라.
3. 무형자산의 취득원가를 측정하는 일반기준을 설명하라.
4. 복수의 무형자산을 일괄구입하여 개별 무형자산의 취득원가가 파악되지 않는 경우 취득원가를 결정하는 방법을 설명하라.
5. 기업회계기준에서 내부에서 창출된 무형자산은 비용화할 것을 규정하고 외부에서 취득한 무형자산의 경우에는 자산으로 보고하는 것을 인정하는 이유는 무엇이라고 보는가?
6. 무형자산의 내용연수를 추정함에 있어 중요한 고려사항은 무엇인가?
7. 유형자산의 경우와 비교하여 무형자산의 잔존가치 추정은 어떻게 다른지 설명하라.
8. 유형자산에 대비하여 무형자산의 취득 이후 지출의 회계처리는 어떻게 다른지 설명하라.
9. 무형자산 중 최소한 매 회계연도 말에 회수가능가액을 반드시 추정하여 손상의 여부를 검토하여야 하는 두 가지 경우를 열거하고 이렇게 손상차손의 인식이 강화된 이유를 설명하라.
10. 연구개발 활동의 과정을 연구단계, 개발단계 및 생산단계로 구분하여 설명하고 각 단계에서의 지출을 회계처리하는 방법을 설명하라.
11. 영업권의 개념을 설명하고 내부창출영업권과 매수영업권의 회계처리방법의 차이를 설명하며 차이의 근거를 제시하라.

주관식

01. 다음의 무형자산에 대한 설명 중 잘못된 설명을 고르고 그 이유를 간단히 설명하라.

(1) 내부적으로 창출한 브랜드, 제호, 출판표제 등을 개발하는 데 발생한 원가를 전체 사업과 구별할 수 없더라도 무형자산으로 인식한다.

(2) 무형자산을 개별적으로 구입하는 경우에는 미래 경제적 효익의 발생가능성이 높다는 인식요건을 항상 충족하는 것으로 본다.

(3) 무형자산은 유형자산과는 달리 공정가치를 신뢰성 있게 측정할 수 없으므로 재평가모형이 적용될 수 없다.

(4) 내용연수가 유한한 무형자산의 상각방법은 적어도 매 회계연도 말에 재검토하여야 한다.

(5) 무형자산을 최초로 인식할 때는 반드시 원가로 측정한다.

(6) 계약상의 권리나 기타 법적 권리는 그러한 권리가 이전가능하거나 기업 전체와 분리가능한 경우에만 무형자산 정의의 식별가능성을 충족한 것으로 본다.

(7) 무형자산을 사용가능한 상태로 만드는 데 직접적으로 발생하는 종업원급여와 같은 직접 관련되는 원가는 무형자산의 원가에 포함되지 않는다.

(8) 최초에 비용으로 인식한 개발활동에 대한 지출은 그 이후의 무형자산의 원가로 인식할 수 있다.

(9) 부의 영업권은 영업권잔액이 음수이므로 자산의 차감항목으로 재무제표에 포함한다.

(10) 영업권의 상각은 20년을 초과하지 않는 범위 내에서 상각하여야 한다.

02. 다음은 동국기업㈜의 당기 거래내역이다. 거래내역 정보를 이용하여 다음 물음에 답하라. (2013년 감정평가사 수정)

(1) 경영진이 미래 경제적 효익을 기대하고 있는 고객관계 개선 프로젝트에 ₩3,000 지출

(2) 경주㈜의 장부에 자산으로 기록되지 않았던 품질향상 제조기법을 배타적 통제가능성과 함께 획득하고 ₩2,000 지급

(3) 기계를 ₩30,000에 구입하면서 기계제어 소프트웨어 프로그램 구입을 위해 ₩3,000 추가 지급(소프트웨어 없이 기계는 작동 불가능)

(4) 신제품에 대한 광고비 ₩20,000 지급

(5) 민국㈜의 식별가능한 순자산의 공정가치는 ₩4,000인데 동국㈜은 민국㈜의 주식 전부를 인수하기 위해 ₩7,000 지급

(6) 동국㈜은 다른 회사로부터 실용신안권을 ₩5,000에 인수하였으며, 이 권리를 활용하여 얻은 수익 ₩10,000의 10%인 ₩1,000을 로열티로 지급하기로 약정

(7) 디자인㈜의 장부상 금액 ₩1,000인 디자인권을 ₩5,000에 구입

1) 동국㈜이 무형자산으로 보고할 수 있는 거래를 식별하고 어떤 무형자산으로 인식해야 하는지 설명하라.

2) 위의 거래 중 무형자산으로 인식할 수 없는 경우 그 이유를 간단히 설명하라.

03. 다음은 박바이오텍㈜이 20×1년 중 줄기세포를 이용한 신제품 치료제 개발을 위해 회사가 수행한 연구개발 활동과 관련하여 발생한 지출은 다음과 같다.

	기초연구활동	응용연구활동	개발활동
프로젝트 수	5건	15건	10건
재료비	₩10,000	₩20,000	₩60,000
인건비	50,000	80,000	80,000
위탁용역비	0	20,000	30,000
기타경비	10,000	20,000	30,000
	₩70,000	₩140,000	₩200,000

- 개발활동 중인 10건의 프로젝트 중에서 20×1년 7월 1일 두 개의 신제품개발 프로젝트가 성공하여 특허권을 취득하였다. 개발관련 총지출 중 10%는 특허권 취득과 직접적으로 관련된 것이다. 회사는 변리사수수료, 등록세 등 특허권 취득을 위하여 직접 사용된 ₩5,000을 추가로 지급하였다.
- 개발활동 중에서 나머지 프로젝트는 개발 중에 있으나, 3건의 프로젝트는 자본화 요건을 충족하지 못하는 것이며 이와 관련된 개발활동 지출은 ₩50,000이다.
- 회사는 신제품개발 프로젝트가 성공하는 시점을 개발비의 사용가능시점으로 보고 있으며, 10년간의 경제적 효익을 제공할 것으로 기대하고 있다. 특허권의 효익 제공기간은 20년이다. 회사는 무형자산을 정액법으로 상각하고 있다.

1) 20×1년도 말 재무제표에 기재될 다음 금액을 구하라.

가. 특허권　나. 개발비　다. 경상개발비　라. 연구비　마. 무형자산 상각비 총액

04. 동국텍㈜은 새로운 컴퓨터게임을 개발하고 있다. 20×1년 동안 게임개발 준비작업을 위한 지출은 1억원이었으며 게임개발을 위해 지출한 금액은 2억원이다. 게임개발을 위한 프로젝트가 무형자산의 인식요건을 충족한 일자는 20×1년 8월 1일이며 게임개발 프로젝트에 투입된 2억원 중 50%는 20×1년 8월 1일 이전에 발생하였다. 동국텍㈜은 20×2년도에 추

가적으로 게임개발을 위해 직접적으로 3억원이 지출되었으며 게임개발이 완료된 시점은 20×2년 말이다.

1) 20×2년 말에 무형자산인 개발비의 원가로 인식할 금액은 얼마인가?
2) 무형자산으로 인식한 개발비의 미래 경제적 효익이 완성시점부터 시작하고 내용연수가 5년이며 잔존가치가 없다고 가정할 때 20×3년도 개발비상각에 대한 분개를 하라.

05. 20×7년 초에 동국㈜이 경주㈜를 합병하고 현금 30억원을 지급했다. 그리고 합병 당시 피합병기업인 경주㈜가 보유한 자산과 부채의 공정가치는 다음과 같다.

경주㈜의 자산과 부채의 공정가치

자 산		부 채	
현금및현금성자산	₩5억	매입채무	₩20억
매출채권	10	단기차입금	10
재고자산	20	장기차입금	15
건 물	30		
합 계	₩65억	합 계	₩45억

1) 동국㈜이 인식할 영업권의 금액을 구하고 합병거래를 분개하라.
2) 만일 동국㈜이 경주㈜의 합병대가로 10억원을 지급한 경우라고 가정하고 위 합병거래를 분개하라(위의 공정가치 추정은 정확하다고 가정할 것).
3) 영업권의 손상차손과 손상차손환입에 대한 회계를 간단히 설명하라.

06. 동국㈜은 20×1년 1월 1일에 산업재산권을 ₩10,000에 취득하였다. 이 산업재산권의 내용연수는 10년이며 잔존가치는 없다. 동국㈜은 이 산업재산권을 정액법을 사용하여 감가상각한다. 20×1년 말과 20×2년 말에 손상징후가 있다고 판단하여 손상검사를 실시하였는데 이에 대한 정보는 다음과 같다. 동국㈜은 원가모형을 통해 무형자산을 회계한다.

	20×1년 말	20×2년 말
순공정가치	₩7,200	₩7,750
사용가치	8,100	7,600

1) 20×1년도 말 위의 산업재산권과 관련하여 행해야 할 분개를 하라.
2) 20×2년도에 인식할 손상차손금액을 구하라.
3) 20×2년도 말 위의 산업재산권과 관련하여 행해야 할 분개를 하라.

07. 모바일테크㈜는 차량전화 및 무선호출사업을 목적으로 설립된 기간통신사업자로서 전국을 서비스지역으로 하는 이동전화사업 등을 영위하고 있다. 결산일이 12월 31일인 이 회사의 20×7년 중 무형자산 관련 거래는 다음과 같다.

(1) 7월 1일 DM㈜을 1,500억원에 인수하였다. DM㈜의 식별가능한 순자산의 공정가치는 900억원이었다. 모바일테크㈜는 DM㈜의 제품이 시장에서 인기가 있기 때문에 인수시 발생한 영업권의 가치가 최소 10년에서 최대 25년까지 지속될 것으로 기대하고 있다.

(2) 10월 1일 극동GMT㈜의 주파수이용권을 1,200억원에 구입하여 이날로부터 상용서비스를 시작하였다. 동 주파수이용권은 관계법령에 따라 이날로부터 25년간 이용가능하다.

1) 위 거래에 대한 분개를 행하라. 단, 단위는 억원으로 하고, 영업권을 제외한 무형자산은 정액법으로 상각한다.
2) 모바일테크㈜는 20×7년 12월 31일 현재 재무상태표에 보고된 영업권과는 별도로 내부적으로 창출된 영업권을 1조원으로 추정하고 있다. 이 내부적으로 창출된 영업권을 자산으로 인식하지 않는 이유는 무엇인가? (2004 KICPA 수정)

금융자산 1

10

본 장은 금융상품을 매수하는 '투자기업' 입장에서 금융자산의 회계와 관련된 여러 가지 주제들을 다룬다. 기업들은 여유자금을 운용하여 투자수익을 획득하려는 목적에서 금융상품을 취득하며 이렇게 취득한 금융자산은 계약상 현금흐름의 특성 및 사업모형(보유 목적)에 따라 당기손익 – 공정가치측정 금융자산, 기타포괄손익 – 공정가치측정 금융자산 및 상각후원가측정 금융자산으로 분류한다. K-IFRS 제1039호가 K-IFRS 제1109호('금융상품')로 대체됨에 따라 별도로 분류되었던 대여금 및 수취채권은 원칙적으로 상각후원가 금융자산에 포함된다. 이들 금융자산은 보유 목적이 서로 다르기 때문에 회계처리방법에도 일정한 차이가 있다. 본 장에서는 대여금 및 수취채권을 제외한 나머지 세 가지 금융자산의 대해 최초측정, 보유기간 중의 손익측정, 기말평가에 대해 논의한다. 상각후원가 금융자산의 하나인 현금과 대여금 및 수취채권의 회계, 금융자산 제거 및 분류변경의 회계처리에 대해서는 다음 제11장에서 논의한다.

제 1 절 금융자산의 의의

1. 금융자산의 의의

기업은 주로 영업활동을 위해 많은 자금을 투자하지만, 여유자금이 있을 때에는 이를 증식할 목적으로(즉, 이자수익이나 배당수익 등을 얻기 위하여) 다른 기업이나 공공기관(정부 및 지방자치단체 등)이 발행한 금융상품(financial instrument)에 투자한다. 또한 기업에 따라서는 궁극적으로는 다른 기업을 통제하려는 목적에서 당해 기업이 발행한 지분상품(예 : 주식)을 매수하기도 한다.

본 장의 주제인 "금융자산"은 "금융상품(financial instrument)"의 하위개념이므로 금융자산의 의의를 이해하려면 먼저 금융상품의 의의를 파악할 필요가 있다. 한국채택국제회계기준[1]에서 규정된 금융상품의 정의는 아래와 같다.

1) IFRS 제1032호 : 금융상품의 표시

★

금융상품 : 거래당사자 일방에게 금융자산을 발생시키고 동시에 다른 거래상대방에게 금융부채나 지분상품을 발생시키는 모든 계약

위의 금융상품의 의의를 보면 금융상품은 일정한 조건을 충족시키는 대부분의 계약을 포함하고 있는데, 여기서의 계약은 ① 명확한 경제적 결과를 가지고 있고 ② 법적 구속력이 있기 때문에 당사자가 그러한 경제적 결과를 자의적으로 회피할 여지가 적은 당사자 간의 합의를 말한다.[2] 그렇다고 모든 계약이 금융상품이 되는 것은 아니고, **금융상품이 되는 계약은 거래 일방에게 금융자산을 발생시키면서 동시에 거래상대방에게 금융부채를 발생시키거나 또는 지분상품을 발생시키거나 또는 동시에 금융부채와 지분상품의 두 가지를 모두 발생시키는 계약을 의미한다.** 즉, 거래의 일방(발행기업)이 주식 또는 회사채 같은 금융상품을 발행하면, 이를 취득한 거래상대방(투자기업)은 해당 금융상품을 금융자산으로 기록한다. 따라서 위에 정의된 금융상품은 우리가 상식적으로 이해하는 금융상품의 범위에 비해 상당히 포괄적인 개념이라는 것을 알 수 있다. 그러면 아래에서는 금융상품의 하위개념인 금융자산, 금융부채 및 지분상품의 의의를 살펴보자.

표 10-1 금융자산과 금융부채 및 지분상품

금융상품에 대한 투자기업	금융상품의 발행기업
금융자산	금융부채
	지분상품

★

금융자산의 범위

금융자산은 다음의 자산을 말한다.
(1) 현금
(2) 다른 기업의 지분상품

---

2) 계약은 서류상의 계약뿐만 아니라 서류에 기록되지 않는 계약도 포함한다.

(3) 다음 중 하나에 해당하는 계약상 권리
　(가) 거래상대방에게서 현금 등 금융자산을 수취할 계약상 권리
　(나) 잠재적으로 유리한 조건으로 거래상대방과 금융자산이나 금융부채를 교환하기로 한 계약상 권리
(4) 기업 자신의 지분상품(자기지분상품)으로 결제되거나 결제될 수 있는 다음 중 하나의 계약
　(가) 수취할 자기지분상품의 수량이 변동가능한 비파생상품
　(나) 확정 수량의 자기지분상품에 대하여 확정 금액의 현금 등 금융자산을 교환하여 결제하는 방법이 아닌 방법으로 결제되거나 결제될 수 있는 파생상품

첫째, 현금은 교환의 수단이므로 대표적인 금융자산이다. 둘째, 또한 다른 기업이 발행한 지분상품에 투자하면 투자자의 입장에서 이는 금융자산이다. 단, 자회사나 관계회사가 발행한 지분상품에 대한 투자는 금융자산으로 분류하지 않는다. 위의 금융자산의 범위 중 항목(3)의 (가)는 비파생금융상품에 해당하며, 다음의 예를 들 수 있는데 거래상대방은 이들 금융상품을 금융부채로 기록한다.

① 매출채권(거래상대방은 매입채무를 금융부채로 기록)
② 받을어음(거래상대방은 지급어음을 금융부채로 기록)
③ 대여금(거래상대방은 차입금을 금융부채로 기록)
④ 투자사채(거래상대방은 사채를 금융부채로 기록)

위의 금융자산의 범위 중 항목(3)의 (나)는 파생상품에 대한 투자를 의미하는데, 다음의 세 가지 조건을 갖추면 파생상품에 해당하여 금융자산으로 분류된다.

① 기초변수(이자율, 환율, 신용등급이나 신용지수, 금융상품이나 일반상품의 가격 등)의 변동에 따라 가치가 변동한다.
② 최초 계약시 순투자금이 필요하지 않거나 시장요소의 변동에 유사한 영향을 받을 것으로 기대되는 다른 유형의 계약보다 적은 순투자금액이 필요하다.
③ 미래의 특정시점에 결제된다.

예를 들어, A주식의 가격에 따라 가치가 변동하며 10%의 증거금만 예치하면 투자가 가능하고 6개월 후에 결제되는 콜옵션(call option)은 위의 세 조건이 모두 충족되는 파생상품이며, 따라서 금융자산으로 분류된다. 위의 항목(4)에 대한 설명은 다음에 살펴볼 금융부채와 대칭되므로 다음 소절에서 금융부채를 설명하면서 함께 살펴보기로 하자.

2. 금융부채의 의의

★

금융부채의 의의

금융부채는 다음의 부채를 말한다.

(1) 다음 중 하나에 해당하는 계약상 의무

㈎ 거래상대방에게 현금 등 금융자산을 인도하기로 한 계약상 의무

㈏ 잠재적으로 불리한 조건으로 거래상대방과 금융자산이나 금융부채를 교환하기로 한 계약상 의무

(2) 자기지분상품으로 결제되거나 결제될 수 있는 다음 중 하나의 계약

㈎ 인도할 자기지분상품의 수량이 변동가능한 비파생상품

㈏ 확정 수량의 자기지분상품에 대하여 확정 금액의 현금 등 금융자산을 교환하여 결제하는 방법이 아닌 방법으로 결제되거나 결제될 수 있는 파생상품

위에서 소개된 금융자산의 범위 중 (1) 현금 및 (2) 다른 기업의 지분상품을 제외한 (3) 및 (4) 항목의 거래상대방은 금융부채를 부담하게 된다. 우선 미래에 현금을 수취할 계약상 권리에 해당하는 금융자산의 거래상대방은 당연히 미래에 현금 등 금융자산을 인도(지급)하기로 한 계약상 의무(위의 항목(1)의 ㈎)를 부담하게 되고, 다음의 항목들은 이에 해당하는 금융부채의 일반적인 예이다.

① 매입채무(거래상대방은 금융자산으로서 매출채권을 기록)

② 지급어음(거래상대방은 금융자산으로서 받을어음을 기록)

③ 차입금(거래상대방은 금융자산으로서 대여금을 기록)

④ 사채(거래상대방은 금융자산으로서 투자사채를 기록)

잠재적으로 불리한 조건으로 거래상대방과 금융자산이나 금융부채를 교환하기로 한 계약상 의무(위의 항목(1)의 ㈏)는 파생상품으로서 위의 금융자산의 범위 중 항목(3)의 ㈏의 거래상대방이 부담하는 부채임을 알 수 있다.

위의 금융부채의 항목(2)가 왜 금융부채인지를 이해하려면 금융부채와 지분상품이 상호 배타적임을 우선 이해해야 한다. 즉, 금융자산에 대해 투자하는 투자기업의 거래상대방(발행기업)은 금융부채 또는 지분상품을 발행하게 되는데, 발행기업이 발행한 금융상품 중 금융부채가 아닌 것은 모두 지분상품이다. 그런데 자기지분상품으로 결제하거나 결제할 수 있는 모든 계약을 모두 지분상품(자본)으로 처리한다면 자본의 변동

을 초래하는 다양한 계약이 남발될 우려가 있으므로 지분상품(자본)으로 분류되기 위해서는 확정되어 지정가능한 자본(특정지분)이어야 한다는 개념과 일관성이 있어야 한다. 즉, 확정수량과 확정금액 간의 교환이 이루어지는 경우에만 지분상품(자본)으로 인정되어야 한다는 의미이다. 예를 들어, 어느 기업이 일정한 수량의 주식(예 : 100주)을 확정된 금액(예 : 주당 100원)에 발행한 경우 투자자로부터 수령한 확정금액 10,000원을 차기하고 동일한 금액 10,000원을 납입자본(자본금 및 주식발행초과금)으로 대기하여 회계처리하는 것을 연상하면 쉽게 이해할 수 있다.

반면 기업이 확정금액(예 : 10,000원)을 수령하고 이와 동일한 가치를 갖는 변동수량의 자기지분상품(자기주식)을 지급하여야 할 의무 또는 금 1g의 가치와 동일한 가치를 지급하기 위해 확정되지 않은 수량의 주식을 지급해야 하는 의무를 부담했다면 이들을 지분상품으로 회계처리하는 것은 적절치 않다. 이러한 계약의 경우에는 당해 거래가 최종적으로 결제되기 전에는 얼마나 많은 수의 주식을 인도(발행)해야 하는지 알 수 없으므로 이 계약들은 특정지분에 대한 의무를 나타내기보다는 특정금액에 대한 의무를 나타내는 것으로 보아야 하고, 따라서 이들은 금융부채로 분류되는 것이 합당하다.

3. 지분상품의 의의

위에서 살펴본 바와 같이, 지분상품은 기업의 자산에서 모든 부채를 차감한 후의 잔여지분을 나타내는 모든 계약을 의미하므로 금융부채와 지분상품은 상호 배타적이어서 금융상품 중 금융부채가 아닌 것이 지분상품이고, 따라서 지분상품 그 자체에 대한 적극적인 정의는 없다. 금융부채와 대비한 지분상품의 개념정의를 더 구체적으로 살펴보면 다음과 같다.

★

지분상품의 정의

다음의 조건을 모두 충족해야 지분상품으로 분류할 수 있다.

(1) 다음의 계약상 의무를 포함하지 않는다.

㈎ 거래상대방에게 현금 등 금융자산을 인도하기로 한 계약상 의무

㈏ 잠재적으로 불리한 조건으로 거래상대방과 금융자산이나 금융부채를 교환하기로 한 계약상 의무

(2) 자기지분상품으로 결제되거나 결제될 수 있는 계약으로서, 다음 중 하나에 해당한다.
(가) 확정되지 않은 수량의 자기지분상품을 인도할 계약상의 의무가 없는 비파생상품
(나) 확정 수량의 자기지분상품에 대하여 확정 금액의 현금 등 금융자산을 교환을 통해서만 결제할 파생상품

지분상품의 정의에서 보는 바와 같이, 위의 항목(1)은 금융부채의 항목(1)을 배제하는 의미이며, 위의 항목(2) 또한 금융부채의 항목(2)와 배타적인 부분을 가리킨다. 이와 같이 금융부채와 지분상품은 상호 배타적임을 알 수 있다. 전환사채나 신주인수권부사채와 같은 복합금융상품을 발행한 기업의 경우에도 이들 중 금융부채에 해당하는 부분과 지분상품에 해당하는 부분을 분리하여 회계하여야 하므로 금융부채와 지분상품 간에 배타성이 성립한다고 보아야 할 것이다.

4. 금융자산의 분류

금융자산은 K-IFRS 제1032호의 금융자산의 표시에 관한 규정을 반영하여 계약상 현금흐름의 특성에 따라 지분증권과 채무증권으로 분류한다. 지분증권[3]은 기업, 조합 또는 기금 등의 순자산에 대한 소유주지분을 나타내는 금융자산(예 : 보통주, 우선주, 수익증권 또는 자산유동화출자증권)과 일정금액으로 소유지분을 취득할 수 있는 권리(예 : 신주인수권 또는 콜옵션) 또는 소유주지분을 처분할 수 있는 권리(예 : 풋옵션)를 나타내는 금융자산 및 이와 유사한 금융자산을 말한다. 채무증권은 증권발행자(발행기업)가 미래의 만기일에 일정금액을 상환해야 하는 의무를 나타내는 부채형 증권이며, 줄여서 채권이라고 부른다. 즉, 채무증권은 발행자에 대하여 금전을 청구할 수 있는 권리를 표시하는 금융자산 및 이와 유사한 금융자산을 말한다. 채무증권은 국채, 공채, 사채(전환사채 포함), 자산유동화채권 등을 포함한다.

이와 같이 금융자산은 계약상 현금흐름의 특성에 따라 채무증권과 지분증권으로 분류하며, 회계상으로는 금융자산 중 현금및현금성자산을 제외한 모든 금융자산을 사업모형에 따라 다음의 <표 10-1>과 같이 **당기손익-공정가치 측정모형을 적용하는 금융자산**(Fair Value through Profit or Loss, 이하 FVPL금융자산 또는 **당기손익-공정가치 항목**이라 칭함), **포괄손익-공정가치 측정 금융자산**(Fair Value through Other

3) 증권이란 재산권을 나타내는 증서를 말한다.

표 10-2 금융자산의 측정상 분류

분 류	포함범위		보유목적 및 속성
	채무증권	지분증권	
당기손익-공정가치 측정 금융자산(FVPL)	○	○	채무증권과 지분증권이 모두 포함되는 분류로서 주로 단기간 내에 매각하거나 재매입할 목적으로 취득한 금융자산으로서 매 보고기간 말에 공정가치로 측정하고 이에 따른 평가손익이 당기손익에 반영되는 금융자산
기타포괄손익-공정가치 측정 금융자산(FVOCI)	○	○	채무증권과 지분증권이 모두 포함되는 분류로서 매 보고기간 말 공정가치로 평가만기가 고정되었고 지급금액이 확정되었거나 결정가능한 비파생금융자산으로서 만기까지 보유할 적극적인 의도와 능력이 있는 경우의 금융자산
상각후원가 측정 금융자산(AC)	○	×	만기가 고정되었고 지급금액이 확정되었거나 결정가능한 비파생금융자산으로서 만기까지 보유를 통해 원금과 이자를 회수하는 것을 주요 목적으로 하는 채무증권

Comprehensive Income, 이하 FVOCI금융자산 또는 **포괄손익-공정가치 항목**이라 칭함) 및 **상각후원가**(Amortized Cost) **측정 금융자산**(이하 AC금융자산으로 칭함)으로 분류한다.[4] 이와 같은 금융자산의 분류는 금융자산의 측정 문제와 밀접한 관련이 있다.

<그림 10-1>의 분류기준에서 **사업모형**이란 금융자산의 관리방식, 성과보고방식에 근거한 평가로 해석되는데, 이는 회계처리 주체인 기업의 주장이 아니라 실질평가에 기초하여야 하며 기업이 수행하는 업무를 통해 관측가능하여야 한다. 사업모형의 평가와 관련된 증거의 예로서는 사업모형을 평가하는 방식, 사업모형과 관련된 위험을 관리하는 방식 및 당해 사업의 경영진에 대한 보상방식 등이 있다.

또한 위의 분류기준의 두 번째 요소인 **계약상 현금흐름 특성**은 원금과 원금잔액에 대한 이자의 지급으로만 구성되는 경우(Solely Payments of Principal and Interest on the principal amount outstanding: 이하 SPPI라 칭함)와 그 이외의 경우로 구분된다. SPPI조건에서 이자의 구성요소는 화폐의 시간가치, 신용위험에 대한 대가, 기본적인 대여에 따른 위험과 원가(예 : 유동성 위험), 일정기간 보유에 따른 서비스원가 및 관리원가, 그리고 이윤이다. 이자율이 변동되더라도 이자가 이러한 다섯 가지 요소로 구성된 경우에는 SPPI조건을 충족한다고 볼 수 있고, 금융자산 최초인식시점에서 중도상환특성의 공정가치가 유의적이지 않은 경우 SPPI조건을 충족하는 것으로 허용된다.[5]

4) 분류의 적정성은 결산일마다 재검토해야 한다.

그림 10-1 금융자산의 분류와 측정 Flow chart

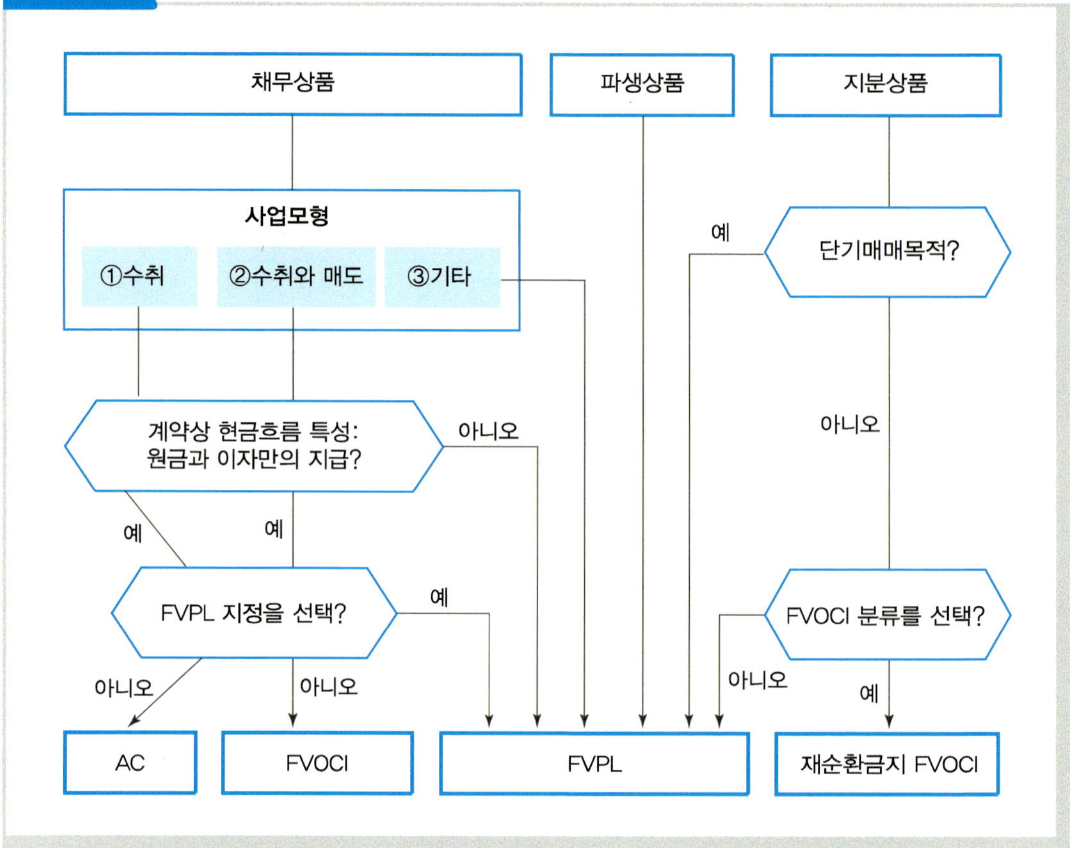

SPPI조건을 충족하지 못하는 사례로서는 주식가격이나 일반상품 가격의 변동에 노출된 계약 및 옵션, 선도계약, 스왑계약 등이 있다.

위에서 설명한 바와 같이 측정기준에 따라 금융자산을 분류하면 금융자산은 ① 상각후원가(AC)측정 금융자산 ② 포괄손익-공정가치(FVOCI)측정 금융자산 ③ 당기손익-공정가치(FVPL)측정 금융자산의 세 가지로 분류되며 각 분류 중에서 계약상 현금흐름의 특성에 따라 지분상품과 채무상품으로 분류된다.

위의 그림에 나타나 있듯이, AC금융자산은 채무상품이어야 한다. 그 이유는 지분상품은 그 계약상 현금흐름의 특성이 SPPI조건을 충족하지 못하므로 AC금융자산으로 분류할 여지가 없기 때문이다. 따라서 AC금융자산이라면 예외 없이 채무상품이어야

5) 이외에도 만기연장기간의 계약상 현금흐름이 실질적으로 미지급 원리금을 나타내는 경우 및 채무자가 파산할 시 미지급 원리금에 대한 계약상 권리를 보유하는 경우에는 SPPI 조건을 충족한다.

한다. 그러나 역은 반드시 성립하지 않는다. 즉, 채무상품이 AC금융자산으로 분류되려면 사업모형이 자산으로부터의 현금흐름을 만기까지 보유하여 수취할 목적이어야 한다(SPPI조건의 충족). 두 번째 조건은 회계실체가 SPPI조건을 만족하는 채무증권을 취득시점에 FVPL금융자산으로 지정하는 선택권을 행사하지 않아야 한다. 즉, SPPI조건을 만족하는 채무증권을 회계실체가 취득시점에서 FVPL금융자산으로 지정한다면 이는 FVPL금융자산으로 분류되고 표시되어야 한다.

이와 같이 AC금융자산은 수취 이후 계속적인 보유를 통해 가치가 창출되며 빈번하지 않거나 유의적이지 않은 매도로만 현금화되는 금융자산이다(즉, 취득목적이 계속적인 보유인 경우라고 해석할 수 있다). AC금융자산은 계약상 현금흐름의 특성이 SPPI조건을 충족하므로 상각후원가(Amortized Cost)로 측정한다. 위에서 언급한 바와 같이, 지분상품의 경우에는 SPPI조건을 충족하지 못하므로 상각후원가 금융자산으로 분류될 수 없다. 이에 비해 FVOCI금융자산은 수취 및 매도 목적으로 보유하는 사업모형이 적용되며 계약상 현금흐름의 수취 또는 금융자산의 만기 전 매도로 가치가 창출되는 금융자산이다. 금융자산의 매도 목적을 구체적으로 살펴보면 유동성에 대한 수요와 자산-부채관리(Asset Liability Management)와 관련되어 있다. FVOCI로 분류된 채무상품에 대해서는 재순환금지의 제한조건이 없다. 아래에서 설명하겠지만 FVOCI금융자산에는 채무상품뿐만 아니라 지분상품도 속할 수 있다.

기업이 취득한 금융자산 중 주로 단기간에 걸친 가격등락을 이용하여 시세차익을 거둘 목적으로 보유하고 있는 경우가 있는데, 이 경우에는 채무증권이든 지분증권이든 상관없이 원칙적으로 이를 FVPL금융자산으로 분류한다. 가장 대표적으로 위험회피목적에 적합하고 이 목적으로 지정되지 않는 파생상품은 예외 없이 FVPL금융자산으로 분류하며, 지분상품의 경우에는 보유목적이 단기매매목적이라면 당연히 FVPL금융자산으로 분류된다. 위의 분류 Flow chart에서 보듯이 지분상품이라도 단기매매목적이 아니라면 추가적인 단계를 거쳐 분류를 결정하게 되는데, FVOCI 분류로의 선택권을 행사하지 않는다면 보유목적과 상관없이 FVPL금융자산으로 분류하고 FVOCI로 분류하는 선택권을 행사한다면 FVOCI금융자산으로 분류한다. 단, 지분상품이 FVOCI금융자산으로 분류되면 재순환(recycling adjustment, 재분류조정)[6]이 금지된다.

6) 재순환에 대한 상세한 설명은 후술하기로 한다.

한편, 채무상품의 경우에도 사업모형이 기타(여기서 기타란 단기매매목적으로 해석해도 무방하다)라면 FVPL금융자산으로 분류되며, 또한 사업모형이 수취 또는 수취와 매도에 해당하더라도 계약상 현금흐름의 특성이 SPPI조건을 충족하지 못하면 FVPL금융자산으로 분류되며 회계실체가 채무상품을 FVPL금융자산으로 지정하는 선택권을 행사한다면 보유목적이나 계약상 현금흐름의 특성에도 불구하고 FVPL금융자산으로 분류된다. 요컨대 기업이 취득한 금융자산을 FVPL금융자산으로 분류하려면 원칙적으로 단기매매차익(시세차익) 목적으로 취득한 것이어야 하며, 따라서 증권시장에서 활발히 거래되는 금융자산이어야 한다.

이전 K-IFRS 제1039호에서 금융자산 중 독립적인 분류항목으로 나타났던 대여금 및 수취채권(loans and receivables)은 지급금액이 확정되었거나 결정가능하며 활성시장에서 가격이 공시되지 않은 비파생금융자산을 말한다. 예를 들어, 기업이 다른 실체에게 자금을 제공한 대여금과, 기업이 다른 기업에게 재화나 용역을 제공하고 받은 받을어음이나 매출채권, 즉 수취채권이 여기에 속한다. 이들 자산의 경우에는 지급받을 금액이 확정되었거나 결정가능하며 활성시장에서 가격이 공시되지 않는다는 특징을 가지므로 원칙적으로 AC금융자산에 속한다.

금융자산의 분류에 관한 위의 논의를 종합하면, 첫째, 구 기업회계기준에서 중요시되는 유동항목 및 비유동항목 간의 분류는 그 중요성을 상당 부분 상실하였고, 둘째, 금융자산의 분류의 가장 중요한 기준은 금융자산 자체의 속성이 아니라 이를 보유하는 경영자의 의도(management intent)와 계약상 현금흐름의 특성, 그리고 회계실체의 분류선택권의 행사 여부라는 것을 알 수 있다. 이러한 금융자산의 분류가 중요한 이유는 금융자산은 분류에 따라 그 측정기준 및 회계처리가 상이하다는 데 있다.

제 2 절 지분상품에 대한 투자

1. 지분상품의 분류 및 측정

기업은 일시적인 유휴자금을 활용하기 위해 금융자산에 단기투자를 할 수 있는데, 단기간 내에 매매차익을 목적으로 취득한 금융자산으로서 매수와 매도가 적극적으로 이루어지는 경우 이를 FVPL금융자산으로 분류한다. 기업이 이러한 단기매매목적으로 보유하는 지분상품에 투자한 경우 당해 지분상품이 대표적인 FVPL금융자산인데, 위에서 설명한 바와 같이 채무상품이라도 사업모형이 단기매매목적이거나 현금흐름의 특성이 SPPI조건에 부합하지 않는다면 FVPL금융자산으로 분류될 수 있다. 단, 본 절에서는 논의의 범위를 지분상품으로 한정하고자 하므로 FVPL로 분류되는 채무상품에 대한 설명은 다음 절로 미루고자 한다.

지분상품은 FVPL 항목으로뿐만 아니라 단기매매목적이 아닌 경우에 취득되었다면 회계실체의 선택에 따라 FVOCI 항목으로 분류될 수 있다. 지분상품은 측정상의 분류와 무관하게 최초인식을 포함하여 후속기간에 공정가치로 평가하여야 하며 이 경우 평가손익이 발생하는데 이러한 평가손익을 FVPL 항목으로 분류된 지분상품의 경우에는 당기순손익으로 처리하고 취득시점에 FVOCI 항목으로 분류되었다면 평가손익을 기타포괄손익으로 보고한다. 많은 기업에 있어 지분상품은 대부분 FVPL 항목으로 분류될 것이므로 지분상품 중 FVPL 항목의 회계처리에 대해 먼저 살펴보기로 하자.

2. FVPL지분상품의 최초측정 및 후속측정

2.1 FVPL지분상품의 최초측정

위에서 살펴본 바와 같이 FVPL지분상품은 그 보유목적이 단기매매목적이라야 하는데, K-IFRS에 따르면 단기매매목적이란 다음 중 하나의 조건을 충족하는 경우를 말한다.

(1) 주로 단기간 내에 매각하거나 재매입할 목적으로 취득한다.

(2) 최초인식시점에, 최근의 실제 운용형태가 단기적 이익획득 목적이라는 증거가

있으며, 그리고 공동으로 관리되는 특정 금융상품 포트폴리오의 일부이다.

(3) 파생상품[7]이다(다만, 금융보증계약인 파생상품이나 위험회피수단으로 지정되고 위험회피에 효과적인 파생상품은 제외한다).

위에서 보듯이, 위의 (1)항의 조건은 주로 단기간 내에 매각할 목적(단기적 자금운용목적)으로 취득하는 경우를 말한다. 여기서 단기매매란 일반적으로 매입과 매도가 적극적이고 빈번하게 이루어지는 것을 말하며, 따라서 FVPL금융자산(지분상품 및 채무상품 포함하여)은 일반적으로 단기간 내에 매매차익을 얻기 위해 취득한 금융자산을 말한다. 적극적이고 빈번한 매도 및 매수가 가능하기 위해서는 거래대상인 금융자산의 시장성이 전제되어야 할 것이다. 여기서 시장성이란 금융자산을 큰 비용을 부담하지 않고 용이하고 신속하게 언제든지 현금으로 전환하는 것이 가능함을 의미한다.

그러나 K-IFRS에서는 시장성을 FVPL금융자산으로의 분류를 위한 필수적인 조건으로 규정하지 않고 있다. 그것은 지분상품이든 채무상품이든 반드시 활성거래시장에서 공시되는 시장가격이 존재하지 않더라도 평가기법을 기초로 공정가치를 측정할 수 있다면 FVPL금융자산으로 분류할 수 있기 때문이다.

단, 제한된 상황에서는 원가가 공정가치의 적절한 추정치가 될 수 있다는 예외사항이 적용가능하다. 원가가 공정가치의 적절한 추정치가 될 수 있는 상황은 ① 공정가치 결정을 위해 이용가능한 최근의 정보가 불충분한 경우 ② 이용가능한 공정가치의 범위가 넓고, 그 범위 내에서 원가가 공정가치의 최선의 추정인 경우이다.[8]

한편 위의 (2)항의 조건은 일반적으로 자금운용사를 비롯한 금융기업에 해당하는 경우이고 상품매매기업이나 제조기업에는 드문 경우로 판단된다.

FVPL지분상품의 최초인식시 취득원가가 아닌 당해 금융자산의 공정가치로 측정한다. 즉, 당해 금융자산의 취득과 직접 관련되는 거래원가는 최초인식하는 공정가치에 가산하지 않는다. 예를 들어, 2×18년 6월 30일에 여유기업㈜은 단기매매목적으로 현대자동차㈜ 주식 30,000,000원을 액면금액에 그리고 삼성전자㈜ 주식을 20,000,000원을 매수하고 거래수수료 200,000원도 함께 지급했다고 하자. 이 경우 여유기업㈜은 취득원가의 일부인 거래수수료를 제외한 취득시점의 공정가치인 50,000,000원으로 금융

7) 파생상품은 금융자산에 속하지만 고급회계 교재에서 학습할 것이므로 본서에서 논의하지 않는다.

8) 그러나 ① 공시가격이 있는 지분상품 ② 금융기관이나 투자펀드가 보유하는 지분상품의 경우에는 원가가 공정가치의 적절한 추정치가 될 수 없다.

자산을 회계처리하고 거래수수료는 당기 비용으로 처리한다.

2×18. 6. 30. :

(차) FVPL금융자산-현대자동차	30,000,000	(대) 현 금	50,200,000
FVPL금융자산-삼성전자	20,000,000		
금융자산거래비용	200,000		

위의 예에서와 같이 복수의 다른 기업이 발행한 FVPL지분상품을 보유한 경우 일반적으로 FVPL지분상품의 장부금액은 종목별로 구분하여 회계처리하는 것이 원칙이다. 또한 동일한 기업이 발행한 지분상품이라 할지라도 우선주와 보통주는 일반적으로 별도의 종목으로 분류된다. 만일 투자기업이 동일한 종목의 FVPL지분상품을 순차적으로 각기 다른 가격(단가)에 구입한 경우 당해 금융자산의 단위당 원가는 종목별로 총평균법 또는 이동평균법을 적용하여 산정한다.

2.2 FVPL지분상품의 보유 중의 후속측정

1) FVPL지분상품 보유 중의 손익측정

기업이 지분상품인 금융자산을 보유하면 증권발행자로부터 배당금을 받게 된다. 지분증권으로부터의 배당금수익의 인식에 대해서는 배당금을 받을 권리와 금액이 확정되는 시점(배당선언일)에 인식한다. 이러한 배당금수익은 포괄손익계산서에서 당기손익에 포함된다.

예를 들어, 2×18년 9월 30일에 여유기업㈜이 FVPL금융상품으로 분류하고 있는 현대자동차㈜ 발행주식 및 삼성전자㈜ 발행주식과 관련하여 중간배당금을 각각 1,500,000원 및 800,000원이 선언되었다면, 다음과 같이 회계처리 한다.

2×18. 9. 30. :

(차) 미수배당금수익	2,300,000	(대) 배당금수익	2,300,000

2) FVPL지분상품의 기말평가

많은 지분상품의 경우 해당 금융자산이 거래되는 자본시장이 잘 발달되어 있으므로 공정가치가 객관적으로 결정될 수 있고 검증가능하기 때문에 K-IFRS에서는 공정가치 평가가 대폭 강화되어 원칙적으로 지분상품에 해당하는 금융자산은 재무상태표에 공정가치로 평가하여 표시할 것을 규정하고 있다.

특히 FVPL지분상품은 증권시장에서 활발히 거래되는 금융자산이므로 매일 시장가격(market price, 시가)이 형성되므로 언제든지 시장가격의 이용이 가능하다. 이 시가는 금융자산의 실제 가치를 나타내기 때문에 기말에는 시가로 FVPL지분상품을 평가해야 한다.

위와 같이 기말에 공정가치 평가를 하면, 공정가치가 상승하고 하락하는 부분 전액을 평가손익으로 계상하며, 이때 공정가치가 평가 직전의 장부금액을 초과하면 FVPL금융자산평가이익이라는 손익항목이 나타나고, 반대의 경우에는 FVPL금융자산평가손실이라는 손익항목이 나타나게 된다. 즉, 이들 평가손익은 포괄손익계산서에서 당기손익 항목으로 표시한다.

예를 들어, 2×18년 말에 앞의 여유기업㈜이 보유한 현대자동차㈜ 주식의 시가는 32,000,000원으로 상승하였고, 삼성전자㈜ 주식의 시가는 15,000,000원이라고 가정하자. 즉, 현대자동차㈜ 주식은 2,000,000원의 평가이익이 발생하고 삼성전자㈜ 주식의 경우 5,000,000원의 평가손실이 발생하였으므로 다음과 같이 회계처리한다.

2×18. 12. 31. :

(차)	FVPL지분상품-현대자동차	2,000,000	(대)	FVPL지분상품평가이익	2,000,000
	FVPL지분상품평가손실	5,000,000		FVPL지분상품-삼성전자	5,000,000

위와 같이 평가손익을 반영하여 금융자산의 장부금액을 직접 증감시키는 직접법(direct method) 이외에도 취득원가는 변동시키지 않고 평가손익을 '공정가치조정'이라는 금융자산평가계정에 기록하는 방법이 있는데 이를 간접법(indirect method)이라고 한다. K-IFRS에서는 직접법과 간접법 모두를 허용하고 있다.

직접법을 사용하든 또는 간접법을 사용하든 위와 같이 평가손익을 인식하는 회계처리는 수익실현 기준에 어긋난다. 왜냐하면 수익실현 기준에 따르면 재화나 용역을 제공하고 가득된 수익(이익)만이 포괄손익계산서에 보고되어야 하나 FVPL지분상품평가손익은 처분하기 전인 금융자산의 보유기간 동안에 시가의 변동으로 발생하는 손익이기 때문에 미실현보유손익(unrealized holding gain or loss)이다. 그러나 K-IFRS는 보유 중인 FVPL지분상품의 공정가치 변동액을 당기손익에 포함하도록 규정하고 있다. 이와 같이 공정가치의 변동이 미실현손익임에도 불구하고 이를 당기손익에 포함시키는 것은 공정가치의 변동이 발생한 회계기간에 그 효과를 보고함으로써 현재의 주주들에게 주주지분의 변동과 그 성과에 대하여 적절한 보고를 할 수 있기 때문이며, 보다 더 목적적합한 재무정보를 제공하기 위함이다. 즉, FVPL지분상품은 단기적 시세차익을 목적으로 보유하는 자산이므로 경영자가 기업의 경제적 자원(여유자금)을 최적으로 투자하였는지의 여부를 평가하기 위해 공정가치평가법을 적용하고 경영자의 투자의사 결정의 결과인 공정가치의 변동액을 당기손익에 반영하는 것이 정보이용자들에게 목적적합한 정보라고 할 수 있다. 한편 FVPL지분상품은 이와 같이 매기 말 공정가치로 평가하므로 손상차손은 별도로 인식하지 않는다.[9]

예제 10-1

FVPL지분상품의 보유 및 기말평가

12월 결산법인인 동국기업㈜은 20×1년 6월 30일에 다음과 같이 세 종류의 시장성 있는 주식을 단기간의 자금운용을 목적으로 취득하였으며, 20×1년 12월 31일 현재 이들 세 주식의 시가는 다음과 같았다. 동국기업㈜은 세 주식을 모두 FVPL지분상품으로 분류하고 이에 기준하여 회계처리하고 있다.

(단위 : 원)

종 류	취득시점의 공정가치	기말의 공정가치	평가손익
주식 A	17,500	15,000	(2,500)
주식 B	12,500	14,000	1,500
주식 C	23,000	25,500	2,500
총 계	53,000	54,500	1,500

또한 20×2년 2월 25일에 A사 주식으로부터는 ₩700, B사 주식으로부터는 ₩650, 그리고 C사 주식으로부터는 ₩2,600의 현금배당이 주주총회에서 각각 결의되어 지급이 선언되었다.

[물음] 위의 FVPL지분상품의 거래를 일자별로 기록하기 위한 회계처리를 보여라.

풀이

20×1. 6. 30. :

(차) FVPL금융자산(A주식)	17,500	(대) 현 금	53,000
FVPL금융자산(B주식)	12,500		
FVPL금융자산(C주식)	23,000		

9) FVPL지분상품에서 발생하는 외환손익에 대해서는 고급회계 과정의 교과서들을 참조하라.

20×1. 12. 31. :

(차) FVPL금융자산평가손실	2,500	(대) FVPL금융자산(A주식)	2,500
FVPL금융자산(B주식)	1,500	FVPL금융자산평가이익	4,000
FVPL금융자산(C주식)	2,500		

위의 회계처리는 직접법에 의하여 평가손익을 해당 FVPL금융자산(지분상품) 계정에 직접 차감하거나 가산한 것이다. 금융자산의 발행기업이 배당을 선언하는 시점에 배당을 인식한다.

20×2. 2. 25. :

(차) 미수배당금수익	3,950	(대) 배당금수익	3,950

2.3 FVPL지분상품의 처분

기존 한국채택국제회계기준으로부터 K-IFRS 제1109호의 중요한 변화는 FVPL지분상품의 처분시점[10)]에서는 처분손익을 계산하기 전에 우선 처분시점의 공정가치로 재평가하여야 한다는 점이다. 당연히 FVPL지분상품을 처분하면 당연히 처분대가를 수령하게 되는데 이때 처분대가는 **처분가액으로부터 부대비용(거래원가)을 차감한 순액**을 말한다. 모든 자산의 처분손익은 처분대가와 처분시점의 자산의 장부금액과의 차이로 계산한다. FVPL지분상품의 처분을 위해 부대비용이 소요되면 **처분가액은 거래원가를 차감한 순액**으로 측정한다. 한편 처분가액은 당해 FVPL지분상품의 공정가치와 동일할 것이므로 결국 처분이익이 발생할 여지는 없고 처분손실은 거래원가와 동일하다.

FVPL지분상품의 처분손실 = 처분부대비용(거래원가)

예를 들어, 여유기업㈜이 2×19년 1월 15일에 2×18년 12월 31일(직전기말) 공정가치(장부가치)가 3,200만원인 현대자동차㈜ 주식을 3,300만원에 처분하고, 거래수수료 200만원을 지급했다고 가정하자. 이 경우 처분손익을 회계처리하기에 앞서 처분시점의 공정가치로 평가하여야 하므로 당해 금융자산의 FVPL지분상품평가이익 100만원을 인식한다. 이렇게 회계처리하면 처분대가는 3,100만원이고 처분시점의 장부금액은 3,300만원이므로 처분손실은 거래원가인 200만원이 된다.

즉, 위의 처분거래를 회계처리하자면, 다음과 같이 먼저 FVPL지분상품평가이익

10) 처분은 제거의 일부이다. 금융자산의 제거에 관한 상세한 사항은 제11장에서 논의한다.

100만원을 기록한다. 물론 FVPL지분상품평가이익은 당기손익에 반영된다.

2×19. 1. 15. :

(차) FVPL지분상품	1,000,000	(대) FVPL지분상품평가이익	1,000,000

위에서 평가이익을 인식하면 FVPL지분상품의 장부금액은 3,300만원이 되고 이 금액을 계정에서 제거하며, 처분대가로부터 거래원가를 차감한 현금 3,100만원의 유입을 기록하고 결과적으로 거래원가 200만원을 FVPL지분상품처분손실로 인식한다.

(차) 현 금	31,000,000	(대) FVPL지분상품	33,000,000
FVPL지분상품처분손실	2,000,000		

위에서 설명한 FVPL지분상품 회계처리의 주요 사항을 요약하면 다음 <표 10-3>과 같다.

표 10-3 FVPL지분상품 회계처리의 주요 내용

구 분	FVPL지분상품
평가기준	공정가치
배당수익의 인식	발행기업의 배당선언시 당기수익으로 인식
평가손익	기말의 공정가치 – 기말 직전의 장부금액
평가손익의 회계처리	당기손익으로 인식
손상차손의 인식	매기말 공정가치로 평가하므로 손상차손은 인식하지 않음(손상회계의 배제)
처분시점의 회계처리	처분시점의 공정가치로 평가하고 처분직전 장부금액과의 차액을 평가손익으로 인식
처분손익	거래원가

3. FVOCI지분상품의 최초측정 및 후속측정

전술한 바와 같이, 지분상품은 단기매매목적이 아닌 경우에 취득시점에 회계실체의 선택에 따라 FVOCI 항목으로 분류될 수 있다. 단, 취득시점에 FVOCI지분상품으로 분류된 금융자산은 이후 이 분류를 취소(재분류)할 수 없다. FVOCI지분상품도 FVPL지분상품과 같이 최초인식시점을 포함하여 후속기간에 공정가치로 평가하여야 하며, 이 경우 발생하는 평가손익을 기타포괄손익으로 보고한다. 또한 이 기타포괄손익이 누적된 기타포괄손익누계액은 FVOCI지분상품의 처분시 당기손익으로의 재순환(재분류조정, recycling adjustment)이 금지된다.

3.1 FVOCI지분상품의 최초측정

FVPL지분상품과 같이 FVOCI지분상품의 최초인식시 당해 금융자산의 공정가치로 측정한다. 단, FVPL지분상품과 달리 FVOCI지분상품의 최초인식시 취득과 직접 관련되는 거래원가는 최초인식하는 공정가치에 포함한다. 예를 들어, 2×18년 6월 30일에 여유기업㈜은 단기매매목적으로 현대자동차㈜ 주식 30,000,000원을 액면금액에 그리고 삼성전자㈜ 주식을 20,000,000원을 매수하고 거래수수료 200,000원도 함께 지급하고 기타포괄손익선택권을 행사하여 이들 금융자산을 FVOCI지분상품으로 분류했다고 하자. 이 경우 여유기업㈜은 취득원가의 일부인 거래수수료를 포함한 취득시점의 공정가치인 50,200,000원으로 금융자산을 회계처리한다. 이때 거래수수료는 두 지분상품의 시가에 비례하여 배분하면 될 것이다.

2×18. 6. 30. :

(차)	FVOCI지분상품-현대자동차	30,120,000	(대) 현 금	50,200,000
	FVOCI지분상품-삼성전자	20,080,000		

위의 예에서와 같이 복수의 다른 기업이 발행한 FVOCI지분상품을 보유한 경우에도 종목별 구분 및 단위당 원가 측정은 FVPL지분상품의 경우와 동일하다.

3.2 FVOCI지분상품의 보유 중의 후속측정

1) FVOCI지분상품 보유 중의 손익측정

FVOCI지분상품으로부터의 배당금수익의 인식에 대해서는 배당금을 받을 권리와 금액이 확정되는 시점(배당선언일)에 인식하는 것은 FVPL지분상품의 경우와 동일하고, 이러한 배당금수익은 포괄손익계산서에서 당기손익에 포함된다.

2) FVOCI지분상품의 기말평가

FVPL지분상품의 경우와 같이 FVOCI지분상품의 경우 기말에 공정가치 평가를 하면, 공정가치가 상승하고 하락하는 부분 전액을 평가손익으로 계상하며, 이때 공정가치가 평가 직전의 장부금액을 초과하면 FVOCI금융자산평가이익이라는 손익항목이 나타나고, 반대의 경우에는 FVOCI금융자산평가손실이라는 손익항목이 나타나게 된다. 단, 이들 평가손익은 포괄손익계산서에서 기타포괄손익 항목으로 표시한다.

예를 들어, 2×18년 말에 앞의 여유기업㈜이 보유한 현대자동차㈜ 주식의 시가는 32,000,000원으로 상승하였고, 삼성전자㈜ 주식의 시가는 15,000,000원이라고 가정하자. 즉, 현대자동차㈜ 주식은 1,880,000원의 평가이익이 발생하고 삼성전자㈜ 주식의 경우 5,000,000원의 평가손실이 발생하였으므로 다음과 같이 회계처리한다.

2×18. 12. 31. :

(차)	FVOCI지분상품-현대자동차	1,880,000	(대) FVOCI지분상품평가이익	1,880,000
	FVOCI지분상품평가손실	5,000,000	FVOCI지분상품-삼성전자	5,000,000

FVOCI지분상품평가손익은 금융자산의 보유기간 동안에 시가의 변동으로 발생하는 손익이기 때문에 미실현보유손익(unrealized holding gain or loss), 즉 기타포괄손익으로 보고한다. 그 이유는 FVOCI지분상품은 단기적 시세차익을 목적으로 보유하는 자산이 아니므로 FVPL지분상품과 달리 미실현보유손익이라는 경제적 실질을 그대로 반영하는 것이 타당하기 때문이다. 또한 FVOCI지분상품의 경우에도 이와 같이 매기말 공정가치로 평가하므로 손상차손은 별도로 인식하지 않는다.

예제 10-2

FVOCI지분상품의 보유 및 기말평가

12월 결산법인인 동국기업㈜은 20×1년 6월 30일에 다음과 같이 세 종류의 FVOCI지분상품을 취득하였고, 20×1년 12월 31일 현재 이들 세 주식의 시가는 다음과 같았다.

(단위 : 원)

종 류	취득시점의 공정가치	기말의 공정가치	평가손익
주식 A	17,500	15,000	(2,500)
주식 B	12,500	14,000	1,500
주식 C	23,000	25,500	2,500
총 계	53,000	54,500	1,500

또한 20×2년 2월 25일에 A사 주식으로부터는 ₩700, B사 주식으로부터는 ₩650, 그리고 C사 주식으로부터는 ₩2,600의 현금배당이 주주총회에서 각각 결의되어 지급이 선언되었다.

[물음] 위의 FVOCI지분상품의 거래를 일자별로 기록하기 위한 회계처리를 보여라.

풀이

20×1. 6. 30. :

(차)	FVOCI금융자산(A주식)	17,500	(대) 현 금	53,000
	FVOCI금융자산(B주식)	12,500		
	FVOCI금융자산(C주식)	23,000		

20×1. 12. 31. :

(차)	FVOCI금융자산평가손실	2,500	(대) FVOCI금융자산(A주식)	2,500
	FVOCI금융자산(B주식)	1,500	FVOCI금융자산평가이익	4,000
	FVOCI금융자산(C주식)	2,500		

위의 회계처리는 직접법에 의하여 평가손익을 해당 FVOCI지분상품 계정에 직접 차감하거나 가산한 것이다. 금융자산의 발행기업이 배당을 선언하는 시점에 배당을 인식한다.

20×2. 2. 25. :

(차)	미수배당금수익	3,950	(대) 배당금수익	3,950

3.3 FVOCI지분상품의 처분

FVPL지분상품의 경우와 같이 FVOCI지분상품의 처분시점에서도 처분손익을 계산하기 전에 우선 처분시점의 공정가치로 재평가하여야 한다. FVOCI지분상품의 처분시 주의할 점은 처분시점의 평가손익을 포함하여 그 이전에 누적된 평가손익누계액을 재순환(재분류조정)하는 것이 금지된다는 것이다.[11] 또한 이때 처분대가는 **처분가액으로부터 부대비용(거래원가)을 차감한 순액**을 말한다. FVPL지분상품의 경우와 같이 처분가액은 당해 FVOCI지분상품의 공정가치와 동일할 것이므로 결국 처분이익이 발생할 여지는 없고 처분손실은 거래원가와 동일하다.

FVOCI지분상품의 처분손실 = 처분부대비용(거래원가)

11) 재순환의 의미에 대해서는 다음 절에서 논의하기로 한다.

예를 들어, 여유기업㈜이 2×19년 1월 15일에 2×18년 12월 31일(직전기말) 공정가치(장부가치)가 3,200만원인 현대자동차㈜ 주식을 3,300만원에 처분하고, 거래수수료 200만원을 지급했다고 가정하자. 이 경우 처분손익을 회계처리하기에 앞서 처분시점의 공정가치로 평가하여야 하므로 당해 금융자산의 FVOCI지분상품평가이익(기타포괄손익) 100만원을 인식한다. 이렇게 회계처리하면 처분대가는 3,100만원이고 처분시점의 장부금액은 3,300만원이므로 처분손실은 거래원가인 200만원이 된다.

즉, 위의 처분거래를 회계처리하자면, 다음과 같이 먼저 FVOCI지분상품평가이익 100만원을 기록한다. 물론 FVOCI지분상품평가이익은 기타포괄손익에 반영된다.

2×19. 1. 15. :

(차) FVOCI지분상품	1,000,000	(대) FVOCI지분상품평가이익*	1,000,000

* FVOCI지분상품평가이익은 기타포괄손익으로서 기타포괄손익누계액에 누적된다.

위에서 평가이익을 인식하면 FVOCI지분상품의 장부금액은 3,300만원이 되고 이 금액을 계정에서 제거하며, 처분가액으로부터 거래원가를 차감한 현금 3,100만원의 유입을 기록하고 결과적으로 거래원가 200만원을 FVOCI지분상품처분손실로 인식한다.

(차) 현　　금	31,000,000	(대) FVOCI지분상품	33,000,000
FVOCI지분상품처분손실	2,000,000		

위에서 평가이익을 인식하면 FVOCI지분상품의 장부금액은 3,300만원이 되고 이 금액을 계정에서 제거하며, 처분가액으로부터 거래원가를 차감한 현금 3,100만원의 유입을 기록하고 결과적으로 거래원가 200만원을 FVOCI지분상품처분손실로 인식한다.

재론컨대 FVOCI지분상품의 경우에는 처분이 이루어져 당해 자산이 완전히 제거되더라도 당해 금융자산과 관련된 평가손익누계액은 재순환이 금지되므로 자본항목에 그대로 남아 있게 된다. 위의 현대자동차㈜의 경우에 처분시점까지 누적된 평가손익누계액은 2,880,000원이다. 단, K-IFRS가 평가손익누계액의 재순환을 금지하고 있으므로 평가손익누계액은 처분 이후에도 그대로 남아 있을 수 있는데 그렇다고 자본 항목 간의 재분류 자체를 금지한 것은 아니다. 또한 평가손익누계액의 자본 항목 간의 재분류에 대한 별도의 규정을 두고 있지도 않다. 저자들의 의견으로는 FVOCI지분상품의 처분시점 이후 미실현손익의 누계액인 평가손익누계액이 실현되었음이 분명하므로 이를 반영하여 이익잉여금으로 대체하는 것이 가장 합리적인 회계처리로 판단된다. 이렇

표 10-4 FVOCI지분상품 회계처리의 주요 내용

구 분	FVOCI지분상품
평가기준	공정가치
배당수익의 인식	발행기업의 배당선언시 당기수익으로 인식
평가손익	기말의 공정가치 - 기말 직전의 장부금액
평가손익의 회계처리	기타포괄손익으로 인식
손상차손의 인식	매기말 공정가치로 평가하므로 손상차손은 인식하지 않음(손상회계의 배제)
처분시점의 회계처리	처분시점의 공정가치로 평가하고 처분직전 장부금액과의 차액을 평가손익으로 인식
처분손익	거래원가
평가손익누계액의 회계처리	처분시점에도 평가손익누계액의 재순환이 금지됨. 단, 이후 이익잉여금으로의 대체는 가능함.

게 재분류를 하더라도 자본총계에는 아무런 영향이 없으며 재분류의 효과가 포괄손익계산서에 나타나는 것은 더욱 아니다.

위에서 설명한 FVOCI지분상품 회계처리의 주요 사항을 요약하면 <표 10-4>와 같다.

제 3 절 채무상품에 대한 투자

1. 채무상품의 분류 및 측정

이 절에서는 기업이 채무금융상품에 투자한 경우의 회계에 대하여 논의하고자 한다. 앞서 설명한 바와 같이, 채무상품은 사업모형과 계약상 현금흐름의 특성을 기준으로 AC금융자산, FVOCI금융자산 및 FVPL금융자산 중 하나로 분류된다. 지분상품과 다른 점을 정리하자면, 분류의 기준이 다를 뿐만 아니라 첫째, AC금융자산은 반드시 채무상품이어야 하고, 둘째, 지분상품의 경우에 배제되어 있는 공정가치선택권을 행사하여 FVPL로 분류할 수 있으며, 셋째, FVOCI채무상품으로 분류될 경우 재순환 회계처리를 하여야 한다.[12] 아래에서는 AC금융자산, FVOCI금융자산, 그리고 FVPL금융자산의 회계를 순서대로 살펴보자.

2. AC금융자산

상각후원가측정 금융자산(이하 'AC금융자산'으로 칭함)은 채무상품을 취득한 기업의 사업모형이 수취를 목적으로 하고(만기까지 보유할 적극적인 의도와 능력이 있음) 계약상의 현금흐름의 특성이 원금과 이자만의 지급으로 되어 있으며(SPPI조건의 만족) 투자기업이 공정가치선택권을 행사하지 않은 비파생금융자산이다. 이와 같이 AC금융자산은 주로 확정적인 이자수익을 얻기 위해 기업이 만기까지(주로 장기간) 보유할 의도로 취득한 채무상품이다. 지분상품의 경우에는 만기 자체가 존재하지 않으므로 AC금융자산으로 분류할 수 없다. 따라서 AC금융자산은 전적으로 채무상품으로만 구성된다. 이 소절에서 논의하는 AC금융자산의 회계처리는 타 기업이 발행한 채무증권을 매수한 투자기업의 입장에서 보는 것인데, 발행자의 입장에서 살펴볼 사채의 회계처리와 기본적으로 '대칭적' 관계에 있다.

2.1 AC금융자산의 최초측정과 유효이자율의 계산

다른 금융자산과는 달리, AC금융자산은 최초인식시점에 공정가치가 아닌 취득원가로 기록한다. AC금융자산의 최초측정(취득)시의 회계처리를 논의하기 위하여 다음의 예를 살펴보기로 하자. 12월 결산법인인 마산기업㈜은 다음과 같은 조건의 채권을 950,258원에 취득하고(거래비용 포함) 이를 AC금융자산으로 분류하였다고 가정한다.

• 채권 취득일 : 2×18년 1월 1일	• 발행기업 : 진주기업㈜
• 액면금액 : ₩1,000,000	• 액면이자율 : 연 8%
• 만기일 : 2×20년 12월 31일	• 이자지급 : 12월 31일에(연 1회) 지급

위의 채권(AC금융자산)의 취득원가 950,258원은 거래원가(취득부대비용)를 포함한 금액이며, 전액 현금으로 지급하고 채권을 취득했다고 가정하자. 그러면 마산기업㈜은 당해 AC금융자산 취득을 다음과 같이 분개한다.

12) 재순환에 관한 논의는 처분거래와 관련된 주제인데, 채무상품의 처분에 대해서는 제11장의 제3절 금융자산 제거에서 논의하기로 한다.

2×18. 1. 1. :

(차) AC금융자산 950,258 (대) 현 금 950,258

위의 채권의 취득원가 950,258원은 액면금액 1,000,000원보다 낮은 가격이므로 액면금액 이하로 할인된 가격에 취득된 것임을 알 수 있다. 위의 회계처리에서는 채권의 액면금액과 취득원가의 차이를 별도의 차감계정(할인차금)을 기록하지 않고 취득금액을 직접 표시하였다. K-IFRS에서는 별도의 차감계정을 기록하지 않는 방법과 기록하는 방법을 모두 인정하고 있다.[13)]

위의 채권에 대한 유효이자율은 사채에 대한 투자액인 취득원가와 채권으로부터 창출되는 미래 현금흐름의 현재가치를 일치시키는 할인율이며, 다음의 방정식을 이용하여 계산한다.

$$\text{사채의 취득원가}(=\text{사채에 대한 투자액}) = \sum_{t=1}^{N} \frac{I_t}{(1+r)^t} + \frac{P}{(1+r)^N}$$

위에서 P = 채무증권의 액면금액

r = 유효이자율

N = 채무증권의 잔여만기까지의 기간수

I_t = t시점에서 수취하는 액면이자액(현금이자액)

위의 유효이자율 계산방법은 발행기업이 사채를 발행할 때 유효이자율을 계산하는 방법과 같으며, 각 변수에 마산기업㈜이 보유한 AC금융자산의 실제 현금흐름 자료를 대입하여 유효이자율을 미지수(r)로 놓고 다음의 방정식을 풀어서 계산한다.

$$950{,}258 = \frac{80{,}000}{(1+r)} + \frac{80{,}000}{(1+r)^2} + \frac{80{,}000}{(1+r)^3} + \frac{1{,}000{,}000}{(1+r)^3}$$

위에서 950,258원은 사채에 대한 투자액인 취득원가이고, 분자의 80,000원은 약정된 연간 액면이자(=액면금액×액면이자율)이며, 1,000,000원은 3년 후 만기일에 받을 액면금액이다. 위의 방정식을 풀면 $r=10\%$로 산출된다. 이 유효이자율 10%는 채권 매수기업의 투자수익률이므로 아래에서 유효이자율법에 의해 후속기간에 사채에 대한

13) 별도의 차감계정을 기록하지 않고 취득금액을 직접 표시하는 방법이 인정되는 이유는 발행기업의 경우는 만기일에 지급할 채무금액인 액면금액을 표시하는 것이 재무제표이용자들에게 유용한 정보가 될 수 있지만, 사채를 매수한 투자기업의 경우는 액면금액 정보가 그리 중요하지 않기 때문이다.

이자수익을 계산하는 데 계속 사용된다.

유효이자율(effective interest)은 '금융상품의 기대존속기간이나 적절하다면 더 짧은 기간에 예상되는 미래 현금 유출과 유입의 현재가치를 금융자산 또는 금융부채의 순장부금액과 정확히 일치시키는 이자율'로 정의된다. 위의 거래 예에서는 채권의 취득금액이 현금의 유출에 해당하고, 액면이자율에 따른 이자수령액과 액면금액이 현금의 유입에 해당한다.

2.2 AC금융자산의 후속측정(이자수익 인식과 기말평가)

AC금융자산은 상각후원가(amortized cost)로 평가하여 재무상태표에 표시하며, 상각후원가로 측정할 때에는 취득원가와 만기금액(액면금액)의 차이를 보유기간에 걸쳐 유효이자율법(effective interest method)에 의하여 상각하여 장부금액과 이자수익에 가감한다(상각후원가를 조정). 이러한 유효이자율법에 의한 회계처리는 결산시점뿐만 아니라 기중의 이자수령 시점에도 동일하게 적용된다. 즉, AC금융자산의 장부금액은 유효이자율을 기준으로 계산한 이자수익만큼 증가하고 회수된 현금흐름만큼 감소한다. 따라서 직전 이자수령 시점의 장부금액에 유효이자율을 적용하여 이자수익을 계산하고 이자수익과 회수된 현금이자(액면이자)의 차이만큼 만기보유금융자산의 장부금액을 조정한다.

할인취득의 경우에는 인식되는 이자수익이 수령하는 현금이자보다 크므로 그 차액만큼 AC금융자산의 장부금액을 증액한다. 이렇게 장부금액이 증액되어 만기에는 만기금액과 동일해진다. 할증취득의 경우에는 반대로 이자수익이 수취하는 현금이자(액면이자)보다 적으므로 그 차액만큼 AC금융자산의 장부금액을 감액한다. 이 경우에도 AC금융자산의 장부금액은 감액되어 만기에 이르면 만기금액과 동일해진다.

이와 같이 AC금융자산의 기말 장부금액을 유효이자율법에 의해 계산하는 것은 다른 분류항목과 달리 기말에 공정가치로 평가하지 않는다는 것을 의미한다. 그 이유는 ⑴ 일반적으로 채무상품의 공정가치 변동은 크지 않고, ⑵ 만기에 가까워지면 공정가치는 액면금액에 근접하게 되므로 그때까지 공정가치 변동은 큰 의미가 없다고 보기 때문이다. 한편 유효이자율법에서 이자수익은 직전 이자지급 시점의 AC금융자산의 장부금액에 AC금융자산의 취득시점에 측정된 유효이자율을 곱하여 계산한다.

★

유효이자율법에 의한 이자수익 계산 :

이자수익 = 직전 이자지급 시점의 AC금융자산 장부금액 × 유효이자율

유효이자율법을 적용하여 위의 마산기업㈜이 취득한 AC금융자산의 연도별 이자수익과 기말 장부금액을 계산하면 다음에 제시된 표와 같다. 아래에서 「액면이자 = 액면금액 × 액면이자율」이다. 여기서 주의할 점은 마산기업㈜의 AC금융자산은 2×18년 1월 1일에 취득되었고 이자지급 시점이 연 1회이며 회계연도 말과 일치한다는 점이다.

일 자	연간 이자수익 (A)	연간 현금이자 (B)	장부금액의 증가 (C)	장부금액 (D)
	기초 D×10%	1,000,000×8%	A − B	기초 D+C
사채 취득일 : 2×18/1/1	−	−	−	950,258
1차 연도 말 : 2×18/12/31	95,026	80,000	15,026	965,284
2차 연도 말 : 2×19/12/31	96,528	80,000	16,528	981,812
3차 연도 말 : 2×20/12/31	98,188*	80,000	18,188	1,000,000

* 계산과정의 반올림으로 인한 차이를 조정하기 위해 마지막 연도의 이자수익은 2차 연도 말의 장부금액(₩981,812)에 유효이자율(10%)을 곱하여 측정하지 않고, 액면금액(₩1,000,000)과 기초 장부금액(₩981,812)의 차액인 ₩18,188에 현금이자 ₩80,000을 합한 금액으로 계산함.

① 1차 연도 이자수익 인식과 기말평가

1차 연도인 2×18년 말에 인식해야 할 연간 이자수익은 AC금융자산의 취득원가(취득시점의 장부금액) 950,258원에 유효이자율 10%를 곱한 금액인 95,026원이다. 이에 비하여 마산기업㈜이 수령하는 현금이자는 80,000원이다. 따라서 발생한 이자수익과 현금이자 수입의 차이인 ₩15,026은 투자기업 입장에서 사채발행기업에 '재투자'하는 것과 같고, 그 결과 1차 연도 말 현재 AC금융자산의 장부금액은 취득시점에 비하여 15,026원만큼 높아진다. 따라서 마산기업㈜은 1차 연도 말에 다음의 분개를 실시한다.

2×18. 12. 31. :

(차) 현 금	80,000	(대) 이자수익	95,026
AC금융자산	15,026		

위의 분개를 반영하면 기말 재무상태표상의 AC금융자산 장부금액은 965,284원이

된다. 이와 같이 AC금융자산 등의 금융자산을 취득원가로 기록한 후 유효이자율법을 이용하여 이자수익을 인식한 결과로 결정되는 장부금액을 상각후원가(상각후취득원가)라고 한다.

② 2차 연도 및 이후의 이자수익 인식과 기말평가

2차 연도인 2×19년 말에 인식할 이자수익을 계산하면, 96,528원(=₩965,284×10%)이다. 그리고 2차 연도 말의 현금이자 수령액은 전기와 동일한 80,000원이다. 따라서 16,528원(=₩96,528－₩80,000)의 이자수익이 사채발행기업에 '재투자'되었으므로 AC금융자산의 장부금액을 그만큼 높이고, 이자수익 96,528원을 인식하는 다음의 분개를 실시한다.

2×19. 12. 31. :

(차) 현　　금	80,000	(대) 이자수익	96,528
AC금융자산	16,528		

마지막 연도인 2×20년 말에도 연간 이자수익은 '기초 장부금액×10%'로 계산한다. 다만, 여기서는 계산과정의 반올림으로 인한 차이를 조정하기 위해 액면금액 1,000,000원과 기초 장부금액 981,812원의 차액인 18,188원에 현금이자 80,000원을 더한 금액인 98,188원으로 이자수익을 계산하며, 따라서 다음과 같이 회계처리한다.

2×20. 12. 31. :

(차) 현　　금	80,000	(대) 이자수익	98,188
AC금융자산	18,188		

위와 같이 유효이자율법을 적용하여 이자수익을 인식하면서 AC금융자산 장부금액을 증액해 가면, 만기일에는 AC금융자산 장부금액이 정확히 1,000,000원(액면금액)이 된다. 액면금액 1,000,000원은 만기일에 투자기업이 받는 금액으로서 이는 만기일 현재 AC금융자산의 가치를 나타낸다.

③ 만기 회수

지금까지 살펴본 바와 같이 AC금융자산을 만기일까지 보유하면 채권의 발행기업으로부터 액면금액을 지급받는다. 따라서 마산기업㈜은 아래와 같이 분개한다.

2×20. 12. 31. :

(차) 현　　금　　1,000,000　　(대) AC금융자산　　1,000,000

2.3 AC금융자산의 이자수령기간과 회계연도의 불일치

실제로 AC금융자산의 이자수령기간과 회계연도는 일치하지 않는 것이 일반적이다. 이 경우에는 결산일에 이자수령이 없더라도 직전 이자수령일로부터 결산일까지의 기간에 대한 이자수익을 인식하고 이에 상응하는 장부금액의 조정을 기록해야 한다. 다음의 <예제 10-3>을 통해 이 문제를 좀 더 구체적으로 살펴보자.

예제 10-3

이자수령일과 결산일이 다른 경우

12월 결산법인인 마산기업㈜은 다음과 같은 조건의 사채를 ₩950,258에 취득하고 사업모형 및 현금흐름의 특성을 고려하여 이를 AC채무상품으로 분류하였다.

• 채권 취득일 : 2×18년 4월 1일	• 발행기업 : 진주기업㈜
• 액면금액 : ₩1,000,000	• 액면이자율 : 연 8%
• 만기일 : 2×21년 3월 31일	• 이자지급 : 3월 31일에(연 1회) 지급

[물음] 위의 AC금융자산의 다음의 주요 거래일자별로 기록하기 위한 회계처리를 보여라.

(1) 채권취득일 : 2×18년 4월 1일

(2) 결산일 : 2×18년 12월 31일

(3) 이자수령일 : 2×19년 3월 31일

풀이

(1) 채권취득일(2×18년 4월 1일)의 회계처리는 위에서 제시된 만기보유금융자산의 예와 동일하며, 따라서 유효이자율도 동일하다(10%).

2×18. 4. 1. :

(차) AC금융자산　　950,258　　(대) 현　　금　　950,258

(2) 결산일(2×18년 12월 31일)에 현금이자를 수령하지 않지만 취득일(또는 직전 이자수령일)로부터 결산일까지의 기간(9개월)에 대한 이자수익을 유효이자율법에 기초하여 인식하고 이자수익과 미수이자수익과의 차이만큼 만기보유금융자산의 장부금액을 조정(증액)한다.

2×18. 12. 31. :

(차) 미수이자수익	60,000*	(대) 이자수익	71,270**
AC금융자산	11,270		

* ₩80,000 × 9/12 ** ₩950,258 × 10% × 9/12

(3) 취득일 이후 첫 번째 현금이자를 수령한 2×19. 3. 31.에는 1년분의 액면이자 ₩80,000을 수령하므로 결산일에 기록했던 미수이자수익은 소멸한다. 아울러 20×18. 12. 31.부터 2×19. 3. 31.까지의 3개월에 대한 이자수익을 인식하며 동일한 기간에 상응하는 만기보유금융자산의 장부금액 조정이 필요하다.

2×19. 3. 31. :

(차) 현 금	80,000	(대) 이자수익	23,756*
AC금융자산	3,756	미수이자수익	60,000

* ₩950,258 × 10% × 3/12

취득일 이후 첫 번째 현금이자를 수령한 2×19. 3. 31.까지의 1년의 기간에 발생한 이자수익 총액은 ₩95,026이며, AC금융자산의 장부금액은 ₩15,026만큼 증액되었다. 이러한 회계처리 결과는 앞에서의 예와 동일하다는 것을 알 수 있다.

2.4 이자수령일 사이의 AC금융자산의 취득

채무증권의 거래에서는 이자수령일(이자기산일)과 취득시점이 일치하지 않는 경우가 실무에서는 훨씬 흔하다. 이와 같이 이자수령일 사이에 채무증권의 취득이 이루어지는 경우 채무증권의 취득원가는 두 가지 부분으로 구성된다고 보아야 한다. 채무증권은 시장에서 불특정 다수 간에 거래되는 금융자산이므로 발행기업은 이자지급 시점에서 채무증권을 소지하고 있는 채권자(투자자)에게 보유기간에 관계없이 동일한 금액의 약정이자를 현금으로 지급한다. 따라서 실제로 사채의 매도자(발행기업 포함)와 매입자(투자자) 간에 채무증권의 매매거래가 이루어질 때에는 매입자는 매도자에게 사채의 시장가격뿐만 아니라 직전 이자지급일부터 매매거래일까지의 기간에 상응하는 액면이자 부분에 대해서도 대가를 지급해야 한다. 즉, AC금융자산의 취득원가는 이와 같이 채무증권의 순수한 취득원가와 직전 이자지급일부터 매매거래일까지의 기간에 상응하는 액면이자에 대한 대가로 이루어지므로 양자를 구분해서 회계처리해야 한다. 지금까지 논의한 내용을 다음의 예제를 통해 좀 더 구체적으로 살펴보자.

예제 10-4

이자수령일 사이에 취득한 경우

12월 결산법인인 마산기업㈜은 다음과 같은 조건의 사채를 ₩974,014에 취득하고 이를 AC금융자산으로 분류하였다. 또한 사채의 발행일과 취득일 사이에 시장이자율 변동이 없었고 유효이자율은 10%라고 가정한다.

• 사채의 발행일 : 2×18년 1월 1일	• 사채의 취득일 : 2×18년 3월 31일
• 발행기업 : 진주기업㈜	• 액면금액 : ₩1,000,000
• 액면이자율 : 연 8%	• 만기일 : 2×20년 12월 31일
• 이자지급 : 12월 31일에(연 1회) 지급	

[물음] 위의 AC금융자산에 대해 다음의 주요 일자별로 기록하기 위한 회계처리를 보여라.

(1) 2×18년 3월 31일

(2) 2×18년 12월 31일

풀이

(1) 취득일(2×18년 3월 31일)의 회계처리를 위해서는 우선 채권의 취득원가 ₩974,014을 두 부분으로 구분할 필요가 있다. 즉, 마산기업㈜은 위의 채무증권을 9개월간(2×18년 3월 31일부터 2×18년 12월 31일까지) 보유하고도 1년분의 현금이자 ₩80,000을 수령할 것이므로 매도자에게 채권의 발행일부터 취득일까지의 3개월간의 현금이자 ₩20,000을 미리 지급한다. 따라서 ₩974,014에서 ₩20,000을 차감한 ₩954,014이 채권의 순수한 취득원가가 된다. 한편 판매자에게 미리 지불한 ₩20,000은 9개월 후 수령할 현금이자 ₩80,000에 포함되어 회수될 것이므로 다음과 같이 미수이자수익으로 기록한다.

2×18. 3. 31. :

(차) 미수이자수익	20,000*	(대) 현 금	974,014
AC금융자산	954,014		

* ₩80,000 × 3/12

이제 위의 채무증권의 취득원가 ₩954,014은 어떻게 결정되었는지 분석해 보자. 만일 마산기업㈜이 동일한 사채를 2×18년 3월 31일이 아니라 사채의 발행일인 2×18년 1월 1일에 유효이자율 연 10%를 적용하여 취득했다면 ₩950,258에 취득했을 것이다. 2×18년 1월 1일부터 2×18년 3월 31까지 3개월이 경과되면서 문제의 가정에서와 같이 시장이자율의 변동이 없더라도 미래 현금흐름의 할인기간이 3개월만큼 짧아지므로 채권의 가격(가치)은 상승한다. 그러면 채권의 가격 상승분은 어떻게 측정할까? 이때는 편의상 마산기업㈜이 사채를 2×18년 1월 1일에 취득했다고 가정하고 2×18년 3월 31일까지 AC금융자산의 장부금액이 얼마나 상승하는지를 측정한다. 마산기업㈜이 동일한 조건의 사채를 2×18년 1월 1일에 취득했다면 ₩950,258에 취득했을 것이고, 유효이자율법에 의하여 1년 후(2×18년 12월 31일)까지는 ₩15,026만큼 장부금액을 증액할 것이다. 계산의 편의를 위하여 이 기간 동안 장부금액이 선형적으로 증가한다고 가정하면 2×18년 3월 31일까지는 ₩3,756(=₩15,026×3/12)만큼 증가한다. 즉, 2×18년 3월 31일의 취득원가 ₩954,014은 사채발행일(2×18년 1월 1일)의 가상적인 취득원가 ₩950,258에 취득일까지의 장부금액 증가액 ₩3,756을 더한 금액이다. 이러한 분석을 토대로 이후의 회계처리를 수행한다.

(2) 2×18년 12월 31일에 1년분 액면이자 ₩80,000을 수령하고 이에 따라 취득일에 인식한 미수이자수익은 소멸한다. 2×18년 12월 31일까지 9개월 기간에 대해 장부금액 증가액은 ₩11,270(=₩15,026×9/12)이다.

2×18. 12. 31. :

(차) 현　금	80,000	(대) 이자수익	71,270
AC금융자산	11,270*	미수이자수익	20,000

* ₩15,026 × 9/12

위에서 이자수익을 직전 장부금액에 직접 유효이자율을 곱하여 계산하지 않고 9개월간에 발생한 현금이자 수령액(₩60,000)과 장부금액 증가분을 합산하여 계산하였다. 이렇게 하는 이유는 AC금융자산의 취득원가를 결정할 때 계산의 편의를 위해 2×18년 1월 1일부터 취득일인 2×18년 3월 31일까지 장부금액이 시간 경과에 따라 선형적으로 증가한다고 가정했기 때문이다.

참고로 2×19년 12월 31일 두 번째 이자수익을 인식하는 시점에는 유효이자율법을 정상적으로 적용하여 2×19년 1월 1일의 장부금액에 유효이자율을 곱하여 이자수익을 계산한다. 따라서 2×19년 12월 31일에 인식할 이자수익은 ₩96,528(=965,284×10%)이다.

AC금융자산은 예외 없이 채무증권이므로 K-IFRS 제1109호의 규정에 따라 필요한 경우 손상차손을 인식하여야 한다. 단, K-IFRS 제1109호의 손상에 관련한 규정은 매우 포괄적이어서 개별 부류의 금융자산에 대해 손상을 논의하는 것은 부적절하다. 따라서 손상회계에 대한 설명은 별도의 절로 하여 후술하고자 한다. 다음 <표 10-5>는 이 절에서 논의한 AC금융자산의 회계처리에 관한 주요 내용을 요약한 것이다.

표 10-5 AC금융자산 회계의 주요 내용

구 분	AC금융자산(상각후원가측정 금융자산)
평가방법	상각후원가로 평가
이자수익의 인식	유효이자율법 적용(취득시점에 정해진 유효이자율은 이후에도 불변함)
평가손익의 회계처리	인식하지 않음(공정가치 평가를 하지 않음)
손상차손의 인식	손상회계의 대상이며 차손은 당기손익으로 처리
처분손익[1)]	처분시점의 상각후원가 + 미수이자 − 처분대가

1) AC금융자산의 처분(제거)에 대해서는 다음의 제11장(금융자산 2)에서 설명함.

3. FVOCI채무상품

K-IFRS 제1109호에 의하면, 특정 채무상품이 FVOCI채무상품으로 분류되려면 다음과 같은 네 가지 조건이 충족되어야 한다.

① 채무상품에 대한 기업의 사업모형이 수취와 매도 목적이어야 한다. 즉, 채무상품의 수취 이후 보유 중에 만기 전이라도 매도할 의사가 있어야 한다.

② SPPI조건이 충족되어야 한다. 즉, 계약상 현금흐름의 특성이 원금과 이자만의 지급으로 구성되어야 한다.

③ 당해 채무상품에 대해 취득기업이 공정가치선택권을 행사하지 않아야 한다.

④ 비파생금융자산이다.

AC금융자산과 같이 FVOCI채무상품의 경우에도 유효이자율법을 적용한 상각후원가 측정이 수행된다. 단, 취득시점 이후에는 공정가치의 변동을 반영하여 회계처리되고 이에 따라 발생하는 평가손익은 당기손익 항목이 아니라 기타포괄손익 항목으로 보고된다.

3.1 FVOCI채무상품의 최초인식 및 후속측정

AC금융자산과 같이 FVOCI채무상품도 취득시점의 공정가치로 측정되고 거래원가는 공정가치(취득원가)에 포함된다. 유효이자율도 취득시점에 AC금융자산과 동일한 방식으로 결정된다. 한편 FVOCI채무상품의 기말평가는 다음과 같이 두 단계로 회계처리한다.

1단계 : FVOCI채무상품도 AC금융자산과 동일하게 유효이자율법을 적용하여 이자수익을 인식하면서 이자수익액과 액면이자 수령액의 차이만큼 장부금액을 조정하고(상각후원가 계상),

2단계 : FVOCI채무상품은 매 결산기말에 공정가치로 평가하여 평가손익을 인식한다. 이때 평가손익은 FVOCI채무상품의 새로운 공정가치와 공정가치 측정시점의 장부금액의 차액으로 측정하며, 평가손익은 포괄손익계산서상에 기타포괄손익으로 분류한다. 당해 평가손익은 보고기간 말에 마감분개를 통해 기타포괄손익누계액(자본항목)의 하나인 평가손익누계액 계정에 누적된다. 평가손익을 인식하면 해당 금액을 FVOCI채무상품 계정에서 직접 차감(가산)하거나(직접법) '공정가치조정'이라는 평가계정에 기록할 수 있다(간접법).

예를 들어, 앞에서 논의한 마산기업㈜의 AC금융자산의 취득거래의 예에서 취득시점에 당해 채권을 만기까지 보유할 의도가 없어 FVOCI채무상품으로 분류한다고 가정하고 동일한 거래에 대해 논의해보자.

마산기업㈜은 2×18년 1월 1일에 진주기업㈜이 발행한 액면금액 1,000,000원(액면이자율 8%, 잔여만기 3년, 이자는 매년 말에 지급)의 채권을 950,258원에 취득하였고, 취득시점의 유효이자율은 10%였다. 그러면 마산기업㈜은 이 FVOCI채무상품의 취득을 다음과 같이 회계처리한다.

2×18. 1. 1. :

(차) FVOCI채무상품	950,258	(대) 현　　금	950,258

보유 1차 연도 말인 2×18년 12월 31일에 우선 유효이자율법을 적용하여 이자수익을 인식하고 이자수익과 액면이자 수령액과의 차액만큼 FVOCI채무상품의 장부금액을 조정한다.

2×18. 12. 31. :

(차) 현　　금	80,000	(대) 이자수익	95,026
매도가능채권	15,026		

위의 회계처리 결과 FVOCI채무상품의 장부금액은 965,284원이 된다. 그런데 2×18년 12월 31일에 평가한 당해 채권의 공정가치가 970,000원이라면 공정가치가 동일 시

점의 장부금액(상각후원가)보다 크므로 평가이익이 4,716원(=₩970,000−₩965,284) 만큼 발생한다. 따라서 다음과 같이 장부금액을 공정가치(970,000원)로 조정하면서 FVOCI채무상품평가이익(기타포괄손익)을 인식하는 회계처리를 한다.

2×18. 12. 31. :
(차) FVOCI채무상품 4,716 (대) FVOCI채무상품평가이익 4,716

위에서 인식된 FVOCI채무상품평가이익은 포괄손익계산서상의 기타포괄손익 항목의 하나이므로 다음과 같은 기말의 마감분개를 통해 자본항목의 하나인 FVOCI채무상품평가손익누계액 계정에 누적한다.

2×18. 12. 31. :
(차) FVOCI채무상품평가이익 4,716 (대) FVOCI채무상품평가손익누계액 4,716

위의 회계처리 결과, 아래와 같이 기말 재무상태표에는 FVOCI채무상품 계정의 잔액이 공정가치인 970,000원으로 표시되고, 아울러 자본 부분의 기타포괄손익누계액에 FVOCI채무상품평가손익누계액이 4,716원으로 표시된다. 포괄손익계산서상에는 FVOCI채무상품의 보유로 인한 이자수익 95,026원 및 기타포괄손익 항목의 하나인 FVOCI채무상품평가이익 4,716원이 보고된다.

재무상태표 (2×18/12/31, 공정가치 평가 후)

자 산:		기타포괄손익누계액:	
FVOCI채무상품	970,000	FVOCI채무상품 평가손익누계액	4,716

포괄손익계산서 (2×18년도)

수 익:	
이자수익	95,026
기타포괄손익:	
FVOCI금융상품평가이익	4,716

2차 연도 이후의 기말시점에서도 유효이자율법에 따라 이자수익을 인식하여 상각후원가의 변동분을 기록한 후, 공정가치와의 비교를 통해 다시 장부금액을 조정하며 장부금액과 공정가치의 차액을 FVOCI채무상품평가손익으로 인식한다. 이와 같이 이자수익은 상각후원가와 최초인식시점에서 결정된 유효이자율의 곱으로 결정되며 이자

표 10-6 FVOCI채무상품 회계의 주요 내용 요약

구 분	FVOCI채무상품
평가방법	상각후원가와 병행하는 공정가치법
이자수익의 인식	유효이자율법 적용
평가손익의 회계처리	기타포괄손익으로 처리하고 기타포괄손익누계액에 누적함
손상회계	손상회계의 대상이며 차손은 평가손익(기타포괄손익)에서 가감(후술)
처분손익	처분시점의 공정가치 + 미수이자 - 처분대가

수익의 측정에 공정가치는 전혀 고려되지 않는다는 점에 유의하자. 요약하면 FVOCI 채무상품의 기말평가는 공정가치 평가와 AC금융자산에 적용되는 유효이자율법에 의한 상각후원가의 평가가 병행하여 적용된다.

3.2 FVOCI채무상품의 손상차손 인식

AC금융자산의 경우와 같이, FVOCI채무상품에 대해서도 손상회계가 적용된다. 이 주제에 대해서는 다음 절에서 종합적으로 논의하고자 한다.

이상에서 논의한 FVOCI채무상품의 회계처리에 관한 주요 내용이 <표 10-6>에 요약되어 있다.

4. FVPL채무상품

K-IFRS 제1109호에 의하면, 특정 채무상품이 FVPL채무상품으로 분류되려면 다음과 같은 세 가지 경우 중 하나에 해당하는 비파생금융상품이어야 한다.

① 투자한 채무상품의 사입모형이 수취 또는 수취와 매도가 아닌 기타(단기매매목적)일 경우

② 투자한 채무상품의 사업모형이 수취 또는 수취와 매도에 해당하며 SPPI조건이 충족되지 않는 경우

③ 투자한 채무상품의 사업모형이 수취 또는 수취와 매도에 해당하며 SPPI조건이 충족되나 취득시점에 투자한 기업이 당해 금융상품을 FVPL금융상품으로 지정한 경우

FVPL채무상품 회계의 핵심은 물론 공정가치 평가이고, 매 보고기간 말 공정가치 평가의 결과 발생하는 평가손익은 당기손익에 반영한다. 한편 FVPL채무상품으로부터의 이자수익은 유효이자율법을 적용하지 않아 할인 또는 할증차금의 상각액을 가감하여 인식하지 않고 명목이자(현금이자)액과 동일한 금액을 발생기준에 따라 이자수익으로 인식한다. 즉, FVPL항목으로 분류된 채무상품의 취득원가와 액면금액이 다른 경우라도 유효이자율법을 적용하지 않고 명목이자수취액과 동일한 금액을 이자수익으로 인식한다. 또한 다음 절에서 논의하는 채무상품에 대한 손상회계도 적용하지 않는다.

제 4 절 채무상품의 손상

1. 채무상품 손상회계의 개요

K-IFRS 제1039호에 따른 손상(대손)의 회계처리는 소위 발생손실모형을 채택하였다. 즉, 수취채권을 포함한 금융자산에 대한 손상에 관한 객관적인 증거가 있고 손상사건이 신뢰성 있게 추정할 수 있는 금융자산의 미래현금흐름에 영향을 미치는 경우에 한하여 손상으로 인식하도록 규정하고 있었다(발생손실모형). 그러나 발생손실모형은 실무계로부터 많은 비판의 대상이 되어 왔는데, 그 중요한 이유는 발생손실모형하에서는 손상의 인식 지연 및 과소추정 문제가 발생할 소지가 크고 손상사건 발생 전에 이자수익을 과다하게 인식할 가능성이 높았기 때문이다. 이러한 문제점을 해결하기 위하여 K-IFRS 제1109호에서는 금융자산의 손상회계에 관해서는 발생손실모형 대신에 소위 기대신용손실모형을 채택하였다. 기대신용손실모형의 핵심적 내용은 금융자산의 미래현금흐름에 회수가 불가능할 것으로 기대되는 금액이 존재할 경우 손상사건의 발생 여부와 관계없이 이를 미리 손익에 반영하는 것이 신용손실의 적시 인식에 부합하고 경기순응성(procyclicality)의 완화에도 유용하다는 관점이다. 즉, 발생손실모형을 과거 지향적 손상모형이라고 한다면 기대손실모형은 미래 전망적 손상모형이라 할 수 있다.

또한 금융자산 손상회계의 대상에서 지분상품은 제외되며 채무상품 중에서도 FVPL채무상품에 대해서는 손상회계가 적용되지 않으므로 다음의 금융자산 손상에 대한 논의는 AC채무상품과 FVOCI채무상품에만 적용된다. 또한 손상회계는 개별 금융상품에 대해서뿐만 아니라 필요할 경우 자산집합에 대해서도 적용할 수 있다.

1.1 금융자산 손상회계의 용어에 대한 이해[14)]

K-IFRS 제1109호에 따른 손상회계를 정확히 이해하려면 다음의 중요한 용어의 정의에 대한 이해가 필수적이다.

① 신용손실

신용손실(현금부족액) = 계약상 수취하기로 한 금액 − 수취할 것으로 예상되는 금액

위의 신용손실금액은 명목금액이므로 유효이자율을 적용하여 할인한 현재가치 금액으로 계산한다.

② 기대신용손실

기대신용손실이란 위에서 계산된 신용손실을 금융자산 발행주체의 채무불이행 발생확률로 가중평균한 금액을 말한다. 기대신용손실액(또는 환입액)은 손상차손(환입)으로 당기손익에 인식한다.

③ 12개월 기대신용손실

'12개월 기대신용손실'이란 용어의 의미 그대로 향후 12개월 내 채무불이행 발생시의 총 현금부족액을 채무불이행 발생확률로 가중한 금액을 말한다. 즉, 12개월 기대신용손실은 아래에서 정의하는 해당 금융자산의 전체 계약기간(현금회수기간)의 기대신용손실의 일부이다. 12개월 기대신용손실을 계산하기 위한 산식은 다음과 같이 표시할 수 있다.

$$\text{12-month ECL} = PD_{\text{12-month}} \times LGD \times EAD$$

위에서 12-month ECL : 12개월 기대신용손실(Expected Credit Loss)

$PD_{\text{12-month}}$: 향후 12개월 기간의 채무불이행 확률(Probability of Default)

LGD : 채무불이행 발생시 손실률(Loss given Default)

EAD : 채무불이행 발생시 신용위험의 노출정도(Exposure at Default)

14) 아래의 일부 내용은 2018년 한국회계기준원이 발행한 교육자료를 참고로 하여 서술되었다.

그림 10-2 채무불이행 발생확률(Probability of Default, PD) 방식에 의한 12개월 및 전체기간 기대신용손실

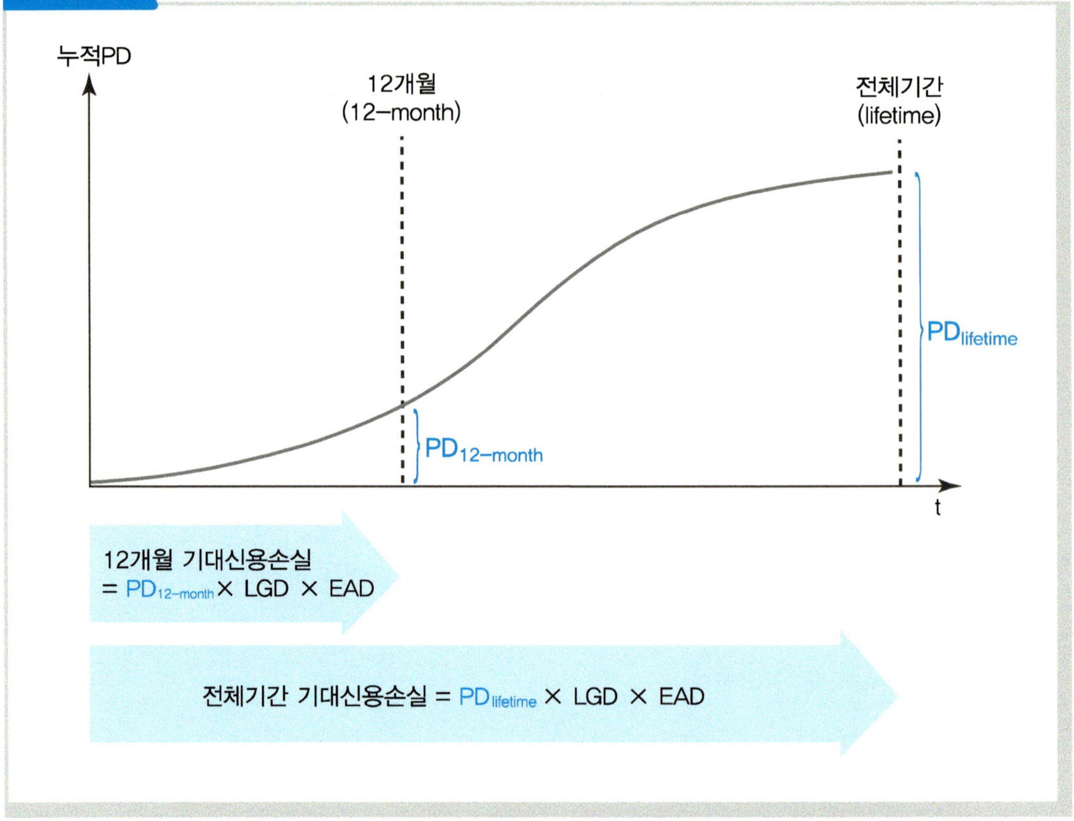

④ 전체기간(lifetime) 기대신용손실

'전체기간 기대신용손실'이란 금융자산의 기대 존속기간 전체에 걸쳐 발생가능한 모든 채무불이행 사건을 반영한 기대신용손실을 말한다. 전체기간 기대신용손실을 계산하기 위한 산식은 다음과 같이 표시할 수 있다.

$$\text{Lifetime ECL} = PD_{lifetime} \times LGD \times EAD$$

위에서 Lifetime ECL : 전체기간 기대신용손실

$PD_{lifetime}$: 전체기간의 채무불이행 확률(Probability of Default)

LGD : 채무불이행 발생시 손실률(Loss given Default)

EAD : 채무불이행 발생시의 신용위험의 노출정도(Exposure at Default)

또한 위에서 전체기간이란 기업이 신용위험에 노출되어 있는 최장의 계약기간을

의미하며, 차입자가 연장옵션을 가지고 있어서 신용위험에 대한 계약기간을 연장시키는 효과를 차입자가 강제할 수 있는 경우에는 이를 고려하여 신용위험에 노출되는 실질적인 계약기간을 판단하여야 한다. 즉, 원칙적으로 신용위험에 노출되는 기간은 계약기간이지만, 노출된 신용위험과 채권자(금융자산 소유자)의 통제가능성을 고려하여 실질적 계약기간(substantial contractual term)을 판단해야 한다는 의미이다.

⑤ 신용이 손상된(credit-impaired) 금융자산

신용이 손상된 금융자산이란 K-IFRS 제1039호에서 규정했던 발생손실모형에 해당하는 손상을 말하며, 구체적으로 말하여 당해 금융자산의 추정미래현금흐름에 악영향을 미치는 다음과 같은 하나 이상의 사건이 이미 발생한 경우를 말한다.[15)]

가. 채무상품 발행기업의 재무적 어려움, 채무불이행 및 연체

나. 차입조건의 불가피한 완화

다. 파산가능성, 재무구조 악화 가능성의 증가

라. 재무적 어려움으로 인한 활성시장의 소멸

마. 발행기업의 이미 발생한 손실을 반영하여 투자기업이 크게 할인한 가격으로 취득한 경우

1.2 기대신용손실의 인식(손상요구사항)

K-IFRS 제1109호에 따른 기대신용손실의 인식방법은 다른 용어로 손상요구사항이라 불리는데 다음의 <그림 10-3>으로 요약된다. 그림에 나타낸 Flow Chart를 순차적으로 살펴보면서 금융자산의 손상회계의 기본적인 틀(손상요구사항)을 논의해 보기로 한다. <그림 10-3>의 Flow Chart(손상요구사항)는 다소 복잡해 보이지만, 손상회계처리 방법은 다음의 4가지 경우가 존재하며 Flow Chart에서 어두운 색채의 상자(box)에 기술된 방법이 그것이다. 이를 차례대로 살펴보자.

- **경우**1 (Flow Chart의 우측 최상단의 어두운 색채의 box 참조) : 취득시점에서 이미 신용이 손상되어 있는(credit-impaired) 금융자산의 경우이며, 이 경우에는 취득시점에서 우선 신용조정 유효이자율을 계산하고 항상 전체기간(lifetime) 기대신용손실의 변동

15) 일반적으로 금융자산의 연체일수가 90일을 초과하는 경우에는 채무불이행이 발생하였다고 본다. 다만, 채무불이행이 연체된 후 90일보다 늦게 발생한다는 것을 입증하는 합리적이고 뒷받침될 수 있는 정보가 있다면 채무불이행이 발생하지 않았다고 할 수 있다.

그림 10-3 손상과 이자수익 인식의 Flow Chart(손상요구사항)

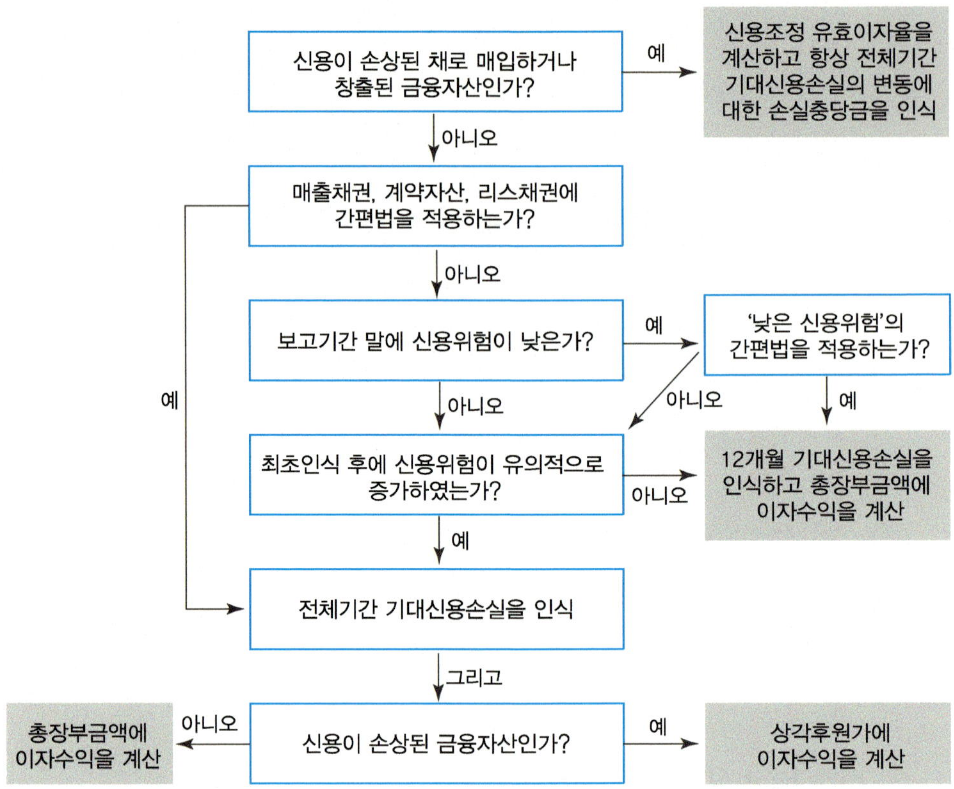

에 대한 손실충당금을 인식한다. 여기서 신용조정 유효이자율이란 취득시 신용이 손상되어 있는 금융자산의 기대존속기간에 대한 추정 미래현금 수취액의 할인된 현재가치와 금융자산의 상각후원가(취득시점의 공정가치)를 정확히 일치시키는 이자율을 말한다. 아래의 경우2 ~ 경우4는 모두 취득시점에서 신용이 손상된 채로 매입하거나 창출된 금융자산이 아닌 경우에 해당한다.

- **경우2** (Flow Chart의 우측의 두 번째 어두운 색채의 box 참조) : 다음의 세 가지 하위의 세부적인 경우에는 12개월 기대신용손실을 인식하고 총장부금액에 유효이자율을 적용하여 이자수익을 계산한다.
  - **경우2-①** : 매출채권, 계약자산, 리스채권[16]이 아닌 채무상품에 있어서 보고기간 말에 신용위험이 낮다고 평가되고 여기에 '낮은 신용위험의 간편법'을 적용하는

것이 합당하다고 평가되는 경우

- **경우2-②** : 매출채권, 계약자산, 리스채권이 아니면서 보고기간 말에 신용위험이 낮지 않다고 평가되어 다음 단계에서 최초인식 후에 신용위험이 유의적으로 증가하였는지 여부를 평가한 결과 이에 해당하지 않는 경우
- **경우2-③** : 매출채권, 계약자산, 리스채권이 아닌 채무상품에 있어서 보고기간 말에 신용위험이 낮다고 평가되었으나 여기에 '낮은 신용위험의 간편법'을 적용하는 것이 합당하지 않다고 평가되는 경우[17] 다시 다음 단계에서 최초인식 후에 신용위험이 유의적으로 증가하였는지 여부를 평가한 결과 이에 해당하지 않는 경우

위에서 12개월 기대신용손실은 이미 위의 용어정의에서 설명된 바 있고, 여기서 총장부금액이란 유효이자율을 적용하여 평가한 상각후원가로부터 손실충당금을 차감하지 않은 금액을 의미한다. 즉, 경우2에 있어 이자수익은 최초인식시점에서 정해진 유효이자율을 손실충당금(누계액)을 차감하지 않은 상각후원가(총장부금액)에 곱하여 계산하게 된다.

- **경우3** : 매출채권, 계약자산, 리스채권이 아니면서 보고기간 말에 신용위험이 낮지 않다고 평가되어 다음 단계에서 최초인식 후에 신용위험이 유의적으로 증가하였는지 여부를 평가한 결과 이에 해당하는 경우에는 '전체기간 기대신용손실'을 인식하여야 한다. 이때 신용위험이 유의적으로 증가하였는지의 여부에 대한 판단은 전체기간 기대신용손실의 변동액을 기준으로 하는 것이 아니라 채무상품 발행주체의 채무불이행 확률(probability of default)의 변동을 기준으로 판단한다. 최초인식 후에 신용위험이 유의적으로 증가하였다면 채무상품의 기대존속기간 전체에 대해 기대신용손실을 인식하여야 한다.

  그 다음 단계에서 신용이 손상된(손상이 발생한 객관적인 증거가 존재하는) 금융자산인지의 여부를 판단한 결과 이에 해당하지 않는 경우에는 총장부금액에 유효이자율을 곱하여 이자수익을 계산한다. 요컨대 경우3의 핵심은 전체기간 기대신용손실을 인

---

16) 매출채권, 계약자산 및 리스채권의 경우의 손상차손 인식 문제에 관해서는 다음의 제11장에서 논의할 것이다. 단, 리스채권 및 계약자산에 대해서는 본서에서 논의하지 않고 제11장에서는 과거 K-IFRS 제1039호에서 금융자산의 한 항목으로 분류된 대여금 및 수취채권에 속하는 매출채권의 경우에 한정하여 손상회계를 논의하고자 한다.

17) 이와 같이 '낮은신용 위험 간편법'은 보고기간 말 신용위험이 낮더라도 반드시 적용해야 하는 의무조항이 아니고 회계실체의 판단에 따라 선택적으로 적용할 수 있다.

식하여야 하되 이자수익은 최초인식시점에서 정해진 유효이자율을 손실충당금을 차감하지 않은 상각후원가(총장부금액)에 곱하여 계산한다는 점이다. 또한 전기에 전체기간 기대신용손실에 해당하는 금액으로 손실충당금을 측정했지만 당기에 더 이상 금융상품의 신용위험이 유의적으로 증가한 증거가 충족되지 않는다고 판단하는 경우에는 당기 말에 12개월 기대신용손실에 해당하는 금액으로 손실충당금을 측정한다.

- **경우4** : 매출채권, 계약자산, 리스채권이 아니면서 보고기간 말에 신용위험이 낮지 않다고 평가되어 다음 단계에서 최초인식 후에 신용위험이 유의적으로 증가하였는지 여부를 평가한 결과 이에 해당하는 경우에는 경우3과 같이 전체기간 기대신용손실을 인식하여야 하는데, 다음 단계에서 신용이 손상된 금융자산인지 여부를 판단한 결과 이에 해당하는 경우에는 상각후원가에 유효이자율을 곱하여 이자수익을 계산한다. 이때 상각후원가란 경우2 및 경우3의 총장부금액으로부터 손실충당금을 차감한 순액을 의미한다. 요컨대 경우4의 핵심은 전체기간 기대신용손실을 인식하여야 하되 이자수익은 최초인식시점에서 정해진 유효이자율을 손상충당금(누계액)을 차감한 (순)상각후원가에 곱하여 계산한다는 점이다. 이와 같이 신용이 손상된 금융자산의 경우에 손상이 이미 발생하였으므로 후속 기간에 인식하는 이자수익의 과대평가를 방지하고자 하는 취지라고 할 수 있다.

1.3 기대신용손실의 측정을 위한 미래전망 정보

최초인식 후에 금융상품의 신용위험이 유의적으로 증가하였는지를 매 보고기간 말에 평가한다. 전술한 바와 같이 신용위험의 유의적인 증가를 평가할 때 기대신용손실액 그 자체의 변동이 아니라 금융상품의 기대존속기간에 걸친 채무불이행 발생 위험의 변동을 기준으로 한다. 이러한 평가를 위해 보고기간 말의 금융상품에 대한 채무불이행 발생 위험을 최초인식일의 채무불이행 발생 위험과 비교한다.

위의 의사결정 단계에서 보고기간 말에 신용위험이 낮은지 또는 유의적인 증가가 있었는지의 여부를 판단하는 데 있어서는 궁극적으로 미래전망 정보를 반영하여야 한다. 즉, 손상회계의 핵심 요소는 미래전망 정보인데 K-IFRS 제1109호에서는 미래전망 정보의 반영에 관련한 구체적인 적용지침이 부족해 보인다.[18)] 단, K-IFRS 제1109호에

18) 이에 비해 과거의 K-IFRS 제1039호에서는 최근 경제상황을 반영한 발생손실모형을 적용하였으므로 손상회계에서 미래전망 정보는 반영되지 않았다.

서는 미래전망 정보에 과도한 비용과 노력 없이 합리적이고 뒷받침될 수 있는 모든 정보를 고려할 것을 요구하고 있다. 미래전망 정보는 본질적으로 불확실성이 존재하고 계속 변동하는 환경과 관련성이 크며, 기업의 효과적인 지배구조가 중요한 요인이 될 것이다.

또한 K-IFRS 제1109호에 의하면 기대신용손실은 편의가 없고 확률로 가중한 금액으로 산정한다고 규정하고 있는데, 이는 가능하다면 복수의 시나리오를 고려하여야 한다는 것을 뜻한다. 즉, 항상 복수의 시나리오를 사용해야 하는 것은 아니지만 가능하면 복수의 미래전망 시나리오에서 일정한 범위에서 발생가능한 결과를 평가하고 각 시나리오의 발생확률로 가중하여 기대신용손실을 산정한다는 의미이다. 그러나 K-IFRS 제1109호는 적용할 시나리오의 수를 특정하지 않고 있으므로 각 회계실체가 자체적으로 편의가 없고 각 시나리오의 발생확률로 가중한 금액을 추정하기 위해 적절한 시나리오 수를 결정할 필요가 있을 것이다. 한편 기대신용손실을 측정할 때 부도율에 대한 통계적 모형을 반드시 사용해야 하는 것도 아니다.

이와 같이 K-IFRS 제1109호에서는 기대신용손실을 측정하는 구체적인 방식은 제시하고 있지 않지만 각 회계실체의 관점을 반영할 필요가 있다. 즉, 기대신용손실을 측정할 때 사용하는 미래전망 정보와 회계실체 내부의 예산 편성, 기타 예측시 사용하는 미래전망 정보는 상호 일관되어야 한다. 또한 복수의 시나리오를 포함할 때 사용할 방법을 결정하는 경우 개별 회계실체의 입장에서 판단한 중요성(materiality)도 고려해야 할 것이다.

1.4 신용위험의 유의적 증가에 대한 판단

신용위험의 유의적 증가를 판단할 때 회계실체의 경제적 실질과 상황에 따라 다양한 방법이 다르게 적용될 수 있으며, 신용위험의 유의적 증가에 대한 평가는 양적 접근법과 질적 접근법을 모두 적용하는 것이 가능하다. 일반적으로 신용위험의 유의적 증가를 판단할 때 사용하는 미래전망 정보와 기대신용손실을 측정할 때 사용하는 정보는 상호 일관성이 있는 것은 자연스러운 일이지만, 관련 정보가 항상 양쪽 모두에 영향을 미치는 것은 아니다.

신용위험의 유의적 증가 여부를 판단하려면 우선 매 보고기간 말 채무불이행의 발생위험과 최초인식시점의 채무불이행 발생위험을 비교하여야 한다. 이를 위해서 통계적 모형이나 신용평가 프로세스를 반드시 거쳐야 하는 것은 아니다. 단, 신용위험의 유의적인 증가 여부를 판단할 경우 다음 사항을 고려한다.

- 최초인식시점에서 신용위험이 낮은 금융상품의 채무불이행 위험 수준은 최초에 신용위험이 높은 금융상품보다는 유의적일 가능성이 높다.
- 유사한 신용위험을 가진 금융상품의 채무불이행 위험은 만기가 길수록 높아진다.
- 만기에 근접하여 유의적인 지급의무가 있는 금융상품은 시간이 경과해도 채무불이행 위험이 유의적으로 감소하지는 않을 것이다.
- 기타 관련된 질적 요인들을 모두 고려한다.

30일 연체의 반증가능한 간주규정 : 다른 정보를 사용하는 데 과도한 노력이 필요한 경우에 연체정보를 사용할 수 있다. 연체일수가 30일을 초과하는 경우에는 신용위험이 유의적으로 증가한 것으로 간주하는데, 반증할 수 있는 근거가 있다면 이 규정이 적용되지 않을 수 있다. 이와 같은 30일 연체의 간주규정은 다른 신용위험의 판단지표와 함께 일종의 보완장치 역할을 할 것으로 평가된다. 이와 같이 미래전망 정보를 포함하여 과도한 노력이나 원가 없이 이용할 수 합리적이고 뒷받침될 수 있는 정보를 고려한다. 이 경우 이용할 수 있는 정보의 예는 다음과 같다.

- 만기, 신용스프레드, 내부 · 외부 신용등급, 내부행동평점, 연체 정보
- 경제적 상황(이자율, 실업률 등), 이익, 운전자본, 부채비율, 유동성, 경영진의 문제
- 동일한 차입자의 다른 금융상품에 대한 신용위험, 담보가치, 제3자 보증, 신용보강
- 대주주나 지배기업의 재무적 능력, 이자지급유예, 이자율의 단계적 상승

위의 손상요구사항에서 보고기간 말에 신용위험이 낮다고 평가되면 소위 '낮은 신용위험 간편법'을 적용할 수 있는지를 검토하도록 규정하고 있는데, 이는 보고기간 말에 신용위험이 낮다고 평가되면 대체로 신용위험이 유의적으로 증가하지 않았다고 볼 수 있다는 의미이다. 신용위험이 낮은 것으로 볼 수 있는 사례는 다음과 같다.

① 차입자의 채무불이행 발생위험이 낮음
② 차입자가 단기적으로 강한 지급능력을 보유함
③ 장기적으로는 그 강한 지급능력이 감소할 수 있지만 그럴 가능성이 낮음
④ 투자등급에 해당하는 외부신용등급
⑤ 국제적으로 통용되는 낮은 위험등급의 정의와 일관되는 내부신용위험등급

1.5 손상인식에 적용되는 12개월 간편법

위의 손상요구사항 Flow Chart에서 보고기간 말에 ① 신용위험이 낮다고 평가되면 소위 '낮은 신용위험 간편법'을 적용할 수 있도록 규정하고 있는데, 이와 같이 신용위험이 낮다고 평가되고 이러한 '낮은 신용위험'을 적용하는 경우와 ② 신용위험이 낮다고 평가되나 '낮은 신용위험 간편법'을 적용하는 것이 합당한 경우에 해당하지 않더라도 최초인식 후에 신용위험이 유의적으로 증가하지 않았다고 평가되는 경우, 그리고 ③ 보고기간 말에 신용위험이 낮지 않지만 최초인식 후에 신용위험이 유의적으로 증가하지 않았다고 판단되는 경우 손상회계를 위해 소위 '12개월 간편법'이 사용된다. '12개월 간편법'이란 향후 12개월에 대해 기대신용손실을 인식하고 총장부금액에 이자수익을 인식하는 방법을 말한다.

위의 세 가지 경우의 공통적인 경제적 실질은 채무불이행 발생 양상이 기대존속기간의 특정 시점으로 집중되지 않으며 기대신용손실 추정을 위해 전체기간 평가가 필요한 상황이 아니다. 이러한 경제적 실질에 해당하는 경우에는 '향후 12개월 채무불이행 발생 위험 변동'이 '전체기간 채무불이행 발생 위험 변동'의 합리적인 근사치일 수 있다. 그러나 '12개월 간편법'은 다음의 경우 중 하나에 해당하면 이를 적용하는 것이 부적절하다.

① 향후 12개월을 넘어선 기간에만 금융상품의 유의적 지급의무가 발생

② 거시경제적 요인이나 그 밖의 신용 관련 요인의 변동을 적절하게 반영하지 못하는 경우

③ 신용 관련 요인이 향후 12개월을 넘어선 기간의 신용위험에만 영향을 미치는 경우

이와 같이 '12개월 간편법'은 기본적으로 신용위험의 유의적 증가를 평가하는 것과 관련된 것이며, 따라서 위의 세 가지 경우에는 기업이 전체기간 기대신용손실을 측정할 경우에 해당하므로 채무불이행이 발생할 전체기간의 위험을 반영하여야 한다.

1.6 기대신용손실의 측정

- **개별평가와 집합평가** : 금융자산에 대한 손상회계를 위한 기대신용손실의 측정에 있어서는 모든 금융자산에 대해 개별평가하는 것이 원칙이다. 단, 다음의 경우에는 개별 금융자산을 통합하여 집합평가가 가능하다.

① 개별 금융자산 수준의 신용위험을 평가하기 위해 과도한 원가나 노력이 필요한 경우

이러한 경우의 예로서 다수에 대한 소액의 소매대여금에 대해서는 집합평가가 합리적일 것이다.

② 공통된 신용위험 특성이 있는 경우

이러한 신용위험의 특성으로는 상품, 지역, 산업, 신용위험등급, 담보인정비율 등이 있다.

- **확률가중과 화폐의 시간가치의 반영** : 기대신용손실은 미래 채무불이행의 발생확률로 가중한 금액으로 측정되며, 화폐의 시간가치를 반영하여야 한다. 채무불이행의 발생확률을 추정함에 있어 모든 발생가능한 시나리오를 식별할 필요는 없으나, 가능성의 고저에 관계없이 신용손실의 발생가능성을 고려해야 한다. 따라서 이는 발생가능성이 가장 높은 결과 또는 단일한 최선의 추정치와는 다르다. 요컨대 기대신용손실의 측정을 위하여 고려되는 미래전망 정보는 과도한 원가나 노력 없이 합리적이고 뒷받침될 수 있는 과거와 현재 및 미래전망 정보를 포함한다. 한편 화폐의 시간가치를 반영하기 위해 적용되는 할인율은 다음과 같이 측정한다.

표 10-7 기대신용손실의 측정 및 할인율

구 분	기대신용손실의 측정
금융자산	계약상 수취하기로 한 현금흐름 - 수취할 것으로 예상되는 현금흐름
취득시 신용이 손상되어 있는 금융자산	총장부금액 - 추정미래현금흐름을 최초 유효이자율로 할인한 현재가치

구 분	화폐의 시간가치를 반영하는 할인율
금융자산	최초인식시점에 산정한 유효이자율 또는 그 근사치
취득시 신용이 손상되어 있는 금융자산	최초인식시점에 산정한 신용조정 유효이자율
실행된 대출약정	대출약정의 실행으로 금융자산을 인식할 때 적용한 할인율 또는 그 근사치

위와 같이 금융자산의 기대신용손실의 측정을 위해 적용되는 할인율은 공통적으로 당해 금융자산의 최초인식시점에서 산정된 유효이자율(또는 그 근사치)이며, 이 유

효이자율은 시간 경과에 따라 시장이자율이 변동함에도 불구하고 일단 산정되면 변하지 않고 매 보고기간 말 기대신용손실의 측정을 위해 동일하게 적용된다는 점을 알 수 있다.

- **측정대상기간**: 금융자산의 기대신용손실을 측정함에 있어 대상이 되는 측정기간은 당해 금융자산의 계약기간이며, 신용위험에 노출된 최장의 계약기간을 초과할 수 없다. 단, 다음의 특성이 있는 상품은 최장 계약기간을 초과하여 측정할 수 있다.
  - 신용위험의 노출(exposure) 기간이 상환이나 취소의 예고기간까지만으로 한정되지 않는 경우
  - 회전신용한도약정의 경우에는 행태를 고려한 존속기간(Behavioral Life)을 추정하여 측정한다.

2. FVOCI채무상품의 손상회계

K-IFRS 제1109호에 의하면, FVOCI채무상품의 손상회계의 가장 중요한 특징은 손상차손의 인식에 우선하여 공정가치 평가가 선행되어 평가손익(기타포괄손익)을 먼저 인식한다는 점이다. 그 다음 손상요구사항에 따라 손상회계처리 방법을 선택하여 기대신용손실 또는 발생손실을 인식하면 이를 손상차손(당기손익)으로 인식하고 손상차손과 평가손실과 상계하며, 상대계정으로서의 손상충당금(손상누적액, 환입액이 발생하면 감소)은 재무상태표 본문에 표시하지 않고 주석에 공시한다. 즉, FVOCI채무상품의 손상차손(또는 손상환입)은 기대신용손실이든 발생신용손실이든 상관없이 공정가치 변동에 반영되어 있는 것으로 간주한다. 단, 손상차손은 당기손익에 반영하고 상계한 후 남은 평가손실은 기타포괄손익으로 보고된다. 이렇게 손상차손(손상환입)을 당기손익에 반영하는 이유는 손상차손은 기대신용손실의 변동을 반영하는 반면 공정가치 변동에 따른 평가손익은 미실현손익으로 간주되어 기타포괄손익으로 분류되기 때문이다. 요컨대 기대신용손실이든 발생손실이든 상관없이 FVOCI채무증권계정의 잔액은 평가손익을 반영하여 당해 증권의 공정가치로 표시된다.

FVOCI채무상품의 경우에 매 보고기간 말 손상요구사항을 재검토하여 기대신용손실액(또는 발생신용손실액)이 감소하는 경우 손상환입(당기수익)을 인식하고 주석에 공시되는 손상충당금은 그만큼 감소한다. 따라서 손상충당금 잔액은 매 보고기간 말에

추정된(또는 발생된) 손상액(손상차손의 누적액)을 반영하게 된다.

손상차손 인식 후의 이자수익은 전술한 바와 같이 신용의 손상이 실제로 발생하지 않았다면 기초의 총장부금액에 최초인식시점에서 정해진 유효이자율을 곱하여 계산된다. 반면 신용의 손상이 발생한 경우에는 상각후원가(총장부금액 – 손상충당금)에 유효이자율을 곱하여 이자수익을 계산한다.

예제 10-5

FVOCI채무상품의 손상회계

12월 결산법인인 마산기업㈜은 다음과 같은 조건의 채권을 ₩924,184에 취득하고 사업모형 및 현금흐름의 특성을 고려하여 이를 FVOCI채무상품으로 분류하였다.

• 채권 취득일 : 2×14년 1월 1일	• 발행기업 : 진주기업㈜
• 액면금액 : ₩1,000,000	• 액면이자율 : 연 8%
• 만기일 : 2×18년 12월 31일	• 이자지급 : 12월 31일에(연 1회) 지급

2×14년 12월 31일 진주기업㈜이 발행한 사채의 공정가치는 ₩935,000으로 평가되었으며, 신용위험이 유의적으로 증가하였는지의 여부를 검토한 바 그 정도가 매우 미미하고 따라서 기대신용손실의 추정액은 ₩0으로 간주되었다. 2×15년 12월 31일 마산기업㈜은 진주기업㈜의 신용위험이 유의적으로 증가한 것으로 판단하고 당해 사채로부터 수취할 것으로 예상되는 미래 현금흐름의 현재가치를 재평가하고 이를 계약상 수취하기로 한 미래 현금흐름의 현재가치와 비교한 결과 ₩10,000의 차이(전체기간의 기대신용손실)가 발생한 것으로 추정되었다. 이러한 현금흐름의 기대신용손실은 이미 발생한 손상의 경우에 해당하지 않는다고 가정한다. 2×15년 12월 31일 당해 회사채의 공정가치는 ₩930,263으로 평가되었다. 2×16년 12월 31일에 진주기업㈜이 발행한 채권의 공정가치는 ₩962,366으로 상승하였으며, 전체기간 기대신용손실을 다시 추정한 결과 ₩6,000으로 평가되었다.

[물음] 위의 FVOCI채무상품의 다음의 주요 거래일자별로 기록하기 위한 회계처리를 보여라.

(1) 2×14년 12월 31일

(2) 2×15년 12월 31일

(3) 2×16년 12월 31일

풀이

(1) 위 채권의 취득원가와 미래 현금흐름의 현재가치를 일치하게 하는 유효이자율은 10%이며, 이를 기초로 작성한 (손상을 고려하지 않은) 총장부금액의 변동은 다음의 표와 같다.

일 자	연간 이자수익 (A)	연간 현금이자 (B)	총장부금액의 증가(C)	총장부금액 (D)
	기초 D×10%	1,000,000×8%	A−B	기초 D+C
사채 취득일 : 2×14/1/1	−	−	−	924,184
1차 연도 말 : 2×14/12/31	92,418	80,000	12,418	936,603
2차 연도 말 : 2×15/12/31	93,660	80,000	13,660	950,263
3차 연도 말 : 2×16/12/31	95,026	80,000	15,026	965,289
4차 연도 말 : 2×17/12/31	96,529	80,000	16,529	981,818
5차 연도 말 : 2×18/12/31	98,182	80,000	18,182	1,000,000

2×14년 12월 31일에 우선 이자수익을 인식함과 동시에 채권의 총장부금액를 조정한다. 이를 위한 회계처리는 다음과 같으며, 회계처리 결과 총장부금액은 ₩936,603이 된다.

2×14. 12. 31. :

(차) 현 금	80,000	(대) 이자수익	92,418
FVOCI채무상품	12,418		

2×14년 12월 31에 평가한 FVOCI채무상품 공정가치가 ₩935,000이므로 동일 시점에 계상한 총장부금액에 비해 ₩1,603만큼 낮다. 따라서 이 차액이 FVOCI채무상품계정에서 차감되고 FVOCI채무상품평가손실(기타포괄손실)로 기록된다.

2×14. 12. 31. :

(차) FVOCI채무상품평가손실	1,603	(대) FVOCI채무증권	1,603

위의 회계처리 결과 FVOCI의 계정잔액은 기말 공정가치인 ₩935,000으로 표시된다.

(2) 2×15년 12월 31일에는 두 번째로 ₩80,000의 이자를 수령하고 2×15년에 실현된 이자수익을 인식하며, 다음과 같이 그 차액만큼 FVOCI채무상품의 총장부금액을 증액한다.

2×15. 12. 31. :

(차) 현 금	80,000	(대) 이자수익	93,660
FVOCI채무상품	13,660		

2×15년 말 FVOCI채무상품의 공정가치가 ₩930,263이고, 동일 시점의 계정잔액이 ₩948,660(=₩935,000+₩13,660)이므로 인식하여야 할 평가손실은 양 금액의 차액인 ₩18,397이다. 이와 같이 계산된 평가손실만큼 FVOCI채무상품의 장부금액에서 차감되어야 하는데, 그 중 일부는 손상차손(당기비용) ₩10,000이므로, 나머지 금액을 평가손실(기타포괄손익)로 인식한다.

2×15. 12. 31. :

(차) FVOCI채무상품손상차손	10,000	(대) FVOCI채무상품	18,397
FVOCI채무상품평가손실	8,397		

K-IFRS 제1109호에 의하면, FVOCI채무상품의 경우 손상차손의 누적액인 손실충당금을 재무상태표에 직접 표시하지 않고 주석에 공시하도록 규정하고 있다. 이전에 인식된 손상차손이 없으므로 2×15년 말 현재 주석에 공시된 손실충당금의 잔액은 ₩10,000이다.

(3) 2×16년 말에는 당해 채무상품의 신용이 손상된 경우가 아니므로 이자수익은 최초인식시점(2×14년 1월 1일)의 유효이자율을 2×16년 1월 1일 총장부금액(₩950,263)에 곱하여 계산한다.

2×16. 12. 31. :

(차) 현　금	80,000	(대) 이자수익	95,026*
FVOCI채무상품	15,026		

* ₩950,263 × 10%

위의 회계처리 결과 FVOCI채무상품의 장부금액은 ₩945,289(=₩930,263+₩15,026)이 된다. 한편 2×16년 12월 31일 현재 당해 채무상품의 공정가치가 ₩962,366이므로 양 금액의 차이만큼 FVOCI채무상품계정 잔액은 증액되어야 한다. 동시에 진주기업㈜이 발행한 채권의 미래 기대현금흐름을 재평가한 결과 기대신용손실의 일부(₩4,000)가 회복된 것으로 평가되었으므로 이를 손상차손환입으로 인식하고 나머지 금액을 평가이익(기타포괄이익)으로 인식한다.

2×16. 12. 31. :

(차) FVOCI채무상품	17,077	(대) FVOCI채무상품 손상차손환입	4,000
		FVOCI채무상품평가이익	13,077

2×14년~2×16년의 각년도 말 현재 당해 채무상품계정의 잔액, 손상차손, 평가손익(기타포괄손익), 자본항목으로 표시되는 평가손익누계액(기타포괄손익누계액)의 잔액 및 재무상태표의 주석에 공시될 손실충당금 잔액은 다음과 같다.

	2×14. 12. 31.	2×15. 12. 31.	2×16. 12. 31.
FVOCI채무상품계정 잔액	₩935,000	₩930,263	₩962,366
손상차손(손상차손환입)	−	10,000	(4,000)
손상충당금(주석공시)	−	10,000	6,000
FVOCI채무상품평가손실(평가이익)	1,603	8,397	(13,077)
FVOCI채무상품평가손익누계액	1,603	10,000	(3,077)*

* 대변잔액

3. AC채무상품의 손상회계

K-IFRS 제1109호에 의하면, FVOCI채무상품의 경우에 비해 AC채무상품의 손상회계는 간단하다. 손상요구사항에 따라 손상회계처리 방법을 선택하여 기대신용손실 또는 발생손실을 인식하면 이를 손상차손(당기손익)으로 인식하고 상대계정으로서는 손상충당금을 대기한다. 즉, 손상충당금은 AC채무증권의 차감계정으로서 재무상태표의 본문상에 표시된다. 따라서 기대신용손실이든 발생손실이든 상관없이 AC채무증권계정의 잔액은 당해 증권의 총장부금액을 표시하게 되고 손실충당금은 손상누적액(환입액은 차감)을 반영하여 차감계정으로 표시되어 재무상태표에 손실충당금계정 잔액을 차감한 순장부금액이 표시된다. 이 점이 FVOCI금융자산과의 중요한 차이이다. 또한 AC채무증권은 공정가치 평가가 배제되므로 평가손익이 인식되지 않고 손상차손과의 상계도 당연히 없다.

FVOCI채무상품의 경우와 동일하게 AC채무상품의 경우에도 매 보고기간 말 손상요구사항을 재검토하고 기대신용손실액(발생손실액 포함)이 기존의 손상충당금계정 잔액보다 적으면 손상환입(당기수익)을 인식한다. 따라서 손상충당금계정은 매 보고기간 말에 추정된(또는 발생된) 손상의 누적액을 반영하게 된다.

손상 인식 후의 이자수익은 전술한 바와 같이 신용의 손상이 발생하지 않았다면 기초의 총장부금액에 최초인식시점에서 정해진 유효이자율을 곱하여 계산된다. 반면 신용의 손상이 발생한 경우에는 상각후원가(총장부금액 − 손상충당금)에 유효이자율을 곱하여 이자수익을 계산한다.

예제 10-6

AC채무상품의 손상회계

12월 결산법인인 마산기업㈜은 다음과 같은 조건의 채권을 ₩924,184에 취득하고 이를 사업모형 및 현금흐름의 특성을 고려하여 AC채무상품으로 분류하였다.

• 채권 취득일: 2×14년 1월 1일	• 발행기업: 진주기업㈜
• 액면금액: ₩1,000,000	• 액면이자율: 연 8%
• 만기일: 2×18년 12월 31일	• 이자지급: 12월 31일에(연 1회) 지급

2×14년 12월 31일 진주기업㈜이 발행한 사채의 기대신용손실의 추정액은 ₩0이었다. 2×15년 12월 31일 마산기업㈜은 진주기업㈜의 신용위험이 유의적으로 증가한 것으로 판단하고 당해 사채의 기대신용위험이 유의적으로 증가한 것으로 판단하여 미래 수취할 것으로 예상되는 미래 현금흐름의 현재가치를 재평가하고 이를 계약상 수취하기로 한 미래 현금흐름의 현재가치와 비교한 결과 ₩10,000의 차이(전체기간의 기대신용손실)가 발생한 것으로 추정하였다. 단, 이러한 현금흐름의 기대신용손실은 이미 발생한 손상의 경우에 해당하지 않는다고 가정한다. 2×16년 12월 31일에 진주기업㈜이 발행한 채권의 기대신용위험이 유의하게 증가하지 않아 전체기간 기대신용손실을 다시 추정한 결과 ₩6,000으로 평가되었다.

[물음] 위의 AC채무상품의 다음의 거래일자별로 기록하기 위한 회계처리를 보여라.

(1) 2×14년 12월 31일

(2) 2×15년 12월 31일

(3) 2×16년 12월 31일

풀이

(1) 위 채권의 취득원가와 미래 현금흐름의 현재가치를 일치하게 하는 유효이자율은 10%이며, 이를 기초로 작성한 (손상을 고려하지 않은) 총장부금액의 변동은 다음의 표와 같다.

일 자	연간 이자수익 (A)	연간 현금이자 (B)	총장부금액의 증가(C)	총장부금액 (D)
	기초 D×10%	1,000,000×8%	A−B	기초 D+C
사채 취득일 : 2×14/1/1	−	−	−	924,184
1차 연도 말 : 2×14/12/31	92,418	80,000	12,418	936,603
2차 연도 말 : 2×15/12/31	93,660	80,000	13,660	950,263
3차 연도 말 : 2×16/12/31	95,026	80,000	15,026	965,289
4차 연도 말 : 2×17/12/31	96,529	80,000	16,529	981,818
5차 연도 말 : 2×18/12/31	98,182	80,000	18,182	1,000,000

2×14년 12월 31일에 우선 이자수익을 인식함과 동시에 채권의 총장부금액를 조정한다. 이를 위한 회계처리는 다음과 같으며, 회계처리 결과 총장부금액은 ₩936,603이 된다.

2×14. 12. 31. :

(차) 현 금	80,000	(대) 이자수익	92,418
AC채무상품	12,418		

위의 회계처리 결과 AC채무상품계정의 잔액은 기말 총장부금액인 ₩936,603으로 표시된다.

(2) 2×15년 12월 31일에는 두 번째로 ₩80,000의 이자를 수령하고 2×15년에 실현된 이자수익을 인식하며, 다음과 같이 그 차액만큼 AC채무상품의 총장부금액을 증액한다.

2×15. 12. 31. :

(차) 현 금	80,000	(대) 이자수익	93,660
AC채무상품	13,660		

또한 2×15년 말 AC채무상품의 손상차손(당기비용) ₩10,000을 다음과 같이 인식한다.

2×15. 12. 31. :

(차) AC채무상품손상차손	10,000	(대) 손실충당금	10,000

K-IFRS 제1109호에 의하면, AC채무상품의 경우 손상차손의 누적액인 손실충당금은 재무상태표에 AC채무상품 계정의 차감계정으로 표시한다. 이전에 인식된 손상차손이 없으므로 2×15년 말 현재 주석에 공시된 손실충당금의 잔액은 ₩10,000이다.

(3) 2×16년 말에는 당해 채무상품의 신용이 손상된 경우가 아니므로 이자수익은 최초인식시점(2×14년 1월 1일)의 유효이자율을 2×16년 1월 1일 총장부금액(₩950,263)에 곱하여 계산한다.

2×16. 12. 31. :

(차) 현 금	80,000	(대) 이자수익	95,026*
AC채무상품	15,026		

* ₩950,263 × 10%

위의 회계처리 결과 AC채무상품의 총장부금액은 ₩965,289이 된다. 진주기업㈜이 발행한 채권의 미래 기대현금흐름을 재평가한 결과 기대신용손실의 일부(₩4,000)가 회복된 것으로 평가되었으므로 이를 손상차손환입으로 인식한다.

2×16. 12. 31. :

(차) 손실충당금	4,000	(대) AC채무상품손상차손환입	4,000

2×14년~2×16년의 각년도 말 현재 당해 채무상품계정의 총장부금액, 손상차손, 재무상태표의 평가계정으로 표시될 손실충당금 잔액 및 채무상품의 순장부금액은 다음과 같다.

	2×14. 12. 31.	2×15. 12. 31.	2×16. 12. 31.
AC채무상품의 총장부금액	₩936,603	₩950,263	₩965,289
손상차손(손상차손환입)	−	10,000	(4,000)
손상충당금(차감계정)	−	10,000	6,000
AC채무상품의 순장부금액	₩936,603	₩940,263	₩959,289

4. 신용이 손상된 채무상품

<그림 10-3>의 손상요구사항에서 최하단의 상자에 표시된 '신용이 손상된 채무상품'이란 기대신용손실이 아니라 취득시점 이후에 신용손실이 실제로 발생한 객관적인 증거가 있는 경우를 의미한다(발생손실모형). 한편 손상요구사항의 최상단 상자에 있는 '신용이 손상된 채로 매입된 금융자산'의 경우에도 취득시점에 이미 신용손실이 실제로 발생한 상황을 의미하는데, 이 경우 신용조정 유효이자율을 계산하고 항상 전체기간에 대해 기대신용손실의 변동에 대한 손실충당금을 인식하여야 한다는 규정을 준수하면 되므로 특별한 설명을 요하지 않는다고 판단된다. 따라서 이 소절에서는 취득시점 이후에 신용손실이 실제로 발생한 객관적인 증거가 있는 경우의 손상회계를 AC채무상품과 FVOCI채무상품의 순서로 예제를 통하여 설명하고자 한다. '신용이 손상된 채무상품'의 경우 후속기간 회계처리의 핵심은 상각후원가를 기준으로 이자수익을 계산한다는 점이다.

예제 10-7

AC채무상품의 신용이 손상된 경우

12월 결산법인인 마산기업㈜은 다음과 같은 조건의 채권을 ₩950,258에 취득하고 이를 사업모형 및 현금흐름의 특성을 고려하여 AC채무증권으로 분류하였다.

- 채권 취득일 : 2×18년 1월 1일
- 발행기업 : 진주기업㈜
- 액면금액 : ₩1,000,000
- 액면이자율 : 연 8%
- 만기일 : 2×20년 12월 31일
- 이자지급 : 12월 31일에(연 1회) 지급

마산기업㈜은 2×18년 12월 31일 발행기업인 진주기업㈜이 화의개시절차를 신청하여 이 기업이 발행한 채권의 미래 기대현금흐름을 재평가한 결과 액면금액의 회수액은 ₩600,000으로, 그리고 이자수령액은 원래의 만기금액(₩1,000,000)의 4%(연리)로 추정되었다. 2×18년 12월 31일의 이자수령액은 ₩80,000이었다. 2×19년 12월 31일에 진주기업㈜의 신용등급이 향상되어 당사가 발행한 채권의 미래 기대현금흐름을 재평가한 결과 액면금액의 회수액은 다시 ₩1,000,000으로, 그리고 이자수령액은 연 6%로 회복된 것으로 평가되었다. 단, 2×19년 12월 31일의 이자수령액은 ₩40,000이었다.

[물음] 이 AC채무증권의 다음 주요 거래일자별로 필요한 회계처리를 보여라.

(1) 손상차손 인식시점 : 2×18년 12월 31일

(2) 손상차손 회복시점 : 2×19년 12월 31일

풀이

(1) 이 예제는 손상이 실제 발생했다는 점에서 〈예제 10-6〉과 다르다. 우선 총장부금액의 변동을 유효이자율법에 따라 작성하면 다음의 표와 같다.

일 자	연간 이자수익 (A)	연간 현금이자 (B)	장부금액의 증가 (C)	장부금액 (D)
	기초 D×10%	1,000,000×8%	A－B	기초 D+C
사채 취득일 : 2×18/1/1	–	–	–	950,258
1차 연도 말 : 2×18/12/31	95,026	80,000	15,026	965,284
2차 연도 말 : 2×19/12/31	96,528	80,000	16,528	981,812
3차 연도 말 : 2×20/12/31	98,188	80,000	18,188	1,000,000

2×18년 12월 31일에 손상차손을 인식하기에 앞서 정상적으로 이자수익을 인식함과 동시에 사채의 총장부금액을 조정한다. 이를 위한 회계처리는 다음과 같고 그 결과 총장부금액은 ₩965,284으로 증가한다.

2×18. 12. 31. :

(차) 현　　금	80,000	(대) 이자수익	95,026
AC채무증권	15,026		

채권 발행기업인 진주기업㈜이 화의개시절차를 신청하였으므로 잔여기간 동안의 재평가한 미래 현금흐름을 채권 취득시점의 유효이자율 10%로 할인하여 미래 회수가능한 현금흐름의 현재가치 총계(회수가능금액)를 계산하면 다음과 같다.

$$\text{회수가능금액} = \frac{600,000}{(1+0.1)^2} + \frac{40,000}{(1+0.1)} + \frac{40,000}{(1+0.1)^2} = ₩565,289$$

위에서 계산된 2×18. 12. 31.의 총장부금액(₩965,284)과 회수가능금액 간의 차이를 다음과 같이 손상차손으로 인식한다.

2×18. 12. 31. :

(차) AC채무증권손상차손	399,995	(대) 손실충당금	399,995

(2) 2×19년 12월 31일까지의 1년에 대한 이자수익은 손상요구사항의 규정에 따라 유효이자율(10%)을 2×18년 12월 31일의 상각후원가(₩565,289)에 곱하여 측정하고, 현금이자 수령액 ₩40,000과의 차액만큼 AC채무증권의 장부금액을 증액한다.

2×19. 12. 31. :

(차) 현　　금	40,000	(대) 이자수익	56,529*
AC채무증권	16,529		

* ₩565,289 × 10%

위의 회계처리 결과 AC채무증권의 상각후원가는 ₩581,818이 된다. 같은 날 손상차손이 회복되었다는 객관적 증거가 있으므로 손상차손환입액을 다음과 같이 계산한다.

$$\text{회복된 회수가능금액} = \frac{1,000,000}{(1+0.1)} + \frac{60,000}{(1+0.1)} = ₩963,636$$

위에서 계산한 새로운 회수가능금액과 손상회복일 현재의 채권의 상각후원가의 차액을 다음과 같이 손상차손환입으로 인식한다.

2×19. 12. 31. :

(차) 손실충당금 381,818 (대) AC채무증권손상차손환입 381,818

예제 10-8

FVOCI금융자산의 신용이 손상된 경우

모든 거래자료는 〈예제 10-7〉과 동일하다고 가정한다. 단, 12월 결산법인인 당해 채권을 사업모형 및 현금흐름의 특성을 고려하여 FVOCI채무증권으로 분류하였다. 2×18년 말 및 2×19년 말의 공정가치는 각각 ₩550,000 및 ₩958,000이다.

[물음] 이 FVOCI채무증권의 다음 주요 거래일자별로 필요한 회계처리를 보여라.

(1) 손상차손 인식시점 : 2×18년 12월 31일

(2) 손상차손 회복시점 : 2×19년 12월 31일

풀이

(1) 우선 총장부금액의 변동을 유효이자율법에 따라 작성하면 다음의 표와 같다.

일 자	연간 이자수익 (A)	연간 현금이자 (B)	장부금액의 증가 (C)	장부금액 (D)
	기초 D×10%	1,000,000×8%	A−B	기초 D+C
사채 취득일 : 2×18/1/1	−	−	−	950,258
1차 연도 말 : 2×18/12/31	95,026	80,000	15,026	965,284
2차 연도 말 : 2×19/12/31	96,528	80,000	16,528	981,812
3차 연도 말 : 2×20/12/31	98,188	80,000	18,188	1,000,000

2×18년 12월 31일에 손상차손을 인식하기에 앞서 정상적으로 이자수익을 인식함과 동시에 사채의 총장부금액을 조정한다. 이를 위한 회계처리는 다음과 같고 그 결과 총장부금액은 ₩965,284으로 증가한다.

2×18. 12. 31. :

(차) 현 금	80,000	(대) 이자수익	95,026
FVOCI채무증권	15,026		

손상차손을 인식하기에 앞서 2×18. 12. 31.의 총장부금액(₩965,284)과 공정가치(₩550,000)의 차액을 평가손실로 인식한다.

2×18. 12. 31. :

(차) FVOCI채무증권평가손실	415,284	(대) FVOCI채무증권	415,284

만기까지의 잔여기간 동안의 재평가한 미래 현금흐름을 채권 취득시점의 유효이자율 10%로 할인하여 미래 회수가능한 현금흐름의 현재가치 총계(회수가능금액)를 계산하면 다음과 같다.

$$\text{회수가능금액} = \frac{600{,}000}{(1+0.1)^2} + \frac{40{,}000}{(1+0.1)} + \frac{40{,}000}{(1+0.1)^2} = ₩565{,}289$$

위에서 계산된 2×18. 12. 31.의 총장부금액(₩965,284)과 회수가능금액 간의 차이를 다음과 같이 손상차손으로 인식하며 동시에 평가손실과 상계한다.

2×18. 12. 31. :

(차) FVOCI채무증권손상차손	399,995	(대) FVOCI채무증권평가손실	399,995

위의 회계처리 결과 FVOCI평가손익누계액의 차변잔액은 ₩15,289이고, FVOCI채무증권계정의 잔액은 공정가치와 동일한 ₩550,000이다. 이 두 금액의 합계액 ₩565,289이 2×19. 1. 1.의 상각후원가가 된다.

(2) 2×19년 12월 31일까지의 1년에 대한 이자수익은 손상요구사항의 규정에 따라 유효이자율(10%)을 2×18년 12월 31일의 상각후원가(₩565,289)에 곱하여 측정하고, 현금이자 수령액 ₩40,000과의 차액만큼 FVOCI채무증권의 장부금액을 증액한다.

2×19. 12. 31. :

(차) 현 금	40,000	(대) 이자수익	56,529*
FVOCI채무증권	16,529		

* ₩565,289 × 10%

위의 회계처리 결과 FVOCI채무증권의 장부금액은 ₩566,529이 되고 2×19년 12월 31일의 공정가치(₩958,000)와의 차액을 평가이익으로 인식한다.

2×19. 12. 31. :

(차) FVOCI채무증권	391,471	(대) FVOCI채무증권평가이익	391,471

따라서, FVOCI평가손익누계액의 대변잔액은 ₩376,182이고, FVOCI채무증권계정의 잔액은 공정가치와 동일한 ₩958,000이다. 이 두 금액의 차액 ₩581,818이 2×19년 12월

31일의 상각후원가가 된다.

같은 날 손상차손이 회복되었다는 객관적 증거가 있으므로 새로운 회수가능금액(₩963,636)과 손상회복일 현재의 채권의 상각후원가의 차액을 다음과 같이 손상차손환입으로 인식하고 FVOCI채무증권평가이익과 상계한다.

2×19. 12. 31. :

(차) FVOCI채무증권평가이익	381,818	(대) FVOCI채무증권 손상차손환입	381,818

연습문제

EXERCISES

서술형

1. 금융자산의 정의와 범위에 대해 설명하라.
2. 금융부채의 정의를 설명하고 금융부채의 예를 아는 대로 열거하라.
3. 지분상품의 정의를 금융부채의 정의와 비교하여 설명하라.
4. 금융자산의 측정상의 분류(3가지)의 기준에 대해 설명하라.
5. 금융자산이 FVPL측정 금융자산으로 분류되기 위한 요건은 무엇인가?
6. FVPL지분상품의 공정가치 평가에 따른 기말 및 처분시점의 회계처리에 대해 설명하라.
7. AC채무상품에 공정가치 평가를 적용하지 않는 이유는 무엇인가?
8. 유효이자율법에 의한 AC채무상품의 상각후원가와 이자수익의 계산방법을 설명하라.
9. AC채무상품 및 FVOCI채무상품에 적용되는 기대신용손실모형의 내용을 간략히 설명하라.
10. FVOCI금융자산의 기대신용손실에 대하여 손상차손의 계산방법을 설명하고 손실충당금의 보고방식에 대해 설명하라.
11. AC채무상품의 기말평가방법과 FVOCI채무상품의 기말평가방법을 비교하여 설명하라.
12. FVOCI채무상품과 AC채무상품의 손상차손을 인식하기 위해 회수가능금액을 계산하는 방법을 설명하라.
13. AC채무상품의 손상차손환입액을 계산하는 방법을 설명하라.
14. FVOCI측정 금융자산 중 채무증권과 지분증권의 손상차손인식을 비교하여 설명하라.

주관식

01. 12월 결산법인인 갑을㈜은 20×1년 7월 1일 A회사가 발행한 주식 10주를 수수료 ₩100을 포함한 ₩1,100에 취득하여 FVPL금융자산으로 분류하였다. 또한 갑을㈜은 20×1년 10월 1일에 B회사가 발행한 주식 10주를 수수료 ₩200을 포함한 ₩2,200에 취득하여 FVOCI지분상품으로 분류하였다. 각 주식의 1주당 공정가치는 다음과 같다.

	20×1년 말	20×2년 말	20×3년 말
주식 A	₩120	–	–
주식 B	₩230	₩200	₩250

갑을㈜은 20×2년 2월 5일에 A회사 주식을 주당 ₩130에 전부 처분하였으며, 20×4년 1월 5일에 B회사 주식을 주당 ₩240에 전부 처분하였다.

위의 지분증권투자와 관련하여 다음의 각 거래일에 갑을㈜이 기록할 회계처리를 보여라. (2012년 CPA 1차 수정)

(1) 20×1년 7월 1일
(2) 20×1년 10월 1일
(3) 20×1년 12월 31일
(4) 20×2년 2월 5일
(5) 20×2년 12월 31일
(6) 20×3년 12월 31일
(7) 20×4년 1월 5일

02. 한국㈜은 20×1년 초에 세종㈜이 발행한 주당 액면금액 ₩500인 보통주식 10주를 주당 ₩1,000에 취득하면서 수수료로 총 ₩100을 지불하였고, FVOCI지분상품으로 지정하여 분류하였다. 이 주식의 20×1년 말 주당 공정가치는 ₩800이며, 20×2년 말 주당 공정가치는 ₩1,300이다. 한국㈜은 20×3년 4월 10일에 이 주식을 주당 ₩1,100씩에 매도하였고, 처분시 부담한 거래원가는 총 ₩600이다. 한국㈜이 이 주식을 매도할 때 인식해야 할 처분손익은 얼마인가? (2014 감정평가사 1차 수정)

03. 12월 결산법인인 동국산업㈜은 2×18년에 최초로 다음 같이 타기업이 발행한 보통주들을 취득하고 이들을 모두 FVPL지분증권으로 분류하였다. 각 거래일의 거래내역은 다음과 같다.

① 2×18년 1월 15일: A기업이 발행한 보통주 9,000주를 주당 ₩335에 취득하고 거래원가 ₩19,800을 지출하였다.

② 2×18년 4월 1일: B기업이 발행한 보통주 5,000주를 주당 ₩520에 취득하고 거래원가 ₩33,700을 지출하였다.

③ 2×18년 9월 10일: C기업이 발행한 보통주 7,000주를 주당 ₩265에 취득하고 거래원가 ₩49,100을 지출하였다.

2×18년 5월 20일 A기업이 발행한 보통주 3,000주를 주당 ₩350에 매도하고 거래원가 ₩28,500을 지출하였다. 2×18년 말의 A기업의 보통주 주당 공정가치, B기업의 보통주 주당 공정가치 및 C기업의 보통주 주당 공정가치는 각각 ₩350, ₩530 그리고 ₩270이었다.

1) 위의 세 기업의 보통주의 취득거래를 각 거래일에 대해 분개하라.
2) 2×18년 5월 20일 A기업이 발행한 보통주 매도거래를 분개하라.
3) 2×18년 12월 31일에 위의 세 기업이 발행한 보통주들의 기말 공정가치 평가에 대해 회계처리를 제시하라.

04. A기업은 2×14년 1월 1일에 C기업이 발행한 주식 1,000주를 주당 ₩50,000에(거래원가로 ₩5,000 추가 지출) 취득하고 사업모형 및 현금흐름의 특성을 고려하여 이를 FVPL지분상품으로 분류하였다. 2×14년 12월 31일에 평가한 C기업 발행주식 1주당 공정가치는 ₩52,000이다. 2×15년 3월 5일에 A기업은 이 투자주식 1,000주를 전량 주당 ₩53,000에 처분하였다. 각 거래일에 필요한 회계처리를 보여라.

05. 12월 결산법인인 마산기업㈜은 다음과 같은 조건의 사채를 ₩950,258에 취득하고(거래원가 포함) 사업모형 및 현금흐름의 특성을 고려하여 이를 FVOCI채무상품으로 분류하였다.

• 채권 취득일 : 2×18년 4월 1일	• 발행기업 : 진주기업㈜
• 액면금액 : ₩1,000,000	• 액면이자율 : 연 8%
• 만기일 : 2×21년 3월 31일	• 이자지급 : 3월 31일에(연 1회) 지급

20×18년 말 당해 FVOCI채무상품의 공정가치는 ₩970,500이었다.

위의 FVOCI금융자산의 다음의 주요 거래일자별로 기록하기 위한 회계처리를 보여라.

(1) 채권취득일 : 2×18년 4월 1일
(2) 결산일 : 2×18년 12월 31일
(3) 이자수령일 : 2×19년 3월 31일

06. 20×1년 1월 1일에 대한㈜은 한국㈜이 동 일자에 발행한 액면금액 ₩1,000,000, 표시이자율 연 8%(이자는 매년 말 1회 지급)의 3년 만기 사채를 ₩950,220에 취득하였다. 사업모형 및 현금흐름의 특성을 고려하여 이를 AC채무상품으로 분류하였다. 취득시점의 유효이자율은 연 10%이었다. 20×1년 12월 31일에 당해 채무상품에 대해 인식한 손상차손은 없

었고, 20×2년 1월 1일에 ₩970,000에 처분하였다.

위의 채무증권투자와 관련하여 다음의 각 거래일에 대한㈜이 기록할 회계처리를 보여라. (2014년 CPA 1차 수정)

(1) 20×1년 1월 1일　　(2) 20×1년 12월 31일　　(3) 20×2년 초 처분시점

07. 12월 결산법인인 마산기업㈜은 다음과 같은 조건의 채권을 ₩924,198에 취득하고 FVPL 채무증권으로 지정하였다. 거래원가는 ₩10,000이었다.

• 채권 취득일 : 2×14년 1월 1일	• 발행기업 : 진주기업㈜
• 액면금액 : ₩1,000,000	• 액면이자율 : 연 8%
• 만기일 : 2×18년 12월 31일	• 이자지급 : 12월 31일에(연 1회) 지급

2×14년 12월 31일 진주기업㈜이 발행한 사채의 공정가치는 ₩935,000으로 평가되었다. 마산기업은 위 채무증권을 2×14년 6월 30일에 ₩960,000에 매도하였다.

위의 FVPL채무증권의 다음의 주요 거래일자별로 기록하기 위한 회계처리를 보여라.

(1) 2×14년 1월 1일　　(2) 2×14년 12월 31일　　(3) 2×15년 6월 30일

08. 대한㈜은 20×1년 1월 1일 민국㈜이 당일 발행한 액면금액 ₩100,000(만기 3년, 액면이자율 8%, 이자는 매년 말 지급)인 사채를 공정가치 ₩90,394에 취득하고 AC채무증권으로 분류하였다. 대한㈜은 사채의 취득과 직접 관련된 거래원가로 ₩4,630을 추가 지출하였으며, 취득 당시 유효이자율은 10%이다. 대한㈜은 20×1년도 이자를 정상적으로 회수하였으나, 20×1년 말 현재 민국㈜의 재무상태 악화로 20×2년도와 20×3년도의 이자회수가 불가능하고 만기에 액면금액만 회수가능한 것으로 추정하였다. 이로 인해 금융자산의 손상이 발생되었다. 20×1년도 말 현재 시장이자율은 11%이다.

대한㈜이 위의 AC채무증권에 대해 다음 각 거래일에 수행할 회계처리를 보여라. (2013 세무사 1차 수정)

(1) 20×1년 1월 1일　　(2) 20×1년 12월 31일

09. 국세㈜는 다음과 같은 조건으로 발행된 채무상품을 20×2년 1월 1일에 취득하여 FVOCI 채무증권으로 분류하였다. (2012 세무사 1차 수정)

- 액면금액 : ₩20,000,000
- 액면이자 : 연 5%, 매년 12월 31일 지급
- 발행일 : 20×2년 1월 1일
- 만기 : 3년
- 유효이자율 : 연 8%

1) 위 채무증권의 20×2년 말 이자수취 후 공정가치가 ₩18,800,000이라면 국세㈜가 인식해야 할 평가손익은 얼마인가?

2) 위의 평가손익은 기말 마감분개 과정에서 어떻게 회계처리하여야 하는가?

10. 평화㈜는 2×11년 4월 1일에 다음과 같은 조건으로 발행된 채무증권을 취득하고 FVOCI 채무증권으로 분류하였다.

- 액면금액: ₩1,000,000
- 발 행 일: 2×11년 4월 1일
- 만 기 일: 2×14년 3월 31일
- 표시이자율: 연 8%
- 유효이자율: 연 10%
- 이자는 매년 3월 31일에 지급하고 월할 계산한다.
- 2×11년 12월 31일 현재 공정가치(기간 경과이자 포함)는 ₩1,010,000이다.

1) 2×11년 12월 31일에 평화㈜가 인식해야 할 FVOCI금융자산평가손익은 얼마인가?

2) 2×11년 12월 31일에 평화㈜가 기록해야 할 회계처리를 제시하라. (2013 감정평가사 1차 수정)

11. 12월 결산법인인 마산기업㈜은 2×14년 1월 1일에 다음과 같은 조건의 채권을 발행가액으로 현금취득하고 사업모형 및 현금흐름의 특성을 고려하여 FVOCI채무증권으로 분류하였다(신용이 손상되어 있지 않음).

- 회사채 발행일: 2×14년 1월 1일
- 발행기업: 진주기업㈜
- 액면금액: ₩1,000,000
- 액면이자율: 연 10%(매년 12월 31일에 1회 지급)
- 만기일: 2×16년 12월 31일(일시상환)
- 발행시점의 유효이자율: 연 12%

2×14년 12월 31일 마산기업㈜은 동 금융자산의 액면이자를 정상적으로 수취하였으나, 진주기업㈜의 신용이 손상되어 만기일에 액면금액은 회수가능하지만 2×15년부터는 연 6%(표시이자율)의 이자만 매년 말 수령할 것으로 추정하였다. 2×14년 말 현재 동 금융자산의 공정가치가 ₩800,000인 경우 마산기업㈜이 2×14년 12월 31일에 기록해야 할 회계처리를 보여라. (2020년 공인회계사 1차 시험 수정)

12. 12월 결산법인인 마산기업㈜은 다음과 같은 조건의 채권을 ₩949,243에 취득하고 사업모형 및 현금흐름의 특성을 고려하여 AC채무증권으로 분류하였다. 또한 당해 채무증권의 취득시점에 적용되는 유효이자율은 연 10%였다.

• 채권 취득일 : 2×14년 1월 1일	• 발행기업 : 진주기업㈜
• 액면금액 : ₩1,000,000	• 액면이자율 : 연 8%
• 만기일 : 2×16년 12월 31일	• 이자지급 : 6월 30일 및 12월 31일에(연 2회) 지급

손상요구사항에 따라 최초인식 후에 신용위험이 유의적으로 증가한 것으로 판단하였다. 기대신용손실을 추정한 결과 ₩5,000으로 평가되었다. 2×15년 12월 31일 기대신용손실을 다시 추정한 결과 ₩3,000으로 평가되었다.

위의 AC채무증권의 다음의 주요 거래일자별로 필요한 회계처리를 보여라.

(1) 2×14년 12월 31일 (2) 2×15년 12월 31일

13. 12월 결산법인인 마산기업㈜은 다음과 같은 조건의 채권을 ₩924,198에 취득하고 사업모형과 현금흐름의 특성을 반영하여 AC채무증권으로 분류하였다.

• 채권 취득일 : 2×14년 1월 1일	• 발행기업 : 진주기업㈜
• 액면금액 : ₩1,000,000	• 액면이자율 : 연 8%
• 만기일 : 2×18년 12월 31일	• 이자지급 : 12월 31일에(연 1회) 지급

2×14년 12월 31일 진주기업㈜이 발행한 사채에 대해 인식한 기대신용손실은 없었다. 2×15년 12월 31일 진주기업㈜이 화의개시절차를 신청하여 당해 기업이 발행한 채권의 미래 기대현금흐름을 재평가한 결과 액면금액의 회수액은 ₩800,000으로, 그리고 매년의 이자수령액은 원래의 액면금액(₩1,000,000)의 4%로 추정되었으며, 2×16년 12월 31일에 진주기업㈜의 신용등급 상향조정과 관련하여 당해 기업이 발행한 채권의 미래 기대현금흐름을 재평가한 결과 액면금액의 회수액은 다시 ₩1,000,000으로, 그리고 이자수령액은 액면액의 연 6%로 회복된 것으로 평가되었다.

위의 AC채무증권의 다음의 주요 거래일자별로 기록하기 위한 회계처리를 보여라.

(1) 2×14년 12월 31일 (2) 2×15년 12월 31일 (3) 2×16년 12월 31일

14. 12월 결산법인인 마산기업㈜은 [문제13]과 동일한 조건의 채권을 ₩924,198에 취득하고 사업모형과 현금흐름의 특성을 반영하여 FVOCI채무증권으로 분류하였다. 2×14년 12월 31일 진주기업㈜이 발행한 사채에 대해 인식한 기대신용손실은 없었다. 2×15년 12월 31일 진주기업㈜이 화의개시절차를 신청하여 당해 기업이 발행한 채권의 미래 기대현금흐름을 재평가한 결과 액면금액의 회수액은 ₩800,000으로, 그리고 매년의 이자수령액은 원래의 액면금액(₩1,000,000)의 4%로 추정되었으며, 2×16년 12월 31일에 진주기업㈜의 신용등급 상향조정과 관련하여 당해 기업이 발행한 채권의 미래 기대현금흐름을 재평가한 결과 액면금액의 회수액은 다시 ₩1,000,000으로, 그리고 이자수령액은 액면액의 연 6%로 회복된 것으로 평가되었다. 위 FVOCI채무증권의 각 보고기간 말 공정가치는 다음과 같다.

2×14년 12월 31일 : ₩935,000

2×15년 12월 31일 : ₩682,700

2×16년 12월 31일 : ₩914,374

위의 FVOCI채무증권의 다음의 주요 거래일자별로 기록하기 위한 회계처리를 보여라.

(1) 2×14년 12월 31일

(2) 2×15년 12월 31일

(3) 2×16년 12월 31일

금융자산 2

11

본 장에서는 금융자산의 하나인 현금및현금성자산, 대여금 및 수취채권, 금융자산 제거의 회계처리에 대해서 논의한다. 보충적으로 보론에서 금융자산의 분류변경(재분류) 및 지분법적용 투자주식의 회계에 대하여 살펴본다.

제 1 절 현금및현금성자산

이 절에서는 현금및현금성자산의 범위를 살펴보고, 현금및현금성자산의 회계를 학습한다. 현금및현금성자산 회계의 핵심은 자산의 관리와 통제에 관련되어 있으며, 소액현금제도와 은행계정조정표를 주요 내용으로 한다.

1. 현금및현금성자산의 의의

현금및현금성자산은 가장 대표적인 금융자산으로 거래대금의 지급이나 부채의 지급수단이 되는 등 기업이 필수적으로 보유하고 있어야 할 자산이다. 그러나 현금및현금성자산은 유동성 확보에는 도움이 되지만 수익성이 낮은 자산이다. 따라서 기업 운영에 필요한 적절한 수준의 현금및현금성자산만을 보유하고 유휴자금은 수익을 창출할 수 있는 자산으로 전환하는 것이 바람직하다.

현금(cash)은 기업이 보관중인 현금과 은행에 예탁한 현금으로 구분된다. 기업이 보관하고 있는 현금에는 통화 및 자기앞수표, 송금수표, 우편환증서 등과 같은 통화대용증권이 있고 은행에 보관중인 현금에는 보통예금 및 당좌예금처럼 수시로 입출금이 가능한 요구불예금 등이 있다.

현금성자산(cash equivalents)이란 금융상품 중에서 다음의 조건을 모두 충족시키는 것을 말하는데, 아래의 조건들이 충족되면 거의 현금처럼 사용할 수 있다.

① 큰 거래비용 없이 현금으로 전환이 용이하고,
② 이자율변동에 따른 가치변동의 위험이 중요하지 않으며,
③ 취득 당시 만기 또는 상환일이 3개월 이내에 도래한다.

위에서 말하는 금융상품이란 은행 등이 취급하는 각종 예금, 금전신탁상품, 양도성예

표 11-1 현금및현금성자산의 세부 계정

재무상태표에의 표시	계정과목	의미 및 범위
현금및현금성자산	현금	통화 및 통화대용증권(자기앞수표, 송금수표, 우편환증서 등)
	당좌예금	수시로 입출금이 가능한 요구불예금(인출은 수표발행을 통함)
	보통예금	수시로 입출금이 가능한 요구불예금(인출을 위해 수표발행 불필요)
	현금성자산	취득 시점에 만기 또는 상환일이 3개월 이내에 도래하는 금융상품
	소액현금	기업이 소액경비 지출을 위해 보유하는 현금(아래에서 설명함)

금증서(CD : certificates of deposit), 종합금융회사가 취급하는 어음관리계좌(CMA : cash management account), 단자회사가 취급하는 신종기업어음(CP : commercial paper), 표지어음 등을 말한다. 이러한 금융상품 중에서 위에 나열된 세 가지 조건을 모두 충족시키는 자산은 현금성자산으로 분류된다.

현금성자산의 정의에 포함된 특이한 사항은 현금성자산의 세 번째 조건이 취득시점을 기준으로 규정되어 있다는 점이다. 예를 들어, 취득할 당시 만기가 6개월 남아 있었으나 재무상태표일 현재 만기가 2개월 내에 도래하는 금융상품을 보유한 기업은 이를 현금성자산으로 재분류할 수 있을까? 우리나라의 기업회계기준이 규정하는 현금성자산의 정의에 따르면 취득 당시에 만기가 3개월 이내여야 하므로 위의 금융상품은 현금성자산으로 재분류될 수 없다. K-IFRS에 따르면 취득 당시 현금성자산이 아닌 다른 자산으로 분류되었던 자산은 기간이 경과하더라도 현금성자산으로 재분류될 수 없다.

한국채택국제회계기준에 따르면 현금및현금성자산은 두 개로 분리된 계정이 아닌 하나의 통합계정이다. 그러나 그 이름이 길기 때문에 본서에서는 특별한 경우가 아니면 그냥 현금계정으로 나타낸다. 대부분의 기업에서는 기업 내부적으로 현금, 당좌예금, 보통예금 등 다양한 계정(<표 11-1> 참조)으로 구분하여 사용하다가, 재무제표를 작성하여 외부에 보고할 때에는 현금및현금성자산이란 계정으로 통합하여 보고하는 것이 일반적이다. 한국채택국제회계기준에 따르면 현금및현금성자산은 기업의 유동성 판단에 중요한 정보를 제공하므로 다른 유동자산과 별도 항목으로 구분하여 표시하여야 한다.

금융자산 중에서 위에 제시된 현금성자산의 세 가지 조건 중 하나라도 충족하지 못하는 경우에는 1년 기준에 따라 단기금융자산 혹은 장기금융자산으로 분류한다. 예를 들어, 은행이 취급하는 정기예금이나 정기적금과 같은 금융상품으로서 재무상태표일 현재 만기가 1년 이내에 도래하는 자산은 단기금융자산에 속하며 만기가 1년 이내에 도래하지 않는 것은 장기금융자산에 속한다.

특정 목적으로 그 사용이 구체적으로 제한된 예금의 경우는 사용제한 기한이 1년 이내에 도래하면 유동자산으로 분류되고 그 기한이 1년 이상이면 비유동자산으로 분류된다. 예를 들어, 은행에서 대출을 받는 조건으로 정기적금에 가입한 경우 계약에 의해 이 적금을 대출금 상환시까지 기업이 임의로 사용할 수 없는 경우가 있다. 이러한 금융상품은 현금및현금성자산으로 분류할 수 없으며 그 사용제한 기한이 1년 이내이면 단기금융자산으로 분류되고, 제한 기간이 1년 이상이면 장기금융자산으로 분류된다. 두 경우 모두 이러한 제한 사항에 대해 그 내용을 주석으로 공시해야 한다.

2. 현금및현금성자산의 회계

현금및현금성자산 계정은 기업의 유동성을 측정하는 데 중요한 유동자산 항목으로서 현금 또는 거의 현금에 가까운 자산이므로 이들을 측정하는 데 큰 문제가 없어 회계가 그리 복잡하지 않다. 그러나 이러한 현금및현금성자산은 유동성이 매우 높아서 도난이나 횡령과 같은 부정을 저지르는 수단이 될 수 있으므로 철저하게 관리되어야 한다. 이들 자산을 관리하는 시스템은 기업이 적용하는 내부통제 방법에 따라 다양하지만 여기서는 소액현금제도(petty cash system)와 당좌예금 계정의 관리와 관련된 은행계정조정표(bank reconciliation)에 대해 살펴보고자 한다.

2.1 소액현금제도

대부분의 기업들은 현금의 지출을 통제하기 위하여 수표를 매체로 하여 지출결제를 한다. 그러나 교통비, 문방구 구입, 우표 구입 등과 같은 소액지출에 대해 일일이 수표를 발행하여 지출결제를 한다면 상당한 불편을 초래할 수 있다. 그러므로 대부분의 기업들은 일정 금액의 현금을 소액현금(petty cash)이란 기금으로 각 사용부서에 할당하여 설정하고 종업원이 일단 자신의 금전으로 지출한 후 영수증을 제출하는 때 그 대금을 환급해주는 시스템을 채택하고 있다. 즉, 현금을 필요로 하는 각 부서에 일정 금액의 자금을 수표를 발행하여 지급해주고 이를 관리하는 담당자는 종업원이 자신의 금전으로(또는 회사가 직원에게 지급한 기업신용카드로) 지출한 내역과 영수증을 제출할 때 소액현금 기금에서 현금을 지급하고 소액현금 기금 잔액에 대해 주기적으로 회계부서(또는 자금부서)에 보고하여 사용된 자금 만큼 보충받는다. 이러한 소액지출 처리방법을 소액현금제도(petty cash system)라고 한다. 이러한 소액현금제도를 관리하는 방식은 일반적으로 다음의 과정을 포함한다.

① 사용부서에 소액현금 기금의 설정

사용부서의 소액현금 담당자에게 소액현금 자금이 전달된다. 예를 들어, 영업부서가 매월 사용할 것으로 예측되는 소액현금 자금이 100,000원이라면 회계부서는 이 금액을 당해 부서에 제공한다. 영업부서가 소액현금 기금을 설정할 때 회계부서는 다음과 같이 분개한다.

(차)	소액현금	100,000	(대) 현금및현금성자산	100,000

② 소액현금의 사용

영업부서의 종업원들은 우편물 발송비나 사무용품비, 필요한 교통비 등으로 소액현금을 사용하고 영수증을 확보한다. 예를 들어, 종업원이 소액현금을 다음과 같이 사용하였다고 가정하자.

우편물 발송비 : 10,000원;　교통비 : 50,000원;　사무용품비 : 20,000원

회계부서는 소액현금의 지출이 실제로 이루어지는 시점에는 이러한 소액현금의 지출내용에 대해서 보고를 받지 못해 알지 못하므로 소액현금의 사용시점에는 지출에 대한 분개는 하지 않는다.

③ 소액현금 기금의 보충

주기적으로 소액현금 사용부서인 영업부서의 소액현금 담당자는 소액현금의 사용내역을 회계부서에 보고하고 자금을 보충받는다. 위의 경우 소액현금 기금 중 80,000원을 사용하였으므로 이에 대한 증빙서류(명세서와 영수증)를 첨부하여 회계부서에 제출하면 회계부서는 사용된 자금 80,000원을 인출하여 영업부서에 지급한다. 이러한 과정을 통해 소액현금이 보충될 때 회계부서는 경비지출을 일괄적으로 기록하기 위하여 다음과 같이 분개한다.

(차)	우송비	10,000	(대) 현금및현금성자산	80,000
	소모품비	20,000		
	교통비	50,000		

위의 분개 결과 소액현금의 지출과 보충이 동시에 발생하여 상쇄되므로 소액현금 기금의 잔액은 최초에 설정된 금액인 100,000원으로 유지된다.[1] 이와 같이 소액현금 기금은 항상 처음에 설정된 금액이 유지되므로 이를 정액자금전도제(imprest system)라고 한다.

④ 소액현금 기금의 증액 혹은 감액

회계부서는 주기적으로 사용부서에 필요한 자금 수요를 조사하여 소액현금으로 설정된 기금을 증액 혹은 감액할 수도 있다. 만일 영업부서의 소액현금 기금을 100,000원에서 150,000원으로 증액하는 경우 다음과 같이 추가 분개를 하면 된다.

(차)	소액현금	50,000	(대) 현금및현금성자산	50,000

이러한 소액현금은 현금을 일상적으로 사용하는 부서의 편의를 위해 설정된 기금으로 사용되지 않은 소액현금 잔액은 재무상태표가 작성될 때 현금및현금성자산 계정에 포함되어야 한다.

2.2 은행계정조정표

당좌예금은 기업이 비교적 큰 금액의 현금 입출을 위해 은행에 현금을 예입하고 수표 발행을 통해 수시로 현금을 인출할 수 있는 대표적인 요구불예금이다. 즉, 기업은 은행과 당좌거래 약정을 체결하여 당좌예금계좌를 개설하고 현금을 예입한 후 예금잔액 내에서 수시로 당좌수표를 발행하여 현금을 인출한다.

은행에 당좌계정을 개설하고 있는 경우 일반적으로 기업은 매달 은행으로부터 1개월간의 거래내역 및 잔액에 대한 정보를 기록한 은행보고서(bank statements)를 받게 된다.[2] 일반적으로 기업이 기록한 당좌예금의 장부금액(당좌예금잔액)과 은행이 보내온 은행보고서상의 예금잔액이 일치하지 않는 것이 보통이다. 이러한 양 잔액의 불일치는 주로 기업의 입출금 기록시점과 은행의 입출금 기록시점의 차이에 기인하는데,

---

1) 위의 분개는 다음의 두 분개를 결합한 것으로 보면 된다.

(차)	우송비	10,000	(대) 소액현금	80,000
	소모품비	20,000		
	교통비	50,000		
(차)	소액현금	80,000	(대) 현금및현금성자산	80,000

2) 예금자인 기업은 은행의 웹사이트에서 거래내역과 잔액을 확인할 수 있다.

이를 구체적으로 살펴보면 다음과 같다.

① 기업은 장부에 기록하였으나 은행이 기록하지 않는 사항

- **은행미기입예금** : 이에 해당하는 대표적인 예는 은행의 영업시간 마감 이후에 기업측에서 입금했기 때문에 은행은 아직 기록하지 않은 경우이다. 이 경우 회사장부에는 입금으로 기록되었으나 은행 마감시간 관계로 인해 은행은 다음 영업일에 이 입금을 기록함으로써 회사측 장부금액과 은행측 장부금액 간에 차이가 발생할 수 있다. 또 다른 예로는 기업이 타실체로부터 받은 수표를 우편으로 입금하였는데 은행보고서 작성시점에 당해 수표가 은행에 도착하지 않아 은행이 이를 기록하지 않은 경우가 있다. 이러한 유형의 입금을 은행미기입예금(deposits in transit)이라 한다.
- **사외유통수표** : 기업이 공급업체에게 대금지급을 위해 수표를 발행하여 회사는 수표 발행시 현금의 감소를 장부에 이미 기록하였으나, 수표 소지자가 아직 이에 대한 대금청구를 은행에 요청하지 않은 경우가 흔히 발생한다. 즉, 수표 소지자가 아직 은행에서 수표금액을 인출해가지 않았기 때문에 은행은 기업이 발행한 수표에 대해 알지 못하므로 이에 대한 출금을 기록하지 않고 있을 것이다. 이처럼 기업이 이미 발행하였으나 아직 대금청구가 이루어지지 않은 수표를 사외유통수표(outstanding checks) 혹은 기발행미인출수표라 한다.

② 은행은 기록하였으나 기업 장부상 미기록된 사항

- **미통지입금** : 기업의 거래처나 고객이 매출채권 등의 대금을 기업의 당좌예금 계정으로 입금하였으나 이에 대한 통지를 기업이 아직 받지 못한 경우 이들도 아직 기업의 장부에는 입금으로 기록되어 있지 않아서 은행측의 잔액과 일치하지 않는 경우이다. 이를 미통지입금(deposits by third parties)이라 하고, 기업은 미통지입금을 인지하면 지체 없이 입금의 이유를 확인하고 당좌예금의 잔액을 증가시키는 분개를 하여야 한다.
- **부도수표** : 기업이 타실체로부터 수령한 수표를 은행에 입금하면 기업은 이를 장부상 예금으로 기록하나 은행이 이 수표를 발행자에게 제시했을 때 발행자 계정의 자금 부족으로 지급이 거절되는 경우가 있다. 은행은 이러한 지급의 거절이 있을 때 당해 수표를 입금한 기업의 계정에서 입금 기록을 취소하지만 기업측 입장에서는 은행이 통지하거나 은행보고서를 받을 때까지 이 내용을 모르므로

장부상으로 이에 대해 기록하지 않았을 것이다. 이를 부도수표(NSF checks : Not-Sufficient-Fund checks)라 하고, 기업은 이전에 기록한 당좌예금의 증가를 취소기록하고 동시에 부도수표의 발생을 기록하여야 한다.

- **은행 수수료 및 예금이자** : 주요 거래은행은 기업을 대신하여 여러 가지 금융서비스를 제공하며 이러한 서비스의 대가로 부과한 수수료의 인출과 발생한 예금이자의 입금을 기록한다.[3] 따라서 은행보고서가 기업에 도달하기 전에 기업은 그 내용을 알 수 없으므로 이들 거래들은 기업의 장부상에 아직 기록되어 있지 않다.
- **은행의 추심어음 입금** : 또한 은행은 기업을 대신하여 어음 추심을 담당할 수 있으므로 당해 기간에 어음이 추심되어 은행이 대금을 회수한 경우 은행이 기업에 통지하지 않았다면 은행은 입금을 기록하였으나 기업의 장부에는 아직 매출채권으로 그대로 기록되어 있을 것이다.

③ 기업 또는 은행의 기록오류

기업 또는 은행의 오류로 인해 양측의 계정잔액이 일치하지 않는 경우가 있다. 드물기는 하지만 은행측의 오류가 있다면 기업은 은행에 오류수정을 요청할 것이고, 기업측의 오류가 발견되면 기업은 당연히 당해 오류를 수정하기 위한 오류정정분개를 해야 한다.

위에서 보는 바와 같이 다양한 원인으로 인해 기업측 장부잔액과 은행보고서상의 잔액이 일치하지 않는 경우가 존재한다. 기업은 이러한 차이를 분석하고 통제하기 위해 은행보고서상의 잔액과 기업 장부상의 잔액 간의 차이를 주기적으로 조정하는데 이 작업을 위해 작성되는 것이 은행계정조정표(bank reconciliation)이다.

이러한 은행계정조정표는 기업측 장부금액으로부터 은행측 잔액으로 혹은 은행측 잔액[4]으로부터 기업측 잔액으로 한 방향으로 조정하는 방식도 있고, 기업측 장부금액과 은행측 잔액으로부터 출발하여 기업측의 정확한 잔액(true balance)으로 조정하는 방식 등 다양한 방법이 있는데, 은행계정조정표를 작성하는 주목적이 기업이 현금및현금성자산의 올바른(정확한) 잔액을 파악하는 데 있으므로 본 장에서는 후자의 방법을

---

3) 은행이 기록한 예금이자에 대해 예금주인 기업은 이를 이자수익으로 기록한다.

4) 여기서 은행측 잔액이란 은행보고서상의 잔액을 의미한다.

표 11-2 은행계정조정표의 구조

기업측 예금잔액의 수정	은행측 예금잔액의 수정
기업의 장부상 예금잔액:	은행보고서상의 예금잔액:
미기록 항목의 조정:	미기록 항목의 조정:
+ 미통지입금	+ 은행미기입예금
− 부도수표	− 사외유통수표
+ 은행이 통지한 예금이자	
− 은행 수수료	
+ 은행의 어음추심액	
오류수정: ± 기업측의 오류	오류수정: ± 은행측의 오류
= 수정후 예금잔액	= 수정후 예금잔액

소개하기로 한다. 이 방법을 선택할 경우 작성되는 은행계정조정표의 구조는 <표 11-2>와 같으며, 최종 숫자인 양쪽의 '수정후 예금잔액'이 일치해야 한다. 여기서 왼쪽 부분이 기업이 자신의 당좌예금 계정을 수정하는 요인들을 표시하므로 이 부분에 기재된 사항들에 대하여 수정분개를 해야 한다. 은행계정조정표의 작성을 학습하기 위해 다음의 <예제 11-1>을 살펴보자.

예제 11-1

은행계정조정표

다음은 금강㈜이 2×18년 12월 31일 현재 수집한 당좌예금에 관련한 자료이다.

(단위: 원)

(1) 은행보고서상의 잔액	28,500
(2) 금강㈜ 장부상의 잔액	32,000
(3) 은행보고서에는 반영되어 있으나 금강㈜의 장부에 기록되지 않은 금액	
예금이자	2,000
부도수표	14,000
(4) 금강㈜에 통보되지 않은 은행의 매출채권 추심액	7,500
(5) 금강㈜이 2×18년 12월 31일에 입금했으나 은행측이 2×19년 1월 2일 입금 처리한 금액	15,000
(6) 금강㈜은 이미 발행하였으나 수표소지자가 이직 인출하지 않은 수표금액	16,000

[물음] 위의 자료를 기초로 금강㈜이 작성할 은행계정조정표와 필요한 수정분개를 제시하라.

풀이

금강㈜의 은행계정조정표

(2×18년 12월 31일 현재, 단위: 원)

기업측 예금잔액의 수정		은행측 예금잔액의 수정	
수정전 예금잔액	32,000	은행보고서상의 예금잔액:	28,500
미기록 항목의 조정:		미기록 항목의 조정	
미통지입금	–	은행미기입예금	15,000
부도수표	(14,000)	사외유통수표	(16,000)
은행의 예금이자 입금액	2,000		
은행 수수료	–		
은행의 추심어음 입금	7,500		
오류수정: 기업의 오류	–	오류수정: 은행의 오류	–
수정후 예금잔액	27,500	수정후 예금잔액	27,500

위의 은행계정조정표의 내용 중 오른쪽 부분(은행측 예금잔액의 수정)은 금강㈜이 자체적으로 작성하는 것이므로 은행의 기장오류가 없다면 은행은 이를 수정할 필요가 없다. 왜냐하면 미기입예금과 사외유통수표에 대해 은행은 2×18년 12월 31일 이후 해당 정보를 획득하는 즉시 기록할 것이기 때문이다. 금강㈜은 위의 은행계정조정표의 내용 중 왼쪽 부분에 대해서는 아직 장부에 반영하지 않고 있으므로 다음과 같이 적절한 수정분개를 통해 당좌예금 잔액을 수정해야 한다.

(차) 부도수표*	14,000	(대) 당좌예금	14,000
(차) 당좌예금	9,500	(대) 이자수익	2,000
		매출채권(받을어음)	7,500

* 지급거절된 수표의 경우 일단 부도수표(매출채권)계정으로 환원한 후 기말에 회수가능성 여부를 판단하여 회수가능성이 없는 경우 대손상각비로 처리한다.

기업은 금융기관과 당좌거래 약정을 체결할 때 계약 내용에 당좌예금 잔액을 초과하여 수표를 발행할 수 있는 조항을 둘 수 있다. 이러한 계약조항에 근거하여 기업이 당좌예금 잔액을 초과하여 당좌수표를 발행하면 당좌예금 계정에는 대변잔액이 나타나게 되는데 이를 당좌차월(bank overdrafts)이라고 한다. 이와 같이 당좌차월은 애초에 별도의 계정으로 기록되는 것이 아니고 당좌예금 계정에 차변잔액이 아닌 대변잔액이 발생할 때 나타나게 된다. 즉, 당좌예금 계정은 자산으로서 정상적인 경우 차변잔액을 가져야 하나 이를 초과하여 당좌수표를 발행하는 경우 나타나게 되는 당좌차월은 실질적으로 은행으로부터의 차입금이다. 따라서 당좌차월은 부채인 단기차입금으로 표시되어야 한다.

예를 들어, 기말 현재 고려은행과 당좌거래를 하고 있는 동국기업의 당좌예금 잔액이 차변이 아니라 대변에 50만원으로 기록되어 있다면 동국기업은 이를 재무상태표에 단기차입금의 하나인 당좌차월로 표시하여야 한다. 비록 동국기업이 다른 은행과의 당좌예금 계정에 70만원의 예금을 보유하고 있어 전체적으로 20만원의 차변 순잔액을 가지고 있다 하더라도 이 당좌예금과 당좌차월을 상계하여 표시하지 못한다. 이러한 상계표시는 K-IFRS에서 규정하고 있는 자산과 부채의 총액표시 원칙에 위배되기 때문이다. 따라서 이 경우 동국기업은 70만원의 당좌예금 잔액을 자산의 한 항목으로, 그리고 50만원의 당좌차월을 부채의 한 항목(단기차입금)으로 보고하여야 한다.

제2절 매출채권

K-IFRS 제1109호에서는 과거 K-IFRS 제1039호에서와 달리 금융자산의 한 부류로서 대여금 및 수취채권이 공식적으로 존재하지 않는다. 대여금 및 수취채권 대신 손상회계에 있어서는 매출채권, 계약자산 및 리스채권[5]에 대해서는 간편법을 사용할 것인지 또는 일반적인 손상모형을 사용할 것인지를 판단하여야 하므로 이 절에서는 편의상 수취채권만 논의하고자 한다.

1. 매출채권의 의의

종전의 K-IFRS 제1039호에서는 수취채권(receivables)은 '지급금액이 확정되었거나 결정가능하며 활성시장에서 가격이 공시되지 않는 비파생금융자산'의 한 부류로 정의되었다. 더 구체적으로 말하면 수취채권은 통상적으로 기업이 다른 실체에게 일정한 경제적 효익을 제공하고 그 대가를 회수하지 않은 경우에 발생하는 현금회수권한(채

5) 리스채권은 금융리스채권과 운용리스채권으로 분류되는데 이에 관한 논의는 본서의 범위에서 벗어나므로 생략하기로 한다.

권)을 의미한다. 이러한 수취채권은 크게 일반적 상거래에서 발생하는 것과 일반적 상거래 이외에서 발생하는 것으로 구분할 수 있다. 일반적 상거래에서 발생하는 수취채권에는 재화나 용역을 신용으로 판매한 경우에 그 대가를 회수할 수 있는 권한인 매출채권과 미수수익 등이 있으며, 일반적 상거래 이외에 발생하는 수취채권은 비매출채권이라고도 불리며 그 예로는 미수금이 있다. 이와 같이 수취채권은 그 발생원천에 따라 크게 두 가지 유형으로 구분할 수 있다.

★

- 매출채권 : 일반적 상거래(재고자산 또는 용역의 매출거래)에서 발생한 수취채권
- 비매출채권 : 일반적 상거래 이외의 거래에서 발생한 수취채권

위에서 정의된 바와 같이, 매출채권은 기업이 재고자산(예 : 상품, 제품) 또는 용역을 신용매출하였을 때 발생하는 수취채권이다. 기업의 입장에서는 가능하다면 현금매출(cash sales)을 희망하겠지만 타 기업과의 경쟁 속에서 더 많은 고객을 확보하고 매출을 확대하기 위해서는 불가피하게 신용매출(credit sales)을 하게 된다.

신용매출의 방법으로는 다음과 같이 세 가지를 들 수 있다. 첫째는 증서나 제3자의 대금결제 없이 순전히 고객의 신용에 의존하는 외상매출이고, 둘째는 판매의 대가로 약속어음이라는 증서를 수취하는 어음매출이며, 셋째는 신용카드 결제방식을 통한 매출이다. 전통적으로 첫째의 경우로부터 발생하는 매출채권을 통상 외상매출금이라 부르고, 둘째 경우는 받을어음이라고 부르기도 하나 재무상태표에는 이들을 통합하여 매출채권으로 표시한다.[6)]

약속어음(promissory notes)은 어음발행인이 미래 일정 기일에 일정 금액을 어음소지인에게 지급하기로 약속한 증서이다. 약속어음은 수표와 유사한 형태를 가지고 있는데, 어음의 발행인, 액면금액, 발행일, 지급기일, 액면이자율 등이 기재되어 있다. 만일 이자율이 어음권면에 기재되어 있다면 액면금액과는 별도로 이자를 지급해야 하는데 이러한 형태의 어음을 이자부어음(interest-bearing notes)이라고 부른다. 이에 비해 무이자부어음(non-interest bearing notes)은 별도의 이자지급 없이 만기일에 액면금액만을 지급하기로 약정한 어음이다. 신용매출을 하면서 약속어음을 수령한 기업은 만기일 이전에 해당 약속어음을 금융기관에서 할인하거나 만기일까지 어음을 소지하였

6) 본서에서도 외상매출금과 받을어음을 구분하지 않고 '매출채권'을 계정과목으로 사용한다.

다가 만기일에 어음을 발행인에 제시하여 대금을 회수한다.[7)]

2. 매출채권의 상각후원가 측정

K-IFRS에서는 매출채권의 측정기준으로 상각후원가를 규정하고 있다. 따라서 이러한 기준에 의거할 때 매출채권이 단기이든 장기이든 상관없이 상각후원가 측정을 위하여 유효이자율법을 적용하여야 한다. 유효이자율법에 대해서는 전 장에서 이미 자세히 살펴본 바 있으므로 재론하지 않는다. 일반적으로 단기매출채권의 경우에도 유효이자율법에 따라 상각후원가로 회계하는 것이 원칙이나 단기매출채권의 경우에는 수령할 명목금액과 현재가치로 할인한 금액 간에 차이가 중요하지 않으므로 일반적으로 명목금액으로 측정한다. 또한 형식상으로 표시이자가 없는 외상매출금의 경우 만일 명목현금수령액과 현재가치 간에 차이가 중요하다면 무이자부어음과 경제적 실질이 동일하므로 무이자부어음과 동일하게 회계처리하면 된다.

2.1 무이자부어음채권의 예

12월 결산법인인 공영㈜은 2×18년 1월 1일에 거래처에 상품을 외상으로 판매하고 이에 대한 대가로 액면가(만기가액) 1,000,000원, 만기 3년의 장기어음을 교부받았다. 회수할 판매대금의 현재가치는 793,832원이다.

위의 장기어음거래에 대해서는 측정속성으로서 상각후원가를 적용하여야 한다. 물론 이때 적용될 이자율은 당해 거래의 유효이자율이다. 유효이자율은 그 정의에 따라 거래한 자산의 순장부금액과 미래 예상되는 현금흐름의 현재가치를 일치시키는 할인율이다. 자산(어음채권)의 취득시점에서는 자산의 공정가치로 순장부금액을 기록하므로 두 금액은 동일하며 위 거래의 경우 793,832원이다. 미래의 현금흐름은 당연히 3년 후(어음의 만기시점) 수취할 1,000,000원이다. 그러면 이 거래의 유효이자율(r)은 다음의 방정식을 풀면 연 8%로 계산된다.

---

7) 최근에는 기업과 개인고객 간의 거래가 신용카드를 통해 이루어지는 경우가 매우 흔하며 기업 간 매매거래에서도 신용카드를 통해 결제하는 경우가 늘어나고 있다. 신용카드를 통한 매출도 외상매출이나 어음매출과 같이 신용매출에 해당하므로 다른 매출채권의 회계에 준하여 처리하면 될 것이다.

$$₩793,832 = \frac{1,000,000}{(1+r)^3}$$

그러면 위의 장기어음채권을 수취한 시점의 회계처리는 다음과 같다.

2×18년 1월 1일 :

(차) 장기어음채권	1,000,000	(대) 매　　출	793,832
		현재가치할인차금	206,168

위의 회계처리에서 현재가치할인차금(206,168원)은 어음채권의 공정가치와 명목금액(만기금액)의 차액에 해당하며, 당해 자산의 차감계정이다. 이 금액은 또한 어음채권의 만기까지 3년에 걸쳐 이자수익으로 인식될 금액의 총계와 같다. 한편 어음채권은 명목금액(1,000,000원)으로 기록되나 그 장부금액은 차감계정 잔액을 제외한 793,832원으로서 공정가치와 같다. 무이자부어음이므로 형식적으로 이자수령은 하지 않지만 시간의 경과에 따라 이자수익은 발생하기 때문에 2×18년 12월 31일(결산기)에는 2×18년 1년에 대한 이자수익을 인식하여야 하고(₩63,507＝₩793,832×8%), 이에 따라 현재가치할인차금을 상각하여 어음채권의 장부금액을 조정(증액)하여야 한다.

2×18년 12월 31일 :

(차) 현재가치할인차금	63,507	(대) 이자수익	63,507

2×19년 12월 31일과 2×20년 12월 31일에 위와 유사한 회계처리가 수행되어, 어음의 만기일인 2×20년 12월 31일에는 현재가치할인차금이 모두 상각되어 잔액이 0원이 되고, 어음채권(장기어음대여금)의 장부금액은 1,000,000원으로 명목금액과 같아진다. 다음의 <예제 11-2>에서는 자산의 매각대금으로 수취한 어음거래의 경우를 살펴보기로 하자.

예제 11-2

무이자부어음의 현재가치평가

12월 결산법인인 동국㈜은 2×18년 1월 1일에 사용하고 있던 기계장치(취득원가 : ₩1,000,000; 감가상각누계액 : ₩190,000)를 매각하고 만기 2년, 액면액 ₩1,000,000의 무이자부어음을 받았다. 어음을 수취한 시점에서 해당 어음과 동일한 조건의 어음에 대한 시장이자율은 연 8%이다. 당해 어음은 만기에 전액 회수되었다.

[물음] 동국㈜이 2×18년 1월 1일, 2×18년 12월 31일(결산시점) 및 2×19년 12월 31일(만기일)에 행할 회계처리를 보여라.

풀이

수취한 무이자부어음의 현재가치는 ₩857,339($=\frac{1,000,000}{(1+0.08)^2}$)이다. 이 경우에 사용된 할인율은 발행한 어음과 동일한 조건의 어음에 대한 시장이자율 연 8%이다. 장부금액 ₩810,000의 기계장치를 ₩857,339의 무이자부어음을 수취하는 대가로 인도하였으므로 다음과 같이 ₩47,339의 유형자산처분이익이 발생한다.

2×18. 1. 1. :

(차)	장기받을어음	1,000,000	(대) 기계장치	1,000,000
	감가상각누계액	190,000	현재가치할인차금	142,661
			유형자산처분이익	47,339

장기성받을어음에 대한 2×18년의 이자수익(유효이자율법)을 다음과 같이 인식한다.

2×18. 12. 31. :

(차)	현재가치할인차금	68,587	(대) 이자수익	68,587*

* ₩857,339 × 0.08

2×19년 말에 필요한 회계처리는 1년간의 추가 이자수익의 발생과 어음의 현금회수에 대한 기록이며 다음과 같다.

2×19. 12. 31. :

(차)	현재가치할인차금	74,074	(대) 이자수익	74,074**
	현 금	1,000,000	장기받을어음	1,000,000

** (₩857,339 + ₩68,587) × 0.08

2.2 이자부어음채권의 예

이자부어음채권의 회계는 전장에서 살펴본 만기보유채무증권과 본질적으로 동일하다. 어음권면에 표시된 표시이자율(명목이자율)과 유효이자율이 같다면 이자부어음채권의 현재가치는 어음의 액면금액과 같으므로 현재가치할인차금을 기록할 필요가 없고 매기의 이자수익은 현금이자수입과 일치하게 된다. 그러나 명목이자율과 유효이자율 간의 차이가 있다면 이자부어음채권의 현재가치는 액면금액과 상이하게 되고 매기의 이자수익과 현금이자수입도 차이를 보이게 된다. 다음의 예를 살펴보자.

> 12월 결산법인인 동국㈜은 2×18년 1월 1일 사용하고 있던 기계장치(취득원가 : 1,000,000원; 감가상각누계액 : 190,000원)를 매각하고 만기 3년, 액면액 1,000,000원의 이자부어음을 받았다. 어음권면상의 표시이자율은 연 6%이며, 매년 말 지급조건이다. 어음을 수취한 시점에서 동일한 조건의 어음에 대한 시장이자율(유효이자율)은 연 8%이다. 당해 어음으로부터의 이자와 액면액은 만기까지 전액 회수되었다.

위의 장기어음의 거래에 대해서도 당연히 현재가치평가가 적용되어야 하며 이때 적용될 이자율(할인율)은 당해 거래의 유효이자율이다. 유효이자율은 그 정의에 따라 거래한 자산의 공정가치와 미래의 현금흐름의 현재가치를 일치시키는 공정한 시장이자율인데, 위의 거래에서는 거래한 자산(장기어음 또는 유형자산)의 공정가치는 직접 주어져 있지 않으므로, 유효이자율(연 8%)을 적용하여 수취한 어음의 현재가치를 다음과 같이 계산한다.

$$₩948,458 = \frac{1,000,000}{(1+0.08)^3} + \frac{60,000}{(1+0.08)} + \frac{60,000}{(1+0.08)^2} + \frac{60,000}{(1+0.08)^3}$$

그러면 수취한 장기어음채권의 현재가치(장부금액) 948,458원과 그 대가로 인도한 기계장치의 순장부금액 810,000원의 차이는 유형자산처분이익으로 기록된다. 따라서 기계장치와 교환으로 장기성 어음채권을 수취한 시점의 분개는 다음과 같다.

2×18. 1. 1. :

(차) 장기받을어음	1,000,000	(대)	기계장치	1,000,000
감가상각누계액	190,000		현재가치할인차금	51,542
			유형자산처분이익	138,458

위의 회계처리에서 현재가치할인차금(51,542원)은 어음채권의 명목이자율(연 6%)이 유효이자율(연 8%)보다 낮기 때문에 발생하는 것이고, 어음채권의 공정가치(948,458원)와 명목금액(1,000,000원)의 차액이며 어음채권의 차감계정이다. 이 금액은 어음채권의 만기까지 3년에 걸쳐 현금이자수입에 추가하여 이자수익으로 인식될

금액의 총계이다. 2×18년 12월 31일(결산기)에는 2×18년 1년에 대한 이자수익 및 현금이자수입을 기록하여야 하고, 양자의 차이만큼 현재가치할인차금을 상각하여 어음채권의 장부금액을 조정(증액)하여야 한다.

2×18. 12. 31. :

(차) 현재가치할인차금	15,877	(대) 이자수익	75,877*
현　금	60,000		

* ₩948,458 × 0.08

위의 회계처리에서 현금이자수입액은 60,000원이지만 발생한 이자수익은 75,877원이어서 그 차액만큼이 어음채권에 재투자되는 것과 같고, 따라서 어음채권의 장부금액이 커지며 이는 동일한 금액만큼 현재가치할인차금이 상각되어 반영된다. 2×19년 12월 31일과 2×20년 12월 31일에 위와 유사한 회계처리가 기록되어 어음의 만기일인 2×20년 12월 31일에는 현재가치할인차금이 모두 상각되어 잔액이 0원이 되고, 어음채권의 장부금액은 1,000,000원으로 명목금액과 같아진다. 이러한 어음채권의 장부금액 변화, 각 기간의 이자수익 및 현재가치할인차금의 상각액을 표로 정리하면 다음과 같다.

	현금이자수입	이자수익	현재가치할인 차금 상각액	어음채권의 장부금액
2×18. 1. 1.				₩948,458
2×18. 12. 31.	₩60,000	₩75,877	₩15,877	964,335
2×19. 12. 31.	60,000	77,147	17,147	981,482
2×20. 12. 31.	60,000	78,518	18,518	1,000,000
	₩180,000	₩231,542	₩51,542	

3. 매출채권의 회수가능성과 대손(손상)의 인식

위에서 살펴본 바와 같이 매출채권은 현금으로 회수될 자산을 나타내며, 기업은 추후 이러한 매출채권을 현금으로 회수하는데 있어 불확실성에 직면하게 된다. 특히 신용카드매출의 경우에는 매출대금 회수의 어려움이 상대적으로 매우 낮지만, 외상매출금과 받을어음의 경우에는 기업이 구매자로부터 직접 회수해야 하기 때문에 매출채권 회수의 불확실성이 늘 존재하기 마련이다. 이처럼 매출채권 중에서 현금으로 회수하지 못하는 금액을 대손(bad debts)이라 하는데, 회수가 불가능한 금액에 대한 회계가 매출채권의 회계에서 중요한 주제이다. 그 이유는 기업의 매출채권과 관련해서 재무제표이용자(회계정보이용자)들은 당해 매출채권이 얼마나 회수가능한지에 대한 정보를 제공받고자 하기 때문이다.

현행 K-IFRS 제1109호에 따른 대손의 회계처리는 개념적으로 보면 일반적인 금융자산의 손상회계와 본질적으로 동일한 것이지만, 특별히 매출채권(및 계약자산)에 대해서는 제10장에서 논의한 바 있는 상대적으로 복잡한 손상요구사항(절차)을 적용하지 않고 매출채권에 유의적인 금융요소가 없다면 항상 전체기간에 대해 기대신용손실을 인식하는 일종의 간편법을 적용하도록 규정하고 있다(간편법).[8] 즉, 현행 K-IFRS에 따르면 미래 현금흐름을 추정할 때 아직 발생하지 않은 미래의 신용손실을 고려하되 유의적인 금융요소가 있지 않은 한 매출채권 각각의 특성에 관계없이 항상 전체기간에 대한 기대신용손실을 인식하므로 12개월 간편법의 적용은 배제된다.

참고 기대신용손실모형으로 회귀

과거 K-IFRS 제1039호에서는 대손을 인식할 경우 이를 손상의 일환으로 보아 손상발생의 객관적 증거가 있는 경우에만 대손을 인식하도록 하는 소위 **발생손실모형**을 적용하도록 규정하고 있었으나, 2014년 7월 28일 공포되어 2018회계연도부터 적용되는 개정 K-IFRS에서는 향후 발생할 것으로 기대하는 신용손실을 대손으로 인식하는 구 기업회계기준의 **기대신용손실모형**으로 회귀하고 있다. 이는 발생손실모형의 적용으로 인하여 그간 대손충당금이 과소계상되는 문제점을 해결하려는 IASB의 의도로 볼 수 있다.

이와 같이 일반적인 매출채권의 경우에는 발생손실모형을 적용하여 손상을 인식하더라도 신용이 손상된 경우가 아니라면 총장부금액에 최초인식시점에서 결정된 유효이자율을 곱하여 이자수익을 계산한다. 반면 매출채권의 경우라도 신용이 손상된 경우라고 판단되면 이자수익은 총장부금액에서 대손충당금을 제외한 상각후원가에 최초인식시점에서 결정된 유효이자율을 곱하여 이자수익을 계산한다. 매출채권의 신용이 손상된 경우라고 판단하는데 적용할 지침은 다음과 같다.

8) 매출채권과 계약자산 각각을 구분하여 회계정책을 선택할 수 있다.

매 회계기간 말에 기업은 보유하고 있는 매출채권을 손상의 징후를 평가하고 하나 또는 복수 이상의 손상사건이 발생했다는 객관적인 증거의 존재를 확인한다. 가능한 손상사건의 예를 들면 다음과 같다.

① 고객의 중대한 재무적인 어려움
② 지불의 불이행
③ 고객의 재무적 어려움으로 인한 수취채권 상환 조건의 재협상
④ 개별 채권에 대해 미래 현금흐름 추정액의 하락을 인지할 수 없더라도 수취채권의 집단에 대해 최초 측정 이후에 미래 현금흐름 추정액의 측정가능한 하락이 있을 경우

위의 손상사건이 고객으로부터 회수되어야 할 미래 현금흐름의 추정액에 부정적인 영향을 미친다면 당해 수취채권은 손상된 것이고 이 경우에는 상각후원가에 유효이자율을 곱하여 이자수익을 계산하여야 한다.

4. 매출채권에 적용되는 연령분석법

기업들은 전통적으로 매출채권에서 발생하는 기대발생손실을 추정하기 위해 연령분석법(aging schedule)을 사용해 왔다. 연령분석법은 전체 매출채권을 연체기간에 따라 구분하고 각 연체기간에 속한 매출채권에 대해 상이한 기대발생손실 비율을 적용하여 가중평균하는 방법을 말한다. 물론 연체기간이 길수록 기대발생손실 비율은 높아지게 된다.

예를 들어, 동국산업㈜은 2×18년 말 인천상사, 송도상사, 부천상사 및 안성상사 각각에 대해 다음과 같은 매출채권을 가지고 있는 경우를 살펴보자.

연령분석표(동국산업㈜)					
거래사 사명	2×18년 말	60일 이하	60~90일	91~120일	120일 이상
인천상사	₩98,000	₩80,000	₩18,000	–	–
송도상사	320,000	320,000	–	–	–
부천상사	55,000	–	–	–	₩55,000
안성상사	74,000	60,000	–	₩14,000	
소 계	₩547,000	₩460,000	₩18,000	₩14,000	₩55,000

동국산업㈜은 위의 연령분석표에 근거하여 각각의 연체기간에 따라 다음과 같이 다른 기대발생손실 비율을 적용한다고 가정한다.

연체일수	매출채권 금액	기대발생손실 비율	기대발생손실
60일 이하	₩460,000	4%	₩18,400
60~90일	18,000	15%	2,700
91~120일	14,000	20%	2,800
120일 이상	55,000	25%	13,750
기말 대손충당금 필요잔액			₩37,650

결론적으로 위에서 계산한 바와 같이 동국기업㈜은 2×18년 말 현재 보유하고 있는 수취채권에 대해 총 37,650원 대손충당금 기말잔액을 보고해야 하며 대손충당금 계정에 수정전 잔액이 13,450원이었다면 이 금액을 차감한 24,200원의 대손상각비를 인식한다.

(차) 대손상각비(손상차손) 24,200 (대) 대손충당금(손실충당금) 24,200

한편 2×18년 말 재무상태표에 매출채권은 다음과 같이 대손충당금을 차감하는 형식으로 표시하며, 차감후 잔액인 매출채권의 (순)장부금액을 병행하여 보고한다. 이렇게 함으로써 매출채권의 장부금액은 매출채권의 회수가능액을 반영하게 된다.[9)]

매출채권	547,000	
대손충당금	(37,650)	509,350

한편 만일 2×18년 말 대손(손상)을 판단하기 전에 대손충당금의 시재(수정분개전) 잔액이 13,450원이었다면 추가로 인식되어야 할 대손상각비는 24,200원일 것이고, 이 경우에도 대손충당금 기말잔액은 37,650원(=₩13,450+₩24,200)으로 보고된다. 즉, 대손상각비는 대손충당금의 필요잔액과 (수정전)시재잔액 간의 차이로 측정되는 것이다. 이렇게 대손충당금의 기말잔액 평가를 대손상각비의 측정에 우선하는 것은 손익측

9) 이는 마치 만기보유금융자산에 대해 손상차손을 인식하는 경우 손상차손을 당해 금융자산에서 직접 차감하지 않고 손상차손누계액 계정에 대기하고 만기보유금융자산의 장부금액을 상각후원가로부터 손상차손누계액 계정의 잔액을 차감한 잔액으로 보고하는 것과 같다.

정보다는 자산 · 부채의 평가에 중점을 두려는 K-IFRS의 일반적인 입장과 궤를 같이 한다.

이제 대손충당금이 설정된 이후 후속기간에 일어날 수 있는 거래에 대해 살펴보자. 만일 2×19년 2월 중에 안성상사에 대한 매출채권 중 10,000원이 회수불가능한 것으로 최종 판명되었다면 다음과 같이 회계처리한다.

(차) 대손충당금	10,000	(대) 매출채권	10,000

위의 회계처리 결과 매출채권과 그 차감계정인 대손충당금이 동일한 금액만큼 각각 감소되므로 매출채권의 장부금액에는 변동이 없으며 대손상각비는 인식되지 않음을 알 수 있다. 드문 경우이기는 하겠으나 최종적으로 회수불가능한 것으로 확정된 금액이 대손충당금 잔액 37,650원을 초과하였다면 그 초과액만큼 대손상각비를 인식하면 될 것이다.

마지막으로 이미 대손이 확정되어 매출채권과 대손충당금에서 차감하는 회계처리를 한 후 이 채권 중 일부를 미래에 다시 회수할 수 있게 된 경우에는 어떻게 처리해야 할까? 이러한 경우에는 실제로 대손이 확정되었을 때 수행했던 분개를 수정하는 분개(역분개)를 수행한 후, 매출채권의 회수를 기록하는 분개를 하면 된다. 예를 들어, 회수불가능한 것으로 확정된 안성상사에 대한 매출채권 10,000원 중 5,000원이 회수되었다면 다음과 같이 회계처리한다.

역분개 :

(차) 매출채권	5,000	(대) 대손충당금	5,000

회수분개 :

(차) 현　　금	5,000	(대) 매출채권	5,000

위의 두 분개의 결과 대손충당금계정은 5,000원만큼 회복되고, 매출채권계정은 변화가 없으며, 손익계산서 항목이 포함된 것이 없으므로 당기 손익에는 영향이 없다.

제 3 절 금융자산의 제거

금융자산의 제거(derecognition)란 이미 인식된 금융자산을 재무상태표에서 삭제하는 것으로서 금융자산의 최초인식과 반대의 개념으로 볼 수 있다. 일반적으로 자산은 당해 자산이 처분되는 시점에 재무상태표에서 삭제(제거)하면 된다. 그러나 K-IFRS에서는 금융자산의 범위가 유가증권의 범위를 훨씬 뛰어넘어 매우 포괄적으로 확장되었고 대부분의 금융자산은 계약조건(금융기법)에 따라 다양한 형태의 거래가 가능하므로 이러한 거래들의 경제적 실질을 정확히 판단하기 위해서는 상당히 복잡한 절차가 요구된다. 금융자산의 제거를 쉽게 이해하기 위해서는 아래의 <그림 11-1>을 토대로 채무상품에 속하는 금융자산의 제거절차의 각 단계를 살펴보는 것이 도움이 될 것이다.

1. 금융자산의 제거절차

위의 제거절차를 살펴보면 궁극적으로 금융자산을 다른 실체에게 제공하는 계약을 체결할 때 가장 먼저 제거의 대상이 전체 자산인지 자산의 일부만인지를 결정하여야 한다. 많은 계약의 경우 해당 자산 전체를 제공하는 계약이지만 자산의 일부만을 제공할 수 있기 때문에 다음의 세 가지 조건 중 하나가 충족되는 경우에 한하여 금융자산의 일부만을 제거대상으로 할 수 있다. 즉, ① 제거대상이 금융자산의 현금흐름에서 식별된 특정 부분(예 : 채권의 이자부분)으로만 구성되거나 ② 제거대상이 금융자산의 현금흐름에 완전히 비례하는 부분으로만 구성되는 경우 또는 ③ 제거대상이 금융자산의 현금흐름에서 식별된 특정 부분 중 완전히 비례하는 부분으로만 구성되는 경우에만 제거절차를 자산의 일부에 적용한다. 이외의 모든 경우에는 아래에서 설명하는 제거절차를 금융자산의 전체에 적용한다. 본서에서는 학습의 단순화를 위해 이후 제거절차를 자산 전체에 적용하는 경우에 한정하여 설명한다.

제거 여부가 명확한 것은 금융자산이 만기가 되어 상환되는 경우와 같이 금융자산의 현금흐름에 대한 계약상 권리가 소멸하는 경우이다. 예를 들어, 받을어음의 만기가 도래하여 이자와 원금을 모두 회수하였다면 이 받을어음의 현금흐름에 대한 계약상의 권리는 소멸한 것이므로 회계는 간단하다. 그러나 받을어음에 대한 현금회수가 되지 않은 상태에서 회사가 이 받을어음을 금융기관 등 다른 실체에게 제공하는 경우에는

그림 11-1 금융자산의 제거를 위한 절차도

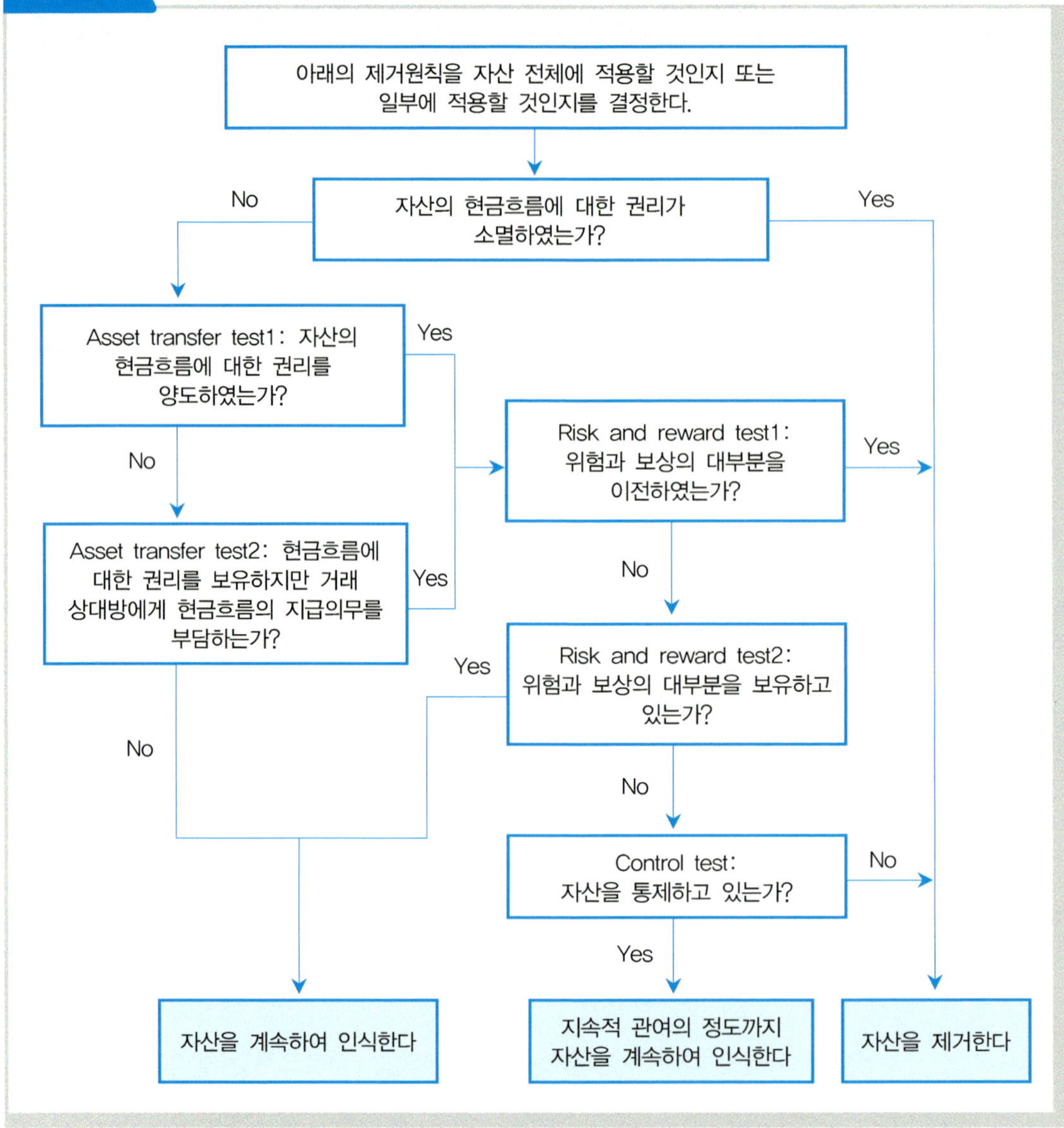

그 계약내용에 따라 회계가 달라진다.

이처럼 금융자산의 현금흐름에 대한 권리가 소멸하기 전에 다른 실체에게 이전하는 경우 금융자산의 제거 여부를 결정하기 위해서는 먼저 해당 자산을 실질적으로 양도한 것인지 여부를 결정해야 한다(양도검사 : transfer test). 즉, 단순히 담보를 제공하고 자금을 차입한 것인지 아니면 권리를 실질적으로 이전한 것인지 여부를 결정해야 한다. 단순한 담보제공인 경우 해당 금융자산을 회사 장부에서 제거하지 못하고 차입거래에 대한 계약만을 회계한다.

자산의 실질적인 양도인 경우라 하더라도 금융자산의 소유에 따른 대부분의 위험과 보상을 실질적으로 양도한 경우(위험과 보상 검사 : risk and reward test)에는 해당 금융자산을 장부에서 제거하고 제거에 따른 손익을 인식할 수 있다. 그러나 오늘날 금융계약의 성격이 매우 복잡하므로 소유에 따른 대부분의 권리와 의무가 이전된 것인지 아닌지 명확하지 않은 경우가 있는데 이 경우에는 해당 금융자산을 양도자와 양수자 중 누가 실질적으로 통제할 수 있느냐(통제검사 : control test)에 따라 회계가 달라진다. 즉, 금융자산 제공계약을 체결한 후 실질적으로 양수자가 통제한다면 이러한 계약은 실질적으로 해당 금융자산이 양도자로부터 양수자에게 이전된 것이므로 양도자는 장부에서 해당 금융자산을 제거할 수 있다. 그러나 이 경우 양도자산의 통제권한이 양도자에게 계속 남아 있다면 이는 지속적인 관여에 해당하고 그 양도자산에 대하여 **지속적으로 관여하는 정도까지 당해 양도자산을 계속하여 인식**한다.

2. 금융자산의 제거의 회계처리

2.1 금융자산의 제거조건을 충족하는 양도의 경우

위에서 설명한 바와 같이, 금융자산을 제거하는 경우는 1) 자산의 현금흐름에 대한 권리가 소멸하였거나 2) 권리가 소멸하기 전이라도 자산의 양도에 해당하고 위험과 보상의 대부분을 이전한 것으로 판단되었거나 3) 자산의 양도에 해당하지만 위험과 보상의 대부분을 이전한 것도 아니고 보유하고 있지도 않은 경우에 해당하여 추가로 통제 여부를 검토한 결과 통제하고 있지 않다고 판단한 경우의 세 가지이다.

위의 세 경우에는 경제적 실질상 금융자산이 처분된 것으로 해석하여 금융자산을 회사의 장부에서 제거하고 다음과 같이 제거에 따른 손익을 인식한다. 다음 식은 FVOCI채무상품의 제거시점에 인식할 제거손익을 계산하기 위한 식이다.

★

금융자산의 제거손익 = 금융자산의 장부금액(제거시점의 공정가치 반영) − (수취한 대가 + 과거에 인식한 평가손익누계액)

위의 제거손익 계산식에서 평가손익누계액이 포함되는 이유는 경제적으로 금융자산의 처분이 이루어진 것이므로 금융자산의 공정가치 변동으로 인한 평가손익누계액(기타포괄손익누계액의 하나)이 실현되었기 때문이다.

위의 계산식에 따라 FVOCI측정 채무상품의 양도로 인한 제거손익을 계산하는 예를 들면 다음과 같이 회계처리하면 될 것이다.

(차) 현 금	×××[1]	(대) FVOCI채무증권	×××[2]
재분류조정	×××[3]	금융자산제거이익	×××[4]

1) 차기되는 현금은 양도시 수취한 대가(양도시점의 공정가치 및 미수이자－양도부대비용)임.
2) 대기되는 금융자산 금액은 양도되는 시점의 금융자산의 장부금액(공정가치)임.
3) FVOCI금융자산의 경우 매기 말 공정가치 평가로 인해 누적된 평가손익은 기타포괄손익누계액(자본항목)에 기록되어 있음. 누적액이 평가이익이라면 재분류조정이 차기되고 평가손실이라면 대기됨. 재분류조정은 기말 마감분개를 통해 기타포괄손익누계액과 상계됨.
4) 금융자산제거이익이 발생하면 대기되고 제거손실이 발생하면 차기됨.

예제 11-3

FVOCI채무증권의 제거

12월 결산법인인 마산기업㈜은 다음과 같은 조건의 채권을 ₩950,258에 취득하고 사업모형과 현금흐름의 특성을 고려하여 이 채권을 FVOCI채무증권으로 분류하였다.

• 채권 취득일 : 2×18년 1월 1일	• 발행기업 : 진주기업㈜
• 액면금액 : ₩1,000,000	• 액면이자율 : 연 8%
• 만기일 : 2×20년 12월 31일	• 이자지급 : 12월 31일에(연 1회) 지급

마산기업㈜은 2×18년 말 당해 채무증권의 평가손실 ₩10,000을 인식하였고, ₩5,000의 손상차손(기대신용손실)을 인식하였다. 당해 채무증권의 2×19년 6월 30일 현재 공정가치는 ₩970,000이었고, 마산기업㈜은 부대비용 ₩5,000을 부담하고 2×19년 6월 30일에 기술개발을 위한 자금을 확보할 목적으로 위의 당해 채무증권을 처분하였다. 이 처분은 금융자산의 제거조건을 충족하는 양도에 해당한다.

[물음] 위의 FVOCI채무증권의 제거시점(2×19년 6월 30일)의 회계처리를 하라.

풀이

(1) 우선 2×18년 12월 31일 인식한 평가손실은 ₩10,000이었고 ₩5,000의 손상차손(기대

신용손실)을 인식하였으므로 양자가 상계되어 평가손익누계액(기타포괄손익누계액)의 기말 잔액은 ₩5,000이었다. 취득시점의 유효이자율은 연 10%이었으므로 2×18년의 이자수익은 ₩95,026이었고 현금이자 수령액은 ₩80,000이었으므로 유효이자율법을 적용하면 당해 채무증권의 장부금액은 ₩15,026만큼 증액되었다. 따라서, 당해 FVOCI채무증권의 장부금액은 ₩955,284(＝₩950,258＋₩15,026－₩10,000(평가손실))이었다.

(2) 2×18년 12월 31일(직전 이자수령일)부터 2×19년 6월 30일까지의 6개월 기간에 실현된 이자수익을 인식하고, 이에 따라 장부금액을 조정하는 회계처리를 한다.

2×19. 6. 30. :

(차) 미수이자	40,000	(대) 이자수익	48,264*
FVOCI금융자산	8,264		

* ₩965,284(총장부금액) × 10% × 1/2 = ₩48,264

위의 회계처리 결과 FVOCI채무증권계정의 잔액은 ₩963,548(＝₩955,284＋₩8,264)이 된다. 제거일 현재의 공정가치가 ₩970,000이므로 계정 잔액과의 차액인 ₩6,452이 평가손실이 인식된다.

2×19. 6. 30. :

(차) FVOCI채무증권	6,452	(대) FVOCI채무증권평가이익	6,452

위의 회계처리 결과 2×18년 12월 31일의 FVOCI채무증권평가손익누계액의 차변잔액 ₩5,000과 상계되어 2×19년 6월 30일 현재 ₩1,452의 대변잔액이 남게 된다. 이에 따라 제거(처분)거래를 기록하기 위한 회계처리는 다음과 같다.

2×19. 6. 30. :

(차) 현　　금	1,005,000	(대) FVOCI채무상품	970,000
재분류조정	1,452	미수이자	40,000
FVOCI채무상품제거손실	3,548		

위의 회계처리에서 주목해야 할 것은 투자자의 입장에서는 FVOCI채무상품의 공정가치는 ₩970,000이지만 2×19년 6월 30일에 취득하여 2×19년 12월 31일까지 6개월을 보유하고 1년분의 현금이자 ₩80,000을 수령하므로 채권시장의 공평한 거래를 위하여 거래 관행은 2×18년 1월 1일부터 취득시점까지의 6개월분의 현금이자 ₩40,000은 투자자가 매도자(마산기업㈜)에게 미리 지불한다는 점이다. 따라서 매도자인 마산기업㈜은 이 ₩40,000을 미수이자(자산)로 기록하게 된다. 즉, 처분대가는 채무증권의 공정가치 ₩970,000과 ₩40,000의 합계액인 ₩1,010,000이 되고 마산기업㈜이 처분(제거)으로부터 수령하는 순현금흐름은 처분부대비용을 차감한 ₩1,005,000이다.

위의 재분류조정은 미실현손익의 누적액인 FVOCI채무증권평가손익누계액은 처분거래로 인해 실현된 것이므로 기타포괄손익누계액인 평가손익누계액을 제거하기 위한 것이다. 다음 <예제 11-4>와 비교해 보면, 동일한 내용의 거래를 AC채무증권에 적용해도 제거손실(3,548원)은 같은 금액으로 도출됨을 알 수 있다. 이와 같이 재분류조정의 또 다른 목적은 제거손실 계산에 있어 공정가치 평가로 인한 이중계산 효과를 방지하기 위한 것이다.

예제 11-4

AC측정 금융자산의 제거

12월 결산법인인 마산기업㈜은 다음과 같은 조건의 채권을 ₩950,258에 취득하고 사업모형과 현금흐름의 특성을 고려하여 이 채권을 AC금융자산으로 분류하였다.

• 채권 취득일 : 2×18년 1월 1일	• 발행기업 : 진주기업㈜
• 액면금액 : ₩1,000,000	• 액면이자율 : 연 8%
• 만기일 : 2×20년 12월 31일	• 이자지급 : 12월 31일에(연 1회) 지급

마산기업㈜은 2×18년 말 ₩5,000의 기대신용손실을 인식하였다. 마산기업㈜은 2×19년 6월 30일에 기술개발을 위한 자금을 확보할 목적으로 위의 AC금융자산을 ₩1,005,000에 처분하였다. 이 처분은 금융자산의 제거조건을 충족하는 양도에 해당한다.

[물음] 위의 AC채무증권 제거시점의 회계처리를 하라.

풀이

(1) 우선 2×18년 12월 31일(직전 이자수령일)부터 2×19년 6월 30일까지의 기간에 실현된 이자수익을 인식하고, 이에 따라 장부금액을 조정하는 회계처리를 한다.

2×19. 6. 30. :

(차) 미수이자	40,000	(대) 이자수익	48,264*
AC금융자산	8,264		

* ₩965,284 × 10% × 1/2 = ₩48,264

위의 회계처리 결과 AC금융자산계정의 잔액은 ₩973,548(= ₩965,284 + ₩8,264)이 된다. 그러면 AC금융자산의 제거손익은 처분으로 수취한 대가(여기에는 미수이자에 대한 대가도 포함)와 제거시점의 AC금융자산의 장부금액(상각후원가)에 미수이자를 합한 금액의 차이로 계산된다. 한편 AC금융자산의 경우에는 공정가치 변동을 반영하여 인식한 평가손익이 누적된 기타포괄손익누계액이 존재하지 않으므로 제거의 회계처리에서 고려할 필요가 없다.

2×19. 6. 30. :

(차) 현 금	1,005,000	(대) AC금융자산	973,548
손실충당금	5,000	미수이자	40,000
AC금융자산제거손실	3,548		

그러면 AC금융자산의 제거손익은 처분으로 수취한 대가(여기에는 미수이자에 대한 대가도 포함)와 제거시점의 AC금융자산의 장부금액(상각후원가)에 미수이자를 합한 금액의 차이로 계산된다. 한편 AC금융자산의 경우에는 공정가치 변동을 반영하여 인식한 평가손익이 누적된 기타포괄손익누계액이 존재하지 않으므로 제거의 회계처리에서 고려할 필요가 없다.

2.2 금융자산의 제거조건을 충족하지 못하는 양도의 경우

금융자산의 현금흐름에 대한 권리가 소멸한 것도 아니고 권리를 양도한 것도 아니라면 당해 자산을 계속 인식하는 것은 당연하므로 별도의 논의가 불필요하다. 한편 양도자가 금융자산을 양도하였으나 양도자산의 소유에 따른 위험과 보상의 대부분을 보유하고 있기 때문에 양도자산이 제거되지 않는다면, 양도자는 그 양도자산 전체를 계속하여 인식하며 수취한 대가를 금융부채로 인식한다. 따라서 양도자는 후속기간에 양도자산에서 발생하는 모든 수익과 새로이 인식한 금융부채에서 발생하는 모든 비용을 인식한다.

예를 들어, 받을어음의 양도자가 어음발행자의 채무불이행에 따른 손실(대손)에 대한 보상을 보증한 경우를 살펴보자. 이 경우에는 받을어음이 양수자에게 양도되었지만 받을어음 발행자가 채무를 이행하지 못하면 양도자가 이를 지급해야 하므로 양도자산의 소유에 따른 위험과 보상의 대부분을 양도하지 않은 계약이다. 이 경우 양도자는 당해 양도자산을 장부에서 제거하지 못하고 양도자산 전체를 계속하여 인식하여야 하며, 대신에 양도하고 받은 대가를 부채로 인식한다. 즉, 이 경우는 양도자산을 담보로 한 차입거래와 경제적 실질이 동일하다.

매출채권의 양도방법 중 회사가 매출채권을 팩토링(factoring)을 취급하는 금융기관(팩토링회사 또는 은행)에 양도하고 대금을 미리 조달하는 방법이 많이 이용되고 있다. 즉, 기업이 매출채권을 팩토링회사나 은행 등의 금융기관(factor)에 양도하면 금융기관은 당해 매출채권을 인수하고 이에 대하여 일정한 수수료(이자)를 부과하여 차감한 금액을 기업에게 현금으로 제공하며 이후 매출채권의 만기에 채무자로부터 이를 회수하는 형태의 거래가 대표적인 팩토링 거래이다. 최근에 활성화된 신용카드거래도 광의의 의미에서 신용카드회사가 팩토링회사의 역할을 하는 매출채권의 양도거래로 볼 수 있다. 위에서 논의한 제거조건을 충족하지 못하는 양도의 회계처리를 팩토링 거래에 적용해 보자.

예제 11-5

매출채권의 양도 : 제거조건을 충족하지 못하는 경우

12월 결산법인인 강동기업㈜은 20×7년 12월 1일 금천기업㈜에 ₩1,000,000의 상품을 외상매출하였는데, 이 매출채권의 회수일은 매출일로부터 60일이다. 강동기업㈜은 20×8년 1월 1일에 이 매출채권을 강남팩토링㈜에 다음의 조건으로 양도하고 ₩920,000을 수령했다.

① 팩토링수수료 : ₩30,000
② 매출환입과에누리, 매출할인 및 대손에 대비한 유보액 : ₩50,000
③ 강남팩토링㈜은 매출채권의 회수가 불가능할 경우 강동기업㈜에 대해 상환청구권(소구권)을 갖는다.

20×8년 1월 10일에 금천기업㈜이 매입한 상품 일부에 대해 이의를 제기해왔으므로 ₩15,000의 에누리를 제공하고 매출액 ₩10,000의 상품에 대해서는 반품을 허락하였다. 20×8년 1월 31일에 강남팩토링㈜은 금천기업으로부터 매출채권을 회수하였으나 이 중 ₩10,000은 회수가 불가능한 것으로 판명되었다.

[물음] 강동기업㈜이 매출채권에 대해 2%의 기대손실률을 적용하여 대손상각비을 인식한다고 가정하고 20×7년 12월 1일, 20×7년 12월 31일, 20×8년 1월 1일, 20×8년 1월 10일 및 20×8년 1월 31일에 필요한 회계처리를 보여라.

풀이

다음의 회계처리는 강동기업㈜이 재고실사법을 사용하고 있으며 20×7년 말의 대손충당금의 기존 잔액이 ₩0이라고 가정한 것이다. 이 매출채권의 양도거래에 대해서는 강동기업㈜이 양도자산의 채무불이행에 따른 손실을 보증하여 양도자산의 소유에 따른 위험과 보상의 대부분을 보유하기 때문에 양도자산을 계속 인식하고 수취한 대가를 부채(단기차입금)으로 기록하는 것이 핵심이다.

2×17. 12. 1. :

(차) 매출채권	1,000,000	(대) 매　　출	1,000,000

2×17. 12. 31. :

(차) 대손상각비	20,000	(대) 대손충당금	20,000

20×8. 1. 1. :

(차) 현 금	920,000	(대) 단기차입금	1,000,000
팩토링미수금	50,000		
이자비용	30,000		

20×8. 1. 10. :

(차) 매출환입	10,000	(대) 팩토링미수금	25,000
매출에누리	15,000		

20×8. 1. 31. :

(차) 대손충당금	10,000	(대) 팩토링미수금	10,000

강동기업㈜은 매출채권의 회수일에 ₩50,000의 팩토링미수금 중 ₩25,000의 매출에누리와 환입 이외에도 대손확정액에 대하여 강남팩토링㈜에 변제하여야 한다. 따라서 ₩10,000의 대손확정액을 회계처리함에 있어 매출채권에서 직접 차감하지 않고 팩토링미수금에서 우선 차감하며, 최종적으로 팩토링미수금을 정산하여 강남팩토링㈜으로부터 회수하는 금액은 ₩15,000이 된다.

20×8. 1. 31. :

(차) 단기차입금	1,000,000	(대) 매출채권	1,000,000
현 금	15,000	팩토링미수금	15,000

비교 목적으로 강남팩토링㈜이 매출채권의 회수불능시에 강동기업㈜에 대한 상환청구권을 갖고 있지 않다면 이는 제거조건을 충족하는 양도의 경우에 해당하므로 강동기업㈜은 매출채권의 양도 시점 이후 다음과 같이 회계처리할 것이다.

20×8. 1. 1. :

(차) 현 금	920,000	(대) 매출채권	1,000,000
팩토링미수금	50,000		
매출채권제거손실	30,000		

20×8. 1. 10. :

(차) 매출환입	10,000	(대) 팩토링미수금	25,000
매출에누리	15,000		

20×8. 1. 31. :

(차) 현 금	25,000	(대) 팩토링미수금	25,000

2.3 양도자산에 대한 지속적 관여의 회계처리

앞에서 살펴본 바와 같이, 양도자가 양도자산의 소유에 따른 위험과 보상의 대부분을 보유하지도 않고 이전하지도 않으면서 양도자산을 통제하고 있다면, 그 양도자산에 대하여 **지속적으로 관여하는 정도까지** 당해 **양도자산을 계속하여 인식**한다. 이때 지속적 관여의 정도는 양도자산의 가치 변동에 대하여 양도자가 부담하는 위험노출정도를 말한다.

양도자가 지속적 관여의 정도까지 자산을 계속 인식한다면 당연히 관련부채도 함께 인식하여야 하는데 이러한 회계처리는 제거조건을 충족하지 못하는 양도의 경우와 동일하다. 이때 양도자산과 관련된 부채는 양도자가 보유하는 권리와 부담하는 의무를 일련의 항목으로 보아 동일한 방식으로 측정한다.

양도계약 이후 양도자는 양도자산에서 발생하는 수익을 지속적 관여의 정도까지 계속 인식하며, 관련부채에서 발생하는 모든 비용을 인식한다. 예를 들어, 양도자가 매출채권(100원)을 양도하고 매출채권의 회수불능시 10원까지 지급을 보증하는 조건으로 양도한 거래의 경우를 살펴보자. 이 경우 양도자는 양도자산이 회수될 때까지 보증한 매출채권 10원에 대해 지속적으로 관여하는 경우이므로 다음과 같이 회계처리하여야 한다.

(차)	현 금	100	(대)	매출채권	100
	지속적관여자산	10		지속적관여관련부채	10

예제 11-6

양도자산에 대한 지속적 관여

2×18년 1월 1일 현재 A기업이 액면이자율과 유효이자율이 연 10%이며, 장부금액(상각후원가)이 ₩100,000이고 2×18년 3월 31일에 만기가 도래하는 대여금을 보유하고 있다. A기업은 당해 대여금의 양도일(2×18년 1월 1일) 현재의 공정가치(₩101,000)를 수령하는 대가로 당해 대여금의 현금흐름에 대한 모든 권리를 양수자에게 양도하되 채무불이행이 발생하면 A기업이 발생한 채무불이행 금액에 대해 최대 ₩20,000까지 보증의무를 부담한다. A기업은 보증의무를 부담하는 대가로 양수자로부터 ₩3,000의 현금(보증서비스의 공정가치)을 추가로 수령하였다. 당해 대여금의 만기일에 발생이자는 전액 회수되었으나 대여금의 원금 중 ₩90,000만 회수되었으므로 A기업은 양도계약에 따라 양수자에게 ₩10,000을 지급하였다.

[물음] 2×18년 1월 1일(양도일) 및 2×18년 3월 31일(만기일)의 회계처리를 하라.

풀이

양도자가 양도자산에 대한 부분 보증을 제공하는 형태로 지속적 관여가 이루어지는 경우, 지속적 관여의 정도는 보증금액인 ₩20,000이다. 제공하는 대가로 수취한 ₩3,000은 2×18년 3월 31일까지 기간경과에 비례하여 수익으로 인식할 금액으로서 양도일(2×18년 1월 1일) 현재 가득되지 않은 상태이므로 이연수익(부채)으로 계상하여야 하며, 이를 지속적관여관련부채에 포함하여 회계처리하면 된다. 따라서 A기업은 양도일(2×18년 1월 1일)에 다음과 같이 회계처리한다.

2×18. 1. 1. :

(차)	현 금	104,000	(대)	대 여 금	100,000
	지속적관여자산	20,000		지속적관여관련부채	23,000
				대여금양도이익	1,000

대여금의 만기일(2×18년 3월 31일)에 양도자산의 원금 중 ₩10,000에 대해 채무불이행이 발생하였으므로 A기업은 당해 금액을 양수자에게 지불하고 이를 보증손실로 인식한다. 동시에 양도시점에 기록한 지속적관여자산과 지속적관여관련부채를 제거하고 기간경과에 따라 ₩3,000의 보증서비스수익을 기록한다. 당해 보증용역수익은 채무불이행의 발생 여부와 관계없이 보증기간의 경과에 따라 수익으로 인식됨을 알 수 있다.

2×18. 3. 31. :

(차)	보증손실	10,000	(대)	현 금	10,000
	지속적관여관련부채	23,000		지속적관여자산	20,000
				보증용역수익	3,000

보론1 금융자산의 재분류(분류변경)

앞에서 살펴본 바와 같이, 금융자산은 AC(상각후원가)금융자산, FVPL금융자산 및 FVOCI금융자산 중 하나로 분류된다. 이 분류의 중요한 기준은 사업모형이고, 따라서 사업모형이 달라지지 않는다면 이 세 가지 분류의 금융자산 간의 재분류는 허용되지 않는다. 그러나 드물지만 사업모형의 변경이 있을 수 있고 그 사업모형의 변경이 유의적이고 외부의 제3자에게 설명가능한 경우에 한하여 재분류를 할 수 있다. 신규사업의 취득이나 주요 사업의 처분 등이 이러한 예에 해당한다. 한편 재분류일은 사업모형이 변경된 날이 속하는 보고기간의 다음 보고기간의 첫째날이다. 재분류의 회계는 재분류일부터 전진적으로 적용한다. 즉, 재분류 전에 인식한 손익(손상차손(환입) 포함)이나 이자는 다시 작성하지 않는다. 이 규정을 토대로 재분류의 회계처리를 정리하면 다음의 <표 11-3>과 같다.

표 11-3 금융자산의 재분류

FROM	TO	재분류일의 회계처리
AC측정 금융자산	FVOCI측정 금융자산	• 새로운 장부금액 : 재분류일의 공정가치로 측정한다. • 재분류일 현재 상각후원가와 공정가치의 차이를 기타포괄손익으로 인식한다.
	FVPL측정 금융자산	• 새로운 장부금액 : 재분류일의 공정가치로 측정한다. • 재분류일 현재 상각후원가와 공정가치의 차이를 당기손익으로 인식한다.
FVPL측정 금융자산	FVOCI측정 금융자산	• 새로운 장부금액 : 재분류일의 공정가치로 측정한다. • 유효이자율 : 재분류일에 측정된 공정가치에 기초하여 결정한다.
	AC측정 금융자산	• 새로운 장부금액 : 재분류일의 공정가치로 측정한다. • 유효이자율 : 재분류일에 측정된 공정가치에 기초하여 결정한다.
FVOCI측정 금융자산	FVPL측정 금융자산	• 새로운 장부금액 : 재분류일의 공정가치로 측정한다. • 기타포괄손익누계액 : 기존의 장부에 존재하는 기타포괄손익누계액은 자본항목으로부터 당기손익으로 재분류한다.
	AC측정 금융자산	• 새로운 장부금액 : 재분류일의 공정가치로 측정한다. • 기타포괄손익누계액 : 기존의 장부에 존재하는 기타포괄손익누계액은 재분류일의 공정가치에 반영하여 조정한다.

본서에서는 앞의 <표 11-3>의 6가지 재분류 경우 중 FVOCI측정 금융자산과 AC측정 금융자산으로부터의 재분류를 중심으로 살펴보고자 한다. 그 이유는 지분상품의 경우 취득시점에 단기매매목적이 아닌 지분상품을 FVOCI 범주로 분류를 선택하면 후속기간에 취소가 불가능하여 FVPL 범주로 재분류하는 것이 금지되어 있고, 채무상품의 경우에도 FVPL 범주로 분류하려면 계약상 현금흐름이 SPPI조건을 충족하지 않거나 취득시점에서 FVPL 지정을 선택하여야 가능하다. 이러한 재분류의 경우는 주로 금융산업에 종사하는 기업들에서 발생할 가능성이 높고 일반기업에서는 상당히 드문 경우라고 판단되므로 다음 예제들에서는 FVOCI측정 금융자산과 AC측정 금융자산으로부터의 재분류를 중심으로 살펴보고, 나머지 FVPL측정 금융자산의 재분류에 관한 회계처리 내용은 핵심만 간략히 설명하고자 한다.

예제 11-7

AC측정 금융자산의 재분류

12월 결산법인인 마산기업㈜은 진주기업㈜이 발행한 사채를 2×18년 6월 30일 액면금액 ₩5,000에 취득하고 이를 AC측정 금융자산으로 분류하였다. 2×18년 12월 31일 현재의 총장부금액(손실충당금 차감전 상각후원가)은 ₩5,000으로 평가되었다. 마산기업㈜은 2×18년 하반기에 발생한 사업모형의 중요한 변경을 반영하여 당해 금융자산을 재분류하기로 결정하였다. 재분류일은 2×19년 1월 1일이며 재분류일 직전(2×18년 12월 31일) 현재 최초인식 후 신용위험의 유의적 증가로 인한 Lifetime ECL을 반영한 손실충당금은 ₩60이었고, 재분류시점의 공정가치는 ₩4,900이다.

[물음] 위의 자료에 대하여 다음의 경우에 대해 재분류일 현재 필요한 회계처리를 보여라.
(1) AC측정 금융자산을 FVPL측정 금융자산으로 재분류한 경우
(2) AC측정 금융자산을 FVOCI측정 금융자산으로 재분류한 경우

풀이

(1) AC측정 금융자산을 FVPL측정 금융자산으로 재분류한 경우

2×19년 1월 1일의 당해 채무증권의 공정가치(₩4,900)로 측정하고, 재분류 전의 상각후원가와 공정가치의 차이에 따른 손익{공정가치 ₩4,900과 재분류시점의 장부가치 ₩4,940 [=₩5,000-₩60(손실충당금)의 차액]} ₩40은 재분류손실(당기손익)로 인식한다.

2×19. 1. 1. :

(차) FVPL채무증권	4,900	(대) AC채무증권	5,000
손실충당금	60		
재분류손실(당기손익)	40		

(2) AC측정 금융자산을 FVOCI측정 금융자산으로 재분류한 경우

2×19년 1월 1일의 당해 채무증권의 공정가치는 ₩4,900이고 FVOCI채무증권의 장부금액은 공정가치인 ₩4,900으로 측정된다. 재분류 전 상각후원가와 공정가치 차이에 따른 손실은 재분류일에 기타포괄손실로 인식한다. 재분류에도 불구하고 유효이자율과 기대신용손실의 측정은 재분류 이전과 동일하다. 또한 재분류일부터 손실충당금을 채권의 총장부금액의 차감계정으로 인식하는 것을 중단하지만 대신 이를 누적손상금액으로 인식하여 공시한다.

2×19. 1. 1. :

(차)	채무증권(FVOCI)	4,900	(대) 채무증권(AC)	5,000
	손실충당금	60		
	재분류손실(기타포괄손익)	40		

예제 11-8

FVOCI측정 금융자산의 재분류

12월 결산법인인 마산기업㈜은 진주기업㈜이 발행한 사채를 ₩5,000에 취득하고 이를 FVOCI측정 금융자산으로 분류하였다. 2×18년 12월 31일 현재 최초인식 후 신용위험의 유의적 증가로 인한 Lifetime ECL을 반영한 손실충당금은 ₩60이었고, 마산기업㈜은 2×18년 하반기에 당해 금융자산을 재분류하기로 결정하였다. 따라서 재분류일은 2×19년 1월 1일이며, 재분류시점의 당해 사채의 공정가치는 ₩4,900이다.

[물음] 위의 자료에 대하여 다음의 두 가지 경우에 대해 재분류일 현재 필요한 회계처리를 보여라(편의상 이자수익을 인식하는 분개는 생략한다).
(1) FVOCI측정 금융자산을 AC측정 금융자산으로 재분류한 경우
(2) FVOCI측정 금융자산을 FVPL측정 금융자산으로 재분류한 경우

풀이

(1) FVOCI측정 금융자산을 AC측정 금융자산으로 재분류한 경우

재분류일인 2×19년 1월 1일의 FVOCI채무증권의 공정가치 ₩4,900을 제거한다. 재분류일인 2×19년 1월 1일 기타포괄손익누계액(누적손실) ₩40을 재분류일에 제거하는데, 이 금액은 원 취득원가와 재분류일 현재의 공정가치 차이인 ₩100과 인식한 기대신용손실 ₩60의 차액이다. 기존에 주석으로 공시했던 손실충당금 ₩60을 표시하여 재분류일의 공정가치를 조정한다. 기존의 유효이자율과 기대신용손실(ECL)의 측정액은 조정하지 않는다. 즉, 채권 신용위험의 변동을 평가할 때 최초인식시점의 신용위험을 계속 사용한다. 결과적으로 재분류일에 당해 채무상품을 항상 상각후원가로 측정했던 것처럼 측정한다.

2×19. 1. 1. :

(차) AC금융자산	4,900	(대) FVOCI채무증권	4,900
AC금융자산	100	손실충당금	60
		기타포괄손익누계액	40

(2) FVOCI금융자산을 FVPL금융자산으로 재분류한 경우

재분류일인 2×19년 1월 1일 기타포괄손익누계액(누적손실) ₩40을 재분류일에 제거하는데, 이 금액은 원 취득원가와 재분류일 현재의 공정가치 차이인 ₩100과 인식한 기대신용손실 ₩60의 차액이다. 재분류일의 공정가치 ₩4,900과 재분류직전 FVOCI금융자산의 장부금액 ₩4,940{=₩5,000−₩60(손상누적액)}의 차이인 ₩40은 재분류손실로 인식하며 이는 당기손익에 반영된다.

2×19. 1. 1. :

(차) FVPL채무증권	4,900	(대) FVOCI채무증권	4,900
재분류손실(당기손익)	40	기타포괄손익누계액	40

FVPL측정 금융자산 범주에서 AC측정 금융자산 범주로 재분류할 경우에는 재분류일 당해 채무상품의 공정가치가 새로운 AC금융자산의 총장부금액이 되며 이에 기초하여 유효이자율을 산정한다. 재분류일부터 채권에 손상요구사항을 적용한다. 기대신용손실을 인식할 때 재분류일의 채무상품의 신용위험이 미래의 신용위험 변동과 비교대상이 되는 신용위험이 된다.

FVPL측정 금융자산 범주에서 FVOCI측정 금융자산 범주로 재분류할 경우에는 당해 채무상품을 계속 공정가치로 측정한다. 그러나 유효이자율을 적용할 때 재분류일의 채권의 공정가치가 새로운 총장부금액이 되며 이에 기초하여 유효이자율을 산정한다. 또한 재분류일부터 손상요구사항을 적용한다. 즉, 기대신용손실을 인식할 때 재분류일의 채무상품의 신용위험이 미래의 신용위험 변동과 비교대상이 되는 신용위험이 된다.

보론 2 지분법적용투자주식

어떤 기업이 다른 기업의 지분상품에 투자하여 이를 보유하고 있으며 그 지분상품을 발행한 기업에 유의한 영향력을 미치는 경우 이 지분상품은 금융자산이 아니라 지분법적용투자지분상품으로 분류된다. 지분법적용투자지분상품을 보유한 기업은 그 지분상품을 발행한 기업에 거액의 자금을 투자한 것이므로 투자회사(investor)라고 부르고, 그 주식을 발행한 기업을 투자대상회사(investee)라고 부른다. 이러한 지분법적용투자지분상품은 자산의 성격과 평가기준이 다른 범주의 금융자산과 다르므로 재무상태표에 별도의 항목으로 보고되어야 한다. K-IFRS에 따르면 투자대상회사의 의결권이 있는 주식의 20% 이상을 보유하고 있다면 명백한 반증이 없는 한 유의한 영향력(significant influence)을 미치는 것으로 간주한다. 투자회사의 투자대상회사에 대한 의결권 있는 주식이 20%에 미달하더라도, 투자회사가 다음 중 하나 이상에 해당하는 경우 일반적으로 투자대상회사에 대하여 유의한 영향력이 있다고 본다.

① 투자회사가 투자대상회사의 이사회 또는 이에 준하는 의사결정기구에 참여하여 의결권을 행사할 수 있는 경우
② 투자회사가 투자대상회사의 재무정책(배당이나 다른 분배에 관한 의사결정 포함)과 영업정책에 관한 정책결정 과정에 참여할 수 있는 경우
③ 투자회사와 투자대상회사 경영진의 상호 교류가 있는 경우
④ 투자대상회사의 중요한 거래가 주로 투자회사와 이루어지는 경우
⑤ 투자대상회사에게 필수적인 기술정보를 투자회사가 당해 투자대상회사에게 제공하는 경우

투자회사가 투자대상회사에게 유의한 영향력을 행사할 수 있는 경우에 투자대상회사는 지분법적용대상회사(관계회사)가 되고 투자회사는 투자주식을 금융자산이 아닌 지분법(equity method)이라는 특수한 방법에 의하여 회계처리해야 한다. 특히 위의 ①의 조건에 해당하는 경우 투자회사는 투자대상회사의 재무제표를 통합하여 연결재무제표를 작성해야 하는 경우가 대부분이다.[10] 지분법(equity method)이란 투자회사가 지분법적용대상회사의 순자산 변동을 지분법적용지분상품 계정에 반영함으로써 지분

법적용지분상품 계정이 투자의 실질가치를 표시할 수 있도록 하는 방법이다. 예컨대 투자대상회사가 결산을 한 결과 당기순이익을 실현하였으면 당기순이익 중 투자회사 지분에 해당하는 금액을 지분법적용지분상품 계정의 장부금액에 가산하고, 당기순손실인 경우에는 그 손실 중 투자회사 지분해당액을 지분법적용지분상품 계정에서 차감한다. 또한 투자대상회사로부터 배당금을 받으면 투자대상회사의 순자산이 그만큼 감소한 것이므로 배당수익으로 처리하지 않고 지분법적용지분상품 계정의 장부금액을 감소시킨다. 다음 예제를 통해 지분법 회계의 주요 내용을 살펴보자.

예제 11-9

지분법 회계

2×12년 1월 2일 동국기업은 2×11년말 현재 다음과 같은 재무상태를 가진 경주기업의 주식 30주를 주당 ₩6,000에 취득하였다. 다음 각 거래에 대하여 지분법에 의한 회계처리를 설명하시오.

경주기업

자산총액 : ₩1,000,000	부채총액 : ₩400,000
자본총액 : ₩600,000	총발행주식수 : 100주

경주기업 총발행주식수의 30%를 동국기업이 보유하고 있으므로 다른 명백한 반증(사유)이 없는 한 유의한 영향력을 행사할 수 있는 것으로 간주되어 동국기업의 경주기업에 대한 투자는 지분법적용투자지분상품이 된다. 먼저 취득시점에서 투자회사인 동국기업의 회계처리를 살펴보면, 다른 자산과 마찬가지로 취득시점에는 취득원가주의에 입각하여 취득원가로 기록한다.

2×12. 1. 2. :

(차) 지분법적용지분상품–경주	180,000	(대) 현　금	180,000

만일 2×12년 말에 투자대상회사인 경주기업이 ₩20,000의 당기순이익을 보고하는 경우 이 ₩20,000 중 30%는 투자회사인 동국기업의 지분이므로 동국기업이 보유한 경주기업의 주식(지분법적용 지분상품)의 가치도 그만큼 증가한 것으로 간주하여 동국기업은 다음과 같이 분개한다.

2×12. 12. 31. :

(차) 지분법적용지분상품–경주	6,000	(대) 지분법이익	6,000

* ₩20,000 × 30% = ₩6,000

10) 연결재무제표에 관한 사항은 고급회계 교과서를 참조하라.

위의 회계처리 결과 동국기업의 지분법적용지분상품 계정의 장부금액은 ₩186,000(=₩180,000+₩6,000)이 된다. 만일 투자대상회사인 경주기업이 당기순손실 ₩20,000을 보고했다면 다음과 같이 회계처리했을 것이다.

2×12. 12. 31. :

(차) 지분법손실	6,000	(대) 지분법적용지분상품–경주	6,000

지분법손익은 미실현이익이지만 K-IFRS에서는 FVOCI금융자산평가손익과는 달리 포괄손익계산서의 당기손익 항목으로 보고하도록 규정하고 있다. 그러면 경주기업이 ₩20,000의 당기순이익을 보고한 후 2×13년 2월 25일 주당 ₩100의 현금배당을 선언하고 이를 지급하였다면 동국기업은 어떻게 회계처리해야 할까? 지분법적용대상이 아닌 금융자산의 경우(예 : 당기손익인식 금융자산) 현금배당을 수령하면 이를 다음과 같이 배당수익으로 보고한다.

(차) 현 금	3,000	(대) 배당수익	3,000

그러나 지분법의 경우에는 투자대상회사가 현금배당을 선언하고 지급하면 투자대상회사의 자금이 사외로 유출되어 순자산가액이 감소하므로 투자회사인 동국기업은 다음과 같이 지분법적용지분상품 계정을 감액해야 한다.

2×13. 12. 15. :

(차) 현 금	3,000	(대) 지분법적용지분상품–경주	3,000

따라서 경주기업이 ₩20,000의 이익을 보고한 후 주당 ₩100의 현금배당을 지급하면 동국기업의 지분법적용지분상품 계정 잔액은 ₩183,000이 된다. 만일 2×13년 3월 31일 동국회사가 위의 보유주식 중 10주를 주당 ₩6,000에 처분하는 경우 주당 장부금액이 ₩6,100(=₩183,000/30주)인 주식을 ₩6,000에 판매하게 된 것이므로 주당 ₩100의 처분손실을 기록한다.

2×13. 3. 31. :

(차) 현 금	60,000	(대) 지분법적용지분상품–경주	61,000
지분법적용지분상품처분손실	1,000		

위에서 논의한 지분법적용지분상품 계정의 변동내용을 요약하면 다음과 같다.

지분법적용지분상품

기초잔액 투자대상회사의 순이익 보고	투자대상회사의 순손실 보고 현금배당의 수령 지분법적용지분상품의 처분
	기말잔액

투자회사와 투자대상회사가 법률적으로는 독립적인 기업이라 하더라도 투자회사가 투자대상회사에 유의한 영향력을 행사할 수 있을 뿐만 아니라 투자대상회사를 통제할 수 있다면 두 기업을 실질적으로 하나의 실체로 보아야 한다. 이러한 경우에는 지분법을 적용하는 대신 연결재무제표를 작성하여야 한다. 그러나 지분법은 연결재무제표를 작성하지 않고서도 연결재무제표와 유사한 효과를 갖는 회계방법이다. 그 이유는 지분법을 적용하여 산출한 투자회사의 당기순이익 및 이익잉여금은 연결재무제표상의 연결이익 및 연결이익잉여금과 동일하기 때문이다.[11)] 지분법 회계를 실제 적용함에 있어서는 상당히 복잡한 회계문제가 있다. 예컨대 투자대상회사의 순자산가액의 변동원천에 따른 상이한 회계처리, 투자회사와 투자대상회사 간의 내부거래로 인한 미실현손익의 제거 문제 등이다. 지분법에 대한 더 자세한 내용은 고급회계 과정에서 학습하기로 하자.

11) 이러한 의미에서 지분법을 'one-line consolidation(한 줄로 표시한 연결회계)'이라 부르기도 한다.

연습문제

EXERCISES

서술형

1. 재무상태표에 보고되는 현금및현금성자산의 정의(범위)에 대해 설명하라.
2. 기업이 보유하고 있는 금융상품이 현금성자산으로 분류될 수 있는 조건에 대해 설명하라.
3. 유효이자율의 개념과 측정방법에 대해 설명하라.
4. 수취채권에 적용되는 대손회계의 구체적인 내용을 설명하라.
5. 금융자산의 제거조건을 만족하는 경우에는 세 가지가 있는데 이를 설명하고, 제거손익의 산식에 대해 간략히 기술하라.
6. 위의 [문제 5]에서 제거와 관련한 회계처리의 내용을 간략히 설명하라.
7. 양도자가 금융자산을 양도하였으나 양도자산의 소유에 따른 위험과 보상의 대부분을 보유하고 있기 때문에 양도자산이 제거되지 않는 경우의 회계처리 내용을 설명하라.
8. 양도자산에 대한 지속적 관여의 개념을 설명하고 지속적 관여의 경우 필요한 회계처리를 간략히 설명하라.
9. K-IFRS는 금융자산의 분류변경에 대해서는 상세한 제한 규정을 적용하고 있는데, 그 이유는 무엇일까?
10. AC측정 금융자산을 FVOCI측정 금융자산으로 분류변경하는 경우 어떤 회계처리가 필요한가?
11. FVOCI측정 금융자산을 FVPL측정 금융자산으로 분류변경하는 경우 어떤 회계처리가 필요한가?

주관식

01. 동국회사는 소액현금의 관리를 위해 매월 일정한 금액을 유지하는 정액자금전도제를 시행하고 있다.

1) 다음의 각 사건에 필요한 분개를 하라.
   ㉠ 소액현금 기금으로 ₩50,000을 당좌계정에서 인출하여 주다.
   ㉡ 소액현금을 사용부서가 다음 용도로 사용하다.
   접대비 : ₩2,000; 출장비 : ₩1,000; 필기구 구입 : ₩1,000; 디스켓 구입 : ₩500
   ㉢ 당월 말에 위의 소액현금의 내역을 보고받고 기금을 보충하다.

2) 당기 말 소액현금의 총보유액을 실사한 결과 장부상의 금액보다 ₩2,000이 부족하였다. 그 원인을 조사하였으나 기말 현재 원인불명이라면 회사는 이를 장부상 어떻게 회계처리하여야 하는가?

3) 주요 거래은행과 당좌거래를 개설하고 현금 ₩50,000을 예입하였으며 ₩20,000의 당좌차월계약을 맺었다. 기말 현재 당좌수표 발행액이 당좌계정 잔액보다 ₩15,000이 많았다면 이러한 당좌차월은 재무제표에 어떻게 보고되어야 하는가?

02. 12월말 현재 동국회사의 장부상의 당좌예금 잔액은 ₩500,000이고 은행측 잔액은 ₩700,000이다. 은행계정명세서에서 다음의 정보를 밝혀냈다.

① 회사가 고객으로부터 받아 예입한 두 개의 수표가 12월중에 부도처리되었으며 그 금액은 각각 ₩30,000과 ₩20,000이다.
② 은행이 회사의 고객으로부터 어음 ₩150,000을 추심하였다(그 중 매출채권금액은 ₩100,000이고 나머지는 이자 회수액이다).
③ 회사가 예치한 예금에 대한 이자가 ₩2,000이다.
④ 은행은 수수료로 ₩12,000을 회사에 부과했다.
⑤ 회사가 발행한 수표 중 ₩150,000은 아직 인출되지 않았다.
⑥ 회사가 12월 31일에 마지막으로 예입한 금액 ₩50,000이 아직 은행계정에 기록되지 않았다.
⑦ 은행계정에 ₩10,000의 입금은 다른 사람의 계정에 기록되어야 하는 것을 회사의 계정에 잘못 기록한 것이었다.

12월말 은행계정조정표를 만들고 필요한 분개를 하라.

03. 한성기업㈜은 2×18년 12월 31일에 현재 안성기업㈜에 대한 대여금을 갖고 있는데 이 대여금의 장부금액은 ₩100,000이며 적용되는 유효이자율은 연 8%이다. 이 대여금의 만기는 2×19년 12월 31일이다. 2×19년 1월 1일에 한성기업㈜은 안성기업㈜이 파산할 확률이 매우 높다고 판단하고 2×19년 12월 31일까지 당해 대여금으로부터 회수할 예상현금흐름을 ₩20,000으로 예측하였다.

1) 한성기업㈜이 위의 대여금과 관련하여 2×19년 1월 1일에 기록할 회계처리는 무엇인가?
2) 한성기업㈜이 2×19년 12월 31일에 안성기업㈜으로부터 연초의 예측대로 ₩20,000을 회수하였다면 기록할 회계처리는 무엇인가?

04. 강릉기업㈜은 2×18년 12월 31일 현재 삼척기업㈜에 대한 대여금 ₩100,000을 기록하고 있고, 이 대여금의 유효이자율은 연 10%이다. 이자는 매년 말 1회 지급받고 원금은 3년 후에 전액을 회수하는 조건이다. 2×19년 1월 1일에 강릉기업㈜의 자산관리 담당자가 삼척기업㈜이 심각한 재정적 어려움에 처하여 원리금의 전부를 상환할 확률이 낮다고 판단하였다. 강릉기업㈜은 이 대여금에 대해 손상요구사항을 검토한 결과 전체기간 기대신용손실을 인식하는 것이 타당하다고 판단하였다. 다음은 강릉기업㈜의 자산관리 담당자가 향후 예상되는 현금흐름을 수정한 결과이다.

일 시	원래의 예상 현금흐름	수정된 예상 현금흐름	현금흐름 손상액
20×19년 말	₩10,000	₩5,000	₩5,000
20×20년 말	10,000	5,000	5,000
20×21년 말	110,000	105,000	5,000
현금흐름 총계	₩130,000	₩115,000	₩15,000

1) 강릉기업㈜이 위의 대여금과 관련하여 신용이 손상된 금융자산인지의 여부를 검토한 결과 손상은 없다고 판단하였을 경우 2×19년 1월 1일에 기록할 회계처리는 무엇인가?
2) 강릉기업㈜이 2×19년 12월 31일에 삼척기업㈜으로부터 연초의 예측대로 ₩5,000을 회수하였다면 기록할 회계처리는 무엇인가?
3) 2×20년 1월 1일에 삼척기업㈜의 재정적 어려움이 정상화되어 원래 예상했던 나머지 현금흐름을 전액 회수할 수 있을 것으로 판단되었다. 이 경우 강릉기업㈜이 기록할 회계처리는 무엇인가?

05. 제조기업인 명성산업㈜은 2×18년에 총 ₩30,000,000에 해당하는 매출채권 포트폴리오를 갖고 있으며 한 지역에서만 영업을 한다. 고객들은 다수의 작은 고객들로 구성되어 있으며 메출채권은 계약에 따른 모든 금액을 지불할 수 있는 고객의 능력을 나타내는 공통의 위험 특성으로 범주화된다. 매출채권에는 유의적인 금융요소가 없다. 명성산업㈜은 포트폴리오의 기대신용손실을 산정하기 위해 충당금 설정표를 이용하는데, 충당금 설정표는 과거에 매출채권의 기대 존속기간에 관측된 채무불이행률에 기초한다. 2×18년 말의 충당금 설정률표는 다음과 같다.

	연체 없음	1~30일 연체	31~60일 연체	61~90일 연체	90일 초과연체
12개월 기대신용손실률	0.2%	1.2%	2.8%	4.8%	7.2%
전체기간 기대신용손실률	0.3%	1.6%	3.6%	6.6%	10.6%

1) 명성산업㈜이 위의 매출채권에 대해 12개월 기대신용손실 또는 전체기간 기대신용손실을 산정할 수 있는지의 여부에 대해 논평하라.
2) 명성산업㈜이 2×18년 말 기록해야 할 손실충당금의 필요잔액은 얼마인가?

06. 12월 결산법인인 동국산업㈜은 2×18년 12월 1일 부평산업㈜에 ₩100,000의 상품을 매출하고 90일 만기의 무이자부어음을 받았다. 동국산업㈜은 2×19년 1월 1일에 이 매출채권을 한강은행에 다음의 조건으로 양도하였다.

① 할인율 : 연 12%
② 한강은행은 만기일에 어음대금의 회수불능시에 동국산업㈜에 대한 상환청구권을 갖는다.

2×19년 2월 28일에 한강은행은 어음을 부평산업㈜에 제시하고 결제를 받았다.

동국산업㈜이 당해 어음에 대해 2%의 대손율(기대손실률)을 적용하여 대손상각비(손상차손)를 인식한다고 가정하고 2×18년 12월 1일, 2×18년 12월 31일(결산시점), 2×19년 1월 1일(할인시점) 및 2×19년 2월 28일(결제일)에 동국산업㈜이 수행할 회계처리를 보여라.

07. 12월 결산법인인 동국산업㈜은 2×18년 12월 1일 부평산업㈜에 ₩100,000의 상품을 매출하고 90일 만기, 표시이자율 10%의 약속어음을 받았다. 동국산업㈜은 2×19년 1월 1일에 이 매출채권을 한강은행에 다음의 조건으로 양도하였다.

① 할인율 : 연 12%
② 한강은행은 만기일에 어음대금의 회수불능시에 동국산업㈜에 대한 상환청구권을

갖는다.

2×19년 2월 28일에 한강은행은 어음을 부평산업㈜에 제시하고 결제를 받았다.

동국산업㈜이 매출채권에 대해 2%의 대손율(기대손실률)을 적용하여 대손상각비(손상차손)를 인식한다고 가정하고 2×18년 12월 1일, 2×18년 12월 31일, 2×19년 1월 31일 및 2×19년 2월 28일에 필요한 동국산업㈜의 회계처리를 보여라.

08. 다음은 동국정밀㈜의 20×9년도 결산수정분개 전 매출채권의 내역이다.

거래처	매출채권 잔액
A기업	₩50,000
B기업	₩30,000
C기업	₩40,000
D기업	₩40,000

동국정밀㈜은 결산 수정분개를 위해 다음의 정보를 수집하였다.

1) 동국정밀㈜은 A기업에 대한 매출채권을 은행에 담보를 설정하고 ₩40,000을 차입하였다.
2) 동국정밀㈜은 B기업이 파산한 사실을 확인하였다.
3) 동국정밀㈜은 C기업의 매출채권을 파이낸싱회사에 ₩39,000에 처분하였는데 거래내용을 분석한 결과 C기업이 매출채권을 만기일에 지급하지 않는 경우 파이낸싱회사는 동국회사에 그 대금을 청구할 수 있는 권한(상환청구권)이 존재한다.
4) 동국정밀㈜은 D기업의 매출채권을 ₩36,000에 파이낸싱회사에 처분하였는데 거래내용을 분석한 결과 D기업이 매출채권을 만기일에 지급하지 않는 경우 파이낸싱회사는 동국회사에 그 대금을 청구할 수 있는 권한(상환청구권)이 존재하지 않는다.

1) 위의 결산시점에 수집한 정보에 대해 필요한 경우 적절한 회계처리를 하라.
2) 동국정밀㈜이 20×9년도 재무상태표에 보고해야 할 매출채권 금액은 얼마인가?

09. 서울㈜은 20×1년 1월 1일 자금조달을 목적으로 액면금액이 ₩500,000인 사채(액면이자 ₩40,000 매년 말 지급, 시장이자율 연 8%, 3년 만기)를 액면발행하였으며, 동 사채를 동일자에 한국㈜이 발행금액에 취득하고 AC측정 금융자산으로 분류하였다. 한국㈜은 20×1년 12월 31일 사업모형의 변화로 인하여 동 금융자산을 FVOCI금융자산으로 분류변경하였다. 한편 20×2년 1월 1일 사채의 공정가치는 ₩500,000이며, 20×1년 말에 동 금융자산에 대해 인식한 손실충당금은 ₩6,000이다(최초인식 후에 신용위험의 유의적 증가를 반영하여 전체기간 기대신용손실로 측정함). 또한 재분류일의 기대신용손실은 ₩4,000이다. 재

분류시점에 한국㈜이 재분류에 대하여 수행할 회계처리는 무엇인가? (편의상 이자수익을 인식하는 분개는 생략한다)

10. 위의 [문제 9]의 자료와 동일하되 한국㈜이 20×1년 1월 1일 취득한 채권을 FVOCI금융자산으로 분류했다. 한국㈜은 20×1년 12월 31일 사업모형의 변화로 인하여 동 금융자산을 AC측정 금융자산으로 재분류하였다. 재분류시점에 한국㈜이 재분류에 대하여 수행할 회계처리는 무엇인가? (편의상 이자수익을 인식하는 분개는 생략한다)

11. 다음은 MA회사의 주식거래를 나타낸다. 회사는 20×9년도 초에 건설회사 주식과 운송회사 주식을 취득하였고 각 주식의 취득원가는 각각 ₩240,000과 ₩500,000이다.

피투자회사	투자 지분율	취득일 피투자회사의 순자산	당기순(손)익		총 배 당	
			20×9년	2×10년	20×9년	2×10년
건설회사	30%	₩800,000	₩200,000	₩250,000	₩100,000	₩120,000
운송회사	50%	₩1,000,000	(₩100,000)	₩50,000	–	–

1) 위의 주식거래에 대해 특정 일자에 필요한 회계처리를 하라.
2) 20×9년도 말 재무상태표에 보고되어야 할 투자주식금액을 구하고 투자주식 관련 손익을 어떻게 보고해야 하는지 설명하라.
3) 2×11년도 초에 건설회사의 주식 100주를 ₩250,000에 처분하는 경우 필요한 회계처리를 하라(건설회사의 발행주식 총수는 2,000주이다).

12. 12월 결산법인인 마산기업㈜은 다음의 FVOCI채무증권을 2×18년 1월 1일에 액면금액에 취득하여 보유하고 있다. 당해 채무증권의 액면이자율은 연 4%이다.

취득원가 : ₩100,000
2×18년도 말 공정가치 : ₩102,000
2×18년도 말 인식한 손상차손(기대신용손실) : ₩1,000

마산기업㈜은 기술개발자금을 확보할 목적으로 당해 채무증권을 2×19년 6월 30일 ₩104,000에 처분하였다(처분부대비용 ₩500을 차감한 금액). 처분시점 현재 당해 FVOCI채무증권의 공정가치는 ₩104,500이었으며, 이 처분거래의 경제적 실질은 FVOCI채무증권의 권리와 위험이 전적으로 매수자에게 이전된 것이다.

위의 FVOCI채무증권의 제거시점에 필요한 회계처리를 하라.

13. 대한㈜은 민국㈜이 20×1년 1월 1일에 발행한 액면금액 ₩50,000(만기 5년 일시상환, 표시이자율 연 10%, 매년 말 이자지급)인 사채를 동 일자에 액면금액에 취득하고 AC측정 금융자산으로 분류하여 회계처리하였다. 그러나 대한㈜은 20×2년 중 사업모형의 변경으로 동 사채를 FVPL금융자산으로 재분류하였다. 20×2년 말 현재 동 사채와 관련하여 인식한 손실충당금은 ₩3,000이다. 동 사채의 20×3년 초와 20×3년 말의 공정가치는 각각 ₩45,000과 ₩46,000이다. 20×3년 초와 20×3년 말 대한㈜이 기록해야 할 회계처리를 보여라. 단, 동 사채의 20×3년 말 공정가치는 이자수령 후의 금액이다. (2021년 공인회계사 1차 시험 수정)

14. 대한㈜은 민국㈜이 20×1년 1월 1일에 발행한 액면금액 ₩100,000(만기 3년 일시상환, 표시이자율 연 10%, 매년 말 이자지급)인 사채를 동 일자에 ₩95,198(유효이자율 연 12%)을 지급하고 취득하였다. 동 금융자산의 20×1년 말과 20×2년 말의 이자수령 후 공정가치는 각각 ₩93,417과 ₩99,099이며, 대한㈜은 20×3년 초 ₩99,099에 동 금융자산을 처분하였다. 이 처분을 기록하기 위한 회계처리를 보여라. (2021년 공인회계사 1차 시험 수정)

금융부채 및 충당부채

12

본 장에서는 부채에 대해 살펴보고자 한다. 재무상태표의 대변은 차변항목인 자산을 취득하는 데 필요한 자금조달의 원천을 나타낸다. 재무상태표의 대변항목으로서 기업의 주요 자금조달 원천은 크게 부채(채권자지분)와 자본(소유주지분)으로 구분된다. 부채는 채권자로부터 조달된 자금의 원천을 나타내며 '채권자지분'이라 일컬어진다. 부채와 자본의 중요한 차이점은 부채의 경우 일반적으로 상환시기(만기일)가 존재하고 미래에 상환해야 할 기업실체의 의무가 존재하며 그 금액을 합리적으로 측정할 수 있으나, 자본의 경우 확정된 상환시기(만기일)가 없으며 미래에 반드시 상환해야 할 기업실체의 의무가 존재하지도 않는다는 점이다. 이 장에서는 1절과 2절에서 우선 부채의 일반개념을 살펴보고, 나머지 절에서 부채의 주요 부분을 점하는 금융부채와 충당부채에 대해 학습한다.

제 1 절 부채의 개념

이 절에서는 우선 부채의 개념정의와 인식기준을 설명하고 아울러 부채의 분류기준을 논의한다.

1. 부채의 의의

K-IFRS의 재무제표의 작성과 표시를 위한 개념체계(이후 '개념체계'라 칭함)에서는 부채(liabilities)를 (1) 과거사건에 의하여 발생하였으며 (2) 경제적 효익이 내재된 자원이 기업으로부터 유출됨으로써 이행될 것으로 기대되는 현재의무로 정의하고 있다. 부채의 개념정의를 더 구체적으로 이해하기 위하여 K-IFRS의 개념정의를 좀 더 자세히 풀이해 보면 다음과 같다.

첫째, 부채는 과거사건(거래)으로부터 발생한다. 즉, 부채가 성립하려면 특정 실체의 현재의무를 발생시키는 거래나 사건이 과거에 이미 발생하였어야 한다. 예를 들어, 재화를 구입하거나 용역을 제공받은 경우 매입채무가 발생하며, 은행대출을 받은 경우에는 상환의무가 발생하는데, 이와 같이 매입채무나 은행차입금 등의 부채는 특정한 과거의 거래(재화나 용역의 신용구매 및 은행으로부터의 차입)로부터 발생한다.

현재의무를 발생시키는 과거사건을 의무발생사건이라고 한다. 의무발생사건이 되기 위해서는 당해 사건으로부터 발생된 의무를 이행하는 것 외에는 실질적인 대안이 없어야 한다. 이러한 경우는 ① 의무의 이행을 법적으로 강제할 수 있는 경우 또는 ② 기업이 당해 의무를 이행할 것이라는 정당한 기대를 상대방이 가지게 되는 경우에만 해당한다.

재무상태표는 미래시점의 예상 재무상태가 아니라 보고기간 말의 재무상태를 표시하는 것이므로, 미래영업을 위하여 발생하게 될 원가에 대하여는 부채를 인식하지 않는다. 즉, 재무상태표에 인식되는 부채는 보고기간 말에 존재하는 부채에 국한한다. 따라서 미래에 발생이 예상되는 대규모 수선비의 경우와 같이 장래에 자원의 유출 또는 사용이 기대된다 하더라도 과거의 거래나 사건으로부터 기인하지도 않으며 보고기간 말 현재 존재하지 않는 의무는 부채의 정의 (1)항을 충족하지 못하여 부채로 기록되지 않는다.[1)]

둘째, 부채는 경제적 효익이 내재된 자원이 기업으로부터 유출됨으로써 이행될 것으로 기대되는 현재의무이다. 현재의무에는 법적의무와 의제의무가 모두 포함된다. 법적의무란 계약상의 의무, 소송으로 발생한 의무, 법규에 의한 의무로서 ① 명시적 또는 묵시적 조항에 따른 계약 ② 법률 ③ 기타 법적 효력 중 하나에 의해 발생하는 의무를 뜻한다. 의제의무란 ① 기업이 과거의 실무관행, 발표된 경영방침 또는 구체적이고 유효한 약속 등을 통하여 기업이 특정 책임을 부담하겠다는 것을 상대방에 표명하였고, ② 그 결과 기업이 당해 책임을 이행할 것이라는 정당한 기대를 상대방이 가지게 하는 행위에 따라 발생하는 의무를 말한다. 법적의무의 예로는 이미 제공받은 재화 및 용역에 대한 대가의 지급의무를 들 수 있고, 의제의무의 예로는 고객에게 제품보증기간 후에 발생하는 일정한 하자에 대해서도 보수해주기로 영업방침을 정하고 고객에게 이를 통보한 경우 품질보증기간이 경과한 후에 지출될 것으로 예상되는 금액을 들 수 있다.

마지막으로, 위에서 규정된 부채의 정의는 부채의 본질적 특성을 나타내는 것으로서, 이러한 정의가 특정 항목이 재무제표에 부채로 인식되기 위한 충분조건은 아니다. 부채의 정의를 만족하지만 다음 소절에서 제시되는 부채의 인식기준을 충족하지 못하는 경우에는 재무제표에 표시되지 않는다.

---

1) 과거의 기업회계기준에서는 대규모 수선비를 수선충당금이라는 과목의 부채성충당금으로 분류하여 부채에 포함되었으나 K-IFRS[기업회계기준서 제37호('충당부채, 우발부채 및 우발자산')]에 의하면 수선충당금은 부채로 분류되지 않는다. 이에 대한 자세한 사항은 제6절에서 설명한다.

2. 부채의 인식기준

다음의 세 가지 기준이 모두 충족되면 부채를 인식하게 된다.

★

(1) 과거사건의 결과로 현재의무가 존재한다.
(2) 당해 의무를 이행하기 위하여 경제적 효익을 갖는 자원이 유출될 가능성이 높다.
(3) 당해 의무의 이행에 소요되는 금액을 신뢰성 있게 추정할 수 있다.

위의 첫 번째 기준은 부채의 정의에 해당하고, 두 번째 기준과 세 번째 기준은 부채를 재무제표에 인식하기 위한 조건을 제시한다. 기업실체가 현재의 의무를 이행하기 위해서는 일반적으로 미래에 경제적 효익의 희생이 수반된다. 즉, 미래 특정 시점에 경제적 자원의 희생이 발생할 가능성이 높아야 한다. 여기서 경제적 자원의 희생이란 기업이 재화나 용역을 포기하거나 미래에 수취할 자원을 포기하는 것을 의미하며, 이는 주로 현금 또는 기타 자산의 이전, 용역의 제공, 다른 의무로의 대체 또는 자본으로의 전환 등의 방법으로 이행된다. 자원의 유출가능성이 높다는 것은 자원이 유출되지 않을 가능성보다 유출될 가능성이 높은(발생확률이 50% 이상) 상황을 의미한다.

한편 위의 세 번째 인식기준인 측정의 신뢰성 기준을 좀 더 구체적으로 설명하면, 이는 상환시기와 상환금액 측정의 신뢰성을 의미한다. 일반적으로 이러한 측정의 신뢰성 기준을 만족하지 못하는 미이행계약(executory contract)에 따른 의무는 부채로 인식하지 않는다. 다만, 계약이행이 법적으로 강제되어 있고 위약금과 같은 불이익의 조건이 있을 때에는 그러한 의무가 부채의 인식기준을 충족한다면 부채로 인식되어야 한다. 결국 부채의 인식기준 중 가장 핵심적인 기준은 (3)항의 측정의 신뢰성 기준이라고 볼 수 있다.[2)]

3. 부채의 분류

자산・부채의 유동성에 따른 배열을 중시하는 구 기업회계기준에 따르면 부채는 재무상태표상에서 유동부채와 비유동부채의 두 부류로 대별되었고 유동부채와 비유동

2) 부채의 인식기준에 관한 더 자세한 내용은 제6절의 충당부채를 설명할 때 다시 논의될 것이다.

부채 간의 구분기준은 원칙적으로 1년 기준이었다. 즉, 원칙적으로 보고기간 말로부터 1년 이내에 상환 혹은 만기일이 도래하는 부채를 유동부채(current liabilities)라 하고, 상환일이 1년 이상의 미래시점에 도래하는 부채를 비유동부채로 분류하였다. K-IFRS에서도 유동성 순서에 따른 표시방법(유동성배열법)이 더욱 목적적합한 정보를 제공하는 경우를 제외하고는 다음과 같이 유동부채와 비유동부채로 구분하여 재무상태표에 표시하도록 규정하고 있다.

3.1 유동부채와 비유동부채

부채는 다음의 네 가지 경우 중 하나에 해당하면 유동부채로 분류하며 그 밖의 모든 부채는 비유동부채로 분류한다.

★

(1) 정상영업주기 내에 결제될 것으로 예상하고 있다.
(2) 주로 단기매매 목적으로 보유하고 있다.
(3) 보고기간 후 12개월 이내에 결제하기로 되어 있다.
(4) 보고기간 후 12개월 이상 부채의 결제를 연기할 수 있는 무조건의 권리를 가지고 있지 않다.

매입채무와 종업원 및 그 밖의 영업원가에 대한 미지급비용과 같은 유동부채는 기업의 정상영업주기 내에 사용되는 운전자본의 측정요소이다. 이러한 항목은 보고기간 후 12개월 후에 결제일이 도래한다 하더라도 유동부채로 분류한다.[3] 예를 들어, 주류를 생산하여 판매하는 기업에서 주류 숙성을 위해 1년 이상이 걸리는 경우와 상선을 건조하는 조선소에서 건조에 1년 이상이 걸리는 경우 이러한 정상영업주기 내에서 발생하는 매입채무는 유동부채로 분류한다. 단, 기업의 정상영업주기가 명확하게 식별되지 않는 경우 그 주기는 12개월인 것으로 가정한다.

기타 유동부채는 정상영업주기 이내에 결제되지는 않지만 보고기간 후 12개월 이내에 결제일이 도래하거나 주로 단기매매 목적으로 보유한다. 이에 대한 예로는 단기매매항목으로 분류된 일부 금융부채,[4] 당좌차월, 비유동금융부채의 유동성 대체부분, 미지급배당금, 법인세 및 기타 지급채무 등이 있다. 장기적으로 자금을 조달하며(즉,

3) 동일한 정상영업주기가 기업의 자산과 부채의 분류에 적용된다.
4) 금융부채와 비금융부채의 구분에 대해서는 후술함.

기업의 정상영업주기 내에 사용되는 운전자본의 일부가 아닌 경우) 보고기간 후 12개월 이내에 만기가 도래하지 아니하는 금융부채는 원칙적으로 비유동부채이다.

다음 모두에 해당하는 경우라 하더라도 금융부채가 보고기간 후 12개월 이내에 결제일이 도래하면 이를 유동부채로 분류한다.

① 원래의 결제기간이 12개월을 초과하는 경우
② 보고기간 후 재무제표 발행승인일 전에 장기로 차환하는 약정 또는 지급기일을 장기로 재조정하는 약정이 체결된 경우

기업이 기존의 대출계약조건에 따라 보고기간 후 적어도 12개월 이상 부채를 차환하거나 연장할 것으로 기대하고 있고 그런 재량권이 있다면, 보고기간 후 12개월 이내에 만기가 도래한다 하더라도 비유동부채로 분류한다. 그러나 기업에게 부채의 차환이나 연장에 대한 재량권이 없다면(예를 들어, 차환약정이 없는 경우), 차환가능성을 고려하지 않고 유동부채로 분류한다.

보고기간 말 이전에 장기차입약정을 위반했을 때 대여자가 즉시 상환을 요구할 수 있는 채무는 보고기간 후 재무제표 발행승인일 전에 채권자가 약정위반을 이유로 상환을 요구하지 않기로 합의하더라도 유동부채로 분류한다. 그 이유는 기업이 보고기간 말 현재 그 시점으로부터 적어도 12개월 이상 결제를 연기할 수 있는 무조건적 권리를 가지고 있지 않기 때문이다.

비유동부채(noncurrent liabilities)의 예로는 장기차입부채, 장기충당부채 및 기타비유동부채 등이 있다. 장기차입부채란 금융기관에서 직접 차입한 부채나 채권의 발행을 통해 외부로부터 차입한 부채로서 그 상환일이 1년 이상인 부채를 말한다(예 : 장기차입금, 사채 등). 장기충당부채란 지출의 시기나 지급할 금액이 불확실하지만 이미 발생한 사건의 결과로 인하여 보고기간 말 현재 회사가 부담해야 하는 부채로서 지급시기가 1년 이상 걸릴 것으로 예상되는 부채이다. 이 밖에도 비유동부채는 임대보증금, 장기매입채무, 장기선수금 등을 포함한다.

3.2 화폐성부채와 비화폐성부채

부채는 또한 화폐성부채와 비화폐성부채로 구분되기도 한다. 화폐성부채(monetary liabilities)란 확정되었거나 결정가능한 화폐단위의 수량으로 지급할 의무를 말한다. 예를 들어, 현금으로 지급하는 연금과 그 밖의 종업원 급여, 현금으로 상환하는 충당부채,

부채로 인식하는 현금배당 등이 화폐성부채에 속한다. 이들 부채들이 지급되는 시점에 인플레이션 등으로 인해 실질화폐가치가 떨어지면 기업이 부담하는 실질적인 부담금액이 줄어들게 된다.

이에 비해 비화폐성부채(non-monetary liabilities)란 미래 화폐가치 변동에 따라 기업이 실질적으로 부담할 미래 경제적 희생의 금액이 영향을 받지 않는 부채이다.[5] 비화폐성부채는 화폐성부채와 같이 화폐단위의 수량으로 부채금액이 확정된 것이 아니라 현금 이외의 자산(실물)을 미래에 희생해야 하는 부채를 말하는데, 대표적인 것이 선수금이다. 선수금이라는 부채를 상환하기 위해서는 미래에 일정한 재고자산을 제공해야 하고 이러한 재고자산의 가치는 화폐가치 변동에 관계없이 실질가치가 일정하다.

이러한 화폐성부채 및 비화폐성부채의 구분은 특히 외화환산에서 그 의미를 갖는다. K-IFRS에 따르면 외화부채의 평가시 이들 부채가 화폐성인지 또는 비화폐성인지의 여부에 따라 다른 평가기준을 사용하고 있다.

3.3 확정부채와 우발부채

K-IFRS에서 규정하는 부채의 분류방법은 아니나 부채의 존재의 확실성 및 지급할 금액과 시기의 확정 정도에 따라 확정부채와 우발부채로 구분할 수 있다. 확정부채는 보고기간 말 현재 부채가 확실히 존재하며 지급할 금액과 시기가 확정되어 있는 부채이다. 반면 우발부채는 보고기간 말 현재 그 존재 자체가 불확실하며 지급할 금액과 시기가 불확실한 부채를 말한다. 우발부채에 대해서는 제6절에서 살펴보기로 한다.

3.4 금융부채와 비금융부채

K-IFRS가 전면 채택되면서 새로이 도입된 부채의 분류기준이 금융부채와 비금융부채의 구분이다. 이 분류 문제에 대해서는 다음의 제3절에서 자세히 설명한다.

5) 이와 관련하여 비화폐성부채는 시간의 경과에 따라 가격이 변동하는 부채라 할 수 있다.

제 2 절 부채의 측정

부채의 측정이란 자산 등의 재무제표의 기본요소의 경우와 마찬가지로 그 화폐금액을 결정하는 것을 말한다. 이러한 측정을 위해서는 그 측정대상에 적용되는 측정속성이 존재하여야 하며 적절한 측정속성을 선택하여 신뢰성 있는 측정이 가능해야 한다.

1. 부채의 측정속성

부채의 측정에 사용될 수 있는 측정속성(기준)으로서는 다음과 같이 다섯 가지의 종류를 들 수 있다.

(1) **역사적 현금수취액** : 부채의 역사적 현금수취액은 그 부채를 부담하는 대가로 수취한 현금 또는 현금등가액이다.

(2) **공정가치** : 부채의 공정가치는 측정일에 시장참여자 사이의 정상거래에서 부채를 이전하면서 지급하게 될 가격이다(현행유출가치). 기업실체의 부채에 대해 시장가격이 존재하면 이 시장가격은 당해 부채에 대한 공정가치의 측정치가 된다. 당해 부채의 시장가격이 직접 관측되지 않는 경우에도 유사한 부채의 시장가격이 존재하면 이 가격을 당해 부채의 공정가치 추정치로 사용할 수 있다. 당해 부채의 시장가격과 유사한 부채의 시장가격이 모두 존재하지 않는 경우에는 시장참여자의 관점에서 당해 부채로 인한 미래 현금흐름을 추정하고 그 현재가치를 측정함으로써 공정가치를 추정할 수 있다.

(3) **기업특유가치** : 부채의 기업특유가치는 기업실체가 그 의무를 이행하는 데 예상되는 자원 유출의 현재가치를 의미한다. 기업특유가치는 현재 시점의 가치라는 점에서 공정가치와 공통점이 있다. 그러나 공정가치가 시장거래에서의 교환가치인데 비해 기업특유가치는 당해 기업실체의 입장에서 인식되는 주관적인 가치라는 점에서 다르다.

(4) **상각후원가** : 부채(예 : 사채)의 발행(발생) 시점의 그 유입가격(발행으로 인하여 유입되는 순현금흐름)과 당해 부채로 인하여 부담하는 미래 명목 현금흐름(유출)의 현재가치가 일치되게 하는 할인율인 유효이자율을 측정하고, 이 유효이자

율을 이용하여 당해 부채에 대해 현재가치로 측정한 것을 상각후원가(amortized cost)라 한다. 여기서 주의할 것은 상각후원가의 측정에 사용되는 이자율인 유효이자율은 현재의 시장이자율(현행시장이자율)이 아닌 역사적 이자율(historical interest rate)이라는 점이다. 즉, 현행시장이자율은 시간의 경과에 따라 변동하는 데 비해 일단 결정된 유효이자율은 시간의 경과에도 불구하고 변동하지 않는다.[6)]

(5) **이행가치** : 자산의 순실현가능가치를 부채에 적용하면 이를 이행가치라고 하는데, 부채의 이행가치는 미래에 그 의무의 이행으로 지급될 현금 또는 현금등가액에서 그러한 지급에 직접 소요될 비용을 가산한 금액을 말한다. 부채의 이행가치 및 자산의 순실현가능가치는 공통적으로 현재 시점의 가치로 환산되지 않은 명목금액이다. 이론적으로는 모든 부채는 미래 현금유출액의 현재가치로 측정하는 것이 이상적이지만 만기까지의 기간이 1년 이내로서 비교적 짧은 유동부채의 경우에는 이행가치와 그 현재가치의 차이가 중요하지 않는 것이 일반적이므로 이행가치로 측정하는 것이 현실적이다.

2. 부채의 측정속성의 선택

자산과 마찬가지로 부채를 측정함에 있어서도 어떠한 측정속성을 선택하는가는 재무보고의 목적 달성을 위한 회계정보의 유용성 관점에서 판단되어야 할 것이다. 만일 측정오차의 문제가 없다면 일반적으로 공정가치 또는 기업특유가치에 의한 측정이 여타의 측정속성보다 재무정보이용자에게 더 유용한 정보를 제공할 수 있다.

기업실체의 활동은 본원적으로 재화 및 용역을 생산하고 판매하는 영업활동과 자본조달에 관한 재무활동으로 대별될 수 있으며, 부채 역시 그러한 활동별로 구분될 수 있다. 활성시장에서 거래되는 재무부채(금융부채)의 일부 항목들은 시장가격에 의한 공정가치 측정이 가능하다. 예를 들어, 사채와 같은 장기채무의 경우에는 공정가치는 시장가격에 의해 측정될 수 있다. 다만, 시장이자율의 변동이 크지 않다면 장기채무에

6) 유효이자율로 측정되는 상각후원가과 대비하여 볼 때 위의 공정가치는 부채로 인한 미래 현금유출액을 현행시장이자율로 할인한 현재가치라고 할 수 있다. 따라서 공정가치를 부채의 측정속성으로 선택할 경우 현행시장이자율의 변동에 따라 부채의 평가금액이 변동하게 되며, 이에 따른 평가손익을 인식하여야 한다.

대한 상각후원가는 공정가치와 큰 차이가 없을 것이므로 전자에 의한 측정도 가능할 것이며, 또한 시장가격이 관측되지 않는 경우 상각후원가는 공정가치에 대한 근사치(approximation)가 될 수 있다.

영업활동에서 발생하는 유동부채의 경우는 그 성격에 따라 역사적 현금수취액 또는 이행가치로 측정될 수 있다. 예를 들어, 선수금이나 선수수익은 역사적 현금수취액에 의해, 그리고 매입채무와 미지급비용은 이행가치에 의해 측정된다. 이에 비해 영업활동에서 발생하는 판매보증충당부채의 경우에는 현재의무의 이행에 소요되는 지출에 대한 보고기간 말의 최선의 추정치여야 한다는 입장에서 보면 이행가치를 할인한 현재가치로 평가하는 것이 합당하다.

기존의 기업회계기준과는 달리 K-IFRS는 부채에 대해서도 측정속성으로서 공정가치를 도입하였다. 후술하겠지만 금융부채 중 FVPL측정 금융부채는 후속측정시 공정가치로 측정하며, 그 이외의 금융부채에 대해서는 원칙적으로 상각후원가로 측정한다.

앞에서 살펴본 바와 같이 부채의 공정가치나 기업특유가치와 같은 측정속성들은 미래 현금흐름(현금유출액)의 현재가치에 기초하고 있다. 미래 현금흐름의 현재가치를 측정하기 위해서는 미래의 기간별 현금흐름 예상액, 화폐의 시간가치, 그리고 미래 현금흐름에 관한 불확실성(위험)의 세 요소가 고려되어야 한다. 미래 현금흐름 예상액은 발생가능한 현금흐름의 크기와 그 발생확률을 반영하는 현금흐름의 기대치이다. 이때 화폐의 시간가치는 미래 현금흐름의 할인과정에서 항상 할인율의 일부로 반영된다. 위험은 발생가능한 각 미래 현금흐름 크기와 그 현금흐름의 기대치와 차이(편차) 등에 관한 것이며, 그러한 편차의 분포가 넓을수록 위험이 큰 것이다.

제3절 금융부채

제10장에서 언급한 바와 같이, K-IFRS에서는 금융상품의 범위를 포괄적으로 정의[7]하고 금융상품 전체의 회계를 통일된 회계기준서에 의해 규정하고 있다. 금융상품은 금융자산, 금융부채, 지분상품으로 나누어지므로, 부채의 영역에서는 금융부채와 금융부채에 속하지 않는 비금융부채의 분류가 중요한 문제로 대두된다.[8] 본 절에서는 금융부채에 한정하여 논의하고자 한다.

1. 금융부채의 의의

1.1 금융부채의 정의

금융부채는 다음의 부채를 말한다.

★

(1) 다음 중 하나에 해당하는 계약상 의무
  (가) 거래상대방에게 현금 등 금융자산을 인도하기로 한 계약상 의무
  (나) 잠재적으로 불리한 조건으로 거래상대방과 금융자산이나 금융부채를 교환하기로 한 계약상 의무
(2) 자기지분상품으로 결제되거나 결제될 수 있는 다음 중 하나의 계약
  (가) 인도할 자기지분상품의 수량이 변동가능한 비파생상품
  (나) 확정 수량의 자기지분상품에 대하여 확정 금액의 현금 등 금융자산을 교환하여 결제하는 방법이 아닌 방법으로 결제되거나 결제될 수 있는 파생상품. 이 경우에 자기지분상품을 미래에 수취하거나 인도하기 위한 계약 자체는 자기지분상품에 해당하지 않는다.

위의 금융부채 정의에 대한 상세한 사항은 제10장 제1절에서 금융자산의 범위를 학습하는 과정에서 이미 살펴보았으므로 해당 부분을 다시 살펴보면 될 것이다.

가장 전형적인 금융부채의 예로서는 매입채무와 사채가 있다. 매입채무와 사채는

7) 금융상품은 '거래당사자 일방에게 금융자산을 발생시키고 동시에 다른 거래상대방에게 금융부채나 지분상품을 발생시키는 모든 계약'으로 정의된다.

8) 비금융부채라는 용어는 K-IFRS의 관련 기준서에서 공식적으로 정의된 바는 없으나, 본서에서는 부채 중 금융부채를 제외한 나머지 부분을 지칭하는 용어로 사용할 것이다.

표 12-1 금융부채 대 비금융부채

	금융부채	비금융부채
부채의 예	매입채무, 미지급금, 미지급비용, 차입금, 사채, 금융리스, FVPL측정 금융부채 (파생상품부채 포함)	선수금, 선수수익, 미지급법인세, 충당부채 등

공통적으로 이들을 부담하는 기업이 거래상대방에게 현금을 인도하기로 한 계약상 의무이므로 금융부채로 분류된다. 이에 비해 선수금이나 선수수익은 기업이 거래상대방으로부터 대금을 미리 수령하고 아직 재화나 용역을 제공하지 않은 경우에 발생하는 부채로서, 이러한 부채의 상환은 현금 등 금융자산으로 이행되지 않고 재화나 용역의 제공에 의해 이루어지므로 대표적인 비금융부채이다. 미지급법인세는 현금으로 그 의무가 이행되지만 계약에 의한 의무가 아니라 법적 의무이므로 금융부채가 아니다. 위에서 살펴본 금융부채와 금융부채에 속하지 않는 비금융부채의 분류를 예시하여 보면 <표 12-1>과 같다.

1.2 금융부채의 분류

금융부채는 다음과 같이 크게 두 종류로 분류한다.

★

(1) FVPL측정 금융부채

FVPL측정 금융부채는 파생금융부채와 단기매매목적의 금융부채 그리고 취득시점에 FVPL 선택권을 행사한 금융부채로 구성된다.

(2) 기타 금융부채

FVPL측정 금융부채의 예는 다음과 같다.

① 취득시점에 FVPL선택권을 행사한 금융부채

② 위험회피수단으로 회계처리하지 않는 파생금융부채

③ 공매자(차입한 금융자산을 매도하고 아직 보유하고 있지 않은 자)가 차입한 금융자산을 인도할 의무[9)]

9) 특정 증권회사로부터 주식을 빌려 이를 공매한 자가 증권회사에게 주식으로 상환하여야 하는 의무를 예로 들 수 있다.

④ 단기간 내에 재매입할 의도로 발행하는 금융부채(예 : 공정가치 변동에 따라 발행자가 단기간 내에 재매입할 수 있으며 공시가격이 있는 채무상품)

⑤ 최근의 실제 운용형태가 단기적 이익획득 목적이라는 증거가 있으며, 공동으로 관리되는 특정 금융상품 포트폴리오의 일부인 금융부채

부채가 단기매매활동의 자금조달에 사용된다는 사실만으로는 당해 부채를 단기매매금융부채로 분류할 수 없으며, FVPL측정 금융부채에 속하지 않는 기타금융부채는 후속기간에 원칙적으로 상각후원가로 측정한다(후술).

2. 금융부채의 최초측정 및 후속측정

금융부채는 공통적으로 최초인식시 공정가치로 측정한다. FVPL측정 금융부채의 경우에는 당해 금융부채의 발행과 직접 관련된 거래원가는 공정가치에서 차감하지 않고 별도로 당기비용으로 인식한다. FVPL측정 금융부채가 아닌 경우 당해 금융부채의 발행과 직접 관련된 거래원가는 최초인식하는 공정가치에서 차감하여 측정한다.

최초인식 후 FVPL측정 금융부채가 아닌 모든 금융부채는 유효이자율법을 사용하여 상각후원가로 측정한다. 다만, 다음의 금융부채는 예외로 한다.

(1) 금융자산의 양도가 제거조건을 충족하지 못하거나 지속적관여 접근법이 적용되는 경우에 발생하는 금융부채

(2) 보증의 주체가 금융기관인 금융보증계약 : 최초인식 후 이러한 계약의 발행자는 다음 중 큰 금액으로 측정한다.

① 손상인식으로 인해 산정한 손실충당금

② 최초인식금액에서 기업회계기준서 제1115호(고객과의 계약에서 생기는 수익)에 따라 인식한 이익누계액을 차감한 금액

(3) 시장이자율보다 낮은 이자율로 대출하기로 한 약정 : 최초인식 후 이러한 약정의 발행자는 당해 약정을 다음 중 큰 금액으로 측정한다.

① 손상인식으로 인해 산정한 손실충당금

② 최초인식금액에서 기업회계기준서 제1115호에 따라 인식한 이익누계액을 차감한 금액

FVPL측정 금융부채를 공정가치로 평가함으로써 발생하는 손익은 당기손익으로 인식한다. 한편 상각후원가를 장부금액으로 하는 금융부채의 손익은 당해 금융부채가 제거되거나 손상되었을 때 당기손익으로 인식하거나 유효이자율법에 기초한 상각과정을 거쳐 당기손익으로 인식한다.

3. 금융부채의 제거, 상계 및 재분류

금융부채(또는 금융부채의 일부)는 소멸한 경우(즉, 계약상 의무가 이행, 취소 또는 만료된 경우)에만 재무상태표에서 제거한다. 기존 차입자와 대여자가 실질적으로 다른 조건으로 채무상품을 교환한 경우, 최초의 금융부채를 제거하고 새로운 금융부채를 인식한다. 이와 마찬가지로, 기존 금융부채(또는 금융부채의 일부)의 조건이 실질적으로 변경된 경우[10]에도 최초의 금융부채를 제거하고 새로운 금융부채를 인식한다.

소멸하거나 제3자에게 양도한 금융부채(또는 금융부채의 일부)의 장부금액과 지급한 대가(양도한 비현금자산이나 부담한 부채를 포함)의 차액은 당기손익으로 인식한다.

금융부채의 일부를 재매입하는 경우, 금융부채의 장부금액은 계속 인식되는 부분과 제거되는 부분에 대해 재매입일 현재 각 부분의 상대적 공정가치를 기준으로 배분한다. 다음 ①과 ②의 차액은 당기손익으로 인식한다.

① 제거되는 부분에 배분된 금융부채의 장부금액

② 제거되는 부분에 대하여 지급한 대가(양도한 비현금자산이나 부담한 부채를 포함)

원칙적으로 금융자산과 금융부채 간의 상계표시는 금지되어 있다. 다만, 다음 조건을 모두 충족하는 경우에만 금융자산과 금융부채를 상계하고 재무상태표에 순액으로 표시한다.[11]

⑴ 인식한 자산과 부채에 대해 법적으로 집행가능한 상계권리를 현재 보유하고 있다.

⑵ 순액으로 결제하거나, 자산을 실현하는 동시에 부채를 결제할 의도를 가지고 있다.

위에서 살펴본 바와 같이, 금융자산과 달리 금융부채의 분류는 매우 단순하여

---

10) 채무자의 재무적 어려움으로 인한 경우와 그렇지 않은 경우를 포함한다.

11) 단, 지속적관여로 인해 제거의 조건을 충족하지 않는 금융자산의 양도에 관한 회계처리의 경우 양도된 자산과 이와 관련된 부채는 상계하지 않는다[기업회계기준서 제1039호('금융자산의 인식과 측정') 문단 36 참조].

FVPL측정 금융부채와 기타금융부채의 두 종류로만 분류할 수 있다. 최초인식시점에 FVPL측정 금융부채로 분류된 금융부채는 다른 범주의 금융부채로 재분류할 수 없다. 또한 최초인식시점 이후에 어떠한 기타금융부채도 FVPL측정 금융부채로 재분류할 수 없다. 다음 제4절부터는 금융부채의 중요한 범주인 AC측정 금융부채(상각후원가측정 금융자산)의 회계에 대해 살펴본다.

제 4 절 사채: 재무활동과 관련한 금융부채

기업의 활동을 재무활동과 영업활동으로 대별한다면, 재무활동은 회계실체(기업)와 채권자 및 소유주(주주) 간의 거래, 즉 기업이 채권자 및 주주로부터 자금을 조달하는 활동이며 그 대가로 이자나 배당을 지급하는 거래를 포함한다.[12] 기업이 자금을 조달할 필요가 있을 때 신주를 발행하면 그 결과 납입자본이 늘어나게 되고 이는 자본의 증가를 초래한다. 이러한 주식발행 이외에도 기업은 자본시장에서 불특정 다수의 투자자를 대상으로 채권(債券)을 발행하여 자금을 조달하기도 한다. 이와 같이 채권은 채권을 발행한 기업에게는 재무활동과 관련한 중요한 자금조달 수단이며, 만기일에 현금으로 상환되어야 할 부채이므로 대표적인 금융부채이다. 이러한 채권은 발행하는 주체가 국가나 공공단체인 경우 국채 및 공채라 하고, 민간기업이 발행하는 경우 이를 회사채(사채)라 한다. 본 절에서는 사채를 발행하는 기업의 입장에서 여러 가지 회계문제를 살펴보고자 한다.

1. 사채의 본질

회사채란 유가증권의 일종으로서 발행하는 실체(기업)가 일정한 기간(만기) 내에 약정된 금액(이자 및 만기금액)을 채권자(회사채투자자)에게 지급할 것을 약정한 채무증권이며, 이는 유가증권으로서 자본시장에서 거래된다. 회사채는 이를 발행하는 기업

---

12) Stephen H. Penman, *Financial Statement Analysis and Security Valuation*, 2013, 5th ed. McGraw-Hill. 제1장 및 제8장 참조.

의 입장에서는 금융부채이고 이에 투자하는(채권을 구입하는) 투자자의 관점에서는 금융자산이다. 왜냐하면 사채는 거래상대방(사채의 투자자)에게 현금을 인도하기로 한 계약상의 의무, 특히 유가증권상의 계약에 의한 의무이므로 당연히 대표적인 금융부채이기 때문이다.

일반적으로 회사채의 권면에는 다음과 같은 내용이 기재되어 있다. 먼저 액면금액(face value, 또는 par value)이 기록되어 있는데, 액면금액이란 정기적으로 지급될 것이 약정된 현금이자 지급액 이외에 만기일에(또는 만기일까지) 상환되어야 할 금액을 말한다. 채권 한 단위의 액면금액은 일반적으로 소액(예 : 10,000원)이므로 일반투자자들이 채권시장에서 소액의 자금으로도 쉽게 채권을 구입할 수 있어서 채권발행기업은 일반대중으로부터 자금을 용이하게 조달할 수 있다. 그리고 사채의 권면에는 액면금액을 언제 상환할 것인가를 나타내는 기일이 명기되어 있는데 이를 만기일(maturity date)이라 한다. 또한 채권 중 이자부채권[13]은 이자지급시기와 이자율을 명기하고 있는데, 일반적으로 이자지급은 후불이고 이자율은 연리 단위로 표시된다. 채권의 액면에 표시된 이자율을 액면이자율(coupon rate) 혹은 표시이자율이라 하여 유효이자율이나 시장이자율과 구분한다. 채권의 가장 큰 특징 중의 하나는 채권의 소지자(투자자)가 현금으로 수취할 수 있는 이자율(이자금액)이 고정되어 있다는 점이다. 즉, 이자부채권을 소지한 투자자는 매년 또는 일정 기간마다 액면금액의 일정률(표시이자율)에 해당하는 이자를 현금으로 받게 된다. 채권에는 또한 발행기업과 발행일이 기록되어 있으며 실제 발행시점과 관계없이 권면상의 발행일로부터 이자가 기산된다.

2. 사채의 유형

사채는 상환기간, 원금의 상환방법, 이자율, 담보 또는 보증의 유무, 전환권 및 신주인수권의 유무 등의 특징에 따라 그 종류가 매우 다양하다. 먼저 기업이 발행하는 사채의 이자나 액면금액의 지급에 대해 제3자가 보증을 하느냐에 따라 보증사채와 무보증사채로 구분된다. 그리고 채권의 발행에 대해 건물이나 토지와 같은 담보가 설정되었느냐에 따라 담보부사채(secured bonds)와 무담보부사채(unsecured bonds)로 구분되기도 한다.

13) 우리나라의 민간기업이 발행하는 회사채는 대부분 이자부채권인데 비해, 정부나 지방자치단체가 발행하는 국공채에는 무이자부채권(할인채)과 이자부채권이 혼재하고 있다.

또한 사채의 상환방법에 따라 연속상환사채, 일시상환사채, 수시상환사채 등이 있다. 연속상환사채(serial bonds)는 원금을 주기적으로 분할하여 상환하는 것이 가능한 사채를 말하며, 일시상환사채(term bonds)는 만기에 일괄하여 상환되는 사채를 말한다. 수시상환사채(callable bonds)는 상환권리를 발행기업이 갖는 것으로 시장이자율의 변동에 따라 발행기업이 임의의 시점에 임의의 금액을 상환할 수 있는 사채를 말하는데, 보통 상환가격(callable price)이 미리 정해지는 것이 일반적이다. 이 밖에도 사채를 보유한 자에게 일정한 특권(주식으로 전환하거나 일정 가격에 신주를 인수할 수 있는 권리)을 부여하는 전환사채와 신주인수권부사채 등이 있다. 전환사채(convertible bonds)란 채권을 보유한 자에게 일정한 조건으로 발행기업의 주식으로 전환할 수 있는 특권이 부여된 사채이며, 신주인수권부사채(bonds with warrants)란 채권의 소유자에게 발행회사의 신주를 정해진 가격에 인수할 수 있는 특권이 부여된 사채를 말한다. 다음 소절에서는 국내에서 가장 일반적인 사채인 액면에 정해진 기간마다 액면이자를 지급하는 일시상환사채를 중심으로 사채의 발행시점, 이자인식시점 및 만기상환시점의 회계처리를 살펴보기로 한다.

3. 일시상환사채의 회계

3.1 사채의 발행시점

위에서 언급한 바와 같이, 사채가 최초인식시점에 FVPL측정 금융부채로 분류되지 않는 한 최초인식시점에는 공정가치로 평가되고, 최초인식 후 후속기간에는 유효이자율법에 기초한 상각후원가로 측정된다. 유효이자율은 '**거래한 부채 및 자산의 공정가치와 미래의 현금흐름을 일치시키는 공정한 시장이자율**'로 정의된다.

그런데 사채의 발행을 위해서는 사채 인수기관의 선정, 사채발행을 위한 발행기업 이사회의 결의 및 법원 등기 등 상당히 복잡한 법적 절차를 거쳐야 하며, 따라서 애초의 사채발행에 관한 의사결정에서부터 사채의 실제 발행시점까지는 상당한 시일이 소요된다. 이렇게 발행기업의 사채발행에 관한 의사결정 시점과 실제 발행시점 사이의 간격 때문에 사채의 액면이자율과 사채발행시에 시장이자율은 일반적으로 일치하지 않는다. 이 두 이자율의 차이가 사채회계를 복잡하게 하는 주된 요인이다.

사채의 시장가격[14)]은 발행시점을 포함해서 어느 시점에서든지 만기까지의 잔여기간에 걸쳐 발행회사가 사채권자(투자자)에게 지급할 현금흐름을 그 시점의 시장이자율로 할인한 현재가치 총액으로 결정된다. 따라서 발행시점에도 사채의 시장가격(공정가치)은 투자자에게 지급될 미래 현금흐름의 현재가치 총계와 같다. 단, 사채의 발행기업이 기록하는 사채의 순장부금액은 사채발행시의 거래원가를 차감한 순현금유입액으로 기록하여야 한다. 이는 금융부채는 FVPL측정 금융부채가 아닌 경우 '금융부채의 발행과 직접 관련된 거래원가(사채발행비 등)는 최초인식하는 공정가치에서 차감하여 측정한다'는 K-IFRS의 규정에 근거한 것이다. 따라서 사채발행시점에서 발행기업이 사채권자로부터 수취하는 순현금유입액(순발행가액)은 사채의 시장가격에서 발행과 직접 관련된 거래원가(이후 편의상 '사채발행비'로 칭함)를 차감한 금액과 같으며 다음과 같은 식으로 표현할 수 있다.

사채의 순발행가액
= 사채발행시의 순현금유입액
= 사채권자로부터의 현금유입액(사채의 시장가격, 총발행가액) − 사채발행비
= 액면금액과 액면이자를 시장이자율로 할인한 현재가치 − 사채발행비

따라서 K-IFRS에서 사채의 현재가치 계산에 적용되는 유효이자율은 사채발행시점의 시장이자율과는 약간의 차이가 있다(사채발행비 때문에 유효이자율이 시장이자율보다 약간 높다). 국내 민간기업이 발행하는 가장 일반적인 사채는 만기까지의 기간 동안 일정한 시간간격마다 정기적으로(예 : 분기) 일정한 금액의 현금이자(액면이자)를 지급하고 만기에 최종회의 현금이자와 액면금액(만기상환액, 만기금액)을 지급할 것을 약정한 채권이다. 이러한 사채의 액면에 기록되어 있는 약정이자율을 액면이자율(coupon rate)이라 하고, 만기시점에 현금이자 이외에 지급이 약속되어 있는 금액을 액면금액(face value)이라고 한다. 이렇게 불리는 이유는 양자가 모두 사채의 권면(액면)에 기록되어 있는 약정금액이기 때문이다.

만일 사채의 발행시점에 액면이자율과 시장이자율이 같다면 사채의 총발행금액은 액면금액과 같아진다. 즉, 발행시점의 시장이자율로 할인한 사채의 액면금액의 현재가치와 액면이자의 현재가치 총계가 액면금액과 같다.[15] 그러나 실무에서는 사채발행비 지출이 없을 수 없으므로 이러한 경우에도 사채의 순발행금액은 액면금액을 하회하게

14) 장부금액이 아니라는 점에 주의하라.

15) 각자 연습을 통해 확인해보자.

된다. 따라서 순발행금액과 액면금액이 같아지는 경우는 매우 드물다고 보아야 할 것이고, 이렇게 순발행금액과 액면금액이 동일한 경우의 사채발행을 액면발행(issued at par)이라고 한다.

액면발행의 경우의 회계처리는 간단하여 사채의 액면금액이 100,000원이라면 사채의 발행시점에 필요한 회계처리는 다음과 같다.

사채발행시점 :

(차) 현 금	100,000	(대) 사 채	100,000

이후 액면금액 100,000원이 만기까지 계속 사채의 장부금액(원금)이 되는데, 그 이유는 이자비용과 현금이자가 계속 동일한 금액으로 기록되기 때문이다. 이제 발행시점의 시장이자율과 액면이자율이 다른 다음의 사채발행 예를 상정해 보자.

A회사가 20×7년 1월 1일, 5년 만기, 연리 8%로 액면 100,000원의 사채를 발행하였다. 이 사채는 매년 말 1회 액면이자를 지급하며 발행시점의 시장이자율은 연리 10%였다. 또한 사채발행비로 3,506원이 지출되었다.

만일 A회사가 이 사채를 액면금액 100,000원에 발행하고자 한다면 아무도 이 사채에 투자하려고 하지 않을 것이다. 왜냐하면 투자자의 입장에서는 이 사채를 100,000원에 취득할 경우 보장되는 수익률은 8%로서 시장에서 다른 대체투자안에서 보장되는 10%의 수익률보다 낮기 때문이다. 따라서 사채의 발행가격은 투자자에게 10%의 실질수익률을 보장하도록 적절한 수준까지 낮아져야 할 것이다. 자연히 이 사채의 (총)발행가액은 액면금액(100,000원) 이하에서 결정될 것이고, 우리는 이 경우를 할인발행(issued at discount)이라 한다.

사채발행비를 감안하지 않은 사채의 총발행가격의 계산은 위에서 언급한 바와 같이 사채가 지급하는 미래 현금흐름(액면금액과 액면이자)을 발행시점의 시장이자율로 할인할 현재가치의 합으로 계산된다. 이때의 할인율은 발행시점의 시장이자율이 된다.

액면금액 ₩100,000의 현재가치 = ₩100,000 × PV(n = 5, i = 10%)
= ₩100,000 × 0.62092 = ₩62,092

매년 말 1회 지급되는 액면이자의 현재가치

$$= ₩100,000 \times 8\% \times PVA(n=5,\ i=10\%)$$
$$= ₩8,000 \times 3.79079 = ₩30,326$$

* 위에서 PV는 1원의 현재가치를 의미하며, PVA는 연금 1원의 현재가치를 의미한다.

위의 두 가지 현재가치의 합은 92,418원으로서 100,000원의 액면금액에 비해 7,582원이 할인된 값이다. 여기에서 사채발행비 3,506원을 차감하여 사채의 순발행가액을 계산하는데, 이와 같이 사채발행비는 별도로 기록하지 않고 사채의 총발행가액(시장가격)으로부터 차감하여 순발행가액(88,912원)을 계산하게 되고, 사채의 발행시점에 사채의 장부금액은 이 순발행가액, 즉 공정가치에서 사채의 발행과 직접 관련된 거래원가(사채발행비 등)를 차감한 금액으로 기록된다. 따라서 위의 사채발행 거래를 기록하기 위한 회계처리는 다음과 같다.

20×7년 1월 1일 : 사채발행시점

(차)	현　금	88,912	(대) 사　채	100,000
	사채할인발행차금	11,088		

위의 회계처리에서 사채계정은 발행금액이 88,912원임에도 불구하고 액면금액인 100,000원으로 기록되고, 차변잔액을 갖는 사채할인발행차금이라는 차감계정이 기록됨으로써 사채의 장부금액은 발행시점에서 발행회사가 실제 수령한 88,912원(순발행가액, 순공정가치)이 됨을 알 수 있다. 즉, 장부금액이란 사채계정 잔액(액면금액)에서 이 계정의 차감계정인 사채할인발행차금계정의 잔액을 차감한 금액과 같다. 그리고 이것이 사채발행 원년인 20×7년 1년에 대한 부채의 원금[16)]이 된다.

만일 위의 A회사가 사채를 발행하는 시점(20×7년 1월 1일)의 시장이자율이 10%가 아니고 5%였으며 사채발행비로 4,564원을 지출했다고 가정해보자. 발행시점의 시장이자율이 5%이고 당해 사채의 발행가격이 100,000원이라면 투자자 누구나 이 사채를 사려할 것이다. 왜냐하면 이 사채가 100,000원에 발행된다면 투자자가 가득할 수익률은 8%인데 다른 대체투자안에서는 평균적으로 5%의 수익률밖에는 기대할 수 없기 때문이다. 이러한 수익률의 차이는 곧 당해 사채에 대한 초과수요를 야기하여 사채의 시장가

16) 이를 실질 부채금액의 개념으로 이해해도 될 것이다.

격을 앙등시킬 것이며, 사채의 가격은 실질적인 투자수익률이 5%가 될 때까지 상승하여 액면금액보다 높은 수준에서 형성될 것이다. 이 경우를 우리는 할증발행(issued at premium)이라 한다.

할증발행의 경우도 총발행가격의 계산은 미래 현금흐름의 할인된 가치(현재가치)의 총계로 계산된다.

액면금액 ₩100,000의 현재가치 = ₩100,000 × PV(n = 5, i = 5%)
= ₩100,000 × 0.78353 = ₩78,353

매년 말 지급되는 액면이자의 현재가치
= ₩100,000 × 8% × PVA(n = 5, i = 5%)
= ₩8,000 × 4.32948 = ₩34,636

위의 두 가지 현재가치의 합은 112,989원으로서 100,000원의 액면금액에 비해 12,989원만큼 할증된 값이다. 여기에서 사채발행비 4,564원을 차감하여 사채의 순발행가액을 계산하는 것은 위의 할인발행의 경우와 동일하다. 즉, 사채발행비(거래원가)는 별도로 기록하지 않고 사채의 총발행가액(시장가격)으로부터 직접 차감하여 순발행가액(108,425원)을 계산하게 되고, 사채의 발행시점의 사채의 장부금액은 이 순발행가액으로 기록된다. 위의 사채발행 거래를 기록하기 위한 회계처리는 다음과 같다.

20×7년 1월 1일 : 사채발행시점

(차) 현 금	108,425	(대) 사 채	100,000
		사채할증발행차금	8,425

위의 할인발행의 회계처리에서와 같이 할증발행의 경우에도 사채계정은 순발행가액이 108,425원이지만 액면금액인 100,000원으로 기록된다. 단, 순발행가액과 액면금액의 차액을 대변잔액을 갖는 사채할증발행차금이라는 부가계정에 기록함으로써 사채의 순장부금액은 발행시점에서 발행회사가 실제 수령한 금액인 108,425원이 된다. 즉, 할증발행의 경우 순장부금액이란 사채계정 잔액(액면금액)에 이 계정의 부가계정인 사채할증발행차금계정의 잔액을 더한 금액과 같다. 동일한 원리로 이 금액이 사채발행원년인 20×7년 1년에 대한 사채의 원금이 된다.

3.2 이자지급시점

사채의 이자비용은 액면이자 지급액과 관계없이 기초의 사채의 순장부금액(원금)에 발행시점에 결정된 단위이자지급기간에 대한 유효이자율을 곱하여 계산한다(유효이자율법). 즉, 이 금액이 사채의 발행을 통해 자금을 차입하여 사용하는 데 대한 실질적인 이자비용(유효이자)이 되는 셈이다. 위의 A기업의 예에서 사채가 매년 말 1회 액면이자를 지급하므로 단위이자지급기간이 1년이다.

위의 A기업 사채의 예(할인발행의 경우)에서 사채발행시점(20×7년 1월 1일)의 사채의 장부금액(원금)이 88,912원이었으므로 여기에 발행시점의 유효이자율을 곱하여 20×7년에 대한 이자비용을 계산한다. 그러면 발행시점의 유효이자율은 어떻게 계산될까? 발행시점의 부채의 공정가치(순발행금액)와 미래의 현금흐름을 일치시키는 할인율이 유효이자율의 정의라는 점을 적용하면 다음의 식으로부터 유효이자율을 도출할 수 있다.

$$₩88,912 = \frac{8,000}{(1+r)} + \frac{8,000}{(1+r)^2} + \frac{8,000}{(1+r)^3} + \frac{8,000}{(1+r)^4} + \frac{8,000}{(1+r)^5} + \frac{100,000}{(1+r)^5}$$

위의 방정식을 풀면 $r = 11\%$이다. 즉, 할인발행의 경우 발행시점의 단위이자지급기간(1년)에 대한 유효이자율은 11%이고, 발행시점에 정해진 유효이자율은 이후 시장이자율의 변동과 무관하게 고정된다. 이와 같이 유효이자율은 발행시점에 정해지면 변동하지 않는 역사적 이자율이다.

이 유효이자율을 발행시점의 순장부금액(88,912원)에 곱하면 20×7년에 발생한 사채이자는 9,780원(=₩88,912×11%)으로 계산된다(원단위 이하 반올림). 이에 비해 액면이자 지급액은 8,000원으로서 발생한 이자비용보다 작다. 이와 같이 액면이자 지급액이 발생된 이자비용을 충당하지 못하므로 양자의 차액만큼 사채의 원금(장부금액)은 증가하게 된다. 이는 복리이자 계산의 원리에서 보면 당연한 것이다. 복리이자 계산의 원리란 부채에 일정 기간의 이자가 발생한 만큼 부채의 원금은 증가되고 현금지급액만큼 부채의 원금이 감소되는 것이다. 따라서 부채에 대한 이자지급액이 발생한 이자비용보다 적으면 발행기업의 입장에서는 사채(부채)의 원금이 그만큼 증가하게 된다. 이 원금의 증가액을 차감계정인 사채할인발행차금계정을 상각함으로써(amortization) 반영하게 되며, 사채계정의 잔액(100,000원)은 변화가 없다. 이 거래를 기록하기 위한 회계처리는 다음과 같다.

20×7년 12월 31일 : 첫 번째 이자지급시점

(차) (사채)이자비용	9,780	(대) 현 금	8,000
		사채할인발행차금	1,780

위의 회계처리 결과 20×8년도(2차 연도)의 사채의 원금(= 장부금액, 실질 부채금액)은 90,692원(= ₩88,912 + ₩1,780)으로 시작한다. 이 금액은 사채계정의 잔액 100,000원에서 1차 연도의 상각후 사채할인발행차금계정의 잔액 9,308원을 차감한 금액과 동일하다. 따라서 20×8년에 발생하는 사채이자비용은 9,976원(= ₩90,692 × 11%)이며, 필요한 회계처리는 다음과 같다.

20×8년 12월 31일 : 두 번째 이자지급시점

(차) (사채)이자비용	9,976	(대) 현 금	8,000
		사채할인발행차금	1,976

위에서 설명한 방법에 따라 계산된 각 년도의 사채이자와 사채할인발행차금 상각액과 그 잔액, 그리고 사채의 순장부금액을 정리한 내용이 다음의 <표 12-2>에 제시되어 있다.

<표 12-2>에서 알 수 있듯이 기간이 경과할수록 사채할인발행차금의 상각액은 늘어나게 되고, 이에 따라 사채의 장부금액(원금)은 가속적으로 증가하여 만기일에는 액

표 12-2 할인발행의 경우 사채이자비용 및 장부금액 계산

일 자	사채계정 잔액	사채이자 비용	액면이자 지급액	사채할인 발행차금 상각액	사채할인 발행차금 계정잔액	사채의 순장부금액
20×7. 1. 1.	₩100,000	–	–	–	₩11,088	₩88,912
20×7.12.31.	100,000	₩9,780	₩8,000	₩1,780	9,308	90,692
20×8.12.31.	100,000	9,976	8,000	1,976	7,332	92,668
20×9.12.31.	100,000	10,193	8,000	2,193	5,139	94,861
2×10.12.31.	100,000	10,435	8,000	2,435	2,704	97,296
2×11.12.31.	100,000	10,704*	8,000	2,704	0	100,000

* 마지막 연도(2×11년)의 이자비용은 연초의 장부금액(₩97,296)에 유효이자율(11%)을 곱해서 계산하지 않고, 2×11년 초의 사채할인발행차금 계정잔액 ₩2,704을 전액 상각해야 하므로 이 금액을 액면이자지급액(₩8,000)에 더하여 사채이자비용(₩10,704)을 산출한다. 이렇게 간접적인 방법으로 이자비용을 계산하는 이유는 발행시점의 현재가치 계산과정에서 반올림으로 인한 오차가 존재하기 때문이다.

그림 12-1 유효이자율법

사채이자		액면이자 지급액		사채할인발행차금 (사채할증발행차금) 상각액
기초 사채의 장부금액 × 유효이자율	−	사채의 액면금액 × 액면이자율	=	

면금액인 100,000원이 된다. 이와 같이 사채의 장부금액(원금)이 증가하므로 인식되는 사채이자도 매년 증가하게 되는 것이다. 위와 같이 유효이자율에 기초하여 매 기간의 사채이자를 인식하는 방법을 유효이자율법(effective interest method)이라고 한다.

위의 할증발행의 경우에도 사채이자비용은 현금지급액과 관계없이 기초의 사채의 원금(장부금액)에 발행당시의 단위 이자지급기간당 유효이자율을 곱하여 계산한다. 따라서 20×7년 초의 원금(실질 부채금액)이 108,425원이었으므로 이에 발행시점의 단위 이자지급기간(1년)의 유효이자율을 곱하여 20×7년의 사채이자를 계산한다. 할인발행의 경우와 동일하게 유효이자율은 다음의 방정식의 해를 구해 6%로 계산되며, 이 유효이자율은 발행시점의 시장이자율(5%)보다 높다는 것을 알 수 있다.

$$₩108,425 = \frac{8,000}{(1+r)} + \frac{8,000}{(1+r)^2} + \frac{8,000}{(1+r)^3} + \frac{8,000}{(1+r)^4} + \frac{8,000}{(1+r)^5} + \frac{100,000}{(1+r)^5}$$

따라서 20×7년의 이자비용은 6,506원(＝₩108,425 × 6%)이고 액면이자 지급액은 8,000원으로서 발생한 이자비용보다 크다. 이 경우에는 액면이자 지급액이 발생된 이자비용을 충당하고 남게 되므로 그 차액만큼 사채의 장부금액(원금)의 상환에 충당되는 것과 같아서 사채의 원금은 줄어들게 된다(복리이자 계산의 원리). 이 원금의 상환액은 사채할증발행차금(부가계정)을 상각함으로써 반영하게 되며 사채계정 잔액은 변함이 없다. 필요한 회계처리는 다음과 같다.

20×7년 12월 31일 : 첫 번째 이자지급시점

(차)	(사채)이자비용	6,506	(대) 현　금	8,000
	사채할증발행차금	1,494		

표 12-3 할증발행의 경우 사채이자비용 및 장부금액 계산

일 자	사채계정 잔액	사채이자 비용	액면이자 지급액	사채할증 발행차금 상각액	사채할증 발행차금 계정잔액	사채의 장부금액
20×7. 1 .1.	₩100,000	–	–	–	₩8,425	₩108,425
20×7.12.31.	100,000	₩6,506	₩8,000	₩1,494	6,931	106,931
20×8.12.31.	100,000	6,416	8,000	1,584	5,347	105,347
20×9.12.31.	100,000	6,321	8,000	1,679	3,668	103,668
2×10.12.31.	100,000	6,220	8,000	1,780	1,888	101,888
2×11.12.31.	100,000	6,112	8,000	1,888	0	100,000

* 마지막 연도(2×11년)의 이자비용은 연초의 장부금액(₩101,888원)에 유효이자율(6%)을 곱해서 계산하지 않고, 2×11년 초의 사채할증발행차금 계정잔액 ₩1,888을 상각해야 하므로 이 금액을 액면이자 지급액(₩8,000)에서 차감하여 사채이자비용(₩6,112)을 산출한다. 이렇게 간접적인 방법으로 이자비용을 계산하는 이유는 <표 12-2>에서 설명한 바와 같다.

위의 회계처리 결과 20×8년도(2차 연도) 초의 사채의 장부금액(원금)은 106,931원(=₩108,425 − ₩1,494)이다. 이 금액은 사채계정의 잔액 100,000원에 1차 연도 상각 후의 사채할증발행차금계정의 잔액 6,931원을 더한 금액과 일치한다. 따라서 20×8년(2차 연도)에 발생하는 사채이자비용은 6,416원(=₩106,931 × 6%)이며, 필요한 회계처리는 다음과 같다.

20×8년 12월 31일 : 두 번째 이자지급시점

(차) (사채)이자비용	6,416	(대) 현　금	8,000
사채할증발행차금	1,584		

각 연도의 사채이자비용과 사채할증발행차금 상각액 및 그 계정잔액, 그리고 사채의 순장부금액을 정리한 내용이 <표 12-3>에 제시되어 있다. 매년 사채할증발행차금의 상각액은 시간이 갈수록 증가하므로 사채의 장부금액(원금)은 가속적으로 감소하여 만기일에는 액면금액인 100,000원에 이르게 된다. 이와 같이 매기 사채의 원금이 감소하므로 매 기간 인식되는 사채이자비용은 감소하게 되는 것이다.

3.3 사채의 만기상환

위에서 언급한 바와 같이 만기상환사채, 수시상환사채, 연속상환사채 등과 같이 사채의 상환방식이 사채계약에 의해 미리 정해져 있는 경우도 있고 그렇지 않은 경우도 있다. 이 소절에서는 만기 일시상환의 회계처리에 대해서만 살펴보고 조기상환의 회계처리는 다음의 6.소절에서 살펴보기로 한다.

사채의 할증발행, 할인발행 또는 액면발행 여부와 상관없이 사채의 만기상환에 대한 회계처리는 간단하다. 즉, 사채발행시점의 순발행금액과 관계없이 사채의 만기시점에는 사채의 장부금액이 액면금액과 동일할 것이므로 상환되는 만기금액과 사채계정 잔액을 상계처리하면 된다. 동시에 만기시점이 최종회의 이자지급이 이루어지므로 사채이자를 인식한다. 다음에는 할인발행의 경우의 회계처리만 제시하기로 한다.

2×11년 12월 31일 : 최종 이자지급시점

(차) (사채)이자비용	10,704	(대) 현　　금	8,000
		사채할인발행차금	2,704

2×11년 12월 31일 : 사채의 만기상환시점

(차) 사　　채	100,000	(대) 현　　금	100,000

3.4 이자지급기간(주기)의 문제

위의 A기업이 발행한 사채들의 경우 액면이자가 매년 말 한 번씩 지급된다고 가정하였는데, 만일 8,000원의 액면이자가 6월 말과 12월 말 두 차례로 나누어 매 6개월마다 지급된다면 무엇이 달라지겠는가? 이때는 단위이자지급기간이 6개월이 되어 (순)발행금액과 이자비용의 계산에도 이를 반영하여야 한다. 즉, 이자지급 횟수로 따져 만기까지의 기간수는 10이며, 유효이자율도 6개월 단위로 계산되어야 한다. 이를 좀 더 구체적으로 이해하기 위해 다음의 사채발행의 예(할증발행)를 살펴보자.

B기업이 20×7년 1월 1일, 5년 만기, 연리 8%로 100,000원의 사채를 발행하였다. 이 사채는 매년 6월 말과 12월 말 2회 액면이자를 지급하며 발행시점의 시장이자율은 연리 5%였다. 사채발행비로는 4,598원이 지출되었다고 가정한다.

위의 B기업이 발행한 사채의 발행가액 계산은 발행시점의 시장이자율 연 5%가 6개월에 대해서는 2.5%로 환산되는 점을 감안한다.

액면금액 ₩100,000의 현재가치 = ₩100,000 × PV(n = 10, i = 2.5%)
= ₩100,000 × 0.78120 = ₩78,120

6개월마다 지급되는 현금이자의 현재가치
= ₩100,000 × 4% × PVA(n = 10, i = 2.5%)
= ₩4,000 × 8.75206 = ₩35,008

* 위에서 PV는 1원의 현재가치를 의미하며, PVA는 연금 1원의 현재가치를 의미한다.

따라서 B기업이 발행한 사채의 총발행금액은 위의 두 현재가치 합계 113,128원이며, 총발행금액에서 사채발행비 4,598원을 차감하면 순발행금액은 108,530원이 된다. 위의 사채발행 거래를 기록하기 위한 회계처리는 다음과 같다.

20×7년 1월 1일 : 사채발행시점

(차) 현　금	108,530	(대) 사　채	100,000
		사채할증발행차금	8,530

위에서 살펴본 바와 같이 단위이자지급기간(6개월)에 대한 유효이자율(r)은 다음의 방정식의 근을 구하면 3%로 계산된다.

$$₩108{,}530 = \frac{4{,}000}{(1+r)} + \frac{4{,}000}{(1+r)^2} + \cdots\cdots \frac{4{,}000}{(1+r)^{10}} + \frac{100{,}000}{(1+r)^{10}}$$

따라서 사채이자도 발행시점의 사채의 장부금액(108,530원)에 발행시점의 6개월에 대한 유효이자율(3%)을 곱하여 3,256원으로 계산된다. 20×7년 6월 30일 첫 번째 이자지급시점의 회계처리는 다음과 같다.

20×7년 6월 30일 : 첫 번째 이자지급시점

(차) (사채)이자비용	3,256	(대) 현　금	4,000
사채할증발행차금	744		

4. 사채의 이자지급기간과 회계연도의 불일치

실제로 사채의 이자지급기간과 회계연도는 일치하지 않는 것이 일반적이다. 이 경우에는 보고기간 말에 이자지급이 없더라도 발생기준에 따라 직전 이자지급일로부터 보고기간 말까지의 기간에 대한 이자비용을 인식하고 이에 상응하여 유효이자율법에 의해 사채의 장부금액을 조정한다. 다음의 <예제 12-1>을 통해 이 문제를 좀 더 구체적으로 살펴보자.

예제 12-1

이자지급일과 결산일이 다른 경우

12월 결산법인인 광주기업㈜은 다음과 같은 조건의 사채를 20×7년 4월 1일에 ₩950,258의 순발행가액(=총발행가액-사채발행비)에 발행하였다.

• 사채권면상의 사채발행일 : 20×7년 4월 1일	
• 액면금액 : ₩1,000,000	• 액면이자율 : 연 8%
• 만기일 : 2×10년 3월 31일	• 이자지급 : 3월 31일에(연 1회) 지급

[물음] 광주기업㈜이 다음의 주요 사채거래 일자별로 기록할 회계처리를 보여라.

(1) 사채발행일 : 20×7년 4월 1일

(2) 결산일 : 20×7년 12월 31일

(3) 이자지급일 : 20×8년 3월 31일

풀이

(1) 사채발행일(20×7년 4월 1일)의 회계처리는 앞의 사례에서 제시된 사채발행의 예와 동일하다.

20×7. 4. 1. :

(차) 현 금	950,258	(대) 사 채	1,000,000
사채할인발행차금	49,742		

(2) 결산일(20×7년 12월 31일)에 액면이자가 실제로 지급되지 않으나 사채발행일(또는 직전 이자지급일)로부터 결산일까지의 기간(9개월)에 대한 이자비용을 유효이자율법에 의해 인식하고 이자비용과 액면이자의 미지급분(미지급이자)의 차액만큼 사채할인발행차금을 상각하여 사채의 장부금액을 조정(할인발행의 경우 증액)한다. 이러한 회계처리를 위해서는 우선 당해 사채의 유효이자율을 계산하여야 한다. 다음 방정식의 해를 구하면 유효이자율(r)

은 연리 10%로 계산됨을 알 수 있다.

$$₩950{,}258 = \frac{80{,}000}{(1+r)} + \frac{80{,}000}{(1+r)^2} + \frac{80{,}000}{(1+r)^3} + \frac{1{,}000{,}000}{(1+r)^3}$$

20×7. 12. 31. :

(차) (사채)이자비용	71,270*	(대) 미지급사채이자	60,000**
		사채할인발행차금	11,270

* ₩950,258 × 10% × 9/12　　** ₩80,000 × 9/12

(3) 발행일 이후 첫 번째 현금이자를 지급하는 20×8. 3. 31.에는 1년분의 액면이자 ₩80,000을 지급하므로 직전 결산일에 기록했던 미지급사채이자는 소멸한다. 아울러 20×8. 1. 1.부터 20×8. 3. 31.까지의 3개월에 대한 사채이자비용을 인식하며 사채할인발행차금을 상각하여 사채의 장부금액을 조정한다.

20×8. 3. 31. :

(차) 미지급사채이자	60,000	(대) 현 금	80,000
(사채)이자비용	23,756*	사채할인발행차금	3,756

* ₩950,258 × 10% × 3/12

취득일 이후 첫 번째 현금이자를 지급한 20×8. 3. 31.까지의 1년의 기간에 발생한 사채이자비용의 총액은 ₩95,026이며, 사채할인발행차금은 ₩15,026만큼 상각되어 동일한 금액만큼 사채의 장부금액이 증액된다.

5. 사채권면상의 발행일 이후의 사채의 발행(중도발행)

위에서 언급한 바와 같이 사채권면에는 발행일이 기재되어 있으나 시장의 상황이나 발행기업의 준비상황에 따라서는 발행기업이 사채권면상의 발행일에 실제로 사채를 발행하지 못하는 경우가 있다. 이렇게 사채의 발행이 지연되는 경우(중도발행)에도 사채는 자본시장에서 불특정 다수간에 거래되는 유가증권이므로 사채의 발행기업은 이자지급시점에 사채를 소지하고 있는 투자자에게 그의 보유기간에 관계없이 사채권면상에 기재된 발행일로부터 기산한 액면이자를 현금으로 지급한다. 즉, 사채의 액면이자는 사채의 실제 발행일과 무관하게 사채권면상의 발행일부터 기산하여 계산된다. 대신에 사채의 발행시점에 발행기업은 투자자로부터 실제 사채발행시점의 사채의 시장가격뿐만 아니라 사채권면상의 발행일로부터 실제 발행일까지의 기간에 상응(비례)

하는 액면이자 부분에 대해서도 대가를 미리 수취한다. 이렇게 함으로써 발행기업은 투자자에게 사채의 실제 보유기간에 비례하여 이자를 공평하게 지급하게 되는 셈이다.

이와 같이 사채의 실제 발행일에 발행기업이 수령하는 총 현금수수액은 사채의 (순)발행금액과 사채권면상의 발행일로부터 실제 발행일까지의 기간에 상응하는 액면이자로 이루어지므로 양자를 구분해서 회계처리해야 한다. 부연하건대 사채발행기업은 실제 발행시점에 관계없이 다음 이자지급일에 사채권면상의 발행일로부터 기산하여 계산한 액면이자를 투자자에게 지급하게 되므로 실제 발행일에는 사채권면상의 발행일로부터 실제 발행일까지 기간에 대한 액면이자를 투자자로부터 미리 수령하고 이를 다음 이자지급일에 상환하는 형식을 취한다. 따라서 발행기업은 미리 수령한 액면이자 부분을 일단 미지급사채이자로 회계처리하였다가 이자지급일에 액면이자 지급액과 상계하게 된다. 사채권면상의 발행일 이후에 실제 발행이 이루어질 경우(중도발행) 사채의 실제 발행일과 후속 기간의 회계처리를 좀 더 구체적으로 설명하면 다음과 같다.

① 사채권면상의 발행일 기준의 사채의 현재가치를 계산한다. 계산상의 편의를 위하여 실제 발행일을 기준으로 사채가 지급하는 미래 현금흐름의 현재가치를 계산하지 않고, 사채가 사채권면상의 발행일에 발행되었다고 가정하여 순발행금액을 계산한다. 이때 유효이자율은 실제 발행일의 시장이자율과 사채발행비를 반영하여 결정된다.

② 사채권면상의 발행일 직후의 이자지급시점(또는 결산기말)까지의 사채의 장부금액의 변동액(할인발행의 경우에는 증가액, 할증발행의 경우에는 감소액)을 계산한다. 이때도 물론 위의 과정 ①에서 실제 발행일 기준으로 계산된 유효이자율을 적용한다.

③ 과정 ②에서 계산한 사채 장부금액의 변동액에 사채권면상의 발행일로부터 직후의 이자지급일까지의 기간에 대한 사채권면상의 발행일로부터 실제 발행일까지의 기간경과 비율을 곱하여 계산한 금액을 다음과 같이 사채권면상의 사채발행일 현재의 장부금액에 더한다. 이 계산결과는 사채의 실제 발행일의 순발행금액으로 간주된다.[17)]

17) 이러한 계산방법은 직선법(보간법)에 의한 근사계산(approximation)이라는 점을 이해하자.

★

실제 발행일의 사채의 순발행가액 = 사채권면상의 발행일 기준으로 계산된 순발행가액 + 과정 ②에서 계산한 사채 장부금액의 변동액 × $\frac{\text{사채권면상의 발행일로부터 실제 발행일까지의 기간}}{\text{사채권면상의 발행일로부터 다음 이자지급일까지의 기간}}$

④ 발행일에 발행기업이 실제로 수령하는 현금은 과정 ③에서 계산한 실제 발행일 기준의 사채의 순발행금액(장부금액)에 사채권면상의 발행일로부터 실제 발행일까지의 기간에 대한 액면이자액을 가산한 금액으로 결정된다. 사채권면상의 발행일로부터 실제 발행일까지의 기간에 대한 액면이자액은 미지급사채이자(부채)로 기록한다. 그 이유는 실제 발행시점에서는 이자가 발생하지 않았으나 발행기업은 이 금액만큼을 투자자로부터 미리 수령하였으므로 이는 분명히 별도의 부채이기 때문이다. 다음의 이자지급시점에는 실제 발행일에 상관없이 단위이자지급기간(사채권면상의 발행일로부터 첫 번째 이자지급시점까지의 기간)에 대해 발생한 액면이자 전액을 지급함으로써 이 부채가 소멸한다. 사채의 할인발행의 경우 실제 발행일의 회계처리는 다음과 같다.

(차)	현 금	×××	(대) 사 채	×××*
	사채할인발행차금	×××	미지급사채이자	×××

* 사채계정은 액면금액으로 기록됨.

⑤ 실제 발행일 직후 도래하는 이자지급일의 회계처리의 핵심은 실제 발행일로부터 다음 이자지급일까지의 기간에 비례하여 사채할인(할증)발행차금을 상각한다는 점이다. 따라서 당해 기간에 대하여 이자비용을 장부금액에 유효이자율을 곱하여 직접 계산하지 않는다는 점에 주의하자. 즉, 사채할인(할증)발행차금 상각액이 결정되면 이자비용은 유효이자율법을 적용하지 않고 다음의 식에 의해 간접적으로 결정된다.

★

이자비용 = (액면이자 지급액 ± 사채발행차금의 상각액) − 미지급사채이자 소멸액

사채를 할인발행했다면 실제 발행일 직후 도래하는 이자지급일의 회계처리는 다음과 같을 것이다.

(차) 미지급사채이자	×××	(대) 현　　금	×××*
(사채)이자비용	×××	사채할인발행차금	×××

* 사채권면상의 발행일로부터 첫 번째 이자지급시점까지의 기간에 대한 액면이자

⑥ 실제 발행일 직후의 이지지급시점 이후에는 정상적으로 유효이자율법을 적용하여 사채이자를 측정한다.

예제 12-2

사채의 중도발행

12월 결산법인인 마산기업㈜은 다음과 같은 조건의 사채를 ₩974,014에 발행하였다. 또한 실제 발행일의 시장이자율과 사채발행비를 감안하여 계산된 유효이자율은 연 10%라고 가정한다.

• 사채권면상의 발행일 : 20×7년 1월 1일	
• 사채의 실제 발행일 : 20×7년 3월 31일	
• 액면금액 : ₩1,000,000	• 액면이자율 : 연 8%
• 만기일 : 20×9년 12월 31일	• 이자지급조건 : 12월 31일에(연 1회) 지급

[물음] 위의 마산기업㈜이 발행한 사채에 대해 다음의 주요 일자별 거래를 기록하기 위한 회계처리를 보여라.

(1) 실제 발행일 : 20×7년 3월 31일
(2) 첫 번째 이자지급일 : 20×7년 12월 31일
(3) 두 번째 이자지급일 : 20×8년 12월 31일

풀이

(1) 실제 발행일인 20×7년 3월 31일의 회계처리를 위해서는 우선 사채의 실제 발행시점에 수령한 총 금액 ₩974,014을 두 부분으로 구분할 필요가 있다. 즉, 마산기업㈜은 위의 사채를 20×7년 3월 31일부터 20×7년 12월 31일까지 9개월간 발행하고 1년분의 액면이자 ₩80,000을 지급할 것이므로 투자자로부터 사채의 권면상의 발행일부터 실제 발행일까지 3개월간의 현금이자 ₩20,000을 미리 수령한다. 따라서 ₩974,014에서 ₩20,000을 차감한 ₩954,014이 사채의 순수한 발행금액이 된다. 한편 투자자로부터 미리 수령한 액면이자 ₩20,000은 다음과 같이 미지급사채이자로 기록되며, 9개월 후 현금이자 ₩80,000이 지급될 때 이에 포함되어 상환된다.

20×7. 3. 31. :

(차) 현　　금	974,014	(대) 사　　채	1,000,000
사채할인발행차금	45,986	미지급사채이자	20,000*

* ₩80,000 × 3/12

이제 위의 사채의 순발행금액(₩954,014)은 어떻게 결정되었는지 분석해 보자. 만일 마산기업㈜이 동일한 사채를 20×7년 3월 31일이 아니라 사채권면상의 발행일인 20×7년 1월 1일에 발행했다면 20×7년 1월 1일부터 20×7년 3월 31일의 3개월 동안 시장이자율에 변동이 없었다고 가정하여 동일한 유효이자율 10%를 적용할 경우 ₩950,258에 발행했을 것이다(〈예제 12-1〉 참조). 20×7년 1월 1일부터 20×7년 3월 31일까지 3개월이 경과되면 미래 현금흐름의 할인기간이 3개월만큼 짧아지므로 사채의 장부금액은 상승한다. 그러면 이러한 사채의 장부금액 상승분을 어떻게 측정할까? 이때는 편의상 마산기업㈜이 사채를 권면상의 발행일(20×7년 1월 1일)에 발행했다고 가정하고 20×7년 3월 31일까지 사채 장부금액의 증가액을 직선법(보간법)으로 근사 계산한다. 즉, 마산기업㈜이 동일한 조건의 사채를 20×7년 1월 1일에 발행했다면 ₩950,258에 발행했을 것이고, 유효이자율법에 의하여 1년 후(20×7년 12월 31일)까지는 ₩15,026만큼의 장부금액이 증가할 것이다(₩950,258×10% - ₩80,000). 이 기간 동안 사채의 장부금액이 선형적으로 증가한다고 가정하므로 20×7년 3월 31일까지는 ₩3,756(=₩15,026×3/12)만큼 상승한 것으로 측정한다. 즉, 20×7년 3월 31일의 순발행금액(₩954,014)은 사채권면상의 발행일(20×7년 4월 1일)의 가상적인 발행금액 ₩950,258에 실제 발행일까지의 사채 장부금액의 변동액 ₩3,756을 더한 금액으로 계산된다. 이러한 분석을 토대로 첫 번째 이자지급일의 회계처리를 수행한다.

(2) 첫 번째 이자지급일(20×7년 12월 31일)에는 액면이자를 지급하지 않으나 실제 발행일로부터의 경과기간(9개월)에 대한 이자비용을 유효이자율법인 아닌 직선법에 의해 인식한다는 점에 주의하자. 즉, 20×7년 3월 31일(실제 발행일)부터 20×7년 12월 31일까지 9개월의 기간에 사채의 장부금액은 ₩11,270(=₩15,026×9/12)만큼 증가하므로 이만큼을 사채할인발행차금을 상각하여 반영한다. 한편 실제 발행일에 수령했던 미지급사채이자 ₩20,000은 20×7년 12월 31일에 상환되었으므로 소멸한다. 따라서 사채이자비용은 9개월간의 액면이자(₩60,000)에 사채 장부금액의 증가액(₩11,270)을 더한 금액과 같다.

이자비용 = (액면이자 지급액 ± 사채발행차금의 상각액) - 미지급사채이자 소멸액
　　　　= ₩80,000 + ₩11,270 - ₩ 20,000 = ₩71,270

20×7. 12. 31. :

(차) (사채)이자비용	71,270	(대) 현　　금	80,000
미지급사채이자	20,000	사채할인발행차금	11,270*

* ₩15,026 × 9/12

부연하건대 위에서 이자비용을 사채의 기초 장부금액에 유효이자율을 곱하여 계산하지 않고 사채의 실제 발행일부터 첫 번째 이자지급일까지의 9개월간에 발생한 액면이자와 사채의 장부금액 증가분을 합산하여 계산하는 이유는 애초에 사채의 발행금액을 측정할 때 보간법에 의한 근사치를 계산한 것이므로 여기에 유효이자율을 곱하여 이자비용을 산정한다면 오차를 포함하게 되는 결과를 초래하기 때문이다.

(3) 두 번째 액면이자 지급일인 20×8. 12. 31.에 마산기업㈜은 더 이상 근사법(직선법)을 사용하지 않고 정상적으로 유효이자율법을 적용하여 20×7. 12. 31. 현재의 사채 장부금액(₩965,284 = ₩950,258 + ₩15,026)에 실제 발행시점의 유효이자율 10%를 곱하여 이자비용을 계산한다.

20×8. 12. 31. :

(차) (사채)이자비용	96,528*	(대) 현 금	80,000
		사채할인발행차금	16,528

* ₩965,284 × 10%

6. 사채의 상환

6.1 사채의 조기상환

회사채를 발행한 기업은 자금사정의 변동 또는 경제상황의 변동에 따라 유리하다고 판단되면 사채계약에서 만기 이전의 상환(조기상환)을 금지하지 않는 한 사채를 조기상환할 수 있다. 더욱이 사채의 발행기업이 만기 이전의 임의의 시점에 상환선택권(call option)을 행사할 수 있는 수시상환사채(callable bonds)의 경우에는 만기상환보다는 조기상환이 더 일반적일 것이다.

사채의 조기상환의 경우 회계처리의 핵심은 사채상환손익을 정확히 측정하여 표시하는 데 있다. 사채상환손익은 조기상환을 위해 발행기업이 지급한 현금흐름(사채의 상환대가와 상환비용의 합계액)에서 상환시점의 사채의 장부금액을 차감하여 계산되는데, 이 차액이 정(+)의 숫자이면 사채상환손실을, 부(−)의 숫자이면 사채상환이익을 인식한다. 사채상환손익이 발생하는 원인을 살펴보면 시장이자율의 변동 또는 발행기업의 신용등급의 변동으로 인한 사채의 시장가격 등락이라는 것을 알 수 있다.

★ 사채상환손익 = (사채의 상환대가 + 상환비용) − 상환시점의 사채의 장부금액

문제는 사채발행의 회계처리에서 살펴본 것처럼 사채의 조기상환은 이자지급시점과 동시에 일어날 수도 있고 그렇지 않을 수도 있다는 점이다. 조기상환이 이자지급시점에 발생하는 경우에는 유효이자율법에 의하여 이자비용을 인식하면서 동시에 사채발행차금이 상각되므로 사채의 장부금액 산정이 복잡하지 않다. 그러나 이자지급시점 사이의 임의의 시점에 사채의 상환이 이루어지는 경우에는 직전 이자지급시점부터 실제 사채를 상환하는 시점까지의 기간에 대한 사채의 장부금액 변동액을 반영하여 사채상환손익을 계산하여야 하며, 동시에 사채의 상환대가에 동일 기간에 대한 경과 미지급이자[18]가 포함되어 있으므로 이를 감안해서 사채상환손익을 계산하여야 한다. 따라서 이자지급시점 사이에 조기상환이 이루어지는 경우에 사채상환손익은 다음과 같이 계산된다.

★

① 사채의 순상환대가 = 사채의 상환대가 + 상환비용 – 직전 이자지급시점부터 상환시점까지 기간에 대한 경과 미지급이자

② 사채의 장부금액 = 사채의 액면금액 ± 사채상환시점의 사채할증(할인)발행차금계정의 잔액

③ 사채상환시점의 사채할증(할인)발행차금계정의 잔액 = 직전(최종) 이자지급시점의 사채할증(할인)발행차금의 잔액 – 직전(최종) 이자지급시점부터 상환시점까지 기간에 대한 사채할증(할인)발행차금의 상각액

①－② = 사채상환손익[차액이 정(+)의 값이면 손실, 부(－)의 값이면 이익]

다음의 <예제 12-3>을 통하여 위의 내용을 구체적으로 살펴보기로 하자.

18) 사채발행기업은 사채의 소지자들로부터 당해 금액을 미리 수령한다.

예제 12-3

사채의 조기상환

12월 결산법인인 마산기업㈜은 다음과 같은 조건의 사채를 ₩950,263에 발행하였다. 이 발행금액은 사채발행비를 차감한 금액이며, 이를 감안하여 계산된 유효이자율은 연 10%이다.

- 사채권면상의 발행일 : 20×7년 1월 1일
- 사채의 실제 발행일 : 20×7년 1월 1일
- 액면금액 : ₩1,000,000
- 액면이자율 : 연 8%
- 만기일 : 20×9년 12월 31일
- 이자지급조건 : 12월 31일에(연 1회) 지급

[물음] 마산기업㈜은 위의 사채를 20×9년 4월 1일에 ₩985,000에 조기상환하였고 상환비용으로는 ₩10,000을 지출하였다. 이 조기상환을 기록하기 위한 회계처리를 보여라.

풀이

(1) 우선 사채의 순상환대가를 계산하기 위하여 직전 이자지급일(20×8년 12월 31일)로부터 상환일(20×9년 4월 1일)의 기간(3개월)에 대한 경과 미지급사채이자를 계산한다.

경과 미지급사채이자 = ₩1,000,000 × 8%(액면이자율) × 3/12
= ₩20,000

따라서 사채의 순상환대가는 다음과 같이 계산된다.

사채의 순상환대가 = ₩985,000 + ₩10,000 − ₩20,000
= ₩975,000

(2) 만일 조기상환이 없었다면 당해 사채의 할인발행차금 상각액과 사채의 장부금액은 다음의 표와 같을 것이다.

	사채계정 잔액	사채 이자비용	액면이자 지급액	사채할인 발행차금 상각액	사채할인 발행차금 계정잔액	사채의 장부금액
20×7. 1. 1.	₩1,000,000	−	−	−	₩49,737	₩950,263
20×7.12.31.	1,000,000	₩95,026	₩80,000	₩15,026	34,711	965,289
20×8.12.31.	1,000,000	96,529	80,000	16,529	18,182	981,818
20×9.12.31.	1,000,000	98,182	80,000	18,182	−	1,000,000

20×9년 1월 1일부터 20×9년 12월 31일까지 순장부금액이 직선적(선형적)으로 증가한다고 가정하면 조기상환일(20×9년 4월 1일)의 사채의 순장부금액은 다음과 같이 계산된다.

상환일의 사채의 장부금액 = ₩981,818 + ₩18,182 × 3/12
= ₩986,364

그러므로 20×8년 4월 1일의 사채할인발행차금계정의 잔액은 ₩13,636(=₩18,182－₩4,546)이며, 20×8년 1월 1일부터 20×8년 4월 1일까지의 기간에 대한 사채이자비용은 ₩24,546(=₩98,182×3/12)이다. 따라서 사채의 상환손익은 다음과 같이 계산된다.

사채상환손익 = 사채의 순상환대가 － 사채의 장부금액
= ₩975,000－₩986,364 = ₩11,364(사채상환이익)

(3) 사채상환일의 회계처리는 다음과 같이 직전 이자지급일로부터 상환일까지의 기간(3개월)에 대한 사채이자비용을 인식하고 사채할인발행차금을 상각하는 분개와 사채의 상환을 기록하는 분개로 구성된다.

20×9. 4. 1. :

(차) (사채)이자비용	24,546*	(대) 미지급사채이자	20,000
		사채할인발행차금	4,546

* ₩981,818 × 10% × 3/12

20×9. 4. 1. :

(차) 미지급사채이자	20,000	(대) 현　　금	995,000*
사　　채	1,000,000	사채할인발행차금	13,636
		사채상환이익	11,364

* ₩985,000+₩10,000

6.2 연속상환사채

연속상환사채(serial bonds)란 일정 기간을 주기로 일정 비율의 사채를 단계적으로 상환해가는 계약에 의해 발행된 사채를 말한다. 그러나 연속상환사채의 회계처리는 사채의 조기상환의 그것과 본질적으로 동일하다. 단지 사채의 조기상환이 사채를 만기 이전에 전액 상환하는 것이라면, 연속상환사채는 전액을 한꺼번에 상환하지 않고 일부씩 단계적으로(예 : 20%씩 다섯 번에 걸쳐 상환) 상환하는 것을 말한다. 따라서 상환된 부분에 대해서는 조기상환에 준하여 회계처리하여 상환손익을 인식하면 될 것이고, 상환되지 않은 부분에 대해서는 계속적으로 유효이자율법에 기초하여 상각후원가로 측정해가면 될 것이다.

사채의 차환

기업은 시장상황의 변동에 적응하기 위하여 기존의 사채를 계속 유지하는 것이 불리하다고 판단하면 이를 상환하거나, 상환자금이 없다면 더 유리한 조건의 사채를 발행하여 기존의 사채를 상환하기도 한다. 이와 같이 사채의 차환이란 새로운 사채를 발행하여 기존의 사채를 상환하는 행위를 말한다. 경제적 실질의 측면에서 보면 사채의 차환은 문자 그대로 구사채를 신사채로 교환하는 것이 아니라 새로운 사채의 발행을 통해 조달된 자금으로 기존 사채를 상환하는 것으로 보아야 옳다. 즉, 회계적으로는 사채의 차환은 기존 사채의 상환과 새로운 사채의 발행이라는 독립된 두 가지 거래로 분리하여 인식되어야 한다. 그렇다면 당연히 기존 사채의 상환에 대해서는 조기상환의 경우와 같이 사채상환손익을 인식하여야 한다.

이 상환손익을 기존 사채의 만기까지의 잔여기간에 상각하는 방법 또는 새로운 사채가 발행되어 있는 기간에 걸쳐 상각하는 방법이 회계처리의 대안으로 제시될 수 있으나, K-IFRS는 기존 사채의 상환손익 전액을 당해 사채를 상환한 기간의 손익으로 인식하는 입장을 취하고 있다.

제 5 절 영업활동과 관련한 금융부채

기업의 영업활동은 여러 자산과 인력과 재료를 결합하여 재화와 용역을 생산하고 이를 고객에게 판매하고 그 대금을 회수하는 활동이다. 따라서 영업활동은 기업과 고객(customers) 및 요소공급자(suppliers) 간에 발생하는 거래이다. 이러한 영업활동과 관련된 금융부채에는 매입채무, 미지급금 및 미지급비용 등이 있다. 매입채무(accounts payable)란 일반적 상거래에서 발생하는 채무인 외상매입금과 지급어음을 말한다. 즉, 매입채무는 기업이 일반적 상거래 대상인 재화나 용역을 구입하고(재화나 용역을 이미 제공받았고) 이에 대한 대가를 지급하지 않은 경우 발생하는 채무를 말하며, 이는 거래 상대방에게 현금 등 금융자산을 인도하기로 한 계약상 의무(수취한 재화나 용역에 대한 대가로서 미래에 경제적 희생이 뒤따라야 하는 의무)에 해당하므로 대표적인 금융부채이다. 여기서 일반적 상거래란 기업의 본래 설립목적인 영업활동[19]에서 발생하는 재화나 용역의 거래를 말하는데 상품매매업의 경우 상품 매매활동이 여기에 해당하고 제조업의 경우 원재료의 매입 및 제품의 매매활동이 일반적 상거래에 해당할 것이다. 아래에서는 매입채무의 최초측정과 후속측정에 대해 단기매입채무와 장기매입채무로

19) 재화나 용역의 생산 및 판매활동.

구분하여 간략히 살펴보기로 한다.

1. 단기매입채무

단기매입채무에는 외상매입금과 지급어음이 속하는데, 외상매입금은 매입자의 신용에 의해 외상으로 구입하고 지급시기가 확정되지 않은 경우에 발생하는 유동부채이고, 지급어음은 일반적 상거래에서 재화나 용역을 구입하고 대금을 미래 특정일에 지급하기로 한 약속어음을 발행한 유동부채이다.[20] 대부분의 매입채무는 유동부채에 해당한다.

재고자산 회계(제6장)에서 살펴본 바와 같이 재고자산의 거래인식은 일반적으로 소유권 이전을 기준으로 하므로 매입과 매입채무의 최초인식도 이러한 소유권의 이전시점에서 기록되는 것이 일반적이다. 예를 들어, 선적지인도조건(FOB, shipping point)으로 상품을 매입한 경우 상품의 소유권이 선적지(shipping point)에서 이전되므로 기말 현재 아직 도착하지 않은 상품일지라도 운송 중에 있으면 매입기업의 재고자산(매입)으로 기록되고, 이에 대한 대금이 아직 지급되지 않았다면 매입채무를 기록하여야 한다. 한편 도착지인도조건(FOB, destination)인 경우 상품의 소유권이 도착지에서 이전되므로 보고기간 말 현재 도착하지 않은 상품의 경우 매입기업의 재고자산에 포함되지 않고, 따라서 매입채무를 기록해서도 안 된다. 이처럼 일반적 상거래에서 재화나 용역에 대한 소유권을 확보하고 그 대가를 지급하지 않은 경우 매입채무가 발생하며 매입채무의 금액은 보통 미래에 지급할 금액(이행가치)으로 한다. 즉, 단기의 매입채무는 현재가치와 명목금액의 차이가 중요하지 않으므로 명목금액에 해당하는 이행가치로 측정한다.

일반적 상거래에서 발생하는 지급어음의 경우 보통 진성어음이라고 하며 외상매입금과 달리 이자를 지급해야 하는 경우도 있다. 따라서 기업 실무에서는 외상매입금과 지급어음을 구분하고 지급어음기입장이라는 보조원장을 유지하는 것이 일반적이다. 단지 재무상태표에 보고할 때는 외상매입금과 지급어음을 통합하여 하나의 계정인 매입채무로 보고한다.

---

20) 일부 유통기업의 경우 고객으로부터 일정 금액을 수취한 대가로 카드를 발행하여 이 카드를 소지한 고객은 일정 기간 내에 해당 유통기업의 재화를 카드에 정해진 금액까지 구매할 수 있는데, 이를 구매카드라고 하고 이는 단기매입채무로 볼 수 있다.

2. 장기매입채무

일반적 상거래에서 발생하는 매입채무는 대부분 단기매입채무이지만 만일 장기매입채무의 경우라면 어떻게 회계처리하여야 할까? 우선 장기매입채무는 위에서 살펴본 매입채무의 정의에 따라 일반적 상거래에서 발생한 장기의 외상매입금과 지급어음 등이다. 장기매입채무의 경우에는 신용기간이 단기가 아니라 장기여서 부채의 명목금액과 현재가치의 차이가 중요한 것이 일반적이므로 최초인식시점에 미래에 부담할 현금흐름의 현재가치, 즉 공정가치로 평가하여야 할 것이다. 이때 명목금액과 현재가치의 차이로 기록되는 현재가치할인차금은 만기까지 기간 경과에 따라 유효이자율법에 의하여 이자비용으로 인식한다(현재가치할인차금의 상각). 즉, 장기매입채무의 후속측정은 원칙적으로 유효이자율법에 기초한 상각후원가로 하며, 이는 위에서 설명한 사채의 측정방법과 동일하다.

3. 영업활동과 관련한 기타 금융부채

미지급금(accounts payable-nontrade)은 매입채무와 같이 재화나 용역을 구입하고 아직 그 대가를 지급하지 않은 기업의 채무로서 일반적 상거래 이외의 거래에서 발생한다는 점에서 매입채무와 구별된다. 예를 들어, 영업활동이 아닌 부수적인 활동으로서 유형자산을 취득하고 그 대금을 아직 지급하지 않은 경우 미지급금이 기록된다. 이처럼 미지급금과 매입채무는 본질적으로 동일하므로 단기미지급금의 경우에는 단기매입채무의 회계처리를 준용하면 되고, 장기미지급금의 경우에는 장기매입채무의 회계처리를 준용하면 된다.

미지급비용(expenses payable)은 발생된 비용과 관련된 채무로서, 수익을 창출하는 과정에서 일정한 효익을 이미 제공받았으나 이에 대한 대가를 지급하지 않아서 발생된 채무를 말한다. 예를 들어, 종업원의 노동력을 제공받았으나 아직 이에 대한 급여를 지급하지 않았거나(미지급급여), 금전을 차입하고 이에 대한 사용대가인 이자는 시간경과에 따라 발생하였으나 이를 아직 지급하지 않아 발생된 기업의 채무(미지급이자)는 미지급비용에 속한다. 이러한 미지급비용 항목은 거의 대부분 유동부채에 속하며 이들에 대한 회계처리는 결산시 수정분개사항으로 기록되는 경우가 많다.

제 6 절 비금융부채

비금융부채는 K-IFRS에서 공식적으로 규정된 용어는 아니지만 당연히 부채 중 금융부채를 제외한 나머지를 의미한다. 예를 들어, 자동차회사나 가전회사 등 주로 내구재를 제조판매하는 기업이 제품을 판매할 때 일정 기간의 하자보수 및 품질보증 의무를 고객에게 약속할 경우, 이 의무는 거래상대방에게 현금 등 금융자산을 인도하기로 한 계약상의 의무에 해당하지 않으므로 금융부채가 아니다(충당부채). 또한 제조과정에서 발생한 환경오염을 제거할 의무나 제조시설을 철거할 경우 토지오염을 복구할 의무 등이 비금융부채에 포함된다. 그밖에 계약상의 의무가 아니라 법률상의 의무인 미지급법인세와 이연법인세부채, 그리고 미래에 재화나 서비스를 제공할 의무에 해당하는 선수금, 선수수익도 비금융부채에 속한다. 이 절에서는 충당부채와 우발부채를 중심으로 비금융부채에 대해 살펴보고자 한다.

1. 충당부채

우리는 본 장의 제1절에서 부채의 일반적인 개념에 대해 살펴보았는데, 부채는 지급시기와 지급금액이 확정되어 있는 확정부채와 지급시기 또는 지급금액이 불확실한 충당부채로 구분된다. 예를 들어, 매입채무는 의무이행에 필요한 금액과 그 지급시기가 매입송장이나 공급자와의 공식적인 합의에 따라 확정되어 있거나 일반적인 상거래의 유형과 관습에 따라 정해진다. 확정부채의 또 다른 예로서 미지급비용은 공급받은 재화나 용역에 대하여 아직 그 대가를 지급하지 않았거나, 송장을 받지 않았거나 공급자와 공식적으로 합의하지 못한 경우에 지급하여야 하는 부채이다. 미지급비용도 지급시기 또는 금액을 추정할 필요가 있는 경우가 있기는 하지만 일반적으로 충당부채보다는 불확실성이 훨씬 작다.

이와 같이 충당부채는 의무이행에 필요한 **지출의 시기 또는 금액에 대한 불확실성**이 존재한다는 점에서 매입채무나 미지급비용과 같은 확정부채와 구별된다. 본 소절에서 충당부채의 개념, 범위 및 회계처리 등에 대한 K-IFRS[기업회계기준서 제1037호('충당부채, 우발부채 및 우발자산')]의 주요 내용을 살펴본다.

1.1 충당부채의 의의

위에서 설명한 바와 같이 "충당부채"는 **지출의 시기 또는 금액이 불확실한 부채**를 말하며, 구체적으로 충당부채로 인식되기 위해서는 다음의 세 가지의 인식기준이 모두 충족되어야 한다.

★

① 과거사건의 결과로 현재의무(법적의무 또는 의제의무)가 존재한다.
② 당해 의무를 이행하기 위하여 경제적 효익이 내재된 자원이 유출될 가능성이 높다.
③ 당해 의무의 이행에 소요되는 금액을 신뢰성 있게 추정할 수 있다.

위의 기준을 모두 충족하지 않은 한 어떠한 충당부채도 인식할 수 없다. 아래에서는 충당부채의 인식요건을 좀 더 상세히 살펴보자.

1) 현재의무

위의 충당부채의 세 가지 인식기준 중 기준 ①에서 "현재의무"란 보고기간 말 현재 기업이 의무의 이행을 회피할 수 없는 **법적의무** 또는 **의제의무**를 말한다. 과거사건이 현재의무를 발생시켰는지의 여부는 대부분의 경우 분명하다. 드문 경우이지만 소송이 진행 중인 경우와 같이 어떤 사건이 실제로 발생하였는지 혹은 당해 사건으로 현재의무가 발생하였는지의 여부가 분명하지 않은 경우가 있다. 이러한 경우에는 모든 이용가능한 증거(예를 들어, 전문가의 의견을 포함)를 고려함으로써 보고기간 말 현재의무가 존재하는지를 결정하여야 하며, 고려해야 할 증거에는 보고기간 후 사건이 제공하는 추가적인 증거도 포함된다. 고려한 증거를 바탕으로 다음과 같이 회계처리한다.

★

(1) 보고기간 말에 현재의무가 존재할 가능성이 존재하지 않을 가능성보다 높고(발생확률 50% 이상) 인식기준을 충족하는 경우에는 충당부채를 인식한다.
(2) 보고기간 말에 현재의무가 존재하지 않을 가능성이 높더라도 경제적 효익이 내재된 자원의 유출가능성이 아주 낮지 않는 한 우발부채로 공시한다.

또한 현재의무는 보고기간 말 현재 기업이 의무의 이행을 회피할 수 없어야 하므로, 그 의무의 발생은 기업이 전적으로 통제할 수 없도록 기업의 의사결정과 독립적으로 이루어져야 한다. 따라서 의무가 발생가능하더라도 기업이 당해 의무이행을 위한

그림 12-2 충당부채와 우발부채의 인식

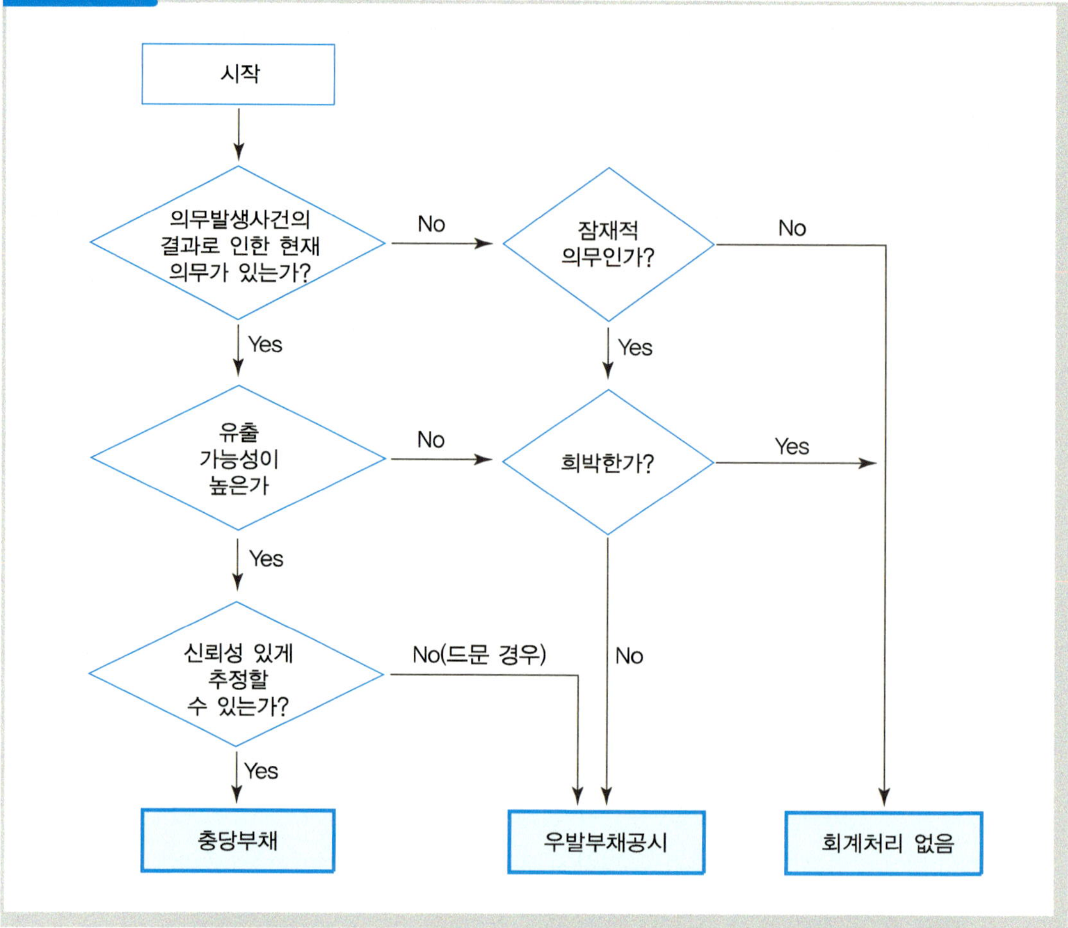

주) 드문 경우이지만 현재의무의 존재 여부가 불분명한 경우가 있다. 이러한 경우에는 이용할 수 있는 모든 증거를 고려하여 보고기간 말에 현재의무가 존재할 가능성이 존재하지 않을 가능성보다 높은 경우에는 과거사건이 현재의무를 발생시킨 것으로 간주한다.

미래 지출을 회피하는 의사결정을 할 수 있다면 아직 의무가 발생한 것이 아니므로 이를 충당부채로 인식할 수 없다. 예를 들면, 법적으로 정비가 강제된 기계장치의 경우 정비와 관련한 비용은 해당 기계를 처분함으로써 회피가능하며, 공해여과장치의 설치가 강제화되어 있을 경우에도 공해가 발생하는 사업을 중단하는 등 기업의 의사결정에 따라 미래의 지출을 회피할 수 있다. 그러므로 이러한 비용은 충당부채로 인식하지 못한다.

여기서 "법적의무"란 명시적 · 묵시적 조항에 따른 계약, 법률 또는 기타 법적 효력에 의하여 발생하는 의무를 말하며, 이에 비해 "의제의무"는 명시적인 법규 또는 계약의무는 아니지만 ① 과거의 실무관행, 발표된 경영방침 또는 구체적이고 유효한 약속 등을 통하여 기업이 특정 책임을 부담하겠다는 것을 상대방에게 표명함으로써 ② 그 결과 기업이 당해 책임을 이행할 것이라는 정당한 기대를 상대방이 가지게 되는 경우에 발생하는 의무를 말한다. 이와 같이 의제의무는 기업이 법규 또는 계약과 같은 강제규정이 아니라 스스로의 실무관행 또는 발표된 경영방침 등에 따라 부담하는 의무로서 항상 상대방[21]에게 어떤 의무를 이행할 유효한 약속이 수반되므로, 경영자의 의사결정뿐만 아니라 구체적인 방법으로 상대방과의 의사소통을 통하여 기업이 책임을 이행할 것이라는 정당한 기대를 상대방이 가지게 되어야 발생한다.

2) 과거사건

현재의무를 발생시키는 과거사건을 "의무발생사건"이라고 하는데, 의무발생사건이 되기 위해서는 당해 사건으로부터 발생된 의무를 이행하는 것 외에는 실질적인 대안이 없어야 한다. 이러한 경우는 다음의 (1) 또는 (2)의 경우에만 해당한다.

★

(1) 의무의 이행을 법적으로 강제할 수 있는 경우

(2) 의제의무와 관련해서는 기업이 당해 의무를 이행할 것이라는 정당한 기대를 상대방이 가지게 되는 경우

즉, 과거사건이 발생하여야 하고 그의 결과로 의무의 이행을 법적으로 강제할 수 있을 때 법적의무가 발생하거나, 과거사건의 결과로 발표된 경영방침 등을 통하여 기업이 의무를 이행할 것이라는 정당한 기대를 상대방이 가지게 된 때 의제의무가 발생한다는 것이다. 아래에서 현재의무를 발생하게 하는 과거사건의 범위를 구체적으로 살펴보자.

첫째, 과거사건과 관계없이 미래에 발생될 비용에 대해서는 충당부채를 인식하지 않는다. 그 이유는 재무상태표에 인식되는 부채는 보고기간 말에 존재하는 부채에 국한되어야 하기 때문이다.

둘째, 과거사건에 의하여 충당부채를 인식하기 위해서는 과거사건으로 인한 의무가 기업의 미래행위와 독립적이어야 한다. 예를 들어, 불법적인 환경오염으로 인한 범칙

21) 의무에는 항상 그 의무이행의 대상이 되는 상대방이 존재하지만, 상대방이 특정인으로 한정될 필요는 없으므로 일반대중(general public)도 의무이행의 대상이 될 수 있다.

금이나 환경정화비용의 경우에는 기업의 미래행위에 관계없이 당해 의무의 이행에 경제적 효익이 내재된 자원의 유출이 수반되므로 충당부채를 인식한다. 마찬가지로 유류설비 또는 원자력발전소에 의하여 이미 발생한 피해에 대하여 기업의 복구의무가 있는 범위 내에서 유류설비 또는 원자력발전소의 사후처리원가와 관련된 충당부채를 인식한다. 반면 법에서 정하는 환경기준을 충족시키기 위해서 또는 상업적 압력 때문에 공장에 특정 정화장치를 설치하기 위한 비용지출을 계획하고 있거나 그런 비용지출이 필요한 경우에는 충당부채를 인식하지 않는다. 왜냐하면 기업이 공장운영방식을 바꾸는 등의 미래행위를 통하여 미래의 지출을 회피할 수 있으므로 당해 지출은 현재의무로 간주되지 않기 때문이다.

의무는 반드시 상대방에 대한 확약을 수반하게 되므로, 경영진 또는 이사회의 결정으로 기업이 자신의 책임을 이행할 것이라는 정당한 기대를 상대방이 가질 수 있을 정도로 충분히 구체적인 방법으로 보고기간 말 이전에 상대방에게 의사전달되어야만 당해 결정은 의제의무를 발생시키는 것으로 본다.

입법예고된 법규의 세부사항이 아직 확정되지 않은 경우에는 당해 법규안대로 제정될 것이 거의 확실한 때에만 의무가 발생한 것으로 본다. 일반적으로 특정 법규가 제정되기 전까지는 당해 법규 제정에 대해 거의 확실하게 확신을 갖기 어렵기 때문이다.

3) 경제적 효익이 내재된 자원의 유출가능성

특정한 비확정부채가 충당부채로 인식되기 위해서는 위의 충당부채 인식기준 ②에서와 같이 그 의무의 이행을 위한 자원의 유출가능성이 높아야 한다. 이때 자원의 유출가능성이 높다는 것은 대체로 그 발생확률이 50% 이상을 의미하는 것으로 본다.[22)]

위에서 언급한 바와 같이, 현재의무의 존재가능성이 높지 않은 경우에는 우발부채를 (주석)공시한다. 다만, 당해 의무의 이행을 위하여 경제적 효익이 내재된 자원의 유출가능성이 아주 낮은 경우에는 공시하지 않는다.

4) 신뢰성 있는 추정

특정 비확정부채가 충당부채로 인식되기 위해서는 위의 인식조건 ③에 제시된 바와 같이 미래에 유출될 자원을 신뢰성 있게 추정할 수 있어야 한다. 충당부채의 경우

---

22) K-IFRS에서는 '특정 사건이 발생할 가능성이 발생하지 않을 가능성보다 높은 경우에 자원의 유출 또는 기타 사건의 가능성이 높다고 본다'고 규정하고 있다.

이외에도 재무제표를 작성할 때에는 많은 경우에 추정치를 사용하게 되는데 통상적으로 그러한 추정치의 사용이 재무제표의 신뢰성을 훼손하는 것은 아니다. 극히 드문 경우를 제외하고는 가능한 결과의 범위를 결정할 수 있으므로 충당부채를 인식할 때 충분히 신뢰성 있는 금액을 추정할 수 있다. 신뢰성 있는 금액의 추정이 불가능한 경우에는 충당부채로 인식하지 않고 우발부채로 분류하여 재무상태표 본문에 기재하지 않고 주석으로 공시한다.

1.2 충당부채의 사례[23)]

현행 K-IFRS에서 충당부채로 분류되는 거래나 사건의 예를 참고하면 다음과 같다.

(가) 판매 후 품질 등을 보증하는 경우의 관련 부채

(나) 판매촉진을 위하여 시행하는 환불정책, 경품, 포인트 적립 · 마일리지 제도의 시행 등과 관련된 부채

(다) 손실부담계약

(라) 타인의 채무 등에 대한 보증

(마) 계류중인 소송사건

(바) 구조조정계획과 관련된 부채

사례 1 제품보증을 위한 지출

마산기계㈜는 소형공작기계를 제조 · 판매하는 기업이다. 회사는 20×9년간 100대의 공작기계를 개당 ₩1,000,000에 판매하였고, 판매된 모든 공작기계에 대해서는 1년간 보증수리를 해주고 있다. 과거의 경험에 의하면 평균적으로 공작기계 1대당 보증수리 비용은 ₩15,000이 발생한다. 마산기계㈜는 보증기간이 1년 이내인 점을 감안하여 이 수리비용 산정에 있어 현재가치 계산은 고려하지 않는다. 또한 마산기계㈜는 공작기계 판매와 관련하여 제품보증을 계속적으로 유지할 방침이다.

[물음 1] 위의 제품보증수리에 대해 제품판매 시점에서 어떠한 회계처리를 하여야 하는가?

[물음 2] 20×9년 동안 실제 발생한 보증수리비용이 ₩700,000이고 2×10년 동안 발생한 보증수리비용이 ₩900,000이라면 이에 대해 어떤 회계처리가 필요한가?

23) 다음에 제시된 사례들에서는 공통적으로 기업의 보고기간 말이 12월 31일이고 다른 언급이 없는 한 자원(경제적 효익)의 유출금액에 대하여 신뢰성 있는 추정이 가능하다고 가정한다.

[물음 3] 만일 마산기계㈜의 공작기계 판매와 관련한 제품보증이 20×9년의 매출에만 한정된다면 어떤 회계처리가 필요한가?

풀이 1

마산기계㈜의 제품보증의무는 위에서 논의한 충당부채의 조건을 모두 충족한다. 즉, 의무발생사건은 제품의 보증판매이며 따라서 마산기계㈜는 법적의무를 지고 있으며, 당해 보증판매로 인한 자원의 유출가능성이 높다. 또한 일정 금액의 보증수리비용에 대한 신뢰성 있는 추정이 가능하다. 따라서 마산기계㈜는 다음과 같이 최선의 추정치로 제품보증충당부채를 인식한다.

20×9년 기계 매출시점 :

(차)	현 금	100,000,000	(대) 매 출	100,000,000
	제품보증비	1,500,000	제품보증충당부채	1,500,000

풀이 2

제품보증비용의 실제 발생시점에는 이미 설정된 충당부채를 차감하고 보증지출에 관련된 자원의 유출을 기록한다.

20×9년 제품보증비용 발생시점 :

(차)	제품보증충당부채	700,000	(대) 현 금	700,000

2×10년 제품보증비용 발생시점 :

(차)	제품보증충당부채	900,000	(대) 현 금	900,000

풀이 3

위와 같이 제품보증활동이 계속적인 경우에는 실제 보증비용의 발생시점에 이미 설정되어 있는 충당부채의 잔액에 관계없이 위와 같은 회계처리를 한다. 즉, 실제 보증지출 발생액이 제품보증충당부채의 잔액을 초과한다 해도 20×10년 말에 제품보증충당부채 재설정시에 이를 감안하면 된다. 그러나 제품보증활동이 한시적(일회성)이라면 실제 보증비용 발생액이 제품보증충당부채 잔액을 초과하는 경우에는 초과되는 금액만큼을 제품보증비로 인식하여야 한다. 만일 보증기간 만료시점에 제품보증충당부채에 잔액이 남아 있다면 이를 제품보증충당부채의 잔액을 환입하여 수익으로 인식한다.

20×9년 제품보증비용 발생시점 :

(차)	제품보증충당부채	700,000	(대) 현 금	700,000

2×10년 제품보증비용 발생시점 :

(차) 제품보증충당부채	800,000	(대) 현　　금	900,000
제품보증비	100,000		

사례 2 재산의 손실 또는 손상위험

동서㈜는 화재, 폭발 또는 기타 재해에 의한 재산상의 손실이나 손상에 대비한 보험에 가입하고 있지 않다. 재해에 의한 재산상의 손실이나 손상에 대하여 충당부채를 인식하여야 하는가?

풀이

이 경우에 기업에게는 현재의무가 없다. 또한 화재, 폭발 및 기타 재해는 재산상의 손실이나 손상의 원인이 되지만 그 발생을 예측할 수 없다. 보험에 가입하지 않았다는 사실 자체가 보고기간 말에 현재의무가 존재한다는 것을 의미하지도 않는다. 따라서 충당부채를 인식하지 않는다.

사례 3 법적 소송

서해㈜는 예식장 부근에서 대형 음식점을 경영하고 있다. 20×0년의 어느 날에 거행된 결혼식 직후 음식물에 포함된 독극물 영향인지는 확실하지 않으나 고객 10명이 사망했다. 서해㈜는 20×0년 말 현재 고객이 제소한 손해배상청구소송의 피고로 재판을 받고 있다. 20×0년 12월 31일로 종료되는 회계연도의 재무제표가 승인되는 시점까지 법률고문은 회사가 법적의무를 지지 않을 가능성이 매우 높다고 조언하였다. 그러나 회사가 20×1년 12월 31일의 재무제표를 작성할 때 법률고문은 소송이 불리하게 진행됨에 따라 회사가 법적의무를 부담할 가능성이 높다고 조언하였다.

풀이

20×0년 12월 31일로 종료되는 재무제표가 승인되기까지 이용가능한 증거를 바탕으로 판단할 때 과거사건의 결과로서의 현재의무는 없다. 따라서 충당부채를 인식하지 않는다. 그러나 20×1년 12월 31일에 이용가능한 증거로 볼 때 현재의무가 있고 의무이행을 위한 자원의 유출가능성도 높다. 따라서 의무를 이행하기 위한 금액에 대한 최선의 추정치로 충당부채를 인식한다.

사례 4 법적의무가 없는 대수선의 경우

어떤 자산은 일상적 유지보수 활동 이외에도 수년에 한 번씩 대대적인 수리나 주요 부품을 교체하는 데 상당히 큰 금액의 지출을 필요로 한다. 예를 들면, 용광로를 사용하는 기업이 법률적인 규제사항은 아니지만 기술적인 이유 때문에 매 5년마다 용광로의 내벽을 교체해야 하는 경우를 가정해 보자. 보고기간 말 현재 그 내벽은 향후 3년 동안 사용가능한 것으로 판단된다. 이 경우 대수선에 소요되는 지출과 관련하여 충당부채를 인식하여야 하는가?

풀이

보고기간 말 현재 충당부채를 인식하지 않으며 내벽 교체비용도 인식하지 않는다. 그 이유는 수선유지와 관련된 지출은 기업의 경영의사결정에 따라 영향을 받을 수 있기 때문에 현재의무라고 볼 수 없기 때문이다. 즉, 수선비 지출여부는 내벽을 교체할 것인지 아니면 용광로를 그대로 계속 사용할 것인지에 대한 기업의 의사결정에 달려 있으므로 기업의 의사결정과 독립적으로 발생하는 의무가 아니다. 이 경우에는 충당부채를 인식하는 것이 아니라 내벽교체시 내벽교체원가를 자본적 지출로 처리하고 이후 5년에 걸쳐 감가상각하는 것을 고려해야 한다. 참고로 위의 대수선이 법적의무에 의한 것이라 하더라도 동일한 이유에서 충당부채를 인식하지 않는다.

사례 5 법적의무가 있는 오염토지 복구의 경우

북두㈜는 석유화학제품제조업을 영위하면서 수년간 토지를 오염시켜 왔다. 토지 오염에 대한 법적 규제가 없었다가 20×0년 12월 31일 현재 그러한 오염 토지에 대한 복구의무를 규정하는 새로운 법안이 제안되어 보고기간 말 이후 제정될 것이 확실하다. 이 경우 오염된 토지의 복구에 소요되는 지출과 관련하여 충당부채를 인식하여야 하는가?

풀이

오염에 대한 복구의무를 규정하는 법 제정이 확실하므로 토지를 오염시킨 것은 의무발생사건이 되며 의무이행을 위한 자원의 유출가능성도 높으므로 오염복구비용에 대한 최선의 추정치로 충당부채를 인식한다. 법 제정이 없더라도 만일 회사가 그러한 오염 토지를 복구한다는 환경정책을 대외적으로 표방하고 있고 그 정책을 실제로 준수한 사실이 있었다면 토지를 오염시킨 것은 의제의무 발생사건이 된다. 왜냐하면 회사의 행위(환경정책의 대외적인 표방)에 의하여 회사가 오염 토지를 복구할 것이라는 정당한 기대를 상대방이 가지게 되었기 때문이다. 이러한 경우에는 토지 오염에 대한 법규제가 없더라도 오염복구비용에 대한 최선의 추정치로 충당부채를 인식한다.

사례 6 **손실부담계약의 경우**

남해㈜는 운용리스 조건으로 임차한 공장에서 수익성 있는 사업을 운영해오다가 20×1년 12월 중에 다른 장소의 새로운 공장으로 이전하였다. 구 공장시설에 대한 리스계약은 앞으로 4년간 해지할 수 없으며 다른 사용자에게 재리스할 수도 없다. 이 경우 리스료 부담액에 대하여 충당부채를 인식하여야 하는가?

풀이

손실부담계약이란 당해 계약상의 의무에 따라 발생하는 회피 불가능한 비용이 그 계약에 의하여 받을 것으로 기대되는 효익을 초과하는 계약을 말한다. 회피 불가능한 비용은 기업이 합리적인 의사결정을 하리라는 전제하에서 회피 불가능한 원가를 측정하여야 하므로 다음의 ①과 ② 중 작은 금액으로서 한다.

① 계약을 이행하기 위하여 소요되는 비용
② 계약을 이행하지 못하였을 때 지급하여야 할 보상금 또는 위약금

위의 경우 리스계약을 체결한 사건 자체가 의무발생사건이며 법적의무도 있다. 이러한 리스계약은 손실부담계약을 조건을 충족하므로 자원의 유출가능성이 높다. 따라서 리스료 부담액에 대한 최선의 추정치로 충당부채를 인식한다.

1.3 충당부채의 측정

충당부채로 인식하는 금액은 현재의 의무를 이행하기 위해 소요되는 지출금액에 대한 최선의 추정치여야 하는데, 이는 보고기간 말에 의무를 이행하거나 제3자에게 이전시키는 경우에 합리적으로 지급하여야 하는 금액을 말한다.

충당부채로 인식하여야 하는 금액과 관련된 불확실성은 상황에 따라 판단한다.

① 측정하고자 하는 충당부채가 다수의 항목(발생가능한 경우의 수가 여러 가지)과 관련되는 경우에 당해 의무는 모든 가능한 결과와 그와 관련된 확률을 가중평균하여 추정한다. 이러한 통계적 추정방법을 '기대가치'라고 한다. 따라서 특정 금액의 손실이 발생할 확률(예를 들어, 60% 또는 90%)에 따라 충당부채로 인식하는 금액은 다르게 된다. 가능한 결과가 연속적인 범위 내에 분포하고 각각의 발생확률이 동일할 경우에는 당해 범위의 중간값(median)을 사용한다.

② 하나의 의무를 측정하는 경우에는 가장 가능성이 높은 단일의 결과가 당해 부채에 대한 최선의 추정치가 될 수 있으나, 그러한 경우에도 기타 가능한 결과들을

고려한다. 만약 기타 가능한 결과들이 가장 가능성이 높은 결과보다 대부분 높거나 낮다면 최선의 추정치도 높거나 낮은 금액일 것이다. 예를 들어, 고객을 위하여 건설한 주요 설비의 중대한 결함을 해결하여야 하는 경우에, 가장 가능성이 높은 결과는 한 차례의 시도로 1,000원의 원가를 들여 수선하는 것이다. 그러나 추가 수선이 필요할 가능성이 높다면 보다 많은 금액을 충당부채로 인식하여야 한다.

이와 같이 충당부채 금액을 추정할 때에는 사건과 상황을 둘러싸고 있는 위험과 불확실성[24)]을 고려해야 한다. 위험을 감안하면 인식할 부채금액이 증가될 수 있지만 부채가 과대계상되지 않도록 주의해야 한다.

그 지급할 시기가 장기에 걸쳐 있는 경우에도 충당부채로 인식하는 금액은 보고기간 말 현재 시점에 의무를 직접 이행하거나 제3자에게 이전시킨다면 합리적으로 지급하여야 하는 금액으로 추정하여야 한다. 부채는 채무기업의 고유한 신용위험을 고려하여 평가되는 것이므로 채무기업과 유사한 신용위험을 가진 제3자에게 이전한다면 지급하여야 할 금액은 최선의 추정치가 될 수 있다.

1) 위험과 불확실성

충당부채에 대한 최선의 추정치를 구할 때에는 관련된 사건과 상황에 대한 불가피한 위험과 불확실성을 고려한다. 위험은 결과의 변동성을 의미한다. 위험조정으로 인하여 측정되는 부채금액은 증가할 수 있다. 불확실한 상황에서는 수익 또는 자산을 과대계상하거나 비용 또는 부채를 과소계상하지 않도록 주의하여야 한다. 그러나 불확실성을 이유로 과도한 충당부채를 계상하거나 부채를 고의적으로 과대표시하는 것은 정당화될 수 없다.

① 측정기준 적용사례 1

민국㈜은 고객이 제품을 구입한 후 12개월 이내에 발생하는 제조상의 결함이나 다른 명백한 결함에 따른 하자에 대하여 제품보증을 실시하고 있다. 만약 20×0년도에 판매된 제품에서 중요하지 않은 결함이 발견된다면 12억원의 수리비용이 발생하게 되고, 치명적인 결함이 발생하게 되면 48억원의 수리비용이 발생하게 될 것으로 예상된다.

---

24) 위험과 불확실성은 회계측정 과정에서 동일하게 적용되는 요인으로 간주할 수 있다.

기업의 과거 경험과 미래 예측의 결과, 판매된 제품의 75%에는 하자가 없을 것으로 예상되며 제품의 20%는 중요하지 않은 결함이 발생될 것으로 예상되고, 5%는 치명적인 결함이 있을 것으로 예상된다. 이와 같은 사례에서 최선의 추정치는 4.8억원(75% × ₩0 + 20% × ₩12억 + 5% × ₩48억)으로 계산될 수 있다.

② 측정기준 적용사례 2

송도건설㈜이 수주한 공사를 완성한 이후에 하자보수를 한 번(1,000,000원 소요)에 그칠 확률이 10%이고 2회(1,500,000원)에 걸쳐 하자보수할 확률이 20%, 3회(1,700,000원)가 50%, 4회 이상(2,000,000원)이 20%이라면, 충당부채는 발생확률이 압도적으로 가장 높은 단일추정금액인 1,700,000원으로 설정할 수 있다. 그러나 수주한 공사를 완성한 이후에 하자보수를 한 번(1,000,000원 소요)에 그칠 확률이 30%이고 2회(1,500,000원)에 걸쳐 하자보수할 확률이 25%, 3회(1,700,000원)가 25%, 4회 이상(2,000,000원)이 20%이라면, 하자가 발생하여 하자보수를 하여야 하는 경우에 1,000,000원을 지출하여 단 한 번에 하자보수를 완전하게 완료할 확률이 가장 높다고 하더라도 충당부채는 1,000,000원보다 더 큰 금액으로 설정하여야 한다.

2) 현재가치 계산

화폐의 시간가치로 인하여 동일한 금액이라도 보고기간 후에 즉시 지급하는 충당부채의 부담이 더 늦게 지급하는 충당부채에 비하여 더 크다. 따라서 그 차이가 중요한 경우에는 현재가치로 평가한 금액으로 충당부채를 인식한다. 할인율은 부채의 특유위험과 화폐의 시간가치에 대한 현행 시장의 평가를 반영한 세전이율이다.

예제 12-4

충당부채 측정과 현재가치

KS자원개발㈜은 해저석유채굴 프로젝트를 수행하고 있다. 20×1년 1월 1일 현재 유정굴착장치를 제거하고 원상복구하는 경우에는 복구원가로서 노무비 ₩131,250, 장비사용 및 간접비 ₩105,000, 정상이윤 ₩47,250 등 총 ₩283,500이 지출될 것으로 예상된다. 한편, 이 석유채굴 계약기간은 10년간이다. 이 경우 현재가치에 의하여 충당부채로 인식하여야 할 금액은 다음과 같이 산정할 수 있다.

	현금흐름(원)
- 예상 노무비 지출액	₩131,250
- 장비사용 및 간접비	105,000
- 정상이윤	47,250
- 인플레이션을 고려하기 전의 예상 현금유출액	283,500
- 향후 10년간 물가상승률 4%의 승수[$(1+0.04)^{10}$]	1.4802
- 물가상승률을 반영한 후의 기대현금흐름	419,637
- 시장위험프리미엄(노무비, 원재료 수급변동 등을 고려 : 5%)	20,982
- 시장위험프리미엄 조정 후의 기대현금흐름	440,619
- 무위험이자율에 신용위험을 감안한 할인율 8.5%로 10년 기간에 대해 할인한 현재가치	₩194,879

(금액 단위 : 원)

연도	기초충당부채	할인율*	당기비용	기말충당부채
20×1	₩194,879	8.5%	₩16,565	₩211,444
20×2	211,444	8.5%	17,973	229,417
:	(이하 생략)			
2×10	406,100	8.5%	34,519	440,619

* 매 보고기간 말 충당부채의 평가시 할인율의 추정치가 변동하였다면 이를 반영하여야 한다(현행할인율 적용).

위 사례에서 20×1년 초 및 20×1년 말에 필요한 회계처리는 각각 다음과 같다.

20×1. 1. 1. :

(차) 복구충당부채전입액	194,879	(대) 복구충당부채	194,879

20×1. 12. 31. :

(차) 이자원가	16,565	(대) 복구충당부채	16,565

1.4 충당부채의 변동 및 사용

충당부채는 매 보고기간 말마다 그 잔액을 검토하고, 보고기간 말 최선의 추정치를 반영하여 증감조정한다. 이 경우 당해 충당부채의 현재가치 평가에 사용한 할인율이 변동되었다면 변동된 할인율을 적용한다(현행할인율 적용). 충당부채를 현재가치로 평가하여 표시하는 경우에는 장부금액을 기간 경과에 따라 증가시키고 해당 증가 금액은 이자원가(당기비용)로 인식한다. 의무이행을 위하여 경제적 효익이 내재된 자원이 유출될 가능성이 더 이상 높지 않은 경우에는 관련 충당부채를 환입한다. 이 경우 장부금액을 기간 경과에 따라 증가시키는 장부금액 증가액(예 : 이자원가)과 충당부채의 감소에 따른 충당부채환입액은 서로 성격이 다르므로 상계하지 않고 총액으로 표시한다.

충당부채는 최초인식과 관련 있는 지출(당초 충당부채에 관련된 지출)에 대해서만 사용한다. 당초에 다른 목적으로 인식된 충당부채를 어떤 지출에 대하여 사용하게 되면 재무제표에 두 사건의 영향이 적절하게 표시되지 않기 때문이다.

예제 12-5

충당부채의 변동

해저석유채굴 프로젝트를 수행하고 있는 KS자원개발㈜의 복구원가에 관한 자료는 위의 〈예제 12-4〉와 동일하다. 회사는 20×2년 말 신기술의 개발효과를 반영하여 2×10년 말에 유정의 복구를 위하여 지출될 것으로 예상되는 추정 현금흐름을 ₩419,637으로부터 ₩390,000으로 하향조정하였다. 또한, 20×2년 말의 할인율을 연 8.5%로부터 8%로 조정하였다.

[물음] 위의 충당부채 변동을 기록하기 위한 회계처리를 제시하라.

풀이

20×2년 말까지의 이자원가 인식 :

(차) 이자원가	17,973	(대) 복구충당부채	17,973

위의 회계처리 결과 복구충당부채의 잔액은 ₩229,417이 된다. 그러나 회사는 추정 현금흐름과 할인율을 하향조정하였으므로 새로운 복구충당부채 잔액은 ₩210,705(= ₩390,000/$(1.08)^8$)으로 계산된다. 그러므로 충당부채 잔액의 변동액을 반영하기 위한 회계처리는 다음과 같다.

20×2년 말의 충당부채 변동을 반영한 회계처리 :

(차) 복구충당부채	18,712	(대) 복구충당부채환입*	18,712

* 이 복구충당부채환입액은 동일시점에 인식한 이자원가와 상계하지 않는다. 참고로 20×3년 말에 인식할 이자원가는 ₩16,856(=₩210,705 × 0.08)이다. 만일 20×3년 말에 복구충당부채 잔액을 재검토하여 20×2년 말과는 달리 추정 현금흐름이 상향조정된다면 복구충당부채를 증액하고(대기) 동일한 금액의 복구충당부채전입액을 인식한다(차기).

1.5 충당부채의 인식 및 측정기준 적용사례 : 경품충당부채

최근에 많은 기업들이 판매촉진을 위하여 고객에게 다양한 형태(포장용 상자에 인쇄된 경품권, 쿠폰, 경품증명 등)의 경품권을 제공하고 있다. 제품구매시점 이후 일정 기간 내에 이 경품권의 일정 수량을 제출하는 고객에게 기업은 수저, 프라이팬이나 주유권 등의 형태로 별도의 경품을 제공하거나 또는 고객 제품을 추가매입할 경우 할인을 제공하기도 하고 심지어는 현금을 직접 지급하기도 한다.[25] 경품권의 제공은 판매시점과 동시에 이루어지지만 실제로 경품을 지급하기 위한 지출은 후속기간에 이루어진다. 이러한 경품매출에서도 충당부채가 발생한다. 즉, 기업이 고객에게 경품을 제공하는 활동은 매출을 증대하려는 노력(판매촉진행위)이고 이러한 활동에는 당연히 미래 기간에 경제적 효익이 내재된 자원의 유출이 수반되나 고객에게 배부한 경품권이 반드시 모두 회수된다는 보장이 없으므로 이는 확정부채가 아닌 충당부채에 해당한다. 따라서 매출이 이루어지는 기간의 보고기간 말에 아직 회수되지 않은 경품권에 대해서 충당부채를 인식해야 한다. 다음의 <예제 12-6>을 통해 이 문제를 구체적으로 살펴보자.

예제 12-6

경품충당부채

12월 결산법인인 파리과자점㈜은 2×14년 7월 1일에 어린이용 쿠키박스를 신제품으로 출시하고 신제품 발매를 촉진하기 위하여 쿠키박스 1단위에 1장의 경품권을 담아 2×14년 12월 31일까지 총 10,000단위를 판매하였다. 경품권 5개를 모아서 제출하는 고객에게는 어린이 장난감을 제공하며 경품권의 유효기간은 1년이다. 쿠키박스 1단위의 판매가격은 ₩5,000이며, 경품권과 교환으로 제공하는 장난감의 취득원가는 개당 ₩250이다. 파리과자점㈜은 경품제공을 위해 장난감을 1,600개를 구입하였고, 경품권의 회수율은 70%로 추정하고 있다. 2×14년 12월 31일까지 회수된 경품권은 4,000장이다.

[물음] 위의 쿠키박스 매출과 경품재고의 매입, 경품권 회수 및 2×14년 12월 31일에 필요한 회계처리를 제시하라.

풀이

2×14년 7월 1일~12월 31일 쿠키박스 매출 :

(차) 현 금	50,000,000	(대) 매 출	50,000,000

25) 이를 cash rebate라고 한다.

2×14년 경품교환을 위한 장난감 구입 :

(차) 재고자산	400,000*	(대) 현　금	400,000

* 1,600개 × ₩250

2×14년 12월 31일까지의 경품권 회수 :

(차) 경 품 비	200,000**	(대) 재고자산	200,000

** 4,000/5 × ₩250

2×14년 12월 31일의 경품충당부채 인식 :

(차) 경 품 비	150,000***	(대) 경품충당부채	150,000

*** 쿠키박스 판매량 10,000개에 대해 발행된 경품권은 총 10,000장이고, 이 중 70%인 7,000장이 회수될 것으로 추정된다. 2×14년 12월 31일까지의 회수된 경품권이 4,000장이며 나머지 3,000장은 2×15년에 회수될 것으로 추정되므로 이와 교환으로 고객에게 제공될 장난감은 총 600개로 추정된다. 이에 대해 설정해야 할 경품충당부채는 ₩150,000(=600개 × ₩250)이다.

2. 우발부채 및 우발자산

재무회계에서 '우발'이라는 용어는 과거사건은 발생하였으나 기업이 전적으로 통제할 수 없는 하나 또는 그 이상의 불확실한 미래사건의 발생 여부에 의하여서만 그 존재 여부가 확인되는 잠재적인 의무(부채) 또는 미래의 효익(자산)을 의미한다. 충당부채도 그 결제에 필요한 지출의 시기나 금액이 불확실하므로 일반적인 의미로는 우발적이라고 할 수 있다. 그러나 K-IFRS에서는 기업이 전적으로 통제할 수 없는 불확실한 미래사건의 발생 여부에 의해서만 자산이나 부채의 존재가 확인되기 때문에 재무제표에 자산이나 부채로 인식할 수 없는 경우에 한정하여 '우발'이라는 용어를 사용한다. 따라서 우발적이라는 점에서 충당부채와 우발부채는 본질적으로 유사하지만 K-IFRS에서는 부채의 인식기준을 충족하지 못하기 때문에 (충당)부채로 인식하지 않는 경우에 한정하여 '우발부채'라는 용어를 사용한다.

구체적으로 우발부채는 다음 ㈎ 또는 ㈏의 이유 때문에 재무상태표에 **부채로 인식하지 않고** 주석으로만 기재한다.

㈎ 경제적 효익을 갖는 자원의 유출을 초래할 현재의무가 있는지의 여부가 아직 확인되지 않은 잠재적 의무이다.

표 12-4 충당부채와 우발부채의 인식

인식 및 공시 / 자원의 유출가능성	재무상태표에 인식 여부	공시 여부
자원이 유출될 가능성이 높은 현재의무가 있는 경우	충당부채로 인식	충당부채에 대한 주석공시
자원의 유출을 초래할 현재의무가 있는지의 여부가 아직 확인되지 않은 잠재적 의무	충당부채로 인식하지 않음	우발부채로 주석공시
현재의 의무가 존재하지만 의무를 이행하기 위하여 경제적 효익을 갖는 자원이 유출될 가능성이 높지 않거나 당해 금액을 신뢰성 있게 추정할 수 없는 현재의무	충당부채로 인식하지 않음	우발부채로 주석공시
자원이 유출될 가능성이 아주 낮은(희박한) 잠재의무 또는 현재의무가 있는 경우	충당부채로 인식하지 않을 뿐만 아니라 우발부채로서의 주석공시도 불필요	주석공시하지 않음

(나) 현재의무이지만 당해 의무를 이행하기 위하여 경제적 효익을 갖는 자원이 유출될 가능성이 높지 않거나 당해 금액을 신뢰성 있게 추정할 수 없어서 충당부채의 인식기준을 충족하지 못한다.

'우발부채'는 부채로 인식하지 않기 때문에 재무상태표 본문에 표시하지 않지만, 우발부채에 대해 주석에 기재하는 경우 최선의 추정치를 결정하여야 하고 최선의 추정치를 결정할 수 없다면 발생가능한 금액의 일정범위를 기재할 수 있다.

한편 '우발자산'은 과거사건이나 거래의 결과로 발생할 가능성이 있으며 기업이 전적으로 통제할 수 없는 하나 또는 그 이상의 불확실한 미래사건의 발생 여부에 의하여서만 그 존재 여부가 확인되는 잠재적 자산을 말한다. 즉, 우발자산은 미래의 예측이나 예상을 할 수 없는 사건에 의하여 자원의 유입가능성이 있게 되는 경우와 관련된다. 예를 들면, 기업이 손해배상청구소송을 제기하였으나 그 결과가 불확실한 경우는 우발

표 12-5 우발자산의 인식

구 분	경제적 효익의 유입이 거의 확실시 되는 경우	경제적 효익의 유입이 거의 확실시 되지는 않으나 경제적 효익의 유입가능성이 높은 경우(50% 초과)	경제적 효익의 유입가능성이 높지 않은 경우
자산의 인식 여부	자산으로 인식 (우발자산이 아님)	자산으로 인식하지 않음	자산으로 인식하지 않음
공시 여부	-	주석공시	주석공시하지 않음

자산에 해당한다.

우발자산은 전혀 실현될 수 없는 이익을 인식하게 되는 결과를 초래할 수 있기 때문에 미래에 확정되기까지 자산으로 인식하지 않는다. 그러나 상황변화로 인하여 이익의 실현이 거의 확실하게 된 경우는 더 이상 우발자산이 아니므로 자산으로 인식한다. 따라서 우발자산과 관련된 상황변화가 재무제표에 적절하게 반영될 수 있도록 계속적으로 그러한 상황변화를 검토하여야 한다. 만약 상황변화로 인하여 자원이 유입될 것이 확정된 경우에는 그러한 상황변화가 발생한 기간에 관련 자산과 이익을 인식한다. 한편 우발자산은 경제적 효익의 유입가능성이 높은 경우에만 공시(주석에 기재)한다.

보론 상품권의 회계처리

선수금은 일반적 상거래에서 매매계약을 체결하고 거래 당사자인 매입자가 매매대금의 일부나 전부를 제공하였으나 판매기업이 이 대금을 받고 아직 재화나 용역을 제공하지 않은 경우에 판매기업에게 발생하는 부채항목이다. 선수금이 발생하는 대표적인 거래로는 상품권의 발행과 교환이 있다. 특히 주요 백화점에서는 상품권 거래가 매우 빈번히 일어나고 있으며 액면가에 비해 할인되어 발행되고 거래되는 경우가 많다. 이와 같은 상품권 거래와 관련된 회계주제는 다음과 같다.

★

(1) 매출수익의 인식시점
(2) 상품권을 할인판매한 경우의 회계처리방법
(3) 상품권의 잔액환급시 회계처리방법
(4) 장기 미회수 상품권의 회계처리방법

「기업회계기준 등에 관한 해석 35－37」은 상품권에 대한 회계처리 지침을 다음과 같이 제시하고 있다.

(1) **매출수익의 인식시기** : 매출수익은 상품권을 회수한 때, 즉 물품 등을 제공하거나 판매한 때에 인식하며 상품권 판매시는 선수금(상품권선수금계정 등)으로 기록한다.

(2) **상품권의 할인판매시 회계처리** : 상품권을 할인판매한 경우에는 액면금액 전액을 선수금으로 계상하고 할인액은 상품권할인액계정으로 하여 동 선수금계정에서 차감하는 형식으로 표시하며, 상품권할인액은 추후 물품 등을 제공하거나 판매한 때 매출에누리로 대체한다.

(3) **상품권의 잔액환급시 회계처리** : 물품상품권 또는 용역상품권의 물품 또는 용역의 제공이 불가능하거나 지체됨으로 인하여 현금으로 상환하여 주는 경우 또는 금액상품권의 물품 등을 판매한 후 잔액을 환급하여 주는 경우에는 현금을 상환하는 때 또는 물품판매 후 잔액을 환급하여 주는 때에 선수금과 상계한다.

(4) **장기 미회수 상품권의 회계처리** : 상품권의 유효기간이 경과하였으나 상법상의

소멸시효가 완성되지 않은 경우에는 유효기간이 경과된 시점에서 상품권에 명시된 비율(즉, 현금, 물품 또는 용역을 상환 또는 제공하겠다는 비율을 제외하고)에 따라 수익(영업외수익)으로 인식함을 원칙으로 하고, 상법상의 소멸시효가 완성된 경우에는 소멸시효가 완성된 시점에서 잔액을 전부 수익(영업외수익)으로 인식한다.

예제 12-7

상품권의 회계처리

12월 결산법인인 쁘랭땅백화점㈜은 20×9년 1월 1일에 1매당 액면금액 ₩10,000인 상품권 100매를 1매당 ₩9,000에 할인발행하였다. 상품권의 유효기간은 발행일로부터 6개월이며 유효기간 내에 현금상환을 요구하는 상품권에 대해서는 액면의 90%를 현금으로 상환해주는 조건이다. 또한 유효기간이 경과하였으나 상법상의 소멸시효가 완성되지 않은 경우에는 유효기간이 경과된 시점에서 상품권 액면의 50%를 현금으로 상환한다. 20×9년 6월 30일까지 총 80매의 상품권이 회수되었으며, 10매에 대해서는 고객의 요구에 따라 현금으로 상환하였다. 상법상의 소멸시효 시점(상품권 발행시점 이후 3년으로 가정)까지 나머지 10매 중 7매가 회수되었고 3매는 회수되지 않았다.

[물음] 위의 쁘랭땅백화점㈜의 상품권 거래와 관련하여 ① 20×9년 1월 1일 상품권 발행시점 ② 유효기간 전 상품권의 회수 및 현금상환 ③ 20×9년 6월 30일 상품권의 유효기간 만료시점 ④ 상법상의 소멸시효 경과시점에 각각 필요한 회계처리를 제시하라.

풀이

• 20×9년 1월 1일 상품권 발행 :

(차)	현 금	900,000	(대) 상품권선수금	1,000,000
	상품권할인액	100,000		

• 20×9년 6월 30일까지의 상품권 회수 :

(차)	상품권선수금	800,000	(대) 매 출	800,000
	매출에누리	80,000	상품권할인액	80,000

• 20×9년 6월 30일까지의 상품권에 대한 현금상환 :

(차)	상품권선수금	100,000	(대) 현 금	90,000*
			상품권할인액	10,000

* 10매 × ₩9,000

• 20×9년 7월 1일의 유효기간 경과시점 :

(차) 상품권선수금	50,000**	(대) 상품권기간경과이익	40,000
		상품권할인액	10,000

** ₩10,000 × 10매 × 50%, 상품권할인액 계정잔액은 유효기간 경과시점에 모두 제거한다.

• 2×12년 7월 1일 소멸시효 경과 이전 상품권의 회수 :

(차) 상품권선수금	35,000***	(대) 현 금	35,000

*** ₩10,000 × 7매 × 50%

• 2×12년 7월 1일 소멸시효 경과시점 :

(차) 상품권선수금	15,000****	(대) 상품권기간경과이익	15,000

**** ₩10,000 × 3매 × 50%

EXERCISES

연습문제

서술형

1. K-IFRS에 규정하고 있는 부채의 개념정의 및 부채의 인식기준에 대해 설명하라.
2. 부채의 측정에 사용될 수 있는 측정속성(기준)으로서는 (1) 역사적 현금수취액, (2) 공정가치, (3) 기업특유가치, (4) 상각후원가, 그리고 (5) 이행가치의 다섯 가지 종류를 들 수 있다. 이들 각각에 대해 간략히 설명하라.
3. 금융부채의 개념정의와 금융부채의 분류에 대해서 논하라.
4. 금융부채와 지분상품의 구분기준에 대해서 설명하라.
5. 금융부채의 분류와 분류에 따른 최초측정과 후속측정에 대해서 설명하라.
6. 영업활동에서 발생하는 금융부채인 단기매입채무와 장기매입채무의 측정문제를 비교・설명하라.
7. 사채의 발행시점의 회계처리를 설명하되 유효이자율 개념과 연결하여 논하라.
8. 사채가 할인발행되었을 경우 시간의 경과에 따라 사채의 순장부금액이 증가한다. 그 이유와 회계처리방법을 설명하라.
9. 사채가 할증발행되었을 경우 시간의 경과에 따라 사채의 순장부금액이 감소한다. 그 이유와 회계처리방법을 설명하라.
10. 사채권면상의 발행일 이후 사채가 발행(중도발행)된 경우 발행시점의 회계처리에 대해 설명하라.
11. 사채의 조기상환의 회계처리에 대해 설명하라.
12. 장기차입금의 측정속성은 상각후원가이다. 상각후원가의 측정에 대해 설명하라.
13. 충당부채와 우발부채의 개념을 비교・설명하라.
14. 충당부채의 인식기준에 대해 간략히 설명하라.
15. 미래 예상되는 영업손실이 충당부채에 해당하지 않는 이유를 설명하라.
16. 충당부채의 측정기준에 대해 설명하라.

주관식

01. 남양산업㈜은 20×7년 1월 1일 필요자금을 조달할 목적으로 5년 만기, 액면 ₩5,000,000의 회사채를 발행하였다. 연 8%의 액면이자는 매 연도 말에 지급되며 액면액은 만기일에 지급된다. 사채 발행시점의 시장이자율은 6%였으며, ₩216,227의 사채발행비가 발생하였다.

① 20×7년 1월 1일 남양산업㈜의 회사채 발행시점의 회계처리와 ② 20×7년 12월 31일 첫 번째 액면이자 지급시점의 회계처리를 보여라.

02. 대구정밀㈜은 20×7년 1월 1일 사채를 발행하고 사채발행가액에서 사채발행비 ₩25,248을 제외한 나머지 금액으로 건물을 구입하였다. 사채의 액면금액은 ₩1,000,000, 표시이자율은 연 4%, 이자지급일은 매년 12월 31일이고 만기는 20×9년 12월 31일이다. 사채발행일의 시장이자율은 6%이었다. 대구정밀㈜은 건물 취득의 대가로 발행한 사채에 대하여 유효이자율법을 이용하여 이자비용을 인식하고 있다. 사채의 현재가치 계산에 필요한 현재가치표는 다음과 같다(현가계수는 주어진 자료를 사용할 것).

할인율 \ 기간	정상연금 ₩1의 현재가치			단일금액 ₩1의 현재가치		
	1년	2년	3년	1년	2년	3년
6.0%	0.9434	1.8334	2.6730	0.9434	0.8900	0.8396
6.5%	0.9389	1.8206	2.6484	0.9389	0.8817	0.8278
7.0%	0.9346	1.8080	2.6243	0.9346	0.8734	0.8163

대구정밀㈜이 20×7년 1월 1일(사채발행시점), 20×7년 12월 31일 및 20×8년 12월 31일에 위의 사채거래를 기록하기 위한 회계처리를 제시하라. (2007년 KCPA 1차 시험 수정)

03. 대전산업㈜은 액면금액 ₩100,000, 액면이자율 연 5%, 만기 3년, 매년 12월 31일 1회 이자지급의 조건으로 사채를 발행하였다. 이 사채의 액면에 기재된 발행일은 20×7년 1월 1일이지만 대전산업㈜이 동 사채를 실제로 발행한 것은 20×7년 4월 1일이었다. 20×7년 4월 1일 현재 대전산업㈜이 발행한 사채와 동일한 위험수준을 갖는 다른 회사의 사채가 시장에서 연 8%의 할인율로 거래되고 있으며, 편의상 사채발행비는 없었다고 가정한다. 만일 대전산업㈜이 20×7년 1월 1일에 사채를 발행하였다면 ₩92,269의 현금을 수취하였을 것이다.

대전산업㈜이 20×7년 4월 1일(실제 발행일) 및 20×7년 12월 31일에 수행할 회계처리는 무엇인가? (단, 소수점 첫째자리에서 반올림) (2007년 KCPA 1차 시험 수정)

04. 한국시멘트㈜는 액면금액 ₩1,000,000(표시이자율 : 연 5%, 이자지급일 : 매년 12월 31일, 만기 3년)인 사채를 2×14년 1월 1일에 발행하였다(사채발행비는 ₩0). 발행 당시 시장이자율은 연 4%이었으며, 2×14년 12월 31일 연 6%, 2×15년 12월 31일 연 5%로 변동하였다. 이 회사는 유효이자율의 변동으로 2×15년 12월 31일 현금 ₩1,000,000을 지급하고 사채를 상환하였다.

한국시멘트㈜가 2×14년 1월 1일의 사채발행, 2×14년 12월 31일의 첫 번째 액면이자지급, 2×15년 12월 31일의 두 번째 액면이자지급 및 사채의 상환을 기록하기 위한 회계처리를 보여라. (현가계수는 주어진 자료를 사용하고, 계산금액은 소수점 첫째자리에서 반올림할 것) (2005년 KCPA 1차 시험 수정)

현가계수표

할인율 / 기간	단일금액(기말 지급)			정상연금		
	4%	5%	6%	4%	5%	6%
1	0.96154	0.95238	0.94340	0.96154	0.95238	0.94340
2	0.92456	0.90703	0.89000	1.88610	1.85941	1.83340
3	0.88900	0.86384	0.83962	2.77510	2.72325	2.67302

05. 동화㈜는 20×8년 1월 1일에 액면금액 ₩3,000,000, 표시이자율 6%, 3년에 걸쳐 매년말 이자지급과 원금 ₩1,000,000씩을 상환하는 연속상환사채를 발행하였다. 단, 사채발행시의 유효이자율은 8%이고 사채발행비는 없다고 가정한다. 또한 모든 계산금액은 소수점 첫째자리에서 반올림하며, 이 경우 약간의 오차가 나타날 수 있다.

동화㈜가 20×8년 1월 1일에 발행한 사채의 가격은 얼마인가? (2009년 KCPA 1차 시험 수정)

현가표

할인율	단일금액 ₩1의 현재가치			정상연금 ₩1의 현재가치		
	1년	2년	3년	1년	2년	3년
6%	0.9434	0.8900	0.8396	0.9434	1.8334	2.6730
8%	0.9259	0.8573	0.7938	0.9259	1.7833	2.5771

06. JKS㈜는 20×7년 12월 31일 한 컴퓨터 판매회사로부터 워크스테이션을 구입하고 ₩40,000,000의 무이자부어음을 발행하였다. 이 무이자부어음의 만기는 2×10년 12월 31일이며, 이날 어음의 액면을 전액 상환하는 조건이다. JKS㈜와 동일한 신용등급의 기업이 발행한 동일한 조건의 어음에 적용되는 할인율은 연 10%이다. 취득한 워크스테이션의 내용연수는 5년, 잔존가치는 ₩5,000,000으로 추정되었다. JKS㈜는 이 워크스테이션을 원

가모형에 의해 회계처리한다.

① 20×7년 12월 31일의 워크스테이션의 취득 거래를 기록하기 위한 분개 ② 위의 거래에 적용되는 20×8년 12월 31일의 기말수정분개 및 ③ 위의 거래에 적용되는 20×9년 12월 31일의 기말수정분개를 보여라.

07. 남양화장품㈜은 2×10년 1월 1일 제조용기계를 구입하였는데 현금 ₩40,000,000을 즉시 지불하고 액면 ₩90,000,000의 무이자부어음을 거래상대방에게 발행하였다. 이 무이자부어음의 상환조건은 ₩30,000,000을 매 기간 말 3번에 걸쳐 지불하는 것이다. 무이자부어음에 내재된 유효이자율은 연 8%이다.

① 2×10년 1월 1일의 제조용기계의 취득 거래를 기록하기 위한 분개 ② 2×10년 12월 31일 무이자부어음과 관련된 거래를 기록하기 위한 분개 ③ 2×11년 12월 31일 무이자부어음과 관련된 거래를 기록하기 위한 분개를 보여라.

08. 다음은 JC㈜가 20×8년 기초에 발행한 사채와 관련된 자료이다.

- 액면금액 : ₩3,000,000
- 발 행 일 : 20×8년 1월 1일
- 만 기 일 : 발행 후 3년
- 표시이자율 : 연 8% 매년 말 지급
- 발행시 유효이자율 : 연 10%

할인율	단일금액 ₩1의 현재가치			정상연금 ₩1의 현재가치		
	1년	2년	3년	1년	2년	3년
8%	0.9259	0.8573	0.7938	0.9259	1.7833	2.5771
10%	0.9091	0.8264	0.7513	0.9091	1.7355	2.4868

사채발행차금을 유효이자율법으로 회계처리하는 JC㈜가 20×9년 3월 31일에 상기 사채를 ₩3,150,000(미지급이자 포함)에 매입하였다면, 사채상환손실은 얼마인가? 또한 사채상환 시점의 회계처리를 보여라. 단, 모든 계산금액은 소수점 첫째자리에서 반올림한다. (2009년 KCPA 1차 시험 수정)

09. 동국산업㈜은 소프트웨어의 도용혐의로 인해 피소되어 있는 상태이다. 법률전문가들에 따르면 동국산업㈜은 소송에서 패소할 가능성이 높다고 한다. 이러한 상황을 감안하여 다음과 같이 추정하였다.

- 가장 가능성이 높은 상황(60%)은 2년간에 걸쳐 ₩1,000,000을 손해배상으로 지급하는 것이다.

• 가장 양호한 상황(30%)은 1년간에 걸쳐 ₩500,000을 손해배상으로 지급하는 것이다.
• 가장 불리한 상황(10%)은 3년간에 걸쳐 ₩2,000,000을 손해배상으로 지급하는 것이다.
  적용되는 할인율은 5%이다.

위의 손해배상과 관련하여 20×7년 보고기간 말 현재 동국산업㈜이 인식해야 할 충당부채는 얼마인가?

10. 다음 물음에 답하라.

(1) 남양해양개발㈜은 외국의 해양석유광구 개발권을 확보하였는데 그 계약조건은 생산이 종료되는 시점에 남양해양개발㈜이 해양굴착장비를 완전히 제거하고 굴착한 유역의 해저를 복구하는 것이다. 이러한 궁극적인 복구비용의 90%는 굴착장비의 제거와 해저의 복구에 소요되며, 나머지 10%는 원유의 추출과 관련이 있다. 보고기간 말 현재 굴착장비는 건설되었으나 원유는 전혀 추출된 바 없다.

1) 남양해양개발㈜은 충당부채를 인식하여야 하는지 또는 당해 기간에 우발부채를 보고하여야 하는지를 설명하라.

(2) 어떤 유형자산은 통상적인 유지보수 이외에도 수년마다 대수선 또는 중요 부품의 교체를 위해 큰 금액의 지출을 필요로 한다. 안동제철㈜은 기술적인 이유로 인해 사용 중인 용광로의 내벽을 5년마다 교체하여야 하는데 20×9년 말 현재 운용중인 용광로의 내벽을 지난 3년간 사용하여 왔다.

2) 안동제철㈜은 위의 용광로의 내벽교체를 위한 예상지출에 대해 어떻게 회계처리하여야 하는가?

11. 성동완구㈜는 다음의 상황에 대한 회계처리를 하지 않은 상태이다.

• 경우 1 : 성동완구㈜는 계약위반 혐의로 협력사에 소송을 제기하였다. 성동완구㈜의 전담 변호사는 회사에 유리한 판결의 가능성이 매우 높다고 판단하고 있다. 회사는 지난 5년간 유사한 소송을 제기한 바 있다.

• 경우 2 : 20×7년에 성동완구㈜는 신제품A의 개발을 완료하고 이 신제품의 발매에 즈음하여 완구 한 박스마다 상품권 1매를 제공하였다. 고객이 이 상품권을 제시하면 성동완구㈜는 상품권 1매당 영화관람권 1매를 우송하며, 회사는 영화관람권 1매당 ₩5,000에 구입한다. 성동완구㈜는 10,000개의 신제품A를 발매하였으며 1개당 판매가는 ₩50,000이다. 과거의 경험에 근거하여 제공된 상품권 중 60%가 회수될 것으로 추정하고 있고, 실제로 20×7년 말까지

40%의 상품권이 회수되었다. 나머지 20%의 상품권은 후속연도에 회수될 것으로 추정되고 있다. 성동완구㈜는 상품권 회수에 대비하여 6,000매의 영화관람권을 미리 구입하였다.

• 경우 3 : 20×7년에 성동완구㈜는 또 다른 신제품B의 개발을 완료하고 이 신제품의 발매에 즈음하여 신제품A의 경우와 마찬가지로 완구 한 박스마다 상품권 1매를 제공하였다. 고객이 이 상품권을 제시하면 성동완구㈜는 상품권 1매당 영화관람권 1매를 우송하며, 회사는 영화관람권 1매당 ₩5,000에 구입한다. 성동완구㈜는 5,000개의 신제품B를 발매하였으며 1개당 판매가는 ₩60,000이다. 과거의 경험에 근거하여 제공된 상품권 중 35%가 회수될 것으로 추정하고 있고, 실제로 20×7년 말까지 회수된 상품권은 없다. 성동완구㈜는 상품권 회수에 대비하여 1,750매의 영화관람권을 미리 구입하였다. 그러나 20×7년의 추정과는 달리 20×7년 동안 고객에게 발매된 상품권 중 20×8년에 회수된 비율은 80%에 달한다. 성동완구㈜는 모자라는 영화관람권을 추가로 구입하여 고객에게 제공하였다.

당신이 공인회계사라면 각 경우에 대해 성동완구㈜에 권고할 20×7년 및 20×8년의 회계처리 내용은 무엇인가? 또한 당신이 권고한 회계처리의 근거를 설명하라.

12. 12월 결산법인인 충무제과㈜는 20×5년 1월 1일 판매촉진을 위하여 상품 1상자마다 경품교환에 사용할 수 있는 쿠폰 2개씩을 동봉하였다. 경품의 매입원가는 ₩1,500이며, 경품을 청구하기 위해서는 4개의 쿠폰과 ₩1,000의 현금을 제시하여야 한다. 20×5년 동안에 상품 10,000상자를 상자당 ₩2,000에 판매하였다. 회사의 과거 경험에 근거할 때 발행된 쿠폰의 40%가 회수될 것으로 추정되었으며, 이에 상당하는 양의 경품이 구매되었다. 20×5년 기간 중 총 500개의 경품이 쿠폰과 교환되었다.

충무제과㈜의 20×5년 말의 경품제공과 관련된 회계처리를 보여라. (2006년 KCPA 1차 시험 수정)

13. 제주㈜는 20×7년 12월 31일 재고자산을 ₩2,000,000에 판매하였다. 이러한 매출에 대하여 제주㈜는 1개월 내에 반품을 인정하고 있으며 이 중 5%가 반품될 것으로 예상하고 있다. 제주㈜의 매출원가율은 80%이며 반품이 될 경우 추가적인 비용이 ₩5,000 발생되고 반품된 재고자산은 50%만큼 손상이 발생할 것으로 예상된다. 단, 이 반품가능판매는 수익인식기준을 충족한다.

이 경우 제주㈜가 20×7년 12월 31일에 인식해야 하는 반품충당부채 금액은 얼마인가? 또한 충당부채를 인식하기 위한 회계처리를 보여라. (2007년 KCPA 1차 시험 수정)

14. 12월 결산법인인 동국전자㈜는 액면상의 발행일 20×1년 1월 1일, 액면 ₩3,000,000, 표시이자율 10%(매년 말 지급) 조건의 사채를 회사의 사정으로 인하여 3월 1일에 실제로 발행하였다. 사채의 만기는 20×3년 12월 31일이고 동국전자㈜와 동일한 신용등급의 기업이 발행하는 유사한 조건의 사채에 적용되는 시장이자율은 12%이다(편의상 사채발행비는 없다고 가정한다). 동국전자㈜는 20×3년 6월 30일 동 사채를 ₩3,050,000에 매입하여 상환하였다. (2003년 KCPA 2차 시험 수정)

1) 20×1년 3월 1일 발행시점의 회계처리를 제시하라.
2) 20×1년 12월 31일의 회계처리를 제시하라.
3) 20×3년 6월 30일 매입상환시의 회계처리를 제시하라.
4) 만일 20×3년 6월 30일 매입상환시 상환이익(손실)이 발생되었다면 이는 사채발행시의 시장이자율에 비해 상환시점의 시장이자율이 어떻게 변화되었는지를 기술하고 그 이유를 설명하라.

15. 다음은 12월 결산법인인 동국전자㈜의 20×9년 중 거래 및 상황에 대한 자료의 일부이다. (2004년 KCPA 2차 시험 수정)

(1) 동국전자㈜는 20×9년 1월 1일부터 20×9년 3월 말까지 PR 시리즈 전기압력밥솥을 10,000대 생산하여 대당 ₩100,000에 현금판매하였다. 판매보증기간은 2년이고, 판매보증비용은 판매가격의 2%로 예상하였다. 이 모델 전기압력밥솥의 결함이 20×9년 11월 발견되어 증기로 인한 화상피해를 방지하기 위하여 20×9년 12월 1일부터 리콜을 실시하고 있다. 동국전자㈜는 압력밥솥의 내솥을 무상으로 교체해주고 대당 ₩5,000의 사례금을 지급하고 있으며, 사례금을 제외한 내솥 교체비용으로 대당 ₩4,000이 소요되고 있다. 판매된 밥솥 중 90%의 리콜이 확실시 되고 있고, 20×9년 12월 31일까지 5,000대가 실제로 리콜에 응했다.

(2) 위에서 설명한 압력밥솥의 폭발로 인해 화상을 입은 고객 오상화 씨는 20×9년 12월 12일 동국전자㈜를 상대로 1억원의 손해배상소송을 제기하여 20×9년 12월 31일 현재 1심 재판이 계류 중이다. 이 소송은 회사가 패소할 가능성이 높고, 패소하는 경우 추정되는 손실(손해배상)은 최소 ₩40,000,000에서 최대 ₩60,000,000이다.

(3) 동국전자㈜의 이라크 현지 공장이 이라크 정부에 의해 수용될 가능성이 있다. 수용되는 경우 받게 되는 보상은 장부금액 50억원의 50%로 추정된다. 20×9년 12월 31일 현재 회사의 판단으로는 실제로 공장이 수용될 가능성은 불확실하다.

(4) 20×9년 7월 1일 동국전자㈜의 단양 공장이 태풍의 영향으로 건물이 침수되어 10억 원의 피해가 발생하였으나 이 피해는 전액 재해보험으로 처리되었다. 그러나 11월 1일 재해보험의 재계약 시점에 기존의 보험회사에서 이 공장이 상습 침수지대에 위치하고 있어 앞으로도 홍수피해가 예상된다며 재계약을 거부하였다. 따라서 20×9년 12월 31일 현재 홍수피해에 대한 보험은 미가입 상태에 있다.

1) 위의 (1) 상황과 관련하여 ① 밥솥 판매시점 분개 ② 리콜관련 분개 ③ 20×9년 12월 31일의 수정분개를 제시하라.
2) 위의 (2), (3) 및 (4) 상황에 대해 20×9년 12월 31일에 필요한 회계처리를 하거나 회계처리가 필요 없는 경우에는 그 이유를 설명하라.
3) 위의 (2), (3) 및 (4) 상황 중 재무제표의 주석으로 공시하여야 하는 상황과 주석공시의 기재내용을 기술하라.

자본회계

13

우리는 일상생활에서 자본이란 용어를 흔히 접하게 된다. 예를 들어, 자본이 부족하여 사업을 할 수가 없다고 할 때 여기서 자본은 현금과 거의 동일한 용어로 사용되며, 때에 따라서는 자본이 타인에게서 빌린 자금과 회사의 주주가 출자한 자금을 총칭한다. 그러나 회계학적으로 자본은 기업의 자산에 대한 소유주의 지분을 말하며 자기자본, 소유주지분, 잔여청구권, 순자산, 기업의 순장부가치 등 다양한 용어로 사용된다.

회계등식의 관점에서 자본을 해석하면 자본이란 회사가 보유한 총자산에 대한 소유주지분(owner's equity 또는 shareholder's equity)을 의미한다. 기업이 보유한 총자산 금액은 채권자의 몫과 소유주의 몫으로 구성되는데 자본은 바로 총자산에 대한 소유주의 몫을 나타내는 것이다. 또한 회계등식에 따르면 자본은 자산에서 부채를 차감한 금액이므로 순자산(net assets)이란 의미로 사용되기도 한다. 이는 곧 측정된 기업의 회계장부상의 가치를 나타낸다고 할 수 있다. 즉, 특정 기업을 구입하는 경우 얼마를 지급해야 하는지를 알고자 할 때 구입자는 기업의 자본총액을 알고자 한다. 그러나 장부상으로 기록된 금액은 GAAP에 따라 측정된 장부상의 기업가치를 나타낼 뿐이며 진정한 기업의 가치는 주식의 가치로 표현될 것이다. 재무관리 분야에서 종종 부채와 자본을 구분하지 않고 모두에 대해 자본이란 용어를 사용하는 경우가 있는데, 이때 부채는 타인자본이라 하고 자본은 자기자본이라 한다.

지금까지 우리는 자산 및 부채의 회계처리에 대해 살펴보았고 회계등식에 따라 자본은 자동적으로 자산총계와 부채총계의 차이로 결정되는 금액이므로 자본 자체의 측정은 본질적으로 단순하다. 자본회계에서는 상법을 비롯한 여러 가지 법적 환경에 의한 제약사항이 많으므로 자본과 관련하여 다양한 법적 용어가 사용되는데 이러한 용어를 중심으로 자본회계를 살펴보고자 한다. 특히 합명회사, 합자회사, 주식회사, 유한회사 등 지배구조의 법적 형태에 따라 자본회계는 조금씩 차이가 있으나 본 장은 GAAP의 적용을 받는 대표적인 회사형태인 주식회사의 자본회계에 대해 살펴보고자 한다.

제 1 절 주식회사 및 자본의 의의

1. 주식회사의 의의

앞에서 언급했듯이 자본은 자산과 부채가 측정되면 자동적으로 결정된다. 그러나 자본회계는 다양한 법적 요구사항에 의해 많은 제약을 받으며 이에 요구되는 공시사항이 많은 것이 특징이다. 먼저 주식회사가 갖는 몇 가지 특징을 살펴보면 다음과 같다.

첫째, 주식회사는 주식을 발행함으로써 일반대중으로부터 자금을 조달할 수 있다. 이러한 주식은 소액의 액면금액(par value)을 갖는 지분증권으로 일반대중이 쉽게 특정회사의 주식을 구입함으로써 그 회사의 소유주가 되며, 회사의 동의 없이도 이러한 주식을 자유롭게 양도할 수 있다. 예를 들어, 100주를 발행하고 있는 회사의 주식을 50주를 매입하면 이 회사의 50% 지분을 소유하는 것이 된다. 주식의 종류는 크게 보통주와 우선주로 구분되며 보통주(common stock)를 소유한 주주는 회사에 대해 다음의 권리를 갖는다.

① 지분비율에 따라 회사의 손익(배당)에 대한 권리를 행사할 수 있다.
② 지분비율에 입각하여 주주총회에서 의사결정 권한을 행사할 수 있다.
③ 회사가 청산할 때 지분비율에 비례하여 회사의 잔여자산에 대한 청구권을 행사할 수 있다.
④ 회사가 신주를 발행하는 경우 지분비율에 따라 새로운 주식을 인수할 우선권이 있다.

우선주(preferred stock)의 소유주는 일반적으로 보통주 주주가 갖는 권리 중에서 주주총회에 참석하여 경영 투표권을 행사할 수 있는 권리를 포기하고 대신에 배당을 우선적으로 받을 권리를 갖는 것이 일반적이다. 우선주도 그 계약 내용에 따라 전환우선주나 상환우선주와 같이 다양한 형태가 존재한다. K-IFRS에 따르면 주식인가 또는 채권인가와 같은 법적 형식이 중요한 것이 아니고 그 경제적 실질에 따라 우선주를 부채 혹은 자본으로 분류하도록 규정하고 있다. 예를 들어, 상환우선주(callable preferred stock)의 경우 우선주 보유자가 미래에 일정한 금액으로 상환을 청구할 수 있는 권리를 보유하는데, 이러한 경우에는 실질적으로 부채에 해당한다. 이런 경우 상환우선주는 부채로 분류하고 지급되는 배당금은 당연히 이자비용으로 회계처리 해야 할 것이다.

둘째, 회사의 주식을 소유한 주주는 회사에 대해 유한책임(limited liability)을 부담한다. 즉, 주주의 회사에 대한 책임한도는 무한한 것이 아니고 자기가 회사에 출자한 자금을 한도로 부담한다. 회사의 주식을 소유한 주주는 일반적으로 회사 청산시에 채권자 몫을 먼저 보상한 후 잔여금액에 대해서만 청구권을 가지므로 궁극적인 회사의 위험을 떠맡고 있다. 그러나 각 주주가 부담하는 책임은 자기의 개인재산에 대해서까지 부담할 필요가 없고 회사에 납입한 금액만 포기하면 그 책임이 끝난다. 보통주의 액면금액이 채권에 대한 최소한의 담보를 제공하는 것이다.

2. 자본의 의의

회계등식에 따르면, 다음에서 보는 바와 같이 자산과 부채가 측정되면 자본은 자동적으로 결정된다.

★

자본 총계 = 자산 총계 − 부채 총계

자본은 자산에서 부채를 차감한 순액을 나타내며 종종 순자산(net assets)이라 불리어진다. 자본이 나타내고자 하는 것은 기업자산에 대한 소유주의 몫이고 이는 곧 기업의 장부상가치(book value)를 나타낸다. 자본은 크게 납입자본과 벌어들인 자본으로 구분된다. 납입자본(contributed capital)이란 소유주가 회사에 출자한 금액을 뜻하며 자본금, 자본잉여금 및 자본조정 항목이 여기에 속한다. 납입자본은 회사를 설립할 때 소유주가 출자한 금액에서 출발하여 소유주가 추가출자를 하는 경우 증가하고 회사가 소유주에게 출자금을 돌려주는 경우 감소한다. 한편 벌어들인 자본(earned capital)이란 회사가 경제적 활동을 통해 벌어들인 이익 중에서 아직 소유주에게 분배되지 않은 금액을 말한다. 즉, 납입자본은 자본거래에서 발생하지만 벌어들인 자본은 수익을 창출하는 과정과 관련된 손익거래로부터 결과한다. 이러한 벌어들인 자본은 이익잉여금(retained earnings)과 기타포괄손익누계액(accumulated other comprehensive income)으로 구분된다. 벌어들인 자본은 회사가 비용을 초과하는 수익을 창출함에 따라 증가한다. 이러한 벌어들인 자본 중 이익잉여금은 기업의 소유주지분이므로 회사는 이를 소유주에게 배당의 형태로 돌려주는데, 배당을 하게 되면 이익잉여금이 감소한다. 이에 비해 기타포괄손익누계액은 손익거래의 결과로 발생한 벌어드린 자본에 해당하지만 그 성격이 미실현보유손익의 누계액이므로 배당이 금지된다.

일반적으로 자본은 자본금, 자본잉여금, 자본조정, 기타포괄손익누계액 및 이익잉여금으로 구분된다.

자본	구분	항목
자본	자본금	보통주자본금, 우선주자본금
	자본잉여금	주식발행초과금
		기타자본잉여금 : 감자차익, 자기주식처분이익
	자본조정	주식할인발행차금, 자기주식, 배당건설이자, 주식매수청구권, 출자전환채무, 감자차손, 자기주식처분손실 등
	기타포괄손익누계액	FVOCI측정금융자산평가손익누계액, 해외산업환산손익누계액, 재평가잉여금
	이익잉여금	법정적립금, 각종 임의적립금, 미처분이익잉여금(또는 미처리결손금)

자본금(contributed capital at par)은 크게 보통주자본금과 우선주자본금 계정으로 구성되며 여기에는 각 주식의 액면금액에다 발행주식수를 곱한 금액으로 기록된다. 이러한 자본금계정은 항상 액면금액을 기준으로 측정되며, 이것이 갖는 의미는 법적으로 기업이 유지해야 하는 최소법적자본금을 나타낸다. 상법에서 자본이란 바로 이러한 액면금액의 합계를 의미한다. 자본잉여금(additional paid-in capital 또는 paid-in capital in excess of par)이란 주주와의 자본거래에서 발생한 잉여금을 말하며 자본잉여금은 다시 주식발행초과금과 기타자본잉여금으로 구분된다. 예를 들어, 신주를 발행할 때 액면가가 5,000원인 주식 10주를 주당 6,000원에 발행하면 회사가 조달한 현금은 60,000원이며 이 중 50,000원은 자본금이 되고 주주로부터 받은 나머지 금액은 일종의 잉여금으로 해석하여 10,000원을 자본잉여금인 주식발행초과금으로 기록하는 것이다. 자본조정(capital adjustments)은 주주와의 거래에서 발생하는 자본의 변동항목으로서 자본금이나 자본잉여금에 속하지 않는 다양한 항목을 포함한다. 대표적인 자본조정 항

목은 자기주식이다. 기타포괄손익누계액(accumulative other comprehensive income)은 포괄손익 중에서 당기순손익에 포함되지 않는 기타포괄손익의 누적액을 말한다. 여기서 포괄손익이란 주주에 의한 투자 및 주주에 대한 분배가 아닌 거래나 회계사건으로 인하여 회계기간 동안 발생한 순자산의 총변동액을 말한다. 이러한 포괄손익을 보고하는 보고서가 포괄손익계산서이다. 기타포괄손익의 대표적인 항목이 FVOCI측정금융자산평가손익 및 해외사업장외화환산손익이다. 이익잉여금(retained earnings)은 위의 자본거래와는 달리 회사가 자산을 운용하여 벌어들인 기타포괄손익 이외의 당기손익의 누적액으로 회사 내에 현재 유보되어 있는 부분을 의미하며 법정적립금, 임의적립금, 미처분이익잉여금으로 구분된다.

제 2 절 주식의 발행 및 자본조달

상법에 따르면 주식회사가 설립되기 위해서는 발기인이 정관을 작성하고 정관에 필수적으로 회사가 발행할 주식의 총수를 기록하도록 되어 있는데, 이를 수권주식(authorized stock)이라 한다. 우리나라는 이처럼 정관에 회사가 발행할 수 있는 주식총수를 명시하는 수권자본제도를 채택하고 있다. 이러한 수권주식수의 범위 내에서 이사회의 결의에 따라 주식을 발행하는데, 발행된 주식수가 발행주식수(number of stock issued)가 된다. 한편 사외유통주식(stock outstanding)이란 주식이 발행되어 회사 밖에서 유통되고 있는 주식을 말하며, 일반적으로 발행주식은 사외에서 유통되는 것이 일반적이나 다음에서 학습할 자기주식(treasury stock)과 같은 특수한 상황으로 인해 발행주식수가 반드시 사외유통주식수와 일치하지는 않는다. 일반적으로 사외유통주식만이 앞에서 살펴본 주주로서의 권리를 행사할 수 있으며 배당을 받을 권리를 갖는다. 다음에서는 이러한 주식의 발행과 관련한 회계문제를 살펴보고자 한다.

1. 현금과의 교환을 통한 주식발행

일반적으로 주식회사가 설립될 때 회사는 수권주식수의 범위 내에서 주식을 발행한다. 만일 주식발행과 함께 현금이 즉시 입금되는 경우 회계는 간단하다. 예를 들어,

보통주 주식 1,000주(액면금액 : 5,000원)를 주당 시가 6,000원에 발행하고 이와 동시에 우선주(액면가 : 5,000원) 10주를 주당 5,500원에 발행하는 경우를 살펴보자. 앞에서 살펴보았듯이 주당 액면금액 5,000원은 경제적으로 큰 의미를 갖지 않으며, 단지 법적으로 회사가 유지해야 하는 최소자본금을 나타내므로 발행 당시의 시가는 액면금액과 다른 것이 일반적이다. 위의 경우 실제로 회사에 조달되는 현금은 보통주의 경우 주당 6,000원이고 우선주의 경우 주당 5,500원으로 이는 발행 당시의 시가이며 액면금액은 아니다. 우리나라에서는 상법상으로 최소법적자본금인 액면금액을 분리하여 보고하도록 요구하므로 다음과 같이 분개한다.

(차) 현　　금	6,055,000	(대) 보통주자본금	5,000,000
		우선주자본금	50,000
		주식발행초과금	1,005,000

위의 분개에서 알 수 있듯이 회사가 조달한 현금은 6,055,000원이고, 대변의 자본금은 각 주식의 액면금액에다 발행주식수를 곱한 금액이며 나머지는 주주와의 자본거래에서 발생한 잉여금이기 때문에 1,005,000원을 주식발행초과금이란 자본잉여금계정으로 기록한다. 주식발행초과금의 경우 자본금계정과는 달리 우선주와 보통주에 대한 주식발행초과금을 반드시 별도로 구분할 필요는 없다. 주식은 위의 예와 같이 액면금액보다 높은 시가로 발행되는 것이 일반적이며 원칙적으로 할인발행은 금지된다. 그 이유는 주식의 액면금액이 채권자를 위해 회사가 유지해야 할 최소법적자본금이므로 주식이 액면금액 이하로 발행되면 채권자에 대한 담보 능력이 저하되기 때문이다. 그러나 상법에 따르면 회사가 성립한 날로부터 2년이 경과한 후에 주주총회의 특별결의와 법원의 인가를 받는 경우 액면금액 미만의 금액으로 발행할 수 있다. 만일 법원의 인가를 받아 주식 10주(주당 액면금액 : 5,000원)를 주당 4,100원에 발행한 경우 다음과 같이 액면금액과 발행가액의 차이를 주식할인발행차금 계정에 기록한다.

(차) 현　　금	41,000	(대) 자본금	50,000
주식할인발행차금	9,000		

주식할인발행차금은 자본계정에 대한 차감계정의 성격으로 그 금액만큼 회사가 유지해야 할 최소법적자본금인 액면금액에 자본이 미치지 못하므로 이는 조기에 상각되어야 바람직하다. 이에 일반적으로 인정된 회계원칙은 주식발행초과금이 있는 경우 이

와 먼저 주식할인발행차금을 상계하고, 그래도 주식할인발행차금이 존재하는 경우 자본조정계정으로 분류하고 이익잉여금을 사용하여 3년 이내의 기간에 균등 상각하도록 규정하고 있다. 만일 이익잉여금이 없는 경우 다음 기로 이월하여 상각할 수 있다. 위의 예에서 이익잉여금이 있는 경우 주식할인발행차금을 3년 동안에 균등 상각한다면 다음과 같이 분개한다.

(차) (미처분)이익잉여금	3,000	(대) 주식할인발행차금	3,000

2. 청약에 의한 주식발행

앞에서 살펴본 바와 같이 주식발행과 동시에 현금이 교환되는 경우 주식발행에 대한 회계처리는 간단하다. 그러나 회사 설립 후 추가로 주식이 발행되는 경우나 최초로 증권거래소에 주식이 상장되는 경우, 먼저 일정 기간의 청약기간을 공시하여 투자자로부터 청약을 받고 청약증거금을 받은 후 청약경쟁률에 기초하여 발행할 주식을 안분하고 나머지 금액을 납입받는 청약에 의한 주식발행방식이 일반적으로 이용된다. 청약에 의한 주식발행에 대한 회계를 살펴보기 위해 다음의 예를 살펴보자.

예제 13-1

청약에 의한 주식발행

동국회사는 보통주 1,000주(액면금액 : 주당 ₩500)를 주당 ₩600에 발행하기로 하고 청약기간을 정하여 청약을 받았다. 주식 청약시 청약자는 발행가액의 5%를 증거금으로 지급해야 하며 총주식청약수는 10,000주이다. 청약을 받은 결과 청약경쟁률이 10 : 1이므로 청약주식주의 1/10을 각 청약자에게 배분하고 증거금을 초과하는 발행가액을 납입하도록 하였다. 청약계약에 따르면 납입의무를 지키지 못한 청약자의 증거금은 회사의 자산으로 귀속된다. 청약증거금 납입과 주식의 발행에 대해 분개하시오.

위의 예에 대한 회계처리를 살펴보기 위해 먼저 청약증거금을 받는 경우부터 살펴보자. 총주식청약수가 발행주식총수의 10배인 10,000주이고 회사가 받은 증거금은 6,000,000원의 5%인 300,000원이다. 이에 대한 회계처리는 다음과 같다.

(차) 현 금	300,000	(대) 주식청약증거금	300,000

위의 분개는 주식청약을 단지 부분적으로 이행된 계약으로 해석하여 증거금을 받은 부분에 대해서만 회계적 거래로 인식하고 이를 회계처리한 것이다. 위의 분개에서 주식청약증거금은 청약기간이 종료하면 주식발행을 통해 회사의 자본금이 될 계정이므로 재무상태표의 자본금계정에 가산되어야 하는데 이를 자본조정 항목으로 보고한다. 또한 주식청약증거금이 재무상태표에 표시되는 경우 주식의 발행주식수, 주금납입기일, 자본잉여금으로 계상될 금액을 주석에 충분히 공시하여야 한다.

청약자가 결정되고 청약자가 주금납입의무를 수행한 경우 다음과 같이 분개한다.

(차) 주식청약증거금	300,000	(대) 자본금	500,000*
현　금	300,000	주식발행초과금	100,000**

* 1,000주 × ₩500　　** 1,000주 × ₩100

만일 청약자가 납입의무를 이행하지 못하는 경우 청약증거금은 계약에 의해 회사의 자산으로 귀속되므로 포괄손익계산서의 자산수증이익으로 보고하여야 할 것이다. 예를 들어, 위의 계약에서 100주를 청약하여 10주를 배정받은 청약자가 납입의무를 이행하지 못한 경우 계약금으로 지급한 3,000원(=100주 × ₩600 × 0.05)은 다음의 분개에서와 같이 자산수증이익으로 기록된다.

(차) 주식청약증거금	3,000	(대) 자산수증이익	3,000

자산수증이익은 포괄손익계산서에 당기손익 항목으로 보고되어야 한다.

3. 현물출자에 의한 주식발행

현금 대신에 현물을 출자받고 이에 대해 주식을 발행하는 경우가 있다. 현행 K-IFRS에 따르면 취득한 자산의 원가는 그 대가로 제공된 주식의 공정가치로 한다고 규정하고 있다. 그러나 취득한 자산의 공정가치가 제공한 주식의 공정가치보다 명확한 경우에는 취득한 자산의 공정가치를 취득원가로 한다. 이러한 현물출자의 경우 발행한 주식의 시가와 수취한 현물의 공정가치 모두 결정하기 어려운 경우가 종종 발생할 수 있다. 예를 들어, 토지와의 교환으로 주식이 발행되는 경우 현물출자된 토지의 취득원가를 잘못 결정하면 혼수자본(watered stock)이나 비밀적립금(secret reserve) 등이 발생할 수 있다.

즉, 토지의 실제가치가 1억원인데 만일 공정가치를 8,000만원으로 평가하여 주식(액면가: 5,000원) 16,000주를 액면으로 발행하면 다음과 같이 분개될 것이다.

(차) 토 지	80,000,000	(대) 자 본 금	80,000,000

이 경우 토지의 실제가치가 1억원인데 장부상으로 자산이 8,000만원만 기록되므로 2,000만원의 은밀한 비밀적립금이 있는 것과 같게 된다. 반대로 토지를 1억 1,000만원으로 실제가치보다 높은 공정가액으로 평가하면 실제 회사 자산은 1억원이나 장부상으로 1억 1,000만원으로 기재되어 자본이 1,000만원 과대계상되므로 자본에 물을 탄 것과 같이 자본이 묽어지는 혼수자본의 현상이 발생한다.

4. 무상증자와 주식발행

지금까지 살펴본 주식발행은 회사에 자산이 실제로 유입되는 실질적 증자이다. 여기서는 주주로부터 아무 대가를 받지 않으면서 주식을 발행하는 무상증자에 대해 살펴본다. 무상증자란 회사에 자산의 유입 없이 주식을 발행하는 것으로 대표적인 형태가 자본잉여금을 자본전입함으로써 무상주를 발행하는 경우와 주식배당을 통하여 이익잉여금을 자본금으로 전환하는 경우이다. 무상증자는 총자본의 변화 없이 자본의 구성항목 간에 재분류하는 결과를 가져온다는 점에서 형식적 증자라고도 한다. 단지 자본금이 증가한다는 의미로 증자란 용어를 사용하므로 실질적 증자와 혼동해서는 안 된다. 주식배당에 대해서는 제4절에서 상세하게 논의하겠지만 주식배당을 하는 경우 이익잉여금이 줄어들고 주식발행을 통해 자본금이 동일한 금액만큼 증가하므로 회사의 총자산, 총부채, 총자본에 전혀 영향을 미치지 않고 단지 다음과 같이 자본의 구성항목을 변동시킬 뿐이다.

(차) (미처분)이익잉여금	×××	(대) 자 본 금	×××

5. 주식발행비의 회계

주식을 발행하기 위해서는 법률비용, 주식인수기관에 대한 수수료, 인쇄비 등 다양한 지출이 발생한다. 이러한 주식발행에 따른 비용이 주식발행비이다. 이러한 주식발행비는 주식발행에 따른 부대비용이므로 자산의 역사적원가 기준에 입각하여 해석하면 주식의 발행가액을 감소시키는 성격을 갖는다. 예를 들어, 주식 100주(주당 액면금액 : 5,000원)를 6,000원에 발행하고 주식발행에 따른 비용 50,000원이 발생한 경우를 살펴보자. 이 경우 주식납입금액은 600,000원이나 주식발행비로 50,000원이 지급되었으므로 회사에 실제로 유입된 현금액은 550,000원이다. 이러한 주식발행비는 조달된 실제 금액에서 차감하여야 한다. 따라서 다음과 같이 분개한다.

(차) 현 금	550,000	(대) 자본금	500,000
		주식발행초과금	50,000

이처럼 주식발행비를 납입자본의 감소로 해석하는 방법과 달리 주식발행비를 자산으로 취급하자는 주장이 있다. 이는 주식발행에 따른 부대비용의 지출이 자산성을 가지므로 일종의 자산으로 기재한 후 일정 기간 동안에 상각하자는 주장이다. 그러나 주식발행비의 자산성이 매우 의심스러우므로 자산인식법은 설득력이 약하며, K-IFRS에서는 이를 인정하지 않고 있다.

제 3 절 주식의 소각과 자기주식

1. 주식의 소각

회사가 자본을 줄이는 방법에는 시장에서 주식을 매입하여 소각시키는 방법이 있다. 이러한 자본의 감소는 채권자에 대해 최소한도로 유지해야 하는 법적자본을 감소시키기 때문에 일반투자자에게 상당히 민감한 사안이다. 이에 상법에서는 자본의 감소에 대해 정관변경의 특별결의를 요구하는 엄격한 절차를 규정하고 있다. 그러나 회사의 제품이 쇠퇴기에 접어들어 회사의 규모를 줄이거나 이월결손금을 보전하기 위한 목적으로 법적자본을 줄일 수 있는데 이를 감자라 한다. 이러한 감자도 증자와 마찬가지로 실질적 감자와 형식적 감자로 구분된다. 실질적 감자란 유상으로 주식을 매입하여 소각하는 감자형태를 말하며, 형식적 감자란 자본총계의 변동 없이 단지 자본의 구성항목을 재분류하는 것으로, 예를 들면 자본금을 감소시켜 이월결손금을 상각하는 경우가 여기에 해당한다.

1.1 실질적 감자(유상감자)

실질적 감자란 주식시장에서 주식을 매입하여 이를 소각시킴으로써 회사의 주주에게 출자한 자금을 실제로 돌려주는 것이다. 예를 들어, 회사가 자사의 발행주식 10주(액면금액 : 주당 5,000원)를 시장에서 주당 4,500원에 매입하여 이를 소각한 경우를 살펴보자. 이 경우 실제로 매입되어 소각된 주식의 발행 당시의 발행가액을 파악하여 처음 발생시의 분개를 역으로 분개하여야 하지만 이를 일일이 파악하는 것이 곤란하므로 얼마의 자본을 감소시켜야 할지 명확하지가 않다. 현행 GAAP은 액면금액을 발행 당시의 발행가액으로 해석하여 액면금액보다 더 낮은 가격으로 주식이 소각되면 그 차액을 감자차익으로 인식하도록 하고 있다.

★

감자차익 = 소각된 주식의 액면금액 - 소각된 주식의 매입가격

위의 예의 경우 주당 액면금액이 5,000원인데 소각을 위해 투자자에게 상환한 금액은 주당 4,500원이므로 주당 500원의 감자차익이 발생된다. 이러한 감자차익은 주주와의 거래, 즉 자본거래에서 발생한 차익이므로 이는 포괄손익계산서에 보고할 수 없고 감자차익이란 계정으로 자본잉여금 항목으로 보고한다. 따라서 위의 감자거래를 분개하면 다음과 같다.

(차) 자 본 금	50,000	(대) 현　　금	45,000
		감자차익	5,000

반대로 주식의 액면금액보다 높은 가격으로 주식을 매입하여 소각하는 경우 감자차손이 발생하는데 이것도 자본거래에서 발생하는 차손이므로 포괄손익계산서에 보고할 수 없고 재무상태표에 보고되어야 한다. 그러나 이러한 자본감소에 따른 차손은 자본의 또 다른 감소를 의미한다. 이러한 감자차손은 주식할인발행차금과 마찬가지로 이익잉여금의 처분을 통해 가능한 한 빨리 상각되어야 할 것이다. 현행 K-IFRS는 이러한 감자차손에 대해 명확하게 규정하고 있지 않다. 예를 들어, 주식 10주(주당 액면금액 : 5,000원)를 주당 6,000원에 취득하여 소각하는 경우의 분개를 살펴보면 다음과 같다.

(차) 자 본 금	50,000	(대) 현 금	60,000
감자차손	10,000		

위의 분개에서 만일 감자차익이 이미 기록되어 있다면 감자차익과 먼저 상계하고 나머지가 있는 경우 감자차손을 기록한다. 결산시에 이익잉여금이 있는 회사의 경우 이러한 감자차손은 미처분이익잉여금 처분을 통해 다음과 같이 상각되어야 한다.

(차) (미처분)이익잉여금	10,000	(대) 감자차손	10,000

1.2 형식적 감자(무상감자)

무상감자는 실질적으로 자본총계를 감소시키는 것이 아니고 자본의 구성항목인 자본금계정을 감소시켜 이를 이월결손금을 보전하는 데 사용하는 것과 같이 자본의 구성항목을 재구성하는 것이다. 즉, 자본의 구성항목 간의 재분류에 불과한 것으로 자본금을 감소시켜 이 금액으로 차변잔액을 갖는 이월결손금을 보전하는 형태가 대표적이다. 일반적으로 이러한 형식적 감자는 주주의 소유지분에 일정한 비율로 주식을 회수하여 자본금을 감소시키는 형태를 갖는다. 예를 들어, 이월결손금 45,000원을 보전하기 위해 발행주식총수의 10%인 10주(액면금액 : 5,000원)를 회수하여 자본금을 감소시키는 거래를 살펴보자. 이 경우 자산의 유출이나 부채의 감소를 수반하지 않으므로 이러한 거래는 형식적 감자 거래이다. 이를 분개하면 다음과 같다.

(차) 자 본 금	50,000	(대) 이월결손금	45,000
		감자차익	5,000

위의 거래는 결손금 45,000원을 없애기 위해 주주로부터 10주를 회수하여 소각했으므로 자본금을 액면금액만큼 감소시키고, 이월결손금을 없애주는 분개를 한다. 이러한 형식적 감자의 경우에는 실질적 감자와 달리 소각되는 자본금과 이월결손금 보전액의 차이만큼의 감자차익만 발생하고 감자차손은 발생할 수 없다. 실질적 증자와 마찬가지로 형식적 감자는 자본금이 감소하고 동시에 이월결손금(차변잔액)이 감소하므로 자본총계에 변동을 일으키지 않고 자산의 유출이나 부채의 감소를 수반하지도 않는다.

2. 자기주식

자기주식(treasury stock)이란 회사가 이미 발행한 자사의 주식을 다시 매입하여 보유하는 주식을 말한다. 이러한 자기주식의 취득은 일반투자자에 비해 더 많은 정보를 가진 회사가 주식을 거래하는 것이므로 일반투자자에게 불리할 수 있다. 따라서 특별한 경우를 제외하고는 이러한 자기주식의 취득을 원칙적으로 금지하고 있다. 즉, 상법에 따르면 회사는 다음의 경우를 제외하고는 자기의 계산으로 자기의 주식을 취득하지 못하도록 규정하고 있다.

- 주식을 소각하기 위한 경우
- 회사의 합병 또는 다른 회사의 영업 전부의 양수로 인한 경우
- 회사의 권리를 실행함에 있어 그 목적을 달성하기 위해 필요한 경우
- 단주의 처리를 위해 필요한 경우
- 주주가 주식매수선택권을 행사한 경우

그러나 우리나라 증권거래법은 자기주식을 취득할 수 있는 최고한도만을 규정하고 있어 실제로 자기주식의 취득이 어렵지 않게 이루어지고 있다.

이처럼 회사는 자기회사의 발행주식을 재취득하는 경우가 있다. 이때 이러한 자기주식을 어떻게 해석하여 회계처리할 것인가에 대하여 다음과 같은 주장이 있다. 첫 번째 견해는 회사가 취득한 다른 회사의 주식과 마찬가지로 자기주식도 자산으로 간주해야 한다는 견해이다. 두 번째 견해는 자기주식은 회사 내부에 존재하는 주식이므로 실제로 미발행된 주식과 동일하므로 자본의 감소계정으로 처리해야 한다는 주장이다. 즉, 자기주식은 사외유통주식이 아니므로 의결권이 없고 배당을 받을 권리도 없으므로 더 이상 발행된 주식이 아니라는 견해이다. 현행 K-IFRS는 자기주식의 자산성을 인정하지 않고 미발행주식으로 해석하고 있다.

회계적 측면에서 또 하나의 중요한 논점은 자기주식을 미발행주식과 동일하게 보는 견해에서 자기주식의 취득시 주식의 원래 발행을 취소하는 분개를 할 것인가 하는 문제이다. 즉, 자기주식의 취득은 처음 발행된 주식발행을 취소하는 거래이므로 주식발행시 기록되었던 자본금과 자본잉여금을 어느 시점에 장부에서 제거해야 하는가 하는 문제이다. 여기에는 두 가지 처리법이 있다. 하나는 원가법(cost method)이고 다른 하나는 액면가액법(par value method)이다.

원가법은 자기주식을 취득할 때 아직 주식이 소각된 것은 아니므로 자기주식 취득 시에 발행 당시에 기록되었던 자본금 및 관련 주식발행초과금을 제거하지 않고 취득원가로 기록하는 방법이다. 만일 자기주식을 재발행하는 경우에는 이러한 취득원가와 재발행가격의 비교를 통해 자기주식처분손익을 인식한다. 물론 자기주식 거래는 주주와의 거래인 자본거래이므로 자기주식처분손익은 포괄손익계산서에 보고되지는 않고 자본항목으로 보고된다.

한편 액면가액법은 자기주식의 취득을 과거 주식의 발행을 취소하는 것으로 해석하여 자기주식을 취득할 때 발행시점의 자본금과 주식발행초과금을 장부에서 제거하는 방법이다. 이때 자기주식을 취득한 대가와 원래 발행된 가격과의 차이를 감자차익 또는 감자차손으로 인식한다. 만일 자기주식이 소각되지 않고 재발행되는 경우 액면가액법에서는 보통의 주식발행과 동일하게 회계처리한다. 이처럼 액면가액법은 자기주식의 취득과 자기주식의 재발행을 완전히 분리된 두 가지 거래로 보고 회계처리하는 방법이다.

문제는 K-IFRS는 자기주식 거래에 대해 구체적인 규정을 두고 있지 않으므로 우리나라 상법에 준하여 회계처리할 수밖에 없다. 상법의 규정은 첫 번째 방법인 원가법을 채택하고 있으며, 원가법하에서 발생하는 자기주식처분이익은 자본잉여금으로 분류하고 자기주식처분손실은 자기주식처분이익이 있는 경우 이와 먼저 상계하고 그러고도 남은 잔액이 있다면 감자차손과 마찬가지로 이익잉여금의 처분을 통해 가능한 한 조속히 상각되어야 한다.

다음의 예를 통해 원가법과 액면가액법의 차이에 대해 구체적으로 살펴보기로 하자.

먼저 자기주식의 취득의 경우 원가법과 액면가액법의 차이를 살펴보자. 각 방법하에서 자기주식의 취득은 다음과 같이 분개된다.

원가법	액면가액법
(차) 자기주식 5,500 (대) 현 금 5,500	(차) 자본금 5,000 (대) 현 금 5,500 주식발행초과금 1,000 감자차익 500

원가법은 자기주식을 취득할 때 취득원가로 차변에 기록하며 원래의 주식발행을 취소하는 분개를 하지 않는다. 이때 자기주식은 재무상태표상에 자산으로 포함되지 않고 자본조정 항목(차감항목)으로 포함된다. 한편 액면가액법은 자기주식의 취득이 바

로 자본의 감소를 의미하여 원래의 주식발행시 기록되었던 관련 자본금과 주식발행초과금을 장부에서 제거한다. 원래 발행된 가격이 주당 600원인데 주당 550원에 취득되었으므로 주당 50원의 감자차익을 취득시점에서 기록한다.

자기주식 5주가 주당 600원에 재발행되는 경우는 각 방법하에서 다음과 같이 분개된다.

원가법	액면가액법
(차) 현 금 3,000 (대) 자기주식 2,750 자기주식처분이익 250	(차) 현 금 3,000 (대) 현 금 2,500 주식발행초과금 500

즉, 원가법에서 주당 취득원가와 주당 재발행가격의 차이를 자기주식처분손익으로 인식하고, 액면가액법은 재발행시 일반주식의 발행과 동일하게 회계처리한다. 물론 원가법에서 인식된 자기주식처분이익은 자본거래에서 발생한 것이므로 포괄손익계산서에 보고될 수 없고 재무상태표의 기타자본잉여금으로 보고되어야 한다.

나머지 5주가 주당 450원에 재발행되는 경우는 각 방법하에서 다음과 같이 분개한다.

원가법	액면가액법
(차) 현 금 2,250 (대) 자기주식 2,750 자기주식처분이익 250 자기주식처분손실 250	(차) 현 금 2,250 (대) 자본금 2,500 주식발행초과금 250

위의 분개에서 볼 수 있듯이 원가법의 경우 자기주식 취득원가 2,750원과 재발행가격 2,250원의 차이인 500원의 자기주식처분손실이 발생하는데, 이는 자기주식처분이익이 있는 경우 이와 먼저 상계하고 그 나머지는 자본조정 항목인 자기주식처분손실로 기록한 후 이익잉여금과의 상계를 통해 상각하여야 한다. 위의 예에서 자기주식처분이익 250원이 이미 기록된 바 있으므로 처분손실은 이와 먼저 상계되어야 한다. 액면가액법하에서는 보통의 주식발행과 동일하게 회계처리하면 되므로 큰 문제가 없다. 위의 예에서는 주식발행초과금이 이미 계상되어 있기 때문에 주식할인발행차금계정을 사용하지 않고 주식발행초과금 중에서 250원을 먼저 제거해야 한다.

제4절 이익잉여금 회계

1. 이익잉여금의 의의

이익잉여금(retained earnings)이란 앞에서도 살펴보았듯이 기업이 지금까지 벌어들인 당기순손익 중에서 주주들에게 분배되지 않고 사내에 보관(유보)된 부분을 말한다. 즉, 기업의 자산을 운용하여 이익을 창출하고 이를 회사에 유보하고 있는 것으로, 이렇게 벌어들인 이익은 회사의 소유주인 주주에게 분배되지 않더라도 주주의 몫이다. 이와 같이 벌어들인 이익은 회사에 누적되거나 아니면 주주에게 배당의 형태로 분배된다. 회사는 미래에 사업의 확장을 위해 이익 전부를 주주에게 배당하지 않고 이익의 일부를 회사 내에 유보하는 경우가 일반적이다. 이러한 이익잉여금은 일반적으로 회사가 당기순이익을 창출하면 증가하고 주주에게 배당을 통해 분배되면 감소한다. 따라서 이익잉여금은 회사 설립 이래로 지금까지 벌어들인 이익의 합계액에서 배당의 형태로 처분되거나 자본거래에서 발생한 손실을 상각한 것을 제외한 나머지가 회사에 유보되어 있는 유보이익을 나타낸다. 이처럼 이익잉여금의 주요 변동 원인은 수익과 비용의 발생을 통한 당기순손익의 발생이며 이익잉여금의 주요 감소원인은 배당거래이다. 이익잉여금계정의 변동을 요약하면 다음과 같다.

이익잉여금

차변	대변
당기순손실 배　　당 자본거래에서 발생한 손실의 상각	기초이익잉여금 당기순이익
	기말이익잉여금

여기서 주의하여야 할 것은 이익잉여금이 모두 현금일 것이라고 생각하는 오해이다. 예를 들어, 이익잉여금이 10,000,000원이 있다고 해서 반드시 현금이 그만큼 있는 것은 아니다. 당기순이익이 모두 현금이 아니라는 사실을 상기하면 쉽게 이해할 수 있을 것이다. 외상으로 상품을 판매하고 이익이 1,000원 발생했다 하더라도 그 대금을 회수하지 않은 경우 당기순이익이 발생하여 이익잉여금은 증가하지만 현금이 유입된 것은 아니므로, 이익잉여금이 반드시 현금금액과 일치하지는 않는다. 요컨대 특정 자

본항목(이익잉여금)과 특정 자산항목(현금) 간에는 아무런 연관관계가 없다.

2. 처분이익잉여금 및 미처분이익잉여금

GAAP에 따르면 이익잉여금은 다음과 같이 구성된다.

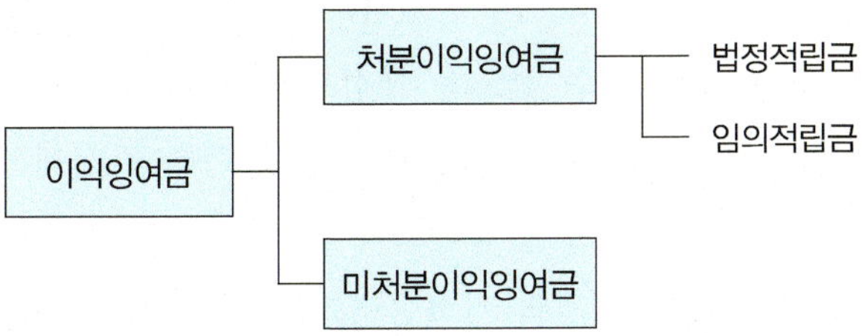

이익잉여금은 크게 처분이익잉여금과 미처분이익잉여금으로 구분된다. 즉, 위의 표에서 법정적립금과 임의적립금은 처분이익잉여금을 나타내며 나머지 이익잉여금이 미처분이익잉여금이다. 여기서 처분이익잉여금의 의미를 살펴보자. 처분이익잉여금(appropriated retained earnings)이란 법적으로 강요되거나 특정 목적을 위해 회사가 임의로 이익잉여금의 일부를 사내에 유보한 것을 말한다. 예를 들어, 법정적립금은 법에 의해 의무적으로 기업이 유보하고 있는 이익잉여금을 나타낸다. 앞에서 언급했듯이 이익잉여금은 모두가 현금인 것은 아니며, 이익잉여금의 처분인 법정적립금도 반드시 현금이 적립되어 있음을 의미하는 것은 아니다. 따라서 미래 사업확장을 위해 이익잉여금을 처분(적립)한다고 해서 그만큼 자금이 확보된다는 의미는 아니다. 미래 사업확장을 위해 자금을 확보하려면 사업확장기금을 별도로 예금할 필요가 있다. 뿐만 아니라 이익잉여금의 일부를 특정 목적의 적립금으로 처분(적립)한다고 해서 이익잉여금이 줄어드는 것도 아니다. 처분(appropriation)의 의미가 일반적으로 재화를 판매하는 것처럼 들리지만 이익잉여금의 처분은 회사 밖으로 이익잉여금을 판매하는 것이 아니라는 사실을 알아야 한다. 즉, 이익잉여금의 처분(appropriation of retained earnings)이란 이익잉여금의 일부를 특정 목적을 위해 꼬리표를 달아 놓은 것이며, 이처럼 꼬리표를 다는 이유는 배당을 통해 회사 밖으로 이익잉여금이 유출되는 것을 방지하기 위한 목적에 불과하다. 다음에서는 먼저 처분이익잉여금의 종류에 대해 간단히 살펴보기로 한다.

2.1 법정적립금

법정적립금은 법률이 정한 바에 따라 이익잉여금 중 일부를 의무적으로 사내에 유보한 부분을 말하며, 상법에서 요구하는 이익준비금, 상장법인재무관리규정에 의한 재무구조개선적립금, 조세특례제한법에 따른 기업합리화적립금 등이 있다. 상법에 따르면 매 결산기에 금전에 의한 이익배당의 1/10 이상의 금액을 자본금의 1/2에 달할 때까지 이익준비금으로 적립하도록 되어 있다. 이러한 이익준비금은 이월결손금의 보전과 자본전입 이외에는 사용할 수 없도록 규정하고 있다. 상장법인재무관리규정에 따르면 상장법인은 자기자본비율이 30%에 달할 때까지 특정 거래에서 발생한 손익의 일정 비율을 재무구조개선적립금으로 설정하도록 되어 있다. 조세특례제한법에서는 조세감면혜택을 받는 기업은 일정 금액의 기업합리화적립금을 설정하도록 규정하고 있으며, 이의 사용을 엄격히 제한하고 있다.

2.2 임의적립금

임의적립금은 법정적립금과는 달리 법에 의해 요구되는 적립금이 아니고 금융기관과의 대출거래 약정이나 경영자가 사업상의 필요에 의해 설정하는 이익잉여금의 처분이다. 이러한 임의적립금은 그 설정목적에 따라 크게 적극적 적립금과 소극적 적립금으로 구분된다. 적극적 적립금은 그 설정목적이 회사의 순자산을 증가시키기 위한 긍정적 목적을 위해 설정되는 임의적립금이며, 대표적인 예가 사업확장적립금, 감채적립금, 해외시장개척적립금 등이 있다. 이러한 적극적 적립금은 그 설정목적이 달성되는 경우 다시 미처분이익잉여금으로 환원(이입)된다. 한편 소극적 적립금은 그 설정목적이 순자산의 감소를 방지하기 위한 목적으로 설정되는 임의적립금이다. 소극적 적립금의 대표적인 예는 결손보전적립금, 재해손실적립금 등이 있다. 이러한 소극적 적립금도 그 목적이 달성되면 미처분이익잉여금으로 환원된다.

2.3 적립금 회계

이익잉여금의 처분으로 회사 내에 유보되는 각종 적립금은 일반적으로 회계기간 중에 발생하는 것이 아니고 주주총회를 거쳐 기말 이후에 발생하게 되는데 이에 대한 분개를 살펴보기로 하자. 이익잉여금이란 통합계정이 아니라 처분이익잉여금을 나타내는 각종 적립금계정과 미처분이익잉여금계정으로 구분된다. 앞에서도 언급했듯이 이익잉여금의 처분을 통해 유보되는 각종 적립금은 이익잉여금의 구성항목 간의 재분류에 불과한 것이지 이익잉여금 총액을 줄이는 것은 아니다. 이익잉여금의 처분이란 사용목적이 명시되지 않은 미처분이익잉여금을 처분이익잉여금인 각종 적립금으로 재분류하는 것이다. 예를 들어, 동국회사가 당기에 미처분이익잉여금 500,000원 중 일부를 다음과 같이 처분한 경우를 살펴보자.

• 이익준비금	₩50,000
• 재무구조개선적립금	50,000
• 감채적립금	40,000
• 결손보전적립금	60,000

이상의 이익처분안이 주주총회에서 결의되면 다음과 같이 분개된다.

(차)	미처분이익잉여금	200,000	(대) 이익준비금	50,000
			재무구조개선적립금	50,000
			감채적립금	40,000
			결손보전적립금	60,000

위의 예에서 감채적립금 및 결손보전적립금은 임의적립금인데 이들은 그 설정목적이 달성되면 다시 미처분이익잉여금으로 이입된다. 예를 들어, 5년 전에 발행된 사채를 상환하기 위한 목적으로 감채적립금을 매년 40,000원씩 적립했다면 사채의 만기시점에서 감채적립금의 잔액은 200,000원일 것이다. 만일 5년 후에 이 사채가 상환된 경우 감채적립금의 목적이 달성되었으므로 다음과 같이 감채적립금을 감소시켜 미처분이익잉여금으로 환원시킨다. 이러한 거래를 임의적립금이입이라 한다.

(차)	감채적립금	200,000	(대) 미처분이익잉여금	200,000

3. 배 당

3.1 배당의 의의

앞에서 살펴본 바와 같이, 감자차손의 상각과 같은 특수한 거래를 제외하면 이익잉여금은 일반적으로 회사 설립 이래로 회사가 벌어들인 총이익에서 지금까지 배당한 총액을 차감한 잔액과 일치한다. 이러한 이익잉여금은 미래 회사의 특정 목적을 위해 사내에 처분이익잉여금으로 유보되든지 아니면 배당에 이용될 수 있다. 배당(dividends)이란 벌어들인 이익인 이익잉여금을 사내에 유보하지 않고 주주에게 돌려주는 부분을 말한다. 즉, 차입한 부채에 대한 대가로 지급되는 이자와 마찬가지로 주주들이 납입한 자본의 대가로 지급되는 것이 배당이다. 차입금에 대한 이자는 명시적으로 지급일자와 금액이 확정되어 있으나 배당은 주주총회의 결의에 의해 임의적으로 결정되므로 지급일과 지급금액이 사전에 확정되지 않는다. 여기서 주의할 점은 배당을 비용으로 잘못 해석하는 경우가 있는데, 차입금에 대한 이자는 비용이지만 배당은 비용이 아니라는 사실이다. 배당은 벌어들인 이익(수익에서 비용을 차감한 순액)의 일부를 소유주에게 반환하는 것이므로 회사의 비용이 아니다.

이러한 배당에 이용가능한 이익잉여금은 그 사용목적이 명시되지 않은 미처분이익잉여금만을 의미한다. 상법에서도 배당에 이용가능한 이익잉여금 한도로 자본총계에서 자본금과 자본잉여금 및 법정적립금을 차감한 잔액을 초과하지 못하도록 규정하고 있다. 따라서 배당은 이익잉여금 중에서 미처분이익잉여금계정의 대변잔액이 있는 경우에만 가능하다.

3.2 배당의 종류와 회계

배당은 크게 현금배당과 주식배당으로 구분된다. 현금배당은 현금으로 주주들에게 지급되는 배당을 의미하며, 주식배당은 소유지분비율에 따라 소유주식수의 일정 비율로 주식을 배당하는 것을 의미한다.

1) 현금배당

현금배당(cash dividends)은 주당 액면금액의 일정 비율만큼 회사의 주주에게 현금으로 배당하는 것을 말하는데 가장 일반적인 형태의 배당이다. 회계상의 관점에서 볼 때 배당과 관련하여 배당기준일, 배당선언일, 배당지급일 등 세 가지 중요한 일자가 있다. 먼저 배당기준일(date of record)이란 회사의 주식이 시장에서 계속적으로 거래되고 있기 때문에 배당을 받을 주주가 누구인지를 명확히 하기 위해 주주명부를 폐쇄하는 일자를 말한다. 만일 12월 31일 현재 회사의 주식을 소유하고 있는 주주들에게 배당을 받을 수 있는 권리를 부여하는 경우 배당기준일은 12월 31일이 된다. 따라서 12월 31일 이후에 주식을 취득한 주주는 관련 회계기간에 대한 배당을 받을 수 없게 된다. 이에 따라 다음 연도 1월에 주식이 거래될 때 주가가 배당금만큼 하락하게 되는데 이것을 배당락(ex-dividend)이라 한다. 우리나라의 경우 대부분 기업의 배당기준일은 각 회계연도의 결산일이다.

배당선언일(date of declaration)은 주주총회에서 배당할 금액을 결의한 날을 말한다. 회계적 관점에서 보면 배당선언일에 배당을 받을 권리가 확정되므로 이날이 가장 중요한 날짜가 된다. 그러나 배당이 결정되는 주주총회가 일반적으로 결산일 이후 3개월 이내에 개최되므로 결산일 시점에서 배당에 관한 사항을 결정할 수 없다. 이에 우리나라는 기말재무제표를 작성할 때 배당에 관한 기록이 없는 상태로 작성된다.

배당지급일(date of payment)은 실제로 배당이 지급되는 일자를 말한다. 일반적으로 배당은 매 결산기에 한 번 지급되는 것이 보통이나 상법의 개정으로 이사회의 결의에 의해 중간배당이 가능해졌다. 이러한 중간배당의 경우 주주총회의 결의 사항이 아니라 이사회의 결의 사항이므로 이사회가 중간배당을 결의한 날(배당선언일)에 미처분이익잉여금의 감소와 미지급배당금의 기록이 이루어질 것이다. 예를 들어, 서울회사가 주당 액면금액 5,000원의 10%(사외유통주식수 : 10,000주)로 현금배당액을 결정한 경우 다음과 같이 분개한다.

(차) 미처분이익잉여금	5,000,000	(대) 미지급배당금	5,000,000

* 10,000주 × ₩5,000 × 10% = ₩5,000,000

즉, 배당액만큼 미처분이익잉여금계정을 차기하고(감소시키고) 대변에는 미래 지급할 배당금액을 나타내는 부채계정인 미지급배당금계정을 기록한다. 위의 분개에서 알 수 있듯이 배당은 이익의 일부를 주주에게 분배해 주는 것이므로 비용이 아니다.

2) 주식배당

주식배당(stock dividends)은 현금으로 배당을 지급하는 것이 아니라, 회사의 신주를 발행하여 교부하는 것을 말하는데, 이러한 주식배당은 무상증자의 한 형태이다. 이러한 주식배당을 하는 이유는 이익잉여금을 납입자본으로 전환하기 위한 목적일 수도 있고, 혹은 현금의 사외유출을 방지하여 성장성 있는 기업들이 기업 확장에 필요한 자금을 기업 내부에 유보하려는 목적일 수도 있다. 이러한 주식배당은 현금배당과는 달리 자산의 사외유출을 수반하지 않으므로 미지급배당금과 같은 부채를 발생시키지 않는다. 앞에서 언급했듯이 주식배당은 무상증자의 한 형태로 이익잉여금 금액을 납입자본으로 전환하므로 순자산총액에는 전혀 변동을 초래하지 않는다. 상법에 따르면 이러한 주식배당은 현금배당의 1/2을 초과하지 못하도록 규정하고 있다. 이러한 주식배당의 경제적 의미를 살펴보기 위해 다음의 예를 살펴보자.

예제 13-2

주식배당

고려회사의 자본은 다음과 같다.

자본금(주당 액면가 : ₩500, 사외유통주식수 : 10,000주)	₩5,000,000
미처분이익잉여금	6,000,000
합 계	₩11,000,000

고려회사는 주당 액면가액의 10%의 현금배당과 함께 사외유통주식수의 1%의 주식배당을 결정하였다. 위의 배당에 대한 회계처리를 설명하시오.

주식배당을 위해 사외유통주식수의 1%인 100주의 신주를 발행하여 주주에게 무상으로 교부해야 한다. 이 경우 회계문제는 주식배당으로 발행되는 주식 100주를 액면금액만큼 미처분이익잉여금을 줄일 것인지 아니면 주식의 시장가치만큼 미처분이익잉여금을 줄일 것인지의 문제이다. 이 문제에 대해 K-IFRS는 명확한 기준을 제시하지 않고 있으며, 상법에서는 액면금액을 기준으로 기록하도록 규정하고 있다. 위의 예제를 상법에 따른 액면가액법에 따라 회계처리를 하면 다음과 같이 회계처리한다.

(차) 미처분이익잉여금	550,000	(대) 미지급배당금	500,000
		미교부주식배당금	50,000

여기서 주의할 것은 대변에 기록된 미교부주식배당금은 회사의 자산으로 갚아야 할 부채가 아니라는 점이다. 이는 배당결정에 따라 주식이 실제로 발행되면 자본금으로 전환될 금액이므로 자본조정 항목으로 자본에 가산되어야 하는 금액을 나타낸다. 실제로 현금배당과 주식배당이 실행되면 다음과 같이 분개한다.

(차)	미지급배당금	500,000	(대) 현 금	500,000
	미교부주식배당금	50,000	자 본 금	50,000

따라서 위의 배당이 있은 후 고려회사의 자본은 다음과 같이 변할 것이다.

자 본 금	₩5,050,000
미처분이익잉여금	5,450,000
합 계	₩10,500,000

위에서 알 수 있듯이 배당 전후를 비교해 보면 자본총계는 현금배당액(500,000원)만큼 감소했으나 주식배당은 자본의 합계에는 전혀 영향을 미치지 않음을 알 수 있다. 주식배당은 단지 자본의 구성항목인 미처분이익잉여금으로부터 50,000원을 자본금으로 전환한 것에 불과하므로 자본총계에는 영향을 미치지 않는다.

그렇다면 배당을 받는 투자자의 입장에서는 이러한 주식배당을 어떻게 해석할 것인가? 주식배당을 받은 주주의 입장에서는 주식배당을 받기 전과 받은 후에 회사에 대한 권리가 전혀 변한 것이 없다. 예를 들어, 앞 예제의 경우 1% 주식배당을 받기 전에 1,000주의 주식을 가진 주주는 회사의 지분비율이 10%인데 주식배당을 통해 10주를 더 받았으나 이제 사외유통주식수가 10,100주이므로 지분비율은 여전히 10%이다. 뿐만 아니라, 투자대상 기업인 고려회사의 순자산인 자본에도 주식배당 전후에 아무런 증감이 없다. 따라서 주식배당을 받은 주주 입장에서는 주식배당을 전혀 기록할 필요가 없고 단지 보유주식수의 증가만 비망기록해 두면 될 것이다. 주주 입장에서 투자금액에는 변함이 없고 단지 보유주식수만 증가하므로 주당 시가가 그만큼 하락할 가능성이 존재하게 된다.

3) 주식분할

주식배당과 유사한 성격으로 주식분할이란 것이 있다. 주식분할(stock split)이란 일반적으로 주식수를 증가시키기 위해 하나의 주식을 2개 이상의 주식으로 분할하는 것을 의미한다. 예를 들어, 2 : 1 주식분할이 일어나면 사외유통주식수가 2배로 증가되며 이에 각 주식의 액면금액은 반으로 줄어드는 것이 주식분할이다. 주식분할은 회사의 자산, 부채 및 자본에는 전혀 영향을 미치지 않고 단지 주식만을 분할하는 과정이므로 2 : 1 주식분할은 100% 주식배당과 경제적 실질면에서 거의 동일하다. 이러한 주식분할을 하는 주요 목적은 주식의 주당 시장가치가 너무 높아 주식에 대한 일반투자자의 접근이 어려운 경우 주식분할을 통해 시장가를 낮추어 주식의 유통을 편리하게 하기 위한 방법으로 많이 사용된다. 예를 들어, 한때 SK텔레콤의 주식 1주의 가치가 수백만 원을 초과한 경우가 있었다. 이 경우 소액투자자들이 이 주식에 접근하기가 곤란하므로 SK텔레콤은 주식을 10 : 1로 분할하여 시가를 수십만 원으로 끌어내린 바 있다.

이러한 주식분할은 주식배당과 마찬가지로 사외유통주식이 증가하는 반면 자본총계에는 변동이 없다는 점에서 주식배당과 아주 유사하다. 그러나 주식배당의 경우 미처분이익잉여금계정이 자본금으로 이동하기 때문에 자본의 구성항목이 재분류되는 분개가 이루어지나 주식분할의 경우 자본의 구성항목 간에도 변동이 없다는 점이 다르다. 또한 주식배당의 경우 추가로 발행되는 주식의 액면가가 변하지 않으나, 주식분할의 경우 액면금액이 줄어든다는 점이 다르다. 회계적 측면에서 주식분할은 자산, 부채 및 자본에 영향을 미치지 않으므로 회계적 사건으로 분류되지 않아 분개의 대상이 아니다. 주식분할을 수행한 기업은 단지 액면금액의 감소와 발행주식수의 증가를 비망기록해 두면 된다. 예를 들어, 주당 액면금액이 5,000원이고 사외유통주식수가 5,000주인 회사가 2 : 1 비율로 주식분할을 한 경우와 100% 주식배당을 한 경우를 비교하면 다음 표와 같다.

	100% 주식배당 후	2 : 1 주식분할 후
사외유통주식수	10,000주	10,000주
총 자 본	변동없음	변동없음
주당 액면금액	₩5,000	₩2,500
분 개	미처분이익잉여금 감소와 자본금 증가	분개없음

지금까지 살펴본 주식분할과 반대되는 것이 주식(액면)병합이다. 주식병합(reverse stock split)은 복수의 주식을 하나의 주식으로 병합하는 것으로 자산, 부채 및 자본에 영향을 미치지 않고 단지 유통주식수만 감소시킨다.

4. 이익잉여금처분계산서

4.1 이익잉여금처분계산서의 의의와 형식

이익잉여금처분계산서(statement of retained earnings)는 일정 기간 동안 미처분이익잉여금의 변동사항을 명확하게 나타내는 보고서로 다음에서 살펴볼 자본변동표가 주요 재무제표로 자리잡음에 따라 그 중요성이 줄어들었다. 재무제표의 명칭은 이익잉여금처분계산서(결손금처리계산서)로 되어 있으나 실제로 미처분된 이익잉여금계정에 발생한 변동내역을 보여주는 보고서이다. 최근에 자본변동표가 주요 재무제표로 작성되어 보고되기 때문에 이익잉여금처분계산서는 자본변동표의 일부 내용인 미처분이익잉여금의 변동내역을 전달하는 데 불과하므로 재무상태표의 주석의 하나로 보고될 뿐이다.

이러한 이익잉여금처분계산서는 재무상태표와 포괄손익계산서를 연결해 주는 다리역할을 한다. 즉, 자본의 변동 중 손익거래에서 발생한 수익과 비용을 포괄손익계산서에 보고한 후에 최종적으로 수익과 비용의 차액인 당기순이익을 재무상태표의 미처분이익잉여금에 가산한 다음 이익잉여금을 특정 목적으로 처분한 내용을 명확하게 보여주는 재무보고서가 이익잉여금처분계산서이다. 앞에서도 알 수 있듯이, 이러한 이익잉여금 특히 미처분이익잉여금계정은 차변잔액을 가질 수 있는데, 이 경우에는 이익잉여금이라 하지 않고 결손금이라 한다. 예를 들어, 당기에 거대한 당기순손실이 발생한 경우 미처분이익잉여금계정 잔액이 차변에 존재할 수 있다. 이 경우 이익잉여금처분계산서란 제목을 사용할 것인가 아니면 결손금처리계산서를 사용할 것인가 하는 문제가 발생한다. 일반적으로 기초미처리결손금이 있다 할지라도 임의적립금의 이입액 등을 통해 처분하기 직전의 미처분이익잉여금[1])이 대변잔액을 가지면 이익잉여금처분계산서를 작성하고 반대로 차변잔액을 가지면 결손금처리계산서를 작성한다.

이익잉여금처분계산서와 결손금처리계산서의 형식은 다음과 같다.

---

1) 다음에 제시된 이익잉여금처분계산서상의 미처분이익잉여금이 음의 값을 가지면 결손금처리계산서를 작성해야 한다.

이익잉여금처분계산서

제×기	20××년 ×월 ×일부터 20××년 ×월 ×일까지	제×기	20××년 ×월 ×일부터 20××년 ×월 ×일까지
처분예정일	20××년 ×월 ×일	처분예정일	20××년 ×월 ×일

회사명 ______

(단위 : 원)

과목	당기		전기	
미처분이익잉여금		×××		×××
전기이월미처분이익잉여금	×××		×××	
(또는 전기이월결손금)				
회계정책변경누적효과	×××		×××	
전기오류수정이익	×××		×××	
(또는 전기오류수정손실)				
중간배당액	×××		×××	
당기순이익	×××		×××	
(또는 당기순손실)				
임의적립금등의이입액		×××		×××
××적립금	×××		×××	
××적립금	×××		×××	
이익잉여금처분액		×××		×××
이익준비금	×××		×××	
기타법정적립금	×××		×××	
주식할인발행차금상각액	×××		×××	
배당액	×××		×××	
현금배당				
주당배당금(률)보통주 : 당기××원(%)				
전기××원(%)				
우선주 : 당기××원(%)				
전기××원(%)				
주식배당				
주당배당금(률)보통주 : 당기××원(%)				
전기××원(%)				
우선주 : 당기××원(%)				
전기××원(%)				
사업확장적립금	×××		×××	
감채적립금	×××		×××	
....				
차기이월미처분이익잉여금		×××		×××

결손금처리계산서

제×기	20××년 ×월 ×일부터 20××년 ×월 ×일까지	제×기	20××년 ×월 ×일부터 20××년 ×월 ×일까지
처분예정일	20××년 ×월 ×일	처분예정일	20××년 ×월 ×일

회사명 (단위: 원)

과 목	당 기		전 기	
미처리결손금				
전기이월이익잉여금	×××		×××	
(또는 전기이월결손금)				
회계정책변경누적효과	×××		×××	
전기오류수정이익	×××		×××	
(또는 전기오류수정손실)				
중간배당액	×××		×××	
당기순이익	×××		×××	
(또는 당기순손실)				
결손금처리액		×××		×××
임의적립금이입액	×××		×××	
법정적립금이입액	×××		×××	
자본잉여금이입액	×××		×××	
차기이월미처분이익잉여금		×××		×××

이익잉여금처분계산서의 내용을 개략적으로 살펴보면 전기이월미처분이익잉여금에 전기오류수정손익 항목이나 회계변경의 누적효과를 조정한 후 중간배당액이 있으면 차감하고 당기순손익을 가감하여 (조정후) 미처분이익잉여금을 구한다. 여기에 임의적립금의 목적이 달성되어 다시 미처분이익잉여금으로 환원된 금액을 가산(이입)하면 처분에 이용가능한 미처분이익잉여금이 계산될 것이다. 이 금액으로부터 주주총회에서 결의된 각종 이익잉여금 처분내역과 배당액을 차감하여 차기이월미처분이익잉여금(처분후 미처분이익잉여금)을 구한다. 다시 한번 강조하지만 이익잉여금 합계의 변동은 당기순손익과 배당에 의해 주로 결정되며 특정 목적을 위해 각종 적립금으로 이익잉여금을 처분한다 하더라도 이익잉여금 합계가 감소하는 것은 아니며 단지 미처분이익잉여금이 감소할 뿐이다.

이익잉여금처분계산서와 관련하여 주의할 점은 이익잉여금처분계산서상에 표시되는 모든 정보가 당기의 재무상태표에 반영되는 것이 아니라는 것이다. 우리나라 상법의 중요한 특징 중의 하나는 미처분이익잉여금 이후에 표시되는 임의적립금의 이입 및 연차배당을 포함한 모든 이익잉여금 처분사항은 예외 없이 당기 결산기말 이후에 개최되는 주주총회의 의결을 거쳐야 확정된다는 점이다. 따라서 임의적립금의 이입액과 이익잉여금처분액의 세부사항들은 당기말 시점에 작성되는 재무상태표에는 반영될 수 없다. 그러므로 이익잉여금처분계산서상의 미처분이익잉여금 구성항목의 내용만이 당기의 재무상태표에 반영되고, 그 이하에 표시되는 임의적립금의 이입액과 이익잉여금처분액의 세부사항들은 차기의 재무상태표에 1년의 시차를 두고 반영된다.

4.2 회계변경의 누적효과

일반적으로 인정된 회계원칙에 따르면 회계처리에 관한 기준 및 추정은 기간 간 비교가 가능하도록 매기 계속하여 적용하고 정당한 사유 없이 이를 변경하여서는 아니 된다. 그러나 새로운 사실이나 환경 변화로 인하여 새로운 회계방법이 바람직한 경우에는 회계방법을 변경할 수 있다. 그러나 회계방법의 빈번한 변경은 회계정보의 보강적 질적특성인 비교가능성을 저해하고 이익조작과 같은 현상을 초래할 수 있다. 따라서 회계변경의 정당성이 인정될 수 있는 경우에만 회계변경을 허용하고 있다.

회계변경누적효과는 회계변경 중에서 회계정책의 변경시에 발생되는 누적적 효과를 말한다. 회계정책의 변경(changes in accounting principles)이란 현행 회계기준에서 허용된 회계원칙에서 또 다른 허용된 회계원칙으로 변경하는 것을 말한다. 예를 들어, 기말 재고자산원가의 결정방법으로 평균법에서 선입선출법으로 변경하는 것이 회계정책의 변경에 대한 대표적인 예이다. 이러한 회계정책의 변경이 있는 경우 새로운 회계방법이 과거에 적용되었더라면 과거 이익에 미쳤을 누적적 영향을 계산하여 당기 이익잉여금처분계산서의 전기말 미처분이익잉여금을 조정하여야 한다. 평균법을 선입선출법으로 변경하는 경우 처음부터 평균법 대신에 선입선출법을 적용하였더라면 과거의 이익이 누적적으로 어떤 영향을 받을 것인지를 계산하여 이를 전기말 미처분이익잉여금에 조정한다. 이러한 회계변경 누적효과는 미국의 경우 당기손익계산서에 보고하나 K-IFRS에서는 전기말 미처분이익잉여금계정에 반영하는 방식으로 이익잉여금처분계산서에 보고한다.

4.3 전기오류수정손익

회계처리를 함에 있어 현행 회계기준에서 허용되지 않은 회계방법을 채택하거나 계산상의 실수 혹은 계정 분류상의 오류 등으로 인하여 과거의 재무제표가 잘못 보고되는 수가 있다. 이러한 회계상의 오류는 재무상태표에만 영향을 미치는 계정분류의 오류와 포괄손익계산서에 영향을 미쳐 재무상태표의 이익잉여금이 영향을 받는 오류로 구분되는데, 전기오류수정손익 항목의 대상은 후자의 부류에 속하는 항목이다. 포괄손익계산서에 비록 영향을 미친다 할지라도 그 오류가 자동적으로 수정되는 오류와 자동적으로 수정되지 않는 오류가 있는데, 이미 오류가 수정되었다면 전기오류수정손익으로 나타나지 않을 것이므로 이를 조정할 필요가 없다. 예를 들어, 기말재고자산의 오류는 그 다음 기에 자동적으로 수정되어 재무상태표의 미처분이익잉여금이 자동적으로 조정되므로 그 이후의 기간에 이를 수정할 필요가 없다.

4.4 임의적립금 등의 이입

앞에서도 설명한 바와 같이 현금배당을 통해 사외로 현금이 유출되는 것을 방지하기 위해 회사는 이익잉여금을 처분하여 이익잉여금 일부를 사내에 유보시킨다. 처분된 이익잉여금 중 법정적립금은 그 설정목적과 사용에 대해 법적으로 제한을 받으나 임의적립금은 그 사용에 큰 제약이 없다. 따라서 회사는 처분할 이익잉여금이 당기에 부족한 경우나 임의적립금의 설정목적이 달성되어 더 이상 필요 없는 경우 이들 임의적립금을 다시 미처분이익잉여금으로 환원시킨다. 이러한 임의적립금을 미처분이익잉여금으로 환원시키는 것을 임의적립금의 이입이라 하며 환원된 임의적립금은 이제 미처분 상태이므로 이익잉여금의 처분에 이용가능하게 된다. 예를 들어, 재해손실적립금이란 과목으로 이미 설정된 처분이익잉여금이 있고 이 적립금이 더 이상 필요하지 않다고 결정하면 다음의 분개를 통해 미처분이익잉여금계정으로 환원시키면 된다.

(차) 재해손실적립금	×××	(대) 미처분이익잉여금	×××

4.5 결손금처리액

이익잉여금을 처분하기 전 미처분이익잉여금이 차변잔액(결손금)을 가질 때 이익잉여금처분계산서 대신에 결손금처리계산서가 작성되는데 여기에는 결손금 처리내역이 보고된다. 결손금의 보전 순서는 먼저 처분이익잉여금으로 먼저 보전한다. 처분이익잉여금 중에서도 임의적립금으로 먼저 보전하고 그 다음 법정적립금으로 결손금을 보전한다. 처분이익잉여금으로 결손금을 보전하고도 아직도 결손금 잔액이 존재하는 경우 자본잉여금으로 보전한다.

제 5 절 자본변동표

1. 자본변동표의 의의

자본변동표(statement of changes in equity)란 회계기간 동안 주주지분의 변동을 구성항목별로 구분하여 보고하는 기본재무제표의 하나이다. 즉, 특정 회계기간 동안 발생한 자본거래를 상세하게 보고하여 기업자산에 대한 소유주의 지분이 어떻게 변동하였는지를 보여주는 재무제표이다. 과거에는 자본 중 미처분이익잉여금의 변동사항을 상세하게 보고하는 이익잉여금처분계산서가 기본재무제표의 하나였지만 IFRS가 전면 채택됨으로써 이익잉여금처분계산서 대신 자본변동표가 자본거래를 보고하는 기본재무제표에 포함되었다.

이러한 자본변동표의 주요 구성요소는 소유주에 의한 출자, 소유주에 대한 배분, 포괄이익으로 구성된다. 소유주에 의한 출자(contribution by owners)란 소유주가 특정 기업에 대한 소유주로서의 권리를 확보하기 위해 기업에 경제적 가치가 있는 유형 혹은 무형의 자원을 이전하는 것을 말한다. 예를 들어, 회사가 새로운 주식을 발행하는 경우 이러한 주식의 취득을 통해 회사에 현금을 납입하는 거래가 소유주에 의한 출자이다. 소유주에 대한 분배(distribution to owners)란 기업실체가 소유주에게 자산을 이전하거나 용역을 제공하는 등의 형태로 이루어지는 거래로서 배당, 자기주식거래, 감자거래 등이 여기에 속한다. 포괄이익(comprehensive income)이란 자본의 변동 중 앞에서 살펴본 소유주에 의한 투자나 소유주에 대한 배분을 제외한 손익거래에서 발생하는 순자산의 변동을 총칭한다. 이러한 포괄손익은 당기순손익과 기타포괄손익으로 구분된다. 기타포괄손익의 대표적인 예가 FVOCI측정금융자산평가손익이나 해외사업장외화환산손익 등이다.

자본변동표를 작성하는 주요 목적은 다음과 같다. 첫째, 자본변동표는 이익잉여금을 포함하여 자본의 포괄적인 변동내역을 보고하여 회사 자산에 대한 주주들의 지분이 어떻게 변화했는지에 대해 유용한 정보를 전달한다. 둘째, 자본변동표는 재무제표 간의 연계성을 제고시키며 재무제표의 이해가능성을 높인다. 자본변동표는 자본의 기초잔액과 기말잔액을 모두 보고하므로 재무상태표와 연계되고 자본변동표상의 자본변동내역 중 많은 부분은 포괄손익계산서나 현금흐름표와 연계성을 갖는다. 이처럼 자본변동표는 회계정보이용자가 재무제표 간의 연결관계를 이해하는 데 도움이 된다.

2. 자본변동표의 작성

자본변동표의 기본구조는 자본을 구성하는 주요 항목별로 기초잔액을 출발점으로 한다. 즉, 자본을 구성하는 자본금, 자본잉여금, 자본조정, 기타포괄손익누계액 및 이익잉여금의 기초잔액을 출발점으로 하여 회계기간 동안 발생한 각 항목별 증가 및 감소 거래에 대한 상세한 정보를 전달한다. 자본변동표의 양식은 다음과 같다.

자본변동표

제×기 20××년 ×월 ×일부터 제×기 20××년 ×월 ×일까지
제×기 20××년 ×월 ×일부터 제×기 20××년 ×월 ×일까지

회사명　　　　　　　　(단위: 원)

구 분	자본금	자본 잉여금	자본조정	기타포괄 손익누계액	이익잉여금	총계
20××.×.×(보고금액)	×××	×××	×××	×××	×××	×××
회계정책변경누적효과					(×××)	(×××)
전기오류수정					(×××)	(×××)
수정후이익잉여금					×××	×××
연차배당					(×××)	(×××)
처분후이익잉여금					×××	×××
중간배당					(×××)	(×××)
유상증자(감자)	×××	×××				×××
당기순이익(손실)					×××	×××
자기주식 취득			(×××)			(×××)
해외사업환산손익				(×××)		(×××)
20××.×.×	×××	×××	×××	×××	×××	×××
20××.×.×(보고금액)	×××	×××	×××	×××	×××	×××
회계정책변경누적효과					(×××)	(×××)
전기오류수정					(×××)	(×××)
수정후이익잉여금					×××	×××
연차배당					(×××)	(×××)
처분후이익잉여금					×××	×××
중간배당					(×××)	(×××)
유상증자(감자)	×××	×××				×××
당기순이익(손실)					(×××)	×××
자기주식 취득			(×××)			(×××)
FVOCI측정금융자산평가손익				×××		×××
20××.×.×	×××	×××	×××	×××	×××	×××

2.1 자본금 및 자본잉여금의 변동

자본금과 자본잉여금은 주로 소유주와의 거래에서 발생하는 자본거래로 인해 증감한다. 이를 T계정 형식으로 나타내면 다음과 같다.

자본금 및 자본잉여금

감　　자	기초잔액 증　　자

자본금 및 자본잉여금의 주요 변동원인은 증자거래와 감자거래이다. 즉, 유상으로 혹은 무상으로 주식을 발행하는 경우 자본금은 발행된 주식수에 액면금액을 곱한 금액만큼 증가하고 유상으로 혹은 무상으로 주식을 매입하거나 소각시키면 액면금액만큼 자본금이 감소한다. 이러한 증자 및 감자거래에서 발생하는 액면금액 이외의 차익은 모두 자본잉여금을 증가시킨다. 자본변동표상 자본금은 보통주자본금과 우선주자본금을 구분하여 표시하고 자본잉여금의 변동은 주식발행초과금과 기타자본잉여금으로 구분하여 표시한다.

2.2 자본조정 항목의 변동

자본조정 항목으로 보고되는 항목은 그 성격이 매우 다양하므로 자본변동표상 각 계정별로 구분하여 표시하는 것이 바람직하다. 자본조정의 변동은 주식할인발행차금, 자기주식, 자기주식처분손실, 감자차손 등 계정과목별로 구분하여 그 변동내역을 자본변동표에 표시한다. 주식할인발행차금이나 감자차손 등과 같이 자본거래에서 발생하는 손실은 매년 이익잉여금을 이용하여 상각되는 경우 감소하고 새로운 주식의 발행이나 감자거래를 통해 이들 항목이 증가할 수 있다. 자기주식은 자기주식을 취득하면 증가하고 자기주식을 재발행하거나 소각하면 감소한다.

2.3 기타포괄손익누계액의 변동

금융자산의 한 분류항목인 FVOCI측정금융자산의 공정가치가 변동함에 따라 당기에 발생하는 평가손익은 이미 존재하는 FVOCI측정금융자산평가손익(누계액)에 가감하고 당기에 처분된 FVOCI측정금융자산의 경우 해당 평가손익(누계액)을 장부에서 제거한다. 해외사업을 수행하는 기업의 경우 환율변동으로 인한 당기에 발생한 해외사업장외화환산손익 등을 기존의 해외사업장외화환산손익(누계액)에 가감하여 보고한다. 또한 재평가이익과 현금흐름위험회피파생상품평가손익도 기타포괄손익누계액에 그 변동을 보고한다.

2.4 이익잉여금의 변동

자본의 구성항목 중 경상적으로 발생하는 변동은 이익잉여금의 변동이다. 연차적으로 개최되는 주주총회에서 이익잉여금을 사내에 유보할 것인지 아니면 배당으로 주주에게 배분할 것인지가 결정된다. 이익잉여금의 변동은 앞에서 살펴본 바와 같이 전기말 이익잉여금을 출발점으로 하여 회계정책의 변경으로 인한 누적효과와 중요한 전기오류수정손익을 조정하여 수정후이익잉여금을 구한다. 여기에 당기에 처분된 연차배당만큼 이익잉여금을 감소시켜 처분후이익잉여금을 구한 다음 당기순손익을 가감한다. 여기서 연차배당이란 사실상 전기 재무제표에 대해 당기에 소집된 주주총회에서 결의된 배당이나 기타 이익잉여금 처분사항을 포괄한다. 주의할 점은 이익잉여금을 단지 이익준비금과 같은 법정적립금이나 감채적립금과 같은 임의적립금으로 처분하는 것은 이익잉여금 총액을 변동시키지 않으므로 자본변동표에는 보고되지 않는다. 이러한 내용은 이익잉여금처분계산서에 상세하게 표시된다. 즉, 자본변동표에 보고되는 이익잉여금의 변동사항은 이익잉여금 총액에 영향을 미치는 배당내용, 당기순손익, 주식할인발행차금이나 감자차손과 같은 자본조정 항목의 상각 등이다.

이러한 자본변동표의 작성과 그 구체적인 양식을 살펴보기 위해 다음의 예제를 살펴보기로 하자.

예제 13-3

다음은 2×14년도 초 경주회사의 자본의 구성을 나타낸다.

자본금	: 보통주자본금	₩1,500,000
자본잉여금	: 주식발행초과금	500,000
	자기주식처분이익	50,000
	감자차익	100,000
자본조정	: 자기주식	100,000
	미교부주식배당금	200,000
기타포괄손익누계액	: FVOCI측정금융자산평가손익누계액	200,000(대변잔액)

이익잉여금 :	이익준비금	200,000
	사업확장적립금	300,000
	감채적립금	100,000
	이월미처분이익잉여금	500,000

2×14년 동안 다음의 자본관련 거래가 발생하였다.

1) 당기에 회계변경으로 인해 기초 이월미처분이익잉여금이 ₩50,000 과소계상되었다.
2) 전기에 비용이 ₩60,000 과대계상되었음을 당기에 발견하였다.
3) 당기에 보통주 100주를 주당(액면금액 : ₩5,000) ₩7,000에 발행하고 그 대금을 납입받다.
4) 기초 자본에 포함된 보통주 주식배당인 미교부주식배당금 ₩200,000에 대해 보통주 40주(주당 액면금액 : ₩5,000)를 발행하다.
5) 당기 3월 중에 개최된 주주총회에서 이익잉여금의 처분이 다음과 같이 결정되었다.

   현금배당 : ₩100,000;　　주식배당 : ₩50,000
   이익준비금 : ₩100,000;　　사업확장적립금 : ₩50,000;　　감채적립금 : ₩50,000

   현금배당은 이미 당기에 지급이 완료되었고 주식배당은 당기말 현재 아직 주식이 교부되지 않고 있다.
6) 기초 자본을 구성하고 있는 FVOCI측정금융자산의 평가이익이 ₩50,000 발생하다.
7) 당기 8월에 중간배당으로 ₩50,000을 결정하고 이에 대한 지급을 완료하다.
8) 당기에 보유하고 있는 자기주식의 반을 ₩60,000에 재발행하다.
9) 당기에 새롭게 자기주식 100주를 주당 ₩4,000에 재취득하다.
10) 2×14년도 당기순이익은 ₩500,000이다.

위의 자료를 기초로 경주회사의 2×14년도의 자본변동표를 작성하시오.

먼저 위의 예제 자료를 바탕으로 자본변동표를 작성하면 다음과 같다. 다음의 자본변동표에서 보는 바와 같이, 자본변동표의 출발점은 전기말에 보고된 자본의 구성항목인 자본금, 자본잉여금, 자본조정, 기타포괄손익누계액, 이익잉여금의 기초잔액으로부터 출발한다. 이러한 기초잔액 중 이익잉여금은 회계변경으로 인한 누적효과나 중요한 전기오류수정손익에 의해 먼저 수정된다. 수정을 통해 도출된 수정후이익잉여금 금액에서 당기에 처분된 연차배당액을 이익잉여금에 조정한 후 처분후이익잉여금을 계산한다. 여기서 연차배당이란 당기에(전기의 결산기말 이후 3개월 이내) 개최되는 주주총회에서 의결된 사항으로 사실은 전기 재무제표에 대한 이익잉여금의 처분내용이다. 당기말 현재 당기 재무제표에 대한 이익잉여금의 처분은 아직 주주총회에서 의결되지 않았으므로 위의 자본변동표에 나타나지 않는다. 처분후이익잉여금이 결정되면 그 다음에는 당기에 발생한 다양한 자본의 변동내역을 보고한다. 즉, 당기에 발생한 중간배당이나 유상증자, 자본조정 항목의 변동, 당기순이익의 발생, 기타포괄손익누계액의 변동 등을 보고한다.

자본변동표

2×14년 1월 1일부터 2×14년 12월 31일까지

경주회사 (단위: 원)

	자본금	자본 잉여금	자본조정	기타포괄 손익누계액	이익 잉여금	총계
2×14년 1월 1일 현재 보고금액	1,500	650	100	200	1,100	3,550
회계정책 변경으로 인한 누적효과					50	50
전기오류수정이익					60	
수정후이월이익잉여금					1,210	3,660
연차배당			50		(150)	(100)
처분후이월이익잉여금					1,060	3,560
중간배당					(50)	(50)
유상증자	500	200				700
미교부주식배당금에 대한 주식발행	200		(200)			0
당기순이익					500	500
FVOCI측정금융자산평가손익				50		50
자기주식 재발행 및 취득		10	(350)			(340)
2×14년 12월 31일 금액	2,200	860	(400)	250	1,510	4,420

연습문제

EXERCISES

서술형

1. 주식회사의 자본과 관련하여 다음의 용어를 간단히 설명하시오.

   (1) 자본금　(2) 자본잉여금　(3) 자기주식

   (4) 우선주　(5) 액면분할(주식분할)　(6) 기타포괄손익누계액

   (7) 수권주식수　(8) 사외유통주식수

2. 자본잉여금과 이익잉여금의 차이를 설명하시오.
3. 회사의 입장에서 은행으로부터 조달하는 차입금인 부채와 주식발행을 통하여 일반투자자로부터 자금을 조달하는 자본은 기업의 입장에서 모두 자금의 조달 원천이라는 측면에서 동일하다고 볼 수 있다. 회계학적으로 부채와 자본을 구분하는 이유를 설명하시오.
4. 재무상태표의 자본은 기업의 자산에 대한 잔여지분을 나타낸다는 의미를 부채의 의미와 비교하여 설명하시오.
5. 자본잠식의 의미를 설명하고 어떻게 주식회사의 총자본이 음수가 될 수 있는지 설명하시오.
6. 유상증자와 무상증자의 차이를 설명하고 각각의 예를 하나씩만 제시하시오.
7. 유형자산처분이익은 포괄손익계산서를 통해 이익잉여금에 포함시키고 자기주식처분이익은 자본잉여금에 보고되는데 그 회계적 차이를 설명하시오.
8. 처분이익잉여금과 미처분이익잉여금의 차이를 설명하고 이익잉여금을 처분하는 목적이 무엇인지 기술하시오.
9. 주식배당과 현금배당의 차이를 주주 입장과 기업의 입장에서 각각 설명하시오.
10. 주식배당과 액면분할이 주식의 액면금액, 발행주식수 및 자본총계에 미치는 영향을 분석하고 회계적 차이를 설명하시오.
11. 이익잉여금 총액을 변동시키는 거래를 두 가지만 나열하고 각 거래가 이익잉여금에 미치는 영향을 설명하시오.
12. 기업이 임의적립금을 쌓는 이유를 설명하고 적극적 적립금과 소극적 적립금의 차이를 설명하시오.

주관식

01. 다음의 각 독립적인 자본거래를 분개하시오.

(1) A기업은 주당 액면금액이 ₩500인 보통주 10,000주를 ₩5,000에 발행하였다.

(2) A기업은 주당 액면금액이 ₩5,000인 전환우선주 1,000주를 ₩6,000에 발행하였다.

(3) A기업은 토지를 취득하고 주당 액면금액이 ₩500인 보통주 1,000주를 발행하였다. 토지의 취득 당시 주당 시장가치는 ₩800이다. 토지판매업자가 기록한 장부가치는 ₩1,000,000이다.

(4) A기업은 주당 액면금액이 ₩500인 보통주 1,000주를 주당 ₩450에 발행하였다.

(5) A기업은 자본잉여금 중 ₩1,000,000을 자본전입하기 위해 주당 액면금액이 ₩5,000인 보통주 200주를 발행하였다.

(6) A기업은 이월결손금 ₩5,000,000을 전보하기 위해 주당 액면금액이 ₩5,000인 보통주 1,200주를 소각하였다.

(7) 회사는 자본을 감소시키기 위해 자기주식 1,000주(주당 액면금액 : ₩1,000)를 주당 ₩900에 구입하여 소각하였다.

02. 경주기업㈜은 다음의 순서로 자본거래를 수행하였는데 이에 대한 분개를 하시오.

(1) 경주기업㈜은 이미 발행된 자기주식(액면금액 : ₩5,000) 100주를 주당 ₩8,000에 구입하였다.

(2) 종업원에게 위에서 구입한 50주를 주당 ₩5,000에 재발행하였다.

(3) 경주기업㈜은 이미 발행된 자기주식 100주를 주당 ₩10,000에 취득하였다.

(4) 경주기업㈜은 자기주식 30주를 주당 ₩15,000에 재발행하였다(선입선출법 가정).

03. 다음의 각 거래에 대해 필요한 경우 분개를 하시오. 특별한 언급이 없는 경우 각 거래는 독립적이라고 가정하시오.

(1) 회사는 주당 ₩10의 현금배당을 선언하고 지급하다. 이 회사의 수권주식수는 10,000주이고 발행된 주식은 5,000주이고 배당선언 당시 보유하고 있는 자기주식은 1,000주이다.

(2) 회사는 50% 주식배당을 선언하다. 이 회사의 수권주식수는 10,000주이고 발행된 주식은 5,000주이고 배당선언 당시 보유하고 있는 자기주식은 1,000주이며 액면금액은 ₩500이다.

(3) 회사는 (2)에서 결정한 주식배당에 대한 주식을 발행하다.

(4) 회사의 주식가격이 현재 주당 ₩3,000,000인데 회사는 주가를 낮추기 위해 4 : 1 주식분할을 실시하였다. 주식분할을 실시하기 직전의 사외유통주식수는 1,000주이었다.

04. 동국회사의 영업 첫해인 2×13년도 말 재무상태표에 따르면 자본의 구성은 다음과 같다.

자본금(액면가 : ₩5)	₩100,000
자본잉여금	509,600
이익잉여금	50,000
자기주식(1,200주)	(33,600)

2×13년도 동안 동국회사는 다음의 자본거래를 했다.

(1) 주당 ₩30에 주식을 발행했다.

(2) 자기주식 2,000주를 구입하고 일부를 처분하였다.

1) ₩30에 당기에 발행한 주식수를 구하시오.
2) 취득한 자기주식의 주당 구입가격을 구하시오.
3) 자기주식 중 몇 주를 다시 발행하였는가?
4) 자기주식 재발행시 주식의 가격은?
5) 2×13년도 이루어진 모든 자본거래를 분개하시오.

05. 동국산업㈜의 2×13년도 말 재무상태표에 따르면 자본의 구성은 다음과 같다.

자본금(액면가 : ₩5,000, 발행주식수 : 200주)	₩1,000,000
주식발행초과금	500,000
이익잉여금	3,000,000

1) 동국산업㈜의 2×13년도 말 자본의 장부가치 총계와 주당 장부가치를 구하라.
2) 2×14년 중 발생한 다음의 독립된 거래를 분개하라.
   ① 동국산업㈜의 주식가격이 ₩6,000일 때 10%의 주식배당을 선언했다.
   ② 동국산업㈜은 1주당 2주를 주는 주식분할을 실시했다.
   ③ 동국산업㈜은 자기주식 100주를 주당 ₩5,000에 구입했다.
   ④ 위 ③에서 취득한 주식 중 50%는 주당 ₩7,000으로 매각하고 나머지는 주당 ₩3,000에 매각했다.
3) 위 2) 거래의 결과로 2×14년도 말 동국산업㈜의 자본의 장부가치 총계와 주당 장부가치가 얼마인지를 계산하라.

06. 동국기업㈜의 2×13년도 말 현재 자본은 다음과 같이 구성되어 있다.

수권주식수 : 보통주 50,000주(액면금액 : 주당 ₩5,000)
우선주 5,000주(액면금액 : 주당 ₩5,000, 배당률 : 8%)
자본금 - 보통주 : ₩5,000,000
주식발행초과금 : ₩500,000
이익잉여금 : ₩20,000,000

2×14년도 중 다음의 거래가 발생하였다.

1/6 주당 ₩6,000에 보통주 2,000주를 추가발행하였다. 주식발행비가 ₩500,000 발생했다.

1/8 주당 ₩5,000에 우선주 4,000주를 발행하였다.

7/1 동국기업㈜은 우선주에 대해 6개월분 배당을 선언했다(1/8일 발행한 신주에 대해서도 구주와 동일한 비율의 배당률을 적용함).

7/5 동국기업㈜은 영업확장을 위해 추가로 보통주 25,000주를 주당 ₩7,000에 발행하였다.

7/25 7월 1일에 선언한 배당금을 현금으로 지급했다.

10/2 주주총회는 보통주 1주당 ₩10의 배당을 선언하였다.

10/25 보통주에 대한 배당을 현금으로 지급했다.

11/1 동국기업㈜은 발행된 회사의 보통주식 1,000주를 주당 ₩5,500에 매입했다.

11/10 11월 1일에 매입된 주식 중 500주를 주당 ₩6,000에 매각했다.

12/1 보통주에 대해 10% 주식배당을 선언했다(배당선언시 주식의 시가 : ₩5,800).

12/15 우선주에 대해 나머지 6개월분 현금배당을 선언하고 지급하였다.

12/31 2×14년도 포괄손익계산서의 당기순이익은 ₩500,000이다.

위의 각 거래에 대해 필요한 분개를 하고 2×14년도 말 재무상태표에 표시될 자본 부분을 완성하라.

07. 고려산업㈜의 2×13년도 말 이익잉여금은 다음과 같이 구성되어 있다.

• 이익준비금	₩5,000
• 사업확장적립금	3,000
• 재무구조개선적립금	2,000
• 감채적립금	1,000
• 재해손실적립금	1,000
• 전기이월미처분이익잉여금	10,000

(1) 고려산업㈜의 2×14년도 당기순이익은 ₩50,000이다.
(2) 고려산업㈜은 2×14년도에 2×13년도의 감가상각비를 ₩2,000만큼 과소계상한 중요한 오류를 발견하였다.
(3) 임의적립금인 감채적립금 중 ₩500은 목적이 달성되어 이입하였다.
(4) 기초미처분이익잉여금에 대해 당기에 현금배당 ₩1,000과 주식배당 ₩500을 선언하고 이를 집행하였다.
(5) 2×14년 3월 중 개최된 주주총회에서 기초미처분이익잉여금에 대해 다음의 적립금을 적립하기로 의결하였다.

이익준비금 : ₩1,000	재무구조개선적립금 : ₩500
사업확장적립금 : ₩1,000	감채적립금 : ₩500

1) 위의 각 이익잉여금 항목의 변동을 회계처리하라.
2) 위의 자료를 이용하여 2×14년도 이익잉여금처분계산서를 작성하라.

08. 다음은 2×13년도 초 경주기업㈜의 자본의 구성을 나타낸다.

자본금	: 보통주자본금	₩2,000,000
자본잉여금	: 주식발행초과금	1,000,000
	감자차익	100,000
자본조정	: 자기주식	200,000
	주식할인발행차금	200,000
기타포괄손익누계액	: FVOCI측정금융자산평가손실	200,000
이익잉여금	: 이익준비금	100,000
	사업확장적립금	200,000
	전기이월미처분이익잉여금	1,000,000

2×13년 동안 다음의 자본관련 거래가 발생하였다.
(1) 전기에 비용 ₩100,000이 과소계상되었음을 당기에 발견하였다.
(2) 당기에 보통주 1,000주를 주당(액면금액 : ₩5,000) ₩8,000에 발행하고 그 대금을 납입받았다.
(3) 당기 3월에 개최된 주주총회에서 이익잉여금의 처분이 다음과 같이 결정되었다.

현금배당 : ₩100,000	주식배당 : ₩50,000	
이익준비금 : ₩100,000	사업확장적립금 : ₩50,000	감채적립금 : ₩50,000
주식할인발행차금상각 : ₩100,000		

현금배당과 주식배당은 이미 당기에 지급 및 주식발행이 완료되었다.

(4) 기초 자본을 구성하고 있는 FVOCI측정금융자산평가손실의 절반이 처분으로 인해 당기손익에 반영되고 보유하고 있는 잔여 FVOCI측정금융자산의 기말 평가이익이 ₩50,000 발생하다.

(5) 당기 8월에 중간배당으로 ₩100,000을 결정하고 이에 대한 지급을 완료하다.

(6) 당기에 보유하고 있는 자기주식의 반을 ₩100,000에 재발행하다.

(7) 당기에 신규로 자기주식 100주를 주당 ₩8,000에 취득하다.

(8) 2×13년도 당기순이익은 ₩800,000이다.

위의 자료를 기초로 경주회사의 2×13년도의 자본변동표를 작성하라.

09. 백두㈜의 20×1년 1월 1일의 자산과 부채의 총계는 각각 ₩3,500,000과 ₩1,300,000이었으며, 백두㈜의 20×1년 중 발생한 모든 자본거래는 다음과 같다.

- 3월 8일 : 20×0년도 정기주주총회(20×1년 2월 28일 개최)에서 결의한 배당을 지급하였다. 구체적으로 현금배당으로 ₩130,000을 지급하였으며, 주식배당으로 보통주 100주(주당 액면금액 ₩500, 주당 공정가치 ₩550)를 발행하였다. 백두㈜는 현금배당액의 10%를 상법상의 이익준비금으로 적립하였다.
- 5월 8일 : 보통주 200주(주당 액면금액 ₩500)를 주당 ₩600에 발행하였으며, 이와 관련하여 직접적인 주식발행비용 ₩30,000이 발생하였다.
- 10월 9일 : 20×0년에 취득한 자기주식(취득원가 ₩70,000)을 ₩80,000에 재발행하였다.

백두㈜가 20×1년도 포괄손익계산서상 당기순이익과 총포괄이익으로 ₩130,000과 ₩40,000을 보고하였다면, 백두㈜가 20×1년 말 현재 재무상태표상 자본의 총계로 보고할 금액은 얼마인가? (단, 법인세효과는 고려하지 않는다.) (2011 공인회계사 1차 수정)

10. 20×2년 2월 개최된 주주총회 결의일 직후 작성된 대경㈜의 20×1년 말 재무상태표상 자본은 다음과 같다.

• 보통주자본금	₩30,000,000
• 이익준비금	1,000,000
• 사업확장적립금	500,000
• 감채기금적립금	600,000
• 미처분이익잉여금	800,000

대경㈜의 20×2년도 당기순이익은 ₩1,200,000이고, 당기 이익잉여금 처분예정은 다음과 같다.

• 감채기금적립금 이입	₩300,000
• 현금배당	400,000
• 주식배당	100,000
• 사업확장적립금 적립	250,000
• 이익준비금 적립	법정최소금액 적립

위 사항들이 20×3년 2월 개최된 주주총회에서 원안대로 의결되었다.

위 자료를 토대로 K-IFRS에 따라 20×2년도 이익잉여금처분계산서를 작성하라. (2014 공인회계사 1차 시험 수정)

11. 2×13년 초 대동산업㈜의 납입자본의 내역은 다음과 같다.

I. 자본금	
보통주(주당 액면금액 ₩5,000)	₩10,000,000
우선주(주당 액면금액 ₩5,000)	2,000,000
소 계	₩12,000,000
II. 자본잉여금	
보통주주식발행초과금	₩4,000,000
우선주주식발행초과금	1,000,000
소 계	₩5,000,000

대동산업㈜은 2×13년 3월 1일에 보통주 400주와 우선주 100주를 ₩5,000,000에 현금 발행하였으며, 발행 당시 보통주와 우선주의 주당 공정가치는 각각 ₩10,000으로 동일하였다. ₩5,000,000의 총발행가액은 보통주와 우선주의 총공정가치 비례대로 배부된다. 한편 대동산업㈜은 2×13년 12월 1일에 주당 공정가치가 ₩12,000인 보통주 1,000주를 발행하고 공정가치가 ₩8,000,000인 토지를 출자받았다. 현물출자를 통해 취득한 토지의 취득원가는 토지의 공정가치로 계상하며 이에 대한 대가로 발행한 주식의 발행금액으로 한다.

대동산업㈜의 2×13년 동안의 자본거래에 대해 적절한 회계처리를 하라. (2013 감정평가사 1차 시험 수정)

12. 다음은 유통업을 영위하는 동국㈜의 자본에 관련된 자료이다. 20×2년도 포괄손익계산서의 당기순이익은 얼마인가? (2020년 KCPA 1차 시험 수정)

부분재무상태표

20×1년 12월 31일

Ⅰ. 자본금	₩2,000,000
Ⅱ. 주식발행초과금	200,000
Ⅲ. 이익잉여금	355,000
이익준비금	45,000
사업확장적립금	60,000
미처분이익잉여금	250,000
자본총계	₩2,555,000

(1) 동국㈜은 재무상태표의 이익잉여금에 대한 보충정보로서 이익잉여금처분계산서를 주석으로 공시하고 있다.

(2) 동국㈜은 20×2년 3월 정기 주주총회 결의를 통해 20×1년도 귀속 이익잉여금을 다음과 같이 처분하기로 확정하고 실행하였다.

- ₩100,000의 현금배당과 ₩20,000의 주식배당
- 사업확장적립금 ₩25,000 적립
- 현금배당의 10%를 이익준비금으로 적립

(3) 20×3년 2월 정기 주주총회 결의를 통해 확정된 20×2년도 이익잉여금 처분내역은 다음과 같으며, 동 처분내역이 반영된 20×2년도 이익잉여금처분계산서의 차기이월미처분이익잉여금은 ₩420,000이다.

- ₩200,000의 현금배당
- 현금배당의 10%를 이익준비금으로 적립

(4) 위에 제시된 이익잉여금 처분과 당기순이익 이외에 이익잉여금의 변동은 없다.

14 현금흐름표

왜 어떤 기업은 이익을 내면서 부도가 나고 법정관리를 신청하는가? 독자 여러분들은 흑자도산이란 용어를 신문지상에서 많이 들었을 것이다. 흑자도산이란 기업이 이익을 실현하였으면서도 필요한 현금을 충분히 보유하지 못했기 때문에 도산하는 것을 말한다. 이처럼 기업을 운영함에 있어서 현금의 역할은 매우 중요하다. 투자자들은 이러한 현금을 기업이 어디서 창출하고 어디에 사용하는지를 이해함으로써 각 기업이 미래에 현금을 창출할 수 있는 능력을 판단하는 데 유용한 정보를 얻을 수 있다. 본 장은 다양한 기업활동, 즉 영업활동, 투자활동, 재무활동이 현금에 어떻게 영향을 미치는지를 보여주는 재무제표인 현금흐름표에 대해 살펴보고자 한다.

제 1 절 현금흐름표의 기초

1. 현금흐름표의 의의와 기업활동

현금흐름표(statement of cash flows)란 일정 기간 동안 현금의 유입과 유출을 기업활동별로 나타내는 재무제표로 주요 재무제표 중의 하나이다. 현금흐름표는 기초의 현금이 어떠한 거래로 인하여 기말의 현금으로 변동하였는지에 대해 기업활동별로 요약하여 보고한다. 이처럼 현금흐름표는 기초재무상태표에 기재된 현금액과 기말재무상태표에 보고된 현금 간의 변동을 기업활동 유형별로 설명함으로써 현금의 변동내역을 상세하게 제공한다.

현금흐름표를 이해하기 위해서는 먼저 현금흐름표에서 의미하는 현금이 무엇을 나타내는지를 파악해야 한다. 현금흐름표에서 의미하는 현금의 개념은 현금및현금성자산(이하에서는 현금이라 함)을 의미한다. 즉, 좁은 의미의 현금인 통화 및 타인발행수표와 같은 통화대용증권은 물론이고 보통예금 및 당좌예금과 같은 요구불예금을 포함하며 이에 상응하는 현금성자산까지 포함하는 의미의 현금 개념이다. 한국채택국제회계기준에 따르면 현금성자산(cash equivalents)이란 큰 거래비용 없이 현금으로 전환이 용이하고 이자율 변동에 따른 가치변동의 위험이 중요하지 않은 금융상품으로서 취득당시 만기일 혹은 상환일이 3개월 이내에 도래하는 것을 의미한다. 따라서 재무제표일 현재 3개월 이내에 만기가 도래한다 할지라도 취득시점에서 만기일이 3개월 이상인 정기예금 및 정기적금은 현금성자산에 포함되지 않는다.

현금흐름표는 기업활동을 세 가지 활동인 영업활동, 투자활동, 재무활동으로 구분하여 현금의 원천과 사용에 대한 정보를 제공한다. 이에 현금흐름표를 명확하게 이해하기 위해서는 먼저 이들 각 활동에 대해 이해하여야 한다.

영업활동(operating activities)이란 주로 기업의 주요 수익창출활동에서 발생하며, 이는 일반적으로 재화의 생산, 상품의 구매 및 이들의 판매활동 및 관리활동을 말한다. 이 밖에 현금흐름표에서 투자활동이나 재무활동으로 분류될 수 없는 다른 모든 일상적인 활동을 영업활동으로 분류하고 있다.

투자활동(investing activities)이란 넓게 해석하면 모든 자산을 구입하는 활동을 지칭하지만 현행 현금흐름표에서는 이를 좁게 해석하여 자금의 대여 및 회수활동을 포함하여 일시적 자금을 유가증권에 투자하거나 기업확장을 위해 비유동자산을 취득하거나 처분하는 활동을 말한다.

재무활동(financing activities)이란 채권자나 주주로부터 현금을 차입하고 상환하는 활동을 말한다. 예를 들어, 은행에서 현금을 차입하거나 주식을 발행하여 현금을 조달하는 기업활동이 대표적인 재무활동이다. 또한 차입금을 상환하거나 주주에게 배당금을 지급하는 활동도 재무활동에 속한다. 이처럼 재무활동이란 채권자나 주주와의 거래에서 주로 일어나는 활동을 총칭한다.

한국채택국제회계기준은 모든 거래항목에 대해 명확하게 영업활동, 재무활동, 투자활동을 구분하는 기준을 제시하지 않고 있어 이들 분류를 이해하기가 상당히 애매한 경우가 많다. 예를 들어, 차입금의 만기가 도래하여 원금과 이자를 상환한다고 하자. 일반적으로 이러한 거래는 재무활동으로 분류되는 것이 합리적이지만 현행 K-IFRS의 현금흐름표에서는 이자의 지급은 영업활동 또는 재무활동으로, 원금의 지급은 재무활동으로 분류된다. 이자와 성격이 유사한 배당금의 지급은 이자지급과 달리 재무활동으로 분류되며 다른 회사로부터 수령하는 배당금은 영업활동 또는 투자활동으로 분류될 수 있다. 이러한 혼란은 현금흐름표가 나타나기 시작한 역사에 기인하는 것으로 보인다. 즉, 포괄손익계산서는 일반적으로 영업활동의 결과를 나타내는 재무제표이고, 현금흐름표는 영업활동의 결과인 당기순이익 수치를 이용하여 작성되기 시작하였으므로 초기에는 작성의 편의를 위해 포괄손익계산서에 속하는 수익 및 비용의 대부분을 영업활동으로 분류하기를 원했을 것이다. 이로 인해 포괄손익계산서에 보고되는 대부분의 항목을 영업활동으로 분류하게 된 것으로 생각된다. 이러한 해석에 따르면 지급하는

그림 14-1 현금흐름표의 주요 구조

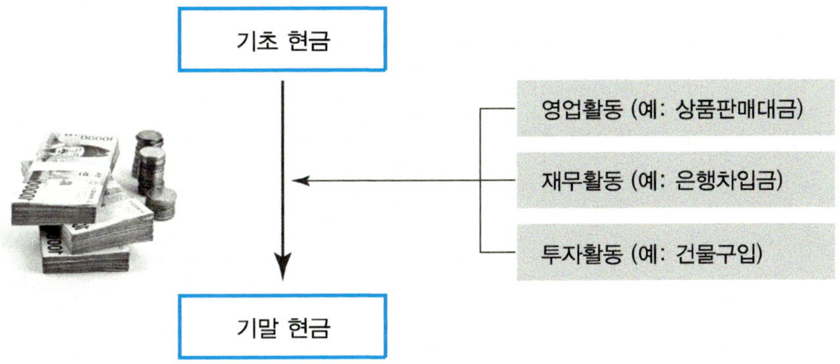

이자는 이자비용과 관련되고 수령하는 배당금은 배당수익에 상응하므로 모두 영업활동으로 분류되는 반면, 주주에게 지급되는 배당금은 비용이 아니고 주주와의 자본거래에서 발생하므로 재무활동으로 분류하게 된다.

기업의 모든 활동이 현금흐름표에 보고될 필요는 없다. 현금흐름표는 용어 그 자체가 나타내는 바와 같이 현금흐름의 변동을 설명하는 재무제표이므로 현금흐름을 수반하지 않는 거래들은 현금흐름표 본문에 기재될 필요가 없다. 그러나 현금흐름을 수반하지 않는다 할지라도 중요한 거래는 이용자에게 중요한 재무정보를 전달할 수 있으므로 주석을 통해 공시하는 것이 바람직하다.

2. 이익과 현금흐름과의 관계

일반적으로 특정 기간의 포괄손익계산서에 포함된 수익과 비용 금액은 당해 기간의 현금의 유입 및 유출과 일치하지 않는다. 즉, 포괄손익계산서는 수익과 비용의 인식에 있어서 발생주의(accrual basis), 실현주의 및 수익 · 비용 대응의 원칙 등에 따라 작성되므로 실제 현금의 유입과 유출이 일어나는 시기가 수익 및 비용의 인식시기와 다를 수 있다. 예를 들어, 당기에 상품 1억원을 판매하고 대금을 회수하지 않은 경우를 살펴보자. 수익실현원칙에 따라 수익은 1억원이 발생하지만 아직 현금 1억원은 유입되지 않았다. 뿐만 아니라 현금은 영업활동 이외에서도 창출될 수 있다. 즉, 은행에서 현금을 차입해 오는 경우에도 현금의 유입은 있으나 수익이 발생하지 않으며 비유동자산을 현금으로 처분하는 경우 현금의 유입은 있으나 이익이 발생하지 않을 수도 있다. 이익과 현금흐름과의 관계를 보다 명확히 살펴보기 위해 다음의 20×9년도 서울회사의 포괄손익계산서와 현금흐름표를 비교해 보자. 서울회사의 기초현금은 30,000원이고 기말 현재 현금은 5,000원이다.

표에서 알 수 있듯이 서울회사는 당기순이익을 보고하고 있으나 현금액은 기초 30,000원에서 5,000원으로 줄어들고 있다. 그 이유는 앞에서도 설명했듯이 발생주의와 현금유출입이 일치하지 않고 수익과 비용과 관련되지 않은 투자 및 재무활동으로 인해 현금이 변동할 수 있기 때문이다. 먼저 영업활동의 결과를 요약하는 포괄손익계산서와 영업활동에 의한 현금흐름을 비교해 보자.

포괄손익계산서			현금흐름표		
수 익:			기초현금		30,000
매 출		125,000	영업활동 현금유입		
비 용:			고객으로부터 현금회수		90,000
매 출 원 가	60,000		영업활동 현금유출		
급 여	20,000		공급업자에게 지출	50,000	
감가상각비	10,000		종업원에게 지출	19,000	
이 자 비 용	4,000		수리업자에게 지출	4,000	
기 타	11,000		다른 업자에게 지출	9,000	
비용합계		(105,000)	현금유출합계		(82,000)
순 이 익		20,000	영업활동으로 인한 순현금유입		8,000
			투자활동 – 유형자산 구입		(125,000)
			재무활동 – 장기차입금		92,000
			기말현금		5,000

먼저 매출액은 125,000원이나 실제로 현금으로 회수된 금액은 90,000원이다. 즉, 기말 현재 35,000원을 회수하지 않았으므로 아마도 매출채권이 기초보다 35,000원 증가되었을 것이다.

한편 주요 지출은 비용항목의 지급을 통해 이루어지는데 비용과 현금 지출을 비교해 보자. 매출원가가 포괄손익계산서상에 60,000원이나 현금흐름표상 실제로 상품의 구매를 통해 공급업자에게 지급된 금액은 50,000원이다. 이러한 차이는 재고자산의 변동이 없다면 매입채무의 증가로 재무상태표에 나타날 것이다. 급여의 경우 실제 비용은 20,000원이나 실제 지출액은 19,000원이다. 이러한 비용항목과 비용지급액의 차이는 주로 미지급 항목의 증가를 초래할 것이다. 여기서 주목할 것은 감가상각비 항목이다. 포괄손익계산서에 비용으로 감가상각비가 10,000원 보고되나 이에 따른 현금유입과 유출은 없다. 서울회사는 과거에 건물이나 유형자산을 구입했을 것이고 감가상각비는 단지 이러한 유형자산의 사용을 인식하는 것이므로 현금흐름에는 영향을 미치지 않는다. 이처럼 이익과 현금흐름 간에 다양한 차이에 의해 당기순이익과 영업활동에 의한 현금흐름이 일치하지 않는 것이 보통이며, 또한 포괄손익계산서에 보고되지 않는 거래유형인 비유동자산의 변동과 같은 투자활동이나 은행차입금의 변동 등과 같은 재무활동에 의해서도 현금은 변동할 수 있다.

위에서 살펴본 바와 같이 서울회사는 영업 측면에서 당기순이익을 보고하고 있으나 유형자산 구입과 같은 사업확장에 거액의 현금을 투자하였으므로 현금이 감소하였다. 이처럼 성장하고 있는 기업은 수익성이 높지만 계속해서 사업확장에 자금이 필요하게 되므로 현금 부족을 경험할 수 있다.

3. 현금흐름 정보의 유용성

재무상태표나 포괄손익계산서와 같은 다른 재무제표는 발생주의에 입각하여 작성되고 있는데, 이러한 발생주의에 의해 작성된 정보가 기업의 미래 수익성과 위험을 평가하는 데 한계에 부딪쳐 이를 보완할 수 있는 현금주의에 따른 현금흐름 정보에 일반투자자들의 관심이 증가하게 되었다. 즉, 발생주의에 따르면 이익이 발생하고 있는 기업이 도산하는 현상이 자주 발생함에 따라 현금흐름에 대한 정보가 기업의 미래를 예측하는 데 더욱 필요하게 되었다. 일반적으로 현금흐름 정보의 유용성은 다음과 같은 네 가지 측면으로 요약될 수 있다.

① **기업의 미래 현금흐름의 창출능력의 평가**: 궁극적으로 일반투자자들이 원하는 정보는 특정 기업이 미래에 현금을 벌어들일 수 있는 능력에 대해 알고자 한다. 이러한 미래 현금의 창출능력을 평가하는 데 중요한 정보가 포괄손익계산서의 수익성 정보이며 이를 보완하기 위해 현금흐름 정보가 필요하게 된 것이다.

② **기업의 배당지급능력과 부채상환능력의 평가**: 현금흐름표에는 기업이 일정 기간 동안 현금을 어느 활동에서 창출하고 어디에 사용하는지를 상세하게 보여주기 때문에 재무상태표 정보와 함께 기업이 배당할 수 있는 현금이 충분한지 그리

고 부채를 상환할 수 있는 현금이 충분한지에 대한 정보를 제공할 수 있다.

③ **당기순이익과 영업활동에 의한 현금흐름 간의 차이를 이해**: 포괄손익계산서의 당기순이익이 미래 수익성을 예측하는 데 중요한 지표가 될 수 있으나 이의 계산에 많은 추정치가 사용되어 실제 현금흐름과의 조정정보를 통하여 투자자들은 유용한 정보를 획득할 수 있게 된다.

④ **재무 및 투자활동의 이해**: 재무상태표는 재무 및 투자활동의 결과를 요약한 재무상태를 보여주고 기초 및 기말 재무상태표의 비교를 통해 재무상태의 변동결과를 보여줄 수 있다. 그러나 어떤 활동에 의해 재무상태가 변하였는지에 대한 상세한 정보를 제공하지 않으므로 현금흐름표를 통해 이러한 정보를 보완할 수 있는 것이다.

제 2 절 현금흐름표의 관계식

재무상태표는 "자산 = 부채 + 자본"의 등식, 포괄손익계산서에는 "수익 − 비용 = 이익"의 등식에 의하여 작성된다. 현금흐름표에는 어떤 관계식이 존재할까? 물론 외관상으로는 다음의 등식에 의해 현금흐름이 계산된다.

★

기말현금 − 기초현금 = 영업활동에 의한 현금흐름
+ 투자활동에 의한 현금흐름
+ 재무활동에 의한 현금흐름

이러한 등식을 이해하기 위해 좀 더 근본적으로 현금흐름표에 내재하는 관계식을 이해하여야 하는데 출발점으로 사용할 수 있는 식은 다음의 회계등식이 바로 그것이다.

★

자 산 = 부 채 + 자 본

이러한 회계등식은 항상 성립해야 하므로 기말과 기초에도 이 관계가 성립해야 한다.

★

기말자산 = 기말부채 + 기말자본 ……………………………………(1)
기초자산 = 기초부채 + 기초자본 ……………………………………(2)

위의 (1)식에서 (2)식을 차감하면 다음과 같이 표시할 수 있다.

★

기말자산 - 기초자산 = (기말부채 - 기초부채) + (기말자본 - 기초자본)

현금흐름표에서 우리가 알고자 하는 것은 현금의 변동이므로 자산을 현금과 현금 이외의 모든 자산(이후 비현금자산이라 함)으로 크게 구분하면 다음과 같다.

★

기말자산 - 기초자산 = (기말현금 - 기초현금) + (기말 비현금자산 - 기초 비현금자산)

따라서 회계등식을 다음과 같이 표시할 수 있다.

★

기말현금 - 기초현금 = (기말부채 - 기초부채) + (기말자본 - 기초자본)
-(기말 비현금자산 - 기초 비현금자산)
△현 금 = △부채 + △자본 - △비현금자산 ……………………………(3)

앞에서 살펴보았듯이 현금흐름표는 현금의 변동을 설명하는 보고서이므로 위의 (3)식은 현금흐름표를 이해하는 데 매우 중요한 역할을 한다. 위의 (3)식에서 좌변은 현금흐름의 변동 결과이고 우변은 이러한 현금변동을 가져오게 한 원인이 되는 다양한 활동으로 해석할 수 있다. 예를 들어, 다른 모든 것이 일정한데 비현금자산인 재고자산이 증가하면 현금은 감소하게 되는데 위의 (3)식을 보면 △비현금자산 앞의 부호가 음수임을 알 수 있다. 다른 것은 변함이 없는데 부채나 자본이 증가하면 차입금이 증가하거나 유상증자가 발생한 것이므로 현금은 증가할 것이므로 위의 (3)식에서 △부채 및 △자본 앞의 부호는 양수임을 알 수 있다. 물론 △기호를 증가로 해석해야 하고 특정 항목의 감소는 위의 부호와 반대라고 해석하면 된다. 즉, 위의 (3)식은 현금을 제외한 자산, 부채 및 자본의 변동이 현금흐름에 어떤 영향을 미치는지를 쉽게 이해할 수 있게 하는 유용한 관계식이다. 위의 우변을 좀 더 상세하게 살펴보기 위해서는 △자본을 분석해 보자. 자본의 변동은 일반적으로 납입자본의 변동과 이익잉여금의 변동으로 분류될 수 있으며, 특히 이익잉여금의 변동은 당기순손익과 배당에 의해 주로 변동한다. 따라서 자본변동을 다음과 같이 표시할 수 있다.

★

△자본 = △납입자본 + (당기순손익 － 배당)

위의 관계를 (3)식에 대입하면 다음과 같다.

★

△현금 = △부채 + △납입자본 + (당기순손익 － 배당) － △비현금자산

그런데 현금흐름표는 활동별로 현금변동의 원인을 요약해야 하므로 활동을 나타낼 수 있도록 위의 식을 변형시켜 보자. 일반적으로 납입자본의 변동과 배당은 재무활동이고 당기순손익 항목은 영업활동에 속하므로 위의 식을 다음처럼 변형시킬 수 있다.

★

△현금 = 당기순손익 － △영업활동과 관련된 비현금자산
+ △영업활동과 관련된 부채 － △투자활동과 관련된 비현금자산
+ △재무활동과 관련된 부채 + △납입자본 － 배당

물론 정확한 분류는 아니지만 영업활동과 관련된 부채는 보통 매입채무나 미지급비용과 같은 유동부채를 포함하며 나머지의 부채는 재무활동에 속한다. 자산 중에서 영업활동과 관련된 자산은 재고자산이나 매출채권과 같은 대부분의 유동자산이며 비유동자산의 변동은 투자활동과 관련되므로 개략적으로 위의 식을 다음과 같이 분류하여 정리할 수 있다.

△현금 = 당기순손익		
	− △대부분 비현금유동자산	영업활동에 의한 현금흐름
	+ △대부분 유동부채	
	− △일부 비현금유동자산	투자활동에 의한 현금흐름
	− △비유동자산	
	+ △일부 유동부채	재무활동에 의한 현금흐름
	+ △비유동부채	
	+ △납입자본	
	− 배당	

위의 등식 우변에서 당기순이익을 포함한 첫 번째 그룹이 바로 영업활동에 의한 현금흐름의 변동을 나타내고, 두 번째 그룹에 있는 비유동자산의 변동내역이 바로 투자활동에 의한 현금흐름의 변동이 되며, 마지막 그룹에 있는 항목들이 바로 재무활동에 의한 현금흐름 변동내역을 나타내는 것이다. 즉, 영업활동에 의한 현금흐름 항목에는 당기순손익이 포함되며 여기에다 영업활동에서 발생하는 부채항목의 증가를 가산하고 영업활동에 관련된 유동자산의 증가를 차감하면 된다.

물론 유동부채의 변동 모두가 영업활동으로 분류되는 것은 아니고 유동자산 모두가 영업활동과 관련되는 것은 아니다. 예를 들어, 유동부채 중 단기차입금은 영업활동과 무관하므로 재무활동으로 분류되어야 하고 유동자산 중 다른 회사의 주식이나 채권과 같은 매도가능증권의 구입이나 처분도 영업활동과 무관하므로 투자활동으로 분류되어야 한다. 그러나 단기매매 목적으로 구입한 금융자산인 단기매매금융자산의 변동은 영업활동으로 분류한다.

독자들은 이러한 예외와 함께 위의 등식을 이해하면 현금흐름표의 작성 및 해석이 훨씬 쉬울 것이다. 투자활동에 의한 현금흐름은 비유동자산의 매입이나 처분과 같이 비유동자산의 증감에 따라 발생하는 현금흐름을 나타내고, 재무활동으로 인한 현금흐름은 주주와의 거래에서 발생하는 출자 및 배당, 채권자와의 거래에서 발생하는 차입 및 상환 등을 포함하게 된다.

제 3 절 현금흐름표의 양식과 작성

앞의 설명에서 독자들이 짐작한 바와 같이, 현금흐름표는 기중의 거래에 대한 분개로부터 출발하는 회계순환과정을 통해 작성되는 것이 아니라 이미 작성된 기초 및 기말 재무상태표와 포괄손익계산서를 바탕으로 하여 기말에 작성된다. 이러한 현금흐름표의 양식은 크게 직접법과 간접법으로 구분된다. 직접법(direct method)은 총현금유입과 총현금유출을 주요 항목별로 구분하여 표시하는 방법이다. 예를 들어, 영업활동에 의한 현금의 주요 원천은 매출을 통해 고객으로부터 현금을 회수하는 것이고 주요 사용처는 상품을 매입하여 공급업자에게 그 대금을 지출하는 것인데 이러한 현금의 원천과 사용을 직접적으로 계산하고 그 내용을 구분하여 현금흐름을 보고하는 방법이다.

이에 비해 간접법(indirect method)은 이미 발생주의에 입각하여 도출된 당기순손익에 현금을 수반하지 않는 거래, 과거 또는 미래의 영업활동 현금유입이나 현금유출의 이연 또는 발생, 투자활동 현금흐름이나 재무활동 현금흐름과 관련된 손익항목의 영향을 조정하여 표시하는 방법이다. 예를 들어, 영업활동의 결과를 요약하는 당기순이익 정보를 이용하여 여기에다 영업활동과 관련하여 발생한 매출채권의 변동이나 재고자산 및 매입채무의 변동 등을 조정하고 현금흐름을 수반하지 않는 비용(예 : 감가상각비)이나 수익(예 : 유형자산처분이익) 등을 가감하여 영업활동에 의한 현금흐름을 도출하여 보고하는 방법이다. 이러한 직접법과 간접법의 차이는 영업활동에 의한 현금흐름을 보고하는 방법의 차이에 불과하고 투자활동 및 재무활동에 의한 현금흐름은 직접법과 간접법 모두 동일하게 직접적으로 현금흐름을 분석하여 보고한다. 한국채택국제회계기준은 직접법으로 현금흐름표를 작성하는 방법을 추천하고 있다.

직접법과 간접법에 공통적인 사항으로서 과거 기업회계기준과는 달리 한국채택국제회계기준은 별도로 개별적으로 표시가 요구되는 항목이 있다. 대표적인 예로 법인세 항목이 있는데, 법인세로 인한 현금흐름은 별도로 공시하며 원칙적으로 영업활동 현금흐름으로 분류하도록 규정하고 있다. 이외에도 이자와 배당금의 수취 및 지급에 따른 현금흐름은 각각 별도로 공시하도록 규정하고 있으며, 각 현금흐름은 매 기간 일관성 있게 영업활동, 투자활동 또는 재무활동으로 분류하여야 한다.

현금흐름표(직접법)

제×기 20××년 ×월 ×일부터 제×기 20××년 ×월 ×일까지
제×기 20××년 ×월 ×일부터 제×기 20××년 ×월 ×일까지

회사명 (단위: 원)

과 목	제×(당)기		제×(전)기	
	금 액		금 액	
영업활동 현금흐름				
고객으로부터 유입된 현금	×××		×××	
공급자와 종업원에 대한 현금유출	(×××)		(×××)	
영업으로부터 창출된 현금	×××		×××	
이자지급	(×××)		(×××)	
법인세의 납부	(×××)		(×××)	
영업활동 순현금흐름		×××		×××
투자활동 현금흐름				
종속기업의 취득에 따른 순현금흐름	(×××)		(×××)	
유형자산의 취득	(×××)		(×××)	
설비의 처분	×××		×××	
이자수취	×××		×××	
배당금수취	×××		×××	
....	×××		×××	
투자활동 순현금흐름		×××		×××
재무활동 현금흐름				
유상증자	×××		×××	
장기차입금	×××		×××	
금융리스부채의 지급	(×××)		(×××)	
배당금지급	(×××)		(×××)	
....				
재무활동 순현금흐름		×××		×××
현금및현금성자산의 순증가		×××		×××
기초 현금및현금성자산		×××		×××
기말 현금및현금성자산		×××		×××

현금흐름표(간접법)

제×기 20××년 ×월 ×일부터 제×기 20××년 ×월 ×일까지
제×기 20××년 ×월 ×일부터 제×기 20××년 ×월 ×일까지

회사명 (단위 : 원)

과 목	제×(당)기		제×(전)기	
	금 액		금 액	
영업활동 현금흐름				
법인세비용차감전순이익	×××		×××	
가감 :				
감가상각비	×××		×××	
외화환산손실	×××		×××	
투자수익	(×××)		(×××)	
이자비용	(×××)		(×××)	
....				
매출채권 및 기타채권의 증가	(×××)		(×××)	
재고자산의 감소	×××		×××	
매입채무의 감소	(×××)		(×××)	
....				
영업에서 창출된 현금	×××		×××	
이자지급	(×××)		(×××)	
법인세의 납부	(×××)		(×××)	
영업활동 순현금흐름		×××		×××
투자활동 현금흐름				
종소기업의 취득에 따른 순현금흐름	(×××)		(×××)	
유형자산의 취득	(×××)		(×××)	
설비의 처분	×××		×××	
이자수취	×××		×××	
배당금수취	×××		×××	
....	×××		×××	
투자활동 순현금흐름		×××		×××
재무활동 현금흐름				
유상증자	×××		×××	
장기차입금	×××		×××	
금융리스부채의 지급	(×××)		(×××)	
배당금지급	(×××)		(×××)	
....				
재무활동 순현금흐름		×××		×××
현금및현금성자산의 순증가		×××		×××
기초 현금및현금성자산		×××		×××
기말 현금및현금성자산		×××		×××

1. 직접법

직접법은 각 활동별로 현금의 원천과 사용을 직접적으로 분석하고 항목별로 구분하여 보고하는 방법이다. 즉, 현금유입을 가져오는 현금수입활동과 지출활동을 총액으로 보고하되 현금유입액은 원천별로, 현금유출액은 용도별로 분류하여 표시하는 방법이다. 직접법의 경우 영업활동에 의한 현금흐름의 주요 원천은 판매를 통해 고객으로부터 회수하는 현금, 이자수입, 배당수입 등이 있으며 주요 사용처는 상품 매입에 대한 대금지급, 종업원에 대한 급여지급을 비롯한 각종 비용의 지급 등이 있다. 이처럼 현금흐름표는 현금유입의 원천과 현금유출의 사용처를 직접적으로 보고하므로 정보이용자 입장에서 매우 이해하기가 쉽다는 장점이 있다. 그러나 작성자의 입장에서는 이미 존재하는 발생주의에 기초하여 작성된 자료를 통해 현금의 원천과 사용을 모두 분석해야 하므로 작성에 시간과 비용이 많이 든다는 단점이 있다.

현금흐름표가 직접법에 의해 어떻게 작성되는지 살펴보기 위해 다음의 목면회사의 예를 살펴보자.

재무상태표(계정식)

	20×9.12.31.	20×8.12.31.
자 산		
현금	100	90
매출채권	210	140
재고자산	260	220
토지	325	200
건물	580	633
감가상각누계	(90)	(100)
산업재산권	30	33
자산총계	1,415	1,216
부 채		
매입채무	260	200
미지급급여	200	210
사채	130	180
자 본		
자본금	410	310
자본잉여금	195	170
이익잉여금	220	146
부채 및 자본총계	1,415	1,216

포괄손익계산서

	20×9년도
매출	1,000
매출원가	(560)
급여	(190)
대손상각비	(4)
감가상각비	(20)
산업재산권상각비	(3)
건물처분손실	(4)
이자비용	(16)
당기순이익	230

추가정보 : 1. 당기에 주식을 발행하여 토지를 구입했다.

2. 건물(취득원가 : 53원; 감가상각누계액 : 30원)을 처분하고 현금 19원을 받았다.

재무상태표와 포괄손익계산서가 준비되고 현금흐름표를 작성하기 위한 추가정보를 수집하면 현금흐름표를 작성할 준비가 완료된다. 다음 현금흐름표의 관계식에서 보듯이 현금의 변동을 분석하기 위해 우리는 관계식 우변항목들, 즉 부채, 자본 및 비현금자산계정 모두를 분석하여 현금의 원천과 사용처를 도출하여야 한다.

★

△현금 = △부채 + △자본 - △비현금자산

위의 목멱회사의 경우 현금의 당기 중 변동액은 기초의 90원에서 기말 100원으로 증가하였다. 즉, 기중 현금증가분은 10원이다. 이러한 10원의 변동은 위의 관계식에서 좌변을 나타내며, 이 금액은 비교재무상태표를 통해 쉽게 도출되지만 이러한 결과를 활동별로 원천과 사용처를 파악하기 위해서는 재무상태표와 포괄손익계산서에 있는 현금 이외의 모든 계정을 분석하여 현금의 원천과 사용처를 분석해내야 한다. 먼저 직접법에 의한 현금흐름표 작성을 위해 다음과 같은 「현금계정」을 설정하고 기초잔액과 기말잔액을 기입한다.

현 금

기초잔액	90	
기말잔액	100	

1.1 재무상태표 및 포괄손익계산서계정 분석

우리는 위의 현금계정이 어떻게 90원에서 100원으로 증가했는지를 분석하기 위해 위의 현금계정의 증감원인을 밝혀내야 한다. 이를 위해 재무상태표 및 포괄손익계산서의 모든 항목을 분석하여야 한다.

① 매출채권 관련 분석

먼저 재무상태표의 현금계정 다음에 기록된 매출채권계정부터 살펴보자.

매출채권

기초잔액	140	
기말잔액	210	

먼저 매출채권이 증가하는 거래를 생각해 보자. 매출채권은 상품을 판매하고 그 대금을 회수하지 않은 것이므로 매출계정과 관련된다. 물론 매출채권을 증가시키는 것은 신용판매이나 현금판매와 신용매출의 차이는 단지 현금회수 시기의 차이일 뿐이다. 즉, 현금판매는 순간적으로 매출채권을 발생시킨 후 즉시 현금으로 회수되는 것이고 신용판매는 매출채권이 이보다는 오래 존재한 후에 현금화되는 경우이다. 따라서 모든 매출은 매출채권을 경유한다고 가정해도 별 무리가 없다. 이러한 매출정보는 포괄손익계산서에 있는데 목멱회사의 당기 매출액은 1,000원이다. 이러한 매출은 매출채권의 증가를 발생시키므로 매출채권의 차변에 기록되었을 것이다. 한편 매출채권이 감소하는 것은 고객으로부터 현금을 회수한 경우이다.

매출채권

기초잔액	140	현금회수액
매출액	1,000	실제 대손확정액
기말잔액	210	

위의 계정에서 보듯이 기초 매출채권이 140원이고 당기 매출이 1,000원이므로 현금으로 회수해야 할 금액은 1,140원이다. 그런데 기말 현재 잔액이 210원이므로 1,140원과 210원의 차이인 930원이 매출채권의 대변에 기록되었음을 알 수 있다. 그러나 포괄손익계산서에 대손상각비가 4원 있으므로 매출채권 중 4원은 현금으로 회수되지 않고 매출채권의 대변에 기록되었다는 사실을 알 수 있다. 따라서 당기에 매출채권으로부터 회수한 현금액은 930원이 아니고 926원이다. 이제 매출채권계정이 현금흐름에 영향을 미치는 금액이 926원이 분석되었고 이는 현금의 증가이므로 처음에 설정한 「현금계정」의 차변에 고객으로부터 현금회수 926원을 기록한다.

현 금

기초잔액	90	
(1) 고객으로부터 현금회수	926	
기말잔액	100	

여기서 다음 절에서 살펴볼 간접법과의 비교를 위해 이러한 매출채권 분석을 수식으로 표시하면 다음과 같다.

★

매출채권 현금회수액 = 기초채권 + 매출 − 기말채권 − 대손상각비
= 매출 − 대손상각비 − (기말채권 − 기초채권)
= 매출 − 대손상각 − △매출채권

즉, 매출채권의 현금회수액은 포괄손익계산서에 보고되는 매출 및 대손상각비에다 매출채권의 증가(감소)를 차감(가산)하면 된다는 사실을 알 수 있다. 이러한 관계가 바로 나중에 살펴볼 간접법에 이용된다.

② 재고자산 관련 계정분석

이미 알고 있는 재고자산의 변동을 계정에 요약하면 다음과 같다.

재고자산

기초재고	220	매출원가	560
순매입액			
기말재고	260		

즉, 재고자산은 매입에 의해 증가하고 판매되면 감소한다. 물론 이들은 모두 원가에 의해 기록되므로 판매된 재고자산의 원가가 바로 매출원가이다. 이러한 매출원가는 포괄손익계산서에 보고된 금액이므로 이 금액을 쉽게 파악할 수 있다. 목멱회사의 경우 매출원가가 560원이므로 당기의 재고자산 순매입액은 재고자산 등식에 의해 600원(= ₩560 + ₩260 − ₩220)으로 쉽게 추론된다. 문제는 이러한 매입액에 대해 현금이 지급되었는지를 아직 알 수 없으므로 매입채무계정을 분석해 보아야 한다는 것이다. 매출을 통해 회수한 현금을 매출채권에서 분석해 내듯이 매입에 대해 지급된 현금은 매입채무를 통해 분석할 수 있다. 매출채권 분석과 마찬가지로 신용매입이든 현금매입이든 관계없이 일단 매입채무계정을 경유한다고 해석하면 매입채무계정은 다음과 같이 분석된다.

매입채무

현금지급액		기초잔액	200
		매입	600
		기말잔액	260

위의 재고자산 분석에서 당기의 매입액이 600원이므로 위의 매입채무계정에서 현금지급액은 540원(=₩200+₩600−₩260)임을 파악할 수 있다. 즉, 기말 매입채무가 기초 매입채무보다 60원 증가했다는 의미는 당기 매입분 중에서 60원만큼 대금이 지급되지 않았음을 알 수 있게 한다. 위의 분석을 요약하면 다음과 같다.

매입대금의 지급액 = 매입채무 기초잔액 + 매입 − 매입채무 기말잔액
= 매입채무 기초잔액 + (매출원가 + 기말재고 − 기초재고)
− 매입채무 기말잔액
= 매출원가 + △상품 − △매입채무

* 매입=매출원가+기말재고−기초재고

즉, 매입대금의 지급액은 포괄손익계산서 항목의 매출원가에 상품계정의 증가를 가산하고 매입채무의 증가를 차감하여 계산되는데 이러한 관계식이 간접법에 이용된다.

이제 매입채무 중에서 현금지급분이 계산되었으므로 이제 처음에 설정한 「현금계정」으로 돌아가서 대변에 다음과 같이 기록한다.

현 금

기초잔액	90	(2) 상품매입대금 지급	540
(1) 고객으로부터 현금회수	926		
기말잔액	100		

③ 토지계정 분석

토지계정의 변동은 다음과 같다.

토 지

기초잔액	200	토지처분	0
토지구입			
기말잔액	325		

토지계정은 토지의 매입이 있는 경우 증가할 것이고 토지의 처분이 있는 경우 감소할 것이다. 이러한 토지계정의 변화는 빈번하게 발생하는 것이 아니므로 토지대장을 분석하면 쉽게 그 변동내역을 알 수 있을 것이다. 목멱회사의 경우 추가정보에 따르면

당기에 토지의 매입만 있고 처분은 없으므로 당기에 토지가 125원에 구입되었음을 알 수 있다. 그러나 이러한 구입대금이 현금으로 지급되었는지를 파악하여야 한다. 추가정보에 따르면 이러한 토지가 주식발행을 통해 구입되었음을 알 수 있어서 토지구입대금은 현금에 영향을 미치지 않으므로 「현금계정」에 기록될 필요가 없다. 그러나 K-IFRS에 따르면 위와 같이 현물출자에 의한 비유동자산의 취득과 같이 현금을 수반하지 않는 중요한 거래를 현금흐름표의 주석으로 기재하여야 하므로 이를 메모(비망기록)로 남겨두면 편리할 것이다. 주식발행을 통해서 토지를 구입했으므로 여기서 관련 자본금 및 자본잉여금계정을 분석해 보자.

④ 자본금 및 자본잉여금계정 분석

자본금과 자본잉여금은 주식의 추가발행에 의해 증가하고 주식의 소각에 의해 감소한다.

자본금

감자	0	기초잔액	310
		증자	
		기말잔액	410

자본잉여금

감소	0	기초잔액	170
		증가	
		기말잔액	195

그런데 토지계정의 분석에서 토지의 구입액이 125원이고 자본금의 증가가 100원이고 자본잉여금이 25원 증가했으므로 자본금의 증가와 자본잉여금의 증가가 바로 토지계정의 증가와 관련되어 있음을 알 수 있다. 그러나 이러한 주식발행은 취득한 토지의 대가로 지급되었으므로 이 거래도 현금에 영향을 미치지 않아 「현금계정」에 기록될 필요는 없다.

⑤ 건물계정의 분석

건물계정 및 관련 감가상각누계액계정의 분석은 토지계정의 분석과 유사하다. 기중의 변동이 거의 없고 거래내역은 보조명세서를 분석하면 쉽게 추가정보를 수집할 수 있는 것이 보통이다.

건 물

기초잔액	633	매각된	
건물구입		건물의 원가	53
기말잔액	580		

감가상각누계액

매각된 건물의		기초잔액	100
감가상각누계액	30	감가상각비	20
		기말잔액	90

목멱회사의 추가정보에 따르면 당기에 매각처분된 건물의 원가는 53원이고 이에 대한 감가상각누계액이 30원이며 포괄손익계산서에 건물처분손실이 4원 있으므로 건물의 처분가격은 처분된 건물의 장부가액 23원보다 4원 낮은 19원으로 판매되었음을 알 수 있다. 이러한 관련 정보를 위의 계정에 대입해 보면 건물의 대변계정에 53원이 기록되었으므로 건물의 구입이 당기에 없었음을 알 수 있다. 또한 당기의 감가상각비와 처분된 건물의 감가상각누계액 30원을 감가상각누계액계정에 대입해 보면 기초잔액과 기말잔액이 정확하게 조정됨을 알 수 있다.

여기서 주의할 점은 감가상각누계액계정의 변화는 현금흐름과 무관하다는 사실이다. 즉, 감가상각비는 그 자체가 현금의 유출을 수반하지 않는다는 점이다. 또한 건물의 매각처분 거래에 있어서도 실제 건물계정의 감소금액은 53원이나 이 건물의 처분가격은 19원이므로 이 처분가격만이 현금과 관련된다. 건물처분대금이 현금으로 만일 회수되지 않았다면 미수금계정이 재무상태표에 나타나야 하지만 이런 계정이 목멱회사의 재무상태표에 나타나지 않으므로 이 금액이 현금으로 회수되었음을 추론할 수 있다. 즉, 「현금계정」이 영향을 받았으므로 현금의 증가를 나타내는 차변에 건물 처분에 따른 현금유입액 19원을 기록해야 한다.

⑥ 산업재산권계정 분석

산업재산권계정은 추가로 유상으로 취득하는 경우 증가하고 산업재산권의 처분이나 상각에 의해 감소한다.

산업재산권

차변		대변	
기초잔액	33	처분	0
추가취득		상각	3
기말잔액	30		

목멱회사의 경우 산업재산권이 당기에 3원만큼 감소하고 포괄손익계산서에 산업재산권상각비로 3원이 계상되어 있으므로 당기 산업재산권의 취득이나 처분은 없다고 추론할 수 있다. 감가상각과 마찬가지로 산업재산권상각은 현금지출을 수반하지 않는 비용이므로 현금계정에 영향을 미치지 않기 때문에 「현금계정」에 산업재산권의 상각에 따른 변동을 기록할 필요는 없다.

⑦ 미지급급여계정 분석

이제 자산계정의 분석은 끝나고 부채계정을 분석하여야 하는데 매입채무계정은 재고자산과 관련하여 분석하였으므로 그 다음 계정인 미지급급여계정을 분석하자. 미지급급여계정은 포괄손익계산서의 급여계정과 관련되는데 포괄손익계산서의 급여계정은 발생주의에 입각하여 당기에 종업원의 노동력을 사용한 경우 모두 비용으로 포함되므로 이들은 회사가 지급해야 할 금액을 나타낸다. 따라서 매출이나 매입과 마찬가지로 이러한 금액이 모두 미지급급여계정을 경유한다고 해석해도 무방하다. 물론 선급급여와 같은 계정이 있는 경우 이 계정에서 급여비용이 발생할 수 있으므로 미지급급여와 선급급여를 동시에 고려하여야 한다. 목면회사의 경우 선급항목이 없으므로 모든 급여비용이 미지급비용계정을 경유한다고 해석하면 미지급급여계정의 증가는 포괄손익계산서의 급여비용에 의해 증가하고 이것이 현금으로 지급되면 감소할 것이다.

미지급급여

차변		대변	
현금지급액		기초잔액	210
		급여비용	190
		기말잔액	200

위의 계정 분석에서 대변의 급여비용은 포괄손익계산서에서 이용가능하므로 쉽게 그 금액을 파악할 수 있다. 목면회사의 경우 급여비용이 190원이므로 기초잔액 210원과 함께 당기에 지급해야 할 총액은 400원이나 기말 현재 미지급급여계정의 잔액이 단지 200원이므로 그 차액인 200원이 당기에 지급되었음을 알 수 있다. 이 급여지급액은 현금에 영향을 미치고 현금을 감소시키므로 「현금계정」 대변에 급여의 지급으로 200원을 기록한다. 다음에서 살펴볼 간접법과의 비교를 위해 선급항목이 없는 경우를 가정하면 급여지급액과 급여비용의 관계를 살펴보면 다음과 같다.

★

급여지급액 = 미지급급여 기초잔액 + 당기 급여비용 − 미지급급여 기말잔액
= 급여비용 − △미지급급여

즉, 급여로 지급된 현금은 포괄손익계산서 항목인 급여비용에다 미지급급여계정의 증가를 차감한 것과 같다. 이 예의 경우 급여계정만 분석하였으나 다른 모든 현금지출을 수반하는 비용은 동일하게 분석될 수 있다.

⑧ 사채계정 분석

사채와 같은 부채계정은 추가로 사채를 발행하면 증가하고 사채를 상환하면 감소할 것이다. 물론 사채할인발행차금이나 할증차금계정이 있는 경우 다소 복잡하나 여기서의 방법과 동일한 방법으로 분석할 수 있다.

사 채

차변	대변	금액
사채의 상환	기초잔액	180
	사채의 추가발행	0
	기말잔액	130

목멱회사의 경우 추가정보가 없는 것으로 보아 당기의 기초잔액 180원에서 기말의 130원으로 감소한 것은 사채의 상환으로밖에 추론할 수 없다. 즉, 당기에 추가로 사채를 발행하지 않았다고 추론할 수 있다. 따라서 목멱회사는 당기에 사채의 추가발행 없이 기말잔액과 기초잔액의 차이인 50원만큼 당기에 사채를 상환했다. 이러한 사채의 상환액 50원은 보통 현금으로 이루어지고 다른 정보가 없으므로 현금으로 상환된 것으로 추론된다. 따라서 사채 상환에 현금 50원이 사용되었고 이것은 현금의 감소이므로 「현금계정」 대변에 사채의 상환으로 50원을 기록하여야 한다.

⑨ 이익잉여금계정의 분석

자본금과 자본잉여금계정은 토지계정을 분석할 때 함께 분석하였으므로 이제 이익잉여금계정을 살펴보자. 일반적으로 이익잉여금계정은 당기순손익에 의해 증감하고 배당에 의해 감소한다. 당기순손익의 경우 위의 계정을 분석할 때 당기순손익을 구성하는 구성항목을 개별적으로 포함하였으므로 현금과 관련된 이익잉여금 거래는 배당이다. 특히 배당 중에서도 현금배당이 현금의 변동과 관련될 것이다.

이익잉여금

차변	대변	금액
배 당	기초잔액	146
	당기순이익	203
	기말잔액	220

특수한 거래가 있었다면 추가정보에 나타날 것이나 이에 대한 정보가 없으므로 이익잉여금의 증감은 당기순이익과 배당에 의해 결정된다. 당기순이익 정보는 이미 포괄손익계산서에 있고 다른 계정 분석시 구성항목들이 개별적으로 고려되었으므로 배당

액만 추론하면 배당으로 지급된 현금액을 쉽게 도출할 수 있다. 목면회사의 경우 당기순이익이 203원이므로 배당이 없었다면 기초잔액과 당기순이익이 합해져 349원이 되어야 하나 기말잔액이 220원이므로 당기에 129원의 배당이 있었음을 알 수 있다. 다음에 결정해야 하는 것은 이것이 주식배당이나 현금배당에 의한 것인지를 판단해야 하는데, 만일 주식배당이 있었다면 미교부주식배당금이나 자본의 증감이 있어야 하나 자본의 변화는 모두 토지계정의 변화로 조정되었으므로 이 경우 주식배당이 아님을 알 수 있다. 다음 현금배당이라면 이 금액이 지급되었는지를 판단해야 하는데 재무상태표에 미지급배당금이 없으므로 모두 현금으로 지급되었음을 알 수 있다. 이러한 배당으로 지급된 129원은 현금의 사용을 나타내므로 「현금계정」의 대변에 배당금의 지급으로 129원을 기록하여야 한다.

⑩ 포괄손익계산서계정의 분석

재무상태표계정의 분석으로 모든 분석이 끝난 것은 아니다. 마지막으로 포괄손익계산서의 항목 중 아직 고려되지 않은 수익이나 비용이 있는지를 고려해야 한다. 예를 들어, 포괄손익계산서 항목 중 매출은 매출채권 분석에 고려하였고 매출원가는 재고자산 및 매입채무계정을 분석할 때 고려하였다. 위 목면회사의 경우 포괄손익계산서 항목 중 아직 고려하지 않은 것은 이자비용이다. 이자비용은 발생주의에 따라 당기에 발생한 금액을 나타내므로 일반적으로 현금으로 지급되어야 한다. 만일 지급되지 않은 이자비용이 있으면 미지급이자란 부채계정이 재무상태표에 보고되어야 하지만 목면회사의 경우 미지급이자계정이 없는 것으로 보아 모두 현금으로 지출되었음이 명확하다. 이러한 이자비용은 현금의 유출이므로 「현금계정」 대변에 이자지급으로 16원을 기록한다. 물론 이자비용 분석시 현금의 지출이 수반되지 않은 이자비용이 있을 수 있다. 예를 들어, 사채가 유효이자율법에 따라 회계처리되는 경우 이자비용 중 사채할인 혹은 할증발행차금상각분이 있는데 이에 대한 이자비용은 현금흐름에 영향을 미치지 않으므로 직접법에서는 현금흐름표에 보고될 필요가 없다.

1.2 「현금계정」의 완성 및 분류

앞의 ①에서 ⑩까지 현금계정이 아닌 모든 계정의 분석이 끝나면 「현금계정」은 다음과 같을 것이다.

현 금

기초잔액	90	(2) 상품매입대금 지급	540
(1) 고객으로부터 현금회수	926	(7) 급여지급	200
(5) 건물처분	19	(8) 사채상환	50
		(9) 배당금지급	129
		(10) 이자비용 지급	16
기말잔액	100		

위의 현금계정을 살펴보면 기중 현금증가액은 매출대금회수와 건물처분대금을 합하여 945원이고 당기의 현금 감소액은 상품매입대금 및 각종 비용 등 합계가 935원이므로 기중의 현금 변동은 10원만큼 순증가가 있으며 이것은 현금의 기초잔액과 기말잔액의 차이와 일치한다. 이에 지금까지 분석에 오류가 없음을 알 수 있다. 이러한 「현금계정」이 완성되면 다음은 기중 변화를 발생시킨 항목을 활동별로 분류하여야 한다. 예를 들어, 고객으로부터 회수한 현금은 영업활동이고 상품대금의 지급도 영업활동이고 건물의 매각처분은 투자활동이다. 급여 및 이자 등 비용의 지급은 영업활동이며 배당의 지급 및 사채의 상환은 재무활동에 속하므로 다음과 같이 표시한다.

현 금

기초잔액	90	(2) 상품매입대금 지급	540 : **영업**
영업 : (1) 고객으로부터 현금회수	926	(7) 급여지급	200 : **영업**
투자 : (5) 건물처분	19	(8) 사채상환	50 : **재무**
		(9) 배당금지급	129 : **재무**
		(10) 이자비용 지급	16 : **영업**
기말잔액	100		

1.3 현금흐름표 작성 – 직접법

이제 현금의 변동 결과를 설명하는 모든 원인이 파악되었고 그 분류가 끝났으므로 K-IFRS에 제시된 양식에 입각하여 위의 금액을 적정한 위치에 보고하면 된다. K-IFRS에 따르면 현금흐름표는 영업활동으로 인한 현금흐름, 투자활동으로 인한 현금흐름, 재무활동으로 인한 현금흐름으로 구분하여 표시하고, 이에 기초 현금을 가산하여 기말 현금을 산출하는 형식으로 작성하도록 요구하고 있다. 또한 K-IFRS의 규정에 따라 법인세 및 이자지출을 별도로 표시하여야 한다(위의 예에서는 암묵적으로 법인세를 0으로 가정하였으므로 법인세지출도 0으로 가정한다). 이 방법에 따라 목멱회사의 현금흐름표를 작성하면 다음과 같다.

현금흐름표(직접법)

20×9년 1월 1일부터 20×9년 12월 31일까지

목멱회사 (단위: 원)

영업활동 현금흐름		
고객으로부터 유입된 현금	926	
공급자에 대한 현금유출	(540)	
종업원에 대한 현금유출	(200)	
영업으로부터 창출된 현금	186	
이자지급	(16)	
법인세의 납부	(0)	
영업활동 순현금흐름		170
투자활동 현금흐름		
건물의 처분	19	
투자활동 순현금흐름		19
재무활동 현금흐름		
사채의 상환	(50)	
배당금지급	(129)	
재무활동 순현금흐름		(179)
현금및현금성자산의 순증가		10
기초 현금및현금성자산		90
기말 현금및현금성자산		100

위의 현금흐름표는 외부이용자에게 전달되는 재무보고서이므로 포괄손익계산서와 마찬가지로 적절하게 제목과 작성실체의 명칭이 기록되어야 하며 관련 기간이 명시되어야 한다. 현금유입과 현금유출을 명확히 구분하기 위해 현금흐름의 감소를 괄호와 같은 특정 기호로 표시한다.

2. 간접법

앞에서 살펴본 직접법은 직접적으로 각 활동별로 현금의 원천과 사용을 계산하여 보고하는 방식인데 비해 간접법은 발생주의에 따라 계산된 당기순이익 정보 및 비교재무상태표에 표시된 계정의 기말잔액과 기초잔액의 비교를 통한 증감을 이용하여 간접적으로 현금흐름을 도출하는 방법이다. 직접법과 간접법의 주요 차이는 영업활동으로 인한 현금흐름을 계산하고 보고하는 방식의 차이이며 투자활동 및 재무활동으로 인한 현금흐름은 직접법과 동일하게 관련 계정을 분석하여 도출한다.

직접법에 비해 간접법은 정보이용자로 하여금 발생주의에 의한 당기순이익과 영업활동으로 인한 현금흐름 간의 차이를 보여줌으로써 정보이용자에게 유용할 수 있으며 작성하기가 비교적 쉽고 시간이 절감된다는 장점이 있다. 그러나 간접법은 현금의 원천과 사용을 직접적으로 보고하지 않으므로 간접법에 따라 작성된 현금흐름표를 이해하기 위해서는 어느 정도의 회계학적 지식이 필요하다는 단점이 있다. 간접법은 포괄손익계산서가 영업활동의 결과를 요약하는 당기순이익 수치를 포함하므로 이를 조정하여 영업활동으로 인한 현금흐름을 도출하는 방법이다. K-IFRS에 따르면 간접법에 의한 영업활동으로 인한 현금흐름은 다음의 양식에 의해 도출된다.

★

1. 법인세비용차감전순이익
2. + 현금의 유출이 없는 비용의 가산
3. − 현금의 유입이 없는 수익 등의 차감
4. ± 영업활동으로 인한 자산 및 부채의 증감 가감
   1) 영업활동으로 인한 자산의 증가(감소)의 차감(가산)
   2) 영업활동으로 인한 부채의 증가(감소)의 가산(차감)
5. 이자비용과 법인세 납부액 등 별도 보고항목

   = 영업활동으로 인한 현금흐름

위의 관계는 앞에서 우리가 도출한 현금흐름표 관계식과 유사하다. 즉, 2와 3 항목이 없는 경우 영업활동과 관련된 부분만을 요약한 다음의 등식과 일치한다.

★

영업활동으로 인한 현금흐름 = 당기순손익
+ △영업활동과 관련된 부채
− △영업활동과 관련된 비현금자산

다음에서는 먼저 위의 2번 항목과 3번 항목에 대해 살펴보고자 한다.

2.1 현금유출이 없는 비용 등의 가산

간접법에 따르는 경우 당기순이익에 조정되는 첫 번째 항목은 현금의 유출이 없는 비용 등의 가산이다. 여기서 현금의 유출이 없는 비용은 그 성격상 비용으로 인식되지만 현금유출이 수반되지 않는 비용으로 미지급비용과 같이 현금으로 지출될 비용과 구분하여야 한다. 즉, 미지급비용은 비용 중 당기에 현금으로 지급되지 않았을 뿐 미래에 현금의 지출을 동반할 것이므로 이 범주에 포함되지 않는다. 여기서 현금유출이 없는 비용은 감가상각비나 무형자산의 상각, 감모상각 등과 같이 미래에도 이 비용이 현금으로 지출될 필요가 없는 경우를 의미한다. 이러한 비용이나 손실이 장부에 기록될 때 분개의 일부로 현금이나 미지급항목이 전혀 기록되지 않음을 기억하면 쉽게 이해가 될 것이다. 이 범주에 속하는 비용이나 손실의 대표적인 예는 감가상각비, 금융자산평가손실 등이 있다.

이러한 현금유출이 없는 비용은 당기순이익을 계산할 때 발생기준에 따라 비용으로 차감되기는 하지만 영업활동으로 인한 현금흐름에는 영향을 미치지 않으므로 당기순이익에 가산되어야 한다. 예를 들어, 용역업을 수행하는 기업이 매출 1,000원과 비용은 단지 감가상각비 400원만 있어 당기순이익이 600원인 단순한 경우를 생각해 보자. 만일 매출이 모두 현금으로 이루어졌다면 영업활동으로 인한 현금유입액은 1,000원이고 현금지출은 없었다. 따라서 영업활동으로 인한 현금흐름은 1,000원이다. 그러나 발생기준에 입각해 감가상각비가 인식되어 당기순이익이 600원으로 계산되었으므로 당기순이익으로부터 영업활동에 의한 현금흐름을 도출하기 위해서는 현금유출이 없는 비용을 당기순이익에 더해 주면(₩600 + ₩400) 영업활동으로 인한 현금흐름 1,000원이 도출될 수 있는 것이다. 여기서 주의할 점은 당기순이익에 감가상각비가 가산된다고 해서 감가상각비가 현금을 제공하는 것으로 오해하지 않도록 해야 한다. 감가상각비는 비용이므로 현금유입을 창출할 수 없다. 단지 당기순이익에 가산되는 이유는 당기순이익을 계산할 때 비용으로 차감되었지만 현금흐름에는 영향을 미치지 않으므로 기술적으로 더해 주는 것에 불과하다.

여기서 또 하나 주의할 점은 유형자산처분손실이 이 범주에 보고되어 당기순이익에 가산되는데 물론 손실이므로 현금유출이 없는 것은 명백하다. 그러나 이 손실은 투자활동과 관련되고 영업활동과는 무관하므로 영업활동에서 배제하기 위해 여기서 가산되고 이 손실금액은 투자활동 부분에서 비유동자산의 처분금액에 조정되어 보고된다. 즉, 여기서 가산되지 않으면 영업활동과 투자활동에 이중으로 보고되므로 이 범주에서 가산된다고 해석함이 타당할 것이다.

2.2 현금유입이 없는 수익 등의 차감

현금유출이 없는 비용과 마찬가지로 현금유입이 없는 수익이란 당기순이익을 계산할 때 수익으로 계상되지만 현금흐름에는 영향을 미치지 않는 항목을 말한다. 현금유입이 없는 대표적인 항목이 단기매매증권평가이익과 같은 평가이익 항목인데, 이들은 평가이익이 실현되는 시점 이후에 실현이익으로 현금화되므로 현금의 유입이 없는 이익이다. 이들이 당기순이익에 차감되어야 하는 이유는 다음의 간단한 예를 통해 쉽게 이해될 수 있다. 예를 들어, 현금매출이 1,000원이고 단기매매증권평가이익이 200원인 기업은 비용항목이 없다면 당기순이익으로 1,200원을 보고할 것이다. 그러나 실제로 영업활동으로 인한 현금유입액은 1,000원이므로 당기순이익을 영업활동으로 인한 현금흐름액으로 조정하기 위해서는 단기매매증권평가이익 200원을 당기순이익에서 차감하여야 한다(₩1,000 = ₩1,200 − ₩200).

여기서도 비유동자산처분이익이 당기순이익에서 차감되는데 이러한 처분이익은 처분손실과는 달리 현금유입을 수반한다. 그런데 여기서 조정되는 이유는 비유동자산의 처분활동은 투자활동이고 영업활동이 아니므로 투자활동으로 인한 현금흐름 부분에 비유동자산처분이익을 포함한 비유동자산의 처분가격으로 현금유입을 보고하기 위한 것이다. 즉, 비유동자산처분손실과 마찬가지로 이중계산을 방지하기 위해 여기서 비유동자산처분이익을 차감하는 것으로 해석해야 한다.

2.3 영업활동으로 인한 자산 · 부채의 변동 조정

여기서 조정되는 부분은 발생주의에 따라 당기순이익의 구성요소로 인식되었으나 아직 현금흐름을 발생시키지 않은 자산이나 부채의 증감항목이다. 예를 들어, 매출 1,000원이 실현되었고 이 중 500원만 현금으로 회수되었으면 발생주의에 따라 매출은 1,000원으로 전부 기록되어 당기순이익을 1,000원만큼 증가시키는 효과를 갖고 매출채권 500원이 당기에 증가할 것이다. 한편 이러한 매출에 따른 현금흐름은 500원이므로 당기순이익에서 매출채권 증가 부분을 차감하여야 영업활동에 의한 현금흐름을 도출할 수 있다. 이러한 부분이 당기순이익에 어떻게 조정되는지 일반적으로 살펴보기 위해 대표적인 계정의 변화를 직접법에서처럼 살펴보자.

1) 수익과 관련된 자산 및 부채의 분석

매출과 관련된 자산은 매출채권이며 부채는 선수금계정이다. 매출이 신용으로 이루어지면 매출채권이 발생하고 매출이 이루어지기 전에 고객으로부터 현금을 회수하면 선수금계정에 기록된 후 나중에 상품을 고객에게 제공하면 매출로 수익이 실현된다. 이들 관련 자산의 변동을 T계정에 요약하면 다음과 같다.

관련 매출채권

차변	대변
기초잔액 매출A	**현금회수액** 실제 대손확정액
기말잔액	

관련 선수금

차변	대변
선수금 매출실현	기초잔액 **당기 선수금 증가**
	기말잔액

위의 매출과 관련하여 현금흐름에 영향을 미치는 금액은 매출채권에서 현금으로 회수한 금액과 선수금계정에서 당기에 고객으로부터 받은 선수한 금액이며 당기순이익에 영향을 미치는 금액은 매출채권의 매출액, 대손상각비, 선수금계정의 매출실현액이다. 이들 현금흐름과 당기순이익에 포함된 관계를 살펴보기 위해 각 계정의 관계를 분석하면 다음과 같다. 먼저 매출채권계정에서 현금회수액은 다음과 같다.

★

현금회수액 = 기초매출채권 + 매출A − 기말매출채권 − 대손상각비

위의 식을 간단히 하기 위해 △를 기말잔액에서 기초잔액을 차감한 금액으로 정의

하면 다음과 같다.

★ 현금회수액 = (매출A − 대손상각비) − △매출채권

한편 선수금을 통해 매출이 실현된 부분이 있으므로 선수금계정을 이용하면 당기에 선수금으로 받은 현금금액은 다음과 같다.

★ 당기 고객으로부터 받은 선수금 = 선수금의 매출실현 + 기말선수금 − 기초선수금
= 선수금의 매출실현 + △선수금

따라서 매출과 관련된 현금유입액은 매출채권으로부터 현금회수액과 당기에 고객으로부터 받은 선수금이므로 이들의 합계는 다음과 같다.

★ 현금회수액 + 당기고객으로부터 선수금 = (매출A + 선수금의 매출실현 − 대손상각비)
− △매출채권 + △선수금
즉, 현금회수총액 = (매출 − 대손상각비) − △매출채권 + △선수금

위의 식에서 보듯이 매출과 관련된 현금흐름은 당기순이익의 계산에 포함되는 항목인 대손상각비를 차감한 금액에다 매출채권의 증가를 차감하고 선수금 증가를 가산하여야 당기순이익을 영업활동에 의한 현금흐름과 일치시킬 수 있다. 이를 일반화시키면 영업활동과 관련된 자산의 증가는 차감하고 부채의 증가는 가산한다.

여기서 주의할 점은 대손상각비계정이다. 물론 대손상각비는 현금지출이 없는 항목이므로 「현금유출이 없는 비용 등의 가산」에서 조정하여야 하지만 위의 식에서 알 수 있듯이 대손상각비를 위에서 현금유출이 없는 비용 부분에서 조정하지 않고 여기서 매출과 함께 고려하여 매출채권순액(대손충당금 차감 잔액)의 증감총액으로 조정하는 것이 훨씬 간단함을 볼 수 있다. 만일 앞의 2.1에서 현금지출이 없는 비용 부분에서 대손상각비가 이미 가산되었다면 여기에서 매출채권 증감총액을 그대로 조정하면 안 된다. 여기에서 대손상각비를 2배만큼 다시 차감해야만 영업활동으로 인한 현금흐름이 계산될 수 있다. 따라서 이중으로 조정해야 하는 불편이 발생한다.

매출 이외의 수익계정도 유사한 방법으로 관계식을 도출할 수 있다. 단지 관련 매출채권계정과 선수금계정이 각각 미수수익계정과 선수수익계정으로 대체하고 매출 대신에 매출 이외의 수익계정으로 대체하면 된다. 따라서 다음의 관계가 성립한다.

★

현금회수총액 = (기타수익 − 대손상각비) − △미수수익 + △선수수익

2) 상품매입대금 관련 계정

당기순이익의 주요 항목인 매출원가와 관련된 항목은 매출원가계정, 상품계정, 선급금계정, 매입채무계정이다. 직접법에서 살펴보았듯이 각 계정은 다음과 같이 변동한다.

각 계정관계식으로부터 당기매입액은 다음의 관계식을 갖는다.

상 품

기초상품 당기매입	매출원가
기말상품	

매입채무

당기지급액	기초잔액 당기매입A
	기말상품

선급금

기초잔액 당기선급금	상품매입B
기말잔액	

★

상품계정 : 당기매입 = 매출원가 + 기말상품 − 기초상품

매입채무계정 : 매입채무지급액 = 기초매입채무 + 당기매입A − 기말매입채무

선급금계정 : 상품선급금 = 상품매입B + 기말선급금 − 기초선급금

즉, 당기매입은 선급금계정에서 매입이 발생한 것(상품매입B)과 선급금 없이 매입이 발생한 것(당기매입A)의 합으로 표현된다. 여기서 현금흐름과 관련된 것은 매입채무지급액과 당기선급금의 합계이고 당기순이익에 포함되는 것은 매출원가이므로 이들 둘의 관계를 알아야 현금흐름을 구하기 위해 무엇을 어떻게 조정해야 하는지 알 수 있다. 먼저 매입채무 및 선급금 계정의 관계식을 서로 합하면 다음과 같다.

★

(매입채무지급액 + 상품선급금) = (당기매입A + 상품매입B) − △매입채무 + △선급금

당기매입A와 상품매입B의 합은 당기의 총매입이어서 당기의 매입은 재고자산등식에서 구할 수 있으므로 다음과 같이 표현된다.

★

(매입채무지급액 + 상품선급금) = (매출원가 + 기말상품 − 기초상품) − △매입채무 + △선급금

즉, 상품 관련 대금지급 = 매출원가 + △상품 − △매입채무 + △선급금

상품대금으로 지급된 현금은 매출원가계정에 상품계정과 선급금계정의 증가를 가산하고 매입채무의 증가를 차감하면 도출할 수 있다.

그런데 현금흐름표를 구할 때는 매출원가에서 조정하는 것이 아니라 당기순이익을 조정하는 것이고 당기순이익을 계산할 때 매출원가는 비용으로 차감되므로 양변에 (−)를 곱하면 다음과 같다.

★

−(상품 관련 대금지급) = −매출원가 − △상품 + △매입채무 − △선급금

따라서 당기순이익에 상품 및 선급금계정의 증가를 차감하고 매입채무계정의 증가를 가산하면 영업활동으로 인한 현금흐름을 도출할 수 있다. 앞에서 살펴보았듯이 여기서도 일반적으로 영업활동 관련 자산의 증가는 차감하고 영업활동 관련 부채의 증가는 가산하는 법칙이 성립함을 알 수 있다.

3) 비용지급과 관련된 계정분석

급여나 이자비용과 같은 비용계정의 지급과 발생할 수 있는 계정은 선급비용계정과 미지급비용계정이다. 여기서 대표적으로 이자비용에 대해 분석해 보자.

선급이자계정에서 현금흐름과 관련된 것은 당기선급금이고 미지급이자계정에서 현금흐름과 관련된 것은 이자지급액이다.

① 선급이자계정으로부터

★

이자선급금 = 이자발생A + 기말선급이자 − 기초선급이자

② 미지급이자계정으로부터

★

이자지급액 = 기초미지급이자 + 이자발생B − 기말미지급이자

따라서 두 관계식을 합하면 다음과 같다.

★

이자선급금 + 이자지급액 = (이자발생A + 이자발생B) + △선급이자 − △미지급이자
즉, 이자지급액 합계 = 이자비용 + △선급이자 − △미지급이자

그런데 당기순이익을 구할 때 이자비용은 차감되므로 (−)부호를 앞에 붙이면 현금흐름표에서 당기순이익의 조정항목의 성격을 다음과 같이 파악할 수 있다.

★

− 이자지급액 합계 = − 이자비용 − △선급이자 + △미지급이자

즉, 당기순이익에서 선급이자의 증가는 차감하고 미지급이자의 증가를 가산하여야 영업활동으로 인한 현금흐름을 구할 수 있다.

지금까지 분석한 결과를 하나의 식으로 요약하면 다음과 같다.

★

매출대금회수총액 = 매출 − 대손상각비 − △매출채권 + △선수금
기타수익회수총액 = 기타수익 − 대손상각비 − △미수수익 + △선수수익
−(상품 관련 대금지급) = − 매출원가 − △상품 + △매입채무 − △선급금
− 비용지급액 합계 = − 비용 − △선급비용 + △미지급비용

각 식의 좌변을 합하면 영업활동으로 인한 현금흐름이 도출된다. 이러한 영업활동으로 인한 현금흐름은 다음과 같다.

★

영업활동으로 인한 현금흐름 = 매출 − 대손상각비 − △매출채권 + △선수금
+ 기타수익 − 대손상각비 − △미수수익 + △선수수익
− 매출원가 − △상품 + △매입채무 − △선급금
− 비용 − △선급비용 + △미지급비용
= (매출 − 대손상각비 + 기타수익 − 매출원가 − 비용)
− △매출채권 + △선수금 − △미수수익 + △선수수익
− △상품 + △매입채무 − △선급금 − △선급비용 + △미지급비용

위의 식에서 우변에 있는 파란 글씨체로 되어 있는 부분은 당기순이익에 현금지출이 없는 비용이 가산되고 현금유입이 없는 수익을 가산한 금액과 일치하므로 다음과 같이 표시할 수 있다.

★

영업활동으로 인한 현금흐름 = 당기순이익
+ 현금지출이 없는 비용
− 현금유입이 없는 수익
− △영업활동 관련 자산
+ △영업활동 관련 부채

2.4 이자비용과 법인세납부액 등 별도 보고항목

지금까지는 이론적으로 간접법에 의한 영업활동으로부터 현금흐름을 도출하는 과정을 살펴보았다. 그러나 K-IFRS에 따르면 형식적인 측면에서 간접법을 사용하더라도 별도로 보고하도록 규정하는 항목이 있다. 예를 들어, 법인세납부액, 영업활동으로 보고할 수 있는 금융비용 및 금융수익 등은 다른 영업활동으로부터 현금흐름과 별도로 보고해야 한다. 이러한 형식적인 요건 때문에 당기순이익 대신에 법인세비용차감전순이익에서 출발하면 법인세 부분을 조정할 필요가 없으므로 영업활동으로부터 현금흐름을 도출하기 위한 출발점으로 법인세비용차감전순이익을 사용한다. 법인세비용차감전순이익에 별도로 보고해야 하는 항목을 조정하면, 즉 금융비용은 가산하고 금융수익은 차감하여 조정한다. 또한 법인세납부액 및 금융비용(수익)을 별도로 보고하기 때문에 영업활동과 관련된 자산 및 부채의 증감을 조정할 때 이들 별도 항목과 관련된 자산이나 부채의 변동은 제외해야 할 것이다. 예를 들어, 미지급법인세의 변동이나 미지

급이자의 변동 혹은 선급이자의 변동 등은 영업활동과 관련된 자산 및 부채의 변동을 조정할 때 제외되어야 한다.

우리가 지금까지 살펴본 목멱회사의 예에서 법인세비용은 없다고 가정했으므로 법인세비용차감전순이익과 당기순이익이 동일하다. 그러나 당기순이익이란 숫자에 이미 이자비용이 차감되었으므로 이자비용을 별도로 보고하기 위해서는 이자비용을 먼저 법인세비용차감전순이익에 가산하여 이자비용을 차감하기 전의 숫자로 환원시킨 다음 나중에 이자지급액을 별도로 계산하여 보고한다. 목멱회사의 경우, 별도 보고항목으로 이자지급액이 존재하므로 이자비용을 차감하기 전의 순이익으로 보고하기 위해서는 법인세차감전순이익(당기순이익)에 이자비용을 가산한 다음 이자비용과 관련된 자산 및 부채계정을 통해 이자지급액을 계산하여 별도로 이자지급액을 보고해야 한다.

위의 분석을 종합해 보면 당기순이익에서 영업활동으로 인한 현금흐름을 구하기 위해서는 영업활동과 관련된 자산의 증가(감소)는 차감(가산)하고 영업활동 관련 부채의 증가(감소)는 가산(차감)되어야 함을 알 수 있다. 이처럼 간접법은 회계학적 지식을 기반으로 작성되기 때문에 이러한 관계식을 이해하지 못하면 정보이용자들이 현금흐름표를 이해하기가 매우 어렵다.

앞의 목멱회사의 자료를 이용하여 간접법에 의한 현금흐름표를 작성하면 다음의 표와 같다. 앞에서도 언급했듯이, 직접법과 간접법의 차이는 영업활동으로 인한 현금흐름 부분만 차이가 날 뿐 투자 및 재무활동으로 인한 현금흐름 부분은 두 방법 간에 차이가 없다. 한편 간접법의 경우와 같이 K-IFRS의 규정에 따라 법인세 및 이자지출을 별도로 표시하여야 한다(위의 예에서는 암묵적으로 법인세를 0으로 가정하였으므로 법인세지출도 0으로 가정한다).[1)]

1) 이자지출의 별도 표시와 관련하여, 발생기준에 의거한 이자비용은 전부 비현금비용으로 가정하여 법인세비용차감전순이익에 가산하고 대신 이자지급을 위해 현금으로 지출된 금액만큼을 영업에서 창출된 현금으로부터 차감하여 영업활동 순현금흐름을 도출한다. 위의 예에서는 이자비용과 현금으로 지출된 이자가 동일하다고 가정하였다.

현금흐름표(직접법)

20×9년 1월 1일부터 20×9년 12월 31일까지

목멱회사 (단위: 원)

영업활동 현금흐름		
법인세비용차감전순이익	203	
가감:		
감가상각비	20	
산업재산권상각비	3	
건물처분손실	4	
이자비용	16	
매출채권의 증가	(70)	
재고자산의 증가	(40)	
매입채무의 증가	60	
미지급급여의 감소	(10)	
영업으로부터 창출된 현금	186	
이자지급	(16)	
법인세의 납부	(0)	
영업활동 순현금흐름		170
투자활동 현금흐름		
건물의 처분	19	
투자활동 순현금흐름		19
재무활동 현금흐름		
사채의 상환	(50)	
배당금지급	(129)	
재무활동 순현금흐름		(179)
현금및현금성자산의 순증가		10
기초 현금및현금성자산		90
기말 현금및현금성자산		100

제4절 현금흐름표의 해석

미시경제학이나 경영학에서 개발된 제품수명주기 개념은 영업활동, 투자활동 및 재무활동으로 인한 현금흐름 간의 관계를 이해하는 데 아주 유용한 통찰력을 제공한다. 제품이 초기 도입단계에 있는 기업의 경우, 영업활동에서 현금유출이 현금유입을 초과하여 순현금흐름이 음의 값을 갖는 것이 보통이다. 이들 초기단계의 기업들은 아직 당기순이익을 창출하지 못할 것이고 매출채권이나 재고자산 등에 투자를 많이 할 것이므로 현금의 수요가 현금의 창출보다 훨씬 클 것이다. 투자활동의 경우도 초기 기업의 경우 공장, 건물 및 기업확장을 위한 투자활동으로 인해 현금의 사용이 많을 것이므로 투자활동으로 인한 현금흐름도 음수일 것이다. 한편 영업활동 및 투자활동에서 현금을 창출할 수 없어서 초기단계의 기업들은 대부분 외부에서 현금을 차입할 것이므로 재무활동으로 인한 현금흐름은 양수일 것이다.

성장단계에 돌입한 기업들도 초기단계의 기업과 유사한 현금흐름의 유형을 가질 것이나 회사가 점차 안정궤도에 진입함에 따라 서서히 영업활동에서 현금흐름이 양수로 전환되기 시작할 것이다. 그러나 성장단계의 기업들은 계속적인 공장설비의 확장으로 인해 투자활동의 현금흐름은 아직도 음수일 것이고 이러한 투자활동에 필요한 현금의 대부분은 주식의 발행이나 채권의 발행 등을 통한 외부 차입에 의존할 것이다. 따라서 재무활동으로 인한 현금흐름은 여전히 양수일 것이다.

성숙단계에 도달한 기업의 경우, 당기순이익이 정점에 달하고 운전자본의 수요도 안정단계에 도달해 영업활동으로 인한 현금흐름이 현금의 주요 원천일 가능성이 높아진다. 공장이나 설비에 대한 증가보다는 현상 유지에 초점을 맞출 것이므로 투자활동에 대한 현금흐름은 거의 제로에 가까울 것이며, 재무활동의 경우 서서히 부채를 상환할 수 있는 현금이 영업활동에서 충분히 창출되므로 재무활동으로 인한 현금흐름이 음수로 전환되기 시작할 것이다. 즉, 성숙단계의 경우 영업활동으로 인한 현금흐름이 재무활동이나 투자활동에 필요한 현금흐름을 보상하기에 충분할 정도로 커져 현금흐름이 전체적으로 순유입의 방향으로 전환될 것이다.

쇠퇴단계에 돌입한 기업의 경우 영업활동에서 시장에서 제품의 수요가 감소함에 따라 순이익이 감소할 것이나 매출채권과 같은 운전자본에 대한 투자도 감소하므로 아직 영업활동으로 인한 현금흐름은 양수일 것이다. 쇠퇴기에 들어간 기업은 공장설비를 처분하거나 축소함으로써 투자활동으로 인한 현금흐름도 양수일 것이며 재무활동에서는 부채의 상환이 이루어질 것이므로 현금흐름이 음수로 전환될 것이다.

이처럼 제품수명주기 개념에 따라 각 단계에 속한 기업들은 각각 다양한 유형의 현금흐름의 특징을 보일 것이므로 활동별로 현금흐름의 유형을 파악하면 그 기업이 제품수명주기의 어느 단계에 속하는지 파악할 수 있을 것이다.

연습문제

EXERCISES

서술형

1. 기업의 활동을 영업활동, 투자활동, 재무활동으로 구분할 때 각 활동이 무엇을 의미하는지 설명하고 각 활동의 예를 세 가지씩만 나열하시오.
2. 현금흐름표를 작성하여 공표하는 목적이 무엇인지 설명하시오.
3. 발생주의 회계에 의한 당기순이익과 영업활동에 의해 제공되는 순현금흐름이 일치하지 않는 이유를 설명하시오.
4. 현금흐름표를 작성하는 두 가지 방법인 직접법과 간접법을 비교하여 서로의 장단점을 설명하시오.
5. 직접법에 의한 현금흐름표가 이해하기 쉬운데도 불구하고 많은 기업이 간접법을 사용하여 현금흐름표를 작성하는 이유를 설명하시오.
6. 현금흐름표를 작성할 때 일반적으로 이자비용의 지급은 영업활동으로 분류되고 차입금 원금의 상환은 재무활동으로 분류하는데 이에 대한 합리적인 이유를 제시하시오.
7. 혹자는 "감가상각비는 기업의 성장에 필요한 현금의 주요 원천이다"라고 주장하는데 이러한 주장을 비판하시오.
8. 특정 회계연도에 당기순이익은 양수이나 영업활동으로 인한 현금흐름은 음수인 경우가 있는데 이런 현상이 어떻게 발생할 수 있는지 설명하시오.
9. 포괄손익계산서 항목 중에서 현금지출을 수반하지 않는 비용이나 차손과 현금유입을 수반하지 않는 수익이나 차익의 예를 각각 세 가지만 제시하시오.
10. 간접법에 의해 현금흐름표를 작성할 때 유형자산이 장부가액과 다른 가격으로 처분되는 경우 발생하는 처분손익을 당기순이익에 조정하는 이유를 설명하시오.

주관식

01. 다음의 다양한 기업활동을 현금흐름표상의 영업활동, 투자활동, 재무활동으로 분류하고 현금흐름표에 보고할 필요가 없는 거래는 그 이유를 설명하시오.

① 단기로 현금 ₩1,000을 대여하다.

② 주식을 발행하고 ₩200,000을 납입받다.

③ 당기 신용매출액 중 ₩50,000을 회수하다.

④ 단기대여금 ₩1,000과 이자 ₩100을 회수하다.

⑤ 내년도에 상품을 적송하기로 하고 대금 ₩2,000을 받다.

⑥ 이자비용 ₩1,600을 지급하다.

⑦ 토지를 구입하고 그 대금으로 3개월 만기어음을 발행하다.

⑧ 특허권을 취득하고 ₩50,000을 지급하다.

⑨ 주주에게 주당 ₩10을 배당하다.

⑩ 건물(취득원가 : ₩1,000; 감가상각누계액 : ₩500)을 ₩400에 처분하다.

⑪ 회사는 자기주식 100주를 주당 ₩500에 매입하다.

⑫ 유휴자금을 운용하기 위해 시장성 있는 동국회사의 주식 10주를 주당 ₩5에 매입하다. 이 주식은 FVOCI측정금융자산으로 분류된다.

⑬ 동국회사로부터 현금배당(주당 ₩1)을 수령하다.

⑭ 사채 ₩100,000을 상환하다.

⑮ 대손이 실제로 ₩5,000 확정되다.

02. 다음 각 거래가 직접법에 의한 현금흐름표에 보고되어야 하는지를 판단하고 보고된다면 어느 부분(활동)에 얼마의 금액으로 보고되어야 하는지를 설명하시오.

① 주식을 발행하여 공장부지를 매입하다. 취득시 주식의 공정가액은 ₩500,000이다.

② 특허권을 ₩500 상각하다.

③ 홍수로 인해 재고자산 ₩1,500을 잃었으며 보험에 가입하지 않았다.

④ 설비(취득원가 : ₩100; 감가상각누계액 : ₩40)를 ₩70에 매각하다.

⑤ 회사채를 발행하고 ₩9,500을 받았다.

⑥ 매출채권 중 ₩1,000의 대손이 확정되다.

⑦ 은행에서 ₩1,000을 차입했는데 만기는 4개월이다.

⑧ 회사채 액면금액 ₩1,000과 이자 ₩100을 갚다.

⑨ 자기주식(구입가격 : ₩500)을 ₩400에 처분하다.

⑩ ₩1,000의 배당을 선언하고 지급하다.

03. 다음은 20×9년도 부여회사의 현금계정의 변화를 요약한 표이다.

현 금

기초잔액	60,000	상품매입대금 지급	50,000
고객으로부터 현금회수	90,000	급여지급	19,000
사채발행대금	100,000	기타 판매비및관리비 지급	9,000
건물처분대금	5,000	사채상환	10,000
		배당금 지급	7,000
		이자비용 지급	4,000
		토지취득대금 지급	130,000

위의 정보를 이용하여 다음 물음에 답하시오.

1) 영업활동으로부터의 순현금흐름액을 계산하시오.
2) 투자활동으로부터의 순현금흐름액을 계산하시오.
3) 재무활동으로부터의 순현금흐름액을 계산하시오.

04. 다음은 박재회사의 20×9년도 재무제표로부터 도출한 일부의 자료이다.

<포괄손익계산서 자료>

매출 : ₩1,000,000	매출원가 : ₩800,000	대손상각비 : ₩8,000
감가상각비 : ₩5,000	비품처분이익 : ₩5,000	

	20×9년 12월 31일	20×8년 12월 31일
매 출 채 권	₩56,500	₩50,000
상 품	76,600	75,200
비 품	50,000	45,000
감가상각누계액	(10,000)	(6,000)
매 입 채 무	40,400	45,800

1) 위의 자료를 이용하여 상품의 매출을 통해 고객으로부터 회수한 현금유입액을 계산하시오.
2) 위의 자료를 이용하여 20×9년도 상품의 매입액과 상품 대금지급액을 계산하시오.
3) 당기에 비품을 ₩10,000에 구입하였다고 가정할 때 비품의 처분가격을 계산하고 이 거래가 현금흐름표에 어떻게 보고되어야 하는지 설명하시오.

05. 다음은 정한회사의 20×9년도 재무제표로부터 도출한 일부의 자료이다. 정한회사는 직접법을 사용하여 현금흐름표를 작성하고자 한다.

<포괄손익계산서 자료>

급여비용 : ₩2,500	보험료비용 : ₩2,200	임대료수익 : ₩1,500
이자비용 : ₩4,000		

	20×9년 12월 31일	20×8년 12월 31일
선급보험료	₩8,000	₩10,000
미지급급여	5,000	3,000
선수임대료	5,000	4,000
미지급이자	3,000	2,000
선 수 이 자	1,000	2,000

1) 위의 자료를 이용하여 당기에 보험료와 관련하여 지출한 현금액을 계산하시오.
2) 위의 자료를 이용하여 당기에 급여로 지급된 현금액을 계산하시오.
3) 위의 자료를 이용하여 당기에 임대료와 관련하여 회수한 현금액을 계산하시오.
4) 당기에 이자비용과 관련하여 지급된 현금액을 계산하고 이 거래가 현금흐름표의 어느 부분(활동)에 보고되어야 하는지 설명하시오.

06. 다음은 고구려회사의 20×9년도 포괄손익계산서로부터 추출한 자료이다.

매 출 : ₩3,000	매출원가 : ₩1,500	감가상각비 : ₩150
법인세 : ₩150	당기순이익 : ₩1,000	

20×9년도 말 비교재무상태표로부터 유동자산과 유동부채의 변화를 다음과 같이 분석하였다.

매출채권	₩300 감소
상 품	₩450 증가
선급비용	₩200 증가
매입채무	₩60 증가
미지급비용	₩60 감소

1) 위의 자료를 이용하여 영업활동으로부터의 현금흐름을 계산하시오.
2) 위 1)에서 구한 영업활동으로부터의 현금흐름과 당기순이익이 일치하지 않는 이유를 서술하시오.

07. 다음은 동국회사의 20×9년도 재무제표와 관련자료이다.

<20×9년도 포괄손익계산서>

순매출 : ₩150	매출원가 : ₩80	감가상각비 : ₩5
기타판매관리비 : ₩30	유형자산처분이익 : ₩5	당기순이익 : ₩40

	20×9년 12월 31일	20×8년 12월 31일
현금	₩38	₩24
매출채권	12	18
재고자산	48	66
유형자산	50	40
감가상각누계액	(14)	(13)
매입채무	21	9
미지급판매관리비	24	39
사채	20	30
자본금	30	30
이익잉여금	39	27

[추가정보]

(1) 20×9년도 동안 사용 중인 유형자산(취득원가 : ₩10)을 처분하였다.

(2) 기타판매관리비는 모두 현금지출을 수반하는 비용이다.

1) 20×9년도 다음의 각 금액을 구하시오.

① 상품판매대금으로 고객으로부터 회수한 금액

② 상품매입대금 지급액

③ 배당금 지급액

④ 유형자산 구입액

2) 다음의 각 방법 하에서 현금흐름표를 작성하시오.

① 직접법 ② 간접법

08. 다음은 불자회사의 20×9년도 재무제표와 관련자료이다.

<20×9년도 포괄손익계산서>

순매출 : ₩220	매출원가 : ₩78	대손상각비 : ₩4
감가상각비 : ₩6	기타판매관리비 : ₩28	유형자산처분손실 : ₩4

	20×9년 12월 31일	20×8년 12월 31일
현금	₩65	₩40
매도가능증권	20	10
매출채권	12	25
재고자산	50	70
선급금	15	10
유형자산	150	100
감가상각누계액	(30)	(40)
매입채무	20	10
미지급판매관리비	25	40
사채	130	100
자본금	35	30
자본잉여금	30	20
이익잉여금	42	15

[추가정보]

(1) 20×9년도 당기순이익은 ₩100이다.

(2) 20×9년도 배당금 이외에 이익잉여금의 변화는 없었다.

(3) 새로운 유형자산을 ₩100에 취득하였고 사용 중이던 유형자산을 ₩30에 처분하였다.

(4) 부족한 자금을 조달하기 위해 20×9년도 동안 추가 출자가 실시되었으며 또한 추가로 사채가 발행되었다.

1) 20×9년도 다음의 각 금액을 구하시오.

① 상품판매대금으로 고객으로부터 회수한 금액

② 상품매입대금 지급액

③ 배당금 지급액

2) 다음의 각 방법하에서 현금흐름표를 작성하시오.

① 직접법 ② 간접법

09. 다음 자료는 경주회사의 20×8년도와 20×9년도의 비교재무상태표와 이와 관련된 추가자료이다.

비교재무상태표

	20×9년 12월 31일	20×9년 1월 1일
자산		
현금및현금등가물	₩350	₩450
매출채권	400	500
재고자산	800	600
선급비용	200	250

투자유가증권	200	100
비품	1,000	2,000
감가상각누계액	(400)	(400)
영업권	50	100
자산합계	₩2,600	₩3,600
부채와 자본		
매입채무	₩400	₩500
미지급급료	200	400
사채	1,000	1,000
사채할인발행차금	(50)	(100)
보통주자본금	600	500
이익잉여금	450	1,300
부채와 자본합계	₩2,600	₩3,600

[추가자료]

(1) 20×9년도 당기순이익은 ₩700이다.

(2) 20×9년도 동안 사용 중이던 비품(취득원가 : ₩1,500; 감가상각누계액 : ₩500)을 ₩500에 처분하였다.

위의 자료를 이용하여 간접법에 따라 현금흐름표를 작성하시오.

부록

〈표 1〉 1원의 미래가치표

〈표 2〉 1원의 현재가치표

〈표 3〉 정상연금 1원의 미래가치표

〈표 4〉 정상연금 1원의 현재가치표

표 1 1원의 미래가치표

n	.5%	1%	1.5%	2%	2.5%	3%	3.5%	4%	4.5%	n
1	1.00500	1.01000	1.01500	1.02000	1.02500	1.03000	1.03500	1.04000	1.04500	1
2	1.01003	1.02010	1.03023	1.04040	1.05062	1.06090	1.07123	1.08160	1.09203	2
3	1.01508	1.03030	1.04568	1.06121	1.07689	1.09273	1.10872	1.12486	1.14117	3
4	1.02015	1.04060	1.06136	1.08243	1.10381	1.12551	1.14752	1.16986	1.19252	4
5	1.02525	1.05101	1.07728	1.10408	1.13141	1.15927	1.18769	1.21665	1.24618	5
6	1.03038	1.06152	1.09344	1.12616	1.15969	1.19405	1.22926	1.26532	1.30226	6
7	1.03553	1.07214	1.10984	1.14869	1.18869	1.22987	1.27228	1.31593	1.36086	7
8	1.04071	1.08286	1.12649	1.17166	1.21840	1.26677	1.31681	1.36857	1.42210	8
9	1.04591	1.09369	1.14339	1.19509	1.24886	1.30477	1.36290	1.42331	1.48610	9
10	1.05114	1.10462	1.16054	1.21899	1.28008	1.34392	1.41060	1.48024	1.55297	10
11	1.05640	1.11567	1.17795	1.24337	1.31209	1.38423	1.45997	1.53945	1.62285	11
12	1.06168	1.12683	1.19562	1.26824	1.34489	1.42576	1.51107	1.60103	1.69588	12
13	1.06699	1.13809	1.21355	1.29361	1.37851	1.46853	1.56396	1.66507	1.77220	13
14	1.07232	1.14947	1.23176	1.31948	1.41297	1.51259	1.61869	1.73168	1.85194	14
15	1.07768	1.16097	1.25023	1.34587	1.44830	1.55797	1.67535	1.80094	1.93528	15
16	1.08307	1.17258	1.26899	1.37279	1.48451	1.60471	1.73399	1.87298	2.02237	16
17	1.08849	1.18430	1.28802	1.40024	1.52162	1.65285	1.79468	1.94790	2.11338	17
18	1.09393	1.19615	1.30734	1.42825	1.55966	1.70243	1.85749	2.02582	2.20848	18
19	1.09940	1.20811	1.32695	1.45681	1.59865	1.75351	1.92250	2.10685	2.30786	19
20	1.10490	1.22019	1.34686	1.48595	1.63862	1.80611	1.98979	2.19112	2.41171	20
21	1.11042	1.23239	1.36706	1.51567	1.67958	1.86029	2.05943	2.27877	2.52024	21
22	1.11597	1.24472	1.38756	1.54598	1.72157	1.91610	2.13151	2.36992	2.63365	22
23	1.12155	1.25716	1.40838	1.57690	1.76461	1.97359	2.20611	2.46472	2.75217	23
24	1.12716	1.26973	1.42950	1.60844	1.80873	2.03279	2.28333	2.56330	2.87601	24
25	1.13280	1.28243	1.45095	1.64061	1.85394	2.09378	2.36324	2.66584	3.00543	25
26	1.13846	1.29526	1.47271	1.67342	1.90029	2.15659	2.44596	2.77247	3.14068	26
27	1.14415	1.30821	1.49480	1.70689	1.94780	2.22129	2.53157	2.88337	3.28201	27
28	1.14987	1.32129	1.51722	1.74102	1.99650	2.28793	2.62017	2.99870	3.42970	28
29	1.15562	1.33450	1.53998	1.77584	2.04641	2.35657	2.71188	3.11865	3.58404	29
30	1.16140	1.34785	1.56308	1.81136	2.09757	2.42726	2.80679	3.24340	3.74532	30
31	1.16721	1.36133	1.58653	1.84759	2.15001	2.50008	2.90503	3.37313	3.91386	31
32	1.17304	1.37494	1.61032	1.88454	2.20376	2.57508	3.00671	3.50806	4.08998	32
33	1.17891	1.38869	1.63448	1.92223	2.25885	2.65234	3.11194	3.64838	4.27403	33
34	1.18480	1.40258	1.65900	1.96068	2.31532	2.73191	3.22086	3.79432	4.46636	34
35	1.19073	1.41660	1.68388	1.99989	2.37321	2.81386	3.33359	3.94609	4.66735	35
36	1.19668	1.43077	1.70914	2.03989	2.43254	2.89828	3.45027	4.10393	4.87738	36
37	1.20266	1.44508	1.73478	2.08069	2.49335	2.98523	3.57103	4.26809	5.09686	37
38	1.20868	1.45953	1.76080	2.12230	2.55568	3.07478	3.69601	4.43881	5.32622	38
39	1.21472	1.47412	1.78721	2.16474	2.61957	3.16703	3.82537	4.61637	5.56590	39
40	1.22079	1.48886	1.81402	2.20804	2.68506	3.26204	3.95926	4.80102	5.81636	40
41	1.22690	1.50375	1.84123	2.25220	2.75219	3.35990	4.09783	4.99306	6.07810	41
42	1.23303	1.51879	1.86885	2.29724	2.82100	3.46070	4.24126	5.19278	6.35162	42
43	1.23920	1.53398	1.89688	2.34319	2.89152	3.56452	4.38970	5.40050	6.63744	43
44	1.24539	1.54932	1.92533	2.39005	2.96381	3.67145	4.54334	5.61652	6.93612	44
45	1.25162	1.56481	1.95421	2.43785	3.03790	3.78160	4.70236	5.84118	7.24825	45
46	1.25788	1.58046	1.98353	2.48661	3.11385	3.89504	4.86694	6.07482	7.57442	46
47	1.26417	1.59626	2.01328	2.53634	3.19170	4.01190	5.03728	6.31782	7.91527	47
48	1.27049	1.61223	2.04384	2.58707	3.27149	4.13225	5.21359	6.57053	8.27146	48
49	1.27684	1.62835	2.07413	2.63881	3.35328	4.25622	5.39606	6.83335	8.64367	49
50	1.28323	1.64463	2.10524	2.69159	3.43711	4.38391	5.58493	7.10668	9.03264	50

표 1 (계속)

n	5%	5.5%	6%	6.5%	7%	7.5%	8%	9%	10%	n
1	1.05000	1.05500	1.06000	1.06500	1.07000	1.07500	1.08000	1.09000	1.10000	1
2	1.10250	1.11302	1.12360	1.13423	1.14490	1.15563	1.16640	1.18810	1.21000	2
3	1.15763	1.17424	1.19102	1.20795	1.22504	1.24230	1.25971	1.29503	1.33100	3
4	1.21551	1.23882	1.26248	1.28647	1.31080	1.33547	1.36049	1.41158	1.46410	4
5	1.27628	1.30696	1.33823	1.37009	1.40255	1.43563	1.46933	1.53862	1.61051	5
6	1.34010	1.37884	1.41852	1.45914	1.50073	1.54330	1.58687	1.67710	1.77156	6
7	1.40710	1.45468	1.50363	1.55399	1.60578	1.65905	1.71382	1.82804	1.94872	7
8	1.47746	1.53469	1.59385	1.65500	1.71819	1.78348	1.85093	1.99256	2.14359	8
9	1.55133	1.61909	1.68948	1.76257	1.83846	1.91724	1.99900	2.17189	2.35795	9
10	1.62889	1.70814	1.79085	1.87714	1.96715	2.06103	2.15892	2.36736	2.59374	10
11	1.71034	1.80209	1.89830	1.99915	2.10485	2.21561	2.33164	2.58043	2.85312	11
12	1.79586	1.90121	2.01220	2.12910	2.25219	2.38178	2.51817	2.81266	3.13843	12
13	1.88565	2.00577	2.13293	2.26749	2.40985	2.56041	2.71962	3.06580	3.45227	13
14	1.97993	2.11609	2.26090	2.41487	2.57853	2.75244	2.93719	3.34173	3.79750	14
15	2.07893	2.23248	2.39656	2.57184	2.75903	2.95888	3.17217	3.64248	4.17725	15
16	2.18287	2.35526	2.54035	2.73901	2.95216	3.18079	3.42594	3.97031	4.59497	16
17	2.29202	2.48480	2.69277	2.91705	3.15882	3.41935	3.70002	4.32763	5.05447	17
18	2.40662	2.62147	2.85434	3.10665	3.37993	3.67580	3.99602	4.71712	5.55992	18
19	2.52695	2.76565	3.02560	3.30859	3.61653	3.95149	4.31570	5.14166	6.11591	19
20	2.65330	2.91776	3.20714	3.52365	3.86968	4.24785	4.66096	5.60441	6.72750	20
21	2.78596	3.07823	3.39956	3.75268	4.14056	4.56644	5.03383	6.10881	7.40025	21
22	2.92526	3.24754	3.60354	3.99661	4.43040	4.90892	5.43654	6.65860	8.14027	22
23	3.07152	3.42615	3.81975	4.25639	4.74053	5.27709	5.87146	7.25787	8.95430	23
24	3.22510	3.61459	4.04893	4.53305	5.07237	5.67287	6.34118	7.91108	9.84973	24
25	3.38635	3.81339	4.29187	4.82770	5.42743	6.09834	6.84848	8.62308	10.83471	25
26	3.55567	4.02313	4.54938	5.14150	5.80735	6.55572	7.39635	9.39916	11.91818	26
27	3.73346	4.24440	4.82235	5.47570	6.21387	7.04739	7.98806	10.24508	13.10999	27
28	3.92013	4.47784	5.11169	5.83162	6.64884	7.57595	8.62711	11.16714	14.42099	28
29	4.11614	4.72412	5.41839	6.21067	7.11426	8.14414	9.31727	12.17218	15.86309	29
30	4.32194	4.98395	5.74349	6.61437	7.61226	8.75496	10.06266	13.26768	17.44940	30
31	4.53804	5.25807	6.08810	7.04430	8.14511	9.41158	10.86767	14.46177	19.19434	31
32	4.76494	5.54726	6.45339	7.50218	8.71527	10.11745	11.73708	15.76333	21.11378	32
33	5.00319	5.85236	6.84059	7.98982	9.32534	10.87625	12.67605	17.18203	23.22515	33
34	5.25335	6.17424	7.25103	8.50916	9.97811	11.69197	13.69013	18.72841	25.54767	34
35	5.51602	6.51383	7.68609	9.06225	10.67658	12.56887	14.78534	20.41397	28.10244	35
36	5.79182	6.87209	8.14725	9.65130	11.42394	13.51154	15.96817	22.25123	30.91268	36
37	6.08141	7.25005	8.63609	10.27864	12.22362	14.52490	17.24563	24.25384	34.00395	37
38	6.38548	7.64880	9.15425	10.94675	13.07927	15.61427	18.62528	26.43668	37.40434	38
39	6.70475	8.06949	9.70351	11.65829	13.99482	16.78534	20.11530	28.81598	41.14478	39
40	7.03999	8.51331	10.28572	12.41607	14.97446	18.04424	21.72452	31.40942	45.25926	40
41	7.39199	8.98154	10.90286	13.22312	16.02267	19.39756	23.46248	34.23627	49.78518	41
42	7.76159	9.47553	11.55703	14.08262	17.14426	20.85237	25.33948	37.31753	54.76370	42
43	8.14967	9.99668	12.25045	14.99799	18.34435	22.41630	27.36664	40.67611	60.24007	43
44	8.55715	10.54650	12.98548	15.97286	19.62846	24.09752	29.55597	44.33696	66.26408	44
45	8.98501	11.12655	13.76461	17.01110	21.00245	25.90484	31.92045	48.32729	72.89048	45
46	9.43426	11.73851	14.59049	18.11682	22.47262	27.84770	34.47409	52.67674	80.17953	46
47	9.90597	12.38413	15.46592	19.29441	24.04571	29.93628	37.23201	57.41765	88.19749	47
48	10.4013	13.06526	16.39387	20.54855	25.72891	32.18150	40.21057	62.58524	97.01723	48
49	10.9213	13.78385	17.37750	21.88421	27.52993	34.59511	43.42742	68.21791	106.7190	49
50	11.4674	14.54196	18.42015	23.30668	29.45703	37.18975	46.90161	74.35752	117.3909	50

표 1 (계속)

n	11%	12%	13%	14%	15%	16%	17%	18%	19%	n
1	1.11000	1.12000	1.13000	1.14000	1.15000	1.16000	1.17000	1.18000	1.19000	1
2	1.23210	1.25440	1.27690	1.29960	1.32250	1.34560	1.36890	1.39240	1.41610	2
3	1.36763	1.40493	1.44290	1.48154	1.52087	1.56090	1.60161	1.64303	1.68516	3
4	1.51807	1.57352	1.63047	1.68896	1.74901	1.81064	1.87389	1.93878	2.00534	4
5	1.68506	1.76234	1.84244	1.92541	2.01136	2.10034	2.19245	2.28776	2.38635	5
6	1.87041	1.97382	2.08195	2.19497	2.31306	2.43640	2.56516	2.69955	2.83976	6
7	2.07616	2.21068	2.35261	2.50227	2.66002	2.82622	3.00124	3.18547	3.37932	7
8	2.30454	2.47596	2.65844	2.85259	3.05902	3.27841	3.51145	3.75886	4.02139	8
9	2.55804	2.77308	3.00404	3.25195	3.51788	3.80296	4.10840	4.43545	4.78545	9
10	2.83942	3.10585	3.39457	3.70722	4.04556	4.41144	4.80683	5.23384	5.69468	10
11	3.15176	3.47855	3.83586	4.22623	4.65239	5.11726	5.62399	6.17593	6.77667	11
12	3.49845	3.89598	4.33452	4.81790	5.35025	5.93603	6.58007	7.28759	8.06424	12
13	3.88328	4.36349	4.89801	5.49241	6.15279	6.88579	7.69868	8.59936	9.59645	13
14	4.31044	4.88711	5.53475	6.26135	7.07571	7.98752	9.00745	10.14724	11.41977	14
15	4.78459	5.47357	6.25427	7.13794	8.13706	9.26552	10.53872	11.97375	13.58953	15
16	5.31089	6.13039	7.06733	8.13725	9.35762	10.74800	12.33030	14.12902	16.17154	16
17	5.89509	6.86604	7.98608	9.27646	10.76126	12.46768	14.42646	16.67225	19.24413	17
18	6.54355	7.68997	9.02427	10.57517	12.37545	14.46251	16.87895	19.67325	22.90052	18
19	7.26334	8.61276	10.19742	12.05569	14.23177	16.77652	19.74838	23.21444	27.25162	19
20	8.06231	9.64629	11.52309	13.74349	16.36654	19.46076	23.10560	27.39303	32.42942	20
21	8.94917	10.80385	13.02109	15.66758	18.82152	22.57448	27.03355	32.32378	38.59101	21
22	9.93357	12.10031	14.71383	17.86104	21.64475	26.18640	31.62925	38.14206	45.92331	22
23	11.02627	13.55235	16.62663	20.36158	24.89146	30.37622	37.00623	45.00763	54.64873	23
24	12.23916	15.17863	18.78809	23.21221	28.62518	35.23642	43.29729	53.10901	65.03199	24
25	13.58546	17.00006	21.23054	26.46192	32.91895	40.87424	50.65783	62.66863	77.38807	25
26	15.07986	19.04007	23.99051	30.16658	37.85680	47.41412	59.26966	73.94898	92.09181	26
27	16.73865	21.32488	27.10928	34.38991	43.53531	55.00038	69.34550	87.25980	109.5893	27
28	18.57990	23.88387	30.63349	39.20449	50.06561	63.80044	81.13423	102.9666	130.4112	28
29	20.62369	26.74993	34.61584	44.69312	57.57545	74.00851	94.92705	121.5005	155.1893	29
30	22.89230	29.95992	39.11590	50.95016	66.21177	85.84988	111.0647	143.3706	184.6753	30
31	25.41045	33.55511	44.20096	58.08318	76.14354	99.58586	129.9456	169.1774	219.7636	31
32	28.20560	37.58173	49.94709	66.21483	87.56507	115.5196	152.0364	199.6293	261.5187	32
33	31.30821	42.09153	56.44021	75.48490	100.6998	134.0027	177.8826	235.5626	311.2073	33
34	34.75212	47.14252	63.77744	86.05279	115.8048	155.4432	208.1226	277.9638	370.3366	34
35	38.57485	52.79962	72.06851	98.10018	133.1755	180.3141	243.5035	327.9973	440.7006	35
36	42.81808	59.13557	81.43741	111.8342	153.1519	209.1643	284.8991	387.0368	524.4337	36
37	47.52807	66.23184	92.02428	127.4910	176.1246	242.6306	333.3319	456.7034	624.0761	37
38	52.75616	74.17966	103.9874	145.3397	202.5433	281.4515	389.9983	538.9100	742.6506	38
39	58.55934	83.08122	117.5058	165.6873	232.9248	326.4838	456.2981	635.9139	883.7542	39
40	65.00087	93.05097	132.7816	188.8835	267.8636	378.7212	533.8687	750.3783	1052.668	40
41	72.15096	104.2171	150.0432	215.3272	308.0431	439.3165	624.6264	885.4465	1251.484	41
42	80.08757	116.7231	169.5488	245.4730	354.2495	509.6072	730.8129	1044.827	1489.266	42
43	88.89720	130.7299	191.5901	279.8392	407.3870	591.1443	855.0511	1232.896	1772.227	43
44	98.67589	146.4175	216.4968	319.0167	468.4950	685.7274	1000.410	1454.817	2108.950	44
45	109.5302	163.9876	244.6414	363.6791	538.7693	795.4438	1170.479	1716.684	2509.651	45
46	121.5786	183.6661	276.4448	414.5941	619.5847	922.7148	1369.461	2025.687	2986.484	46
47	134.9522	205.7061	312.3826	472.6373	712.5224	1070.349	1602.269	2390.311	3553.916	47
48	149.7970	230.3908	352.9923	538.8066	819.4007	1241.605	1874.655	2820.567	4229.160	48
49	166.2746	258.0377	398.8814	614.2395	942.3108	1440.262	2193.346	3328.269	5032.701	49
50	184.5648	289.0022	450.7359	700.2330	1083.657	1670.704	2566.215	3927.357	5988.914	50

표 1 (계속)

n	20%	21%	22%	23%	24%	25%	26%	28%	30%	n
1	1.20000	1.21000	1.22000	1.23000	1.24000	1.25000	1.26000	1.28000	1.30000	1
2	1.44000	1.46410	1.48840	1.51290	1.53760	1.56250	1.58760	1.63840	1.69000	2
3	1.72800	1.77156	1.81585	1.86087	1.90662	1.95312	2.00038	2.09715	2.19700	3
4	2.07360	2.14359	2.21533	2.28887	2.36421	2.44141	2.52047	2.68435	2.85610	4
5	2.48832	2.59374	2.70271	2.81531	2.93163	3.05176	3.17580	3.43597	3.71293	5
6	2.98598	3.13843	3.29730	3.46283	3.63522	3.81470	4.00150	4.39805	4.82681	6
7	3.58318	3.79750	4.02271	4.25928	4.50767	4.76837	5.04190	5.62950	6.27485	7
8	4.29982	4.59497	4.90771	5.23891	5.58951	5.96046	6.35279	7.20576	8.15731	8
9	5.15978	5.55992	5.98740	6.44386	6.93099	7.45058	8.00451	9.22337	10.60450	9
10	6.19174	6.72750	7.30463	7.92595	8.59443	9.31323	10.08569	11.80592	13.78585	10
11	7.43008	8.14027	8.91165	9.74891	10.65709	11.64153	12.70796	15.11157	17.92160	11
12	8.91610	9.84973	10.87221	11.99116	13.21479	14.55192	16.01204	19.34281	23.29809	12
13	10.69932	11.91818	13.26410	14.74913	16.38634	18.18989	20.17516	24.75880	30.28751	13
14	12.83918	14.42099	16.18220	18.14143	20.31906	22.73737	25.42071	31.69127	39.37376	14
15	15.40702	17.44940	19.74229	22.31396	25.19563	28.42171	32.03009	40.56482	51.18589	15
16	18.48843	21.11378	24.08559	27.44617	31.24259	35.52714	40.35792	51.92297	66.54166	16
17	22.18611	25.54767	29.38442	33.75879	38.74081	44.40892	50.85097	66.46140	86.50416	17
18	26.62333	30.91268	35.84899	41.52331	48.03860	55.51115	64.07223	85.07059	112.4554	18
19	31.94800	37.40434	43.73577	51.07368	59.56786	69.38894	80.73100	108.8904	146.1920	19
20	38.33760	45.25926	53.35764	62.82062	73.86415	86.73617	101.7211	139.3797	190.0496	20
21	46.00512	54.76370	65.09632	77.26936	91.59155	108.4202	128.1685	178.4060	247.0645	21
22	55.20614	66.26408	79.41751	95.04132	113.5735	135.5253	161.4924	228.3596	321.1839	22
23	66.24737	80.17953	96.88936	116.9008	140.8312	169.4066	203.4804	292.3003	417.5391	23
24	79.49685	97.01723	118.2050	143.7880	174.6306	211.7582	256.3853	374.1444	542.8008	24
25	95.39622	117.3909	144.2101	176.8593	216.5420	264.6978	323.0455	478.9049	705.6410	25
26	114.4755	142.0429	175.9364	217.5369	268.5121	330.8723	407.0373	612.9982	917.3333	26
27	137.3706	171.8719	214.6424	267.5704	332.9550	413.5903	512.8670	784.6377	1192.533	27
28	164.8447	207.9651	261.8637	329.1116	412.8642	516.9879	646.2124	1004.336	1550.293	28
29	197.8136	251.6377	319.4737	404.8072	511.9516	646.2349	814.2276	1285.550	2015.381	29
30	237.3763	304.4816	389.7579	497.9129	634.8199	807.7936	1025.927	1645.505	2619.996	30
31	284.8516	368.4228	475.5046	612.4328	787.1767	1009.742	1292.668	2106.246	3405.994	31
32	341.8219	445.7916	580.1157	753.2924	976.0991	1262.177	1628.761	2695.995	4427.793	32
33	410.1863	539.4078	707.7411	926.5496	1210.363	1577.722	2052.239	3450.873	5756.130	33
34	492.2235	652.6834	863.4441	1139.656	1500.850	1972.152	2585.821	4417.118	7482.970	34
35	590.6682	789.7470	1053.402	1401.777	1861.054	2465.190	3258.135	5653.911	9727.860	35
36	708.8019	955.5938	1285.150	1724.186	2307.707	3081.488	4105.250	7237.006	12646.22	36
37	850.5623	1156.269	1567.883	2120.748	2861.557	3851.860	5172.615	9263.367	16440.08	37
38	1020.675	1399.085	1912.818	2608.520	3548.330	4814.825	6517.495	11857.11	21372.11	38
39	1224.810	1692.893	2333.638	3208.480	4399.930	6018.531	8212.044	15177.10	27783.74	39
40	1469.772	2048.400	2847.038	3946.430	5455.913	7523.164	10347.18	19426.69	36118.86	40
41	1763.726	2478.564	3473.386	4854.110	6765.336	9403.955	13037.44	24866.16	46954.52	41
42	2116.471	2999.063	4237.531	5970.555	8389.011	11754.94	16427.18	31828.69	61040.88	42
43	2539.765	3628.866	5169.788	7343.782	10402.37	14693.68	20698.24	40740.72	79353.15	43
44	3047.718	4390.928	6307.141	9032.852	12898.94	18367.10	26079.78	52148.12	103159.1	44
45	3657.262	5313.023	7694.712	11110.41	15994.69	22958.87	32860.53	66749.59	134106.8	45
46	4388.714	6428.757	9387.549	13665.80	19833.42	28698.59	41404.26	85439.48	174338.9	46
47	5266.457	7778.796	11452.81	16808.94	24593.44	35873.24	52169.37	109362.5	226640.5	47
48	6319.749	9412.344	13972.43	20674.99	30495.86	44841.55	65733.41	139984.0	294632.7	48
49	7583.698	11388.94	17046.36	25430.24	37814.87	56051.94	82824.10	179179.6	383022.5	49
50	9100.438	13780.61	20796.56	31279.20	46890.43	70064.92	104358.4	229349.9	497929.2	50

표 2 1원의 현재가치표

n	.5%	1%	1.5%	2%	2.5%	3%	3.5%	4%	4.5%	n
1	.99502	.99010	.98522	.98039	.97561	.97087	.96618	.96154	.95694	1
2	.99007	.98030	.97066	.96117	.95181	.94260	.93351	.92456	.91573	2
3	.98515	.97059	.95632	.94232	.92860	.91514	.90194	.88900	.87630	3
4	.98025	.96098	.94218	.92385	.90595	.88849	.87144	.85480	.83856	4
5	.97537	.95147	.92826	.90573	.88385	.86261	.84197	.82193	.80245	5
6	.97052	.94205	.91454	.88797	.86230	.83748	.81350	.79031	.76790	6
7	.96569	.93272	.90103	.87056	.84127	.81309	.78599	.75992	.73483	7
8	.96089	.92348	.88771	.85349	.82075	.78941	.75941	.73069	.70319	8
9	.95610	.91434	.87459	.83676	.80073	.76642	.73373	.70259	.67290	9
10	.95135	.90529	.86167	.82035	.78120	.74409	.70892	.67556	.64393	10
11	.94661	.89632	.84893	.80426	.76214	.72242	.68495	.64958	.61620	11
12	.94191	.88745	.83639	.78849	.74356	.70138	.66178	.62460	.58966	12
13	.93722	.87866	.82403	.77303	.72542	.68095	.63940	.60057	.56427	13
14	.93256	.86996	.81185	.75788	.70773	.66112	.61778	.57748	.53997	14
15	.92792	.86135	.79985	.74301	.69047	.64186	.59689	.55526	.51672	15
16	.92330	.85282	.78803	.72845	.67362	.62317	.57671	.53391	.49447	16
17	.91871	.84438	.77639	.71416	.65720	.60502	.55720	.51337	.47318	17
18	.91414	.83602	.76491	.70016	.64117	.58739	.53836	.49363	.45280	18
19	.90959	.82774	.75361	.68643	.62553	.57029	.52016	.47464	.43330	19
20	.90506	.81954	.74247	.67297	.61027	.55368	.50257	.45639	.41464	20
21	.90056	.81143	.73150	.65978	.59539	.53755	.48557	.43883	.39679	21
22	.89608	.80340	.72069	.64684	.58086	.52189	.46915	.42196	.37970	22
23	.89162	.79544	.71004	.63416	.56670	.50669	.45329	.40573	.36335	23
24	.88719	.78757	.69954	.62172	.55288	.49193	.43796	.39012	.34770	24
25	.88277	.77977	.68921	.60953	.53939	.47761	.42315	.37512	.33273	25
26	.87838	.77205	.67902	.59758	.52623	.46369	.40884	.36069	.31840	26
27	.87401	.76440	.66899	.58586	.51340	.45019	.39501	.34682	.30469	27
28	.86966	.75684	.65910	.57437	.50088	.43708	.38165	.33348	.29157	28
29	.86533	.74934	.64936	.56311	.48866	.42435	.36875	.32065	.27902	29
30	.86103	.74192	.63976	.55207	.47674	.41199	.35628	.30832	.26700	30
31	.85675	.73458	.63031	.54125	.46511	.39999	.34423	.29646	.25550	31
32	.85248	.72730	.62099	.53063	.45377	.38834	.33259	.28506	.24450	32
33	.84824	.72010	.61182	.52023	.44270	.37703	.32134	.27409	.23397	33
34	.84402	.71297	.60277	.51003	.43191	.36604	.31048	.26355	.22390	34
35	.83982	.70591	.59387	.50003	.42137	.35538	.29998	.25342	.21425	35
36	.83564	.69892	.58509	.49022	.41109	.34503	.28983	.24367	.20503	36
37	.83149	.69200	.57644	.48061	.40107	.33498	.28003	.23430	.19620	37
38	.82735	.68515	.56792	.47119	.39128	.32523	.27056	.22529	.18775	38
39	.82323	.67837	.55953	.46195	.38174	.31575	.26141	.21662	.17967	39
40	.81914	.67165	.55126	.45289	.37243	.30656	.25257	.20829	.17193	40
41	.81506	.66500	.54312	.44401	.36335	.29763	.24403	.20028	.16453	41
42	.81101	.65842	.53509	.43530	.35448	.28896	.23578	.19257	.15744	42
43	.80697	.65190	.52718	.42677	.34584	.28054	.22781	.18517	.15066	43
44	.80296	.64545	.51939	.41840	.33740	.27237	.22010	.17805	.14417	44
45	.79896	.63905	.51171	.41020	.32917	.26444	.21266	.17120	.13796	45
46	.79499	.63273	.50415	.40215	.32115	.25674	.20547	.16461	.13202	46
47	.79103	.62646	.49670	.39427	.31331	.24926	.19852	.15828	.12634	47
48	.78710	.62026	.48936	.38654	.30567	.24200	.19181	.15219	.12090	48
49	.78318	.61412	.48213	.37896	.29822	.23495	.18532	.14634	.11569	49
50	.77929	.60804	.47500	.37153	.29094	.22811	.17905	.14071	.11071	50

표 2 (계속)

n	5%	5.5%	6%	6.5%	7%	7.5%	8%	9%	10%	*n*
1	.95238	.94787	.94340	.93897	.93458	.93023	.92593	.91743	.90909	1
2	.90703	.89845	.89000	.88166	.87344	.86533	.85734	.84168	.82645	2
3	.86384	.85161	.83962	.82785	.81630	.80496	.79383	.77218	.75131	3
4	.82270	.80722	.79209	.77732	.76290	.74880	.73503	.70843	.68301	4
5	.78353	.76513	.74726	.72988	.71299	.69656	.68058	.64993	.62092	5
6	.74622	.72525	.70496	.68533	.66634	.64796	.63017	.59627	.56447	6
7	.71068	.68744	.66506	.64351	.62275	.60275	.58349	.54703	.51316	7
8	.67684	.65160	.62741	.60423	.58201	.56070	.54027	.50187	.46651	8
9	.64461	.61763	.59190	.56735	.54393	.52158	.50025	.46043	.42410	9
10	.61391	.58543	.55839	.53273	.50835	.48519	.46319	.42241	.38554	10
11	.58468	.55491	.52679	.50021	.47509	.45134	.42888	.38753	.35049	11
12	.55684	.52598	.49697	.46968	.44401	.41985	.39711	.35553	.31863	12
13	.53032	.49856	.46884	.44102	.41496	.39056	.36770	.32618	.28966	13
14	.50507	.47257	.44230	.41410	.38782	.36331	.34046	.29925	.26333	14
15	.48102	.44793	.41727	.38883	.36245	.33797	.31524	.27454	.23939	15
16	.45811	.42458	.39365	.36510	.33873	.31439	.29189	.25187	.21763	16
17	.43630	.40245	.37136	.34281	.31657	.29245	.27027	.23107	.19784	17
18	.41552	.38147	.35034	.32189	.29586	.27205	.25025	.21199	.17986	18
19	.39573	.36158	.33051	.30224	.27651	.25307	.23171	.19449	.16351	19
20	.37689	.34273	.31180	.28380	.25842	.23541	.21455	.17843	.14864	20
21	.35894	.32486	.29416	.26648	.24151	.21899	.19866	.16370	.13513	21
22	.34185	.30793	.27751	.25021	.22571	.20371	.18394	.15018	.12285	22
23	.32557	.29187	.26180	.23494	.21095	.18950	.17032	.13778	.11168	23
24	.31007	.27666	.24698	.22060	.19715	.17628	.15770	.12640	.10153	24
25	.29530	.26223	.23300	.20714	.18425	.16398	.14602	.11597	.09230	25
26	.28124	.24856	.21981	.19450	.17220	.15254	.13520	.10639	.08391	26
27	.26785	.23560	.20737	.18263	.16093	.14190	.12519	.09761	.07628	27
28	.25509	.22332	.19563	.17148	.15040	.13200	.11591	.08955	.06934	28
29	.24295	.21168	.18456	.16101	.14056	.12279	.10733	.08215	.06304	29
30	.23138	.20064	.17411	.15119	.13137	.11422	.09938	.07537	.05731	30
31	.22036	.19018	.16425	.14196	.12277	.10625	.09202	.06915	.05210	31
32	.20987	.18027	.15496	.13329	.11474	.09884	.08520	.06344	.04736	32
33	.19987	.17087	.14619	.12516	.10723	.09194	.07889	.05820	.04306	33
34	.19035	.16196	.13791	.11752	.10022	.08553	.07305	.05339	.03914	34
35	.18129	.15352	.13011	.11035	.09366	.07956	.06763	.04899	.03558	35
36	.17266	.14552	.12274	.10361	.08754	.07401	.06262	.04494	.03235	36
37	.16444	.13793	.11579	.09729	.08181	.06885	.05799	.04123	.02941	37
38	.15661	.13074	.10924	.09135	.07646	.06404	.05369	.03783	.02673	38
39	.14915	.12392	.10306	.08578	.07146	.05958	.04971	.03470	.02430	39
40	.14205	.11746	.09722	.08054	.06678	.05542	.04603	.03184	.02209	40
41	.13528	.11134	.09172	.07563	.06241	.05155	.04262	.02921	.02009	41
42	.12884	.10554	.08653	.07101	.05833	.04796	.03946	.02680	.01826	42
43	.12270	.10003	.08163	.06668	.05451	.04461	.03654	.02458	.01660	43
44	.11686	.09482	.07701	.06261	.05095	.04150	.03383	.02255	.01509	44
45	.11130	.08988	.07265	.05879	.04761	.03860	.03133	.02069	.01372	45
46	.10600	.08519	.06854	.05520	.04450	.03591	.02901	.01898	.01247	46
47	.10095	.08075	.06466	.05183	.04159	.03340	.02686	.01742	.01134	47
48	.09614	.07654	.06100	.04867	.03887	.03107	.02487	.01598	.01031	48
49	.09156	.07255	.05755	.04570	.03632	.02891	.02303	.01466	.00937	49
50	.08720	.06877	.05429	.04291	.03395	.02689	.02132	.01345	.00852	50

표 2 (계속)

n	11%	12%	13%	14%	15%	16%	17%	18%	19%	n
1	.90090	.89286	.88496	.87719	.86957	.86207	.85470	.84746	.84034	1
2	.81162	.79719	.78315	.76947	.75614	.74316	.73051	.71818	.70616	2
3	.73119	.71178	.69305	.67497	.65752	.64066	.62437	.60863	.59342	3
4	.65873	.63552	.61332	.59208	.57175	.55229	.53365	.51579	.49867	4
5	.59345	.56743	.54276	.51937	.49718	.47611	.45611	.43711	.41905	5
6	.53464	.50663	.48032	.45559	.43233	.41044	.38984	.37043	.35214	6
7	.48166	.45235	.42506	.39964	.37594	.35383	.33320	.31393	.29592	7
8	.43393	.40388	.37616	.35056	.32690	.30503	.28478	.26604	.24867	8
9	.39092	.36061	.33288	.30751	.28426	.26295	.24340	.22546	.20897	9
10	.35218	.32197	.29459	.26974	.24718	.22668	.20804	.19106	.17560	10
11	.31728	.28748	.26070	.23662	.21494	.19542	.17781	.16192	.14757	11
12	.28584	.25668	.23071	.20756	.18691	.16846	.15197	.13722	.12400	12
13	.25751	.22917	.20416	.18207	.16253	.14523	.12989	.11629	.10421	13
14	.23199	.20462	.18068	.15971	.14133	.12520	.11102	.09855	.08757	14
15	.20900	.18270	.15989	.14010	.12289	.10793	.09489	.08352	.07359	15
16	.18829	.16312	.14150	.12289	.10686	.09304	.08110	.07078	.06184	16
17	.16963	.14564	.12522	.10780	.09293	.08021	.06932	.05998	.05196	17
18	.15282	.13004	.11081	.09456	.08081	.06914	.05925	.05083	.04367	18
19	.13768	.11611	.09806	.08295	.07027	.05961	.05064	.04308	.03670	19
20	.12403	.10367	.08678	.07276	.06110	.05139	.04328	.03651	.03084	20
21	.11174	.09256	.07680	.06383	.05313	.04430	.03699	.03094	.02591	21
22	.10067	.08264	.06796	.05599	.04620	.03819	.03162	.02622	.02178	22
23	.09069	.07379	.06014	.04911	.04017	.03292	.02702	.02222	.01830	23
24	.08170	.06588	.05323	.04308	.03493	.02838	.02310	.01883	.01538	24
25	.07361	.05882	.04710	.03779	.03038	.02447	.01974	.01596	.01292	25
26	.06631	.05252	.04168	.03315	.02642	.02109	.01687	.01352	.01086	26
27	.05974	.04689	.03689	.02908	.02297	.01818	.01442	.01146	.00912	27
28	.05382	.04187	.03264	.02551	.01997	.01567	.01233	.00971	.00767	28
29	.04849	.03738	.02889	.02237	.01737	.01351	.01053	.00823	.00644	29
30	.04368	.03338	.02557	.01963	.01510	.01165	.00900	.00697	.00541	30
31	.03935	.02980	.02262	.01722	.01313	.01004	.00770	.00591	.00455	31
32	.03545	.02661	.02002	.01510	.01142	.00866	.00658	.00501	.00382	32
33	.03194	.02376	.01772	.01325	.00993	.00746	.00562	.00425	.00321	33
34	.02878	.02121	.01568	.01162	.00864	.00643	.00480	.00360	.00270	34
35	.02592	.01894	.01388	.01019	.00751	.00555	.00411	.00305	.00227	35
36	.02335	.01691	.01228	.00894	.00653	.00478	.00351	.00258	.00191	36
37	.02104	.01510	.01087	.00784	.00568	.00412	.00300	.00219	.00160	37
38	.01896	.01348	.00962	.00688	.00494	.00355	.00256	.00186	.00135	38
39	.01708	.01204	.00851	.00604	.00429	.00306	.00219	.00157	.00113	39
40	.01538	.01075	.00753	.00529	.00373	.00264	.00187	.00133	.00095	40
41	.01386	.00960	.00666	.00464	.00325	.00228	.00160	.00113	.00080	41
42	.01249	.00857	.00590	.00407	.00282	.00196	.00137	.00096	.00067	42
43	.01125	.00765	.00522	.00357	.00245	.00169	.00117	.00081	.00056	43
44	.01013	.00683	.00462	.00313	.00213	.00146	.00100	.00069	.00047	44
45	.00913	.00610	.00409	.00275	.00186	.00126	.00085	.00058	.00040	45
46	.00823	.00544	.00362	.00241	.00161	.00108	.00073	.00049	.00033	46
47	.00741	.00486	.00320	.00212	.00140	.00093	.00062	.00042	.00028	47
48	.00668	.00434	.00283	.00186	.00122	.00081	.00053	.00035	.00024	48
49	.00601	.00388	.00251	.00163	.00106	.00069	.00046	.00030	.00020	49
50	.00542	.00346	.00222	.00143	.00092	.00060	.00039	.00025	.00017	50

표 2 (계속)

n	20%	21%	22%	23%	24%	25%	26%	28%	30%	n
1	.83333	.82645	.81967	.81301	.80645	.80000	.79365	.78125	.76923	1
2	.69444	.68301	.67186	.66098	.65036	.64000	.62988	.61035	.59172	2
3	.57870	.56447	.55071	.53738	.52449	.51200	.49991	.47684	.45517	3
4	.48225	.46651	.45140	.43690	.42297	.40960	.39675	.37253	.35013	4
5	.40188	.38554	.37000	.35520	.34111	.32768	.31488	.29104	.26933	5
6	.33490	.31863	.30328	.28878	.27509	.26214	.24991	.22737	.20718	6
7	.27908	.26333	.24859	.23478	.22184	.20972	.19834	.17764	.15937	7
8	.23257	.21763	.20376	.19088	.17891	.16777	.15741	.13878	.12259	8
9	.19381	.17986	.16702	.15519	.14428	.13422	.12493	.10842	.09430	9
10	.16151	.14864	.13690	.12617	.11635	.10737	.09915	.08470	.07254	10
11	.13459	.12285	.11221	.10258	.09383	.08590	.07869	.06617	.05580	11
12	.11216	.10153	.09198	.08339	.07567	.06872	.06245	.05170	.04292	12
13	.09346	.08391	.07539	.06780	.06103	.05498	.04957	.04039	.03302	13
14	.07789	.06934	.06180	.05512	.04921	.04398	.03934	.03155	.02540	14
15	.06491	.05731	.05065	.04481	.03969	.03518	.03122	.02465	.01954	15
16	.05409	.04736	.04152	.03643	.03201	.02815	.02478	.01926	.01503	16
17	.04507	.03914	.03403	.02962	.02581	.02252	.01967	.01505	.01156	17
18	.03756	.03235	.02789	.02408	.02082	.01801	.01561	.01175	.00889	18
19	.03130	.02673	.02286	.01958	.01679	.01441	.01239	.00918	.00684	19
20	.02608	.02209	.01874	.01592	.01354	.01153	.00983	.00717	.00526	20
21	.02174	.01826	.01536	.01294	.01092	.00922	.00780	.00561	.00405	21
22	.01811	.01509	.01259	.01052	.00880	.00738	.00619	.00438	.00311	22
23	.01509	.01247	.01032	.00855	.00710	.00590	.00491	.00342	.00239	23
24	.01258	.01031	.00846	.00695	.00573	.00472	.00390	.00267	.00184	24
25	.01048	.00852	.00693	.00565	.00462	.00378	.00310	.00209	.00142	25
26	.00874	.00704	.00568	.00460	.00372	.00302	.00246	.00163	.00109	26
27	.00728	.00582	.00466	.00374	.00300	.00242	.00195	.00127	.00084	27
28	.00607	.00481	.00382	.00304	.00242	.00193	.00155	.00100	.00065	28
29	.00506	.00397	.00313	.00247	.00195	.00155	.00123	.00078	.00050	29
30	.00421	.00328	.00257	.00201	.00158	.00124	.00097	.00061	.00038	30
31	.00351	.00271	.00210	.00163	.00127	.00099	.00077	.00047	.00029	31
32	.00293	.00224	.00172	.00133	.00102	.00079	.00061	.00037	.00023	32
33	.00244	.00185	.00141	.00108	.00083	.00063	.00049	.00029	.00017	33
34	.00203	.00153	.00116	.00088	.00067	.00051	.00039	.00023	.00013	34
35	.00169	.00127	.00095	.00071	.00054	.00041	.00031	.00018	.00010	35
36	.00141	.00105	.00078	.00058	.00043	.00032	.00024	.00014	.00008	36
37	.00118	.00086	.00064	.00047	.00035	.00026	.00019	.00011	.00006	37
38	.00098	.00071	.00052	.00038	.00028	.00021	.00015	.00008	.00005	38
39	.00082	.00059	.00043	.00031	.00023	.00017	.00012	.00007	.00004	39
40	.00068	.00049	.00035	.00025	.00018	.00013	.00010	.00005	.00003	40
41	.00057	.00040	.00029	.00021	.00015	.00011	.00008	.00004	.00002	41
42	.00047	.00033	.00024	.00017	.00012	.00009	.00006	.00003	.00002	42
43	.00039	.00028	.00019	.00014	.00010	.00007	.00005	.00002	.00001	43
44	.00033	.00023	.00016	.00011	.00008	.00005	.00004	.00002	.00001	44
45	.00027	.00019	.00013	.00009	.00006	.00004	.00003	.00001	.00001	45
46	.00023	.00016	.00011	.00007	.00005	.00003	.00002	.00001	.00001	46
47	.00019	.00013	.00009	.00006	.00004	.00003	.00002	.00001	.00000	47
48	.00016	.00011	.00007	.00005	.00003	.00002	.00002	.00001	.00000	48
49	.00013	.00009	.00006	.00004	.00003	.00002	.00001	.00001	.00000	49
50	.00011	.00007	.00005	.00003	.00002	.00001	.00001	.00000	.00000	50

표 3 정상연금 1원의 미래가치표

n	.5%	1%	1.5%	2%	2.5%	3%	3.5%	4%	4.5%	*n*
1	1.00000	1.00000	1.00000	1.00000	1.00000	1.00000	1.00000	1.00000	1.00000	1
2	2.00500	2.01000	2.01500	2.02000	2.02500	2.03000	2.03500	2.04000	2.04500	2
3	3.01503	3.03010	3.04523	3.06040	3.07562	3.09090	3.10623	3.12160	3.13703	3
4	4.03010	4.06040	4.09090	4.12161	4.15252	4.18363	4.21494	4.24646	4.27819	4
5	5.05025	5.10101	5.15227	5.20404	5.25633	5.30914	5.36247	5.41632	5.47071	5
6	6.07550	6.15202	6.22955	6.30812	6.38774	6.46841	6.55015	6.63298	6.71689	6
7	7.10588	7.21354	7.32299	7.43428	7.54743	7.66246	7.77941	7.89829	8.01915	7
8	8.14141	8.28567	8.43284	8.58297	8.73612	8.89234	9.05169	9.21423	9.38001	8
9	9.18212	9.36853	9.55933	9.75463	9.95452	10.15911	10.36850	10.58280	10.80211	9
10	10.22803	10.46221	10.70272	10.94972	11.20338	11.46388	11.73139	12.00611	12.28821	10
11	11.27917	11.56683	11.86326	12.16872	12.48347	12.80780	13.14199	13.48635	13.84118	11
12	12.33556	12.68250	13.04121	13.41209	13.79555	14.19203	14.60196	15.02581	15.46403	12
13	13.39724	13.80933	14.23683	14.68033	15.14044	15.61779	16.11303	16.62684	17.15991	13
14	14.46423	14.94742	15.45038	15.97394	16.51859	17.08632	17.67699	18.29191	18.93211	14
15	15.53655	16.09690	16.68214	17.29342	17.93193	18.59891	19.29568	20.02359	20.78405	15
16	16.61423	19.25786	17.93237	18.63929	19.38022	20.15688	20.97103	21.82453	22.71934	16
17	17.69730	18.43044	19.20136	20.01207	20.86473	21.76159	22.70502	23.69751	24.74171	17
18	18.78579	19.61475	20.48938	21.41231	22.38635	23.41444	24.49969	25.64541	26.85508	18
19	19.87972	20.81090	21.79672	22.84056	23.94601	25.11687	26.35718	27.67123	29.06356	19
20	20.97912	22.01900	23.12367	24.29737	25.54466	26.87037	28.27968	29.77808	31.37142	20
21	22.08401	23.23919	24.47052	25.78332	27.18327	28.67649	30.26947	31.96920	33.78314	21
22	23.19443	24.47159	25.83758	27.29898	28.86286	30.53678	32.32890	34.24797	36.30338	22
23	24.31040	25.71630	27.22514	28.84496	30.58443	32.45288	34.46041	36.61789	38.93703	23
24	25.43196	26.97346	28.63352	30.42186	32.34904	34.42647	36.66653	39.08260	41.68920	24
25	26.55912	28.24320	30.06302	32.03030	34.15776	36.45926	38.94986	41.64591	44.56521	25
26	27.69191	29.52563	31.51397	33.67091	36.01171	38.55304	41.31310	44.31174	47.57064	26
27	28.83037	30.82089	32.98668	35.34432	37.91200	40.70963	43.75906	47.08421	50.71132	27
28	29.97452	32.12910	34.48148	37.05121	39.85980	42.93092	46.29063	49.96758	53.99333	28
29	31.12439	33.45039	35.99870	38.79223	41.85630	45.21885	48.91080	52.96629	57.42303	29
30	32.28002	34.78489	37.53868	40.56808	43.90270	47.57542	51.62268	56.08494	61.00707	30
31	33.44142	36.13274	39.10176	42.37944	46.00027	50.00268	54.42947	59.32834	64.75239	31
32	34.60862	37.49407	40.68829	44.22703	48.15028	52.50276	57.33450	62.70147	68.66625	32
33	35.78167	38.86901	42.29861	46.11157	50.35403	55.07784	60.34121	66.20953	72.75623	33
34	36.96058	40.25770	43.93309	48.03380	52.61289	57.73018	63.45315	69.85791	77.03026	34
35	38.14538	41.66028	45.59209	49.99448	54.92821	60.46208	66.67401	73.65222	81.49662	35
36	39.33610	43.07688	47.27597	51.99437	57.30141	63.27594	70.00760	77.59831	86.16397	36
37	40.53279	44.50765	48.98511	54.03425	59.73395	66.17422	73.45787	81.70225	91.04134	37
38	41.73545	45.95272	50.71989	56.11494	62.22730	69.15945	77.02889	85.97034	96.13820	38
39	42.94413	47.41225	52.48068	58.23724	64.78298	72.23423	80.72491	90.40915	101.4644	39
40	44.15885	48.88637	54.26789	60.40198	67.40255	75.40126	84.55028	95.02552	107.0303	40
41	45.37964	50.37524	56.08191	62.61002	70.08762	78.66330	88.50954	99.82654	112.8467	41
42	46.60654	51.87899	57.92314	64.86222	72.83981	82.02320	92.60737	104.8196	118.9248	42
43	47.83957	53.39778	59.79199	67.15947	75.66080	85.48389	96.84863	110.0124	125.2764	43
44	49.07877	54.93176	61.68887	69.50266	78.55232	89.04841	101.2383	115.4129	131.9138	44
45	50.32416	56.48107	63.61420	71.89271	81.51613	92.71986	105.7817	121.0294	138.8500	45
46	51.57578	58.04589	65.56841	74.33056	84.55403	96.50146	110.4840	126.8706	146.0982	46
47	52.83366	59.62634	67.55194	76.81718	87.66789	100.3965	115.3510	132.9454	153.6726	47
48	54.09783	61.22261	69.56522	79.35352	90.85958	104.4084	120.3883	139.2632	161.5879	48
49	55.36832	62.83483	71.60870	81.94059	94.13107	108.5407	125.6019	145.8337	169.8594	49
50	56.64516	64.46318	73.68283	84.57940	97.48435	112.7969	130.9979	152.6671	178.5030	50

표 3 (계속)

n	5%	5.5%	6%	6.5%	7%	7.5%	8%	9%	10%	n
1	1.00000	1.00000	1.00000	1.00000	1.00000	1.00000	1.00000	1.00000	1.00000	1
2	2.05000	2.05500	2.06000	2.06500	2.07000	2.07500	2.08000	2.09000	2.10000	2
3	3.15250	3.16802	3.18360	3.19923	3.21490	3.23063	3.24640	3.27810	3.31000	3
4	4.31013	4.34227	4.37462	4.40717	4.43994	4.47292	4.50611	4.57313	4.64100	4
5	5.52563	5.58109	5.63709	5.69364	5.75074	5.80839	5.86660	5.98471	6.10510	5
6	6.80191	6.88805	6.97532	7.06373	7.15329	7.24402	7.33593	7.52333	7.71561	6
7	8.14201	8.26689	8.39384	8.52287	8.65402	8.78732	8.92280	9.20043	9.48717	7
8	9.54911	9.72157	9.89747	10.07686	10.25980	10.44637	10.63663	11.02847	11.43589	8
9	11.02656	11.25626	11.49132	11.73185	11.97799	12.22985	12.48756	13.02104	13.57948	9
10	12.57789	12.87535	13.18079	13.49442	13.81645	14.14709	14.48656	15.19293	15.93742	10
11	14.20679	14.58350	14.97164	15.37156	15.78360	16.20812	16.64549	17.56029	18.53117	11
12	15.91713	16.38559	16.86994	17.37071	17.88845	18.42373	18.97713	20.14072	21.38428	12
13	17.71298	18.28680	18.88214	19.49981	20.14064	20.80551	21.49530	22.95338	24.52271	13
14	19.59863	20.29257	21.01507	21.76730	22.55049	23.36592	24.21492	26.01919	27.97498	14
15	21.57856	22.40866	23.27597	24.18217	25.12902	26.11836	27.15211	29.36092	31.77248	15
16	23.65749	24.64114	25.67253	26.75401	27.88805	29.07724	30.32428	33.00340	35.94973	16
17	25.84037	26.99640	28.21288	29.49302	30.84022	32.25804	33.75023	36.97370	40.54470	17
18	28.13238	29.48120	30.90565	32.41007	33.99903	35.67739	37.45024	41.30134	45.59917	18
19	30.53900	32.10267	33.75999	35.51672	37.37896	39.35319	41.44626	46.01846	51.15909	19
20	33.06595	34.86832	36.78559	38.82531	40.99549	43.30468	45.76196	51.16012	57.27500	20
21	35.71925	37.78608	39.99273	42.34895	44.86518	47.55253	50.42292	56.76453	64.00250	21
22	38.50521	40.86431	43.39229	46.10164	49.00574	52.11897	55.45676	62.87334	71.40275	22
23	41.43048	44.11185	46.99583	50.09824	53.43614	57.02790	60.89330	69.53194	79.54302	23
24	44.50200	47.53800	50.81558	54.35463	58.17667	62.30499	66.76476	76.78981	88.49733	24
25	47.72710	51.15259	54.86451	58.88768	63.24904	67.97786	73.10594	84.70090	98.34706	25
26	51.11345	54.96598	59.15638	63.71538	68.67647	74.07620	79.95442	93.32398	109.1818	26
27	54.66913	58.98911	63.70577	68.85688	74.48382	80.63192	87.35077	102.7231	121.0999	27
28	58.40258	63.23351	68.52811	74.33257	80.69769	87.67931	95.33883	112.9682	134.2099	28
29	62.32271	67.71135	73.63980	80.16419	87.34653	95.25526	103.9659	124.1354	148.6309	29
30	66.43885	72.43548	79.05819	86.37486	94.46079	103.3994	113.2832	136.3075	164.4940	30
31	70.76079	77.41943	84.80168	92.98923	102.0730	112.1544	123.3459	149.5752	181.9434	31
32	75.29883	82.67750	90.88978	100.0335	110.2182	121.5659	134.2135	164.0370	201.1378	32
33	80.06377	88.22476	97.34316	107.5357	118.9334	131.6834	145.9506	179.8003	222.2515	33
34	85.06696	94.07712	104.1838	115.5255	128.2588	142.5596	158.6267	196.9823	245.4767	34
35	90.32031	100.2514	111.4348	124.0347	138.2369	154.2516	172.3168	215.7108	271.0244	35
36	95.83632	106.7652	119.1209	133.0970	148.9135	166.8205	187.1022	236.1247	299.1268	36
37	101.6281	113.6373	127.2681	142.7483	160.3374	180.3320	203.0703	258.3760	330.0395	37
38	107.7096	120.8873	135.9042	153.0269	172.5610	194.8569	220.3160	282.6298	364.0434	38
39	114.0950	128.5361	145.0585	163.9736	185.6403	210.4712	238.9412	309.0665	401.4478	39
40	120.7998	136.6056	154.7620	175.6319	199.6351	227.2565	259.0565	337.8825	442.5926	40
41	127.8398	145.1189	165.0477	188.0480	214.6096	245.3008	280.7810	369.2919	487.8518	41
42	135.2318	154.1005	175.9505	201.2711	230.6322	264.6983	304.2435	403.5281	537.6370	42
43	142.9933	163.5760	187.5076	215.3537	247.7765	285.5507	329.5830	440.8457	592.4007	43
44	151.1430	173.5727	199.7580	230.3517	266.1209	307.9670	356.9497	481.5218	652.6408	44
45	159.7002	184.1192	212.7435	246.3246	285.7493	332.0645	386.5056	525.8587	718.9048	45
46	168.6852	195.2457	226.5081	263.3357	306.7518	357.9694	418.4261	574.1860	791.7953	46
47	178.1194	206.9842	241.0986	281.4525	329.2244	385.8171	452.9002	626.8628	871.9749	47
48	188.0254	219.3684	256.5645	300.7469	353.2701	415.7533	490.1322	684.2804	960.1723	48
49	198.4267	232.4336	272.9584	321.2955	378.9990	447.9348	530.3427	746.8657	1057.190	49
50	209.3480	246.2175	290.3359	343.1797	406.5289	482.5300	573.7702	815.0836	1163.909	50

표 3 (계속)

n	11%	12%	13%	14%	15%	16%	17%	18%	19%	n
1	1.00000	1.00000	1.00000	1.00000	1.00000	1.00000	1.00000	1.00000	1.00000	1
2	2.11000	2.12000	2.13000	2.14000	2.15000	2.16000	2.17000	2.18000	2.19000	2
3	3.34210	3.37440	3.40690	3.43960	3.47250	3.50560	3.53890	3.57240	3.60610	3
4	4.70973	4.77933	4.84980	4.92114	4.99337	5.06650	5.14051	5.21543	5.29126	4
5	6.22780	6.35285	6.48027	6.61010	6.74238	6.87714	7.01440	7.15421	7.29660	5
6	7.91286	8.11519	8.32271	8.53552	8.75374	8.97748	9.20685	9.44197	9.68295	6
7	9.78327	10.08901	10.40466	10.73049	11.06680	11.41387	11.77201	12.14152	12.52271	7
8	11.85943	12.29969	12.75726	13.23276	13.72682	14.24009	14.77325	15.32700	15.90203	8
9	14.16397	14.77566	15.41571	16.08535	16.78584	17.51851	18.28471	19.08585	19.92341	9
10	16.72201	17.54874	18.41975	19.33730	20.30372	21.32147	22.39311	23.52131	24.70886	10
11	19.56143	20.65458	21.81432	23.04452	24.34928	25.73290	27.19994	28.75514	30.40355	11
12	22.71319	24.13313	25.65018	27.27075	29.00167	30.85017	32.82393	34.93107	37.18022	12
13	26.21164	28.02911	29.98470	32.08865	34.35192	36.78620	39.40399	42.21866	45.24446	13
14	30.09492	32.39260	34.88271	37.58107	40.50471	43.67199	47.10267	50.81802	54.84091	14
15	34.40536	37.27971	40.41746	43.84241	47.58041	51.65951	56.11013	60.96527	66.26068	15
16	39.18995	42.75328	46.67173	50.98035	55.71747	60.92503	66.64885	72.93901	79.85021	16
17	44.50084	48.88367	53.73906	59.11760	65.07509	71.67303	78.97915	87.06804	96.02175	17
18	50.39594	55.74971	61.72514	68.39407	75.83636	84.14072	93.40561	103.7403	115.2659	18
19	56.93949	63.43968	70.74941	78.96923	88.21181	98.60323	110.2846	123.4135	138.1664	19
20	64.20283	72.05244	80.94683	91.02493	102.4436	115.3798	130.0329	146.6280	165.4180	20
21	72.26514	81.69874	92.46992	104.7684	118.8101	134.8405	153.1385	174.0210	197.8474	21
22	81.21431	92.50258	105.4910	120.4360	137.6316	157.4150	180.1721	206.3448	236.4385	22
23	91.14788	104.6029	120.2048	138.2970	159.2764	183.6014	211.8013	244.4869	282.3618	23
24	102.1742	118.1552	136.8315	158.6586	184.1678	213.9776	248.8076	289.4945	337.0105	24
25	114.4133	133.3339	155.6196	181.8708	212.7930	249.2140	292.1049	342.6035	402.0425	25
26	127.9988	150.3339	176.8501	208.3327	245.7120	290.0883	342.7627	405.2721	479.4306	26
27	143.0786	169.3740	200.8406	238.4993	283.5688	337.5024	402.0323	479.2211	571.5224	27
28	159.8173	190.6989	227.9499	272.8892	327.1041	392.5028	471.3778	566.4809	681.1116	28
29	178.3972	214.5828	258.5834	312.0937	377.1697	456.3032	552.5121	669.4475	811.5228	29
30	199.0209	241.3327	293.1992	356.7869	434.7452	530.3117	647.4391	790.9480	966.7122	30
31	221.9132	271.2926	332.3151	407.7370	500.9569	616.1616	758.5038	934.3186	1151.387	31
32	247.3236	304.8477	376.5161	465.8202	577.1005	715.7475	888.4494	1103.496	1371.151	32
33	275.5292	342.4295	426.4632	532.0350	664.6655	831.2671	1040.486	1303.125	1632.670	33
34	306.8374	384.5210	482.9034	607.5199	765.3654	965.2698	1218.368	1538.688	1943.877	34
35	341.5896	431.6635	546.6808	693.5727	881.1702	1120.713	1426.491	1816.652	2314.214	35
36	380.1644	484.4631	618.7493	791.6729	1014.346	1301.027	1669.995	2144.649	2754.914	36
37	422.9825	543.5987	700.1867	903.5071	1167.498	1510.191	1954.894	2531.686	3279.348	37
38	470.5106	609.8305	792.2110	1030.998	1343.622	1752.822	2288.225	2988.389	3903.424	38
39	523.2667	684.0102	869.1985	1176.338	1546.166	2034.274	2678.224	3527.299	4646.075	39
40	581.8261	767.0914	1013.704	1342.025	1779.090	2360.757	3134.522	4163.213	5529.829	40
41	646.8269	860.1424	1146.486	1530.909	2046.954	2739.478	3668.391	4913.591	6581.496	41
42	718.9779	964.3595	1296.529	1746.236	2354.997	3178.795	4293.017	5799.038	7832.981	42
43	799.0655	1081.083	1466.078	1991.709	2709.247	3688.402	5023.830	6843.865	9322.247	43
44	887.9627	1211.813	1657.668	2271.548	3116.633	4279.547	5878.881	8076.760	11094.47	44
45	986.6386	1358.230	1874.165	2590.565	3585.129	4965.274	6879.291	9531.577	13203.42	45
46	1096.169	1522.218	2118.806	2954.244	4123.898	5760.718	8049.770	11248.26	15713.07	46
47	1217.747	1705.884	2395.251	3368.838	4743.482	6683.433	9419.231	13273.95	18699.56	47
48	1352.700	1911.590	2707.633	3841.475	5456.005	7753.782	11021.50	15664.26	22253.48	48
49	1502.497	2141.981	3060.626	4380.282	6275.406	8995.387	12896.16	18484.83	26482.64	49
50	1668.771	2400.018	3459.507	4994.521	7217.716	10435.65	15089.50	21813.09	31515.34	50

표 3 (계속)

n	20%	21%	22%	23%	24%	25%	26%	28%	30%	n
1	1.00000	1.00000	1.00000	1.00000	1.00000	1.00000	1.00000	1.00000	1.00000	1
2	2.20000	2.21000	2.22000	2.23000	2.24000	2.25000	2.26000	2.28000	2.30000	2
3	3.64000	3.67410	3.70840	3.74290	3.77760	3.81250	3.84760	3.91840	3.99000	3
4	5.36800	5.44566	5.52425	5.60377	5.68422	5.76562	5.84798	6.01555	6.18700	4
5	7.44160	7.58925	7.73958	7.89263	8.04844	8.20703	8.36845	8.69991	9.04310	5
6	9.92992	10.18299	10.44229	10.70794	10.98006	11.25879	11.54425	12.13588	12.75603	6
7	12.91590	13.32142	13.73959	14.17077	14.61528	15.07349	15.54575	16.53393	17.58284	7
8	16.49908	17.11892	17.76231	18.43004	19.12294	19.84186	20.58765	22.16343	23.85769	8
9	20.79890	21.71389	22.67001	23.66895	24.71245	25.80232	26.94043	29.36919	32.01500	9
10	25.95868	27.27381	28.65742	30.11281	31.64344	33.25290	34.94495	38.59256	42.61950	10
11	32.15042	34.00131	35.96205	39.03876	40.23787	42.56613	45.03063	50.39847	56.40535	11
12	39.58050	42.14158	44.87370	47.78767	50.89495	54.20766	57.73860	65.51005	74.32695	12
13	48.49660	51.99132	55.74591	59.77883	64.10974	68.75958	73.75063	84.85286	97.62504	13
14	59.19592	63.90949	69.01001	74.52796	80.49608	86.94947	93.92580	109.6177	127.9126	14
15	72.03511	78.33049	85.19221	92.66940	100.8151	109.6868	119.3465	141.3029	167.2863	15
16	87.44213	95.77989	104.9345	114.9834	126.0108	138.1086	151.3766	181.8677	218.4722	16
17	105.9306	116.8937	129.0201	142.4295	157.2534	173.6357	191.7345	233.7907	285.0139	17
18	128.1167	142.4413	158.4045	176.1883	195.9942	218.0446	242.5855	300.2521	371.5180	18
19	154.7400	173.3540	194.2535	217.7116	244.0328	273.5558	306.6577	385.3227	483.9734	19
20	186.6880	210.7584	237.9893	268.7853	303.6006	342.9447	387.3887	494.2131	630.1655	20
21	225.0256	256.0176	291.3469	331.6059	377.4648	429.6809	489.1098	633.5927	820.2151	21
22	271.0307	310.7813	356.4432	408.8753	469.0563	538.1011	617.2783	811.9987	1067.280	22
23	326.2369	377.0454	435.8608	503.9166	582.6298	673.6264	778.7707	1040.358	1388.464	23
24	392.4842	457.2249	532.7501	620.8174	723.4610	843.0330	982.2511	1332.659	1806.003	24
25	471.9811	554.2422	650.9551	764.6055	898.0916	1054.791	1238.636	1706.803	2348.803	25
26	567.3773	671.6330	795.1653	941.4647	1114.634	1319.489	1561.682	2185.708	3054.444	26
27	681.8528	813.6759	971.1016	1159.002	1383.146	1650.361	1968.719	2798.706	3971.778	27
28	819.2233	985.5479	1185.744	1426.572	1716.101	2063.952	2481.586	3583.344	5164.311	28
29	984.0680	1193.513	1447.608	1755.683	2128.965	2580.939	3127.798	4587.680	6714.604	29
30	1181.882	1445.151	1767.081	2160.491	2640.916	3227.174	3942.026	5873.231	8729.985	30
31	1419.258	1749.632	2156.839	2658.404	3275.736	4034.968	4967.953	7518.735	11349.98	31
32	1704.109	2118.055	2632.344	3270.836	4062.913	5044.710	6260.620	9624.981	14755.98	32
33	2045.931	2563.847	3212.460	4024.129	5039.012	6306.887	7889.382	12320.98	19183.77	33
34	2456.118	3103.254	3920.201	4950.678	6249.375	7884.609	9941.621	15771.85	24939.90	34
35	2948.341	3755.938	4783.645	6090.334	7750.225	9856.761	12527.44	20188.97	32422.87	35
36	3539.009	4545.685	5837.047	7492.111	9611.279	12321.95	15785.58	25842.88	42150.73	36
37	4247.811	5501.279	7122.197	9216.297	11918.99	15403.44	19890.83	33079.88	54796.95	37
38	5098.374	6657.547	8690.080	11337.05	14780.54	19255.30	25063.44	42343.25	71237.03	38
39	6119.048	8056.632	10602.90	13945.57	18328.87	24070.12	31580.94	54200.36	92609.14	39
40	7343.858	9749.525	12936.54	17154.05	22728.80	30088.66	39792.98	69377.46	120392.9	40
41	8813.629	11797.93	15783.57	21100.48	28184.72	37611.82	50140.16	88804.15	156511.7	41
42	10577.36	14276.49	19256.96	25954.59	34950.05	47015.77	63177.60	113670.3	203466.3	42
43	12693.83	17275.55	23494.49	31925.14	43339.06	58770.72	79604.77	145499.0	264507.2	43
44	15233.59	20904.42	28664.28	39268.92	53741.43	73464.40	100303.0	186239.7	343860.3	44
45	18281.31	25295.35	34971.42	48301.77	66640.38	91831.50	126382.8	238387.8	447019.4	45
46	21938.57	30608.37	42666.13	59412.18	82635.07	114790.4	159243.3	305137.4	581126.2	46
47	26327.29	37037.13	52053.68	73077.98	102468.5	143489.0	200647.6	390576.9	755465.1	47
48	31593.74	44815.92	63506.49	89886.92	127061.9	179362.2	252817.0	499939.5	982105.6	48
49	37913.49	54228.27	77478.92	110561.9	157557.8	224203.8	318550.4	639923.5	1276738.3	49
50	45497.19	65617.20	94525.28	135992.2	195372.6	280255.7	401374.5	819103.1	1659760.7	50

표 4 정상연금 1원의 현재가치표

n	.5%	1%	1.5%	2%	2.5%	3%	3.5%	4%	4.5%	n
1	0.99502	0.99010	0.98522	0.98039	0.97561	0.97087	0.96618	0.96154	0.95694	1
2	1.98510	1.97040	1.95588	1.94156	1.92742	1.91347	1.89969	1.88609	1.87267	2
3	2.97025	2.94099	2.91220	2.88388	2.85602	2.82861	2.80164	2.77509	2.74896	3
4	3.95050	3.90197	3.85438	3.80773	3.76197	3.71710	3.67308	3.62990	3.58753	4
5	4.92587	4.85343	4.78264	4.71346	4.64583	4.57971	4.51505	4.45182	4.38998	5
6	5.89638	5.79548	5.69719	5.60143	5.50813	5.41719	5.32855	5.24214	5.15787	6
7	6.86207	6.72819	6.59821	6.47199	6.34939	6.23028	6.11454	6.00205	5.89270	7
8	7.82296	7.65168	7.48593	7.32548	7.17014	7.01969	6.87396	6.73274	6.59589	8
9	8.77906	8.56602	8.36052	8.16224	7.97087	7.78611	7.60769	7.43533	7.26879	9
10	9.73041	9.47130	9.22218	8.98259	8.75206	8.53020	8.31661	8.11090	7.91272	10
11	10.67703	10.36763	10.07112	9.78685	9.51421	9.25262	9.00155	8.76048	8.52892	11
12	11.61893	11.25508	10.90751	10.57534	10.25776	9.95400	9.66333	9.38507	9.11858	12
13	12.55615	12.13374	11.73153	11.34837	10.98318	10.63496	10.30274	9.98565	9.68285	13
14	13.48871	13.00370	12.54338	12.10625	11.69091	11.29607	10.92052	10.56312	10.22283	14
15	14.41662	13.86505	13.34323	12.84926	12.38138	11.93794	11.51741	11.11839	10.73955	15
16	15.33993	14.71787	14.13126	13.57771	13.05500	12.56110	12.09412	11.65230	11.23402	16
17	16.25863	15.56225	14.90765	14.29187	13.71220	13.16612	12.65132	12.16567	11.70719	17
18	17.17277	16.39827	15.67256	14.99203	14.35336	13.75351	13.18968	12.65930	12.15999	18
19	18.08236	17.22601	16.42617	15.67846	14.97889	14.32380	13.70984	13.13394	12.59329	19
20	18.98742	18.04555	17.16864	16.35143	15.58916	14.87747	14.21240	13.59033	13.00794	20
21	19.88798	18.85698	17.90014	17.01121	16.18455	15.41502	14.69797	14.02916	13.40472	21
22	20.78406	19.66038	18.62082	17.65805	16.76541	15.93692	15.16712	14.45112	13.78442	22
23	21.67568	20.45582	19.33086	18.29220	17.33211	16.44361	15.62041	14.85684	14.14777	23
24	22.56287	21.24339	20.03041	18.91393	17.88499	16.93554	16.05837	15.24696	14.49548	24
25	23.44564	22.02316	20.71961	19.52346	18.42438	17.41315	16.48151	15.62208	14.82821	25
26	24.32402	22.79520	21.39863	20.12104	18.95061	17.87684	16.89035	15.98277	15.14661	26
27	25.19803	23.55961	22.06762	20.70690	19.46401	18.32703	17.28536	16.32959	15.45130	27
28	26.06769	24.31644	22.72672	21.28127	19.96489	18.76411	17.66702	16.66306	15.74287	28
29	26.93302	25.06579	23.37608	21.84438	20.45355	19.18845	18.03577	16.98371	16.02189	29
30	27.79405	25.80771	24.01584	22.39646	20.93029	19.60044	18.39205	17.29203	16.28889	30
31	28.65080	26.54229	24.64615	22.93770	21.39541	20.00043	18.73628	17.58849	16.54439	31
32	29.50328	27.26959	25.26714	23.46833	21.84918	20.38877	19.06887	17.87355	16.78889	32
33	30.35153	27.98969	25.87895	23.98856	22.29188	20.76579	19.39021	18.14765	17.02286	33
34	31.19555	28.70267	26.48173	24.49859	22.72379	21.13184	19.70068	18.41120	17.24676	34
35	32.03537	29.40858	27.07559	24.99862	23.14516	21.48722	20.00066	18.66461	17.46101	35
36	32.87102	30.10751	27.66068	25.48884	23.55625	21.83225	20.29049	18.90828	17.66604	36
37	33.70250	30.79951	28.23713	25.96945	23.95732	22.16724	20.57053	19.14258	17.86224	37
38	34.52985	31.48466	28.80505	26.44064	24.34860	22.49246	20.84109	19.36786	18.04999	38
39	35.35309	32.16303	29.36458	26.90259	24.73034	22.80822	21.10250	19.58448	18.22966	39
40	36.17223	32.83469	29.91585	27.35548	25.10278	23.11477	21.35507	19.79277	18.40158	40
41	36.98729	33.49969	30.45986	27.79949	25.46612	23.41240	21.59910	19.99305	18.56611	41
42	37.79830	34.15811	30.99405	28.23479	25.82061	23.70136	21.83488	20.18563	18.72355	42
43	38.60527	34.81001	31.52123	28.66156	26.16645	23.98190	22.06269	20.37079	18.87421	43
44	39.40823	35.45545	32.04062	29.07996	26.50385	24.25427	22.28279	20.54884	19.01838	44
45	40.20720	36.09451	32.55234	29.49016	26.83302	24.51871	22.49545	20.72004	19.15635	45
46	41.00219	36.72724	33.05649	29.89231	27.15417	24.77545	22.70092	20.88465	19.28837	46
47	41.79322	37.35370	33.55319	30.28658	27.46748	25.02471	22.89944	21.04294	19.41471	47
48	42.58032	37.97396	34.04255	30.67312	27.77315	25.26671	23.09124	21.19513	19.53561	48
49	43.36350	38.58808	34.52468	31.05208	28.07137	25.50166	23.27656	21.34147	19.65130	49
50	44.14279	39.19612	34.99969	31.42361	28.36231	25.72976	23.45562	21.48218	19.76201	50

표 4 (계속)

n	5%	5.5%	6%	6.5%	7%	7.5%	8%	9%	10%	*n*
1	0.95238	0.94787	0.94340	0.93897	0.93458	0.93023	0.92593	0.91743	0.90909	1
2	1.85941	1.84632	1.83339	1.82063	1.80802	1.79557	1.78326	1.75911	1.73554	2
3	2.72325	2.69793	2.67301	2.64848	2.62432	2.60053	2.57710	2.53129	2.48685	3
4	3.54595	3.50515	3.46511	3.42580	3.38721	3.34933	3.31213	3.23972	3.16987	4
5	4.32948	4.27028	4.21236	4.15568	4.10020	4.04588	3.99271	3.88965	3.79079	5
6	5.07569	4.99553	4.91732	4.84101	4.76654	4.69385	4.62288	4.48592	4.35526	6
7	5.78637	5.68297	5.58238	5.48452	5.38929	5.29660	5.20637	5.03295	4.86842	7
8	6.46321	6.33457	6.20979	6.08875	5.97130	5.85730	5.74664	5.53482	5.33493	8
9	7.10782	6.95220	6.80169	6.65610	6.51523	6.37889	6.24689	5.99525	5.75902	9
10	7.72173	7.53763	7.36009	7.18883	7.02358	6.86408	6.71008	6.41766	6.14457	10
11	8.30641	8.09254	7.88687	7.68904	7.49867	7.31542	7.13896	6.80519	6.49506	11
12	8.86325	8.61852	8.38384	8.15873	7.94269	7.73528	7.53608	7.16073	6.81369	12
13	9.39357	9.11708	8.85268	8.59974	8.35765	8.12584	7.90378	7.48690	7.10336	13
14	9.89864	9.58965	9.29498	9.01384	8.74547	8.48915	8.24424	7.78615	7.36669	14
15	10.37966	10.03758	9.71225	9.40267	9.10791	8.82712	8.55948	8.06069	7.60608	15
16	10.83777	10.46216	10.10590	9.76776	9.44665	9.14151	8.85137	8.31256	7.82371	16
17	11.27407	10.86461	10.47726	10.11058	9.76322	9.43396	9.12164	8.54363	8.02155	17
18	11.68959	11.24607	10.82760	10.43247	10.05909	9.70601	9.37189	8.75563	8.20141	18
19	12.08532	11.60765	11.15812	10.73471	10.33560	9.95908	9.60360	8.95011	8.36492	19
20	12.46221	11.95038	11.46992	11.01851	10.59401	10.19449	9.81815	9.12855	8.51356	20
21	12.82115	12.27524	11.76408	11.28498	10.83553	10.41348	10.01680	9.29224	8.64869	21
22	13.16300	12.58317	12.04158	11.53520	11.06124	10.61719	10.20074	9.44243	8.77154	22
23	13.48857	12.87504	12.30338	11.77014	11.27219	10.80669	10.37106	9.58021	8.88322	23
24	13.79864	13.15170	12.55036	11.99074	11.46933	10.98297	10.52876	9.70661	8.98474	24
25	14.09394	13.41393	12.78336	12.19788	11.65358	11.14695	10.67478	9.82258	9.07704	25
26	14.37519	13.66250	13.00317	12.39237	11.82578	11.29948	10.80998	9.92897	9.16095	26
27	14.64303	13.89810	13.21053	12.57500	11.98671	11.44138	10.93516	10.02658	9.23722	27
28	14.89813	14.12142	13.40616	12.74648	12.13711	11.57338	11.05108	10.11613	9.30657	28
29	15.14107	14.33310	13.59072	12.90749	12.27767	11.69617	11.15841	10.19828	9.36961	29
30	15.37245	14.53375	13.76483	13.05868	12.40904	11.81039	11.25778	10.27365	9.42691	30
31	15.59281	14.72393	13.92909	13.20063	12.53181	11.91664	11.34980	10.34280	9.47901	31
32	15.80268	14.90420	14.08404	13.33393	12.64656	12.01548	11.43500	10.40624	9.52638	32
33	16.00255	15.07507	14.23023	13.45909	12.75379	12.10742	11.51389	10.46444	9.56943	33
34	16.19290	15.23703	14.36814	13.57661	12.85401	12.19295	11.58693	10.51784	9.60857	34
35	16.37419	15.39055	14.49825	13.68696	12.94767	12.27251	11.65457	10.56682	9.64416	35
36	16.54685	15.53607	14.62099	13.79057	13.03521	12.34652	11.71719	10.61176	9.67651	36
37	16.71129	15.67400	14.73678	13.88786	13.11702	12.41537	11.77518	10.65299	9.70592	37
38	16.86789	15.80474	14.84602	13.97921	13.19347	12.47941	11.82887	10.69082	9.73265	38
39	17.01704	15.92866	14.94907	14.06499	13.26493	12.53899	11.87858	10.72552	9.75696	39
40	17.15909	16.04612	15.04630	14.14553	13.33171	12.59441	11.92461	10.75736	9.77905	40
41	17.29437	16.15746	15.13802	14.22115	13.39412	12.64596	11.96723	10.78657	9.79914	41
42	17.42321	16.26300	15.22454	14.29216	13.45245	12.69392	12.00670	10.81337	9.81740	42
43	17.54591	16.36303	15.30617	14.35884	13.50696	12.73853	12.04324	10.83795	9.83400	43
44	17.66277	16.45785	15.38318	14.42144	13.55791	12.78003	12.07707	10.86051	9.84909	44
45	17.77407	16.54773	15.45583	14.48023	13.60552	12.81863	12.10840	10.88120	9.86281	45
46	17.88007	16.63292	15.52437	14.53543	13.65002	12.85454	12.13741	10.90018	9.87528	46
47	17.98102	16.71366	15.58903	14.58725	13.69161	12.88794	12.16427	10.91760	9.88662	47
48	18.07716	16.79020	15.65003	14.63592	13.73047	12.91902	12.18914	10.93358	9.89693	48
49	18.16872	16.86275	15.70757	14.68161	13.76680	12.94792	12.21216	10.94823	9.90630	49
50	18.25593	16.93152	15.76186	14.72452	13.80075	12.97481	12.23348	10.96168	9.91481	50

표 4 (계속)

n	11%	12%	13%	14%	15%	16%	17%	18%	19%	*n*
1	0.90090	0.89286	0.88496	0.87719	0.86957	0.86207	0.85470	0.84746	0.84034	1
2	1.71252	1.69005	1.66810	1.64666	1.62571	1.60523	1.58521	1.56564	1.54650	2
3	2.44371	2.40183	2.36115	2.32163	2.28323	2.24589	2.20958	2.17427	2.13992	3
4	3.10245	3.03735	2.97447	2.91371	2.85498	2.79818	2.74324	2.69006	2.63859	4
5	3.69590	3.60478	3.51723	3.43308	3.35216	3.27429	3.19935	3.12717	3.05763	5
6	4.23054	4.11141	3.99755	3.88867	3.78448	3.68474	3.58918	3.49760	3.40978	6
7	4.71220	4.56376	4.42261	4.28830	4.16042	4.03857	3.92238	3.81153	3.70570	7
8	5.14612	4.96764	4.79877	4.63886	4.48732	4.34359	4.20716	4.07757	3.95437	8
9	5.53705	5.32825	5.13166	4.94637	4.77158	4.60654	4.45057	4.30302	4.16333	9
10	5.88923	5.65022	5.42624	5.21612	5.01877	4.83323	4.65860	4.49409	4.33893	10
11	6.20652	5.93770	5.68694	5.45273	5.23371	5.02864	4.83641	4.65601	4.48650	11
12	6.49236	6.19437	5.91765	5.66029	5.42062	5.19711	4.98839	4.79322	4.61050	12
13	6.74987	6.42355	6.12181	5.84236	5.58315	5.34233	5.11828	4.90951	4.71471	13
14	6.98187	6.62817	6.30249	6.00207	5.72448	5.46753	5.22930	5.00806	4.80228	14
15	7.19087	6.81086	6.46238	6.14217	5.84737	5.57546	5.32419	5.09158	4.87586	15
16	7.37916	6.97399	6.60388	6.26506	5.95423	5.66850	5.40529	5.16235	4.93770	16
17	7.54879	7.11963	6.72909	6.37286	6.04716	5.74870	5.47461	5.22233	4.98966	17
18	7.70162	7.24967	6.83991	6.46742	6.12797	5.81785	5.53385	5.27316	5.03333	18
19	7.83929	7.36578	6.93797	6.55037	6.19823	5.87746	5.58449	5.31624	5.07003	19
20	7.96333	7.46944	7.02475	6.62313	6.25933	5.92884	5.62777	5.35275	5.10086	20
21	8.07507	7.56200	7.10155	6.68696	6.31246	5.97314	5.66476	5.38368	5.12677	21
22	8.17574	7.64465	7.16951	6.74294	6.35866	6.01133	5.69637	5.40990	5.14855	22
23	8.26643	7.71843	7.22966	6.79206	6.39884	6.04425	5.72340	5.43212	5.16685	23
24	8.34814	7.78432	7.28288	6.83514	6.43377	6.07263	5.74649	5.45095	5.18223	24
25	8.42174	7.84314	7.32998	6.87293	6.46415	6.09709	5.76623	5.46691	5.19515	25
26	8.48806	7.89566	7.37167	6.90608	6.49056	6.11818	5.78311	5.48043	5.20601	26
27	8.54780	7.94255	7.40856	6.93515	6.51353	6.13636	5.79753	5.49189	5.21513	27
28	8.60162	7.98442	7.44120	6.96066	6.53351	6.15204	5.80985	5.50160	5.22280	28
29	8.65011	8.02181	7.47009	6.98304	6.55088	6.16555	5.82039	5.50983	5.22924	29
30	8.69379	8.05518	7.49565	7.00266	6.56598	6.17720	5.82939	5.51681	5.23466	30
31	8.73315	8.08499	7.51828	7.01988	6.57911	6.18724	5.83709	5.52272	5.23921	31
32	8.76860	8.11159	7.53830	7.03498	6.59053	6.19590	5.84366	5.52773	5.24303	32
33	8.80054	8.13535	7.55602	7.04823	6.60046	6.20336	5.84928	5.53197	5.24625	33
34	8.82932	8.15656	7.57170	7.05985	6.60910	6.20979	5.85409	5.53557	5.24895	34
35	8.85524	8.17550	7.58557	7.07005	6.61661	6.21534	5.85820	5.53862	5.25122	35
36	8.87859	8.19241	7.59785	7.07899	6.62314	6.22012	5.86171	5.54120	5.25312	36
37	8.89963	8.20751	7.60872	7.08683	6.62881	6.22424	5.86471	5.54339	5.25472	37
38	8.91859	8.22099	7.61833	7.09371	6.63375	6.22779	5.86727	5.54525	5.25607	38
39	8.93567	8.23303	7.62684	7.09975	6.63805	6.23086	5.86946	5.54682	5.25720	39
40	8.95105	8.24378	7.63438	7.10504	6.64178	6.23350	5.87133	5.54815	5.25815	40
41	8.96491	8.25337	7.64104	7.10969	6.64502	6.23577	5.87294	5.54928	5.25895	41
42	8.97740	8.26194	7.64694	7.11376	6.64785	6.23774	5.87430	5.55024	5.25962	42
43	8.98865	8.26959	7.65216	7.11733	6.65030	6.23943	5.87547	5.55105	5.26019	43
44	8.99878	8.27642	7.65678	7.12047	6.65244	6.24089	5.87647	5.55174	5.26066	44
45	9.00791	8.28252	7.66086	7.12322	6.65429	6.24214	5.87733	5.55232	5.26106	45
46	9.01614	8.28796	7.66448	7.12563	6.65591	6.24323	5.87806	5.55281	5.26140	46
47	9.02355	8.29282	7.66768	7.12774	6.65731	6.24416	5.87868	5.55323	5.26168	47
48	9.03022	8.29716	7.67052	7.12960	6.65853	6.24497	5.87922	5.55359	5.26191	48
49	9.03624	8.30104	7.67302	7.13123	6.65959	6.24566	5.87967	5.55389	5.26211	49
50	9.04165	8.30450	7.67524	7.13266	6.66051	6.24626	5.88006	5.55414	5.26228	50

표 4 (계속)

n	20%	21%	22%	23%	24%	25%	26%	28%	30%	n
1	0.83333	0.82645	0.81967	0.81301	0.80645	0.80000	0.79365	0.78125	0.76923	1
2	1.52778	1.50946	1.49153	1.47399	1.45682	1.44000	1.42353	1.39160	1.36095	2
3	2.10648	2.07393	2.04224	2.01137	1.98130	1.95200	1.92344	1.86844	1.81611	3
4	2.58873	2.54044	2.49364	2.44827	2.40428	2.36160	2.32019	2.24097	2.16624	4
5	2.99061	2.92598	2.86364	2.80347	2.74538	2.68928	2.63507	2.53201	2.43557	5
6	3.32551	3.24462	3.16692	3.09225	3.02047	2.95142	2.88498	2.75938	2.64275	6
7	3.60459	3.50795	3.41551	3.32704	3.24232	3.16114	3.08331	2.93702	2.80211	7
8	3.83716	3.72558	3.61927	3.51792	3.42122	3.32891	3.24073	3.07579	2.92470	8
9	4.03097	3.90543	3.78628	3.67310	3.56550	3.46313	3.36566	3.18421	3.01900	9
10	4.19247	4.05408	3.92318	3.79927	3.68186	3.57050	3.46481	3.26892	3.09154	10
11	4.32706	4.17692	4.03540	3.90185	3.77569	3.65640	3.54350	3.33509	3.14734	11
12	4.43922	4.27845	4.12737	3.98524	3.85136	3.72512	3.60595	3.38679	3.19026	12
13	4.53268	4.36235	4.20277	4.05304	3.91239	3.78010	3.65552	3.42718	3.22328	13
14	4.61057	4.43170	4.26456	4.10816	3.96160	3.82408	3.69485	3.45873	3.24867	14
15	4.67547	4.48901	4.31522	4.15298	4.00129	3.85926	3.72607	3.48339	3.26821	15
16	4.72956	4.53637	4.35673	4.18941	4.03330	3.88741	3.75085	3.50265	3.28324	16
17	4.77463	4.57551	4.39077	4.21904	4.05911	3.90993	3.77052	3.51769	3.29480	17
18	4.81219	4.60786	4.41866	4.24312	4.07993	3.92794	3.78613	3.52945	3.30369	18
19	4.84350	4.63460	4.44152	4.26270	4.09672	3.94235	3.79851	3.53863	3.31053	19
20	4.86958	4.65669	4.46027	4.27862	4.11026	3.95388	3.80834	3.54580	3.31579	20
21	4.89132	4.67495	4.47563	4.29156	4.12117	3.96311	3.81615	3.55141	3.31984	21
22	4.90943	4.69004	4.48822	4.30208	4.12998	3.97049	3.82234	3.55579	3.32296	22
23	4.92453	4.70251	4.49854	4.31063	4.13708	3.97639	3.82725	3.55921	3.32535	23
24	4.93710	4.71282	4.50700	4.31759	4.14281	3.98111	3.83115	3.56188	3.32719	24
25	4.94759	4.72134	4.51393	4.32324	4.14742	3.98489	3.83425	3.56397	3.32861	25
26	4.95632	4.72838	4.51962	4.32784	4.15115	3.98791	3.83670	3.56560	3.32970	26
27	4.96360	4.73420	4.52428	4.33158	4.15415	3.99033	3.83865	3.56688	3.33054	27
28	4.96967	4.73901	4.52810	4.33462	4.15657	3.99226	3.84020	3.56787	3.33118	28
29	4.97472	4.74298	4.53123	4.33709	4.15853	3.99381	3.84143	3.56865	3.33168	29
30	4.97894	4.74627	4.53379	4.33909	4.16010	3.99505	3.84240	3.56926	3.33206	30
31	4.98245	4.74898	4.53590	4.34073	4.16137	3.99604	3.84318	3.56973	3.33235	31
32	4.98537	4.75122	4.53762	4.34205	4.16240	3.99683	3.84379	3.57010	3.33258	32
33	4.98781	4.75308	4.53903	4.34313	4.16322	3.99746	3.84428	3.57039	3.33275	33
34	4.98984	4.75461	4.54019	4.34401	4.16389	3.99797	3.84467	3.57062	3.33289	34
35	4.99154	4.75588	4.54114	4.34472	4.16443	3.99838	3.84497	3.57080	3.33299	35
36	4.99295	4.75692	4.54192	4.34530	4.16486	3.99870	3.84522	3.57094	3.33307	36
37	4.99412	4.75779	4.54256	4.34578	4.16521	3.99896	3.84541	3.57104	3.33313	37
38	4.99510	4.75850	4.54308	4.34616	4.16549	3.99917	3.84556	3.57113	3.33318	38
39	4.99592	4.75909	4.54351	4.34647	4.16572	3.99934	3.84569	3.57119	3.33321	39
40	4.99660	4.75958	4.54386	4.34672	4.16590	3.99947	3.84578	3.57124	3.33324	40
41	4.99717	4.75998	4.54415	4.34693	4.16605	3.99957	3.84586	3.57128	3.33326	41
42	4.99764	4.76032	4.54438	4.34710	4.16617	3.99966	3.84592	3.57132	3.33328	42
43	4.99803	4.76059	4.54458	4.34723	4.16627	3.99973	3.84597	3.57134	3.33329	43
44	4.99836	4.76082	4.54473	4.34734	4.16634	3.99978	3.84601	3.57136	3.33330	44
45	4.99863	4.76101	4.54486	4.34743	4.16641	3.99983	3.84604	3.57138	3.33331	45
46	4.99886	4.76116	4.54497	4.34751	4.16646	3.99986	3.84606	3.57139	3.33331	46
47	4.99905	4.76129	4.54506	4.34757	4.16650	3.99989	3.84608	3.57140	3.33332	47
48	4.99921	4.76140	4.54513	4.34762	4.16653	3.99991	3.84610	3.57140	3.33332	48
49	4.99934	4.76149	4.54519	4.34766	4.16656	3.99993	3.84611	3.57141	3.33332	49
50	4.99945	4.76156	4.54524	4.34769	4.16658	3.99994	3.84612	3.57141	3.33333	50

찾아보기(INDEX) (국문)

ㅈ

찾아보기(INDEX) (영문)

저자소개

김진선

서울대학교(경제학사)
서울대학교(경영학석사)
미국 University of Texas at Austin(회계학박사)
Jardine Fleming Securities(현 JP Morgan), 서울지점 Senior Analyst
공인회계사 및 행정고시 시험위원 역임
동국대학교 LA분교 총장 역임
동국대학교 경영대학 학장 역임
현, 동국대학교 경영대학 회계학과 교수
e-mail : jsnk@dongguk.edu

박재완

서울대학교(경영학사)
서울대학교(경영학석사)
미국 University of Texas at Austin(회계학박사)
미국 University of Oregon, Visiting Assistant Professor
공인회계사 시험위원 역임
현, 한국공인회계사회 감사인증기준위원회 위원
현, 동국대학교 경영대학 회계학과 교수
e-mail : jwpark@dongguk.edu

박청규

동국대학교(회계학사)
미국 Louisiana Tech University(회계학석사)
미국 University of Kentucky(경영학박사, 회계전공)
미국 University of Michigan–Dearborn, Assistant Professor
미국 Woodbury University, Associate Professor
한국조세재정연구원 초빙연구위원 역임
서울지방국세청 국세심사위원 역임
현, 동국대학교 경영대학 회계학과 부교수
e-mail: ckpark@dongguk.edu

쉽게 배우는 K-IFRS 중급회계 – 제3판

2021년 9월 1일 인쇄
2021년 9월 8일 발행

저 자	김진선 · 박재완 · 박청규
발행인	김광범
발행처	도서출판 시대가치
주 소	서울특별시 마포구 토정로 222, 422–1호(한국출판콘텐츠센터)
전 화	02)3152–2620
팩 스	02)6442–2621
등 록	2017년 3월 23일 제2018–000088호
이메일	timepub2017@gmail.com

ISBN 979-11-89607-46-3 93320

정 가 38,000원